동네를 한 바퀴 돌면서 북을 치고 노래를 부르면 어린아이들이 줄줄 교회로 따라오던 그런 시절이 있었다. 교회마다 늘어나는 성도들로 정신을 못 차리는 바람에 교회당, 교육관, 선교관을 짓던 그런 시절이 있었다. 저자와 동기로 만나서 신학교에서 훈련받던 그 시절이 꼭 그랬다. 훈련받는 신학생도 자신감이 넘쳤고, 일선에 있는 교회 목회자들도 희망으로 가득했다.

그런데 40여 년이 지난 지금의 목회 상황은 참 많이도 달라졌다. 교회에 더 이상 나가지 않는 성도들이 늘어나고, 교회를 향해 뾰족한 시선을 던지는 이들도 많아졌다. 온라인에 수많은 정보가 넘쳐나고 있으며, 인공지능이 위력을 발하고, 인간에 대한 연구가 급속도로 발전하는 이 세상 속에서 버티고 있던 신실한 그리스도인마저도 조금씩 자신이 가지고 있던 신앙에 대한 의문과 고민을 토로하고 있다. 이런 상황 속에서 오늘을 살아가는 목회자들은 고민이 많다. 어떻게 하면 이런 상황에 놓여 있는 현대인들에게 복음을 바르게 전할 수 있을까?

저자의 원고를 읽어내려가면서 오늘의 목회자들과 신학생들의 "이런" 갈증을 풀어줄 수 있는 바로 "그" 책이라는 확신이 들었다. 정말 내가 원하던 책을 발견한 기쁨을 느끼면서 글을 읽을 수 있었다. 이 책에는 성경을 읽으면서 미처 깨닫지 못했던 관점들이 보석처럼 담겨 있다. 저자는 사람들이 신앙생활을 하면서 늘 가지고 있는 신학적 질문을 깊고 폭넓은 시각을 바탕으로 자상하게 설명해주고 있다. 이 책은 오늘날 설교와 목회 현장에서 지쳐 있는 목회자들과 설교자들에게 부족한 부분을 채워주고 몸의 균형을 맞추어주는 영양 주사 같은 값진 역할을 해줄 것 같다. 겸손함과 따스한 마음이 느껴지는 저자의 글을 읽다 보면, 나도 모르게 다시 희망이 살아나고 자신감이 솟아나는 것을 느끼게 될 것이다. 기쁜 마음으로 이 보석 같은 책을 추천한다.

김경진 | 소망교회 담임목사

인간은 끝없이 질문하는 존재다. 신앙을 갖게 되면 질문이 더욱 많아지고 깊어진다. 그러나 그 질문에 대한 올바른 답을 찾기는 매우 어렵다. 그런데 그 답이 2023년에 마침내 등장했다. 기쁘다! 이 책은 인간과 신앙인이 갖게 되는 깊은 질문에 대한 훌륭한 신학적 답이다. 신앙이 없는 사람들도 이 책으로 답을 찾을 수 있다. 목회자들은 이 책을 반드시 읽어야 한다. 이 책을 읽고 설교하고 가르치면 성도들은 기뻐할 것이고 교회는 부흥할 것이다. 대단히 깊이 있고 가슴이 뛰는 명확한 답이 이 책 속에 있다.

김명용 | 장로회신학대학교 전 총장, 온신학아카데미 원장

이 책에서 다루는 30가지 주제는 신학자뿐만 아니라 평신도나 비기독교인들에게 매우 절실하게 와닿는 본질적으로 중요한 신앙의 문제들이다. 필자는 물음의 형식으로 제기되는 각 주제에 대해 균형 있고 통전적인 신학적 관점 안에서 매우 적절한 답변을 제시하고 있다. 신앙에 이르는 지적인 오해들을 제거함으로써 성령께서 자유롭게 역사하도록 돕는 이 책은 이 시대의 한국교회와 사회가 필요로 하는 매우 탁월한 기독교 변증서라고 할 수 있다.

윤철호 | 장로회신학대학교 명예교수

이 책은 인생을 진지하게 살아내려는 그리스도인들을 위한 친절한 안내서다. 오늘날 세상은 구원적 진리에 관한 문제에 그다지 관심이 없는 것처럼 보인다. 사람들은 먹고살기도 버겁다고 한다. 동시에 향락과 오락을 추구하는 산업은 날로 번성하고 있다. 물론 이는 벅찬 현실에 대한 반증일 수도 있다. 살아남기 위해 획득해야 할 일반적, 전문적 정보의 양이 이미 엄청나다. 게다가 영상과 IT가 결합하여 지식의 영역에도 시각의 헤게모니가 지배적이다. 이제 인간의 "인간다움"을 재정의해야 할지도 모른다.

이 책은 본질적 질문을 잃어버린 오늘의 세대들에게 친절하게 다가와 사고의 능력을 일깨운다. 결코 대답 되지 않을 것이라 미리 포기해버린 질문들에 차근차근 접근한다. 그런 점에서 이 책은 탄산음료나 커피가 아니라 은은한 꽃차와 같은 맛을 낸다. 독자들을 대화에 초대하고 내면에 자리한 신앙의 사유를 우려낸다. 이 대화에는 서양 지식을 익히고 동양 전통을 살아낸 한 신학자의 성찰이 고스란히 담겨 있다. 생활 교양과 전문 지식을 가리지 않고 동양 고전과 서양 철학을 섭렵하면서 그렇게 화제를 "인생샷"에서 "인생 질문"으로 돌리게 한다.

천병석 | 부산장신대학교 총장서리, 조직신학 교수

저자는 기독교 신앙에 대한 좋은 변증서를 썼다. "성경은 역사적으로 믿을 수 있는 책인가?", "왜 죄의 용서에 예수의 십자가가 필요한가?", "예수의 부활은 역사적 사실인가?", "믿지 않는 자의 구원 문제는 어떻게 되는가?"와 같은 아주 중요한 신앙적 질문에 대해 쉽고 자세한 답을 제시한다. 말씀을 전하는 목회자들뿐만 아니라 인생과 신앙에 깊은 의문을 가진 그리스도인에게도 큰 도움이 될 책이다.

최영태 | 충성교회 목사, 대구성시화운동본부 이사장

하나님 나라를 향해 좁고 험한 길을 걸어가는 구도자들에게 작은 등불을 들고 동행하는 신실한 신학자가 있다면 얼마나 큰 위로와 격려가 되겠는가? 이 책의 저자인 박만 교수가 바로 그런 사람일 것이다. 그는 열린 마음과 새롭고 따뜻한 생각을 지닌 부드러운 지성인이다. 그래서 그런지 그를 만나고 헤어지면 향기로운 여운이 남는다. 그런 저자가 이번에는 누구나 가질 수 있는 실존적인 여러 질문에 대해 깊이 고민하는 가운데 얻게 된 알찬 답변을 모아 책을 출간하게 되었다. 오랜 연구와 강의 및 묵상을 통해 복음의 진리와 기독교적 가치관이 가장 믿을만한 것임을 논증하는 이 저술은 참된 신앙을 추구하는 독자들을 결코 실망시키지 않으리라 생각한다.

최태영 | 교회신학연구소 소장

인생의 질문 신앙의 답변

오늘의 기독교 신앙

고통의 두 얼굴, 어떻게 볼 것인가?
인간은 자유로운 존재인가?
행복한 삶은 어떻게 이루어지는가?
인간 존엄의 근본 이유는 무엇인가?
마음은 무엇이며 어떻게 움직이는가?

인생의 의미와 목적은 어디에서 찾아야 하는가?
죄책감은 어떻게 극복되는가?
양심이란 무엇이며 어디에서 찾아야 하는가?
빛과 휴식은 어떻게 될 것인가?
죽음을 어떻게 생각할 것인가?
정의는 믿을 수 있는 것인가?
구원이란 무엇인가?

인생의 질문
신앙의 답변

박만 지음

죄의 용서와 극복에 왜 십자가 죽음이 필요한가?
예수의 부활은 역사의 사실인가?
하나님의 섭리를 어떻게 이해해야 하는가?

오늘의 기독교 신앙

세계는 어떻게 시작되었는가?
과학 기술을 어떻게 보아야 할 것인가?
기독교 신앙은 역사를 어떻게 이해하는가?
우상은 무엇이며 어떻게 만들어지는가?
무신론의 이유는 무엇이며 어떻게 응답할 것인가?
기독교가 믿는 하나님은 어떤 분인가?
내세 신앙을 가진다는 것은 무슨 뜻일까?

지옥이란 어떤 곳이며 누가 가는가?
믿지 않고 죽은 자들의 운명은 어떻게 되는가?
기독교의 현대성 주장을 어떻게 보아야 하는가?
그리스도인은 정치를 어떻게 보아야 하는가?
자본주의를 어떻게 볼 것인가?

새물결플러스

저자 서문

이 책은 한국교회에 대한 필자의 걱정의 산물이다. 한때 영광스럽고 자랑스러웠던 우리 한국교회는 이제 상당히 염려스러운 상황에 처했다. 교세가 약해지고 교인들의 헌신이 줄어들고 있으며 사회적인 공신력도 약화되었다. 물론 여전히 신실하고 선한 목회자들과 착하고 존경스러운 교인들을 비롯해 숨어서 조용히 빛과 소금의 역할을 감당하고 있는 귀한 분들이 많다. 하지만 전체적으로 기대보다 걱정이 더 큰 것이 사실이다.

어떻게 하면 동료 목회자들과 교인들에게 도움을 줄 수 있을까 생각하다가 내가 할 수 있는 일을 하기로 했다. 교회 현장에 바로 적용할 수 있는 구체적인 방안을 내놓진 못해도 기독교 신앙의 논리적 정합성과 일관성 및 세계 변혁 능력을 기독교 교리에 대한 변증의 형태로 제시함으로써 함께 신앙의 길을 걸어가는 사람들을 섬길 수 있으리라 생각한 것이다. 그래서 이 책은 먼저 목회자들을 위한 책이다. 특히 같은 해(1984년) 입학하여 한국교회 영욕의 세월을 함께 보낸 뒤 이제는 은퇴했거나 마지막 남은 사역의 시간을 보내고 있는 장로회신학대학교 신대원 80기 동기들, 그리고 교수와 목사로서 그동안 만난 많은 선후배와 동료 및 제자 목회자들에게 도움이 되기를 바라면서 이 책을 썼다. 이 책이 목회자들이 설교나 강의를 준비하면서 참고

할 수 있는 그런 자료가 되었으면 한다. 아울러 기독교 신앙에 대한 의문이 있지만 답을 찾기 어려웠던 교인들과 한때 신앙생활을 했으나 지금은 의심 속에 있는 분들이 성숙한 삶과 신앙으로 나아가는 데 도움이 되기를 바란다.

여기 서술한 내용 중 나만의 독창적인 생각은 거의 없다. 대부분이 내가 읽은 책, 들은 강의, 학생들과의 수업이나 대화에서 가져온 것이다. 그도 그럴 것이 오늘날 언급되는 "저자의 죽음"이나 "책의 죽음" 같은 개념처럼 우리 삶이란 수많은 타자와의 만남의 결과물이나 그 흔적일 수밖에 없으며, 우리의 지식 역시 끊임없이 유동하는 흐름의 한 부분을 잠시 고정시킨 것에 불과하기 때문이다. 해 아래 새것은 없고, 해 아래 내 것도 거의 없다. 그럼에도 불구하고 이 책을 쓰면서 눈에 띄게 도움을 받은 책들이 있다. 철학 부분에서는 강신주 교수의 『철학 vs 철학』에, 기독교 신앙과 연관된 부분은 C. S. 루이스와 팀 켈러 목사의 여러 저서에 빚진 바가 크다. 그 외에도 여러 저자의 도움을 받았으며 확인 가능한 만큼은 출처를 밝혔으나 이 책의 성격상 인용은 최소한으로 줄였다.

이 글을 지난 2년간 여러 차례 쓰다 중단하기를 반복하다 보니 글쓰기 방식에 아쉬움이 있다. 어떤 글은 논문 같고 어떤 글은 강의안 같으며 어떤 글은 설교에 가깝다. 어떤 글은 간결하고 어떤 글은 부산스럽다. 전체적으로 다시 쓰고 싶은 마음도 있었지만 힘도 부치고 모든 글은 그 나름의 운명을 갖고 있다는 생각에 책의 각 꼭지를 처음 쓰던 때의 느낌을 유지하는 선에서 세상에 내어보낸다. 1부 "인간"에서는 우리 삶의 주요 문제들을 기독교 신앙의 관점에서 살펴보았고, 2부 "교리와 변증"에서는 기독교 신앙의 주요 교리를 되도록 쉽게 설명하면서 변증하고자 했다. 부록으로는 이 책의 내용과 직접 연결되는 주제를 다룬 나의 논문 세 편을 수록했다.

글을 쓰는 동안 캐나다 신학자인 더글라스 존 홀이 남긴 말을 여러 차례 떠올렸다. "참다운 기독교 변증은 신앙에 이르는 지적인 오해들을 제거함으로써 성령께서 자유롭게 역사하도록 돕는 일이다." 그렇다. 성령 외에는 이 세상 그 누구도 예수를 알고 믿게 할 수 없다. 하지만 기독교 신앙에 대한 오해와 편견은 제거할 수 있으며 그렇게 함으로써 하나님이 일하시게끔 도울 수는 있다. 이 책이 조금이라도 그런 역할을 담당할 수 있다면 정말 감사할 것이다.

2023년 2월
박만

1부

인간

1장_ 고통의 문제를 어떻게 볼 것인가?

들어가는 말

구약의 욥은 "사람은 고생을 위하여 났으니 불꽃이 위로 날아가는 것 같으니라"(욥 5:7)고 탄식한다. 욥의 말처럼 우리 삶의 많은 부분은 고통과 눈물 속에 지나간다. 고통은 인생의 보편적 현실이다. 그러나 고통을 이해하는 방식은 종교와 문화에 따라 다르다.

1. 고통에 대한 여러 이해

힌두교는 고통이 "전생의 업"의 결과라고 본다. 전생에 잘못 살고 남에게 아픔을 주었기 때문에 지금 고통을 당한다는 것이다. 그래서 이번 생은 제대로 살아 그 업을 줄이고 내세에 좀 더 나은 모습으로 환생하기를 희망한다. 물론 가장 좋은 것은 끝없이 반복되는 환생의 굴레에서 벗어나 영원한 지복의 상태, 곧 내가 우주고 우주가 나임을 깨닫는 위대한 범아일여(梵我一如)의 상태로 들어가는 것이다. 그렇게 되기 위해 몸과 마음을 다스리고 수행한다. 그게 요가다.

　　불교는 고통의 원인을 "집착"으로 본다. 나도 영원하지 않고 (제법무아, 諸法無我) 세상도 영속적이지 않아(제행무상, 諸行無常) 모두 잠시 있다가 사라질 뿐인데, 그것들이 영원히 변치 않아야 한다고 고집을 피우니까 고통이 찾아온다. 그래서 **불교는 영속적인 것은 어디에도 없다는 사실을 깨닫게 함으로써 이 집착과 고통에서 벗어나게 만든다.**

　　이를 잘 보여주는 이야기가 하나 있다. 외아들의 죽음이 너무나 서러웠던 한 과부가 부처를 찾아와 도움을 구한다. 부처는 이 여인에게 한 번도 사람이 죽어 나가지 않은 집의 아궁이 불씨를 구해오면 아들을 다시 살릴 수 있다고 말한다. 여인은 그 말에 희망을 갖고 그런 집을 찾아 헤매지만 세상 어디에도 그런 집은 없다. 그러다가 그녀는 깨닫는다. "사람은 모두 죽는구나! 이 집도 사람이 죽고, 저 집도 사람이 죽고, 그 가운데 내 아들도 죽은 것이구나. 이것이 삶이구나." 그렇게 그녀의 슬픔이 조금씩 사라졌다. 마침내 부처 앞에 다시 섰을 때 그녀의 아픔 역시 거의 해결되었다. 이처럼 불교는 젊음도, 건강도, 관계도, 물질도 모두 인연의 사슬 가운데 잠시 머물다 사라질 뿐임을 알고 집착을 내려놓으면 고통의 문제가 해결된다는 가르침을 전한다.

　　유대교와 이슬람교는 고통 앞에서 하나님의 선한 뜻을 묻는다. 즉 고통의 현실 앞에서 하나님의 선한 뜻을 묻고 그 과정에서 순종을 배우라고 한다. 이슬람교 신자들은 "인샬라" 곧 알라의 뜻이라고 하면 그냥 넘어간다. 반면 유대교는 하나님이 고통을 통해 개인과 세상을 이끌어 가시므로 고통을 통해 나타난 하나님의 뜻을 분별하고 거기에 순종하여 인격과 신앙의 성장을 도모하라고 권한다.

스토아 철학자들에 의하면 고통은 세계가 전개되는 데 필수적인 요소다. 그들에 의하면 세계사는 세계 전체를 아우르는 위대한 정신인 로고스가 자신을 펼쳐가는 과정이다. 이 과정에는 영광과 성공의 순간뿐만 아니라 고통과 실패의 순간이 있고 세계는 이 모두를 거쳐서 완성으로 가게 되어 있다. 그래서 고통을 회피하고 두려워하는 것은 어리석은 짓이며, **도리어 고난이 올 때도 위축됨 없이 상황을 평온히 받아들이고 견디는 것이 지혜롭고 성숙한 생의 태도다.** 고대 로마인들은 이런 생각 가운데 "수치와 명예"라는 틀로 한 인간의 사람됨의 크기를 판단했다.

한국의 선비 문화에 의하면 고통은 인격의 수양을 통해 이겨내야 하는 것이다. 선비는 인생의 성공에 자만하지 않고 실패에 담담하며 고통이 오더라도 그것을 꿋꿋이 참고 견디는 가운데 성숙해가는 사람이다. 이 과정을 잘 견디어낸 사람은 내적으로는 성인이 되고 외적으로는 제대로 다스리는 사람이 된다(내성외왕, 內聖外王). 그러기 위해서는 먼저 자신을 수양하고 가정을 다스린 연후에야 나라를 이끌고 마침내 온 세계에 평화를 가져올 수 있다(수신제가치국평천하, 修身齊家治國平天下). **선비 문화에서 고통은 성인을 닮은 성숙한 인격이 되기 위해 마땅히 거쳐야 하는 과정이다.**

이처럼 힌두교, 불교, 유대교, 이슬람교, 스토아 철학, 한국의 선비 정신과 양반 문화 모두 고통에는 뜻이 있고 인간은 그 고통을 통해 성장해야 하는 존재라고 이야기한다. 즉 이들 모두는 우리 밖에 이미 어떤 의미와 가치가 선재하고 있고, 우리는 그 의미와 가치에 따라 살아야 한다고 가르친다.

2. 현대 세속 사회의 고통 이해

하지만 현대 세속 사회는 한 사람의 정체성과 삶의 의미 및 가치를 자신의 내면에서 찾거나 만들어야 한다고 본다. 부모, 선생, 사회적 관습, 전통, 심지어는 하나님에게도 매이지 말고 오직 자신의 내면 가장 깊은 곳의 열망에 따라 가장 주체적이고 자유로운 존재로 스스로를 만들어가야 한다고 가르친다. **그러다 보니 고통이란 삶의 의미와 가치를 만들어가는 길에 등장하는 큰 장애, 없애야 하는 대적, 극복해야 하는 원수가 된다.** 현대인들은 육체적 고통, 정신적 고뇌, 영적 문제와 같은 온갖 고통에서 의미를 찾는 데 어려움을 겪고 있으며, 그 결과 고통에 너무 취약하다. 고통에서 삶의 의미와 가치를 찾을 수 없으니 고통은 어떡하든 피해야만 하는 절대 악이 된다. 하지만 그럴 수 없으니 괴롭고, 진통제와 신경안정제에 과도하게 의존해서라도 그 괴로움에서 벗어나고자 한다. 현대인들은 이전 세대보다 더 힘들게 산다고 할 수 없음에도 불구하고 고통 앞에서 더 무력한 모습을 보인다. 특히 세속주의자들이 이런 고통에 더 취약한 경향을 보이며, 이들은 종교인들보다 고통의 현실을 더 힘들어하곤 한다.

3. 기독교 신앙은 고통의 이유를 무엇이라고 말하는가?

기독교 신앙은 고통이 찾아오는 이유에 대해 크게 다음 네 가지로 설명해왔다.

1) 이 세계가 아직 완전하지 않은 세계이기 때문이다

성경은 하나님이 이 세상을 좋고 아름답게 만드셨다고 한다. 하지만 이 말은 세계가 완벽하다는 뜻이 아니다. 이 세계는 피조세계이기 때문에 결코 완벽할 수 없고, 또한 아직 구속되지 못한 세계이기 때문에 제약과 고통이 있을 수밖에 없다.

　　캐나다 신학자 더글라스 존 홀은 『하나님과 인간의 고통』(God and Human Suffering)이라는 저서를 통해 하나님의 창조 질서 안에 이미 고통이 있을 수밖에 없음을 지적한다. 에덴동산으로 묘사된 인간의 원초적 실존에는 외로움(loneliness), 제한(limitation), 유혹(temptation), 불안(anxiety)이 있었고 이는 모두 고통으로 연결된다. 첫째, 에덴동산에서 아담은 외로웠고 같이 있을 이가 필요했다. 둘째, 인간은 한정된 공간, 한정된 능력, 제한된 실존 안에 살았기 때문에 제한이 있을 수밖에 없었다. 셋째, 거기에는 유혹이 있었다. 인간은 자신의 자유를 사용하여 피조성을 부인하고 자신을 하나님의 자리에 둘 수 있었다. 넷째, 거기에는 불안이 있었다. 내일 어떤 일이 있을지, 나의 미래는 어떨지, 하나님은 계속 신뢰할 만한 분인지와 같은 질문이 인간 존재의 근본에 깔려 있었다.

　　외로움은 고통을 수반한다. 그러나 외로움이 있어야 만남의 기쁨과 사귐의 즐거움도 있다. 제한은 고통을 가져온다. 그러나 제한이

있기 때문에 삶에 대한 경탄과 감사가 가능하게 된다. 모든 것이 가능하다면 우리는 결국 권태와 무의미의 감옥에 빠져버릴 것이다. 유혹은 인간을 고통으로 이끈다. 그러나 사람이 선한 일만 하도록 정해져 있다면 선과 악이 무슨 의미가 있겠는가? 스스로 선택한 선, 스스로 극복한 악만이 의미와 가치를 갖게 된다. 불안은 고통이다. 그러나 불안이 있기 때문에 안전과 위로의 가치를 알고, 불안이 있기 때문에 삶의 깊이가 더해진다. 불안 없는 삶은 피상적이고 천박해진다. 그래서 더글라스 존 홀에 따르면 고통은 인간의 죄악과 타락에서만 오는 것이 아니고, 인간 실존 안에 이미 내재된 것이다. 또한 하나님은 그의 자녀들이 무풍지대에서 살아가기보다는 고통을 직면하고 고통을 통해 성장해가기를 원하신다.[1]

그렇기 때문에 고통이 찾아올 때 그것을 어떤 태도로 맞는지가 중요하다. 우리는 살면서 생기는 문제의 상당수를 통제할 수 없다. 그러나 거기에 어떻게 응답할 것인가는 선택할 수 있다. 문제가 아니라 문제에 응답하는 방식이 우리 삶을 만들어간다. 어떤 분이 이런 글을 썼다.

> 우리가 얼마나 오랜 세월을 살 것인지 선택할 수 없지만
> 그 세월 동안 얼마나 보람 있게 살 것인지는 선택할 수 있습니다.
> 우리는 우리 얼굴의 아름다움을 마음대로 통제할 수 없지만
> 우리 얼굴에 나타나는 표정은 조절할 수 있습니다.

---

1   Douglas John Hall, *God and Human Suffering: An Exercise in the Theology of Cross* (Minneapolis: Augsburg Publishing House, 1986).

우리는 인생에서 만나는 어려운 순간을 마음대로 통제할 수 없지만
인생이 덜 힘들도록 선택할 수는 있습니다.
우리는 세상의 부정적인 분위기를 통제할 수는 없지만
우리 마음의 분위기는 통제할 수 있습니다.

따라서 우리는 고통의 순간을 지날 때마저도 매번 선하고 바른 선택을 해나가야 한다. 성경은 이렇게 권면한다. "끝으로 형제들아, 무엇에든지 참되며 무엇에든지 경건하며 무엇에든지 옳으며 무엇에든지 정결하며 무엇에든지 사랑받을 만하며 무엇에든지 칭찬받을 만하며 무슨 덕이 있든지 무슨 기림이 있든지 이것들을 생각하라"(빌 4:8). 인생은 선택이다.

2) 고통은 죄 때문이다

기독교 신앙은 고통이 생기는 두 번째 이유를 죄에서 찾는다. 물리적인 세계에 물리 법칙이 있듯이 도덕의 세계에도 하나님이 정하신 법칙이 있기 때문에 그 법칙을 떠나서 죄악된 삶을 살면 반드시 고통이 찾아오게 된다. 그래서 성경은 가능한 한 진실하고 착하게 살라고 한다. 선한 삶에 자신감과 행복이 함께 한다. "악인은 쫓아오는 자가 없어도 도망하나 의인은 사자같이 담대하니라"(잠 28:1).

3) 고통은 잘못된 선택의 결과다

기독교 신앙은 고통의 세 번째 이유를 우리의 잘못된 선택에서 찾는다. 하나님은 우리에게 자유롭게 선택하고 결정할 수 있는 능력인 자유 의지를 주셨는데 이를 잘못 사용하면 고통이 찾아온다. 그래서 지

혜롭고 선한 선택을 하라고 권면한다. 시편 1편은 이런 삶을 사는 사람을 "복 있는 사람"이라고 칭하며 그 특징을 다음과 같이 말한다. "복 있는 사람은 악인들의 꾀를 따르지 아니하며 죄인들의 길에 서지 아니하며 오만한 자들의 자리에 앉지 아니하고 오직 여호와의 율법을 즐거워하여 그의 율법을 주야로 묵상하는도다"(시 1:1-2).

4) 고통은 하나님의 원대한 세계 계획을 이루기 위한 수단이다

기독교 신앙에 따르면 때로 하나님의 선한 뜻을 이루기 위한 방편으로 고통이 찾아온다. 그래서 고통에만 초점을 맞추면 하나님의 선하심과 세계의 조화 및 목적이 깨어진 것 같지만, 눈을 돌려 전체 그림을 볼 수 있다면 하나님이 이 고통을 통해 그분의 선하신 뜻을 이루어 가고 계심을 알게 된다고 한다.

그 한 예가 고통을 통해서 이루어지는 인격과 신앙의 성숙이다. 로마서 5:3-4은 이렇게 말한다. "다만 이뿐 아니라 우리가 환난 중에도 즐거워하나니 이는 환난은 인내를, 인내는 연단을, 연단은 소망을 이루는 줄 앎이로다." 종교개혁가 마르틴 루터는 이런 점에서 "고통"이 우리를 구원으로 부르시는 하나님의 "비 본래적 사역"이라고 말한다. 하나님은 그분의 "비 본래적 사역"인 고통을 사용하여 한 사람을 철저히 겸허하고 낮아지게 함으로써 마침내 그분의 "본래적 사역"인 구원의 은혜를 받아들일 수 있게 한다는 것이다.

지금까지 고통을 가져오는 네 가지 주된 이유를 살펴보았다. 물론 이 모든 설명으로도 고통의 이유를 완전히 해명하기 어렵고, 무엇보다도 지금 고통을 당하고 있는 사람에게는 의미 있는 위로로 다가가지 않을 수 있다. **그러나 한 가지 분명한 것은 고통의 상당 부분**

이 우리의 책임이라는 점이다. 많은 경우 고통은 나 자신이나 다른 사람들의 잘못으로 인해 일어난다. 그런데도 우리는 하나님께 그 책임을 돌리는 경우가 많다. 마치 자기가 공부를 안 해 시험을 망친 후 아침에 깨워주지 않았다고 엄마를 원망하는 아이처럼 말이다. 그래서 고통이 찾아올 때 하나님께 책임을 돌리고 원망하기보다는 그 고통의 이유가 무엇이었는지를 깊이 생각해볼 필요가 있다. 전도서는 이렇게 말한다. "형통한 날에는 기뻐하고 곤고한 날에는 되돌아보아라"(전 7:14). **우리는 생각하고 분별해야 한다. 잘못 살아서 생기는 고통은 회개하고 바꾸며, 어떤 고통은 믿음으로 인내하며 견디고, 불의와 거짓으로 인한 고통은 강하게 맞서 싸우고, 무엇보다 그 모든 과정을 하나님의 선한 손길에 맡겨야 한다.**

4. 성경은 고통을 어떻게 이해하고 있는가?

이 문제를 다음 말씀을 통해 구체적으로 살펴보자.[2]

> 예수께서 배를 타시고 다시 맞은편으로 건너가시니 큰 무리가 그에게로 모이거늘 이에 바닷가에 계시더니 회당장 중의 하나인 야이로라 하는 이가 와서 예수를 보고 발아래 엎드리어 간곡히 구하여 이르되 "내 어린 딸이 죽게 되었사오니 오셔서 그 위에 손을 얹으사 그로 구원을

---

2   아래 내용은 다음을 참고했다. 팀 켈러, 정성묵 역, 『팀 켈러의 왕의 십자가』(서울: 두란노서원, 2013).

받아 살게 하소서" 하거늘 이에 그와 함께 가실 새 큰 무리가 따라가며 에워싸 밀더라. 열두 해를 혈루증으로 앓아온 한 여자가 있어 많은 의사에게 많은 괴로움을 받았고 가진 것도 다 허비하였으되 아무 효험이 없고 도리어 더 중하여졌던 차에 예수의 소문을 듣고 무리 가운데 끼어 뒤로 와서 그의 옷에 손을 대니 이는 내가 그의 옷에만 손을 대어도 구원을 받으리라 생각함일러라. 이에 그의 혈루 근원이 곧 마르매 병이 나은 줄을 몸에 깨달으니라. 예수께서 그 능력이 자기에게서 나간 줄을 곧 스스로 아시고 무리 가운데서 돌이켜 말씀하시되 "누가 내 옷에 손을 대었느냐?" 하시니 제자들이 여짜오되 "무리가 에워싸 미는 것을 보시며 누가 내게 손을 대었느냐 물으시나이까?" 하되 예수께서 이 일 행한 여자를 보려고 둘러보시니 여자가 자기에게 이루어진 일을 알고 두려워하여 떨며 와서 그 앞에 엎드려 모든 사실을 여쭈니 예수께서 이르시되 "딸아, 네 믿음이 너를 구원하였으니 평안히 가라. 네 병에서 놓여 건강할지어다." 아직 예수께서 말씀하실 때에 회당장의 집에서 사람들이 와서 회당장에게 이르되 "당신의 딸이 죽었나이다. 어찌하여 선생을 더 괴롭게 하나이까?" 예수께서 그 하는 말을 곁에서 들으시고 회당장에게 이르시되 "두려워하지 말고 믿기만 하라" 하시고 베드로와 야고보와 야고보의 형제 요한 외에 아무도 따라옴을 허락하지 아니하시고 회당장의 집에 함께 가사 떠드는 것과 사람들이 울며 심히 통곡함을 보시고 들어가서 그들에게 이르시되 "너희가 어찌하여 떠들며 우느냐? 이 아이가 죽은 것이 아니라 잔다" 하시니 그들이 비웃더라. 예수께서 그들을 다 내보내신 후에 아이의 부모와 또 자기와 함께 한 자들을 데리시고 아이 있는 곳에 들어가사 그 아이의 손을 잡고 이르시되 "달리다굼" 하시니 번역하면 곧 "내가 네게 말하노니 소녀야 일어나라" 하심이

라. 소녀가 곧 일어나서 걸으니 나이가 열두 살이라. 사람들이 곧 크게 놀라고 놀라거늘 예수께서 이 일을 아무도 알지 못하게 하라고 그들을 많이 경계하시고 이에 "소녀에게 먹을 것을 주라" 하시니라(막 5:21-43).

1) 성경은 인간 삶에 고통이 있음을 알고 있다

이 말씀에는 세 사람의 서로 다른 고통이 나온다.

① **소녀의 고통**: 무슨 병인지 모르나 그녀는 지금 죽어가고 있다. 빨리 손을 써야 하는 급성 질환이다.

② **혈루병 여인의 고통**: 소녀와 달리 그녀는 12년 동안 만성 질환으로 고통을 당하고 있다. 몸에 계속 피가 흐르니 빈혈과 무기력증이 있었을 것이다. 당뇨로 오래 고생하는 분들은 때로 아침에 일어나지도 못할 정도로 무기력해지기도 한다. 어쩌면 이 여인 역시 일상생활이 어려울 정도로 약해지지 않았을까? 거기다가 병을 고치기 위해 수많은 의사를 찾아가 치료를 받았지만 재산만 날리고 괴로움만 더해졌다. 그러니 마음속에 분노와 좌절이 가득했을 것이다. 이뿐 아니라 계속 피가 나니 유대의 정결법에 따라 "부정한 여인"으로 낙인찍혔을 것이다. 몸의 질병, 마음의 분노와 낙심, 빈털터리가 된 집안 살림, 거기에 부정한 여인이라는 사회적인 낙인으로 이루어진 아주 복합적인 고통이다.

③ **소녀의 아버지인 회당장 야이로의 고통**: 딸이 죽어가는 것을 속수무책으로 바라보고 있어야 하는 아버지의 고통. 병들거나 고통스럽게 살고 있는 자녀를 둔 부모는 삶이 너무 힘들다. 차라리 내가 그 고통을 대신 당하면 좋겠다는 마음이 든다.

이처럼 성경은 고통을 잘 알고 있다. 성경은 인간의 고통이 아주 실제적이며 참혹한 것이라고 말한다(시 102:1-7). 구약성경은 특히 욥기, 시편, 예레미야애가를 통해 분명하고 직접적으로 인간의 삶이 고통으로 점철되어 있음을 말하며, 신약성경 역시 그 중심에 예수 그리스도의 십자가 죽음이라는 극도의 고통을 전한다. 인간 삶의 가장 깊은 곳까지 찾아오기 위해서는 하나님 역시 십자가의 고통을 감내하셔야 했다. 초기 교회의 대표적 신앙고백인 사도신경과 니케아 신조는 예수의 생애를 "고난당했다"라는 한마디로 요약한다. **성경은 하나님의 인간 해방 이야기인 동시에 하나님과 인간의 고통에 관한 이야기다.**

그래서 기독교 신앙은 삶의 고통과 눈물과 아픔을 있는 그대로 **받아들이고 함께 슬퍼한다.** 기독교 신앙은 고통 앞에서 마음을 굳게 먹고 당당하고 의연하게 견뎌내라는 스토아 철학이나 한국의 선비 문화와는 다르다. 차라리 슬퍼하고 울라고 한다. 너무 힘들고 고통스러우면 울어야 한다. 미친 듯이 울고 몸부림치면서 아주 많은 시간을 보내야 겨우 조금씩 회복되는 슬픔이 있는 법이다. 그래서 성경은 아픈 사람을 혼자 두지 말고 모여서 함께하라고 권면한다. "모이기를 폐하는 어떤 사람들의 습관과 같이 하지 말고 오직 권하여 그날이 가까움을 볼수록 더욱 그리하자"(히 10:25). 그리스도인은 모여서 함께 기도하고 해결책을 찾아야 한다. "너희 중에 병든 자가 있느냐? 그는 교회의 장로들을 청할 것이요, 그들은 주의 이름으로 기름을 바르며 그를 위하여 기도할지니라. 믿음의 기도는 병든 자를 구원하리니 주께서 그를 일으키시리라…"(약 5:14-15). "즐거워하는 자들과 함께 즐거워하고 우는 자들과 함께 울라"(롬 12:15). 교회는 복음의 기쁨을 나누는 공동체이자 슬픔 속에 서로 손을 맞잡는 슬픔의 공동체다.

2) 모든 고통이 선한 것이 아니고 모든 고통이 필요한 것도 아니다

참고 견디면서 성숙을 이뤄가야 하는 고통도 있는 반면, 싸워서 극복해야 하는 고통도 있다. 이 말씀에 나오는 고통 역시 한 사람의 인생에 꼭 필요한 고통이 아니다. 그래서 예수는 이들의 고통을 하나씩 고치신다. 소녀의 병을 고치고 혈루병 여인을 건강하게 하며 회당장 야이로의 절망을 희망과 기쁨으로 바꾸신다. 이 점에서 기독교는 힌두교나 불교와 다르다. 힌두교와 불교는 현재 나와 세계의 고통은 잘못된 지난 인연의 결과인 "업장"이니 이를 받아들이고 이제부터라도 선업을 쌓으라고 한다. 그러나 기독교 신앙은 그렇게 말하지 않는다. 모든 고통이 잘못된 삶이나 죄의 결과는 아니다. 하나님이 다스리시지만 아직 충분히 구속되지 못하고 온전히 완성되지 않은 이 세상이기 때문에 있을 수밖에 없는 가슴 아픈 현실이라고 한다. 그러므로 잘못된 제도와 구조로 인한 고통은 직면하고 싸워 이길 필요가 있다. 하나님은 복음 전파뿐만 아니라 잘못된 사회 구조와의 싸움과 변혁을 위해 교회를 부르셨다. 사도 바울은 이를 다음과 같이 표현한다. "우리의 씨름은 혈과 육을 상대하는 것이 아니요, 통치자들과 권세들과 이 어둠의 세상 주관자들과 하늘에 있는 악의 영들을 상대함이라"(엡 6:12). 바울은 자신의 사역이 영혼 구원을 넘어서 하나님을 배역한 세상 권세와의 전우주적인 싸움임을 알고 있었다.

3) 하나님은 고통을 치유하고 극복하며 마침내 모든 것을 새롭게 하신다

예수는 혈루병 여인을 치유하여 새로운 삶을 살게 하신다. 이 여인은 지금 정결하지 않다. 온몸에 피고름과 진물이 흐른다. 그런 여인이 예수를 만짐으로써 나음을 입는다. 혈루병은 사라지고 새로운 삶을 살게 되었다.

예수는 소녀를 만나러 가신다. 아이는 이미 죽었다. 하지만 예수는 아이가 자고 있다고 말씀하신 후 아이의 손을 잡고 "달리다굼"이라는 말씀을 하신다. "달리다굼"은 "소녀여, 일어나라"는 뜻이다. 밤새 편히 잔 아이를 아침에 엄마가 사랑스럽게 깨우는 것처럼 예수가 이 아이를 일으키시자, 아이는 다시 살아난다. 무슨 뜻일까? 우리는 아이가 죽었다고 말하지만 예수는 그것을 편안한 단잠이라고 부르신다. 예수에게는 죽음이 바로 단잠에 불과하다. 예수는 죽음을 이기시는 분이다.

예수는 회당장의 고통도 해결하신다. 딸의 죽음을 목전에 둔 그의 마음은 찢어질 듯 아프다. 할 수 있는 모든 방법을 동원해보지만 도무지 딸을 살릴 방법이 없다. 가장 깊은 절망의 순간 예수를 찾았고, 다행히 예수는 그의 딸을 위해 길을 떠나신다. 하지만 가는 길이 지체되고 아이가 죽었다는 소식이 전해졌다. 그 소식을 듣는 순간 눈앞이 캄캄해진다. 하지만 예수는 "두려워 말고 믿기만 하라"고 하신 다음 그의 집에 가서 아이를 살려내신다. 이렇게 회당장 야이로는 모든 고통과 죽음을 이겨내고 기쁨을 가져오는 하나님의 능력을 체험한다.

4) 고통 앞에서 하나님과 우리의 시간이 다름을 알게 된다

예수는 소녀를 보기 위해 길을 가는 도중 혈루병 여인과 대화를 나누신다. 아버지 야이로는 속이 탄다. 이 여인은 건강하게 되었으니 그만 보내도 되고 다음에 만나도 된다. 그런데 예수는 자꾸 지체하신다. **이 지체로 인해 놀라운 일이 일어난다. 야이로가 처음에 원한 것은 딸의 회복이었다. 그런데 딸은 병에서 고침을 받을 뿐만 아니라 죽었다가 다시 살아난다. 처음 기대했던 것보다 더 놀라운, 있을 수 없는 사건이 발생한다.** 이 사건을 통해 예수는 질병뿐만 아니라 죽음까지 통제하는 분, 다시 말해 다른 세상에서 오신 구원자이심이 분명히 드러난다.

혈루병 여인도 마찬가지다. 그녀의 원래 소원은 예수의 옷자락이라도 만져서 병을 고치는 것이었다. 소원은 성취되었고 이제 안전하게 빠져나가기만 하면 된다. 그런데 예수는 "누군가 내 몸에 손을 대었고 능력이 나에게서 나갔다. 누구인가?"라고 물으시면서 그녀를 찾으신다. 여인은 두려워하며 무리 속에서 나온다. 당시 문화에서 여인은 남자의 몸에 손을 댈 수 없다. 그것도 부정한 여인이 랍비로 인정받는 사람의 몸에 손을 대는 것은 있을 수 없는 일이다. 어떤 벌을 받고 어떤 수모를 당할지 모른다. 여인은 두려워하며 이실직고한다. "제 병을 고치고 싶었습니다. 그래서 선생님의 옷자락을 만졌습니다." 그러나 예수는 꾸짖지 않고 오히려 격려하고 축복하신다. "딸아, 너의 믿음이 너를 고쳤고 너의 믿음이 너를 구원하였다. 너의 용기가, 너의 결단이 너의 삶을 새롭게 하였다. 평안히 가라." 그럼으로써 **혈루병 환자였고 질병에서 치유된 사람이 이제는 예수의 인정과 축복까지 받은 자가 된다. 그의 인생에 예수가 가장 소중한 분이 된다. 그는 예수의 제자가 된다.**

무슨 말일까? 이 말씀에 등장하는 사람들은 모두 마음이 급했다. 눈앞의 어려운 문제를 해결하는 데만 집중했다. 하지만 예수는 무슨 이유에서인지 지체하신다. 그리고 이로 인해 야이로는 예수가 병을 고치는 분이자 죽은 자도 살리는 하나님의 아들임을 알게 된다. 혈루병 여인 역시 병을 고침 받을 뿐 아니라 예수의 제자가 된다.

우리도 마찬가지다. 문제가 생기고 고통이 찾아오면 마음이 급해져 한시라도 빨리 고통의 현실을 벗어나고 싶어진다. 필자는 16년 전 몇 차례에 걸쳐 암 수술을 받은 뒤 몸이 거의 망가져 아침에 잘 일어나지도 못하던 때를 생각한다. 오랫동안 무기력증과 통증으로 인해 매일 밤 잠자리에 들기 전 내일은 부디 상태가 좋아지기를 간절히 기도했으나 차도가 없었다. 몸은 아주 정직했다. 1년 6개월 정도 시간이 지난 다음에야 겨우 일상생활을 할 정도의 기력이 돌아왔다. 그때 몸이 감옥 같다는 생각을 참 많이 했다. 나이 드신 분들이 왜 "이놈의 몸뚱이"라면서 힘들어하시는지 알았다. **이처럼 고통의 시간은 길고 회복의 소원이 이뤄지기까지는 오랜 시간이 필요하다. 하나님께 기도하지만 응답은 오지 않는다. 그러면 의심한다. 하나님, 정말 저를 보고 계십니까? 제 기도는 듣고 계신 것입니까? 그러나 이 지체되고 기다릴 수밖에 없는 시간으로 인해 놀라운 일이 일어난다. 우리의 시간이 아닌 하나님의 시간이 다할 때 기적이 일어난다.** 나는 그 고통의 시간 동안 인생에서 정말 중요한 것이 무엇인지를 배웠다. 일상의 소중함을 배웠다. 살아 있음 자체가 은혜고 선물임을 배웠다. 병든 사람들, 특히 큰 병으로 힘들어하는 사람들의 마음을 배웠고 목사로서 그분들을 어떤 자세와 태도로 대해야 하는지를 배웠다. 그래서 우리는 고난이 올 때 기도하면서 회복과 구원의 시간이 임할 때까지의 어두운 시간을 믿음으로 통과해야 한다.

5) 인간 고통의 최종적인 해결책은 예수의 십자가 죽음이다

이 말씀은 예수의 십자가 죽음을 예견하고 있다. 혈루병 여인은 예수를 만짐으로써 치료의 은혜를 입었으나 정작 예수는 정결법의 기준에 의해 부정한 사람이 된다. 어린 소녀는 예수를 만나 질병과 죽음에서 벗어났으나 정작 예수 자신은 뒷날 사랑하는 아버지 하나님의 손을 놓고 죽음의 밑바닥까지 떨어져야만 했다. 야이로는 절망적 상황에서 희망과 위로의 말씀을 듣고 마침내 딸을 다시 얻었지만 정작 예수는 하나님께 버림받고 십자가에서 가장 깊은 절망을 경험하셔야만 했다. 그래서 이 말씀이 말하는 모든 치유와 회복에는 십자가의 고통과 버려짐과 절망이 포함된다.

하지만 그 십자가 고통 때문에 우리는 살게 되었다. 고린도후서는 이렇게 말한다. "하나님이 죄를 알지도 못하신 이를 우리를 대신하여 죄로 삼으신 것은 우리로 하여금 그 안에서 하나님의 의가 되게 하려 하심이라"(고후 5:21). 여기서 중요한 것은 "대신하여"라는 말이다. 종교개혁가 마르틴 루터는 이 말씀과 연관하여 "예수 그리스도의 십자가 죽음에서 즐거운 교환이 일어났다. 우리 죄는 예수에게 전가되어 예수는 우리 대신 죄인이 되어 죽으셨고 예수의 의가 우리에게 전가되어 우리는 하나님 앞에 의로운 자로 인정받았다"고 말한다. 이처럼 예수는 우리의 대언자가 되신다. 우리의 죄와 실패와 인생의 상처가 우리를 정죄하고 고발할 때마다 우리의 의로운 대언자이신 그분은 이렇게 말씀하신다. 그분은 이렇게 말한다. "내가 바로 이 사람을 의롭게 만들기 위해 대신 죽었다." 이것이 복음이고 은혜다. 요한

1서 저자는 이를 다음과 같이 말했다. "…만일 누가 죄를 범하여도 아버지 앞에서 우리에게 대언자가 있으니 곧 의로우신 예수 그리스도시라"(요일 2:1).

나가는 말

사람들은 고통을 싫어한다. 고통이 오면 어떡하든 거기에서 벗어나려고 애쓴다. 하지만 고통이 나쁜 것만은 아니다. **고통은 위험을 피하게 해준다.** 불 가까이에 손을 대면 우리 뇌는 통증을 감지하고 빨리 손을 떼서 화상을 입지 않게 한다. **또한 신체 발달을 위해 때로 고통은 필요하다.** 운동선수들은 고통의 극한까지 신체를 단련함으로써 탁월함을 이루어낸다. **인간의 정신도 마찬가지여서 고통의 시간을 통과해야 겸손하고 자비로운 성품에 이를 수 있다.** 러시아의 문호 도스토옙스키의 소설 『죄와 벌』의 등장인물인 라스콜리니코프는 이런 말을 남겼다. "고통과 고난은 항상 큰 지성과 속 깊은 마음을 위해 불가피하다."[3] 일생토록 신체적, 정신적으로 큰 고통을 겪었던 철학자 니체 역시 "큰 고통이야말로 정신의 궁극적인 해방자다. 이 고통만이 우리를 최후의 깊이에 도달하게 한다"[4]고 이야기한다. **무엇보다도 고통은 우리 삶을 되돌아보고 궁극적인 진리와 만나게 한다.** 우리의 기대와 소원대로 삶이 흘러갈 때는 인생의 근본 질문에 대해 답을 미루

---

3   Fyodor Dostoevsky, *Crime and Punishment* (Clayton, 2005), 233.
4   프리드리히 니체, 안성찬 역, 『즐거운 학문·메시나에서의 전원시·유고(1881년 봄-1882년 여름)』(서울: 책세상, 2005), 181절.

거나 피상적 답변에 만족하기 쉽다. 그러나 고통이 찾아와 삶이 밑바닥부터 흔들리면 우리는 더 이상 그렇게 살 수 없다. 야곱은 하나님에 대해 이미 많이 알고 있었지만, 얍복강에서 모든 인간적인 수단을 잃고 처절한 고통을 경험할 때 비로소 하나님을 제대로 만날 수 있었다 (창 32장). 이처럼 고통에는 창조적 가치가 있다. 세상의 모든 위대한 종교와 철학이 여기에 동의한다.

하지만 고통이 우리의 최후의 말이 되어서는 안 된다. 고통은 결국 극복되어야 할 필요악이다. 그래서 모든 위대한 철학과 종교는 고통의 이유뿐 아니라 그 극복에 대해 말한다. 기독교 신앙 역시 고통의 이유와 극복에 대해 말한다. 고통은 우리가 아직 온전히 구속되지 않은 세상에 살면서 죄를 범하고 자유 의지를 잘못 사용했기 때문에 생겨났으며 하나님의 선한 뜻을 이루기 위해 존재하는 것이다. 하지만 이유가 무엇이든 하나님은 우리의 모든 고통 가운데서 우리와 함께하시고 힘을 주신다. 무엇보다도 하나님 자신이 예수 그리스도 안에서 우리를 위해 가장 깊은 고통을 당하심으로써 우리를 구원하신다. **우리는 예수의 고통으로 인해 생명을 얻었고 인생의 모든 고난을 믿음으로 돌파해나갈 힘을 얻게 되었다. 상처만이 상처를 치유하고 고독만이 고독을 알아본다. 예수의 십자가는 상처 많은 우리 삶에 언제나 깊은 공감과 변화의 능력으로 구원의 그림자를 길게 드리우고 있다.**

세 줄 요약

1. 삶에는 많은 고통이 있다.
2. 고통은 파괴적이지만 건설적인 의미를 함께 가지고 있다.
3. 누구보다 처절한 고통을 겪으신 예수 그리스도 안에서 모든 고통이 극복되고 삶은 변혁된다.

토론 문제

1. 살면서 정말 어려웠던 때는 언제인가? 그 고난을 어떻게 넘어섰는가?
2. 기독교 신앙이 말하는 고통의 이유에는 어떤 것이 있는가?
3. 기독교 신앙은 예수 그리스도의 십자가 죽음과 부활 안에서 하나님이 우리의 모든 고통에 함께하시고 그것을 가장 선한 결과로 이끄신다고 말한다. 이것이 나에게 주는 의미는 무엇인가?

2장_ 인간은 자유로운 존재인가?[1]

들어가는 말

사람들은 모두 자유를 원한다. 자유가 없으면 인간다운 삶은 없다고 보아 "자유가 아니면 죽음을 달라"고 외치기도 한다. 고대 중국의 정치가인 여불위의 『여씨춘추』(呂氏春秋)에는 자화자(子華子)라는 인물이 남긴 말이 다음과 같이 기록되어 있다.

> 온전한 삶(全生)이 첫째이고, 부족한 삶(窮生)이 둘째이며, 죽음(死)이 그다음이고, 핍박받는 삶(迫生)이 제일 못하다. 존중받는 삶은 온전한 삶을 의미한다. 온전한 삶은 인간의 당연한 욕망이 모두 적절함을 얻은 것이다. 부족한 삶은 그 적절함을 부분적으로만 얻은 것이다. 부족한 삶은 엷게 존중받는 삶이다. 부족함이 심하면 그만큼 더 존중받음이 엷어

1 　이 장의 전반부는 철학자 강신주 교수의 저서 『철학 vs 철학』의 "자유는 가능한가?"의 내용을 많이 참고했다. 강신주, 『철학 vs 철학: 동서양 철학의 모든 것』(서울: 오월의 봄, 2016), 357-72.

질 수밖에 없다. 죽음이란 지각 능력을 잃고 삶 이전으로 되돌아간 것을 말한다. 핍박받는 삶이란 인간의 욕망이 그 적절함을 얻지 못하고 최악으로 불쾌한 상태에 있다는 것을 말한다. 굴종이 그렇고 치욕 또한 그렇다. 그래서 "핍박받는 삶은 죽음보다 못하다"고 한 것이다.

자화자는 인간의 삶을 전생(全生), 궁생(窮生), 죽음(死), 박생(迫生)으로 나누고 자유 없이 억압 속에 사는 박생보다는 차라리 죽음이 낫다고 말한다. 인류 역사 특히 **서구 근대와 동북아시아의 역사는 바로 이 "자유와 해방"을 얻기 위해 몸부림친 역사라고 할 수 있다.**

하지만 과연 인간은 자유로울 수 있는 존재인가? 이 질문에 대해 상반되는 두 가지 답이 있을 것 같다. 즉 인간은 철저히 자유로울 수 있고 또 자유로워야 한다. 또한 인간은 처음부터 어디엔가 예속되어 있어서 자유를 갖기 어려운 존재라는 답이다. 무신론적 실존주의 철학자 장 폴 사르트르는 전자를, 마르크스주의 철학자 루이 알튀세르는 후자를 대변한다.

1. 인간은 자유롭도록 저주받은 존재다: 장 폴 사르트르

장 폴 사르트르(1905-1980)는 프랑스의 무신론적 실존주의 철학자로 그의 사상을 이해하려면 20세기 전반의 허무하고 절망적인 상황을 염두에 두어야 한다. 제1차 세계대전과 제2차 세계대전은 자유와 해방을 꿈꾸는 인간의 희망을 완전히 무너트렸고 인간의 연약함과 악함, 생의 부조리, 비극과 공포를 적나라하게 드러냈다. 사르트르는 두 차례의 세계대전 동안 청년기와 장년기를 보내면서 인간과 사회에 대해 음울하고 비관적 시각을 갖게 되었지만, 그렇기 때문에 더욱 인간의 자유로운 선택 능력에 의지하여 인간을 얽매는 모든 억압에서 벗어나고자 한다.

사르트르를 중심으로 일어난 일련의 사상적 흐름을 흔히 무신론적 실존주의라고 부른다. 여기에는 철학자이자 작가인 알베르 카뮈, 소설가 프란츠 카프카, 부조리극 "고도를 기다리며"로 널리 알려진 극작가 사무엘 베케트 등이 포함된다. 사르트르를 위시한 이들 무신론적 실존주의자들의 사상은 다음과 같이 요약될 수 있다.

첫째, 신은 존재하지 않으며 존재하는 것은 오직 물질로 이루어진 세계뿐이다. 세계에는 어떤 선행하는 목적이나 계획 같은 것이 없다. 이 세계는 인간에게 무심하고 냉정하며 부조리하고 전혀 합리적이거나 온정적이지 않다. 그래서 카뮈는 소설 『페스트』에서 "세계는 페스트가 찾아온 도시와 같다"고 말한다.

둘째, 하지만 이 가운데서도 인간은 미래가 결코 결정되어 있지 않은 존재, 곧 자유를 행사하여 스스로 삶을 만들어 갈 수 있는 존재이며 그렇게 할 때 비로소 인간이라고 할 수 있다. 사르트르는 이를 "인간은 자유롭도록 저주받은 존재다"라고 표현한다.

사르트르는 그의 초기 주저인 『존재와 무』에서 인간과 여타 다른 사물 가운데 전자는 "다른 것이 될 수 있는 자유"가 있는 반면 후자는 그런 자유를 가지고 있지 않다는 점에서 철저히 다르다고 하면서, 전자를 "무", 후자를 "존재"라고 부른다. 다시 말해 인간 외의 모든 것은 이미 결정되어 있다는 점에서 "존재"지만, 인간은 아직 결정되지 않은 미완의 어떤 것으로서 얼마든지 다른 것이 될 수 있다는

점에서 "무"(비어 있음)다. 그는 카페 웨이터의 예를 들어 다음과 같이
말한다.

> 카페의 웨이터는, 이 잉크병이 잉크병으로 존재하고 이 안경이 안경으
> 로 존재하는 것과 같은 의미로 직접적으로 카페의 웨이터로 존재할 수
> 는 없다.…(내가 문제의 웨이터라고 한다면) 그 웨이터라는 존재는 타
> 인들이나 나 자신에 대한 "표상"이다. 이것은 나는 단지 표상에서만 웨
> 이터일 수 있다는 것을 의미한다. 그렇지만 설령 내가 나 자신을 웨이터
> 로 표상한다고 해도, 나 자신은 웨이터가 아니다. 나는 주체로부터는 대
> 상이라고 할 수 있는 그 웨이터와 분리되어 있다. 즉 나는 무(無)에 의
> 해 분리되어 있다. 이 무가 나를 그 웨이터로부터 구별하는 것이다. 나
> 는 웨이터로 단지 연기할 수 있을 뿐이다.

지금 어떤 사람이 웨이터 복장으로 홀 서빙을 하고 있다. 사람들은 그
를 웨이터로 여기고 그 사람 역시 그렇게 생각한다. 하지만 그는 언제
나 웨이터이진 않다. 지금 당장이라도 웨이터 일을 관두고 다른 일을
선택할 수 있다. 학교를 갈 수도 있고, 아니면 그냥 쉴 수도 있다. 잉크
병은 어제나 오늘이나 항상 잉크병이고 안경 역시 언제나 그렇지만
웨이터로 일하는 그 사람은 내일이면 얼마든지 달라질 수 있다. 이 점
에서 그는 비어 있어서 다른 무엇으로 채울 수 있는 존재, 곧 "무"다.
그는 자유롭다.

그래서 사르트르는 "(인간에게서) 실존은 본질에 앞선다"고 한다.
본질 곧 "마땅히 그렇게 되어야 하는 본래적 속성" 같은 것은 인간에
게 없다는 말이다. 사람은 모두 매 순간 개별적이고 구체적 형태인 실

존으로 있으면서 계속해서 자신을 새롭게 만들어간다. 사르트르는 이를 다음과 같이 표현한다. "먼저 인간이 존재하고, 나타나고, 무대에 등장했다. 그리고 그 후에야 자신을 정의했다."[2]

물론 신이 있어서 어떤 의도와 목적을 가지고 인간을 만들었다면 인간에게는 마땅히 이루어야 할 어떤 "본질" 같은 것이 있을 것이다. 그러나 사르트르는 무신론자이기 때문에 신의 의도나 목적 같은 것이 있다고 보지 않는다. 그에게 존재하는 것은 인간과 세계뿐이고 이 중 인간이란 그냥 지금 우연히 이곳에 있으면서 매 순간 자기를 새롭게 만들어가는 존재일 뿐이다. 그래서 이렇게 말한다. "만일 신이 존재하지 않는다면, 적어도 그 존재(실존)가 본질을 선행하는 한 존재, 어떤 개념으로도 정의될 수 있기 전에 존재하는 한 존재가 있을 것이다.…그런데 그 존재는 바로 인간이다."

다시 말해 부조리한 세계 속에서도 인간은 자유를 가지고 있으며, 이 자유가 인간을 인간으로 만든다. 하지만 현실 속의 인간은 얼마든지 이 자유를 포기하고 사회가 요청하는 역할을 자신의 운명인 양 성실히 수행하면서 마치 하나의 "사물"처럼 살아갈 수도 있다. 이런 모습 앞에서 사르트르는 구토를 느낀다. 인간이 인간 되기를 거부하고 어쩔 수 없는 숙명 아래 매인 사물로 자신을 전락시킬 때 역겨움을 느낄 수밖에 없다는 말이다. 사르트르는 **현대 자본주의와 기술 관료 사회가 맡겨진 역할만을 충실하게 수행하는 "사물"이 되도록 계속 우리를 강압하고 있으므로 더욱 여기에 저항하고 "자유"를 끝까**

---

2   Jean-Paul Satre, "Existentialism", William V. Spanos가 편집한 *A Casebook on Existentialism* (New York: Thomas Y. Crowell, 1966), 278. 제임스 사이어, 김현수 역, 『기독교 세계관과 현대사상』(서울: IVP, 2007), 164에서 재인용.

지 관철함으로써 인간이 되라고 외친다.

2. 인간의 자기의식(주체의식)은 사회적 훈육 속에 만들어졌다: 루이 알 튀세르

루이 알튀세르(1918-1990)는 프랑스의 마르크스주의 철학자다. 그는 마르크스 경제학에 철학의 옷을 입히고자 했으며, 자본주의가 인간 의 삶을 어떻게 소외시키고 왜곡하는지를 고발하고 이를 극복하는 데 일생을 바쳤다. 알튀세르는 우리가 자유롭게 선택하고 결정했다 고 여기는 것 대부분이 어린 시절부터 오랫동안 사회에서 훈육된 결 과임에 주목한다. 그의 선배인 사르트르가 "자유로운 인간이 되어 보 다 인간적인 사회를 만들어야 한다"고 보았다면, 알튀세르는 "인간이 란 주체는 사회 구조가 만들어낸 것에 불과함을 있는 그대로 볼 수 있 어야 아주 어렵게라도 자유를 희망할 수 있다"고 여겼다. 그는 이런 생각을 그의 유명한 "호명 주체"라는 개념으로 풀어나간다.

> 나는 최초의 정식으로서 모든 이데올로기는 구체적인 개인들을 주체 로 호명한다고 말하고자 한다.…우리는 아주 흔한 경찰의 일상적인 호 명과 같은 유형 속에서 그것을 표상할 수 있다. "어이, 거기 당신!" 만일 우리가 상정한 이론적 장면이 길거리에서 일어난다고 가정하면, 호명 된 개체는 뒤돌아볼 것이다. 이 단순한 180도의 물리적 선회에 의해 그 는 주체가 된다. 왜? 왜냐하면 그는 호명이 "바로" 그에게 행해졌으며, "호명된 자가 (다른 사람이 아니라) 바로 그"라는 사실을 깨달았기 때

문이다(알튀세르, 『이데올로기와 이데올로기적 국가 장치』).

거리를 지나가는데 갑자기 경찰이 "어이, 거기 당신!"이라고 부른다. 그때 당신은 깜짝 놀라면서 왜 경찰이 자신을 부르는지 돌아보고 무엇이 문제인지를 검열하게 될 것이다. 즉 경찰의 호명으로 인해 당신의 정체성이나 주체성을 비로소 확인하게 된다. **그런데 이런 호명은 사회에 편입되는 순간 이미 시작된다. 태어나는 순간부터 우리는 부모와 여타 사회적 대리인들을 통해 사회의 요구와 가치 규범을 받아들이고 그 가운데 자신을 하나의 주체로 만들어간다. 그렇다면 우리는 "자유로운 주체"이기보다 "사회에 의해 훈육되고 구성된 주체"에 불과하며 이 점에서 자유는 아주 힘든 가능성이다.** 여기서 알튀세르는 우리 각자는 자신의 자아 정체성이 어떻게 훈육되고 구성되어왔는지를 발견하고 이를 끊임없이 해체해가는 고통스러운 과정을 통해서만 비로소 독립되고 주체적인 새로운 자아로 우뚝 설 수 있다고 설파한다.

3. 기독교 신앙이 말하는 자유

기독교 신앙은 자유에 대해 어떻게 말하고 있을까? 다음 말씀을 통해 알아보자.

> 그러므로 예수께서 자기를 믿은 유대인들에게 이르시되 "너희가 내 말에 거하면 참으로 내 제자가 되고 진리를 알지니 진리가 너희를 자유롭

게 하리라"(요 8:31-32).

예수께서 이르시되 "내가 곧 길이요 진리요 생명이니 나로 말미암지 않고는 아버지께로 올 자가 없느니라"(요 14:6).

기독교 신앙에 의하면 인간은 자유로운 존재로 지어졌으나, 이 자유를 잘못 사용한 결과 자기 안에 갇힌 존재, 곧 죄 된 존재가 되어버렸다(창 3장). 신학자 아우구스티누스는 이를 "인간은 범죄 이후 죄를 지을 자유만 남게 되었다"고 표현한다. 죄가 찾아온 이후 선을 향한 자유 의지는 사라지고 죄를 향한 열망만 남아 죄에 매인 "노예 의지"가 되어버렸다는 것이다.

하지만 예수가 오심으로 인해 새로운 자유가 가능하게 되었다. 하나님의 아들이며 온전한 진리이신 그분은 "내가 곧 길이요 진리요 생명이니 나로 말미암지 않고는 아버지께로 올 자가 없느니라"(요 14:6)고 선언하셨으며 또한 "진리가 너희를 자유롭게 하리라"(요 8:32)고 말씀하셨다. 그래서 예수를 알 때 우리는 자유롭게 된다. 바울은 이를 가리켜 "그런즉 누구든지 그리스도 안에 있으면 새로운 피조물이라. 이전 것은 지나갔으니 보라, 새것이 되었도다"(고후 5:17)라고 표현한다. 다시 말해 기독교가 말하는 자유는 무제약적인 자유가 아니라 진리 되신 그리스도 안의 제약적인 자유다. 하나의 인격의 모습으로 우리를 찾아온 이 진리 안에 있을 때 우리는 비로소 자유케 된다.

그러나 현대인은 모든 종류의 진리 주장에 근본적인 의심을 갖는다. 진리라고 주장된 사상 대부분이 끊임없이 사람들을 배신하고 고통과 죽음을 가져왔기 때문이다. 지난 20세기만 해도 자본주의, 공산주의, 자유 민주주의, 인민 민주주의, 민족주의 같은 수많은 이데올로기가 진리의 이름으로 인간의 절대적 헌신을 요구해온 가운데 많은 피가 뿌려졌다. 그래서 이제 사람들은 진리 담론을 믿지 않고 그 이면에 불순한 의도가 도사리고 있을지 모른다고 의심한다. 모든 진리 주장은 일종의 권력 놀이(power play)에 불과하다는 생각을 떨치지 못하는 것이다.

하지만 조금만 들여다보면 우리 인간에게 허용된 자유는 "제약 없는 자유"가 아닌 "일정한 제약 속의 자유"임을 알 수 있다. 우리 모두는 먹고 싶은 대로 먹을 자유를 가지고 있지만 이런 자유를 무제약적으로 행사하다 보면 어느 날 몸이 이상 신호를 보내고 "이대로 두면 큰일 난다"는 의사의 진단을 듣게 된다. 우리의 건강은 몸의 신호와 의사의 처방 아래 먹는 자유를 통제할 때만 유지되는 것이다. 배의 선장도 마찬가지다. 그는 원하는 대로 배를 이끌어 갈 수 있으나 적어도 위험한 해협을 통과할 때는 자기 생각을 내려놓고 해도를 따라 조심스럽게 운항하는 자유를 선택해야만 승객과 선원의 안전을 지킬 수 있다. **다시 말해 해방과 생명을 가져오는 자유는 특정한 제약 아래의 자유다.** 성경은 이를 "진리가 너희를 자유롭게 하리라"(요 8:32)는 말로 표현한다. 진리의 품 안에서 비로소 자유가 가능하다는 뜻이다. **기독교 신앙은 이 진리가 예수 그리스도라는 한 인격의 모습으로 우리를 찾아왔다고 전한다. 그러니 우리는 예수와 그 말씀의 권위 아래 있을 때 비로소 자유롭게 된다. 그래서 중요한 질문은 바로 지금 예수와 그 말씀의 권위 아래 살고 있느냐는 것이다.** 예수라는 참된 진리, 참된 생명, 참된 사랑의 권위 아래 살아간다면 우리는 자유하게 될 것이다. 따라서 성경은 계속해서 예수의 아버지 되신 하나님께로 돌아오라고 말한다. 하나님 안에 있을 때 우리는 속박되는 것 같지만 실상 가장 자유롭고 해방된 존재가 되기 때문이다.

이렇게 보면 자유를 처절히 부르짖었던 사르트르는 기독교 신앙이 말하는 자유의 그림자를 흘깃 본 것이라고 말할 수 있고, 사회 구조와 독한 훈육의 속박 아래서 자유의 가능성을 어렵게 본 알튀세르는 죄악 가운데 자유를 잃어버린 현실적 인간의 모습을 말하고 있다고 할 수 있다. 기독교 신앙은 이 양자를 같이 품으면서 예수 안에 참된 자유가 있다고 선포한다.

나가는 말

누구나 자유를 원하지만 자유로운 삶은 쉽지 않다. **성경은 우리가 육신의 욕심, 세상의 유혹, 성경이 사탄 마귀라고 부르는 구조화된 악의 힘이라는 세 가지 악한 힘의 영향 아래에 있다고 말한다. 그래서 자유는 쉽게 오지 않는다. 하나님은 예수 그리스도 안에서 진정한 자유와 안식을 선물로 주시지만, 이를 계속 누리고 살기 위해서는 훈련이 필요하다.** 말씀 묵상 훈련, 기도 훈련, 성품 훈련, 예배 훈련, 사랑과 나눔의 훈련, 자기를 쳐서 복종시키는 훈련이 필요하다. 이런 훈련을 통해 우리의 믿음이 자라고, 우리는 믿음이 자란 만큼 자유를 누리게 된다. 신학자 디트리히 본회퍼는 이를 「자유를 향한 도상에서의 정거장」이란 시에서 다음과 같이 말하고 있다.

훈련

그대가 자유를 찾아서 떠나려 하면
욕망과 그대의 지체가 그대를 이리저리 끌고 다니지 않도록
먼저 그대의 영혼과 감각을 훈련하는 것을 배우라.
정신과 육체를 정결케 하고
그대에게 정해진 목표를 찾아 거기에 복종하고 또 순종하라.
훈련을 거치지 않고서 자유의 비결을 맛본 자는 없나니.

이 훈련은 우리가 죽을 때까지 계속될 것이다. 하나님은 예수 그리스
도 안에서 우리를 속박에서 해방하여 자유를 주셨지만, 이 자유는 계
속된 훈련을 통해 넓고 깊어져야 하는 그런 자유다.

세 줄 요약

1. 인간은 자유를 원하지만 자유를 얻기는 심히 어렵다.
2. 참다운 자유는 예수 그리스도 안에 있다.
3. 예수 안에서 얻은 자유는 계속된 영적 훈련을 통해 더 깊어진다.

토론 문제

1. 내가 얽매여 있고 자유가 없다는 생각을 심각하게 해본 적이 있는가? 언제 그랬 는가?
2. 철학자 사르트르는 "인간을 진정 인간으로 만드는 것이 자유"라고 한다. 이 말에 동의하는가?
3. 알튀세르는 우리의 삶과 욕망은 실상 사회가 훈육하고 구성한 것에 불과하다고 주장한다. 이 판단에 동의하는가? 만일 그렇다면 어떻게 거기에서 벗어날 수 있 는가?
4. 기독교적인 관점으로 볼 때 어떻게 우리에게 자유가 찾아오는가?
5. 참다운 자유를 얻기 위해 지금 나에게 어떤 훈련이 필요한가?

3장_ 행복한 삶은 어떻게 이루어지는가?

들어가는 말

근대 이전의 사람들은 인생에 꼭 필요한 지식과 지혜는 세월의 흐름에 따라 천천히 축적되어 간다고 보았다. 그래서 오래 살아온 노인들의 지혜와 경험을 높이 사고 과거의 위대한 전통을 존중하는 태도로 대했다. 하지만 근대 이후 분위기가 사뭇 달라진다. **18세기 이후 근대 정신은 프랑스의 계몽주의, 독일의 관념론, 영국의 경험론 등을 거치면서 과거의 지혜를 부족한 것 또는 폐기해야 할 미신적인 것으로 여겼으며, 논리적 사유와 경험적 탐구만이 참된 지식을 가져오고 세계의 비밀을 알 수 있게 한다고 보았다.** 19세기 들어서 본격화된 이런 근대적인 사고방식은 많은 것을 성취해냈다. 놀라운 물질적 풍요를 가져왔고 질병을 물리쳤으며 인간의 평균 수명을 엄청나게 연장시켰고 세계를 훨씬 예상 가능하고 안전한 장소로 만들었다. 세계 곳곳에 자유와 해방의 바람이 불어 여성 해방, 노예 해방, 아동 권익 보호 같은 가치가 중요해진 것도 이런 근대적인 사고방식의 긍정적인 영향이다.

하지만 이런 근대 정신은 우리 삶의 의미와 행복을 밝히고 마음의 자유와 평화를 가져오는 데는 그다지 성공하지 못한 것 같다. 현대인들은 과거 어느 때보다도 공허와 무의미에 시달리고 있다. 이전 시대의 사람들은 짧은 인생을 살면서 혹독한 가난과 곤궁을 경험했지만, 삶의 의미와 행복이란 점에서는 현대인보다 나은 삶을 살았던 것 같다. 과학과 기술의 발전을 통해 세계의 운명을 더 잘 통제할 수 있게 되었음에도 불구하고, 현대인들이 과거의 사람들보다 더 행복하다고 말하기는 쉽지 않은 것이다. 히브리 대학교의 역사학 교수 유발 하라리는 이 현상을 보고 "현대인들은 세계를 지배하는 능력은 얻었으나 자신을 행복하게 만드는 능력은 얻지 못했다"고 표현했다.

행복은 도대체 어떻게 오는 것일까? 크게 보아 두 가지 답이 가능할 것이다. 첫째, 행복은 어디에도 얽매이지 않고 가장 자기답게 살 수 있을 때 온다. 둘째, 행복은 자기보다 큰 원리에 순복할 때 온다. 고대 헬레니즘 시대를 양분하는 에피쿠로스 학파와 스토아 학파는 두 입장을 각각 대변한다.[1]

1. 에피쿠로스 학파: 자신의 삶을 우선시하고 각자의 욕망에 충실하라

에피쿠로스 학파를 대표하는 인물은 고대 그리스의 철학자 에피쿠로스(기원전 341-기원전 270)와 로마의 시인 루크레티우스(기원전 96-기원

---

[1]   아래 내용은 강신주, 『철학 vs 철학』(서울: 오월의 봄, 2016), 74-93을 많이 참고했다.

전 55)다. **에피쿠로스 학파의 가르침은 대단히 직설적이고 분명하다.
곧 쾌락은 좋은 것이며, 삶의 목표는 가능한 한 즐겁고 행복하게 사는
데 있다는 것이다.** 그래서 이들은 인생의 기쁨과 쾌락을 저해하는 요
소를 우리 삶에서 떼어내려고 노력했다. 가령 신들이 존재하고 그들
이 인간 삶에 영향을 미친다는 생각은 인간에게 아무 도움이 되지 못
한다. 신들의 심판과 저주를 생각하면서 살다 보면 누구도 행복할 수
없기 때문이다. 그래서 이렇게 조언한다. "신들이 있는지 없는지는
모르겠다. 하지만 설혹 있어도 세상일에 관여하지 않고 당신에게 관
심을 두지 않을 것이다. 그러니 신들의 생각에 너무 휘둘리지 말고 각
자 알아서 행복의 길을 찾으라."

더 나아가 이들은 영혼과 내세도 부인한다. 이들은 몸이 죽으면
정신 작용인 영혼도 끝나므로, 영혼이니 내세니 하는 데 골몰하다가
눈앞의 기쁨과 즐거움을 놓치지 말라고 조언한다. 루크레티우스의
말을 들어보자.

> 마음이 신체와 더불어 생겨나며 신체와 함께 성장하고 신체와 함께 늙
> 어 감을 우리는 지각한다. 부드럽고 연약한 신체를 가진 어린아이가 간
> 신히 걷듯이, 그들의 판단력도 미약하다. 성숙해져서 힘이 강해질 때,
> 그들의 판단도 나아지고 그들의 마음의 힘도 강해진다. 나중에 거친 세
> 월의 힘이 그들의 신체를 공격하고, 수족이 무디어져 제대로 힘을 쓰지
> 못하게 된 후에, 지력이 떨어지고 혀가 헛돌아가며, 마음을 갈팡질팡하
> 고, 이와 동시에 모든 것이 약해지고 스러진다. 그래서 생명력이 있는
> 실체는 모두 연기처럼 공기 중의 높은 미풍으로 흩어져버리는 것이 적
> 절한 일이다(루크레티우스, 『사물의 본성에 관하여』).

루크레티우스에 의하면 우리의 몸과 마음은 긴밀하게 연결되어 있다. 몸이 자라면 정신도 함께 자라고, 나이 들고 병들어 몸이 쇠약해지면 정신도 약해지며, 결국 몸이 죽으면 정신도 소멸된다. 그것으로 끝이다. 다시 말해 사람들이 흔히 말하는 신, 영혼, 내세 같은 것은 없으며, 오직 있는 것은 나 자신과 이 세상뿐이다. 그러니 내세의 축복이나 심판 따위에 마음 쓰지 말고 그냥 지금 최대한 즐겁고 행복하게 살라는 것이다. 그런데 이런 생각은 소비자본주의 시대를 살아가는 현대인들의 속내와 너무 닮지 않았는가? 현대인들 역시 개인적인 쾌락과 행복을 가장 중요하게 여긴다. 신과 같은 초월적인 존재는 없고 설령 있어도 우리 삶에 영향을 미치지 않으며 사람은 죽으면 그것으로 끝이니 지금 여기에서 기쁘고 즐겁게 살아가는 것이 가장 중요하다는 생각을 널리 받아들이고 있지 않는가? 그래서 **신약학자 N. T. 라이트는 현대인을 지배하고 있는 주된 정신이 바로 이 에피쿠로스주의라고 말한다.**[2] 신, 인간의 영혼, 죽음 이후에 영혼이 돌아갈 내세의 존재를 아주 당연히 여기던 고대 사회에서 이 모두를 부인한 에피쿠로스주의는 매우 용감하고 이단적인 사상이었다.

그런데 여기서 한 가지 확인하고 넘어갈 부분이 있다. **그 특성으로 인해 에피쿠로스 학파는 흔히 쾌락주의(Hedonism)로 간주된다. 그런데 이들이 말하는 쾌락주의에는 두 가지 중요한 특징이 있다. 첫째, 이들이 말하는 쾌락은 모든 사람에게 개방된 쾌락이었다.** 이들은 귀족이나 부자 남성 같은 특권층뿐만 아니라 모든 사람이 행복을 누릴

---

2 Wright는 이 점을 그의 여러 저서에서 말하고 있는데, 특히 2018년 2월에 열린 기포드 강좌에서 이 주장을 상세히 논했다. 해당 영상 주소는 다음과 같다. https://youtu.be/zdUM0ZB5zT0.

권한이 있으며, 사회 역시 그 속의 모든 사람이 행복을 누릴 수 있도록 운영되어야 한다고 보았다. 실상 에피쿠로스는 아테네 교외에 구입한 정원에서 공동체 생활을 하면서 이곳을 "에피쿠로스의 정원"이라 불렀는데, 여자, 노예, 빈민 같은 사회적 약자들도 언제든 이곳에 와서 쉬고 먹고 대화를 나눌 수 있게 했다고 한다. **둘째, 이들은 쾌락에도 등급이 있다고 보았다.** 이들이 볼 때 맛있는 것을 먹고 원하는 물건을 소유하며 마음에 드는 사람과 성관계를 맺는 것 역시 쾌락을 주지만, 이런 종류의 쾌락은 일시적이고 열등한 쾌락인 반면 **정말 중요한 것은 정신적이고 영적인 쾌락이었다.** 따라서 몸의 고통이나 마음의 혼란으로부터 해방되어 평정을 누리는 것이 진정한 자유이자 진정한 쾌락이기 때문에 이런 높은 차원의 쾌락을 지향하며 살아야 한다고 가르쳤다.

> 쾌락이 행복한 삶의 출발점이자 끝이라고 우리는 말한다. 쾌락이 원초적이고 타고날 때부터 좋은 것이라고 인정하기 때문이다. 우리는 선택하거나 회피하는 모든 행위를 쾌락에서 시작하며, 우리의 쾌락 경험을 모든 좋은 것의 기준으로 사용하면서 쾌락으로 되돌아간다.…그러므로 "쾌락이 목적이다"라고 할 때 이 말은 우리를 잘 모르거나 우리 입장에 동의하지 않는 사람들이 생각했던 것처럼 방탕한 자들의 쾌락이나 육체적인 쾌락을 의미하는 것이 아니다. 내가 말하는 쾌락은 몸의 고통이나 마음의 혼란으로부터의 자유다. 왜냐하면 삶을 즐겁게 만드는 것은 계속 술을 마시고 흥청거리는 일도 아니고, 욕구를 만족시키는 일도 아니며, 물고기를 마음껏 먹거나 풍성한 식탁을 가지는 것도 아니고, 오히려 모든 선택과 기피의 동기를 발견하고 공허한 추측들—이것 때문

에 마음의 가장 큰 고통이 생겨난다—을 몰아내면서 멀쩡한 정신으로 헤아리는 것이기 때문이다(에피쿠로스, 『메노이케우스에게 보내는 서한』).

에피쿠로스 학파의 주장을 요약하면 다음과 같다.

① 인생의 목적은 최대한 행복하게 사는 데 있다.

② 신이나 내세가 있는지는 잘 알 수도 없거니와, 안다고 해도 그것이 행복을 가져오지 않는다. 그러니 그런 것에 대해 생각할 필요가 없다. 그냥 오늘을 즐겁게 살아라.

③ 특정한 사람 아닌 모든 사람이 이런 행복을 누릴 권한을 갖고 있다.

④ 쾌락에도 등급이 있다. 즉 우월한 쾌락과 열등한 쾌락으로 나뉜다. 정녕 추구할 가치가 있는 쾌락은 정신적이고 영적인 쾌락이다.

그래서 우리는 의미 있고 가치 있는 일을 추구하고, 몸의 건강과 마음의 평안에 집중해야 하며, 마음이 맞는 좋은 사람들과 소박하지만 즐거운 식사를 나누는 경험 등을 소중히 여겨야 한다.

2. 스토아 학파: 전체와의 조화를 추구하라

스토아 학파는 에피쿠로스 학파와 함께 헬레니즘 시대를 양분했다. 키케로, 마르쿠스 아우렐리우스, 세네카 같은 스토아 사상의 대변자들은 인간 정신과 사회 및 우주의 이면에 근본적인 원리, 법칙, 이념이 있다고 여기고 이를 로고스라고 불렀다. 이들에 의하면 우주는 맹

목적이고 잔혹하며, 많은 경우 우연이 지배하는 것 같지만 우리가 전체로서의 우주를 보지 못하기 때문에 그렇게 여길 뿐이다. **전체로서의 우주는 조화롭고 질서 정연하고, 인간 삶의 목적은 이 전체로서의 우주의 조화와 질서를 알고 거기에 맞추어 살아가는 데 있으며, 그럴 때 사람들이 비로소 행복할 수 있다고 가르쳤다.**

> 우주의 본성은 자발적 운동과 노력, 그리고 욕구를 지닌다(키케로, 『신 본성론』).

> 모든 원인의 결과를 지각하는 사람이 있을 수 있다면 어떤 것도 그를 속이지 못할 것이다. 미래 사건의 원인을 파악하는 사람이라면 일어날 모두를 분명히 파악할 것이기 때문이다.…시간의 경과는 줄을 다시 푸는 것과 같으며, 새로운 것을 만들지 않는다(폰 아르님, 『초기 스토아 철학자의 단편』).

둘둘 말린 실패에서 실을 풀어나가는 것을 생각해보자. 스토아 철학자들은 세계의 진행 과정이 이와 같다고 여겼다. 중간에 어둡고 칙칙하며 이해하기 어려운 일들이 발생한다. 그렇더라도 그런 사건은 이미 정해져 있고 필요한 것이다. 실패에서 실이 모두 풀어지면서 전체가 드러날 때 우리는 그처럼 흉하고 이해하기 어려운 사건도 꼭 필요해서 일어난 것이고, 오히려 그런 것들 때문에 전체의 조화와 질서가 완성되었음을 깨닫게 될 것이다. 그래서 황제 철학자인 마르쿠스 아우렐리우스는 이렇게 말한다. "전체에 이로운 것이라면 부분에게도 해롭지 않다. 전체는 그에게 이롭지 않은 것을 지니지 않기 때문이다.…내가 그런 전체의 한 부분이라는 점을 기억하는 한 나는 어떤 일이 일어나더라도 크게 만족할 것이다"(마르쿠스 아우렐리우스, 『명상록』).

그래서 스토아 학파는 어떤 일이 일어나더라도 감정에 휘둘리지 않고 초연한 마음의 태도인 "아파테이아"를 중요하게 여겼다. 세계가 그와 같은 곳이라면 우리는 불행이 와도 의연할 수 있으며 행운이 와도 과도하게 기뻐하지 않을 것이다. 불행이든 행운이든 모두 전체로서의 세계가 자신을 전개해가는 과정의 한 부분인 필연적 운명으로 나에게 주어졌기 때문이다. 흥미로운 것은 이런 초연한 태도가 이미 한국을 포함한 동북아시아의 사유에서 오래전부터 나타나고 있었다는 점이다. 우리가 잘 알고 있는 새옹지마(塞翁之馬) 이야기나 진인사대천명(盡人事待天命)의 태도는 스토아 철학과 매우 흡사한 성격을 갖고 있다.

정리하면 헬레니즘 철학은 에피쿠로스 학파와 스토아 학파로 양분된다. 에피쿠로스 학파는 각 개인의 삶과 행복을 가장 중요하게 여기며 어떤 사상이나 체제가 이를 억압할 때 과감히 맞서 싸워야 한다고 본다. 이에 반해 스토아 학파는 각 사람의 삶보다 전체 질서를 더 중요하게 여긴다. 이들은 우리 삶에 이해할 수 없는 실패와 고통이 일어난다 해도 그것 역시 전체의 조화와 질서를 위해 필요해서 발생했음을 알고 초연한 태도로 받아들이라고 권면한다.

3. 성경은 행복에 대해 어떻게 말하는가?

성경은 행복에 대해 어떻게 말하고 있을까? 다음 말씀을 중심으로 살펴보자.

> 복 있는 사람은 악인들의 꾀를 따르지 아니하며 죄인들의 길에 서지 아니하며 오만한 자들의 자리에 앉지 아니하고 오직 여호와의 율법을 즐거워하여 그의 율법을 주야로 묵상하는도다. 그는 시냇가에 심은 나무가 철을 따라 열매를 맺으며 그 잎사귀가 마르지 아니함 같으니 그가 하는 모든 일이 다 형통하리로다. 악인들은 그렇지 아니함이여, 오직 바람에 나는 겨와 같도다. 그러므로 악인들은 심판을 견디지 못하며 죄인들이 의인들의 모임에 들지 못하리로다. 무릇 의인들의 길은 여호와께서 인정하시나 악인들의 길은 망하리로다(시 1편).

1) 참된 행복은 가능하다
누구나 행복한 삶을 갈망하지만 행복은 얻기 어렵고, 또 얻어도 금방 사라지거나 시들해져 버린다. C. S. 루이스는 이 점을 다음과 같이 잘 표현하고 있다.

> 자기 마음속을 들여다볼 줄 아는 사람이라면 누구나 알겠지만, 우리는 이 세상에서 얻을 수 없는 무언가를 간절히 원합니다. 세상 온갖 것이 당신에게 그것을 주겠다고 약속하지만, 결코 그 약속을 지키지 못합니다. 처음 사랑에 빠지거나 외국을 떠올리거나 흥미로운 과목을 접할 때 우리 안에 일어나는 동경이 있습니다. 그런데 그 동경은 결혼이나 여행

이나 학업으로도 채울 수 없어요. 지금 저는 결혼이나 여행이 잘 안 풀린 경우를 말하는 게 아니라, 그것들을 최고로 이룬 경우를 말하는 겁니다. 동경의 첫 순간에만 잡힐 듯하다가 현실 속에서 바로 사라져버리는 뭔가가 있습니다. 우리의 배우자는 좋은 사람이고, 우리가 본 경치는 훌륭하며, 우리가 가진 직업도 아주 흥미로운 분야일 수 있지요. 그런데도 "그것"은 우리를 피해 달아납니다.[3]

루이스의 말처럼 우리를 잠시 기쁘고 행복하게 만들어주는 것들은 많다. 하지만 영속적인 기쁨을 주고 우리의 영원한 동경을 온전히 만족시켜주는 것은 없다. 그래서 우리는 진정한 의미에서의 행복이란 없다고 말한다. 하지만 시편 1편은 인생에서 행복이란 것이 정말로 가능하다고 선언한 후 이야기를 이어간다. 이 시는 "행복하여라"라는 말로 시작한다. 이는 인생에서 진정한 행복이 가능하다는 뜻이다.

왜 참다운 행복이 가능하다고 말할 수 있을까? 사랑의 하나님이 우리의 행복을 정녕 원하시기 때문이다. 이를 잘 보여주는 것이 요한복음 3:16이다. "하나님이 세상을 이처럼 사랑하사 독생자를 주셨으니 이는 누구든지 저를 믿으면 멸망치 않고 영생을 얻게 하려 하심이라." 하나님은 우리를 사랑하시기 때문에 그 아들을 보내심으로써 우리로 하여금 하나님 안의 풍성하고 충만하며 행복한 삶인 영생을 누리게 하셨다. 그런가 하면 로마서 8:1-2은 "그러므로 이제 그리스도 예수 안에 있는 자에게는 결코 정죄함이 없나니 이는 그리스도 예수 안에 있는 생명의 성령의 법이 죄와 사망의 법에서 너를 해방하였

---

3   C. S. Lewis, *Mere Christianity* (New York: HarperCollins, 2001), "Hope," 134-38.

음이라"라고 선포함으로써 우리의 모든 행복과 기쁨을 삼켜버리는 정죄와 심판은 예수 그리스도 안에서 극복되었으며 이제 우리는 하나님의 은혜로 생명과 사랑과 기쁨을 가져오는 성령의 법 아래 살게 되었다고 말한다. 이처럼 성경에 따르면 우리는 참된 행복을 얻을 수 있다.

2) 행복하려면 지켜야 할 삶의 원칙이 있다

하지만 행복하려면 유념해야 할 삶의 원칙이 있다. 시편 1편은 복되고 행복하게 되는 사람의 특징을 두 가지로 말한다. **첫째, 그는 하지 않는 일들이 있다.** 그는 악인들의 꾀를 따르지 않고 죄인들의 길에 서지 않으며 오만한 자들의 자리에 앉지 않는다. 즉 악한 길에 머물지 않고 계속해서 선을 택한다(시 1:1). **둘째, 하는 일이 있다.** 그는 여호와의 율법을 즐거워하면서 그 율법을 밤낮으로 묵상한다. 말씀은 하나님 마음의 반영이자 하나님이 우리 삶을 찾아오시는 구체적인 방식이다. 그래서 말씀을 묵상하는 것은 곧 하나님 자신을 묵상하고 기뻐하는 것이다. 자연계에 자연의 질서가 있고 사람의 마음속에도 도덕 법칙이 내재되어 있듯이, 행복하고자 하면 해야 할 일들이 있고 피해야 할 일들이 있다. 한마디로 행복하려면 지켜야 할 삶의 원칙이 있는 것이다.

3) 행복은 조건이 아닌 관계의 문제다

우리는 행복을 곧잘 어떤 조건의 결핍과 연결시킨다. 지금 돈이 없기 때문에, 건강하지 않아서, 사업에 실패했기 때문에, 사랑을 잃어버렸기 때문에 행복하지 않다고 생각한다. 실제로 문제가 해결되면 행복이 찾아오기도 한다. 하지만 조건에 근거한 행복은 금방 사라진다. 곧 새로운 욕망, 목마름, 문제가 찾아오고 이것이 끊임없이 반복된다. **외적 상황이나 조건이 진정한 행복을 가져다주지는 않음을 우리는 이미 경험으로 알고 있다.**

이에 반해 시편 1편의 저자에 따르면 행복한 사람은 시냇가에 심긴 나무와 같다. 마르지 않는 시냇물에 뿌리를 잇대어 있는 이 나무는 잎사귀가 마르지 않고 때를 따라 열매를 맺는다. 즉 **마르지 않는 시냇물에 뿌리를 잇댄 채로 끊임없이 그 관계 속에서 힘을 얻는 것이 행복의 요체라는 것이다.** 여기서 시냇물은 하나님과 그분의 말씀을 가리키는 은유다. 하나님의 말씀을 통해 그분과 관계를 맺고 거기서 힘을 얻을 때 우리는 결국 행복할 수 있다. 물론 이때도 어려움은 있다. 언제나 열매를 맺는 것은 아니고 시절을 따라 때가 이를 때 열매를 맺는다. 그러니 열매가 없을 때도 있고 어려움과 실패도 경험한다. 그러나 근본은 흔들리지 않는다. 시냇물에 뿌리를 계속 잇대고 있기 때문에 잎사귀가 마르지 않아 결국 열매를 맺는다. 사도 베드로는 박해 가운데 있는 그리스도인들을 향해 "너희가 이제 여러 가지 시험으로 말미암아 잠깐 근심하게 되지 않을 수 없으나 오히려 크게 기뻐하는도다"(벧전 1:6)라고 말한다. 이렇게 기뻐할 수 있는 이유는 하나님이 예수 그리스도의 부활을 통해 우리를 거듭나게 하심으로써 산 소망을 갖게 하셨기 때문이고(벧전 1:3), 우리는 그분의 능력으로 인해 모든 어려움 속에서도 보호를 받는다는 사실을 믿기 때문이다(벧전 1:5). **행복은 "조건"이 아닌 영원한 하나님과의 관계 속에서 이루어진다.**

이런 의인의 삶은 악인의 삶과 극명하게 대조된다. 악인의 삶은 바람에 날리는 겨처럼 끝없이 너풀거린다. 바쁘고 급하고 변화가 많다. 때로는 이런 모습이 멋있어 보이기도 한다. 많은 이들이 이런 주목받는 화려한 삶을 원한다. 그러나 시간이 지나고 나면 결국 바람에 나는 겨일 뿐임을 알게 된다. 어디로 갔는지 살펴도 더 이상 보이지 않는다.

4) 결국 행복은 올바른 관계 속에서 맺어지는 올바른 삶의 결과다

행복은 어떤 조건에서 오지 않는다. 행복한 결혼이 인생의 우선순위인 사람은 배우자에게 집착하기 쉽다. 성공적인 커리어가 인생의 우선순위인 사람은 이를 이루기 위해 다른 소중한 것을 희생하기 쉽다. 돈이 인생의 행복을 가져다주는 가장 큰 요인이라고 여기는 사람은 돈의 노예가 된다. 행복한 결혼, 성공적인 커리어, 물질은 모두 좋은 것이지만 유한하고 일시적인 것이다. 그런 것을 절대적인 가치로 삼으면 인생의 우상이 되어 우리의 경배와 희생을 요구하다가 결국 더 큰 불행과 환멸을 가져온다. **행복은 직접적으로 얻을 수 있는 것이 아니다. 행복은 하나님과 올바른 관계를 맺고 거기에 기초하여 삶을 살아갈 때 얻을 수 있는 결과물이다.**

나가는 말

기독교 신앙의 관점에서 볼 때 행복은 하나님과 맺는 사랑의 관계 안에서 그분의 말씀이 우리를 이끌고 우리가 그 말씀의 권세 아래 순종할 때 "결과물"로 주어지는 것이다. 물론 이렇게 살더라도 어려움은 있다. 육신을 입은 채로 아직 구속받지 못한 세상에서 사는 삶이 어떻게 마냥 행복하기만 하겠는가? 그러나 예수 안에 있을 때 우리는 크게 흔들리지 않는다. 그때 하나님이 주시는 행복은 우리의 삶을 반짝거리게 만들고, 그 반짝거림이 다시 우리에게 진정한 행복의 나라와 본향을 기억하고 그리워하게 만든다. 그래서 금방 지나가는 작은 행복의 순간들은 결국 가장 온전하고 영속적인 진짜 행복이 우리 앞에 놓여 있음을 일깨우는 표징일 수 있다. C. S. 루이스는 이를 다음과 같이 표현했다.

> 피조물이 태어날 때부터 느끼는 욕구가 있다면 그 욕구를 만족시켜줄 것 또한 있는 것이 당연합니다. 아이는 배고픔을 느끼며 그래서 음식이라는 것이 있습니다. 새끼 오리는 헤엄치고 싶어 하며 그래서 물이라는 것이 있습니다. 사람은 성욕을 느끼며 그러니까 성관계라는 것이 있는 것입니다. 그런데 이 세상에서 경험하는 것들로는 결코 충족되지 않는 욕구가 내 속에 있다면, 그것은 내가 이 세상이 아닌 다른 세상에 맞게 만들어졌기 때문이라는 것이 가장 그럴법한 설명입니다. 지상에서의 쾌락으로 그 욕구를 채울 수 없다고 해서 세계 전체를 가짜라고 말할 수는 없습니다. 그렇다면 거의 틀림없이 지상의 쾌락은 처음부터 이 욕구를 채워주기 위해 생긴 게 아니라, 다만 이 욕구를 기억나게 하고 진짜 쾌락이 어떤 것인지 암시해주려고 생겼을 것입니다. 그렇다면 한편으로는 이 지상의 축복들을 하찮게 여기거나 무시하지 않도록 조심하고, 다른 한편으로는 이런 쾌락들이 그저 복사판이나 메아리나 신기루에 불과하다는 것을 잊지 말아야 하겠습니다. 진짜 고향을 그리워하는 욕구는 죽은 이후에야 채워질 수 있는만큼 이것이 사라지지 않도록 잘

지켜야 합니다.[4]

세 줄 요약

1. 하나님은 우리가 행복하기를 원하신다.
2. 행복은 조건에 의해 이루어지지 않는다.
3. 행복은 하나님과 인격적인 관계를 맺는 과정에서 길러지고 훈련되는 삶의 결과물이다.

토론 문제

1. 지금 행복하지 않다면 그 이유는 무엇인가?
2. 어떻게 하면 행복할 수 있을까?
3. 시편 1편은 행복에 이르는 길에 대해 어떻게 가르치는가?

---

4   Ibid., 139.

4장_ 인간 곤궁의 근본 이유는 무엇인가?

들어가는 말

사는 것은 결코 쉽지 않다. 우리 삶의 많은 부분은 슬픔과 고통 가운데 지나간다. 그러다가 노년이 찾아오고 병들고 마침내 죽는다.

인생은 왜 그렇게 힘든 것일까? 그 이유와 해결책은 무엇일까? 수많은 철학자와 종교인이 그 답을 찾기 위해 노력해왔다. 그런데 기독교 신앙은 이에 대해 아주 단순하고 분명하게 답한다. 인간의 삶이 힘들고 어려운 것은 "죄" 때문이다. 죄가 인생의 근본 문제다. 따라서 죄의 문제가 해결되면 삶의 문제도 해결된다. 그리고 기독교 신앙은 예수가 바로 이 죄의 근본적인 해결자라고 말한다. 마태복음 1:21에 따르면 예수가 이 땅에 오신 이유는 "자기 백성을 그들의 죄에서 구원"하기 위함이라고 한다. 먼저 인간이 곤궁한 이유에 대한 답변들을 살펴본 후 죄의 문제를 다루어보자.

1. 인간 곤궁의 이유에 대한 다양한 답변들

1) 불교의 답변

불교의 가르침에 의하면 삶의 근본적인 문제는 고통이다. 석가가 붓다(부처) 곧 깨달은 자가 된 다음 제자들과 함께 가야산의 작은 언덕에 올라보니 저 멀리 왕사성의 한 귀퉁이가 불에 타고 있었다. 그 모습을 보면서 부처는 이렇게 가르쳤다. "비구여, 모든 것이 불타고 있다. 비구여, 눈에도 불이 타고 마음과 눈이 물건에 접촉할 때 감각에도 불이 타고 있다. 비구여, 만일 이 가르침과 같이 여섯 가지 감각 기관이 빛깔, 소리 등 여섯 가지 경계를 좇아 타는 불이 일어남을 알고 그것을 멀리 여읠 줄을 알아서 삼독(三毒)[1]의 불을 떠나면 '나는 해탈했다'는 지혜가 나며 번뇌가 다하고 깨끗한 범행(梵行)[2]이 성취되어 나고 죽는 수레바퀴가 머물게 되리라."

　　부처는 지금 온 세상과 각 사람의 마음이 고통과 번뇌의 불길에 타들어 가고 있다고 한다. 이 고통과 번뇌의 불길은 어디에서 왔는가? 불교의 가르침에 의하면 부질없는 집착에서 비롯된 것이다. 이 세상 그 무엇도 영원불변하지 않은데, 우리는 현재 있는 건강, 명예, 젊음, 미모, 물질, 지식 같은 것들이 사라지면 자신의 존재 의미와 가치도 사라지는 줄 알고 죽도록 집착한다. 집착이 클수록 번뇌와 고통

1　　삼독은 해탈을 방해하는 근본적인 세 가지 문제 곧 탐욕, 진에(분노·노여움), 우치(어리석음)를 가리키는 말로 흔히 "탐·진·치"라 부른다. 탐은 좋아하는 대상에 대한 집착, 진은 좋아하지 않는 대상에 대한 혐오 및 불쾌한 감정, 치는 어리석음 곧 바른 도리에 대한 무지를 가리킨다.
2　　열반에 이르기 위해 맑고 깨끗한 자비심으로 중생을 제도하는 행위다.

도 커진다. 그래서 이 집착을 벗어나서 항구적인 나도 세상도 없으며 모든 것이 일시적이고 가변적임을 깨달을 때, 비로소 고통과 번뇌의 불길이 꺼지고 윤회의 사슬에서 벗어나 열반에 이르게 된다.

그래서 불교는 고집멸도(苦集滅道, 세상은 고통으로 가득하며 이 고통은 집착 때문이고 이 집착을 멸할 때 도에 이른다)라는 **사성제**(四聖諦, 네 가지 거룩한 가르침)와 이를 이루기 위한 여덟 가지 올바른 길인 **팔정도**(八正道)를 말한다. 팔정도는 구체적으로 정견(正見), 정사유(正思惟), 정어(正語), 정업(正業), 정명(正命), 정념(正念), 정정진(正精進), 정정(正定)을 가리킨다.

2) 유교의 답변

유교의 가르침에 따르면 인간 곤궁의 이유는 사람들이 본성을 거슬러서 살고 있기 때문이다. 사람의 마음에는 하늘이 부여한 가르침(천명), 즉 사람이라면 마땅히 따라서 살도록 되어 있는 원래의 지극한 마음이 있다. 맹자는 이를 가리켜 측은지심(惻隱之心), 수오지심(羞惡之心), 사양지심(辭讓之心), 시비지심(是非之心)으로 구성된 네 가지 마음(감정) 곧 사단(四端)이라고 불렀다. 이것은 각각 인(仁), 의(義), 예(禮), 지(智)의 착한 본성(德)에서 나오는 감정으로서 측은지심은 타인의 불행을 아파하는 마음, 수오지심은 잘못된 일을 행하거나 봤을 때 부끄러움과 수치를 여기는 마음, 사양지심은 타인에게 양보하는 마음, 시비지심은 선악을 판별하는 마음이다. 맹자에 의하면 사단(四端)은 모든 사람이 선천적으로 가지고 있는 일종의 도덕적 능력이다. 가령 어린아이가 우물에 빠지는 것을 보면 누구나 뛰어가 그 아이를 구하려는 마음이 순수하게 발현되는데, 이는 측은지심에 해당한다.

그런데 사람들이 세파에 시달리며 살다 보니 하늘이 준 이런 본래적인 마음을 잃고 눈앞의 욕심과 이익에만 몰두하게 되고 그로 인해 개인과 사회에 고통이 가득 차게 된다. **그래서 유교는 수양을 통해 이런 자기중심주의를 벗어버리고 옛 성인들이 보여주었던 이상적인 삶의 수준과 세계로 돌아가는 소위 극기복례(克己復禮, 자기를 이기고 예로 돌아감)를 인간과 사회 문제의 해결책으로 제시한다.**

3) 철학자 프리드리히 니체의 답변

니체에 의하면 삶의 곤궁은 두 가지 원인에서 온다. 첫째, 인간을 포함하여 이 세상의 모든 것을 움직이는 근본적인 힘은 "힘에의 의지"(Wille zur Macht)이며 이 세계는 수많은 힘에의 의지들이 마치 씨줄과 날줄처럼 얽혀 작동하는 거대한 관계 세계다. 이 힘에의 의지는 "항상 더 많은 힘을 추구하는 의지 작용" 즉 "지배를 원하고 더 많이 원하며 더 강해지기를 원하는 의지 작용"[3]이기 때문에 이들이 서로 충돌하는 과정에서 삶에 갈등과 고통이 일어날 수밖에 없다. 삶이란 생성, 변화, 갈등, 투쟁, 소멸이 반복되는 과정이므로 고통이란 필연적인 것이라는 말이다. 둘째, 하지만 대부분의 사람들은 이런 세상을 좋아하지 않는다. 인간은 계속해서 변화하는 불안정한 세상이 아닌 고정되고 영속적인 세상을 원하며, 이 소망에서 영원한 세계로의 구원과 해방을 말하는 종교와 형이상학이 나온다. 그런데 니체에 의하면 그런 세계가 있다는 증거는 아주 희박하다. 문제는 그런 세계가 있다고 믿게 되면 유일하게 존재한다고 말할 수 있는 지금 이곳에서의

---

3   Nietzsche, KGW VIII 3 14 (81), 53.

삶을 제대로 살지 못하게 되고 그로 인해 부질없는 고통에 시달리게 된다는 것이다. 그래서 그는 "이 땅에서의 삶의 가치"를 긍정하고 회복하는 것을 자신의 철학의 주된 과제로 삼는다. 그는 차라투스트라의 입을 빌려 하늘나라가 아닌 지금 눈앞의 대지에 충실하라고 말하며 다음과 같이 도전한다. "형제들이여, 간곡히 바라노니 대지에 충실하라. 그리고 하늘나라에 대한 희망을 말하는 자들을 믿지 마라! 그들은 스스로 알든 모르든 독을 타서 퍼뜨리는 자들이다.…지난날에는 신에 대한 불경이 최대의 불경이었다. 그러나 신이 죽었으므로… 이제 가장 무서운 것은 이 대지에 불경을 저지르는 것이다."[4]

하지만 사람들은 지금 있는 모습 그대로의 현실을 받아들이고 그런 운명을 사랑하는(아모르 파티) 삶을 살기보다는 초월의 세계가 요구하는 책임과 의무의 삶을 힘겹게 버텨내고 있다. 니체는 이처럼 무거운 짐을 고통스럽게 지고 사는 것을 나귀의 삶이라고 부르면서 이런 책임과 의무에서 벗어난 사자의 삶을 살고 한 걸음 더 나아가 스스로 자기 삶의 원칙과 가치를 만드는 어린아이가 되라고 한다. 구체적으로 신, 전통 형이상학, 민족, 자본, 국가에 관계없이 인간의 구체적인 삶 이전에 이미 있다고 여겨지는 세계의 규칙을 따라 사는 나귀에서 그런 모든 외적 기준을 거부하는 사자가 되고, 이어서 가치를 창조하면서 스스로 법을 세우는 어린아이가 되라고 한다. 니체가 말하는 초인(위버멘쉬)은 바로 어린아이처럼 스스로 자기 삶을 정의하고 만들며 살아가는 자다.

---

4   프리드리히 니체, 장희창 역, 『차라투스트라는 이렇게 말했다』(서울: 민음사, 2007), 16.

결국 니체가 보기에 인간의 삶이란 힘에의 의지가 발현된 결과이기 때문에 처음부터 힘들 수밖에 없다. 하지만 이를 받아들이고 이 운명을 사랑할 때 주체적인 삶을 살 수 있고 고난을 이겨낼 힘을 갖게 된다. 그러나 대부분의 사람들은 그저 병든 초월적 세계가 부과하는 책임과 의무 아래 있고자 하는데, 이로 인해 삶이 더 괴롭고 힘들게 된다.

2. 기독교의 답변: 인간 삶의 근본적인 문제는 죄의 문제다

기독교 신앙은 인간이 곤궁한 이유가 무엇이라고 생각할까? 다음 말씀을 중심으로 살펴보자.

그런데 뱀은 여호와 하나님이 지으신 들짐승 중에 가장 간교하니라. 뱀이 여자에게 물어 이르되 "하나님이 참으로 너희에게 동산 모든 나무의 열매를 먹지 말라 하시더냐?" 여자가 뱀에게 말하되 "동산 나무의 열매를 우리가 먹을 수 있으나 동산 중앙에 있는 나무의 열매는 하나님의 말씀에 '너희는 먹지도 말고 만지지도 말라. 너희가 죽을까 하노라' 하셨느니라." 뱀이 여자에게 이르되 "너희가 결코 죽지 아니하리라. 너희가 그것을 먹는 날에는 너희 눈이 밝아져 하나님과 같이 되어 선악을 알 줄 하나님이 아심이니라." 여자가 그 나무를 본즉 먹음직도 하고 보암직도 하고 지혜롭게 할 만큼 탐스럽기도 한 나무인지라. 여자가 그 열매를 따먹고 자기와 함께 있는 남편에게도 주매 그도 먹은지라. 이에 그들의 눈이 밝아져 자기들이 벗은 줄을 알고 무화과나무 잎을 엮어 치마로 삼았더라. 그들이 그날 바람이 불 때 동산에 거니시는 여호와 하나님의 소리를 듣고 아담과 그의 아내가 여호와 하나님의 낯을 피하여 동산 나무 사이에 숨은지라. 여호와 하나님이 아담을 부르시며 그에게 이르시되 "네가 어디 있느냐?" 이르되 "내가 동산에서 하나님의 소리를 듣고 내가 벗었으므로 두려워하여 숨었나이다." 이르시되 "누가 너의 벗었음을 네게 알렸느냐? 내가 네게 먹지 말라 명한 그 나무 열매를 네가 먹었느냐?" 아담이 이르되 "하나님이 주셔서 나와 함께 있게 하신 여자 그가 그 나무 열매를 내게 주므로 내가 먹었나이다." 여호와 하나님이 여자에게 이르시되 "네가 어찌하여 이렇게 하였느냐?" 여자가 이르되 "뱀이 나를 꾀므로 내가 먹었나이다." 여호와 하나님이 뱀에게 이르시되 "네가 이렇게 하였으니 네가 모든 가축과 들의 모든 짐승보다 더욱 저주를 받아 배로 다니고 살아 있는 동안 흙을 먹을지니라. 내가 너로 여자와 원수가 되게 하고 네 후손도 여자의 후손과 원수가 되게 하리니 여자의 후손은 네 머리를 상하게 할 것이요 너는 그의 발꿈치를 상하게 할 것이니라" 하시고 또 여자에게 이르시되 "내가 네게 임신하는 고통을 크게 더하리니 네가 수고하고 자식을 낳을 것이며 너는 남편을 원하고 남편은 너를 다스릴 것이니라" 하시고 아담에게 이르시되 "네가 네 아내의 말을 듣고 내가 네게 먹지 말라 한 나무의 열매를 먹었은즉 땅은 너로 말미암아 저주를 받고 너는 네 평생에 수고하여야 그 소산을 먹으리라. 땅이 네게 가시덤불과 엉겅퀴를 낼 것이라. 네가 먹을 것은 밭의 채소인즉 네가 흙으로 돌아갈 때까지 얼굴에 땀을 흘려야 먹을 것을 먹으리니 네가 그것에서 취함을 입었음이라. 너는 흙이니 흙으로 돌아갈 것이니라" 하시니라. 아담이 그의 아내의 이름을 하와라 불렀으니 그는 모든 산 자의 어머니가 됨이더라. 여호와 하나님이 아담과 그의 아내를 위하여 가죽옷을 지어 입히시니라. 여호와 하나님이 이르시되 "보라, 이 사람이 선악을 아는 일에 우리 중 하나 같이 되었으니 그가 그의 손을 들어 생명나무 열매도 따먹고 영생할까 하노라" 하시고 여호와 하나님이 에덴동산에서 그를 내보내어 그의 근원이 된 땅을 갈게 하시니라. 이같이 하나님이 그 사람을 쫓아내시고 에덴동산 동쪽에 그룹들과 두루 도는 불 칼을 두어 생명나무의 길을 지키게 하시니라(창 3:1-24).

기독교 신앙은 앞에 제시된 인생의 고통에 대한 여러 이해를 부정하지 않는다. 기독교 신앙은 집착이 삶을 힘들게 하고(불교), 사람이 참된 본성에서 떠남으로써 삶이 가시밭길처럼 어렵게 되었으며(유교), 현실에서는 힘에의 의지들의 끊임없이 충돌함으로 인해 삶이 더욱 고달프다(니체)는 사실을 받아들인다. **하지만 기독교 신앙은 이 모든 것에 앞서는 근본적인 이유가 바로, 죄에 있다고 말한다.** 즉 죄로 인해 집착이 생기고 고통이 찾아오며, 죄로 인해 인간이 참된 본성에서 벗어나 잘못된 삶을 살게 되었고, 죄로 인해 인간의 의지가 완전히 도착되어 세상이 눈물과 좌절로 가득 차게 되었다고 한다. 죄는 무엇이며 어떤 결과들을 낳는가? 그리고 죄는 어떻게 극복될 수 있는가? 창세기 3장은 이에 대해 자세한 답을 준다.

1) 죄의 성격

창세기 3장을 보면 하나님은 아담과 하와에게 "동산 중앙의 선악을 알게 하는 나무의 열매를 먹지 말라"고 명령하신다. 왜 이런 명령을 하셨을까? 이 열매 자체에 어떤 문제가 있어서 그러신 것 같진 않다. **이 나무의 열매를 먹지 말라는 말씀은 하나님과 그 말씀의 권위를 인**

정하라는 것이다. 또한 하나님은 창조주이자 주님이시고, 인간은 피조물이자 하나님의 자녀라는 이 질서를 인정하고 거기에 합당한 존중을 하나님께 드리라는 말씀이었다.

그런데 최초의 인간들은 이를 깨트린다. 하와가 먼저 열매를 먹고 아담도 따라 먹는다. 이는 자신을 피조물이 아닌 창조주의 자리에 두고 하나님과 그 법이 아닌 자신들과 자신들의 법 및 욕망을 우선해서 살겠다는 선언이었다. **죄는 이처럼 사람들의 마음 깊은 곳에 자리한, 하나님이 아닌 자기를 중심으로 살고자 하는 근본적인 의지다.**

이렇게 보면 우리는 모두 예수를 믿은 후에도 여전히 죄 속에 있다. 자기를 중심으로 살지 않는 사람이 어디에 있는가? 모든 사람은 각자의 기준과 가치관에 따라 살고, 이를 토대로 타인과 세상을 판단한다. 그중 어떤 사람은 도덕적으로 훌륭한 삶을 살 수도 있겠지만 그역시 근본적으로 자기중심주의에 붙잡혀 있다. 스위스의 신학자 에밀 브루너는 인간의 이런 모습을 다음과 같이 표현했다. "두 사람이 기차를 탔다. 한 사람은 기차 안에서 예의 바르고 분별 있게 행동한 반면, 다른 한 사람은 남을 괴롭히면서 아주 비열하게 행동했다. 그런데 얼마 후 기차가 출발하고 보니 둘 다 엉뚱한 기차를 타고 있었다. 바젤로 가는 기차를 타야 했는데 두 사람 모두 취리히행 기차를 탄 것이다."[5] 기차 안에서의 행동은 서로 달랐지만 둘 다 잘못된 기차를 타 버린 바람에 갈수록 목적지에서 멀어지고 있는 상태! 이것이 바로 성경이 말하는 죄인이 된 인간의 모습이다. 여기에 해당되지 않는 사람은 아무도 없다. 그래서 성경은 선언한다. "모든 사람이 죄를 범하였

---

5   에밀 브루너, 박만 역, 『우리의 신앙』(서울: 나눔사, 1992), 38.

으매 하나님의 영광에 이르지 못하더니"(롬 3:23).

신약성경은 죄를 표현하는 데 다섯 개의 그리스어 단어를 사용하는데, 이를 한데 모아보면 죄의 특성이 분명히 드러난다. 가장 많이 나오는 하마르티아(hamartia)는 표적에서 벗어나거나 목적지에 이르지 못한 상태를 의미한다. 두 번째로 많이 나오는 아디키아(adikia)는 "불의"나 "부정"을 뜻하고, 그다음 포네리아(poneria)는 사악하거나 부패한 종류의 악을 가리킨다. 네 번째로 많이 사용되는 파라바시스(parabasis)는 일정한 한계를 넘어간다는 "침입" 또는 "침해"를 의미하며, 마지막 단어인 아노미아(anomia)는 지켜야 할 법을 무시하고 어기는 "무법"을 가리킨다. 이를 종합해보면 결국 죄는 "하나님의 의도와 뜻을 어김으로써 불의해지고 무법과 사악함에 빠져 부패하게 된 상태"다. 하나님을 모시면서 살도록 부름 받은 인간이 자기를 중심으로 살게 됨으로써 모든 것이 뒤틀리고 왜곡되어 버린 상태, 제 딴에는 선하고 올바르게 행동한다고 하지만 갈수록 원래 도달해야 할 목적지에서 멀어지고 있는 상태, 이것이 죄의 모습이자 우리 모든 인간이 처한 상태다.

그렇다면 인간으로서 마땅히 지향하고 도달해야 할 궁극적 목적지는 무엇이었는가? 성경 전체의 관심사를 살펴보면 이에 대한 답을 알 수 있다. 하나님은 처음부터 인간을 그분의 대리인으로 부르셔서 하나님이 계심을 온 세계에 보이시고, 나아가 온 세계를 그분의 왕적 통치가 임하는 하나님 나라가 되게 함으로써 그분께 찬양과 영광을 돌리게 하셨다. 인간의 죄는 바로 이런 하나님의 원래 의도에서 이탈하여 자신이 모든 것을 판단하고 행위하는 주체자로 삼음으로써 자신을 절대자에 자리에 둔 것이다. 그 결과 인간은 하나님이 아닌 것들을 절대화하고 거기에 궁극적인 의미와 가치를 부여하게 되었다. 즉 우리는 유한한 것을 무한하고 궁극적인 것으로 경배하고 섬기면서 우상숭배를 하게 된 것이다. **죄는 이처럼 "하나님을 표현하는 자"가 되어야 하는 소명을 잃어버리고 자기중심주의와 우상숭배에 빠져서 하나님 나라가 아닌 자신의 나라를 끊임없이 만들어가는 것을 가리킨다.**

2) 죄의 결과

죄는 삶의 모든 영역에 최악의 영향을 미친다. 죄가 들어오면서 아름답던 에덴동산은 참혹한 고통과 죽음의 장소가 된다.

① **하나님과의 분리가 일어난다.** 범죄 이전의 아담과 하와는 사랑받는 자로서 하나님 앞에 떳떳이 서 있을 수 있었다. 그러나 이제는 하나님의 낯을 피해 수풀 속으로 숨는다(창 3:9-10).

② **인간 내면에 분리가 일어난다.** 범죄 이전의 아담과 하와는 벌거벗었으나 부끄러워하지 않았다(창 2:25). 그들은 있는 모습 그대로 자연스러웠다. 그러나 더는 자연스럽지 않다. 이제 그들은 하나님과 상대의 시선, 더 나아가 자신의 시선 앞에서 부끄럽고 두렵다. "마땅히 되어야 하는 나 혹은 그렇게 되고 싶은 나"와 "현실의 나" 사이에 근본적인 분열이 일어났다. 죄가 찾아오면서 이제 우리는 모두 "쳐다보는 시선" 곧 거대한 감시 체제 아래서 살아간다. 그리고 가장 엄격하고 냉혹한 감시자는 바로 자기 자신일 것이다. 죄가 찾아오면서 사람들은 기꺼이 자신의 감시자와 착취자가 된다.

③ **이웃과의 분리가 일어난다.** 먹지 말라고 한 나무 열매를 왜 먹었느냐는 하나님의 질문에 아담은 "하나님이 주셔서 나와 함께 있게

한 여자 그가 그 나무 열매를 내게 주므로 내가 먹었나이다"(창 3:12)
라고 아내를 원망한다. 얼마 전 "내 뼈 중의 뼈요 내 살 중의 살"이라
고 고백했던 그 입에서 원망과 미움의 말이 나온다. 죄가 들어오면서
가장 친밀했고 또 친밀해야 하는 관계가 철저히 깨어진다. 죄가 찾아
온 자리에는 사람들 사이의 낯설음, 두려움, 상호 비방이 생겨난다.

④ **남자와 여자의 역할과 관계가 전도된다.** 죄가 찾아오면서 남
자와 여자의 역할에도 근본적인 문제가 생긴다. 창세기 3장에 타락
으로 인해 남자가 여자를 다스리려고 한다는 말이 나온다(창 3:16).
남자는 원래 땅을 경작하는 사람으로서, 일을 통해 생의 보람과 기쁨
을 찾도록 만들어진 존재였다. 타락하기 전 그 힘은 다른 사람을 보
호하고 격려하는 데 쓰였으나, 타락하고 난 후에는 폭력적으로 상대
를 지배하는 데 사용되었다. 남자는 이제 힘의 획득을 자신의 우상으
로 삼고 아내를 폭력적으로 억누름으로써 자신의 존재감을 확보하
려고 한다.

이에 비해 여성은 생명을 낳고 기르는 사람으로서, 사랑의 관계
를 만들고 그 안에서 삶의 기쁨과 의미를 찾는 존재로 지음을 받았다.
그런데 타락과 함께 여성에게 자연스러운 임신과 출산이 매우 고통
스러운 일이 된다. 또한 친밀한 관계에 대한 그녀의 깊은 갈망은 충족
되지 못한다. 그녀는 자유롭고 평등한 사랑의 관계를 맺기 원하나 남
편은 그저 그녀를 지배하려고만 한다(창 3:16).

⑤ **자연계도 뒤죽박죽이 되어 결국 모든 것이 허무로 떨어진다.**
인간의 타락으로 인해 에덴동산은 예전의 아름다운 동산의 모습을
잃었다. 땅 역시 저주를 받아 가시덤불과 엉겅퀴를 낸다(창 3:17-18).
그렇게 땅이 인간에 대해 거칠고 적대적으로 변하면서 죽도록 일해

도 이전 같은 풍성한 수확을 내어놓지 않는다. 결국 모든 것이 헛것이 되고 마침내 흙으로 돌아가버린다. 땅을 다스리는 사명을 받은 사람이 종내 땅의 흙먼지에 파묻혀 사라진다.

3) 폴 틸리히가 말하는 소외로서의 죄

현대 신학자 폴 틸리히는 이런 죄의 모습이 실존주의 철학의 소외(alienation) 개념으로 잘 포착될 수 있다고 보았다. 소외로서의 죄는 불신앙(disbelief), 오만(hybris), 정욕(concupiscence)의 세 가지 특성을 갖는다.

죄는 무엇보다도 먼저 소외, 분리를 일으킨다. 죄가 찾아오면서 생명의 근원인 하나님과의 분리, 자기 자신과의 분리, 이웃과의 분리, 일(노동)과의 분리, 자연과의 분리가 일어난다.

① 이런 소외 혹은 분리로서의 죄는 먼저 불신앙의 형태로 나타난다. 불신앙이란 하나님을 하나님으로 인정하지 않으려는 태도다. 실제로 아담과 하와는 하나님의 말씀을 거역함으로써 그분을 자기들의 하나님으로 인정하지 않는다.

② 죄는 오만으로 나타난다. 오만은 하나님을 하나님으로 인정하지 않는 데서 한 걸음 더 나아가 자신을 하나님의 자리에 두는 것이다. 아담과 하와는 하나님을 불신할 뿐만 아니라 이제 스스로 모든 것의 판단자, 즉 하나님처럼 선과 악을 각자의 기준으로 판단하는 존재가 되고자 한다(창 3:5).

③ 죄는 정욕의 형태에서 완성된다. 하나님을 불신하고 인정하지 않는 채로(불신앙) 신의 자리에 앉았지만(오만) 여전히 배고프고 허망하다. 그래서 이 땅의 또 다른 수단을 찾아 그 허망함을 채우려고

한다. 어떤 이(돈 후안)는 성적 욕망에 탐닉하고, 어떤 이(네로 황제)는 절대 권력을 추구하며, 어떤 이(파우스트 박사)는 세상의 모든 지식을 탐구함으로써 이 영적 허기를 채워보려고 한다. 하지만 그 어떤 것도 참된 자유와 해방을 가져다주지 않는다. 오히려 이런 유한한 것들을 절대적인 것이라고 여길 때 그것들이 모두 우상이 되어 섬기는 자를 지배하고 멸망시킨다.

로마서 1장에는 틸리히가 말하는 죄의 세 가지 특징이 두드러지게 나타난다. 여기서 바울은 하나님의 능력과 신성이 그 만드신 피조 세계 안에 분명히 드러나고 있기 때문에 누구도 하나님을 몰랐다는 핑계를 댈 수 없다고 말한다(롬 1:19-20). 그런데도 인간은 하나님을 받아들이려고 하지 않는다. 그는 **하나님을 알지만 그분을 영화롭게 하지 않고**(불신앙, 롬 1:21), 오히려 (하나님 아닌) 자기 자신을 지혜 있는 자로 여기고(오만, 롬 1:22), 마침내 하나님의 영광을 썩어질 사람과 새와 각종 기어 다니는 동물 모양의 우상으로 바꾸고 각자 욕심에 따라 그 우상을 섬긴다(정욕, 롬 1:23-24).

4) 죄의 극복과 그리스도의 그림자

그럼에도 불구하고 희망이 주어진다. 창세기에 이미 죄의 극복에 대한 약속이 주어진다. 하나님은 아담과 하와를 에덴동산에서 쫓아내시면서도 그들에게 가죽옷을 지어 입히심으로써 수치와 죄를 가리고 최소한의 돌봄과 보호를 받게 하신다. 그런데 가죽옷을 지으려면 어떤 동물이 희생되어야 한다. 여러 학자들은 이 사건을 하나님의 "미래의 구원"을 가리키는 원 복음(proto-evangelion)이라고 말한다. 그리고 오랜 시간이 지나 이 원 복음은 나사렛 사람 예수가 십자가에서 "나의 하나님, 나의 하나님, 어찌하여 나를 버리십니까?"라고 외치며 죽음의 가장 깊은 골짜기로 떨어짐으로써 모든 사람에게 하나님의 자녀가 되는 길을 열어 주었을 때 마침내 온전한 형태로 다시 나타났다.

나가는 말

현대인들은 "죄"라는 단어를 싫어한다. 그래서 실수, 환경적 제약, 능력 부족 같은 말로 이를 대치하고자 한다. 정신의학자 칼 메닝거 박사는 『죄에 무슨 일이 일어났는가?』(Whatever became of Sin?)라는 책에서 현대인들은 죄를 세 가지 방법으로 제거한다고 말한다. 첫째, 죄(sin)를 범죄(crime)로 바꾼 후 그것을 다루는 책임을 교회에서 국가로, 목회자에게서 경관에게로 넘겨버린다. 둘째, 죄를 질병이나 질병의 징후로 바꿔서 죄인이 죄에 대한 책임과 대가를 지불하게 강제하는 대신 이를 치료(treatment)하려고 함으로써 죄인을 치료받아야 하는 병자로 만든다. 셋째, 죄와 그 책임을 사회와 환경에 돌림으로써 아무도 책임지지 않아도 되는 것으로 만들어버린다. 하지만 메닝거 박사는 이처럼 죄를 제거해버린 결과 오히려 현대인들이 더욱 극심한 정신적, 영적, 도덕적인 고통을 겪게 되었다고 말한다. 그는 정신적인 문제로 자기를 찾아온 환자들 다수가 죄와 죄로 인한 고통을 경험하고 있었으며, 그것을 직면하고 책임지려고 할 때 비로소 정신 질환에서 벗어날 수 있었다고 말한다. 그래서 그는 죄를 문화적 금기나 사회적인 실수 정도로 가볍게 처리하기보다는 철저하고 진지하게 취급해야 한다고 역설한다. 죄를 깨닫고 통회하면서 거기에 대한 책임을 질 때 개인과 사회가 건강해질 수 있다는 것이다.

사람들은 죄에 관한 교리를 좋아하지 않는다. 하지만 우리는 마음 깊은 곳에 하나님과 그 진리를 대적하고 자기를 중심으로 살고자 하는 근본적인 뒤틀림과 욕망이 있음을 알고 있다. 그래서 어떻게 보면 기독교의 모든 교리 중 죄에 대한 교리가 경험적으로 가장 쉽게 동의할 수 있는 교리이기도 하다. 성경은 모든 사람이 죄에 빠져 있고 이로 인해 우리가 하나님 곧 진리, 생명, 사랑, 존재의 근원으로부터 분리되었다고 말한다(롬 3:23). 따라서 죄로 인한 모든 분리와 고통은 예수 그리스도와의 만남 안에서만 해결된다고 가르친다. **결국 우리 자신이 근본적으로 죄인이라는 사실을 깨닫고 하나님의 값없는 은혜로만 새롭게 될 수 있음을 인정하는 것이 곤궁한 삶에서 벗어날 수 있는 유일한 길이다.**

세 줄 요약

1. 인간의 삶은 고통으로 가득하다. 세계의 모든 위대한 종교와 철학은 이 고통의 원인을 진단하고 해결책을 제시한 것이라고 할 수 있다.
2. 기독교는 모든 고통의 뿌리에 죄가 있음을 직시한다. 죄는 하나님과 그분의 뜻에 대한 의도적인 불신이자 거부이며 그로 인한 관계의 단절이다. 또한 그것은 현실에서 불신앙, 오만, 탐욕의 모습으로 나타난다.
3. 예수 그리스도의 십자가 죽음과 부활을 통해 죄와 죄책의 문제는 비로소 극복된다.

토론 문제

1. 인생이 곤궁한 이유는 무엇이라고 생각하는가?
2. 기독교 신앙은 삶의 고뇌의 근본 원인을 죄에서 찾는다. 기독교 신앙이 말하는 죄의 특성은 무엇인가?
3. 기독교 신앙은 죄가 어떻게 극복될 수 있다고 이야기하는가? 이것이 당신에게 주는 의미는 무엇인가?

5장_ 마음은 무엇이며 어떻게 움직이는가?

들어가는 말

"열 길 물속은 알아도 한 길 사람 마음속은 모른다." "뒷간에 갈 적 마음 다르고 올 적 마음 다르다." "마음이 열두 번씩 변사한다." "생시에 먹은 마음 취중에 나온다." "내 마음 나도 몰라." 마음에 관한 속담과 격언은 이 외에도 많다.

마음이란 무엇이며 어떻게 움직이는가? **이 문제를 탐구할 때 염두에 두어야 하는 점은 우리가 세계를 절대 중립적이거나 객관적인 시각으로, 있는 그대로 보지 않는다는 것이다. 우리는 마음이 가는 대로 세계를 본다. 보이는 것을 보고, 보고 싶은 것을 본다.** 실제로 그렇지 않은가? 생각에 깊이 빠져서 산길을 걷다 보면 그곳에 무슨 꽃이 피었는지 어떤 바위가 있었는지 전혀 기억이 나지 않는다. 나도 이런 적이 많다.

신학대학원 2학년 때 처음으로 중등부를 맡아 예배를 인도하고 성경을 가르치게 되었다. 그때부터 갑자기 중학생들이 눈에 띄기 시작했다. 여기도 있고 저기도 보이고, 세상에 중학생들이 이 정도로 많았나 싶었다. 실제로 중학생의 수가 늘어난 것이 아니다. 원래 있었는데 마음이 없으니 보이지 않았다가, 마음이 생기니 보이기 시작한 것이다.

결혼 초 앉은뱅이 탁자에서 식사하는 것이 불편해서 식탁을 하나 사기로 했다. 그때 근무하던 학교 앞에 가구점이 모여 있었는데, 그전에는 하나도 눈에 띄지 않다가 갑자기 가구점 안의 식탁이 눈에 들어오기 시작했다. 역시 마음이 가니 비로소 보이기 시작한 것이다.

나만 그런 것은 아니다. 캐나다 유학 시절 교인 중에 미장원을 운영하는 분이 있었다. 그분은 나를 만나면 가장 먼저 머리를 보시는 것 같았다. 머리가 덥수룩해지면 "지붕 개량할 때가 되었네요"라고 씩 웃으며 말씀하셨고, 그러면 그분 말처럼 지붕을 개량하러 그분 미장원을 찾아가곤 했다. 무슨 말일까? **우리는 세계를 있는 대로 보지 않고 마음이 가는 대로 본다는 뜻이다.** 달리 말하면 마음이 없으면 눈이 있어도 볼 수 없다. 동양의 고전인 대학(大學)은 이를 가리켜 "마음이 없으면 눈이 있어도 볼 수가 없다"(심불재언 목불견, 心不在焉 目不見)고 표현했다.

실제로 뇌과학자들에 따르면 인간의 뇌는 매초 약 2천 건의 자극을 인식하지만 마음이 선택하고 집중하는 극히 일부만 뇌에 저장되고 나머지는 사라진다고 한다. 그러니 인간의 지각이란 이미 그 자체로 매우 선택적인 것이다. 이 점에 집중하는 것이 불교다. 불교는 현실의 고통에서 어떻게 벗어날 수 있는지에 대해 답을 제시하는 종교다. 불교의 가르침에 의하면 고통은 마음이 과도하게 한 방향으로 쏠리는 집착에서 생기므로 이 집착에서 벗어날 때 비로소 고통도 사라진다고 가르친다. 그렇다면 우리는 마음을 어떻게 보아야 할까?

1. 에드문트 후설: 의식은 지향성을 가지고 있다[1]

인간의 마음의 문제를 깊이 숙고하는 전통을 가지고 있던 동양에 비해 서양은 마음의 문제를 그다지 깊게 생각하지 않았다. **서양 철학자 중 인식에 있어서 대상보다 마음의 우선성을 처음으로 분명하게 제기한 사람이 후설이다.** 그는 『유럽 학문의 위기와 선험적 현상학』에서 다음과 같이 말했다.

> 우리는 이 지향성(intentionality)들을 제시하면서 이것들에 관해 반복해서 다음과 같이 말하지 않을 수 없다. 즉 이 지향성들 없이는 객관들과 세계가 우리에 대해 현존하지 않을 것이다. 그리고 객관들은 의미와 존재 양상을 지닌 채로만 우리에 대해 존재하며 이런 의미와 존재 양상에 있어서 객관들은 항상 주관적 작업으로부터 발생하고 있거나 혹은 발생해 있는 것이다.

후설은 대상 세계에 대한 우리의 인식 전체를 우리의 의식 체험으로 환원하려 한다. 나의 의식을 떠나서는 저기 보이는 사과나무가 존재할 수 없고 "나라는 자아"도 존재할 수 없다고 보기 때문이다. 객관

---

1   아래 내용은 강신주의 『철학 vs 철학』 16장 "마음은 언제 움직이는가? 하이데거 vs 메를로-퐁티"에 많이 의존하고 있다.

이나 주관에 대한 일상적인 생각에 대한 판단을 중지하고 오직 생생한 의식 체험에 시선을 집중하고 그것을 최대한 정확하게 기술하고자 하는 것이 바로 후설이 말하는 "현상학적 환원"(phenomenological reduction) 혹은 판단 중지라는 의미의 "에포케"(epoche)다. **후설에 의하면 의식 체험에는 두 가지 측면이 있다. 하나는 순수한 의식 작용으로서 노에시스(Noesis)고, 다른 하나는 이런 의식 작용으로 구성된 대상인 노에마(Noema)다. 노에시스가 지향성이라면 노에마는 지향된 대상이다. 또한 노에마가 있어서 노에시스가 생기는 것이 아니라 노에시스가 먼저 발생해야 하며 그 끝에 노에마가 있는 것이다.** 후설에 와서야 서양 철학은 동북아의 사유가 오래전에 도달했던 "마음이 없으면 눈이 보지 못한다"는 차원에 이르게 된다.

2. 하이데거: 마음의 지향성은 제한된 경우에만 발생한다

하지만 후설의 이런 주장은 곧바로 그의 제자인 하이데거의 공격을 받게 된다. **하이데거의 문제의식은 마음의 지향성이 항상 발생하는 것이 아니라 익숙하게 사용하던 도구들이 망가질 때처럼 사물들과의 친숙한 관계가 와해된 것 같은 특정한 상황에서 비로소 발생한다는 것이다.** 그의 주장을 살펴보자.

> (우리는) 가까이 손안에 있는 존재자를 "고려함"에서 사용 불가능한 것으로, (다시 말해) 특정한 용도로 사용하기에는 부적절한 것으로 만나게 될 수 있다. 이 경우 작업 도구는 파손된 것으로 판명되고 재료는 부

적합한 것으로 드러난다. 도구는 여기에서도 어쨌거나 손안에 있는 것
이기는 하다.…이런 사용 불가능성의 발견에서 도구는 마침내 우리 "눈
에 띄게" 되는 것이다(하이데거, 『존재와 시간』).

하이데거에 의하면 우리 인간은 무엇인가를 의식하기 전, 즉 우리
의 의식이 어딘가로 지향하기 전에 이미 "세계-내-존재"(In-der-Welt-
Sein)로 존재한다. 다시 말해 우리는 어느 날 갑자기 이 세계 안에 던
져지듯이 들어와(피투성, Geworfenheit) 주변의 존재자들과 관계를 맺
으면서 살게 된다. 그런데 보통 때는 이런 존재자들을 별로 의식하지
않은 채 그저 습관적으로 판단하고 습관적으로 행동할 뿐이다. 그러
다가 갑자기 그 세계가 친숙하지 않게 될 때 비로소 그 존재자들을 인
식하게 된다. 세계가 낯설어질 때 마음의 지향성이 일어나는 것이다.

예를 들어보자. 우리는 보통 아무 생각 없이 버튼을 눌러 노트북
을 켠다. 그런데 갑자기 노트북이 켜지지 않으면 "왜 이러지? 어디 고
장이 났나?" 하는 생각이 들면서 비로소 노트북에 마음이 간다. 노트
북이 평소와 달리 낯설어질 때 마음이 그것을 지향해가는 것이다. 이
를 하이데거의 용어로 표현하면 다음과 같다. "'세계-내-존재'로서
의 인간은 평상시 사물들을 지향하지 않고 고려할 뿐이다. 인간이 무
엇인가를 지향할 때는 사물들에 대한 고려가 불가능하게 되었을 때
뿐이다"(하이데거, 『존재와 시간』).

3. 메를로-퐁티: 모든 마음의 지향성에는 몸의 경험이 함께 있다

후설은 우리의 모든 지각이 마음의 작용이 있어야 가능하게 되며 이 마음의 지향성은 언제나 어떤 대상을 향해간다고 보았다. 하지만 제 자인 하이데거의 공격에 응답하다 보니 후기에 들어서는 "마음의 능동적인 지향성"이라는 발상이 약화되고 대신 "생활 세계"(Lebenswelt)를 강조하는 경향이 강해졌다. 그래서 후설의 초기 현상학을 "선험적 현상학", 후기의 현상학을 "생활 세계의 현상학"이라고 부른다. "생활 세계의 현상학"이라 불리는 후설 만년의 연구는 인간의 능동적 지향성에 구체적인 생활 세계의 흔적들이 개입되어 있음을 해명하는 데 초점을 맞추고 있다.

생활 세계를 중요하게 여기는 후설의 후기 현상학은 프랑스의 메를로-퐁티를 비롯한 여러 철학자들에게 큰 영향을 미쳤다. 메를로-퐁티가 말하는 "신체의 현상학"은 후설이 남긴 많은 유작을 깊이 검토하는 가운데 탄생한 것이다. **메를로-퐁티가 펼친 주장의 핵심은 우리 마음의 지향성은 언제나 신체적 작용과 함께 이루어지기 때문에 신체적인 작용이 없으면 지향성 역시 애초에 불가능하다는 것이다.** 다시 말해 마음의 지향성은 언제나 신체의 경험을 전제하고 있으며 신체의 경험을 추상화한 것에 불과하다. 그의 말을 살펴보자.

심장이 유기체 안에 있는 것처럼 고유한 신체는 세계 안에 있다. 그것은 시각적 광경을 살아 있게 계속 유지하고 생명을 불어넣으며 내적으로 풍부하게 하고, 그것과 더불어 하나의 체계를 형성한다. 내가 아파트를 걸어 다닐 때 그 아파트가 나에게 자기 모습을 드러내게 되는 여러 가지 국면들이 제각각 여기서 또는 저기서 보인 아파트를 표상한다는 것을 내가 모른다면, 나 자신의 운동을 내가 의식하지 않고 나의 신체를 그 운동의 단계들을 통해 동일한 것으로 내가 의식하지 않는다면, 그 국면들은 동일한 사물의 다양한 측면들로 나에게 나타나지 않을 것이다. 분명히 나는 그 아파트를 생각으로 훑어볼 수 있고 상상할 수 있으며 종이 위에 그릴 수도 있다. 그러나 그때도 나는 신체적 경험의 매개가 없다면 대상의 통일성을 파악할 수 없다(메를로-퐁티, 『지각의 현상학』).

우리의 마음은 아파트를 생각(지향)할 수 있다. 곧 "나는 그 아파트를 생각으로 훑어볼 수 있고 상상할 수 있으며 종이 위에 그릴 수 있다." 그런데 이런 의식적 지향이 가능한 이유는 이미 신체를 통한 아파트 경험이 있었기 때문이다. 나는 이전에 이 아파트를 왼쪽에서도, 오른쪽에서도, 밑에서도, 위에서도 보았기 때문에 이제 이 아파트를 생각하면 그것을 구체적인 형태를 가진 어떤 것으로 지향할 수 있게 되는 것이다. 그래서 메를로-퐁티는 "지각된 광경은 순수 존재를 갖지 않는다"고 말한다.

지각된 광경은 순수 존재를 가지지 않는다. 내가 보는 그대로 정확하게 지각되는 광경은 개인적인 나의 역사의 한 계기다. 또한 감각은 재구성이기 때문에 나에게 사전에 구성된 것들의 침전을 전제하고 감각하는 주체로서의 나는 자연적인 능력들로 가득 차 있다. 이는 정말 놀라운 일이다(메를로-퐁티, 『지각의 현상학』).

지금 나는 카페로 들어오는 친구를 지각한다. 그런데 이 지각은 결코 순수하지 않고 언제나 신체를 통한 과거의 경험을 포함하고 있다. 다시 말해 나의 의식적인 지각에는 "육체가 가진 자연적 능력"이나 "개인적인 나의 역사"가 전제되어 있다. 만일 나에게 눈이 없거나 시력이 극히 나빠졌다면 그 친구를 제대로 지각할 수 없을 것이다. 또한 내가 그 친구와 함께 보냈던 시간들이 없었다면 나는 그가 내 친구라는 사실을 모를 것이다. **이처럼 언뜻 보면 매우 투명한 것처럼 보이는 우리의 지각에도 불투명한 것들 곧 육체와 역사가 개입되어 있다는 것이 메를로-퐁티의 통찰이다.**

4. 기독교가 이해하는 마음

성경은 인간의 마음에 대해 큰 관심을 보이고 있다. 다음 성경 말씀들을 중심으로 이 문제를 살펴보자.

> 모든 지킬 만한 것 중에 더욱 네 마음을 지키라. 생명의 근원이 이에서 남이니라(잠 4:23).

> 만물보다 거짓되고 심히 부패한 것은 마음이라. 누가 능히 이를 알리요마는(렘 17:9).

> 네 보물 있는 그곳에는 네 마음도 있느니라(마 6:21).

입으로 들어가는 것이 사람을 더럽게 하는 것이 아니라 입에서 나오는 그것이 사람을 더럽게 하는 것이니라(마 15:11).

너희는 이 세대를 본받지 말고 오직 마음을 새롭게 함으로 변화를 받아 하나님의 선하시고 기뻐하시고 온전하신 뜻이 무엇인지 분별하도록 하라(롬 12:2).

1) 성경은 한 사람의 인격의 중심을 가리켜 "마음"이라는 단어로 표현한다

그런데 이 마음은 결코 중립적인 상태에 머무르지 않는다. "만물보다 거짓되고 심히 부패한 것은 마음이라 누가 능히 이를 알리요마는"(렘 17:9). 예수 역시 바리새인들과 논쟁하면서, 인간의 마음에는 갖가지 악이 있기 때문에 아무리 경건하고 존경을 받는 종교인이라고 해도 얼마든지 현실을 왜곡하고 자신과 남을 속일 수 있다고 말씀하신다. "입으로 들어가는 것이 사람을 더럽게 하는 것이 아니라 입에서 나오는 그것이 사람을 더럽게 하는 것이니라"(마 15:11). 인간의 마음은 죄로 인해 한쪽으로 치우쳐 있다.

2) 이런 편향성으로 인해 인간은 현실을 있는 그대로 보지 못하게 되었다. 성경은 이처럼 "왜곡된 인간의 마음에 의해 만들어져 있는 세계"를 "세상"(kosmos)이라는 말로 표현한다

그리스어 "세상"(kosmos)은 세계(world), 우주(universe), 창조세계(the creation), 인류(humanity), 지구(the planet earth), 역사의 무대(the theater of history)와 같은 다양한 뜻을 지니고 있다. 신약학자 월터 윙크에 의하면 신약성경에서 세상이라는 말은 크게 다음 세 가지 의미로 사용된다. ① 하나님이 창조한 세계(1:9-10a; 9:5a; 11:9; 16:21; 17:5, 24, 또한 행 17:24, 롬 1:20, 엡 1:4, 그리고 아마도 고전 8:4). ② "인류" 혹은 "인간의 사회적 질서"(요 1:29; 3:16-17; 6:33, 51; 7:4; 8:12; 9:5b; 12:19; 17:23). ③ "하나님으로부터 소외된 인간의 죄 된 사회적 영역"(the human sociological realm that exists in estrangement from God).

윙크는 여기서 세 번째인 "하나님으로부터 소외된 인간의 죄 된 사회적 영역"이 신약성경이 말하는 "세상"의 대표적인 의미라고 한다(약 60여 회 사용됨).[2] 즉 신약성경은 하나님에 의해 선하게 창조되었으나(요 1:10a) 인간의 타락 이후 왜곡, 변질되어 버렸고(요 1:10b), 그럼에도 불구하고 언젠가는 하나님의 구속을 받을 대상(요 12:47)으로 "세상"을 이해한다. 이처럼 세상이란 단어에 세 가지 뜻이 포함되어 있는 바람에 본문의 뜻을 정확하게 알기 어려울 때가 많아서 윙크는 세상이란 말보다 "지배 시스템"(domination system)이라는 용어를 쓰자고 제안한다. 즉 선하게 창조되었으나 지금은 변질되어 있는 어떤 억압 구조(지배 시스템)로 세상을 볼 때 우리는 성경이 "세상"이란 단어로 표현하는 바를 제대로 이해할 수 있다고 말한다.[3]

3) 세상이라고 표현되는 이 지배 시스템은 마치 공기나 물처럼 우리 삶의 저변에 스며들어서 우리가 특정한 방식으로 사고하고 느끼고 행동하게 만든다

그럼 이 지배 시스템은 우리에게 어떤 영향을 미치는가? 사람들은 자

---

2   월터 윙크, 한성수 역, 『사탄의 체제와 예수의 비폭력』(서울: 한국기독교연구소, 2003), 97-98.
3   Ibid., 97-109.

기 자신과 세계를 있는 그대로 보기보다 일련의 상징체계를 통해 이해하기 쉽다. 그리고 이 체계 중에는 그 사회의 엘리트들에 의해 고안되고 널리 확산된 결과 사회 구성원 전체가 당연하게 여기는 주도적인 상징체계가 있는데, 이것이 바로 이 세계의 지배 시스템이다.[4] 이 지배 시스템 안에 사는 사람들은 모두 그 시스템이 원하는 방식으로 사고하고 행동하게끔 교육받기 때문에 이 지배 시스템이 원하는 대로 살아갈 수밖에 없다. 성경은 이를 다음과 같이 말한다. "그들은 세상(지배 시스템)에 속한 고로 세상(지배 시스템)에 속한 말을 하매 세상(지배 시스템)이 그들의 말을 듣느니라"(요일 4:5). 그런데 이렇게 살아가는 삶은 하나님과의 관계라는 측면에서 볼 때 사실상 죽은 것이나 다름없다. 성경은 이렇게 표현한다. "그때 너희는 영적으로 죽었고 세상(지배 시스템)의 생활 방식에 따라 살았다"(엡 2:2).

4) 예수는 이 세상(지배 시스템)과 전혀 다른 새로운 세계(하나님 나라)를 가져오셨다. 예수는 하나님 나라의 도래를 선언하는 가운데 당대의 지배 시스템에 도전했고 그것의 위선과 악함을 노출하셨다

예수가 선포한 하나님 나라의 질서는 세상(지배 시스템)과 근본적인 갈등 관계에 놓이게 된다. 예수는 대적자들을 향해 이렇게 말씀하신다. "너희는 이 세상(지배 시스템)에 속하였고 나는 이 세상에 속하지

---

4   독일의 사회철학자 Jürgen Habermas에 의하면 우리가 정말 실재하는 것으로 여기는 것은 실상 지배적인 상징 시스템의 해석에 따라 경험하는 것에 불과하다("What is real is that which can be experienced according to the interpretations of a prevailing symbolic system." Jürgen Habermas, *Knowledge and Human Interests* [Boston: Beacon Press, 1971], 193). 윙크, Ibid., 105에서 재인용.

아니하였느니라"(요 8:23). "누구든지 세상(지배 시스템)과 벗이 되고자 하는 자는 스스로 하나님과 원수 되는 것이니라"(약 4:4). "세상(지배 시스템)이 너희를 미워하면 너희보다 먼저 나를 미워한 줄을 알라"(요 15:18).

예수는 하나님 나라 선포와 십자가 죽음 및 부활을 통해 이 지배 시스템을 이기셨다. 십자가 위에서 남긴 "다 이루었다"는 말씀은 인간과 세계의 구속이 온전히 이루어졌음을 뜻하고, 더 나아가 세상(지배 시스템)이 마침내 하나님 나라 곧 하나님의 왕적 통치로 대치되었음을 의미한다. 그래서 예수는 승리자다. 성경은 이를 "너희 안에 계신 이가 세상에 있는 자보다 크심이라"(요일 4:4)고 표현하고 있으며, 예수 역시 "내가 세상(지배 시스템)을 이기었노라"(요 16:33)고 말씀하신다.

5) 이제 예수를 따르는 사람들은 이 세상 법칙이 아닌 하나님 나라의 법칙을 따르며 살아가도록 부르심을 입었다. 그러기 위해서는 우리의 마음이 새롭게 되어야 한다

그래서 성경은 믿음을 강조한다. 믿음이 있어야 하나님 나라가 분명 도래했고 이 나라가 이미 세상을 이기었음을 받아들일 수 있기 때문이다. "세상을 이기는 승리는 이것이니 우리의 믿음이니라"(요일 5:4). 그래서 성경은 이 세상이 아닌 하나님과 그분의 나라를 사랑하라고 권면한다. "이 세상(지배 시스템)이나 세상에 있는 것들을 사랑하지 말라. 누구든지 세상을 사랑하면 아버지의 사랑이 그 안에 있지 아니하니 이는 세상에 있는 모든 것이 육신의 정욕과 안목의 정욕과 이생의 자랑이니 다 아버지께로부터 온 것이 아니요 세상으로부터 온 것이

라. 이 세상도, 그 정욕도 지나가되 오직 하나님의 뜻을 행하는 자는 영원히 거하느니라"(요일 2:15-17). 하나님의 말씀으로 새롭게 변화될 때 비로소 우리는 세상을 이기고 하나님 나라의 백성답게 살아갈 수 있다. 이 사실을 안 바울은 이렇게 권면한다. "너희는 이 세대를 본받지 말고 오직 마음을 새롭게 함으로 변화를 받아 하나님의 선하시고 기뻐하시고 온전하신 뜻이 무엇인지 분별하도록 하라"(롬 12:2).

6) 물론 현재 타락한 세상은 하나님의 통치를 거부하지만 그것 또한 하나님의 선한 창조물이며 결국 하나님의 은혜로 구속될 것이다

성경에 따르면 세상은 지금 비록 막강한 영향력을 행사하고 있지만 이미 하나님 나라의 도래로 결정적인 패배를 당한 상황이다. 게다가 복음이 전파됨에 따라 남아 있는 악한 힘도 약해지고 있기 때문에 마침내 하나님의 사랑스러운 피조물이라는 원래 모습을 회복하게 될 것이다. 예수는 세상에 대해 죽으셨을 뿐 아니라 세상을 위해 죽으셨다. 그래서 예수는 세상의 구주(요 4:42)인 동시에 세상 죄를 지고 가는 하나님의 어린 양(요 1:29)이다. 그가 세상에 오심은 죄인(하마르톨로이, 삶의 원칙을 잃어버린 사람들)을 구원하시기 위함이다(딤전 1:15). 예수는 친히 이렇게 말씀하셨다. "내가 온 것은 세상을 심판하려 함이 아니요 세상을 구원하려 함이로라"(요 12:47). 그리고 이런 변화와 갱신은 요한계시록에 이르러 새 예루살렘의 도래라는 상징으로 표현된다. 그날이 되면 모든 눈물이 사라지고 애통하고 곡하는 소리도 없어질 것이다. 하나님이 만유 속에 거하시면서 주님으로 온전히 높임을 받으실 것이기 때문이다.

7) 이처럼 세상을 지배 시스템으로 이해하게 되면, 그리스도인은 복음 전파와 교회 성장이라는 과제에서 눈을 돌려 정치, 경제, 사회 구조와 생태계의 전면적 회복을 꿈꾸게 된다. 한마디로 세상(지배 시스템)에서 하나님 나라로의 변화가 이루어지는 것이야말로 성경이 말하는 온전한 구원이다

때로 교회 안에서 "내 나라는 이 세상에 속한 것이 아니니라"(요 18:36)는 예수의 말씀을 놓고 기독교 신앙이란 세상사와 관계없고 오직 영혼이나 교회 내부의 문제와 관련된 것이라고 오해하는 경우가 있다. 하지만 이 말씀은 그런 뜻이 아니다. 예수가 가져오신 하나님 나라는 세상(지배 시스템)과 근본적으로 다르다는 말씀이며, 예수는 세계 전체의 근본적인 변혁을 이루기 위해 이 땅에 오셨다는 뜻이다. 예수는 하나님 나라 선포와 십자가 죽음 및 부활로 이를 정녕 이루셨다. 이제 예수가 가져오신 새 세계(하나님 나라)는 세상이라는 이 옛 지배 시스템과 근본적으로 다르며, 그 세상과 대립하고 그것을 극복하면서 온전히 새롭게 변혁시킨다. 존 엘리엇은 베드로전서 주석에서 이를 다음과 같이 표현하였다. "세계(코스모스)에 대한 거부는 세계 회피적이 되는 것이 아니라 반체제적이 되는 것이다"(Rejection of the kosmos is not anti-worldly but anti-establishment).[5]

---

5   John Elliott, *1 Peter: Estrangement and Community* (Chicago: Franciscan Herald Press, 1979), 52. 윙크 Ibid., 99에서 재인용.

나가는 말

우리의 마음은 끊임없이 움직이며 요동한다. 내적으로는 해결되지 못한 내면 깊은 곳의 분노와 욕망이, 외적으로는 계속 바뀌는 상황이 우리의 마음을 흔들고 가만히 있지 못하게 만든다. 어떻게 하면 물처럼 흐르고 불처럼 들끓는 마음을 잘 보듬어 선하게 변화시킬 수 있을까?

수행과 훈련은 물론 도움이 된다. 그러나 성경은 인간의 마음이 뒤틀려 있기 때문에 근본적인 변화가 일어나야 한다고 말한다. 구체적으로 예수를 만나 삶이 변하여 새로운 피조물이 되는(고후 5:17) 경험이 필요하다. 또한 거기에 머물지 않고 꾸준히 훈련해야 한다. 성경은 인생의 중심을 하나님께 드림으로써 매일 새롭게 되라고 도전한다. "너희는 이 세대를 본받지 말고 오직 마음을 새롭게 함으로 변화를 받아 하나님의 선하시고 기뻐하시고 온전하신 뜻이 무엇인지 분별하도록 하라"(롬 12:2). 이 훈련의 최종 목표는 온전한 인간으로 오신 예수를 닮아감으로써 그리스도의 형상이 우리 안에 온전히 이루어지게(갈 4:19) 하는 것이다. 이것은 생의 마지막까지 계속해야 하는 훈련이다.

세 줄 요약

1. 우리 마음은 내적 욕망과 외적 환경의 영향을 받아 끊임없이 흔들린다.
2. 성경은 인간 마음이 한쪽으로 치우쳐 있으며 이 편향성으로 인해 현실을 왜곡하여 본다고 분석하면서, 이를 "세상"(kosmos)이라고 일컫는다. 이 세상 안에 사는 사람은 세상이 원하는 대로 보고 생각하고 행동하게 되기 때문에, 성경은 우리에게 예수를 믿음으로써 이 세상에 도전하고 세상을 넘어서라고 말한다.
3. 예수 그리스도를 향한 회심과 계속적인 훈련이 있어야 마음이 세상을 이기고 점차 성숙의 길을 걸어갈 수 있다.

토론 문제

1. 내 마음을 주체하지 못해서 힘든 적이 있었는가? 언제 그랬는가? 그럴 일이 생기면 보통 어떻게 해결하려고 하는가?
2. 기독교 신앙은 인간의 마음에 대해 어떻게 말하는가?
3. 성경이 말하는 "세상"이란 어떤 특징을 가지고 있는가?
4. 기독교 신앙의 관점에서 마음을 다스리는 길이 있다면 그것은 무엇인가?

6장_ 인생의 의미와 목적을 어디에서 찾아야 하는가?[1]

들어가는 말

우리는 왜 태어나서 살고 있는가? 나는 무엇을 위해 어떻게 살아야 하는가? 아마 이보다 더 중요하고 근본적인 질문은 없을 것이다. 그런데 이런 질문 자체가 잘못된 것 아니냐고 묻는 사람들도 있다. 철학자 토마스 네이글은 『이 모든 것은 무엇을 의미하는가?』라는 저서에서 삶의 마지막은 결국 무덤이니 굳이 "삶의 궁극적 의미" 같은 것을 찾으려고 하면서 자신을 괴롭히지 말고 그냥 지금 이 순간을 최대한 즐겁게 살면서 만족하는 것은 어떠냐고 한다.[2] 그런데 이상하게도 사람들은 이런 괴로움을 자초한다. 삶의 의미와 목적을 생각하느냐는 질문에 75%가 자주 또는 가끔 그런다고 대답했다. 같은 질문에 대해

---

1   6장 전체에 걸쳐 다음을 참고했다. 팀 켈러, 윤종석 역, 『팀 켈러의 답이 되는 기독교』 (서울: 두란노, 2018), 85-111.

2   Thomas Nagel, *What Does It All Mean? A Very Short Introduction to Philosophy* (Oxford: Oxford University Press, 1987), 101. 『이 모든 것은 무엇을 의미하는가?』(궁리 역간).

사하라 사막 남쪽 아프리카인 89%, 아시아인 76%가 그렇다고 말했다.[3] 상황이 이러니 인간이란 존재가 이런 질문을 던질 수밖에 없도록 만들어져 있는 것 같기도 하다. **철학자 마르틴 하이데거의 말처럼 인간은 자신의 실존에 의문을 품는다는 점에서 다른 존재자들과 구별된다. 인간이라는 피조물에게는 삶의 특정한 한 측면이 아닌 "산다는 것 자체"가 근본적 의문인 것이다.**

삶의 의미와 목적은 어디에 있으며 그것을 어떻게 찾을 수 있는가? 이 질문에 대해 세속 사회와 기독교는 서로 다른 답을 제시한다.

1. 세속 사회: 각자 알아서 인생의 의미와 목적을 찾거나 만들라

이 세상의 모든 위대한 전통 종교와 철학은 우주에 어떤 영속적인 원리와 법칙이 있고 인간이 이를 따를 때 의미와 가치 있는 삶을 살 수 있다고 가르친다. 그런데 오늘날의 세속인들은 이런 답변을 의심한다. 포스트모던 문화는 삶의 의미가 미리 주어져 있다는 생각 자체가 억압적이고 폭력적이라고 본다. 우주에는 아무런 선행하는 의도나 목적 같은 것이 없기 때문에 각자 알아서 자기 삶의 의미를 찾고 목적을 만드는 것이 옳다고 여긴다. 시카고 대학교의 제리 코인 교수는 이렇게 말한다.

---

3   Rodney Stark, *The Triumph of Faith*, 211. 팀 켈러, 『팀 켈러의 답이 되는 기독교』, 85에서 재인용.

우주론은 목적의 증거나…신의 증거를 손톱만큼도 내놓지 못한다.…세속주의자가 보는 우주는 분명한 목적이 없다. 그래서 우리는 목적과 윤리를 스스로 지어내야 한다.…하지만 우주는 목적이 없어도 우리 삶은 그렇지 않다.…스스로 만들어내는 목적이 곧 실재다.[4]

그렇다면 우리는 각자 알아서 삶의 의미와 목적을 만들어내야 하는가? 그런데 이렇게 각자 알아서 그것을 만들어내야 한다는 관점에는 몇 가지 분명한 난점이 있다.

1) 스스로 만들어낸 의미와 목적은 충분히 이성적이지 않다

어떤 세속주의자가 자기 삶의 의미와 목적을 행복하게 사는 것으로 정했다고 하자. 그럼 곧바로 이런 질문이 떠오를 수 있다. "진정한 행복은 일시적이어서는 안 되고 영속적이어야 하지 않을까? 지금은 행복하지만 이 행복 역시 언젠가는 끝나고 결국은 죽게 될 텐데, 그렇다면 지금 잠시 행복하다는 것이 무슨 의미가 있을까?" 즉 영원의 관점에서 보면 지금 우리가 어떤 의미와 목적을 만들어내든 그것은 결국 무의미한 것이 아니냐는 질문이다.

이를 잘 보여주는 이야기가 있다. 어느 교수가 급하게 뛰어가는 학생을 붙잡았다.

교수: 자네 지금 어디로 가는가?

4　Jerry A. Coyne, "Ross Douthat Is On Another Erroneous Rampage Against Secularism," *New Republic*, 2013년 12월 26일. 켈러, Ibid., 93에서 재인용.

학생: 오후 수업에 발표해야 할 것이 있어서 준비하러 도서관에 갑니다.

교수: 그렇군. 오후 수업 이후는 뭐 할 건가?

학생: 저녁에 여자 친구와 만나기로 했습니다. 그다음엔 과제를 하고 자야지요.

교수: 그다음 날은 무엇 하나?

학생: 다시 학교 와서 공부해야지요.

교수: 그렇게 공부하고 졸업하면 무엇을 하나?

학생: 직장을 갖고 결혼하고 해야지요.

교수: 직장을 갖고 결혼한 다음 무엇을 하나?

학생: 아이가 태어나 키우겠지요.

교수: 그다음엔 무엇을 하나?

학생: 그러면 저도 나이가 들고 은퇴하겠지요.

교수: 그럼 그다음에는 어떻게 하나?

학생: 그럼 저도 죽겠지요.

교수: 그렇다면 자네는 지금 죽으러 뛰어가는군.

연세대학교 철학과 김형석 교수가 오래전에 썼던 『고독이라는 이름의 병』이라는 수필집에 나오는 이야기다. 이 이야기는 우리에게 어떤 메시지를 전하려고 했을까? 무슨 일을 하든지 결국 죽음으로 끝나기 때문에 죽음의 문제에 대한 답을 찾지 못하면 지금 삶의 의미와 목적이 무엇이든 모두 부질없고 허망하다는 것이다. 철학자 네이글은 이를 다음과 같이 표현했다. "설령 당신이 남긴 위대한 문학 작품이 수천 년 뒤에도 읽힌다 해도, 결국 태양계가 식거나 우주가 풀어져 붕괴되면 당신의 모든 수고는 흔적도 없이 사라진다.…문제는 이 생의 크고 작은 행동이 대부분 정당화된다 해도, 인생 전체의 의미는 무엇으로도 설명할 수 없다는 것이다.…당신이 아예 존재하지 않았더라도 상관없고, 죽고 나면 당신이 존재했다는 사실도 부질없다."[5]

그래서 세속적인 사람이 의미 있는 삶을 영위하려면 영원이나 연속 같은 큰 그림은 생각하지 말아야 한다. 스스로 만든 인생의 의미와 목적을 계속 고수하다가 불편하고 괴로운 상태에 빠지지 않으려면 조금만 생각하고 그 생각한 것도 빨리 잊어버려야 한다. 스스로 만들어낸 의미와 목적은 충분히 보편적이지도 않고 이성적이지도 않다.

2) 스스로 만들어 낸 의미는 너무 개인주의적이어서 공동체를 만들기 어렵고 행복을 가져오기도 어렵다

오늘날의 교육은 사람들이 각자 자기 인생의 의미와 가치를 만들어 내야 하며 그렇게 생성된 의미와 가치가 모두 존중받아야 한다고 말한다. 그런데 이렇게 되면 우리 중 누구도 다른 사람의 의미와 목적이 잘못된 것이라고 말할 수 없게 된다. 고작해야 서로 상대방의 취향과 결정을 존중하고 방해하지 말자는 정도만 합의할 수 있다. 그러면 **사회를 결속시키는 공통 부분이 사라지기 때문에 공동체가 존속될 수 없다.** 하지만 인간은 기본적으로 무리 동물이어서 공동체에 소속된 상태로 그곳에서 사랑과 관심을 주고받을 때만 행복할 수 있다. 결국 각자 알아서 만들어낸 의미로서는 공동체를 만들 수 없고 참된 행복으로 나아가기도 지극히 어렵다.

---

5   Nagel, *What Does It All Mean?*, 96.

3) 스스로 만들어냈다고 여기는 의미는 실상 내가 만든 것이 아니라 사회가 주입한 것일 가능성이 크다

철학자 하이데거의 말처럼 우리는 이 세계 안에 던져지듯 태어나고, 이후 사회화 과정에 편입된다. 부모, 학교, 군대, 회사 등을 통해 사회화가 평생 계속되는 가운데, 우리는 자신이 아닌 사회가 원하는 것을 욕망하도록 순치된다. 김치를 싫어하지만 부모가 먹기를 원하니 마지못해 먹게 되고, 그러다 보니 어느 순간 진짜 김치를 좋아해서 먹고 있다고 여기지만 이것은 주입된 입맛이자 취향일 가능성이 크다. 음식뿐만 아니라 선호하는 음악, 영화, 패션 취향, 심지어 정치적 입장까지 상당 부분 사회에 의해 만들어진다. 스스로 만들었다고 여기는 인생의 의미나 목적 역시 이와 마찬가지로 오랜 기간에 걸쳐 이루어진 사회적 훈육의 결과일 가능성이 크다. 참으로 해 아래 내 것이 별로 없는 것이다.

4) 스스로 만들어낸 삶의 의미와 목적은 지속되기 어렵다

극심한 고난이 오면 스스로 만들어낸 삶의 의미와 목적은 지속되기 어렵다. 심리학자 빅터 프랭클은 제2차 세계대전 중 죽음의 수용소에서 살아남은 사람들의 이야기를 담은 『빅터 프랭클의 죽음의 수용소에서』라는 책에서 사람들이 수용소의 엄청난 고난 앞에서 대개 다음세 가지 중 한 가지 반응을 보였다고 한다.

> 첫째, 어떻게든 살아남기 위해 철저하게 이기적이고 악하게 된다.
> 둘째, 희망을 잃고 병들거나 죽는다.
> 셋째, 고난 중에서도, 아니 고난 때문에 더욱 고결해지고 인간답게 된다.

실제로 세 번째 반응을 보인 사람들은 살아야 할 이유와 목적을 가진 사람들로서 특히 현실의 상황을 초월하는 (종교적) 신념을 품고 있었으며, 그렇지 않은 사람들은 힘겨운 현실 앞에서 자기 신념을 꺾고 갑자기 죽거나 도덕적으로 무너져내렸다고 한다.[6] 우리 자신이 만들어낸 인생의 의미와 목적은 고난이나 유혹 앞에서 너무 쉽게 무너진다. 스스로 만든 의미와 목적은 지속되기 어렵다.

2. 기독교의 답: 인생의 의미와 목적은 하나님 안에서 발견된다

기독교 신앙은 인생의 의미와 목적에 대해 어떻게 말하는가? 아래 말씀을 중심으로 이 문제를 생각해보자.

> 태초에 말씀이 계시니라. 이 말씀이 하나님과 함께 계셨으니 이 말씀은 곧 하나님이시니라. 그가 태초에 하나님과 함께 계셨고 만물이 그로 말미암아 지은 바 되었으니 지은 것이 하나도 그가 없이는 된 것이 없느니라. 그 안에 생명이 있었으니 이 생명은 사람들의 빛이라. 빛이 어둠에 비치되 어둠이 깨닫지 못하더라.…참 빛 곧 세상에 와서 각 사람에게 비추는 빛이 있었나니 그가 세상에 계셨으며 세상은 그로 말미암아 지은 바 되었으되 세상이 그를 알지 못하였고 자기 땅에 오매 자기 백성이 영접하지 아니하였으나 영접하는 자 곧 그 이름을 믿는 자들에게는

---

6   Viktor Frankl, *Man's Search for Meaning*, 24. 『빅터 프랭클의 죽음의 수용소에서』(청아출판사 역간).

하나님의 자녀가 되는 권세를 주셨으니 이는 혈통으로나 육정으로나 사람의 뜻으로 나지 아니하고 오직 하나님께로부터 난 자들이니라. 말씀이 육신이 되어 우리 가운데 거하시매 우리가 그의 영광을 보니 아버지의 독생자의 영광이요 은혜와 진리가 충만하더라(요 1:1-5, 9-14).

1) 인생의 의미와 목적은 이미 우리에게 주어져 있다

요한복음 1장은 "태초에 말씀이 있었다"고 한다(1절). 여기서 "말씀"으로 번역된 그리스어 "로고스"는 인간과 세계의 구성 원리이자 작동 원리로서 "법칙", "질서", "도", "원리" 등으로 번역될 수 있다. 고대인들은 인간이 자신과 세계의 법칙을 알고 그 법칙을 따라 살 수 있는 것도 우리 안에 이 로고스가 들어 있기 때문이라고 생각했다. 알기 쉽게 설명하면 이렇다. 어느 날 전자 제품 하나를 선물로 받았다고 하자. 제품을 앞뒤로 꼼꼼히 살펴봐도 무엇에 쓰는 물건이고 어떻게 작동되는지 알 수 없다. 이때 가장 안전하고 확실한 방법은 제품 설명서를 보는 것이다. 거기엔 제품의 제조 목적과 사용법이 자세히 담겨 있다. 설명서가 바로 이 제품의 로고스다. 이처럼 이 말씀이 기록된 시대의 사람들은 삶의 의미와 목적 및 세계의 구성과 질서가 이미 주어져 있다고 보고 이를 로고스라고 불렀다. 요한복음 1장은 인간과 세계 이전에 이미 인간과 세계를 구성하고 인도하는 초월적인 로고스 곧 말씀이 있으며, 이 로고스를 알 때 인생의 진정한 의미와 목적을 깨달을 수 있다고 말한다.

2) 이 말씀(로고스)은 우리를 찾아오신 인격적 존재다

또한 "말씀이 육신이 되어 우리 가운데 찾아와 함께 사셨다"고 말한
다. 이는 정말 놀라운 주장이다. 플라톤주의, 신플라톤주의, 스토아
학파, 에피쿠로스 학파 중 어디에 속해 있든지 간에 당시 모든 철학자
들은 우주에 근본적인 원리나 질서인 로고스가 있다고 믿었으나, 이
로고스가 어떤 구체적인 인격일 수 있다는 것은 꿈에도 생각지 못했
다. 그런데 요한복음은 로고스가 눈으로 보고 손으로 만지며 사랑도
기쁨도 함께 나눌 수 있는 하나의 인격으로 우리를 찾아오셨다고 말
한다. 즉 하나님의 아들이자 전능하고 영원하신 분이 우리와 함께 있
으며, 우리를 구원하기 위해 친히 우리 가운데 오셨다는 것이다. "말
씀이 육신이 되어 우리 가운데 거하시매 우리가 그의 영광을 보니 아
버지의 독생자의 영광이요 은혜와 진리가 충만하더라"(요 1:13).

일반적으로 종교는 인간 편에서 절대적 존재인 신을 찾아가는
행위라고 할 수 있다. 그런데 기독교 신앙은 하나님이 우리를 찾아오
셨다고 한다. 하나님은 왜 그러셨을까? 인간은 자신의 힘으로는 도무
지 하나님을 찾을 수도 만날 수도 없는 존재이기 때문이고, 동시에 하
나님 아닌 것을 하나님인 양 섬기거나, 이도 아니면 하나님이 없다는
무신론이나 있는지 없는지 모르겠다는 불가지론에 너무 쉽게 빠져버
리는 존재이기 때문이다. 구약 시대의 사람들은 하나님이 하신 일은
목격할 수 있어도 하나님을 직접 볼 수는 없었다. 하나님을 직접 보
면 죽는다. 그래서 하나님은 불기둥과 구름 기둥을 통해 간접적으로
나타나신다. 모세같이 위대한 하나님의 사람도 그분을 직접 볼 수 없
었다. 하나님이 모세를 그분의 손으로 숨기신 채 그 위를 지나가실 때
모세는 하나님의 등만 보았다고 한다. 그렇다면 하나님을 볼 수 있는

길은 없는가? 있다. 하나님이 우리와 똑같은 사람이 되어 우리 가운데 찾아오시면 된다. 그래서 하나님은 친히 마구간의 아기가 되어서 이 땅에 오셨다. 사람인 아기는 보고 만지고 관계를 맺을 수 있다. 이처럼 기독교 신앙은 하나님이 우리와 관계를 맺기 위해 친히 이 땅에 내려오셨다고 설명한다.

1961년에 소련의 우주 비행사 유리 가가린이 세계 최초로 지구를 한 바퀴 돌고 귀환했을 때 소련의 최고 지도자 니키타 흐루쇼프 서기장이 이런 말을 했다. "우리 소련의 공식적인 종교는 무신론이고, 우리 소련 사람들은 공식적으로 무신론자다. 그리고 이번 우주 여행으로 무신론이 옳다는 증거를 다시 확인하게 되었다. 우리는 우주에서 하나님을 볼 수 없었다." 그런데 이 말을 들은 기독교 변증론자 C. S. 루이스는 "쳐다보는 눈"(Seeing Eye)이란 글에서 이렇게 응수했다. "우리와 하나님의 관계는 1층에 사는 사람이 어느 날 2층에 올라가 보고 거기 사람이 살고 있지 않음을 발견하는 그런 관계가 아니다. 하나님과 우리의 관계는 셰익스피어와 햄릿의 관계와 같다. 햄릿은 셰익스피어에 의해 만들어졌다. 따라서 햄릿이 셰익스피어를 알 수 있는 유일한 방법은 셰익스피어가 햄릿이 등장하는 소설 속으로 들어와 자기를 알려주는 것뿐이다. 인간이 하나님을 알 수 있는 방법도 이와 같다."

그렇지 않은가? 햄릿은 셰익스피어란 존재가 있는지도 모르며, 안다 해도 만나러 갈 수 없다. 마찬가지로 인간은 하나님이 계신 것을 모르고, 설령 알아도 하나님을 만나러 갈 수가 없다. 햄릿이 셰익스피어를 만나거나 우리가 창조주를 만나는 방법은 셰익스피어나 창조주가 직접 찾아오는 길밖에 없다. 그런데 실제로 이와 비슷한 일이 일어났다. 도로시 세이어스라는 영국의 여성 작가가 있다. 그녀는 옥스퍼드 대학교에 최초로 입학한 여성으로서 추리 소설 작가였고 아주 똑똑했지만 그다지 예쁘지는 않았다. 그녀가 쓴 탐정 소설에 피터 웸지 경이라는 독신 귀족 남성이 주인공으로 등장하는데, 그는 아주 지적이고 잘 생겼지만 가끔씩 외로움을 느낀다. 그런데 어느 날 그 앞에 헤리엇 베인이란 여성이 등장한다. 그녀는 최초로 옥스퍼드를 졸업한 여성이고 탐정 소설 작가인데 똑똑하지만 별로 예쁘지는 않다. 그녀는 피터 웸지를 도와 사건을 해결하는 가운데 서로 사랑에 빠져 결혼하고 행복한 시간을 누린다. 이 헤리엇 베인은 누구일까? 많은 사람들이 도로시 세이어스 자신이라고 생각했다. 도로시 세이어스는 자신이 만든 남자 주인공이 너무 마음에 들어서 친히 작품 안으로 들어와버린 것이다! 이와 마찬가지로 성경은 온전한 진리이자 인간과 세계를 만드시고 그 작동 원리를 정하신 하나님이 우리와 함께 있고 우리를 구원하고 싶어서 우리를 찾아오셨다고 말한다.

3) 하나님과의 사귐 안에 있을 때 인생의 의미와 목적이 비로소 발견된다

하나님이 우리를 사랑으로 만드셨지만 우리는 죄를 짓고 하나님을 떠나는 바람에 삶의 의미와 목적을 잃었다. 예수는 이런 우리를 찾아오셔서 하나님 안에서 살아가는 삶을 알려주셨다. 그는 하나님의 사랑 안에서 영원히 그분을 기뻐하고 그분이 원하시는 삶을 사는 것이 인생의 목적이라고 말씀하신다. 우리는 하나님을 만날 때 진정 자기 인생의 의미와 목적을 알게 된다. "인생의 목적은 하나님을 기쁘시게 하고 영원히 그를 즐거워하는 것이다"(웨스트민스터 신앙고백).

4) 예수 그리스도 안에서 발견되는 인생의 의미와 목적은 세속 사회가 말하는 인생의 의미와 목적이 가진 한계를 극복한다

첫째, 예수 안에서 발견되는 인생의 의미와 목적은 이생에서 끝나는 것이 아니라 영원까지 계속된다. 그것은 불변하고 영속적이다. 그래서 기독교 신앙이 말하는 인생의 의미와 목적은 **훨씬 더 합리적이고 이성적이며 논리적인 정합성을 가지고 있다.**

둘째, 기독교 신앙이 말하는 인생의 의미와 목적은 **견고한 공동체를 만들어낸다.** 하나님 안에서 자기 인생의 의미와 목적을 찾는 사람은 하나님이 나 자신뿐만 아니라 다른 사람까지 사랑하면서 하나님 나라를 위해 함께 헌신하라고 부르셨음을 알게 되기 때문에, 공동체를 이루고 거기에 헌신하게 된다. 참된 기독교 신앙은 개인의 자율성과 고유성을 존중하면서도 다른 사람과 힘을 모아 공동체를 아름답게 만들어갈 수 있게 한다.

셋째, 기독교 신앙은 **영원한 하나님의 약속에 근거하기 때문에, 힘든 일이 닥쳐도 삶의 의미와 목적을 굳건히 지킬 수 있게 한다.** 이를 잘 보여주는 예가 사도 바울이다. 그는 하나님 앞에 서 있었기 때문에 무수한 환난과 박해에도 자신을 향한 하나님의 부르심을 자각하고 삶의 의미와 목적을 끝까지 관철할 수 있었다. 그는 이렇게 쓰고 있다. "다만 이뿐 아니라 우리가 환난 중에도 즐거워하나니 이는 환난은 인내를, 인내는 연단을, 연단은 소망을 이루는 줄 앎이로다"(롬 5:3-4). 우리는 하나님이 주신 인생의 의미와 목적을 붙잡을 때 여러 환난과 고통을 능히 견뎌낼 수 있다.

나가는 말

예수는 갈릴리 호숫가에 있는 어부들을 향해 이렇게 말씀하신다. "나를 따라오너라. 내가 너희를 사람을 낚는 어부가 되게 하리라." 어부들의 삶은 그 부르심으로 인해 완전히 달라졌다. 부르심을 따라갔을 때 하나님이 부여하신 인생의 의미와 목적을 갖게 되었고, 그 의미와 목적에 헌신하게 되면서 삶이 지극히 아름답고 풍성해졌다. 인생의 의미와 목적은 우리가 애써 만들기보다 **위에서부터 주어질 때 정녕 가치 있고 창조적인 것이 된다.** 부르심이 인생의 의미와 목적을 만든다. 예수의 첫 제자들과 부르심을 따라 살아갔던 교회사의 수많은 성도들의 삶이 바로 그 증거다.

구한말에 활동했던 루비 켄드릭이라는 여자 선교사가 있다. 그녀는 스물넷이라는 어린 나이에 뜨거운 열정을 품고 이 땅을 찾아왔지만, 급성 맹장염에 걸려 선교사로서의 삶을 1년도 채 살지 못하고 그만 세상을 떠나고 만다. 켄드릭 선교사는 진정 한국을 사랑했고 한국을 위해 자기 생명을 바치려고 했다. 다음은 그녀가 선교 사역 중 미국에 있는 부모에게 보낸 편지다.

아버지, 어머니!
이곳 조선 땅에 오기 전 집 뜰에 심었던 꽃들이 활짝 피어났다는 소식을 듣고선 온종일 집 생각만 했습니다.
이곳 조선 땅은 참으로 아름다운 곳입니다. 모두 하나님을 닮은 사람들 같습니다. 선한 마음과 복음에 대한 열정으로 보아, 몇십 년이 지나면 이곳은 예수의 사랑이 넘치는 곳이 될 것 같습니다. 복음을 듣기 위해

20킬로미터를 맨발로 걸어오는 어린아이들을 보면서 그들 안에 있는 하나님의 사랑으로 제가 오히려 위로를 받습니다. 그러나 한쪽에서는 탄압이 점점 심해지고 있습니다. 그저께는 예수님을 영접한 지 일주일도 안 된 사람 서너 명이 감옥에 갔혔고, 토마스 선교사와 제임스 선교사는 순교하였습니다. 선교 본부에서는 철수하라는 지시를 내렸지만, 대부분의 선교사들은 전도한 조선인들과 아직도 숨어서 예배를 드리고 있습니다. 그들 모두 순교할 작정인가 봅니다. 오늘 밤은 유난히도 고향으로 돌아가고 싶습니다. 외국인을 죽이고 기독교를 증오한다는 소문을 듣고 부두에서 저를 끝까지 말리던 어머니의 얼굴이 자꾸 제 눈앞에 어른거립니다.

아버지, 어머니!

어쩌면 이 편지가 마지막일지도 모릅니다. 제가 이곳에 오기 전 뒤뜰에 심었던 한 알의 씨앗이 내년이면 더 많은 꽃으로 활짝 피겠지요. 그리고 또 다른 씨앗을 만들어내겠지요. **저는 이곳에서 작은 씨앗이 되기로 결심했습니다. 제가 씨앗이 되어 이 땅에 묻히고 하나님의 때가 이르면, 조선 땅에 많은 꽃이 피고 그들도 여러 나라에서 씨앗이 될 것입니다. 저는 이 땅에 저의 심장을 묻겠습니다. 저는 이것이 조선을 향한 저의 열정이 아니라 조선을 향한 하나님의 열정이라는 것을 알게 되었습니다.**

아버지, 어머니, 사랑합니다.

얼마 후 그녀는 병이 들었다. 그리고 죽기 전에 자기를 파송했던 텍사스 청년회에 이런 편지를 보냈다. "만일 내가 죽으면 텍사스 청년 회원들에게 열 명씩, 스무 명씩, 오십 명씩 아침저녁으로 조선으로 나오라고 전해주세요." 그리고 편지 끝에 이렇게 썼습니다. **"저에게 만일 남에게 줄 수 있는 천 개의 삶이 있다면, 저는 그 모두를 조선 사람들에게 주고 싶어요."**

이 편지를 보내고 얼마 지나지 않아 그녀는 죽었다. 그리고 그녀가 죽었다는 소식이 곧 그녀를 파송한 후 기도하고 있던 텍사스 청년회에 전해졌다. 그 장소는 눈물바다가 되었고 그녀의 죽음에 도전을 받은 청년 스무 명이 선교사가 되어 전 세계로 파송되었다. 그중 몇 명은 한국으로 왔다. 그녀의 묘는 현재 서울 마포구 양화진의 외국인 선교사 묘지에 있다. 그리고 그녀의 묘비에는 그녀가 남긴 마지막 말("저에게 만일 남에게 줄 수 있는 천 개의 삶이 있다면, 저는 그 모두를 한국 사람들에게 주고 싶어요")이 새겨져 있다.

한국과 한국인을 사랑했던 젊은 여성 루비 켄드릭! 하나님 안에서 인생의 의미와 목적을 발견한 그녀는 비록 짧은 세상을 살았지만 지금도 아름다운 별처럼 한국 선교 역사를 빛내고 있다. 한 사람의 가치는 그가 얼마나 오래 살았거나 이 땅에서 얼마나 성공했는가에 달려 있지 않다. 오히려 그 사람이 하나님 안에서 인생의 의미와 목적을 발견하고 그 의미와 목적에 따라 살았는가에 달려있다.

세 줄 요약

1. 인간이 만들거나 찾아낸 인생의 의미와 목적은 불완전하고 비이성적이며 견고하지 않다.
2. 하나님 안에서 발견한 인생의 의미와 목적은 완전하고 합리적이며 어떤 시련도 이겨낼 만큼 견고하다.
3. 하나님 안에서 인생의 의미와 목적을 발견한 사람의 삶은 아름답고 풍성해진다.

토론 문제

1. 인생의 의미와 목적이 있다면 그것은 무엇인가? 함께 나누어보자.
2. 인생의 의미와 목적을 스스로 만들 때 어떤 문제가 생길까?
3. 하나님의 부르심 안에서 인생의 의미와 목적을 알게 되면 어떤 장점이 있을까?

7장_ 죄책감은 어떻게 극복되는가?[1]

들어가는 말

미국 소설가 에드거 앨런 포가 쓴 『고자질하는 양심』이라는 단편 소설이 있다. 이 소설의 주인공은 어쩌다 사람을 죽이고 그 시신을 지하실에 암매장한다. 그 누구에게도 들키지 않은 완전 범죄였다. 그런데 이 사건 후 이상한 일이 벌어진다. 지하실 근처만 가면 죽은 사람의 심장 박동 소리가 들리는 것이다. 분명히 죽여서 파묻었는데 그곳에만 가면 심장 소리가 들린다. 그런데 처음에는 지하실 근처에서만 들렸던 이 소리가 어느 순간부터는 주인공이 어딜 가든 따라다닌다. 식당에 가도, 침실에 가도, 집 밖에 나가도 둥둥거리는 심장 박동 소리가 끊임없이 들린다. 분명히 그 사람은 죽었기 때문에 그런 소리가 들릴 리 없는데 계속 들린다. 그러니 미칠 지경이다. 밥도 못 먹고 잠도

---

1   이 주제와 연관된 이 책 부록의 논문 "속죄론적 십자가 죽음 이해에 대한 비판적 논고"를 같이 참고하기 바람.

못 자고 사는 게 사는 것이 아니다. 그러다 어느 날 주인공은 홀연히 깨닫는다. 이 심장 박동 소리가 죽은 사람의 소리가 아니라 바로 자기 심장이 뛰는 소리임을! 아무도 그 살인 현장을 보지 않았지만 주인공의 심장은 그가 사람을 죽인 살인자임을 고발하고 있었던 것이다.

이 소설은 우리에게 무엇을 말하고 싶었을까? **우리의 마음 깊은 곳에 남이 알지 못하는 깊은 죄책감이 있다는 것이다.** 겉보기에는 잘 사는 것 같은데 가만히 들여다보면 우리에게도 이렇게 "고자질하는 양심"이 있다. "너 왜 이렇게 사니?" "이런 꼴로 살면 결국 후회하게 될 게 뻔한데 계속 이렇게 살래?" 이런 소리를 좀 더 예민하게 듣는 사람도 있고, 상대적으로 둔한 사람도 있다. 그러나 정도의 문제일 뿐 이런 양심의 가책에서 자유로운 사람은 아무도 없다.

미국 로스앤젤레스에는 어느 시민 단체가 운영하는 "고백의 전화"라는 것이 있다.[2] 하고 싶은 말이 있는 사람들은 이곳에 전화를 걸어 그 누구에게도 할 수 없는 말을 60초 동안 자동응답기에 털어놓는다. "18년간 알코올 중독자로 살았습니다. 그 긴 시간 동안 나로 인해 피해를 입은 모든 사람에게, 특히 내 아들 테드에게 잘못을 빌고 싶습니다." 교통사고를 일으킨 한 여자는 하염없이 울면서 말한다. "죄송하다는 말밖에 할 말이 없네요. 내가 일으킨 사고로 세 명이 죽었습니다. 그들이 다시 살아날 수만 있다면 어떤 일이든 하겠습니다." 이렇게 매일 200명이 넘는 사람들이 이 번호로 전화를 걸어 자신이 한 거친 말, 폭력, 도둑질, 심지어는 강간과 살인까지 고백하면

---

2   아래 내용은 다음 책에서 가져왔다. 필립 얀시, 윤종석 역, 『놀라운 하나님의 은혜?』 (서울: 두란노서원, 2020).

서 용서를 구한다.

　이게 우리 인간의 모습이다. 겉으로는 보이지 않아도 **마음 깊은 곳을 들여다보면 인생을 잘못 살고 있다는 죄책감과 자책감이 우리를 괴롭힌다.** 이런 죄책의 문제를 어떻게 해결할 수 있을까? 일단 선하게 살아야 하고 후회할 일은 최대한 하지 말아야 할 것이다. 하지만 그게 잘 안되기 때문에 보상을 치름으로써 죄책을 해결하려고 한다. 그렇게 죗값을 치르고 용서를 받으면 마음이 편해질 것 같기 때문이다.

　19세기 예수회 신부들의 남미 선교를 배경으로 만든 영화 "미션"에 멘도사라는 사람이 나온다. 그는 지역 원주민들을 잡아서 노예로 팔아넘기는 노예 상인이다. 어느 날 그가 일을 마치고 몇 달 만에 집에 돌아오니 사귀는 여자가 "내가 정말 좋아하는 사람은 당신이 아닌 당신 동생 펠리페이다"라고 말한다. 충격을 받은 그는 동생과 말다툼을 하다가 평생 사랑하고 돌봐온 동생을 칼로 찔러 죽인다. 죄책감을 이기지 못해 모든 곡기를 끊고 죽으려고 하던 그는 신부의 전도를 받고 예수를 믿기로 한다. 그래도 죄책의 짐은 여전히 크고 무겁다. 그는 급기야 동생을 죽일 때 쓴 칼, 갑옷, 엄청난 크기의 돌덩이를 그물에 묶어서 질질 끌고 절벽을 기어오른다. 살이 터지고 피가 흐르지만 아무도 그 짐을 대신 져줄 수 없다. 혼자 비틀거리면서 절벽 꼭대기까지 올라간 그는 자신이 노예로 팔아넘긴 마을 원주민들을 만나 용서를 구한다. 원주민들은 그를 보고 놀랐지만 곧 그의 진심을 알아차리고 사죄를 받아들인다. 멘도사는 그 용서의 말을 들은 다음 자기가 끌고 왔던 짐을 끊어서 바다에 던지고 바다를 향해 포효한다. 무거운 짐이 마침내 벗겨진 것이다.

인간을 괴롭히는 이 깊은 죄책의 문제를 어떻게 할 것인가? 해결책은 어디에 있는가?

1. 불교의 길, 기독교의 길

우리는 여기서 불교와 기독교의 길이 갈리는 것을 본다. **불교 역시 인생에 많은 좌절과 고통이 있음을 안다.** 세상이 욕망과 집착으로 불타고 있으며 어리석음으로 인해 무명 곧 빛이 없는 칠흑같이 어두운 사바세계가 되었다고 말한다. **하지만 불교는 이 사실을 직시하고 수행을 할 때 이를 이겨낼 수 있다고 한다.** 우리의 모든 고통과 죄책감은 결국 잘못된 집착 때문이므로 이 집착을 끊어버릴 때 마침내 자유케 된다고 가르친다. 그래서 어떤 사람은 모든 인연의 사슬을 끊기 위해 머리를 깎고 잿빛 가사를 입고 출가한다. 그렇게 할 수 없는 사람들은 이 세계에 머물러 선행을 하며 좋은 설법을 듣고 마음을 다스림으로써 이 문제에서 벗어나고자 한다. 언젠가 절에 갔다가 "마음을 다스리는 글"이란 것을 본 적이 있다.

> 복은 검소함에서 생기고, 덕은 겸양에서 생기며, 도는 안정에서 생기고, 명은 화창함에서 생긴다. 근심은 애욕에서 생기고, 재난은 물욕에서 생기고, 허물은 경망에서 생기고, 피는 참지 못함에서 생긴다. 눈을 조심하여 남의 그릇됨을 보지 말며, 입을 조심하여 고운 말을 할 것이고, 내게 상관없는 일에 부질없이 시비하지 말라. 어른을 공경하고 덕이 있는 이를 받들며 이치에 어두운 이를 너그럽게 용서하고, 지혜로운 이와 부

족한 이를 밝게 분별하라. 나의 행복도 나의 불행도 모두 내 스스로 짓는 것이지, 결코 남의 탓이 아니다. 나보다 남을 위해 복을 짓고 겸손한 마음으로 덕을 쌓아라. 모든 죄악은 탐욕과 성냄과 어리석음에서 생기는 것이니, 늘 참고 적은 것으로 만족하라.

이처럼 불교에서는 잘못된 집착에서 풀려나 욕망을 줄이고 작은 것에 만족하면서 차분히 생각하고 올바로 행동할 때 죄책감에서 벗어날 수 있다고 한다. 그러기 위해 수행을 한다. 이는 분명 도움이 된다. **그러나 기독교 신앙은 다르게 말한다.** 욕심을 줄이고 선하게 살면서 수행하는 것도 필요하지만, 우리 인간은 가장 근본적인 부분에서 무엇인가 비뚤어져 있기 때문에 **하나님이 개입하시지 않고는 죄책을 극복할 수 없다고 한다.** 그리고 하나님은 이미 예수 그리스도 안에서 우리를 찾아오셨으며 이 죄책의 문제를 해결하셨다고 말한다.

2. 기독교 신앙이 말하는 죄책의 극복

성경은 죄책의 문제에 대해 어떻게 말하고 있는가? 다음 말씀을 중심으로 살펴보자.

그러므로 이제 그리스도 예수 안에 있는 자에게는 결코 정죄함이 없나니, 이는 그리스도 예수 안에 있는 생명의 성령의 법이 죄와 사망의 법에서 너를 해방하였음이라.…그런즉 이 일에 대하여 우리가 무슨 말 하리요? 만일 하나님이 우리를 위하시면 누가 우리를 대적하리요?(롬

8:1-2)

자기 아들을 아끼지 아니하시고 우리 모든 사람을 위하여 내주신 이가 어찌 그 아들과 함께 모든 것을 우리에게 주시지 아니하겠느냐? 누가 능히 하나님께서 택하신 자들을 고발하리요? 의롭다 하신 이는 하나님 이시니 누가 정죄하리요? 죽으실 뿐 아니라 다시 살아나신 이는 그리스 도 예수시니 그는 하나님 우편에 계신 자요 우리를 위하여 간구하시는 자시니라. 누가 우리를 그리스도의 사랑에서 끊으리요? 환난이나 곤고 나 박해나 기근이나 적신이나 위험이나 칼이랴? 기록된 바 "우리가 종 일 주를 위하여 죽임을 당하게 되며 도살당할 양 같이 여김을 받았나이 다" 함과 같으니라. 그러나 이 모든 일에 우리를 사랑하시는 이로 말미 암아 우리가 넉넉히 이기느니라. 내가 확신하노니 사망이나 생명이나 천사들이나 권세자들이나 현재 일이나 장래 일이나 능력이나 높음이나 깊음이나 다른 어떤 피조물이라도 우리를 우리 주 그리스도 예수 안에 있는 하나님의 사랑에서 끊을 수 없으리라(롬 8:31-39).

기독교 역사에서 죄와 그로 인한 정죄의 문제로 가장 고심했던 사람 이 바로 종교개혁가 마르틴 루터다. 루터는 머리도 좋았지만 아주 예 민한 성격의 소유자였던 것 같다. 스물두 살 때 친구랑 들판으로 소풍 을 갔는데 갑자기 소나기가 쏟아졌다. 큰 나무 밑에 서서 비를 피하던 중 그 나무에 벼락이 떨어지는 바람에 정신을 잃고 쓰러졌다가 깨어 나 보니, 친구는 벼락을 맞아 새까만 숯덩어리가 되었고 자기만 멀쩡 했다. 그때 루터는 전율한다. "만일 죽어 있는 것이 친구가 아니라 나 자신이라면 나의 영혼은 구원받아 천국에 갔을까?" 아무리 생각해도 자신이 없었던 루터는 아버지의 만류와 전도양양한 법학도로서의 성공을 뿌리치고 수도원으로 들어가 죽어라고 수도 생활을 한다. 일주일에 이틀씩 금식하면서 식사하는 날에는 한 끼만 먹었고 나머지 시간은 노동과 기도에 바친다. 하나님의 마음에 들기 위해 모든 노력을 다한다. 성 베드로 성당의 수백 개 계단을 무릎을 꿇고 기어오른다. 살갗이 터져서 피가 흐르고 거의 뼈가 드러날 정도로 고행을 하지만 구원의 확신은 없었다. 오히려 심판에 대한 두려움이 갈수록 커져갔다. 루터는 훗날 이때 일을 회상하면서 다음과 같은 기록을 남겼다.

> 수도원에 있을 때 나는 세상에서 가장 비참한 피조물이었다.
> 낮이나 밤이나 심판에 대한 공포심에 떨며 절망의 눈물을 흘렸다.
> 수도원에 걸린 그리스도의 초상화에서 나를 심판하는 지옥의 악마를 보았다. 그때마다 나는 새파랗게 질려서 "성모 마리아여, 당신의 아들의 진노로부터 이 불쌍한 나를 구원하여 주소서"라고 절규했다.

루터는 왜 이렇게 심판의 두려움에 떨었을까? 그 이유는 당시 로마 가톨릭교회의 구원관과 관계가 있다. 당시의 교회는 "거룩하신 하나님께서는 우리가 거룩한 삶을 살기를 원하신다. 그래서 사람이 하나님이 원하시는 거룩의 수준에 도달해야 구원의 은혜를 주신다"고 생각했다. 즉 하나님이 원하시는 도덕적, 영적 수준에 이르러야만 구원으로 이끄는 은혜를 주신다는 것이다. 그렇다면 사람이 어떻게 이런 수준에 이를 수 있는가? 교회는 교회 출석, 성직자에 대한 순종, 고해성사, 가난한 사람들을 위한 헌금, 성지 순례 등을 그 방안으로 제시했다.

　그런데 이런 가르침의 문제는 사람이 아무리 노력해도 자신이

하나님의 구원을 받을 만큼 거룩해졌는지 확신할 수 없다는 것이다. 해를 등지고 달려가면 아무리 빨리 뛰어도 우리 앞의 그림자를 절대로 따라잡을 수 없듯이, 제아무리 노력해도 하나님의 구원에 이를 만한 은혜를 받을 정도로 자신이 충분히 의롭게 되었다는 확신이 들지 않는 것이다. 그래서 사람들은 불안을 느꼈고 불안한 만큼 교회에 더 얽매이게 되었으며 교회는 이런 사람들을 통제하는 절대 권력을 행사했다. 그러다 보니 모든 것이 캄캄했다. 시대 전체가 하나님을 만나기 어렵게 되어 있었다. 이것이 루터를 붙잡고 있었던 고통의 근본적인 이유였다.

이런 와중에서도 루터는 계속 공부해서 신약학 박사 학위를 받고 비텐베르크 대학의 교수가 된다. 그는 시편을 연구하고 갈라디아서와 로마서를 몇 차례씩 강의한다. 그러다가 1517년 9월 어느 날 밤, 머물고 있던 비텐베르크성의 다락방에서 로마서 1:17 말씀을 새롭게 읽게 된다. **"복음에는 하나님의 의가 나타나서 믿음으로 믿음에 이르게 하나니 기록된 바 오직 의인은 믿음으로 말미암아 살리라 함과 같으니라."** 그때까지 교회의 가르침에 충실했던 루터는 이 구절에 나오는 "하나님의 의"란 말을 각 사람이 노력해서 이루어야 할 의로 이해했다. 그런데 홀연히 깨닫게 된다. **여기에 기록된 하나님의 의란 각 사람이 노력해서 이루어야 하는 높은 도덕적, 영적 수준이 아니라 하나님이 예수의 십자가 죽음을 통해 이루신 의이자 우리에게 선물로 그냥 주어지는 의이고 우리가 이 사실을 그냥 받아들이기만 하면 된다는 사실을 말이다.** 깜짝 놀란 루터는 교부들의 가르침을 찾아본다. 놀랍게도 과거 모든 위대한 교부들이 표현은 조금씩 달라도 동일한 이야기를 하고 있었다. 아타나시오스도, 아우구스티누스도 그렇게 말했으며, 루터 직전의 개혁가인 얀 후스도 이렇게 주장하다가 순교한 것을 알게 된다. 이뿐 아니라 시편과 갈라디아서와 에베소서 역시 같은 이야기를 하고 있음을 깨닫게 된다.

바로 이 깨달음으로 인해 종교개혁이 일어난다. 루터는 이 놀라운 깨달음의 순간을 이렇게 표현했다. "그때 나는 하늘 문이 열리고 그리스도께서 나를 위해 기뻐하고 계심을 보았다." "그리스도는 더이상 나의 심판자가 아닌 나를 지극히 사랑하셔서서 나 대신 십자가를 지신 분이 되셨다." 루터는 이를 "예수 그리스도의 십자가에서 즐거운 교환이 일어났다"고 표현한다. 십자가에서 우리의 죄가 예수에게 주어지는 동시에 예수의 의로우심이 우리 것이 되는 교환이 일어났고 이로 인해 우리가 하나님의 사랑과 긍휼을 입은 자가 되었기 때문에 더 이상 어떤 종류의 죄책과 심판도 없다는 것이다. 이런 철저한 은혜의 체험이 종교개혁을 일으킨 동력이 되었다.

그런데 루터의 이런 경험이 오늘날 우리에게 어떤 의미가 있을까? **루터의 경험은 중세를 배경으로 한다. 중세에는 하나님이 계시고 그분이 우리의 일거수일투족을 모두 알고 계시는 심판자라는 인식이 분명했다.** 당시 사람들은 모두 교회를 중심으로 종교의 시대를 살았다. 성벽이 둘러싸고 있는 마을 한가운데 교회가 있었고, 마을의 길은 어디서 출발하든지 교회 앞마당에서 끝난다. 교회 안에 들어가면 시선이 자연스럽게 천장을 향하는 구조였는데, 그 시선 끝에는 하나님, 예수 그리스도, 그분들을 섬기는 천사들을 그린 프레스코화가 사람들을 굽어보고 있었다. 이런 시대다 보니 자연스럽게 하나님이 항상 나를 보고 계시고 나는 그분의 말씀에 따라 살아야 하며, 그렇지 않으면 심판을 받아 버려질 수밖에 없다고 생각하게 되었다.

하지만 오늘날은 상황이 다르다. **하나님이 계시고 이 하나님이 심판하시는 분이라는 생각을 갖기가 쉽지 않다.** 믿음이 있는 사람들도 마찬가지다. 예배 시간에는 하나님을 생각하지만 교회 문을 나선 다음 사회 생활을 하며 바쁘게 지내다 보면 그런 생각이 옅어진다. 그래서 "심판의 하나님"이 아닌 "은혜와 자비의 하나님"을 인식한 루터의 경험을 체화하기가 어렵다.

그러나 다시 생각해보면 형태는 달라졌지만 루터가 경험했던 "심판"은 여전히 우리 삶 가운데 있음을 본다. **현대인들은 수시로 "나는 올바로 살고 있는 것일까?", "내 삶은 의미와 가치가 있는 것일까?"를 묻는다.** 동시에 이 거대한 도시 문명 속에서 **"다른 종류의 심판" 곧 "나의 삶이 왜소하고 무가치해 보이는 심판"을 자주 경험하게 된다.** 특히 현대 자본주의 사회는 한 사람의 가치를 그가 이루어내는 성과나 업적을 통해 판단하기 때문에, 우리는 곧잘 자신이 무가치하다고 느낀다. 학생은 성적을 내야 원하는 대학에 들어갈 수 있다. 대학에서도 학점, 어학 연수, 각종 인턴십, 자격증 같은 스펙을 쌓아야 취직할 수 있다. 어렵게 취직을 해도 성과를 내지 못하면 언제든 퇴출될 수 있고, 우리를 대체할 사람들이 줄을 서서 기다리고 있다. 실상 자본주의 사회의 인간은 과격하게 말하면 얼마든지 바꿔 끼울 수 있는 건전지 또는 전구 같은 존재다.

그렇기 때문에 다들 퇴출당하지 않으려고 죽도록 일한다. 성과를 내지 않으면 죽기 때문이다. 하지만 아무리 열심히 해도 언제나 나보다 잘하는 사람이 있다. 고속도로에 오르면 내 차보다 앞에 달리는 차들이 언제나 존재하듯이, 내가 아무리 힘을 써도 더 탁월한 성과를 내는 사람들이 있다. 그런 사람들을 따라잡기 위해 애를 쓰다가 결국 탈진하고 소진되어 버린다. **철학자 한병철은 이런 시대를 가리켜 "성과 사회"라고 부른다. 그리고 각자 자기 인생의 감독관이 되어 "자신을 착취하고 소진시키는 삶"을 살아간 결과 우울증, 주의력 결핍, 과잉 행동 장애, 경계성 성격 장애, 소진 증후군 등이 우리 시대의 특징적인 질병이 되었다고 말한다.**[3]

이런 피로 사회의 특성과 그로 인한 소진 증후군을 잘 보여주는 안타까운 이야기가 있다. 2010년 1월에 삼성전자 부사장 한 명이 스스로 삶을 정리했다. 그는 서울대학교 전자공학과를 나와 미국 스탠퍼드 대학교에서 박사 학위를 받은 다음 1992년에 삼성전자에 입사한 엘리트였다. 입사 후에도 초고속으로 승진했다. 세상을 떠날 당시에는 60억 원에 달하는 주식을 보유한 상태였고, 10억 원 정도의 연봉을 받으며 서울에서 제일 비싼 동네에 거주하고 있었다. 그런데 생일 다음 날 새벽 자신이 살던 아파트 24층에서 투신하여 삶을 마쳤다. 부인에게 남긴 유서와 주변 정황에 따르면 지난 2년간 성과를 내지 못한 까닭에 주요 보직에서 밀려나 우울해하다가 결국 비극적인 선택을 한 것이다. 사람이 살다 보면 실패할 수도 있고 손을 놓아야 할 때도 있는데 이 사실을 받아들이기가 어려웠던 것 같다. 이처럼 성과 사회에 사는 사람들은 완전히 망가질 때까지 자신을 착취하게 된다.

이런 상황 속에서 로마서 8장의 말씀은 무척 의미심장하다. 1-2절은 이렇게 말한다.

"그러므로 이제 그리스도 예수 안에 있는 자에게는 결코 정죄함

---

3   한병철, 김태환 역, 『피로사회』(서울: 문학과 지성사, 2012).

이 없나니 이는 그리스도 예수 안에 있는 생명의 성령의 법이 죄와 사망의 법에서 너를 해방하였음이라."

"정죄함이 없다"는 표현에 나오는 "정죄"의 원래 뜻은 "빛 문서"다. 가령 여러분이 은행에서 돈을 빌렸는데 이를 못 갚아서 이자가 눈덩이처럼 불어났다. 은행에서는 독촉장을 계속 보내면서 정해진 기한까지 안 갚으면 차압이 들어올 것이라고 경고한다. 얼마나 괴롭겠는가? 갚을 능력은 없는데 날짜는 다가오고 있으니 하루하루가 죽을 노릇일 것이다. 그것이 여기서 말하는 "정죄"의 뜻이다. 그런데 어느 날 은행 직원이 와서 이렇게 말한다. "어떤 분이 선생님을 불쌍히 여기셔서 그분이 가진 모든 것을 바쳐서 선생님의 빚을 모두 갚아주셨습니다. 선생님은 이제 빚이 없습니다. 자유로워졌습니다." 그런 다음 당신의 눈앞에서 그 빛 문서를 찢어버린다. 이게 "정죄함이 없다"는 뜻이다.

이런 일이 정말 일어난다면 어떻겠는가? 어리둥절할 것이다. 믿기 힘들 것이다. 하지만 이 일이 사실임을 깨닫는 순간 미친 듯이 기쁠 것이다. 이제부터는 완전히 다르게 살겠다고 결심할 것이다. 그 엄청난 빚을 갚아준 분에게 평생 고마워하면서 그분에게 도움이 되는 삶을 살고 싶을 것이다. 결국 이 말씀은 우리의 죄책감, 열패감, 무가치함의 크기가 어떠하든 그리스도 예수 안에서는 결코 정죄가 없다는 것이다. 루터 시대의 깊은 죄책감이든, 우리 시대의 "자신의 무가치함"으로 인한 절망이든 상관없다는 말이다. 나의 감정이나 상태와는 관계없이 예수 그리스도 안에서 우리를 향한 모든 정죄가 사라져 버렸다. 로마서 8:35은 이렇게 말한다. "누가 우리를 그리스도의 사랑에서 끊으리요? 환난이나 곤고나 박해나 기근이나 적신이나 위험이

나 칼이랴?" 환난, 곤고, 박해, 기근, 적신, 위협은 우리 인생을 힘들게 하는 것이다. 하지만 그 어떤 것도 우리를 우리 주 그리스도 예수 안에 있는 하나님의 사랑에서 끊을 수 없다(롬 8:38-39). 왜냐하면 그것들이 아무리 강력하더라도 피조물에 불과할 뿐이며 우리를 사랑하시는 분은 창조주 하나님이시기 때문이다.

이 사실을 개인적으로 받아들이는 것이 믿음이고, 이것을 확인하고 체험하는 장소가 교회다. 세상은 우리를 향해 성과를 못 내면 언제든 대체되는 가치 없는 존재라고 하지만, 교회는 아니라고 말한다. 교회는 우리가 부족하고 모자랄지라도 하나님 아들이자 딸로서 그분의 사랑받는 자임을 확인하는 곳이다. 교회가 이런 곳이 된다면 세상에 희망의 등불이 될 수 있을 것이다.

우리는 갈수록 위기가 심화되는 세상에 살고 있다. 강자들이 패악을 부리면서 사회적인 협약을 무시하고 그로 인해 공동체가 파괴되고 빈부격차가 커지는 상황에서 다들 어떻게든 살아남기 위해 안간힘을 쓰고 있다. 얼마 전 세상을 떠난 **사회학자 지그문트 바우만은 우리 시대를 가리켜 "사냥꾼의 시대"라고 불렀다. 그는 정원사의 시대와 사냥꾼의 시대를 대비한다.** 정원사가 이쪽에 꽃을 심고 저쪽에 나무를 심겠다는 계획을 갖고 정원을 가꾸듯 역사 속에는 사람들이 자신의 인생을 계획하고 사회를 설계할 수 있던 때가 있었다. 그러나 그 시대는 지나갔고, 이제는 살아남기 위해 매 순간 사냥을 할 수밖에 없다. 사냥꾼은 되지 못해도 사냥감이 되어서는 안 된다는 마음으로 모두 긴장하며 살아가는 때가 되었다. **오늘날 한국 사회를 특징짓는 말이 "생존주의"다.** 누구도 믿거나 의지하지 말고 각자 알아서 살아남아야 하는 각박한 시대! 청년들이 이를 더 많이 느끼는 것 같다. 그래서 헬조선이니 불바다 반도니 이생망(이번 생은 망했다)이니 하는 신조어가 계속 그들의 입에서 오르내린다.

그런가 하면 **이탈리아의 사회철학자 조르조 아감벤은 그의 여러 저서에서 "호모 사케르"를 말한다.** 호모 사케르는 벌거벗은 생명, 즉 아직 살아는 있으나 언제 어디서든 죽음에 내몰릴 수 있는 사회적 약자를 가리킨다. 난민, 포로수용소 감금자, 탈북자, 도시 빈민들이 우리 시대의 대표적인 호모 사케르다. 그런데 아감벤은 갈수록 대부분의 현대인들이 호모 사케르가 되어 가고 있다고 염려한다.

그렇기 때문에 교회가 더욱 중요하다. 교회는 세상과는 다른 메시지를 전하는 곳이다. 곧 교회는 우리를 효율성과 생산성에 따라 평가하는 세상을 향해 이렇게 말해야 한다. **"우리는 모두 있는 그대로 아름답고 소중한 하나님의 사람이다. 하나님은 우리 모습 그대로 보시고 우리를 사랑하시기 때문이다."** 이를 직접 경험하고 함께 정죄가 없는 세상을 만들어가는 꿈을 꾸게 하는 곳, 그곳이 바로 교회다.

나가는 말

동화 작가 정채봉 선생의 어머니는 열여덟 살에 그를 낳고 스무 살 되던 해에 세 살짜리 아들을 남기고 돌아가셨다. 너무 일찍 엄마를 여의었던 선생은 어머니에 대한 그리움을 평생 간직하며 살았고 이 그리움을 담아 "엄마가 휴가를 나온다면"이라는 제목의 시를 썼다.

하늘나라에 가 계시는

엄마가
하루 휴가를 얻어 오신다면
아니 아니 아니 아니
반나절 반시간도 안 된다면
단 5분
그래, 5분만 온대도
나는 원이 없겠다.

얼른 엄마 품속에 들어가
엄마와 눈 맞춤을 하고
젖가슴을 만지고
그리고 한 번만이라도
엄마! 하고 소리 내어 불러 보고
숨겨 놓은 세상사 중
딱 한 가지 억울했던 그 일을 일러바치고
엉엉 울겠다.

세상에는 이런 엄마 같은 존재가 필요하다. 우리의 가정과 교회가 그
역할을 해야 한다. 품에 안겨 엉엉 울 수 있는 엄마 같은 교회! 하나님
의 도우심 속에서 교회가 이런 곳이 될 수 있다면 우리는 사냥터나 정
글 같은 이 세상에서 좀 더 버틸 수 있고, 더 나아가 사람을 효율성이
나 능력이 아닌 그 자체로 존중하는 세상을 만들어갈 수도 있을 것이
다. 우리는 이런 부르심을 받고 이 자리에 와 있다. "우리의 씨름은 혈
과 육을 상대하는 것이 아니요 통치자들과 권세들과 이 어둠의 세상

주관자들과 하늘에 있는 악의 영들을 상대함이라. 그러므로 하나님의 전신 갑주를 취하라. 이는 악한 날에 너희가 능히 대적하고 모든 일을 행한 후에 서기 위함이라"(엡 6:12-13).

세 줄 요약

1. 사람들의 마음속 깊은 곳에는 죄책감, 자책감이 있다. 현대 자본주의 사회는 여기에다가 무력감을 더한다.
2. 기독교 신앙은 예수 그리스도의 십자가 죽음과 부활에서 우리의 모든 죄책감, 자책감, 무력감이 극복되었다고 선언한다.
3. 교회는 이와 같은 용서와 화해의 메시지를 확인하고 세상에 전하는, 엄마 같은 공동체여야 한다.

토론 문제

1. 깊은 죄책감, 자책감, 무력감을 느껴본 적이 있는가? 언제 그랬는가? 그것을 어떻게 해결하였는가?
2. 기독교 신앙은 이런 죄책감, 자책감, 무력감이 예수 그리스도의 십자가 죽음과 부활로 인해 해결되었다고 말한다. 어떻게 그럴 수 있는가?
3. 교회는 하나님의 용서와 무조건적인 수용을 경험하고 그것을 세상에 전하는 공동체로서 부르심을 받았다. 지금 우리 교회는 이 일을 잘 감당하고 있는가? 이를 위해 필요한 것이 있다면 무엇인가?

8장_ 정체성이란 무엇이며 어디에서 찾아야 하는 가?[1]

들어가는 말

사람은 누구나 자신에 대해 어떤 이미지(image)를 가지고 있다. 그래서 "당신은 누구인가?"라는 질문을 받으면 의식적으로든 무의식적으로든 이 이미지를 따라 "나는 이런 사람이다"라고 답한다. 그에 대한 답은 다양하다. 사회가 복잡할수록 관계도 복잡해져서 한두 가지 이미지만으로는 자신의 모든 면모를 표현할 수 없기 때문이다. 그런데 **정체성이란 이 "다양한 모습" 이면의 좀 더 깊은 "자아의식"(self-consciousness)과 연관되어 있다. 즉 정체성은 비교적 일관되게 "나는 어떤 사람이다"라고 말하게 하는 어떤 것이다.** 심리학자 에이브러햄 매슬로는 정체성을 형성하는 두 가지 요인으로 자기 인식과 사람들의 평가를 꼽는다. 즉 정체성은 자신에 대한 인식과 사람들의 평가가

---

1   이 장은 다음 책에서 영감을 받았다. 팀 켈러, 윤종석 역, 『팀 켈러의 답이 되는 기독교』(서울: 두란노, 2019), 190-216.

한데 어우러져 만들어진 하나의 총체적이고 상당 기간 지속되는 자신에 대한 상(self-image)이다.

1. 정체성은 왜 중요한가?

정체성이 중요한 이유는 **자아와 세계 이해의 거의 전부가 우리의 정체성에 따라 결정되기 때문이다.** 우리는 자신이 가진 "정체성"의 안경으로 세계를 보고 거기에 따라 행동하게 된다. 그러니 밝고 건강한 정체성을 가진 사람이 보는 세계와 그렇지 못한 사람이 보는 세계는 다를 수밖에 없다. 극단적으로 말하면 예수 같은 분이 보는 세계와 우리 같은 평범한 사람들이 보는 세계는 너무나 다를 것이다.

어느 정신병원에서 의사와 환자 사이에 있었던 대화다.

환자: "선생님! 나는 내가 자꾸 개라는 생각이 들어요."
의사: "언제부터 그런 생각이 들었습니까?"
환자: "내가 강아지였을 때부터요."

실제 있었던 일은 아니고 누가 웃자고 만든 이야기일 것이다. 하지만 사실 여부를 떠나 이 환자가 "개"라는 정체성을 계속 가지고 있다면 앞으로도 병원을 떠나기 쉽지 않을 것이다. 이와 비슷한 예는 많다.

코끼리를 처음 줄에 매면 자꾸 밖으로 나가려 한다. 그러나 시간이 지남에 따라 일정한 거리 이상 나갈 수 없음을 알게 되면 나중에는 줄을 묶지 않아도 그 거리 이상으로는 나가지 않는다. 스스로 한계를 설정하는 것이다. 어항 중간에 투명한 벽을 세우면 금붕어는 거기에 계속 부딪히다가 어느 순간부터는 그 이상 나아가지 않는다. 그런 다음에는 벽을 치우고 자유롭게 다닐 수 있게 해도 그 근처만 가면 되돌아선다. 역시 스스로 만든 한계 안에 자신을 묶어버리는 것이다.

다시 말해 우리는 "정체성"이라는 안경으로 자신과 사람들과 세계를 보고 관계를 맺으며, 그 정체성에 따라 생각하고 행동하게 된다. 그래서 올바로 살아가기 위해서는 건강한 정체성을 형성해야 한다.

2. 정체성은 어떻게 형성되는가?

캐나다의 철학자 찰스 테일러는『자아의 원천들』이라는 책에서 전통 사회와 근/현대 사회의 정체성 형성 방식이 다르다고 말한다.

1) 전통 사회

전통 사회에서 한 사람의 정체성은 태어날 때 이미 주어진다. 성, 사회적 지위, 부모의 직업, 형제자매 관계 등이 한 사람의 정체성을 결정한다. 대장장이의 아들은 태어날 때부터 대장간에서 일하는 사람이라는 정체성을, 양반집 아이들은 공부해서 과거에 급제해야 하는 사람이라는 정체성을 부여받는다. **따라서 전통 사회에서는 자신이 누구이며 자기 삶의 의미와 목적이 무엇인지를 묻는 사람은 거의 없다. 답이 이미 주어져 있기 때문이다.** 다시 말해 정체성에 대한 질문 자체가 거의 제기되지 않는다. 각자에게 주어진 사회적 역할을 충실히 감당할 때 그는 훌륭한 삶을 산 사람으로 거기에 맞는 인정과 칭찬을 얻는다.

한국의 경우 1960년대까지는 전통 사회의 성격이 강하게 남아 있어서 사회가 부여하는 정체성 중에서도 부모를 잘 모시고 가정을 잘 세우는 사람(효), 민족과 국가를 위해 헌신하는 사람(충)이라는 정체성을 중요하게 여겼다. 이런 기대가 여전히 남아 있어서 충과 효를 주제로 삼는 영화가 큰 성공을 거두는 경우가 많다. 각각 천만 명이 넘는 관객을 동원한 "국제시장"은 "가족을 위해 희생하는 가장"이라는 정체성을, 이순신 장군의 전쟁 이야기를 다룬 "명량"은 "국가와 민족을 위해 헌신하는 사람"이라는 정체성을 강조한다.

따라서 전통 사회에서는 동양이든 서양이든 "개인의식"을 찾기 어렵다. 우리나라의 조선 시대 역시 태어나면서부터 "이렇게 살라"는 것이 이미 정해져 있는 신분 사회였다. 유럽도 중세 시대에는 "개인"이라는 개념이 거의 없었다. 남과 구별되는 존재로서의 "자기의식" 같은 것이 전혀 없지는 않았겠지만, 당시 사람들은 자신을 언제나 공동체의 일원으로 먼저 이해했다. 실제로 중세 시대 사람들은 혼자 있는 순간이 거의 없이 평생을 무리 속에서 살았기 때문에 "남과 다른 나"라는 자기 정체성에 대한 의식을 갖기가 거의 불가능했다. 18세기가 되어서야 비로소 개인 주거 공간이라는 것이 등장했고 이때부터 프라이버시라는 개념이 시작되었다. 거울도 이 시기부터 보편화되어 사람들이 자기 모습을 비춰 보면서 자기를 살필 수 있게 되었다.[2]

전통 사회는 안정적이지만 억압적이기도 하다. 사회적 지위와 신분이라는 명백한 울타리를 넘어갈 엄두를 내는 사람 자체가 드물

---

2   제러미 리프킨, 이경남 역, 『공감의 시대』(서울: 민음사, 2010).

었고, 그 장벽을 넘어가려는 사람은 이상하거나 위험한 인물로 여겨졌다. "송충이는 솔잎을 먹어야 한다"거나 "오르지 못할 나무는 쳐다보지도 말라"는 속담들은 이런 전통 사회의 폐쇄성과 억압성을 잘 보여준다.

2) 근/현대 사회

하지만 18세기에 접어들면서 전통 사회와 그 정체성이 약화되기 시작한다. 이제 정체성은 고정적인 것이 아니라 유동적인 것이 되었고, 더 이상 사회가 정의해주지 않고 각 개인이 알아서 만들어가야 하는 것이 되었다.

이런 유동적 정체성은 근대 시민 사회의 형성과 함께 시작되었는데, 특히 산업혁명의 결과로 농촌이 해체되고 사람들이 도시로 몰려오게 되면서 본격적으로 그 모습을 드러내었다. 낯선 타인들이 함께 살아가야 하는 도시에서는 무슨 일을 해야 하고 어떻게 살아야 하는지에 관해 미리 정해진 답이 없다. 사람들은 각자 알아서 할 일을 찾아야 했고 그러면서 자신이 어떤 사람인지를 계속 만들어가야 했다. **이처럼 근대화, 산업화, 도시화 속에서 전통 사회와 한 사람의 전통적인 정체성이 해체되었다. 이제 사람들은 각자 노력해서 자신의 정체성을 만들어야만 했다.** "나는 누구이며 어떻게 살아야 하는가?"라는 질문에 대한 답을 찾는 것이 정말 중요한 일이 된 것이다.

이런 모습은 현대 서구 사회와 그 문화의 영향을 받아 근대화/현대화된 모든 사회 속에 나타나고 있다. 그와 함께 개인에 대한 강조가 커졌다. 세계 거의 모든 나라에서 갈수록 개인주의가 중요해지고 있다. **개인주의에 토대를 둔 정체성이 강조되면서 사람들은 다음과 같**

은 점들을 당연한 것으로 받아들이게 되었다.

① 내 인생의 주인은 나다.

② 나는 내 자신의 노력으로 내 인생을 만들어가야 한다.

③ 그렇게 하기 위해 모든 외적 압제에서 벗어나야 한다. 가정, 사회, 국가, 관습, 제도, 종교, 신 등 그 어느 것도 예외가 아니다.

④ 교육의 목표는 스스로 자신의 인생을 찾고 만들어가도록 돕는 데 있다.

⑤ 스스로 정체성을 정립하는 것은 무척 힘들지만 그럼에도 불구하고 각자 알아서 이 문제를 해결해야 한다.

영화 "사운드 오브 뮤직"(Sound of Music)에 나오는 마리아의 노래는 자기 힘으로 정체성을 찾으라는 이런 사회적 분위기를 잘 보여준다. 나이 많은 수녀원장은 수녀의 삶을 꿈꾸며 그곳으로 온 마리아에게 다음과 같은 노래를 들려주면서 수녀원을 떠나 스스로 자기 정체성을 찾으라고 권한다.

모든 산을 오르라.

높고 낮은 곳을 모두 살펴보아라.

모든 길을 따라가라.

네가 아는 모든 길들을…

너의 꿈을 찾을 때까지

네가 줄 수 있는 모든 사랑을 필요로 하는 그런 꿈,

네가 사는 동안 너의 삶의 모든 날을 이끌 그런 꿈….

3. 정체성을 자신의 내면에서 찾을 때의 문제점

전통 사회가 무너지고 세계의 많은 곳이 근대화, 현대화, 도시화되면서 사람들은 자기 내면을 들여다보고 거기에서 자기 정체성을 찾게 되었다. 이때 질문은 이런 것들이다. "내가 정말로 하고 싶은 것은 무엇인가?", "내가 잘하는 것은 무엇인가?", "나를 정말로 행복하게 해줄 수 있는 것은 무엇인가?"

그런데 이런 질문들에 답하는 것이 결코 쉽지 않다. 쉽지 않을 뿐 아니라 이런 질문은 우리를 엉뚱한 데로 데리고 가기 쉽다.

첫째, 대부분의 사람들은 자기가 정말 하고 싶은 것이 무엇인지 **잘 모른다.** 당연하다. 왜냐하면 그동안 자신이 하고 싶은 것보다 부모나 사회가 해야 한다고 말하는 일을 주로 해왔기 때문이다.

둘째, 내가 하고 싶고 잘할 수 있는 일이 무엇인지 판단하는 기준이 사회가 나에게 심어준 가치관이거나 아주 제한된 경험의 산물일 가능성이 많기 때문에 **잘못 판단하기가 쉽다.**

셋째, **자기 생각이 수시로 바뀌고 확신이 없다.** 그만큼 자신의 존재 가치와 자존감이 흔들린다.

넷째, **비교 의식에서 벗어나기 어렵다.** 무언가를 잘하게 되면 우쭐해지고 못하면 우울해진다. 결국 내가 주인이 되는 삶을 원했지만, 사람들의 시선과 판단에 얽매인 채로 살게 된다.

4. 기독교 신앙이 말하는 정체성

지금까지 정체성이 무엇이며 왜 중요한지를 보았고, 전통 사회와 근/현대 사회의 정체성 형성의 차이를 보았다. 전통 사회와 현대 사회의 정체성 형성의 차이는 다음과 같이 요약할 수 있겠다. **전통 사회의 정체성은 자신에게 주어진 의무인 반면, 근/현대 사회의 정체성은 자신의 욕망이다.**

둘 다 각 사람이 이룬 업적이나 성취에서 정체성을 발견한다는 점에서 동일하다. 곧 전통 사회는 사회가 부여한 과업을 잘 성취함으로써, 근/현대 사회는 자신이 만든 정체성에 따라 삶을 잘 살아냄으로써 자기 존재의 의미와 가치를 찾는다. 그런데 이는 결국 **모두 "업적에 의한 의"**에 속한다. 이처럼 업적에 의한 의는 그것이 성공하게 되면 자만심을, 실패하게 되면 열등감과 좌절감을 가져오는 문제가 있다. 많은 경우 자만심과 열등감이 번갈아 나타날 것이다.

하지만 정체성을 각 사람의 업적이 아닌 하나님과의 사랑의 관계에서 찾는 길도 있다. 누가복음 19장의 삭개오 이야기는 이를 잘 보여주는 대표적인 예다.

예수께서 여리고로 들어가 지나가시더라. 삭개오라 이름하는 자가 있으니 세리장이요 또한 부자라. 그가 예수께서 어떠한 사람인가 하여 보고자 하되 키가 작고 사람이 많아 할 수 없어 앞으로 달려가서 보기 위하여 돌무화과나무에 올라가니 이는 예수께서 그리로 지나가시게 됨이러라. 예수께서 그곳에 이르사 쳐다보시고 이르시되 "삭개오야! 속히 내려오라. 내가 오늘 네 집에 유하여야 하겠다" 하시니 급히 내려와 즐거워하며 영접하거늘 뭇 사람이 보고 수군거려 이르되 "저가 죄인의 집에 유하러 들어갔도다" 하더라. 삭개오가 서서 주께 여쭈오되 "주여, 보시옵소서. 내 소유의 절반을 가난한 자들에게 주겠사오며 만일 누구의 것을 속여 빼앗은 일이 있으면 네 갑절이나 갚겠나이다." 예수께서 이르시되 "오늘 구원이 이 집에 이르렀으니 이 사람도 아브라함의 자손임이로다. 인자가 온 것은 잃어버린 자를 찾아 구원하려 함이니라"(눅 19:1-10).

삭개오는 모인 사람들 때문에 예수를 볼 수 없어 돌무화과나무에 올라가야 할 정도로 키가 작았다고 한다. 성경이 "키가 작았다"는 점을 강조하는 것을 보면 키는 삭개오의 두드러진 특성이자 열등감일 수 있다. 열등감은 누구에게나 있고 가벼운 열등감은 이겨낼 수 있으나, 어떤 열등감은 계속해서 우리의 발목을 붙잡는다. **삭개오에게는 키 작은 것이 그렇게 쉽게 넘어갈 수 있는 문제가 아니었나 보다.**

때로 열등감이 생의 목표를 결정하게 만들기도 한다. 심리학자인 알프레드 아들러는 열등감이 인생의 가장 기본적인 에너지라고 한다. 그는 열등감이 강하면 그것을 상쇄하기 위해 남이 하지 못하는 일을 이루려고 노력하거나 타인의 인정을 받기 위해 자기 가치나 능력을 부풀리는 과정에서 큰 업적과 성취를 이루기도 한다고 말한다. 삭개오 역시 작은 키로 인한 열등감이 그를 분발시키지 않았을까? 그는 스스로 작은 사람이라고 생각했기 때문에 큰 사람이 될 필요를 느꼈다. **세리를 직업으로 선택한 것도 짧은 시간에 많은 돈을 벌어서 열등 의식을 극복하려고 한 결과일 수 있다.** 신약 시대나 지금이나 사람들은 세금을 싫어한다. 특히 점령국인 로마에 세금을 내는 건 더욱 싫어했을 것이다. 백성들의 이런 저항에도 불구하고 최대한 세금을 쥐어 짜내는 것이 유능한 세리의 조건이었다. 삭개오는 무자비하게 거둔 세금 중 일부를 로마에 바친 후 나머지는 자기 소유로 삼았을 것이다. 마침내 그는 큰 부자가 되었고 세금 징수의 공을 인정받아 대도시 여리고의 세리장이 되었다.

삭개오는 부자가 되고 권세를 얻으면 사람들이 자신을 큰 사람으로 인정해주리라 기대했다. 하지만 사람들은 그를 존경하지 않았고 큰 사람으로 인정해주지도 않았다. 삭개오가 가진 권력과 돈의 힘 때문에 겉으로는 굽실거렸지만 돌아서면 그에게 침을 뱉고 주먹질을 했다. 앞에 언급한 성경 본문을 보면 사람들이 삭개오의 집에 들어가는 예수를 보고 "죄인"의 집에 들어간다고 비난한다. **삭개오는 작은 키로 인한 열등 의식을 극복하기 위해 노력했으나 그 결과로 얻은 것은 죄인이라는 낙인이었다.**

그는 자기 인생에 문제가 있음을 확인하고 새롭게 살아야 할 필요를 느꼈을 것이다. 그때 예수가 여리고로 온다는 소문을 듣는다. 그는 예수라는 사람이 자신을 새롭게 만들어줄 수 있을 것이라고 기대했다. 그런 마음으로 예수를 보러 나갔는데 사람들이 너무 많아 예수를 만나기는커녕 얼굴도 못 보겠다. 이대로 있으면 예수는 그냥 지나가실 것이다. 그때 길옆에 돌무화과나무가 보였다. 저 위에 올라가면 예수를 볼 수 있겠다고 생각한 그는 돌무화과나무를 향해 뛰어가기 시작했다. 이제 체면이고 뭐고 없다. 사람들의 이목이 쏠려도 할 수 없다. 예수를 만나는 것이 제일 중요하다. 그는 돌무화과나무 위로 올라갔다.

예수는 돌무화과나무 옆을 지나가다가 키가 아주 작은 중년 남자가 갈망하는 눈초리로 자기를 내려다보고 있는 것을 보셨다. 그 얼굴에서 인생의 아픔과 슬픔과 깊은 갈망을 보셨고 인생을 새롭게 살고 싶어 하는 열망을 보셨다. 그래서 말씀하신다. "삭개오야, 내려오너라. 내가 오늘 너의 집에 유하여야 하겠다." 이 말씀에서 예수는 삭개오의 이름을 있는 그대로 불러주신다. 사람들은 삭개오를 못된 세리장, 죄인, 민족 반역자라고 불렀겠지만 예수는 그의 이름을 그대로 불러주신다. 더 나아가 그의 집에서 하루 묵고 싶다고 말씀하신다. 유대 사회에서 누군가의 집에 머물러 하룻밤을 보내고 함께 식사를 한다는 것은 친구가 되고 서로 돕는 동료가 된다는 뜻이다. **이런 예수를 만나면서 삭개오의 삶은 변화된다.** 그는 예수에게 말한다. "내 소유의 절반을 가난한 자들에게 나누어 주겠습니다. 만일 누구의 것을 속여 빼앗은 일이 있으면 네 배로 갚겠습니다." 재산은 삭개오의 정체성이자 삶의 의미였다. 하지만 그는 이것을 포기한다. 이를 보신 예수는 말씀하신다. "오늘 구원이 이 집에 이르렀다. 이 사람도 아브라함의 자손이다." **예수는 지금 삭개오에게 재산이나 사회적 지위에 근거한 정체성이 아닌 참으로 하나님의 자녀가 된 정체성이 마침내 주어졌다고 선언하신다.**

우리도 마찬가지다. 삭개오를 찾아오신 예수는 오늘 우리에게 찾아오신다. 그는 임마누엘의 하나님으로서 우리의 모든 기쁨과 슬픔, 성공과 실패, 희망과 절망을 아시고 우리를 있는 그대로 받아주시는 분이다. 그리고 여기에서 우리들의 진정한 정체성이 생겨난다. 이 정체성은 세 가지 특징을 가진다.

① **이런 정체성은 결코 흔들리지 않는다.** 전능하신 하나님이 친히 우리를 하나님의 무한한 사랑을 받는 아들이자 딸이며 존재 자체

로 소중한 사람이라고 확증해주시기 때문이다(창 1:1; 요 3:16; 롬 8:1-2, 35-39).

② 이 정체성은 우리의 업적이나 능력과 관계없는 정체성이기 때문에 우리를 교만하게 하거나 좌절케 하지 않는다. 랍비 부남은 제자들에게 이렇게 말했다고 한다. "너희들은 누구든지 두 개의 가방을 가져야 한다. 상황에 따라 둘 중 하나를 잡을 수 있도록 말이다. 오른쪽 가방에 있는 다음 말이 중요하다. '나 때문에 세상이 창조되었다.' 왼쪽 가방에 있는 다음 말도 중요하다. '나는 흙이며 재다.'"[3] 그리스도인의 정체성을 이보다 잘 표현한 말을 찾기는 쉽지 않다. 우리는 하나님의 자녀다. 하나님의 아들이 우리의 자녀 신분을 회복시키기 위해 십자가에서 한없는 고통을 당하셨을 만큼 우리는 우주 전체보다 더 존귀한 존재다. 동시에 우리는 흙이며 재다. 시간의 제한을 받으며 죄와 거짓에 붙잡혀 사는 존재다. 그리스도인은 이 두 가지 정체성을 함께 갖고 산다. 그렇기 때문에 언제나 당당하지만 동시에 겸손하다. 영적인 삶을 산다는 것은 이 두 가지 자기 인식을 함께 품고 그 긴장 속에 사는 것이다. 독일의 사회학자 게오르그 짐멜은 조금 다른 맥락에서 이를 다음과 같이 표현했다. "인간의 가능성은 무한하다. 이와 모순되게 보이나 인간의 불가능성도 무한하다. 이 양자 사이에 그의 고향이 있다."

③ 이런 정체성을 가진 사람의 삶에는 감사와 기쁨 및 안전감이 있다. 이는 돌아갈 집이 있는 자가 가질 수 있는 감사와 기쁨과 안전한 느낌이다. 기다리고 있는 분이 있고 돌아갈 집이 있는 사람은 행복

---

3   박총, Ibid., 62.

하다. 그들은 결국 돌아가게 될 것이다.

나가는 말

제자들이 이스라엘 땅을 돌아다니면서 하나님 나라를 선포하고 귀신들을 내쫓고 돌아왔을 때 예수는 귀신들이 복종하는 것으로 기뻐하지 말고 너희들의 이름이 하늘 생명책에 기록된 것으로 기뻐하라고 하신다(눅 10:17-20). 이 말은 곧 우리의 가치와 정체성을 우리가 이룬 업적과 성취가 아닌 하나님의 백성이라는 점에서 찾으라는 뜻이다. 고린도후서 5:21은 이렇게 말한다. "하나님이 죄를 알지도 못하신 이를 우리를 대신하여 죄로 삼으신 것은 우리로 하여금 그 안에서 하나님의 의가 되게 하려 하심이라." 이 말씀은 그리스도가 우리를 대신하여 "죄인"의 자리에 서심으로써 우리가 하나님 앞에서 "의로운 자"가 되었다는 의미다. 그래서 우리가 가진 의는 우리의 능력이나 성취, 영적·윤리적 수준에 근거를 두지 않고 철저히 하나님이 하신 일에 달려 있다. 그렇기 때문에 흔들리거나 변하지 않고 영원히 계속된다. 존 번연은 이를 다음과 같이 표현한다. "이제 우리의 의는 저기 하늘 높이 계신 그리스도에게 있다. 그래서 지상에서의 우리의 어떤 죄와 허물도 그 의를 훼손할 수 없다." 사도 바울 역시 다음과 같이 말한다. "내가 확신하노니 사망이나 생명이나 천사들이나 권세자들이나 현재 일이나 장래 일이나 능력이나 높음이나 깊음이나 다른 어떤 피조물이라도 우리를 우리 주 그리스도 예수 안에 있는 하나님의 사랑에서 끊을 수 없으리라"(롬 8:38-39).

하나님이 예수 그리스도 안에서 행하신 놀라운 일 위에 나의 정체성을 세울 때 삶의 어려움이 있어도 크게 흔들리지 않는다. 이를 잘 보여주는 인물이 제2차 세계대전 중 교수형을 받아 순교자가 된 디트리히 본회퍼 목사다. 그는 감옥에 있을 때 "나는 누구인가"라는 시를 지었다.

나는 누구인가?
사람들은 내가 감옥에 있지만
마치 영주가 자기의 성에서 나오듯
태연하고 명랑하고 확고하게 걸어 나온다고 한다.

나는 누구인가?
사람들은 내가 간수들과 대화할 때
자유롭고 다정하고 맑게
마치 명령하는 사람은 그들 아닌 나인 것처럼 행동한다고 말한다.

나는 도대체 누구인가?
사람들은 내가 침착하게 미소 지으며 자랑스럽게
마치 승리에 익숙한 사람처럼
불행한 나날들을 지내고 있다고 말을 한다.

나는 정말 사람들이 말하는 것과 같은 자일까?
그렇지 않으면 다만 나 자신만 알고 있는 자에 지나지 않는가?
새장 속의 새처럼 불안하게, 그리워하다 병이 들고

목을 졸린 사람처럼 숨 쉬려고 몸부림치고

색깔과 꽃과 새들의 노랫소리와

친절한 말과 이웃들을 그리워하며

폭행과 사소한 모독으로 인해 분노로 떨며

큰 사건에 대한 기대에 사로잡히고

멀리 떨어져 있는 친구를 그리워하다 낙심하고

기도하고 생각하고 창작하는 데 지쳐서 허탈에 빠지고

의기소침하여 모든 것에 이별을 고하려고 한다.

나는 도대체 누구일까? 전자일까 후자일까?

오늘은 이런 인간이고 내일은 다른 인간일까?

…

나는 도대체 누구인가? 이 고독한 물음들이 나를 비웃는다.

내가 누구이건

오, 하나님 당신은 아십니다.

나는 당신의 것입니다.

본회퍼 목사 역시 인간이었기 때문에 외로움과 숨 막히는 절망으로 괴로워했다. 하지만 그럴수록 그는 자신이 하나님의 소유이고 사랑받는 자라는 신앙적 현실에서 정체성을 찾았고 이로 인해 사형수라는 **최악의 현실**에서도 어떻게든 자신을 추스를 수 있었다. 우리도 마찬가지다. 우리 역시 본회퍼 목사처럼 하나님 안에서 정체성을 찾을 때 어떤 일을 겪든 교만하거나 좌절하지 않을 것이다. 감사와 기쁨과 안전감을 느낄 것이다. 힘든 시기에도 돌아갈 집이 있는 사람이 가진 소망을 계속 붙잡을 것이다. 그렇기 때문에 사회가 우리에게 부여한 역할이나 자신이 이룬 성취 또는 업적에서 정체성의 근거를 찾아선 안된다. 예수 그리스도 안에서 우리를 불러주신 하나님의 사랑받는 자녀라는 사실을 깨달을 때 우리는 비로소 참된 정체성을 찾을 수 있다.

세 줄 요약

1. 우리의 삶은 자신의 정체성에 따라 크게 영향을 받는다.
2. 사회가 부여한 정체성이나 개인적 업적 또는 성취에 근거한 정체성은 유한하고 흔들리기 쉬워 의지할 수 없다.
3. 참된 정체성은 예수 그리스도 안에서 우리를 하나님의 자녀로 불러주신 하나님의 사랑 안에서 생긴다.

토론 문제

1. "당신은 어떤 사람인가?" 이런 질문을 받으면 어떻게 대답할 수 있을까? 생각나는 대로 다섯 가지를 말해보자. 그중 어떤 것이 나를 가장 잘 표현하는가? 왜 그렇게 생각하는가?
2. "정체성"의 의미는 무엇인가? 그것은 왜 중요한가?
3. 나의 정체성은 그동안 주로 어떻게 결정되어 왔는가? 앞으로는 어떻게 결정되어야 할 것 같은가?
4. 기독교 신앙이 말하는 참된 정체성이란 어떤 것인가?

9장_ 일과 휴식을 어떻게 볼 것인가?

들어가는 말

현대인들은 피곤하다. 쉬고 싶지만 일과 관계에 치여 제대로 쉬지 못한다. 그러다 보니 『하마터면 열심히 살 뻔했다』 같은 제목의 책이 나오고 "아무것도 안 하고 싶다. 이미 아무것도 안 하고 있지만 더욱 격렬히 아무것도 안 하고 싶다" 같은 광고 문구가 인기를 얻는다. 성경역시 열심히 일하는 것도 중요하지만 쉴 때 제대로 충분히 쉬라고 말한다. 이 쉼의 명령은 "안식일을 지키라"는 말씀으로 압축된다.

　기독교적 관점에서 본 일의 의미는 무엇이며, 안식일은 어떤 의미를 가질까? 일에 대한 몇 가지 이해를 간략히 살펴본 후 기독교 신앙이 말하는 일과 안식의 의미를 알아보자.

1. 일에 대한 이해

1) 고대

일에 대한 고대인들의 생각은 대개 부정적이었다. 인류 역사에서 가장 오래된 서사시인 고대 근동의 「에누마 엘리시」에는 힘든 노동에 지친 신들의 불만이 커지자 주신(主神) 마르두크가 이들을 대신할 노동자가 필요해서 인간을 만들었다는 이야기가 나온다. 여기서 인간은 그저 노동력을 공급하는 존재로만 이해되고 있다. 그런가 하면 그리스의 판도라 신화에 따르면 판도라가 호기심으로 열어본 상자에서 미움, 질병, 고통, 눈물 같은 모든 나쁜 것들이 다 튀어나오는데 그중에 일이 포함되어 있다고 한다. 이 역시 이미 여러 계급으로 분화된 사회에서 육체노동은 노예나 하층민이 담당하는, 가능하면 피해야 할 열등한 것으로 여겨졌음을 보여준다. 고대 사회는 대체로 소수의 지배자가 다수 대중의 노동력을 갈취함으로써 유지되는 사회였다.

2) 중세

기독교의 전파 이후 중세인들은 인간과 세계를 하나님의 피조물로 이해했고, 이 땅에서의 삶은 내세를 준비하는 기간이라고 생각했다. 세계는 위계질서가 있는 거대한 대형 사다리처럼 여겨졌다. 사다리의 맨 아래 가로대에는 세상에서 가장 신분이 낮은 생명체가, 맨 위에는 하나님이 거하셨고, 그 중간에 수많은 식물, 동물, 인간 및 위계가 서로 다른 천사들이 위치했다. 사람들의 신분 역시 동일하지 않아서 각 사람은 이 삶의 사다리에서 자기에게 할당된 고유의 자리에서 맡은 역할을 수행해야 하는 것으로 여겼다. 즉 인간은 자기에게 부여된 노동을 감당함으로써 한편으로는 자기보다 위에 있는 이들을 섬기고 다른 한편으로는 자기보다 아래에 있는 이들에게 자선을 베풀어야 하는 존재였다. 이 모든 질서는 하나님에 의해 형성되었으며 그 누구도 바꿀 수 없는 것으로 여겨졌다. 결국 **중세 사회에서 노동은 한 사람의 사회적 신분의 반영이고 창조주 하나님 앞에서 감당해야 할 인생의 의무였다.**

3) 근대: 칼 마르크스

근대에 들어와 노동의 문제를 본격적으로 성찰한 인물이 바로 칼 마르크스다. **그는 인간의 본성을 노동에서 찾았다.** 인간은 노동을 통해 자기를 표현하고 삶의 의미를 확보하며 기쁨과 보람을 찾는 존재다 (바닷가에서 모래성을 완성한 아이나 몇 달의 노력 끝에 원하던 그림을 끝낸 화가의 기쁨과 보람을 생각해보라). 하지만 **마르크스에 의하면 자본주의 사회의 노동은 더 이상 삶의 기쁨이나 보람 또는 자아 완성의 방편이 아니다. 노동은 생존을 위한 끊임없는 분투이자 돈벌이의 수단으로 전락했다.** 그는 이런 현상을 보면서 현대 자본주의 사회에서 노동자와 노동 활동이 소외(alienation)되었고 이 소외는 곧 전방위적으로 확장되어 노동자와 노동의 결과물 사이의 분리, 노동자들 사이의 분리, 자연과의 분리로 이어지는 총체적 소외로 나타났다고 분석한다. 또한 이런 소외는 소수 자본가들의 착취로 인한 것이기 때문에 프롤레타리아 혁명을 통해 극복되어야 한다고 보았다. 프롤레타리아 혁명이 완수되어 모든 사람이 각자 하고 싶고 잘하는 일을 하면서 서로 돕게 될 때 인간을 괴롭히는 산업 사회의 소외는 결국 극복될 것이다.

4) 현대: 에마뉘엘 레비나스

유대인 철학자 레비나스에 의하면 **인간은 그 주체성을 향유(누림) 또는 타자와의 만남이라는 방식을 통해 확보한다.** 먼저 어린아이는 먹고 자고 마시는 "향유"(즐김의 행위)를 통해 타인이나 주변 환경과 구별되는 자기 주체성을 확보해간다. 하지만 이런 향유는 자동적으로 주어지지 않는다. 향유하고 싶지만 늘 외적 위협과 내적 불안이 있다. 레비나스는 이런 위협에 대한 응답으로 나온 것이 거주와 노동이라고 한다. 여기서 말하는 거주는 삶의 젖줄임과 동시에 삶을 위협하는 "요소 세계"(물, 바람, 공기, 바다, 땅, 하늘, 음식 등)와의 직접적 접촉에서 벗어난 비교적 안정되고 예상 가능한 영역을, 노동은 주변 세계를 경작하고 지배하는 방식을 일컫는데 사람은 이 두 가지를 통해 주변 세계를 지배하고 소유하게 된다. 즉 레비나스에 의하면 **인간은 거주와 노동으로 인해 확보되는 향유를 통해 "자기"에게 돌아가고 전체로부터 자기를 분리하여 "내면성"을 형성하면서 주체적 존재가 되어 간다.**

그러나 향유를 통해 형성되는 이런 주체성은 자신의 삶에만 관심을 갖는다는 점에서 "자기중심적"이고 "이기적"이다. 거기에는 자기를 넘어서서 더 넓은 세계로 가는 초월이 없다. 이 지점에서 레비나스는 사람이 "타자와의 윤리적 관계"를 통해 주체를 세워가는 방식도 있다고 말한다. "향유"의 삶을 계속 살고자 하는 우리에게 어느 순간 낯선 얼굴을 가진 타자가 나타난다. 타자의 "얼굴의 현현"이 마치 계시처럼 우리를 찾아오는 것이다. 그 얼굴의 현현은 일종의 윤리적 호소이자 명령하는 힘으로 다가온다. 그 타자의 얼굴은 거주와 노동을 통해 이 세계에서 자신과 가족의 안전을 우선적으로 추구하는 이기심을 꾸짖고, 윤리적 존재로서 타인을 영접하고 환대하는 윤리적

주체가 되도록 도전하게 하며, 우리는 이를 통해 인간의 보편적 결속
과 평등의 차원에 들어간다.

2. 일에 대한 기독교적 관점[1]

기독교 신앙은 일에 대해 어떻게 말하는가? 다음 말씀들을 중심으로
이를 살펴보자.

> 우리가 너희와 함께 있을 때에도 너희에게 명하기를 "누구든지 일하기
> 싫어하거든 먹지도 말게 하라" 하였더니 우리가 들은즉 "너희 가운데
> 게으르게 행하여 도무지 일하지 아니하고 일을 만들기만 하는 자들이
> 있다" 하니 이런 자들에게 우리가 명하고 주 예수 그리스도 안에서 권
> 하기를 "조용히 일하여 자기 양식을 먹으라" 하노라(살후 3:10-12).

> 너희가 짐을 서로 지라. 그리하여 그리스도의 법을 성취하라(갈 6:2).

> 도둑질하는 자는 다시 도둑질하지 말고 돌이켜 가난한 자에게 구제할
> 수 있도록 자기 손으로 수고하여 선한 일을 하라(엡 4:28).

---

[1] 아래 내용은 팀 켈러 목사의 설교 "Work and Rest"를 참고하였다. 해당 설교 영상 주
소는 다음과 같다. https://youtu.be/ux0_5zctrsI.

1) 일은 하나님이 정하신 삶의 방식이고 축복의 길이다

성경은 기본적으로 일을 긍정적으로 평가한다. 일은 하나님이 정하신 삶의 원칙으로서 이를 통해 기쁨을 발견하고 축복을 누리도록 주어졌다. 먼저 창세기는 하나님을 일하는 분이며 그 일의 결과를 보고 기뻐하시는 분이라고 말한다(창 1장). 또한 하나님은 아담에게 "생육하고 번성하여 땅에 충만하라, 땅을 정복하라, 바다의 물고기와 하늘의 새와 땅에 움직이는 모든 생물을 다스리라"(창 1:28)는 명령과 축복을 내리심으로써 인간에게 일하라고 촉구하신다. 예수 역시 이 땅에 와서 하나님 나라 운동을 하실 때 이처럼 일하는 하나님을 모델로 삼아 "내 아버지가 이제까지 일하시니 나도 일한다"(요 5:17)고 말씀하신다. 사도 바울 역시 같은 맥락에서 "일하기 싫어하거든 먹지도 말게 하라"(살후 3:10), "각각 자기 일을 돌볼뿐더러 또한 각각 다른 사람들의 일을 돌보라"(빌 2:4)고 권면한다. 기독교 신앙은 일은 좋은 것이며 이를 잘 감당할 때 보람과 기쁨이 찾아온다고 말한다.

2) 각자 맡은 일을 열심히 감당해야 한다

따라서 우리는 맡은 일을 열심히 감당해야 한다. 하나님 나라는 각 사람이 받은 은사와 인생의 기회를 따라 맡은 일을 열심히 하는 세상이다. 중국 당나라 때 백장(百丈)이라는 스님이 있었다. 크게 존경받는 선승이었던 백장은 고령에도 불구하고 매일같이 밭에 나가 일을 했다. 하루는 그를 섬기는 상좌 스님이 늙어 눈이 잘 보이지 않는데도 자꾸 일하려 하는 백장 스님이 안타까워서 쟁기를 감춰버렸다. 그러자 백장은 그날 일을 못했다 하여 그냥 굶었고, 결국 상좌 스님은 다시 쟁기를 갖다드릴 수 밖에 없었다. 여기에서 **일일부작 일일불식(一**

日不作 一日不食) 곧 "하루 일하지 않으면 하루 먹지 않는다"는 말이 나왔다. 그리스도인들의 삶에도 이런 일일부작 일일불식의 정신이 있어야 한다. 살아 있는 사람은 반드시 자기 몫의 일을 해야 한다.

그런데 자본주의 사회에 사는 대다수 사람들은 이렇게 생각하지 않는다. 일에 지쳐서 그렇겠지만 대개 그저 편하게 살고 싶어 한다. 어떻게든 부자가 되려 하는 사람이든 상속세도 안 내고 자식에게 회사를 물려주려는 재벌이든 일하지 않고 그냥 살고 싶은 욕망을 드러내는 것이다. 그런데 이런 현상이 이미 고착되어 부모의 부가 자녀의 교육과 사회 진출에 가장 큰 영향을 미치는, 부의 대물림과 세습이 구조화된 사회가 되었다. 그런데 자신은 일하지 않으면서 일하는 사람들에게 묻어가려는 사람들이 많아지면 이곳저곳에서 열심히 일하는 사람들이 고통을 받을 수밖에 없다. 이에 대해 성경은 명확히 경고한다. "도둑질하는 자는 다시 도둑질하지 말고 돌이켜 가난한 자에게 구제할 수 있도록 자기 손으로 수고하여 선한 일을 하라"(엡 4:28). 각자 자기 맡은 일을 책임감 있게 열심히 해야 한다.

3. 일에 대한 구체적인 지침들

어떻게 하면 일에서 의미를 찾고 잘 해낼 수 있을까? 유념해야 할 몇 가지 원칙이 있다.

1) 일터가 우리 삶과 사역의 중심임을 알자

그리스도인은 삶의 모든 영역에서 그리스도의 주 되심을 고백하는 사람이다. 교회에서뿐만 아니라 일주일 내내 하나님의 영광을 위해 살아야 하며, 이는 곧 일터에서도 그리스도의 제자로서의 정체성을 유지해야 한다는 말이다. 실제로 우리의 제자 됨에 대한 평가는 일주일 중 더 많은 시간을 보내는 일터에서 결정된다.

2) 하지만 일이 우리의 정체성을 규정하지 않도록 하자

의사였다가 하나님의 부르심을 입어 탁월한 설교자로 남은 생을 살았던 마틴 로이드 존스 목사는 의사들의 세계에 대해 이야기하면서 "아기로 태어나 의사로 죽었다"는 묘비명을 갖게 될 의사가 대부분일 것이라고 말한 적이 있다. 어디 의사뿐이겠는가? 우리의 삶 역시 생전에 무슨 일을 했고 어떤 직업을 가졌는지에 따라 규정되기 쉽다. 그러나 그렇게 되면 심각한 문제가 생긴다. 일의 성공이 삶의 성공이라 여기는 사람은 성공하면 오만하게 되고 반대로 실패하면 좌절하게 된다. 이런 사람은 일이 잘 풀릴 때는 긍정적인 자아상을 갖게 되지만, 그렇지 않으면 부정적인 자아상에 붙잡혀 살게 된다. 자본주의 사회에서 사는 사람들 대부분이 이런 위험에 심각하게 노출되어 있다. 성취감을 통해 삶의 의미와 정체성을 찾는 것은 무척 위험하다. 우리의 정체성은 더 근본적이고 더 깊은 곳에 있어야 한다. 하나님의 사랑을 받아 예수 그리스도 안에서 구속을 받고 새롭게 된 자라는 정체성을 가져야 한다. 우리의 일이 그리고 그 성공과 실패가 결코 우리의 정체성을 규정하지 않도록 하자.

3) (모든) 일이 하나님의 일임을 알고 맡은 일에 탁월한 사람이 되자

하나님은 대단해 보이지 않고 큰 영향력도 미치지 못하는 일까지 포함한 이 세상의 모든 일을 통해 세상을 유지하시고 역사를 만들어가신다. 마르틴 루터의 말처럼 모든 일은 "하나님의 손가락"이며 "하나님의 마스크"다. 여기에서 직업 소명설이 나온다.

실상 "기독교적인 농부"의 일 혹은 "기독교적인 비행사"의 일 같은 것은 따로 없다. 있다면 그 영역에서 탁월성을 보이는 것이다. 신선하고 영양가 있는 야채를 값싸게 공급하는 농부가 "기독교적인 농부"고, "비행기를 안전하고 편안하게 조종하는 비행사"가 "기독교적인 비행사"다. 다시 말해 그리스도인들은 자기 영역에서 탁월한 사람이 되어야 한다. 그래서 교회 모임에 참여한다는 이유로 직장의 업무에 계속 구멍이 나게 만든다면 전혀 덕이 되지 않는다. **모든 일은 하나님의 일이며, 하나님은 그 일들을 통해 세상을 이끌어가신다. 그러니 맡은 일에 탁월한 사람이 되어야 한다. 우리는 열심히 할 뿐 아니라 맡은 일을 탁월하게 함으로써 선한 열매를 맺도록 부르심을 입었다.**

4) 일할 때 그리스도인으로서의 도덕성을 유지하자

직업의 세계는 경쟁의 세계여서 효용성과 결과를 중요하게 여기게 되고, 그러다 보면 도덕성을 잃기 쉽다. 불법, 탈법을 자행할 수 있으며 위법은 아니라도 당장의 이익을 위해 잘못된 결정을 내릴 수 있다. 그런 상황에 놓이면 그리스도인은 당황하고 고민하게 된다. 하지만 신앙 양심을 지키자. 손해를 볼 각오를 하고, 심하면 그 일을 그만둘 각오도 하라. 길게 보면 그렇게 하는 것이 신앙과 양심을 속이고 그 자리를 유지하는 것보다 훨씬 낫다. 하나님이 새 길을 열어 주실 것이다.

5) 내가 하는 일이 어떤 결과를 가져올지를 숙고하자

어떤 경우에는 맡은 일을 계속 탁월하게 해내는 것이 하나님이 기뻐하시는 일이다. 그러나 그 직업의 영향력이 어떤 결과를 가져오는지를 생각해야 하는 때도 있다. 초등학교 선생님이라면 아이들을 어떤 가치관을 가진 아이들로 키워야 할지, 극작가나 감독이라면 어떤 글을 쓰고 어떤 드라마를 만들어야 사회에 선한 영향력을 미칠 수 있는지 고민해야 한다. 우리는 자신의 직업을 통해 기독교적인 가치관을 드러내어야 한다. 그것이 왕 되신 예수의 주권을 인정하는 길이다.

　　이 점에서 유대인 정치 철학자 한나 아렌트(1906-1915)가 들려주는 이야기는 의미심장하다. 아렌트는 가족과 친구들이 나치 포로수용소에서 죽은 후 나치와 같은 전체주의가 왜 발생하며 어떻게 하면 그것을 극복할 수 있을지를 일생 숙고했고 그 숙고의 결과를 『전체주의의 기원』이란 책에 담았다. 하지만 결정적으로 그녀를 세계적인 명사로 만들고 그녀의 사상을 널리 알린 것은 1963년에 쓴 **"예루살렘의 아이히만"**이다. 이 글은 그녀가 "뉴요커"지의 특파원 자격으로 1961년 12월 예루살렘에서 열린 유대인 학살의 주요 책임자 아돌프 아이히만의 재판 과정을 보고 쓴 것으로 **"악의 평범성에 대한 보고서"**(A Report on the Banality of Evil)라는 부제를 달고 있다. 이 글에서 아렌트는 자기가 본 아이히만은 결코 괴물이 아니라 이웃집 아저씨같이 평범해 보였다고 말한다. 실제로 아르헨티나에 숨어 살던 아이히만이 이스라엘 비밀경찰 모사드에 의해 체포되어 강제로 예루살렘에 이송되기 전까지 주변 사람들은 그를 착하고 마음 좋은 이웃으로 생각했다. 실제로 아이히만은 그저 출세하고 싶어서 성실하게 살아온 평범한 사람이었다.

아이히만의 문제는 무엇이었을까? **아렌트는 철저한 무사유(sheer thoughtlessness)가 아이히만의 죄라고 말한다. 그는 생각 없이 시키는 일을 열심히 성실하게 했을 뿐인데, 그 결과가 유대인 대학살이었다는 것이다.** 실제로 아이히만은 재판 중에 "나는 위에서 시키는 대로만 했을 뿐이다. 그래서 나는 죄가 없다. 죄를 물으려면 나에게 일을 시킨 사람이나 명령 체계를 문제 삼으라"고 항변한다. 물론 그의 항변은 공감을 얻지 못했고 그는 1급 전범으로 사형을 당했다. 아렌트는 다음과 같이 말한다. "그로 하여금 그 시대의 엄청난 범죄자들 가운데 한 사람이 되게 한 것은 철저한 무사유였다.…아이히만의 말을 들을수록 그의 말할 수 없음은 그의 생각할 수 없음, 즉 타자의 입장에서 생각할 수 없다는 사실과 매우 깊이 연관되어 있음이 점점 더 분명해진다. 그와는 어떤 소통도 가능하지 않았다."

여기서 사유는 죽어가는 유대인 한 명 한 명에 대해 공감하는 능력을 뜻한다. 만일 아이히만이 유대인들의 고통을 조금이라도 생각했다면 그렇게 많은 사람을 가스실이나 생체 해부대로 보내지 않았을 것이다. 곧 이웃의 아픔에 공감하는 능력의 부재가 아이히만의 문제였다. 그렇다면 과연 "성실과 근면"은 좋기만 한 덕목인가? 1970년대와 80년대에는 학교 급훈이나 가훈에 "성실과 근면"이 많았다. 동사무소를 비롯한 관공서에서 가장 많이 볼 수 있는 표어 역시 "성실과 근면"이었다. 문제는 "무엇을 위한 성실이고 어디를 향하는 근면인가?"라는 점이다. 성실과 근면은 올바른 목표를 향할 때만 좋은 덕목이 된다. **결론적으로 우리는 탁월한 직업인이 되기 위해 노력하면**

서 열심히 일해야 한다. 동시에 그것이 가져올 결과를 숙고하면서 도덕적으로 선한 결과가 나올 수 있도록 노력해야 한다.

이 모든 일을 잘하게 만드는 것은 결국 소망이다. "반지의 제왕"을 쓴 J. R. R. 톨킨의 한 단편소설을 보면 아름다운 풍경을 그리려 했으나 평생 그린 것은 나뭇잎 한 장뿐인 어떤 화가의 이야기가 나온다. 그는 깊이 낙심하고 풀이 죽은 채로 하나님 앞에 간다. 그러나 죽어서 하나님 앞에 갔을 때 그는 자기가 그린 나뭇잎에서 시작된 아주 아름다운 나무와 그 나무 주변에 기막히게 아름다운 풍경이 펼쳐진 그림을 보았다. 무슨 의미일까? 이 땅에서의 우리의 일은 대부분 부분적이고 왜곡되어 있으며 많은 경우 완성되지 않는다. 하지만 하나님은 그 일을 받아 아름답게 만들어 마침내 완성하실 것이다. 하여 우리는 이 소망 가운데 생업의 터전에서 열심히 살아야 한다. 바울 역시 자기의 선교 사역이 언젠가 멈추더라도 하나님이 그가 심은 복음의 씨앗을 계속 키워가실 것을 알았기 때문에 이렇게 말한다. "너희 안에서 착한 일을 시작하신 이가 그리스도 예수의 날까지 이루실 줄을 우리는 확신하노라"(빌 1:6).

4. 휴식과 안식일

유대교 전통이 인류에게 미친 큰 영향 중 하나는 일주일을 7일로 하는 주일(週日) 제도를 정착시킨 것과 제7일을 "안식일"(安息日, Sabbath)로 정해 쉬고 예배하는 거룩한 날로 삼은 것이다. 유대교의 영향 아래 기독교와 이슬람교 역시 각각 일요일과 금요일을 특별한 날로 삼아 지켰고, 이 전통이 확산되어 현재 세계 모든 사람이 종교와 국적에 관계없이 일주일 중 적어도 하루는 일하지 않고 쉬게 되었다. 유대-기독교 전통 덕분에 일주일 중 적어도 하루를 쉬는 것이 당연해진 것이다. 그렇다면 안식일 준수는 어떤 의미를 가지고 있을까? 아래 말씀을 중심으로 살펴보자.

안식일에 예수께서 밀밭 사이로 지나가실새 제자들이 이삭을 잘라 손으로 비비어 먹으니 어떤 바리새인들이 말하되 "어찌하여 안식일에 하지 못할 일을 하느냐?" 예수께서 대답하여 이르시되 "다윗이 자기 및 자기와 함께한 자들이 시장할 때에 한 일을 읽지 못하였느냐? 그가 하나님의 전에 들어가서 다만 제사장 외에는 먹어서는 안 되는 진설병을 먹고 함께한 자들에게도 주지 아니하였느냐?" 또 이르시되 "인자는 안식일의 주인이니라" 하시더라. 또 다른 안식일에 예수께서 회당에 들어가사 가르치실새 거기 오른손 마른 사람이 있는지라. 서기관과 바리새인들이 예수를 고발할 증거를 찾으려 하여 안식일에 병을 고치시는가 엿보니 예수께서 그들의 생각을 아시고 손 마른 사람에게 이르시되 "일어나 한가운데 서라" 하시니 그가 일어나 서거늘 예수께서 그들에게 이르시되 "내가 너희에게 묻노니 안식일에 선을 행하는 것과 악을 행하는 것, 생명을 구하는 것과 죽이는 것, 어느 것이 옳으냐?" 하시며 무리를 둘러보시고 그 사람에게 이르시되 "네 손을 내밀라" 하시니 그가 그리하매 그 손이 회복된지라. 그들은 노기가 가득하여 "예수를 어떻게 할까" 하고 서로 의논하니라(눅 6:1-11).

1) 안식일의 핵심은 생명 존중과 사랑이다

유대인들은 안식일 준수를 위해 각종 규례를 정해두었다. 일단 이날에는 아무 일도 하지 않았다. 음식도 전날 다 만들어 놓고 불도 피우지 않았다. 병자를 보아도 죽을병이 아니면 고치지 않았으며, 담벼락에 사람이 깔려도 치명적인 상태만 아니면 안식일에는 꺼내주지도 않을 정도였다. 예수는 이런 전통을 잘 알고 계신다. 그러니 이 본문에 나오는 손 마른 사람을 다른 날에 고쳐주셔도 괜찮았다. 게다가 예수가 안식일에 병을 고치시는지를 악의를 가지고 지켜보던 사람들이 있었다. 이런 형편이니 굳이 바리새인을 비롯한 유대 종교 지도자들과 갈등을 일으키실 필요가 없었다. 그러나 예수는 망설임이 없다. "한가운데 서라." "너의 손을 내밀어라." 그리고 질문하신다. **"안식일에 선을 행하는 것과 악을 행하는 것, 생명을 살리는 것과 죽이는 것 중에 어느 것이 옳으냐?"**

이 말씀을 보면서 나는 어떻게 했을지 생각해본다. 고칠 수만 있다면 당연히 이 사람을 고쳐주었을 것이다. 하지만 바리새인들과 굳이 마찰을 일으킬 필요는 없으니 아마 안식일 다음날 이 사람을 따로 만나 고쳐주었을 것 같다. 그러나 예수는 그냥 바로 그 사람을 고쳐주신다. 왜 그랬을까? 아마도 이 사람을 불쌍히 여기는 마음을 주체하지 못하고 그러셨던 것 같다. **어쩌면 평생을 이렇게 손 마른 채로 살아왔을, 그래서 인생이 무너져버린 이 사람을 단 하루도 그냥 내버려두실 수 없었던 예수는 이 사람을 바로 그 자리에서 고쳐주신다.** 긍휼과 자비의 사람 예수의 특징이 분명하게 나타나는 순간이다. 이 말씀을 읽으면서 성경의 다음 말씀이 떠오른다. "너희도 함께 갇힌 것 같이 갇힌 자를 생각하고 너희도 몸을 가졌은즉 학대 받는 자를 생각하라"(히 13:3). 나는 지금 갇혀 있지 않다. 하지만 지금도 여러 이유로 억울하게 갇혀서 학대를 받는 사람들이 있다. 그들도 나도 동일한 사람이다. 그러니 그들의 고통과 아픔에 마음을 열고 도움의 길을 찾아야 한다. 안식일은 이런 일을 하기 위한 날이다. **안식일은 생명을 살리는 일을 최우선으로 여기는 날이다.**

실상 이것이 안식일의 원래 정신이었다. 안식일에 관한 계명은 이렇게 말한다. "6일 동안 열심히 일하고 제7일은 너의 하나님 여호와의 안식일인즉 이날에 안식하라." 이어지는 말씀이 중요하다. "너와 너의 가족과 하인들과 네 집에 잠시 유하는 나그네들과 소와 나귀 같은 짐승들도 모두 쉬어라." 주인은 쉬고 싶을 때 얼마든지 쉴 수 있으나 하인이나 그 집에 몸 붙여 사는 품꾼은 그럴 수 없다. 짐승들은 더 쉴 수 없다. 그래서 하나님은 정확히 말씀하신다. "일주일에 하루는 무조건 쉬어라. 주인뿐만 아니라 모든 생명이 쉬도록 하여라. 왜냐하면 그들의 생명은 나 여호와 하나님이 준 것이기 때문이다. 나는 그들의 생명이 힘 있게 자라나는 것을 원한다. 나는 생명의 하나님이다."

예수는 이런 안식일 정신을 잘 알고 계신다. 그래서 질문하신다. "안식일에 선을 행하는 것과 악을 행하는 것, 생명을 살리는 것과 죽이는 것 중에 어느 것이 옳으냐?" 그런 다음 즉시 이 사람의 병을 고쳐서 그의 삶을 새롭게 해주신다. 여기서 우리는 안식일의 핵심이 생명, 특히 약한 자의 생명을 살리고 더불어 함께 살아가는 데 있음을 알게 된다.

2) 안식일의 주인은 예수다

안식일 준수는 유대인의 삶과 정체성을 규정하는 핵심적인 요소다. 유대인들은 할례와 안식일을 지킴으로써 수천 년 동안 민족 공동체와 신앙 공동체로서의 정체성을 유지할 수 있었다. "유대인들이 안식일을 지켰다기보다 안식일이 유대인들을 지켜주었다"고 말해도 무방하다.

그런데 이 말씀에서 예수는 자신이 바로 안식일의 주인이라고 하신다. 왜 이렇게 말씀하시는가? 이는 안식일을 제정하신 분이 바로 하나님 아버지시며 예수는 바로 그분의 아들이기 때문이다. 삼위일체 신학으로 이야기하면 아버지 하나님이 안식일 규정을 제정하실 때 아들 하나님은 성령 하나님의 능력 안에서 "말씀"으로 아버지 하나님과 함께 계셨기 때문이다(창 1장). 그래서 예수는 그 자체로 안식일의 주인이다. 뿐만 아니라 예수는 안식일을 온전하게 하시는 분이라는 점에서 안식일의 주인이기도 하다. 안식일은 그 자체로도 중요하지만 마침내 오고야 말 하나님의 영원한 샬롬의 나라, 곧 모든 불의와 눈물이 사라지고 하나님 안에서 온전히 안식하게 될 새로운 세계를 미리 앞당겨 맛보는 날이라는 점에서 의미를 갖는다. 그리고 이는 메시아 되신 예수 그리스도가 가져오시는 것이다. 이런 나라는 예수 그리스도의 오심을 통해 이미 현실화되었고 교회의 복음 선포를 통해 확장되며 역사의 마지막에 예수 그리스도의 재림을 통해 온전히 이루어질 것이다. 그래서 우리는 안식일 자체가 예수를 가리키고 있을 뿐 아니라 예수 안에서 예수를 통해 온전해진다고 말할 수 있다. 우리의 삶 역시 예수께로 돌아갈 때 비로소 제대로 된 안식을 누릴 수 있다.

3) 안식일은 자유와 해방과 회복의 날이다

창세기에 의하면 하나님은 친히 만드신 것들을 보고 기뻐하셨고 그 모든 일을 마친 다음 휴식하신다. 하나님이 쉼이 필요할 정도로 피곤하셨을 리 없는데도 휴식하시면서 우리에게 "안식일을 기억하여 거룩히 지키며 이날은 일하지 말고 쉬라"고 말씀하신다. 그렇다면 여기서 쉬라는 말씀은 그저 일을 안 하는 정도가 아니라 지난 며칠 동안 여러 일로 분주하기만 했던 생활을 돌아보며 잘못은 고치고 옳은 일은 계속하라는 의미일 것이다.

이 의미를 밝히는 데 정신분석학자이자 사회철학자인 에리히 프롬의 안식일 이해가 큰 도움이 된다. 유대인이었던 프롬은 어릴 때 랍비였던 할아버지로부터 탈무드를 비롯한 유대 전통을 배웠고 이 경험이 그의 사상 형성에 심대한 영향을 미쳤다. 그에 의하면 유대 전통에서 일이란 그것이 건설적이든 파괴적이든 인간이 물질세계에 간섭하는 행위이며, 쉼이란 인간과 자연 사이의 평화적인 상태를 유지하는 것이다. 따라서 **안식일에 일하지 말라는 것은 이날 하루만이라도 자연 세계에 인위적으로 개입하여 그 질서를 흐트러뜨리는 일을 멈추라는 말이다. 더 나아가 그동안 인간이 흩뜨려놓은 세계가 하나님이 원래 원하신 모습으로 회복되는 것을 보라는 뜻이다.** 따라서 안식일을 지키는 것은 자연이나 사회의 변화 과정에 관여하지 않음으로써 세계가 자연과 시간의 사슬에서 해방되도록 돕는 것을 의미한다. 그리고 이런 점에서 **안식일을 지키는 것은 메시아의 도래를 미리 맛보고 축하하는 행위다. 메시아는 오셔서 하나님의 원래적인 창조질서를 온전히 회복시킬 것이기 때문이다.** 곧 매주 찾아오는 안식일을 지킴으로써 유대인들은 언젠가 오실 메시아가 가져오실 자연의 온전한 치유와 회복을 미리 맛보고 또 그것을 준비하는 것이다. 따라서 안식일을 지킨다는 것은 단순히 육체노동이나 정신활동을 피하고 쉰다는 것 이상의 의미를 지닌다. 그것은 궁극적으로 하나님의 구원을 기다리며 하나님의 세계 회복을 간구하는 행위다.

프롬은 그의 저서 『소유냐 존재냐』에서 안식일에 대한 더욱 발전된 이해를 드러낸다. 그는 삶을 살아가는 두 가지 방식에 따라 "소유적 실존 양식"(having mode of existence)과 "존재적 실존 양식"(being mode of existence)으로 구분한다. 소유적 실존 양식은 소유, 소비, 지배를 통해 삶의 의미와 가치를 확보하려는 방식이고, 존재적 실존 양식은 삶을 있는 그대로 받아들이면서 감사하고 사랑하며 사는 생의 태도를 가리킨다. 프롬은 자본주의 사회가 도래한 이후 사람들의 삶이 "존재적 실존 양식"에서 "소유적 실존 양식"으로 급격히 바뀌었고, 이로 인해 현대인들이 이미 많이 가지고 있음에도 불구하고 여전히 결핍을 느끼면서 갈수록 불만이 쌓이는 삶을 살아가고 있다고 분석한다. 그러면서 그는 사람들이 안식일의 정신을 따라 현대 사회를 지배하고 있는 소유적 실존 양식에서 벗어나 존재적 실존 양식으로 돌아갈 수 있기를 희망한다. **프롬에 따르면 안식일은 소유적 집착에 붙잡힌 우리를 풀어놓아 진정 존재적 삶을 살게 할 뿐 아니라 인간으로 인해 깨어지고 흐트러진 자연이 원래 모습으로 되돌아가게 하는 축복의 날이다. 즉 안식일은 자유와 해방과 회복의 날이다.**

4) 안식일은 신뢰의 날이다

현대인들은 참 바쁘다. 해야 할 일, 지켜야 할 약속, 끝내지 못한 과업으로 인해 쉬는 날도 편히 쉬지 못한다. 이런 우리에게 하나님은 안식일을 지키고 쉼을 가지라고 말씀하심으로써, 세상을 움직이는 것이 내가 아닌 하나님이심을 깨닫게 하신다. 성실한 자세로 열심히 사는 것도 좋지만 때로는 그냥 맡기고 아무 일도 하지 않을 필요가 있다. 우리의 경험을 보면 이를 알 수 있다. 아무리 노력해도 안 되던 일이 그냥 손을 놓고 있기만 했는데 놀랍게 이루어지는 경우도 있지 않은가? 그러니 적어도 일주일에 하루는 쉼을 가짐으로써 세계를 이끌어가는 분이 하나님이심을 확인하라는 것이다. 안식일은 내가 오늘 하루 애쓰고 노력하지 않아도 하나님이 나와 우리 가정과 세계를 지키고 계심을 믿고 확인하는 날이다.

5. 안식일 준수: 구체적 지침

어떻게 하면 안식일을 잘 지킬 수 있을까? 몇 가지 제언을 할 수 있다.

1) 더 많은 안식일을 가지자
제대로 쉼을 갖지 못하는 현대인은 더욱 안식의 시간을 가져야 한다. 현대 사회가 갈수록 더 많은 노동을 강요하기 때문에 더욱 그렇다.

2) 보통 때 하는 일과 반대되는 일을 하자
우리는 습관을 따라 살아간다. 그래서 항상 하던 일을 반복하기 쉽다. 해보지 않은 일, 가보지 않은 길이 우리에게 새로운 배움을 줄 수 있는 도전임에도 불구하고 두려움이나 게으름으로 인해 멀리하려고 한다. 하지만 하나님은 우리가 안정된 삶보다 새롭고 모험에 찬 삶을 살기를 원하신다. 그러니 안식일에는 보통 때 하지 않던 일을 시도해보자. 정신노동을 하는 사람은 땅을 파는 육체노동을, 육체노동을 하는 사람은 책을 읽고 글을 쓰는 정신노동을 해보자. 어떤 곳에 갈 때도 항상 다니던 길 말고 다른 길을 한번 선택해보자. 이날에는 철학자 비트겐슈타인이 "나와 삶의 문법이 다른 사람들"이라고 말한 "타자"를 만나고 그들의 삶에 한번 들어가보자. 하나님이 주시는 새로운 경험, 새로운 성숙, 새로운 도전의 길이 열릴 수 있다.

3) 소중한 사람들과 더 많은 시간을 보내도록 하자

우리는 인생에 정말 소중한 사람들을 언제나 함께 있다는 이유로 가볍고 무심하게 대하곤 한다. 남편과 아내, 아들과 딸, 늙으신 어머니와 아버지, 함께 긴 세월을 보내온 친구들이야말로 우리 인생의 열매이자 자랑이고 기쁨인데 우리는 이 사실을 자주 잊는다. 안식일에는 소중한 사람들과 함께 지내면서 새로운 추억을 쌓아보자.

4) 무엇보다 예배 안에서 쉬도록 하자

우리는 안식일(주일)에 여러 일을 할 수 있으나 그 모든 일의 중심은 예배여야 한다. 하나님 앞에 조용히 서서 지난 일주일을 돌아보고 잘못을 돌이키며 새로운 결단으로 다시 출발 준비를 하는 일이 주일의 중심을 차지해야 한다. 예배 안에서 제대로 쉴 때 일상의 시간에서 예수의 제자로 살아갈 수 있다.

나가는 말

역사 속에서 가장 많이 일하는 세대가 우리 세대라고 한다. 원시 시대부터 산업혁명 이전까지는 사람들의 삶에 일하는 시간보다 노는 시간이 훨씬 더 많았다. 중세 그리스도교의 달력을 보면 1년의 절반 가까이가 공휴일, 축일, 안식일 명목으로 노는 날이었다. 그런데 근대 산업 시대에 접어들면서 일이 인간 생활을 지배하고 놀이가 뒷전으로 밀려나기 시작했다. 현대 사회는 우리를 끊임없이 일터로 몰아내고 그 속에서 쉬지 못하는 우리는 참된 휴식을 갈망한다. 구체적으로 다음 문제들이 우리를 쉬지 못하게 만든다.

첫째, 기계화와 전산화로 인해 일자리가 사라지면서 직업 환경이 갈수록 불안정해지고 있다. 그러니 어렵게 구한 일자리를 놓지 못한다.

둘째, 경쟁이 심해지면서 모든 직업에 스트레스가 많다. 전문직, 고소득직은 월급을 많이 받지만 그만큼 더 많은 시간을 일하면서 성과를 내야 한다. 반면 임금이 낮은 직업은 생계를 유지하기 위해 여러 가지 일을 동시에 해야 한다.

셋째, 기술의 발달로 어디서든 일할 수 있게 되었다. 퇴근하면 쉬어야 하는데 일과 관련된 연락이 계속 온다. 집에서도 업무를 계속 생각할 수밖에 없다.

넷째, 무엇보다도 쉼을 어렵게 만드는 것은 현대 사회가 한 사람의 정체성과 가치를 일의 성과에서 찾도록 만들기 때문이다. 전통 사회에서는 가족 및 주변 사람과 맺는 관계와 그 가운데서 하는 일이 한 사람의 정체성을 형성했다. 그러나 현대 사회는 한 사람이 이룬 "업적"이 바로 그 사람이라고 한다. 그러니 우리는 항상 어딘가 부족하고 모자란 사람 같다는 느낌을 받는다.

다섯째, 돈의 문제도 마찬가지다. 현대 자본주의 사회는 다음과 같은 사고 구조로 우리를 몰아 넣는다. "나는 충분히 가지지 못하고 있다"(I don't have enough)→"나는 충분하지 못한 사람이다"(I am not enough)→"나는 충분히 선하지 못한 사람이다"(I am not good enough). 생각이 이 구조에 갇히면 더 큰 자기 모멸감과 실패감에 빠져버리게 된다. 결국 쉬어도 쉬지 못하고 계속 몸과 마음이 시달리게 된다.

여기서 벗어나기 위해서는 어떻게 해야 하는가? **성경이 말하는 하나님 안의 진정한 안식을 알고 그것을 실천하는 법을 배워야 한다.** 이는 그 자체로 아주 중요한 영성 훈련이다. 더 나아가 이는 일을 통해 자기 정체성과 삶의 의미를 확보하라고 우리를 몰아붙이는 세상에 맞서 싸우는 저항적 대안 문화 운동이기도 하다.

세 줄 요약

1. 일은 하나님이 우리에게 주신 과업이다. 일을 통해 만족을 느끼고 자기 존재를 만들어감으로써 하나님의 부르심을 성취한다.
2. 그리스도인들은 주어진 일(직업)을 탁월하고 성실하게 수행하는 동시에 그 일의 윤리적 결과를 성찰해야 하며 하나님에 대한 믿음으로 그 일을 감당해야 한다.
3. 일과 더불어 휴식이 중요하다. 안식일(주일)은 하나님을 예배하면서 인간이 만들어낸 세계의 무질서를 회복하는 날이어야 한다. 그렇게 함으로써 우리는 안식일(주일)에서 마지막 날 우리를 찾아올 하나님의 위대한 회복과 승리를 미리 앞당겨 맛본다.

토론 문제

1. 일(직업)에 대해 어떻게 생각하고 있는가? 일을 잘하고 또 즐겁게 할 수 있는 길이 있다면 어떤 것일까?
2. 우리는 신앙인으로서 일을 어떻게 생각하고 대해야 하는가?
3. 안식일(주일)의 의미는 무엇인가? 그것이 우리 개인의 삶과 사회 전체에 가지는 의미는 무엇인가?

10장_ 죽음을 어떻게 생각할 것인가?

들어가는 말

사람은 누구나 죽는다. 일찍 죽고 늦게 죽고의 차이는 있지만 죽지 않는 사람은 어디에도 없다. **죽음이 찾아오면 모두 두려워한다. 죽음과 함께 일평생 쌓고 모으고 배운 것이 한순간 무로 돌아가버리기 때문이다.** 그런데 고대 철학자 에피쿠로스는 죽음을 두려워할 이유가 전혀 없다고 말한다. 왜냐하면 "우리가 살아 있는 한 죽음은 우리와 관계가 없고, 죽음이 찾아올 때면 우리는 더 이상 살아있지 않기 때문"이다. 논리적으로 틀린 말은 아니지만 별로 위로가 되지는 않는다. 죽음은 언제든 우리를 찾아올 수 있기 때문이고, 또 정말 두려운 것은 죽음 자체보다 병이나 사고로 몸과 정신이 조금씩 무너져 내리면서 죽어가는 과정이기 때문이다. **우리는 죽음을 어떻게 생각해야 하는가?**

1. 우리 시대 죽음의 의미[1]

죽음은 생물학적 현상이지만 죽음을 어떻게 이해할 것인가는 사회적 현상이다. 다시 말해 죽음은 보편적이지만 죽음에 임하는 태도는 시대와 문화에 따라 서로 다르다. 역사학자 필리프 아리에스는 고전이 된 그의 책 『죽음의 역사』에서 죽음을 바라보는 관점과 죽음을 경험하는 주체가 시대에 따라 변화해왔다고 말한다. 그에 의하면 서구 기독교 문명 속에서 죽음은 다섯 가지 형태로 모습을 바꾸어 왔다. ① 중세 초의 "우리의 죽음", ② 중세 말의 "나의 죽음", ③ 바로크 시대의 "멀고도 가까운 죽음", ④ 낭만주의 시대의 "타인의 죽음", ⑤ 현대의 "반대물로 전화한 죽음"이 그것이다.

　아리에스에 의하면 중세 초기의 사람들은 공동체의 품에서 죽었다. 그래서 그는 이 시기의 죽음을 "우리의 죽음"이라 부른다. 당시 한 사람의 죽음은 공동체 구성원 모두가 함께하는 사건이었고, 죽어가는 사람은 이 공동체의 품에서 영생의 약속과 부활의 신앙 속에 외롭지 않게 죽을 수 있었다. 당시 사람들이 두려워했던 것은 죽음 자체가 아니라 특정한 죽음의 형태, 곧 공동체 밖에서 객사하거나 천국에 가기 위한 임종 성사를 받을 틈도 없이 갑작스레 죽는 것이었다.

　중세 말기가 되면 이런 "우리의 죽음"은 "나의 죽음"으로 바뀐다. 죽음을 길들이는 수단이었던 공동체의 끈이 약해지면서 각 사람은 이제 외로운 개인으로서 죽음을 대면하게 된다. 당시 임종 장면을

1　아래 내용은 진중권, "진중권의 원전 읽기-죽음의 역사" 월간 『인물과 사상』(2001년 5월호), 138-44을 참고했다.

묘사한 회화나 조각에는 죽어가는 사람의 침상에 천사가 함께 와 있는데, 그 방에서 오직 죽어가는 사람만 이 천사를 볼 수 있다. 이제 죽음은 모두의 죽음에서 개인의 죽음으로 넘어간다. 하지만 아리에스에 따르면 이때만 해도 기독교 신앙의 영향이 남아 있어서 죽음이 그다지 두렵고 무서운 것은 아니었다고 한다.

그렇다면 현대인들의 죽음은 어떨까? **아리에스에 의하면 현대 사회의 죽음은 아주 낯설고 두려운 것으로서 최대한 숨기고 금기시해야 할 것이 되어버렸다.** 먼저 죽어가는 사람에게 죽음을 알릴지가 문제가 된다. 어머니가 암 진단을 받은 사실을 당사자에게 알릴 것인가, 말 것인가? 조금씩 바뀌고 있지만 알리지 않는 경우가 아직도 많다. 또한 오늘날 죽음의 장소는 집이 아니라 병원이 되었다. **과거에 죽음이 임박한 사람은 일부러라도 집에 모셨지만 오늘날에는 병원으로 옮긴다.** 철학자 미셸 푸코의 말처럼 일종의 "격리 작업"이 이루어진다. 죽어가는 자 혹은 이미 죽은 자가 삶의 공간에 더 있지 못하도록 축출하는 것이다. 한 걸음 더 나아가 이제 죽음은 시장화된다. 병원에 옮겨진 사람은 그냥 죽지 못한다. 의료 행위의 대상이 되어 모든 치료를 온몸으로 겪은 다음에야 비로소 죽을 수 있다. 죽어가는 사람도 남아 있는 가족도 원하지 않는 일이지만 어쩔 수 없이 죽는 순간까지도 소비자로서의 사회적 기능을 감당하도록 요청받는다. 그리고 **이런 일이 잘 작동하려면 의식화가 필요하기 때문에 효 개념에 의한 감시 체계가 작동한다.** 전 재산인 집 한 채를 날려서라도 돌아가시는 분이 최대한 치료를 받고 아무런 아쉬움 없이 돌아가시도록 해야 효자라는 사회적 압력이 사람들을 꼼짝달싹 못 하게 만든다. 마침내 죽음이 찾아오면 이제 상조 기업이 개입한다. 세분화된 상조 서비스의 모든 단계를 거치면서 시장에 도움을 주어야 비로소 죽음에 이르는 모든 과정이 끝나고 잊힐 수 있다. 잊히기가 이렇게 길고 힘들다. **현대인에게 죽음은 죽을 수 있는 모든 개인적 권리를 박탈당한 채 가능한 모든 사회적 생산 활동을 다 마친 다음에야 겨우 허락되는 사건이다.**

왜 죽음이 이다지도 현대인의 삶에서 철저히 거부되고 금기시되었을까? 발터 벤야민은 이런 변화의 시점을 제1차 세계대전으로 잡는다. 이전 시대 사람들은 그가 속한 마을 공동체에서 태어나 그 안에서 살다가 죽었다. 따라서 한 사람의 죽음은 그 사람만의 사건이 아니라 공동체 전체가 의미를 부여하고 기념하는 사건이었다. 이런 전통적 관점으로 인간의 몸을 이해하고 있던 사람이 갑자기 전쟁터에 나가서 누군가의 신체가 폭탄을 맞아 먼지처럼 흩어져버리는 모습을 본다. 벤야민은 한 사람의 생애가 모여 있는 종합적 처소로서의 신체가 이처럼 단번에 해체되는 것을 보는 놀라운 체험과 충격 속에 죽음에 대한 전통적 관점이 완전히 파괴되고 동시에 죽음에 대한 새로운 개념이 태어났다고 말한다. 곧 사람이 전쟁터에서 벌레처럼 죽는 것을 보면서 현대인들은 죽음을 최대한 멀리하고 부정할 수밖에 없게 되었다는 것이다. 아리에스 역시 20세기 중반 풍요한 산업화 사회로 접어든 다음 죽음에 대한 거부가 시작되었다고 본다.

다시 말해 전통적인 죽음의 의미 체계는 전쟁과 자본주의의 발달 속에 완전히 해체되어버렸다. 이제 죽음은 너무나 낯설어서 어떤 대가를 치러서라도 차단하고 금지해야 하는 것이 되었다. 그러면서 나는 결코 이런 죽음을 당하지 않겠다는 강박, 즉 무슨 일이 있어도 죽음의 힘으로부터 나와 내 세계를 지키겠다는 히스테리적 반응이 일어난다. 그리고 이는 자본주의와 연결되어 죽음의 시장화를 촉발

한다. 실제로 오늘날 죽음은 장사에 가깝다. **한편으로는 거부되고 금기시되며 다른 한편으로는 돈벌이의 주요 수단이 되어 있다.**

2. 기독교 신앙이 말하는 죽음

기독교 신앙은 죽음을 어떻게 이해하는가? 다음 말씀들을 보자.

> 아담은 셋을 낳은 후 팔백 년을 지내며 자녀들을 낳았으며 그는 구백삼십 세를 살고 죽었더라. 셋은 백오 세에 에노스를 낳았고 에노스를 낳은 후 팔백칠 년을 지내며 자녀들을 낳았으며 그는 구백십이 세를 살고 죽었더라. 에노스는 구십 세에 게난을 낳았고 게난을 낳은 후 팔백십오 년을 지내며 자녀들을 낳았으며 그는 구백오 세를 살고 죽었더라(창 5:4-11).

> 사망아, 너의 승리가 어디 있느냐? 사망아, 네가 쏘는 것이 어디 있느냐? 사망이 쏘는 것은 죄요 죄의 권능은 율법이라. 우리 주 예수 그리스도로 말미암아 우리에게 승리를 주시는 하나님께 감사하노니(고전 15:55-57).

1) 죽음은 모든 인간에게 주어진 운명이다(창 5장)

성경은 죽음을 모든 인간에게 주어진 운명으로 이해한다. 창세기 5장에는 오늘날 기준으로 봐도 장수하는 사람들의 이름이 줄줄이 나온다. 그럼에도 모두 "그가 죽었다"로 끝난다. 히브리서 역시 "한 번 죽는 것은 사람에게 정하신 것"(히 9:27)이라고 말한다. 전도서는 "은줄이 풀리고 금 그릇이 깨어지며 사람은 자기 영원한 집으로 돌아가고 조문자들이 거리로 왕래하는 때 가 올 것이다"라고 이를 아주 문학적으로 서술한다(전 12:5-6).

2) 죽음은 죄에 대한 형벌이다(창 2:17)

죽음이 왜 세상에 찾아왔을까? 생물학자들이 가장 이상하게 생각하는 것 하나가 죽음이다. 자연이 어렵게 생명을 만들어냈으면 그 생명을 그냥 유지시키는 것이 가장 효과적인데, 왜 죽음이 존재하는지 알 수 없다는 것이다.[2] 그런데 성경은 이에 대해 아주 분명하게 답한다. 죽음이 찾아온 이유는 인간의 죄악 때문이다. 인간의 범죄와 불순종으로 인해 죽음이 찾아왔고 또한 죽음이 가져오는 모든 고통과 공포가 시작되었다. 신약성경에서 죽음은 인간 최악의 원수로 여겨진다(롬 5:12; 고전 15:26).

---

2   진화 생물학자 최재천 교수는 인문학자 도정일 교수와의 대담에서 이런 요지의 말을 한다. "생명체가 하나 만들어진 후에 죽어야 한다는 것을 설명하기가 대단히 어렵습니다. 유전자가 하나의 생명체를 꽃피웠는데, 사람 같으면 100조의 세포를 만들어서 잘 사는데, 사실 과학적으로 이것을 끝내야 할 이유가 딱히 없습니다. 잘하고 있고 또 기왕에 만들어 놓았으니 그 생명체로 하여금 계속 유전자를 복제하게끔 하면 되는데 말이죠. 세포가 하나 만들어졌다가 왜 꼭 죽어야 하는지 그 이유를 설명하는 일이 세포를 만들어내는 것을 설명하는 것보다 더 어렵습니다. 어쨌든 유전자는 하나를 만들어서 그것을 계속 쓰기보다는 자주 바꾸는 작전을 선택한 것입니다. 유전자가 죽음을 택했기 때문에 우리는 어쩔 수 없이 태어났다가 죽어가는 거죠."

3) 죽음은 예수 그리스도 안에서 이미 극복되었다(고전 15:55-56; 롬 6-9장)

하지만 기독교 신앙은 이 죽음이 예수 그리스도의 부활을 통해 완전히 극복되었다고 말한다. 부활을 통해 "죽음은 생명에 삼켜진 바 되었고" "죽음의 독침은 그 힘을 잃어버렸다." 부활의 능력 안에서 더는 죽음의 고통과 압제가 없다. 이제 죽음은 예수 그리스도 안에서 심판이 아닌 하나님의 영광의 구원으로 들어가는 출입문이자 인도자가 되었다. 하이델베르크 교리문답 52조는 이를 다음과 같이 잘 말해주고 있다.

> 질문: 산 자와 죽은 자를 심판하러 오시는 예수의 재림은 너에게 어떤 위로를 주는가?
>
> 답변: 나는 모든 환란과 핍박 중에서 이미 나를 위하여 하나님의 법정에 출두하여 나의 모든 벌과 저주를 하늘에서부터 제거한 그 심판주를 머리 들고 기다린다.

3. 그리스도인은 어떻게 죽음을 준비해야 할까?

어차피 찾아올 죽음이라면 잘 준비하고 잘 죽어야 할 것이다. 죽음을 어떻게 준비해야 할까?

1) 죽음에 대해 자주 묵상하자

우리는 보통 때 죽음을 생각하지 않고 살아간다. 사회 역시 죽음에 대한 생각을 구조적으로 차단하려고 한다. 우리나라는 전통적으로 유가족에게 슬퍼할 틈을 주지 않으려 하고 이를 미덕으로 여긴다. 마치 괴로운 행사를 치르듯 죽음이 다루어지고 죽은 이는 잊히며 남은 사람들은 다시 바쁜 일상으로 돌아간다. 그 가운데 우리는 죽음의 의미를 잃어버렸다. 하지만 과연 이렇게 하는 것이 맞을까? 오히려 **사랑하는 사람의 죽음 앞에서 자기 인생을 돌아보며 무엇인가를 배워야 하지 않을까? 그러기 위해 조용한 시간을 보냄으로써 정화되고 성결케 되어야 하지 않을까?**

실제로 옛날 사람들은 죽음을 다르게 대했다. 그들은 죽음을 체험하며 사는 가운데 많은 것을 배울 수 있었다. 그러나 오늘날 우리는 **죽음으로부터 차단되어 있다.** 그래서 옛날에는 10세 아이가 경험한 죽음의 체험을 40세가 넘어서야 접한다. 그만큼 인생의 깊이가 줄어든다. 죽음을 의식하면서 오늘을 살아갈 때 우리는 분별과 지혜를 얻을 수 있다. "지혜자의 마음은 초상집에 있으되 우매한 자의 마음은 혼인집에 있느니라"(전 7:4). 과거 어떤 지혜로운 왕은 매일 아침 시종으로 하여금 "임금님, 당신도 언젠가는 죽습니다. 오늘도 이 사실을 기억하십시오"라고 말하게 했다고 한다. 우리 역시 마음속에 이런 시종을 두고 자주 이런 말을 들을 필요가 있다.

2) 죽음 앞에서 비로소 한 사람의 생의 가치가 결정됨을 알자

죽음이 오기 전의 삶은 여전히 잠정적이다. 그것은 열려 있고 바뀔 수 있다. **죽음이 찾아오면서 삶은 마침내 완결되고 고정된다.** 죽음을 통해서만 우리 인생의 가치가 결정되고 의미를 갖게 된다. 그래서 잘 살아야 잘 죽을 수 있다. 뒤집어 말하면 잘 죽기 위해서라도 잘 살아야 한다.

죽음을 본격적으로 연구했던 정신과 의사 엘리자베스 퀴블러-로스에 따르면 **시한부 삶을 살고 있음을 알게 된 사람들은 대개 다음 다섯 가지 반응을 보인다고 한다. 첫 번째는 "거부"다.** "내가 암에 걸렸을 리가 없다. 의사가 오진했을 것이다. 다른 병원을 가봐야겠다"면서 사실을 거부한다. 그러다가 죽을병에 걸린 것이 확실해지면 **"분노"의 단계로 넘어간다.** "모두 멀쩡하게 살아 있는데 왜 나만 죽어야 하는가?" 의사, 간호사, 가족들을 보고 사랑과 관심이 없다고 짜증을 내고 분노한다. **분노가 지나가면 타협이 찾아온다.** 평소 신을 찾지 않던 사람도 "하나님, 계신다면 제발 살려주십시오. 그러면 이제부터는 착하게 살겠습니다"라고 타협을 시도한다. **그다음 단계가 "우울"이다.** 힘이 빠져서 아무도 만나지 않으려 하고 식사도 거부한다. 이 단계에서 자살을 시도하는 사람들도 있다. **마지막 단계는 "수용"이다.** 죽음을 받아들이고 주변을 하나씩 정리하면서 유서도 쓰고 만나야 할 사람들에게 연락하기도 한다. 이 다섯 단계가 항상 순서대로 일어나는 것은 아니고, 한 번 일어났다고 해서 끝난 것도 아니다. 우울 단계에서 분노나 타협 단계로 되돌아간 다음 전체 과정을 반복하기도 하고, 끝까지 거부와 분노의 단계를 벗어나지 못하기도 한다. **죽음을 빨리 받아들이고 수용하는 사람이 있는 반면, 끝까지 받아들이지 못하는 사람도 있다.** 후자에 속하는 사람은 문자 그대로 죽음에 의해 살해당하는 것이다.

    누가 죽음을 빨리 수용하는가? 퀴블러-로스에 의하면 인생을 비교적 선하고 깨끗하게 산 사람들과 하나님에 대한 믿음이 있는 사람들이 죽음을 빨리 받아들이고 곱게 세상을 떠난다고 한다. (여기에 "가족이나 주변 사람들에 대한 염려를 하지 않아도 되는 사람"도 포함시킬 수 있겠다.) 이 말은 곧 **인생을 소유로 생각하고 자기중심적으로 살아가면 누구나 죽음이 두려울 수밖에 없다는 것이다. 왜냐하면 죽음은 한 사람이 평생 배우고 쌓은 모든 것을 빼앗기는 순간이기 때문이다. 이 점에서 우리는 죽음이 죄의 결과라는 성경의 증언을 심각하게 생각하게 된다.** 죄는 하나님을 인정하지 않고 자기를 하나님의 자리에 놓음으로써 자기중심적으로 사는 것, 즉 삶을 은혜와 선물이 아닌 소유와 특권으로 생각하는 것으로서 이 점에서 죽음은 이런 죄 된 삶에 대한 심판인 것이다.

그러나 죽음을 다르게 맞는 방법도 있다. 만약 우리가 하나님에 대한 믿음으로 우리 삶을 "소유"가 아닌 "선물"로 생각한다면 죽음은 우리를 쏘는 독침이 될 수 없다. 이때 죽음은 삶을 더 풍요롭고 깊게 만들며, 우리를 하나님에게로 인도하는 안내자가 될 수 있다. 우리는 "아버지여, 내 삶을 아버지 손에 맡기나이다"라고 기도하면서 운명하신 예수와 죽음을 "내 형제"라고 하면서 죽음을 감사함으로 받아들인 아시시의 성 프란치스코 성인에게서 이런 모습을 본다.

필자가 알고 있는 목사님 한 분도 그랬다. 이분은 시한부 판정을 받은 후 하나님께 신유의 은혜를 구하며 간절히 기도하는 맏딸을 향해 그런 기도를 하지 말라고 하면서 이런 말씀을 하셨다.[3] "사람들이 중병에 걸리면 그 병에서 낫게 해달라고 기도한다. 그런 기도가 나쁜 것은 아니다. 그러나 나의 경우는 아니다. 내 나이를 생각해봐라. 살 만큼 살았고 자녀들을 키우면서 아버지로서의 책임도 다했다. 또 목사로서도 더는 내가 할 일이 없다. 이제 정당한 의미에서 이웃을 위

---

3   이는 뒤에 말할 김동건 교수의 부친인 김치영 목사의 이야기다.

한 봉사도, 헌신도, 복음 선포도 힘들다. 그렇다면 무엇 때문에 더 살게 해달라고 기도해야 하는가? 오늘날 많은 사람이 암으로 고통을 겪으며 죽어가는데 나만 거기에서 벗어나 낫게 해달라고 비는 게 과연 옳은 기도이겠는가? 나는 그저 고통 속에 있는 많은 환자와 영적으로 연대하면서 죽음을 맞겠다." 이런 모습이야말로 죽음을 맞는 신앙인의 자세여야 할 것이다.

그래서 잘 죽기 위해 잘 살아야 한다. 실제로 죽음이 있기 때문에 삶에 의미가 더해진다. 죽을 수 있기 때문에 살아 있는 이 순간이 소중하고 아름다운 것이다. 영원히 죽지 않는 인간에게는 세상의 그어떤 일도 진지하거나 심각하지 않다. 이 점에서 죽음은 삶을 풍요롭게 하고 완성시키는 하나님의 축복의 도구다. 신학자 카를 라너는 죽음의 순간 우리는 일생 전체를 가지고 하나님 앞에 서서 그분을 향한 최후의 궁극적인 긍정이나 부정을 말할 기회를 얻게 된다고 이야기한다.

3) 예수 안에 있을 때 죽음을 제대로 준비할 수 있다

어떻게 하면 죽음을 잘 준비할 수 있을까? 삶에서 죽음을 제거함으로써 죽음을 극복할 수 있는 것이 아니라 죽음을 초월하는 희망이 있어야 죽음을 넘어설 수 있다. 오직 참으로 **죽음을 초월하는 희망 속에서만 죽음의 어두움과 두려움과 그 독침이 극복된다. 그리고 예수 그리스도 안에 죽음을 이기는 영원한 생명의 승리가 있다.**

수많은 철인과 현자들이 각자 나름의 방식으로 죽음을 맞았다.[4]

---

4   아래 글은 김치영 목사가 자신의 장례 예식 때 낭독하도록 미리 작성한 설교의 일부

한국 역사에서 높은 인격과 학문 수준 및 고고한 절개를 갖춰 가히 유교 정신의 정화라고 불리는 성삼문은 단종의 복위를 꾀하다가 잡혀 죽기 직전 이런 시를 남겼다고 한다. "북소리는 내 목숨을 재촉하는데 얼굴을 돌이키니 해는 서산에 기울었도다. 황천 가는 길에 나그네 묵을 곳 없으니, 오늘 저녁은 어디에서 머무를꼬." 유교의 정수를 꽃피우고 강한 의지와 절개를 지킨 성삼문이지만, 석양이 지는 노을을 바라보며 그가 남긴 마지막 말은 우리의 심금을 울리는 슬픔은 있을지언정 희망을 말하고 있지는 않다. 그런가 하면 불교계의 거목인 성철 스님은 세상을 떠나면서 "내 평생 남녀의 무리를 속였구나. 나의 죄업이 수미산을 능가하니, 활활 타는 아비지옥에서 한이 만 갈래이네. 주홍을 토하는 태양이 푸른 산에 걸렸도다"라는 열반송을 남기고 입적하였다. 이 시가 만 갈래 한을 품은 심경을 표현하는 것인지, 아니면 그분의 철저한 구도 정신을 드러내는지를 말하기는 어려우나 이 시 역시 불교 철학의 허무주의를 말할 뿐 죽음 이후의 궁극적 소망을 전하고 있지는 않다는 점이다. 여기서는 결코 부활과 영원한 생명에 대한 신앙과 산 소망의 맥동을 찾을 수 없다.

그러나 베드로전서의 다음 말씀을 보자. "우리 주 예수 그리스도의 아버지 하나님을 찬송하리로다. 그의 많으신 긍휼대로 예수 그리스도를 죽은 자 가운데서 부활하게 하심으로 말미암아 우리를 거듭나게 하사 산 소망이 있게 하시며"(벧전 1:3). 베드로가 이 구절을 기록한 기원후 1세기 후반에는 로마에 의해 세계가 통일되었으나 가난한 사람은 여전히 가난하고 고난당하는 사람들은 여전히 고난당하는

다. 이 설교에는 죽음을 넘어서는 부활 신앙이 아주 강력하게 나타난다.

어두운 시대였다. 문명의 꽃을 피웠으나 죄악의 그림자도 똑같이 깊어져가는 시대, 즉 칠흑 같은 어둠이 여전히 존재하는 세계였다. 그런 세계 한복판에서 사도 베드로는 예수 그리스도로 인해 하나님의 위대한 구원의 빛줄기가 온 세상에 비추어졌고 십자가에 달렸다가 다시 살아나신 예수로 인해 온 세계에 근본적인 새 소망이 주어졌음을 체험했다. 그는 동서양의 수많은 철학자와 사상가들 그 누구도 제시할 수 없었던, 예수 그리스도의 부활 안에서 죽음을 이긴 위대한 생명의 승리를 보았다. 그래서 이렇게 선포한다. "우리 주 예수 그리스도의 아버지 하나님을 찬송하리로다 그의 많으신 긍휼대로 예수 그리스도를 죽은 자 가운데서 부활하게 하심으로 말미암아 우리를 거듭나게 하사 산 소망이 있게 하시며." 그는 예수의 십자가 죽음과 부활 안에서 모든 불의와 거짓이 극복되고 사랑과 의가 빛으로 승리한 끝에 영원한 생명이 나타남을 보았다.

그런데 이 베드로는 누구인가? 그는 갈릴리 바다의 지극히 평범한 어부였다. 열정은 있었으나 탁월하지 못했고 예수를 사랑했으나 끝까지 충성하지는 못하여 어린 계집종 앞에서 "예수를 모른다"고 세 번이나 부인하기도 한 사람이다. 인간적으로 볼 때 그는 절개 곧은 성삼문이나 치열한 구도 정신을 보인 성철 스님에 비할 수 없는, 우리와 똑같은 보통 사람이다. 그런 베드로이지만 예수 안에서 죽음을 이기는 생명을 보았다. 이 생명이 자기를 찾아와 변화시킨 것을 알았다. 자신은 부족했으나 자신이 믿는 분이 위대하시다는 믿음을 바탕으로 베드로는 위대한 부활 신앙을 고백하고 있다.

바로 이것이 죽음을 앞둔 모든 그리스도인의 희망이다. 신학자 칼 바르트는 1968년 12월 10일 이른 아침에 세상을 떠났다. 죽기 전날 밤 그는 평생의 친구였던 투르나이젠과 월남전 및 여타 세계의 문제에 대해 전화로 대화하던 중 이런 말을 남겼다고 한다. "세상은 여전히 어둡고 고통으로 가득 차 있네. 하지만 우리 주님은 부활하셨네." 이는 일생 하나님의 말씀에 최대의 존중과 사랑을 바친 한 그리스도인의 최후 증언이 되었다. "세상은 여전히 어둡고 고통으로 가득 차 있다. 하지만 우리 주님은 부활하셨다."

4) 우리의 죽음이 남아 있는 사람들에게 축복의 기회가 되도록 하자

우리는 모두 죽을 것이고 무엇인가를 남길 것이다. 가족이나 가까운 친구들에게 가장 많은 것을 남기고 떠날 것이다. 그런데 무엇을 남길 것인가?

죽음과 연관하여 누군가 이런 질문을 던졌다. "당신은 이미 죽었다. 장례식을 찾아온 사람들이 당신이 어떤 사람이었는지를 말한다. 그 말을 관 속에서 들을 수 있다면 어떤 말을 듣고 싶은가?" 대다수는 "정말 좋은 아버지였다", "성실하고 정직한 사람이었다", "훌륭한 신앙인이었다" 같은 말을 듣고 싶다고 했다. 그런데 어떤 사람은 그런 이야기보다 "이봐, 저기 관 속에서 무슨 소리가 나지 않아? 저런! 저 사람이 일어나고 있잖아! 저 사람이 다시 살아났어!" 하는 소리를 듣고 싶다고 했다. 그런데 이런 일이 일어나지는 않을 것이다. 또 그런 일이 실제로 일어난다고 해서 그것이 좋기만 하겠는가? 떠날 때는 떠나야 하지 않을까? 우리는 남아 있는 사람들에게 좋은 기억을 남기고 떠나야 한다.

우리가 아내나 남편, 자녀들, 친구나 교인들을 남겨두고 먼저 떠날 때 그들에게 줄 수 있는 것이 있다. 바로 죽음이 최후가 아님을 보이는 것이다. 소망과 믿음으로 죽음을 담담히 받아들이고 남아 있는 사람들을 축복하고 떠나는 것이다. 특히 나이 든 분일수록 자녀와 주변 사람들에게 축복의 기도를 계속할 필요가 있다. 나이 들고 몸에 힘이 없는 상황에서 무엇을 하겠는가? 돈이라도 펑펑 주면 좋겠지만 어디 그게 쉬운가? 하지만 축복의 기도는 할 수 있다. 아들과 딸, 손주들, 친척들과 교인들을 위해 계속 축복하는 기도의 아버지와 어머니가 되어서 때가 되면 하나님의 신실하심에 대한 믿음을 갖고 세상을 떠나가는 것! 이렇게 할 수 있다면 그것이야말로 남아 있는 사람들에게 말할 수 없는 위로와 축복과 최고의 유산이 될 것이다.

나가는 말

오래전 친구 목사로부터 책 한 권을 선물 받은 적이 있다. 『빛, 색깔, 공기: 죽음을 사이에 둔 두 신학자의 대화』라는 제목의 책인데, 현재 대구 영남신학대학교에서 조직신학을 가르치는 김동건 교수가 간암으로 마지막 4개월의 시간을 보내고 있던 부친 김치영 목사와의 대화를 기록한 것이다. 김치영 목사는 필자가 무척 존경했던 어른으로서, 많이 알려지지는 않았으나 훌륭한 목사고 신학자이자 박학다식한 사상가였다. 그분은 평생 하나님의 말씀인 성경을 연구하였고, 예수 그리스도의 십자가와 부활의 말씀에 나타난 속죄 신앙을 전했으며, 역사 현실에 도전하는 예언자 정신을 보여주었고, 역사의 한가운데서 종말론적 참여를 감행하는 하나님 나라 운동을 펼치는 데 헌신하였다. 2000년 6월 필자가 유학을 마치고 돌아와 오랜만에 찾아뵈었을 때, 이미 병색이 완연한 얼굴에도 불구하고 힘 있는 목소리로 이런 말씀을 들려주었다. "박 목사님! 옛사람들은 죽음을 공도(公道) 곧 모든 사람이 가는 정당한 길이라고 했습니다. 나는 죽음이 두렵지 않고 더 살고 싶다는 생각은 추호도 없습니다." 그런 다음 얼굴에 약간 장난스러운 표정을 지으시면서 이렇게 말씀하셨다. "다만 고통이 좀 심하지는 않았으면 하는 소원은 있습니다." 그분은 이어서 하나님의 구속역사 가운데서 앞으로 중국이 중요하게 될 것이며 중국, 일본, 한국이 중심이 되는 태평양 시대가 도래할 것이기 때문에 한국이 영적으로 깨어나야 한다고 말씀하시면서 목사와 교수로서의 삶을 잘 살라고 당부하셨다. 죽음이 임박했을 때도 자기 삶 전체를 돌아보면서 본인의 장례식에 낭독할 설교를 직접 작성하였는데, 그 설교에는 죽음 너머 영원한 삶에 대한 깊은 소망이 들어 있었다. 그런가 하면 부산의 또 다른 목사 한 분은 암으로 몸이 쇠약해지는 가운데서도 마지막까지 강단에서 말씀을 기쁘게 전하셨다. 그 모습을 보면서 필자는 평생 말로 설교하신 분이 이제는 자신이 말로 전한 설교가 진리였으며 삶을 의탁한 분이 신실하고 믿을 만한 분이었음을 온몸 전체로 설교하고 있다고 생각했다.

우리는 모두 죽지만 죽음이 모든 것의 끝은 아니다. 예수 그리스도의 십자가 죽음과 부활로 인해 우리에게 부활과 영생의 소망이 주어졌다. 우리는 이 소망 가운데서 오늘을 잘 살아야 하고, 그날이 오면 감사함으로 죽음을 받아들이고 하나님께로 돌아가야 한다. 무엇보다도 남아 있는 가족, 친구, 선배, 후배에게 선한 영향과 좋은 기억을 남기고 떠나야 한다. 그래서 기도하지 않을 수 없다. "죽음이 찾아오는 순간까지 부르심을 따라 잘 살다가 죽음이 찾아올 때 감사함으로 잘 맞이하게 하옵소서!" "저의 죽음이 남아 있는 사람들에게 축복의 통로가 되게 하옵소서." 그리스도 안에 있는 죽음은 변화와 완성의 순간이자 축복의 통로다.

세 줄 요약

1. 우리는 죽음을 피할 수는 없지만 어떻게 죽을지는 선택할 수 있다.
2. 예수 그리스도 안에서 죽음과 죽음의 모든 독침은 극복되었다.
3. 좋은 죽음을 위해 죽음을 자주 묵상하고 믿음으로 준비하며, 무엇보다도 우리의 죽음이 남아 있는 이들에게 축복의 통로가 되게 하자.

토론 문제

1. 죽음에 대해 생각해본 적이 있는가? 어떤 생각이 들었는가?
2. 어떤 식으로 죽음을 맞고 싶은가? 그렇게 하기 위해 무엇을 준비해야 하는가?
3. 신앙인의 죽음은 어떤 모습이어야 할까?

2부

교리와 변증

11장_ 성경은 믿을 수 있는 것인가?

들어가는 말

그리스도인들은 성경에 근거해서 하나님이 계시고, 이 하나님이 예수 그리스도 안에서 우리를 구원하셨다고 고백한다. 그래서 **기독교 신앙의 타당성 여부는 성경을 신뢰할 수 있는지와 밀접하게 연관되어 있다. 성경은 과연 믿을 수 있는 것인가?** 성경의 신뢰성 문제에 관해 지난 200여 년 동안 수많은 논의가 있었다. 그 논의는 크게 다음 세 가지로 정리된다.

① 성경의 원본은 없고 지금 있는 것은 사본뿐인데 그렇다면 성경이 중간에 왜곡되었을 수도 있지 않은가?

② 예수에 대한 증언을 비롯하여 성경의 내용은 과연 역사적인 사실일까?

③ 성경이 가르치는 내용 중 특히 문화적, 과학적, 윤리적 가르침에 이상해 보이는 것들이 많은데 이를 어떻게 받아들여야 하는가?

이 장에서는 이 세 가지 질문을 중심으로 성경의 신뢰성 문제를 같이 살펴보자.

1. 성경은 얼마나 원본에 일치하는가?

성경은 구약 39권과 신약 27권, 총 66권인데, 이 중 원본은 어디에도 없고 모두 수많은 사본만 남아 있어서 이 사본들이 원본의 내용을 제대로 담고 있는가 하는 문제가 생긴다. 이를 연구하는 분야가 사본학인데, **지난 200년 동안 사본학계의 연구 결과를 종합하면 현재 성경 사본들을 가지고 거의 완벽하게 원본에 다가갈 수 있다고 한다.**

첫째, 현재의 히브리어 구약성경은 레닌그라드 코덱스(1008년)와 유대인 서기관들의 필사본인 마소라 사본을 기본으로, 코덱스 바빌로니쿠스 페트로팔리타누스(916년), 알레포 코덱스(약 900년), 브리티시 뮤지엄 코덱스(950년), 로이힐린 코덱스(1105년)를 참고하여 만든 것이다. 그런데 이는 기원전 250년-100년에 기록된 것으로 추정되는 사해사본(1940년대-1950년대 발견됨)과 내용 면에서 거의 대부분 일치한다. **즉 지금 우리가 읽고 있는 구약성경은 원래 내용을 거의 고스란히 담고 있다는 것이다.**

둘째, **신약성경 본문은 고대 세계의 문서 중 가장 많은 사본이 남아 있는 기록이며, 또 그 사본들은 다른 문헌들과 달리 시간적으로 원본에 거의 근접해 있다.**

로마의 역사학자 타키투스는 기원후 116년경 『타키투스의 연대기』를 기록하는데, 처음 여섯 권은 850년경 필사된 한 개의 사본에만 들어 있고, 11-16권은 11세기에 작성된 것으로 여겨지는 다른 사본

안에 포함되어 있으며, 7-10권은 소실되었다. 1세기의 유대인 역사학자 요세푸스의 책『유대전쟁사』는 10, 11, 12세기에 그리스어로 번역된 사본이 아홉 권 남아 있고, 4세기에 라틴어로 번역된 사본과 중세인 11, 12세기에 러시아어로 번역된 사본도 존재한다. 그러니까 타키투스나 요세푸스의 기록은 사본의 양에 있어서 얼마 안 되고 책을 쓴 시점과 현존하는 사본이 기록된 시점 사이에 엄청난 시간 간격이 존재한다. 이뿐 아니라 기원전 460-400년 사이에 쓰인 것으로 여겨지는 투키디데스의『역사서』의 경우 역시 오늘날 우리가 읽을 수 있는 그의 책은 원본이 기록된 지 거의 1,300년 후인 900년경에 만들어진 여덟 개의 필사본이 모여 탄생했다. 헤로도토스의 역사서 사본들도 원본이 쓰인 후 오랜 기간이 지나고 만들어진 것만 남아 있으며, 그마저도 몇 권 되지 않는다. 그럼에도 불구하고 고전학자들은 그 내용이 거의 원본 그대로라고 여긴다. 영국 맨체스터 대학교의 성서학자 F. F. 브루스는 우리에게 남아 있는 가장 오래된 사본들이 쓰인 시기가 원본이 기록된 시기와 1,300년이나 떨어져 있기 때문에 헤로도토스나 투키디데스가 쓴 책의 내용이 정확하지 않다는 주장에 동조할 고전학자는 아무도 없다고 말한다.[1]

이에 비해 신약성경은 라틴어 사본들을 제외하고 그리스어로 된 자료만 해도 5,600건이 넘고 지금도 계속 발굴되고 있다. 더 나아가 성경 원본이 만들어진 때와 사본이 나온 시기의 시간적 간격이 아주 짧다.[2]

---

1   F. F. Bruce, *The New Testament Document: Are They Reliable?* (Downers Grove, IL: Intervarsity Press, 1964), 16.
2   이는 당대 최고의 사본학 권위자인 Bruce Metzger 박사의 주장이다. Lee Strobel, *The*

셋째, 오늘날 대다수 학자들은 예수의 십자가 죽음과 부활 사건이 발생하고 얼마 지나지 않아서 신약성경이 기록되기 시작했으며, 이후 계속 복사되면서 여러 사본의 형태로 존재하게 되었다고 본다. 저명한 성경 고고학자 윌리엄 올브라이트 교수는 이렇게 말한다. "이제 신약성경의 어느 책들도 기원후 90년 이후에 만들어졌다는 구체적인 증거가 없다고 강하게 주장할 수 있다. 이것은 오늘날 가장 급진적인 신약성경 비평가들이 신약성경의 작성 시기라고 여기는 130-150년에 비추어보면 거의 두 세대가 앞선 것이다."

넷째, 현재 엄청난 수의 신약성경 사본이 존재하지만, 그 내용이 거의 동일하고 또한 사본 사이의 차이점 중에 중요한 교리와 연관되는 것은 아무것도 없다.

신약 사본은 그리스어 자료 5,600개에 라틴어 역본까지 포함하면 24,000개에 이르며, 사본 사이에도 대략 30-40만 건의 차이가 있다. 그런데 이 차이 중 가장 많은 경우는 철자의 차이다. 가령 요한(John)의 경우 n이 하나 더 들어가서 Johnn으로 기록된 사례가 많은데, 사본 사이의 차이로 지적된 내용의 약 75%인 22만 5,000건에서 30만 건 정도가 이 경우에 속한다.[3] 또 다른 차이는 사본들에 사용된 동의어들로서, 예수를 그냥 예수라고 부르는 사본이 있는 반면 "주님"이나 "그분"이라고 언급하는 사본도 있다. 하지만 이런 차이 역시

Case for Christ (Grand Rapids, Zondervan, 1998), 60에서 재인용.

3 Ed Komoszewski, M. James Sawyer, Daniel B. Wallace, *Reinventing Jesus*, 215. 조시 맥도웰, 오세원 역, 『청춘을 위한 기독교 변증』(서울: 국제제자훈련원, 2011), 88에서 재인용.

성경 본문의 내용을 바꾸는 위험 요소는 아니다.[4]

　이런 부분을 제외하면 본문의 의미와 연관된 차이점은 1% 미만이며 이 역시 내용을 현저하게 바꿀 정도는 되지 못한다. 실제로 고전 작품 중 신약성경 다음으로 사본의 진정성을 인정받고 있는 호메로스의 글은 647개의 사본이 존재한다. 그런데 학자들은 호메로스의 글에서 실제로 그가 쓴 것은 95% 정도고 5%는 그가 쓴 것이 아니라고 보지만, 이 5%로 인해 호메로스가 쓴 글의 진정성이 흔들린다고 여기지는 않는다. 그런데 성경의 본문 내용은 호메로스의 글과 비교할 수 없을 정도로 온전히 통일되어 있다. 그래서 덴버 신학교의 신약학 교수 크레이그 블룸버그는 신약성경 본문은 어떤 고대 문서보다 더 많은 사본들을 통해 정성 들여 보존되었기 때문에 신약성경의 97-99%를 의심의 여지 없이 원본 상태로 복원할 수 있을 뿐 아니라 그 내용은 지금 교회가 알고 믿는 내용과 사실상 동일하다고 말한다.[5] **즉 현재의 사본을 통해 원본 성경을 거의 그대로 복원할 수 있다는 것이다.**

2. 성경은 역사적으로 믿을 수 있는 책인가?

기독교 신앙에 대한 비판 중에는 예수가 신화 속의 인물이고 실존 인물이 아니라는 주장이 있었다. 하지만 오늘날 가장 회의주의적이고

4　맥도웰, Ibid., 88-89.
5　Craig L. Blomberg, William Lane Craig, *Reasonable Faith* (Wheaton: Crossway, 1994), 226.

비판적인 학자들마저도 예수가 실존 인물이었음을 전혀 의심하지 않는다. 성서학자이면서도 무신론 내지 불가지론적인 입장을 취하고 있는 노스캘리포니아 대학교 종교학부의 바트 어만 교수 같은 이도 예수가 실존 인물이었다는 점에 대해서는 완전히 동의한다. 그는 "지구상의 사실상 모든 (역사) 전문가는 예수가 실존했다는 견해를 지지한다"고 말한다.[6]

그러나 예수와 그분의 가르침을 담고 있는 성경, 특히 사복음서의 역사적 신뢰성에 대해서는 아직 의구심이 많이 남아 있다. **20세기 중반까지 신약학계에 큰 영향을 미친 "양식사학파"와 근래의 "예수 세미나(Jesus Seminar) 운동"은 신약성경이 예수에 대한 이야기를 담고 있지만 이 이야기들은 지중해 연안의 여러 교회 공동체들의 역사적 정황에 따라 완전히 새롭게 해석되고 재구성되어 지금의 형태가 되었다고 주장했다.** 다시 말해 지금 신약성경이 말하는 예수의 모습은 초기 교회 당시 여러 공동체의 필요와 해석에 의해 만들어진 것으로서, 실제 예수의 모습과는 많이 다르다는 것이다.

그럼 실제 예수는 어떤 분이었는가? 학자마다 주장이 조금씩 다르기는 하지만, 여기에 속한 사람들은 대체적으로 실제 예수는 하나님의 아들이자 신적 인물이 아닌 위대한 영적 스승이며 카리스마 넘치는 지혜롭고 정의로운 한 인간이었다고 한다. 그분은 하나님의 통치가 임박했다는 메시지를 전하다가 당대의 정치 종교 지도자들을 격분시켰고, 그 결과 십자가에서 처형되었다. 하지만 예수의 사후 그

---

6   Bart Ehrman, *Did Jesus Exist? The Historical Argument for Jesus of Nazareth* (New York: HarperOne, 2013), 4.

의 부활을 목격했다는 사람들을 중심으로 초기 교회가 만들어졌다.

더 나아가 다음과 같은 주장을 하는 사람들도 있다. 예수의 첫 제자들은 예수에 대해 각각 다른 의견을 갖고 있었다. 어떤 이들은 예수가 인간의 몸을 입고 죽었다가 살아난 신적 존재라고 했고, 또 다른 이들은 예수가 위대한 영적 인물이지만 우리와 동일한 인간이라고 보았다. 치열한 다툼 끝에 예수를 신으로 보는 입장이 승리하면서 그 입장을 강조하는 문서들이 만들어진 반면, 다른 형태의 예수를 말하는 주장이 담긴 문서는 철저하게 억압되고 파괴되었다. 그러다가 얼마 전부터 도마와 유다의 "영지주의적인" 복음서들처럼 예수와 관련해 억눌렸던 다른 시각들이 빛을 보게 되었다고 한다. 실제로 이런 이해가 아직도 신약학계에 영향을 미치고 있으며, 지금도 『다빈치 코드』 같은 대중 서적을 통해 널리 알려지고 있다.

하지만 이런 주장들은 오늘날 다음 몇 가지 이유로 인해 상당히 설득력 있게 논박되고 있다. 오늘날 학계에서는 신약성경이 과거 학자들이 생각했던 것 이상으로 실제 역사적 사건을 그대로 담고 있다는 주장이 폭넓게 받아들여지고 있다.

① **복음서를 비롯한 신약성경은 (유럽 민담처럼) 전수된 지 몇 세기 후에 기록된 것이 아니라 아주 이른 시기, 곧 사건의 목격자들이 살아 있는 동안 기록되었기 때문에 하나의 역사적 증언으로 보아야 한다는 주장이 갈수록 설득력을 얻고 있다.** 최근 들어 이 주제에 대한 방대한 연구서를 낸 영국의 성서학자 리처드 보컴에 의하면 고대 세계의 역사가들 역시 현대인들과 마찬가지로 역사적 사실을 기록할 때는 목격자들의 일차적 증언을 가장 신뢰할 수 있는 증거로 여겨 그들을 직접 인터뷰한 다음 글을 썼다고 한다. 복음서 저자들 역시 이런

방식으로 각 복음서를 기록했고, 이로 인해 복음서에는 구레네 시몬과 그의 두 아들 루포와 알렉산더, 글로바, 말고 같은 목격자들의 실명이 수시로 등장한다.[7] 누가복음 저자 역시 예수를 직접 목격한 사람들의 증언을 자세히 들어본 다음 복음서를 기록했다고 전한다. "우리 중에 이루어진 사실에 대하여 처음부터 목격자와 말씀의 일꾼 된 자들이 전하여 준 그대로 내력을 저술하려고 붓을 든 사람이 많은지라. 그 모든 일을 근원부터 자세히 미루어 살핀 나도…차례대로 써 보내는 것이 좋은 줄 알았노니"(눅 1:1-3). 다시 말해 물론 그 복음서를 산출해낸 공동체의 관심과 상황과 신학에 의해 조금씩 바뀐 부분이 있지만, 복음서는 그 **자체로 목격자들의 목격 증언(autopsy)에 근거를 두고 있다는 것이다.**[8]

② **복음서는 그 문학 양식으로 볼 때 만들어진 이야기가 아닌 일종의 보고서로 보는 것이 더 적절하다.**

모든 문헌은 각기 기록의 목적을 가지고 있다. 환상 문학은 상상력을 동원하여 가상의 세계를 만들어내는 것이 목적인 반면, 역사적 보고서는 실제 있었던 일들을 충실하게 증언하는 것을 목적으로 한다. 그리고 글의 목적에 따라 서술 방식 역시 분명히 구별되는데 복음서는 성격상 역사 속에 실제 일어났던 일을 서술하는 역사적 보고서의 양식을 따르고 있다. 영국 옥스퍼드 대학교의 영문학 교수이자

---

7   Richard Bauckham은 『예수와 그 목격자들』이라는 저서에서 복음서의 내용이 철저히 목격 증언(autopsy)에 근거하고 있음을 설득력 있게 제시하고 있다. Richard Bauckham, *Jesus and the Eyewitness*, 39-92. 『예수와 그 목격자들』(새물결플러스 역간).

8   Ibid.

탁월한 문학 평론가였던 C. S. 루이스는 다음과 같이 복음서를 평가했다.

> 나는 평생 시와 소설, 환상 문학, 전설 및 신화들을 읽어왔다. 그래서 그런 글들의 면면을 속속들이 안다. 하지만 이런 건 본 적이 없다. 이 텍스트(복음서)에 적용할 수 있는 관점은 단 둘뿐이다. 사실 보도로 보든지…그게 아니면 누군지 모를 (고대의) 작가가…전수자도 계승자도 없는 상태에서 시대를 앞질러 현대 소설의 사실적인 서술 기법을 온전히 끌어다 썼다고 보든지 둘 중 하나다.[9]

영문학자인 루이스에 따르면 현대 소설은 아주 사실적이어서 등장인물의 내적 심리의 움직임과 그들의 대화와 일어난 사건에 대한 아주 세밀한 묘사를 통해 마치 현장을 지켜본 목격자의 증언인 것처럼 사건을 서술하지만, 이런 문학 장르가 시작된 것은 기껏해야 300년을 넘지 않는다. 이에 비해 옛날 소설이나 서사시 또는 전설은 세밀한 보도나 주변 정황 같은 것에는 관심 없이 그냥 주인공을 중심으로 큰 줄거리만을 서술한다. 그런데 복음서는 고대의 글임에도 불구하고 아주 세밀하고 부수적인 세부 사항까지 기록하고 있다. 마가복음 4장은 예수가 배의 고물에서 베개를 베고 주무셨다고 하고, 요한복음 21장은 예수가 바닷가에 서셨을 때 베드로가 육지에서 50칸쯤 떨어진 곳에서 물고기를 잡고 있었으며 그 양이 153마리에 달했다고 전한다.

---

9   C. S. Lewis, *Christian Reflections*, Walter Hooper, ed. (Eerdmans, 1967), 155. 팀 켈러, 최종훈 역, 『팀 켈러, 하나님을 말하다』(서울: 두란노, 2017), 177에서 재인용.

또한 요한복음 8장은 예수가 간음 현장에서 붙잡혀 온 여인을 둘러싸고 사람들이 외치는 소리를 들으시면서 땅에 무엇인가를 적으셨다고 한다. 물론 오늘날 누군가가 예수의 전기를 쓴다면 이런 세부적인 묘사를 많이 넣어서 이야기에 사실적인 분위기를 더하려고 하겠지만, 1세기에는 이런 식의 소설 기법이 전혀 존재하지 않았다. 그러니 예수가 베개를 사용하셨다든지, 물고기가 153마리라든지, 땅바닥에 글씨를 쓰셨다든지 하는 복음서의 서술들은 이 책이 고대 소설이 아니라 이런 일을 직접 목격한 사람들이 전해준 이야기에 대한 기록임을 드러낸다고 보아야 한다. 간단히 말해 성경은 목격자들의 증언에 근거한, 역사적 신빙성을 가진 문서의 모음이라는 말이다.

③ **복음서의 내용을 볼 때 당시 문화와 공동체의 필요와 정서에 맞게 수정했다고 보기는 어렵다.** 복음서는 예수가 예배받으셔야 할 하나님으로서 우리 죄를 위해 십자가에 달리셨고 부활하셨다고 전하는데, 이는 당시 그리스와 히브리 세계관에 상충하는 내용이었기 때문에 사람들이 전혀 달갑게 들을 만한 이야기가 아니었고, 따라서 이런 이야기를 일부러 만들어낼 이유가 전혀 없었다. 이뿐만 아니라 복음서는 사도들의 어리석음과 불신앙 및 배신을 적나라하게 전하는데 이는 초기 교회 지도자들의 권위와 교회의 신뢰를 떨어트려 교회의 복음 전파를 약화시킬 수도 있는 내용이었다. 다시 말해 복음서가 초기 교회 공동체의 작품이라면 이런 내용을 만들어낼 이유가 없었을 것이고 설령 누군가 그렇게 만들었다 해도 즉시 제거하거나 수정했을 만한 내용이다. 그런데 복음서는 이런 것을 삭제하지 않고 그대로 싣고 있다. 그렇다면 복음서의 내용 대부분은 초기 교회 공동체가 만든 것이 아니라 실제 있었던 사실에 기초한 것이라고 보는 것이 더 설

득력이 있다.[10]

④ **예수의 신성에 대한 고백은 기독교 선교의 아주 이른 시기부터 시작되었다.** 빌립보서 2장에 나오는 "그리스도 찬가"(빌 2:6-11)는 예수를 하나님의 아들이자 신적인 구원자로 고백하고 있는데, 학자들의 연구에 의하면 이는 예수 사후 10년 이내에 이미 지중해 세계의 여러 교회들의 예배에서 널리 사용되고 있었다. 그런데 10년은 회의주의자들의 주장처럼 인간 예수가 신화화되어 신적 존재로 격상되기에는 너무 짧은 기간이다. 즉 예수가 인간이었는데 시간이 지나면서 교회의 필요에 따라 신적 존재로 여겨지고 고백되었다는 것보다 초기 교회가 처음부터 예수를 신적 존재로 인식했다고 말하는 것이 더 설득력이 있다는 말이다.

⑤ **유대 문화에서는 한 인간이 신적 존재로 격상될 가능성이 사실상 전무했음을 기억할 필요가 있다.** 예수의 첫 제자들은 거의 전부 유대인이었는데, 이들은 창조주인 하나님과 피조물인 인간 사이에 결코 극복할 수 없는 존재의 차이가 있다고 보는 사람들로서 이들이 어떤 인간을 하나님이라고 주장하는 것은 사실상 불가능했다. 그

---

10 Paul Eddy와 Gregory Boyd에 의하면 예수가 마땅히 예배받아야 할 야웨 하나님이라는 주장, 메시아가 십자가에 달린다는 개념, 한 개인의 부활, 흐리멍덩한 제자들, 예수가 끌어들인 볼품없는 군중" 같은 복음서 기사들은 초기 제자들의 입장에서 당시 사람들에게 전하기에 너무 당혹스러운 이야기였다. 이런 이야기는 그리스 세계관과 히브리 세계관 양쪽에 모두 어긋났을 뿐 아니라 제자들의 어리석음과 불신앙을 이유로 조롱과 박해를 당할 수 있게 만드는 것들이었으므로 이런 내용을 제거하거나 윤색할 이유가 얼마든지 있었으나 복음서는 그렇게 하지 않고 있다. 여기에 대해 다음을 참고하라. Paul Eddy and Gregory Boyd, *The Jesus Legend: A Case for Historical Reliability of the Synoptic Jesus Tradition* (Grand Rapids, MI: Wm. B. Eerdmans, 2009), 452. 팀 켈러, 『팀 켈러의 답이 되는 기독교』, 327에서 재인용.

런데 이토록 철저한 유일신 문화에서 자란 사람들이 예수를 그것도 십자가에 처형된 인물을 하나님의 아들이자 하나님을 지칭하는 "주님"(퀴리오스)이라는 호칭으로 부르는, 있을 수 없는 일이 일어난 것이다. 이런 일이 왜 일어났을까? 이는 예수라고 하는 인물이 원래 그런 분이었고 예수를 만난 사람들은 이를 도무지 부인할 수 없었다는 말로밖에는 설명할 수가 없다. 예수를 만나 함께 지내면서 그분의 가르침과 행동을 보고, 무엇보다 예수의 십자가 죽음과 부활을 목도한 사람들은 예수가 하나님의 아들이자 신적 존재라고 고백하지 않을 수 없었던 것이다.

결론적으로 신약성경은 문서의 특성상 결코 전설이 아니라 성격상 실제 일어났던 사건을 보고하는 목격자 진술로 보는 것이 합당하다. 물론 복음서마다 그것들을 서술하고 유포한 공동체의 사회 경제적 상황이나 신앙적 관심 및 그 공동체의 당면한 필요 등에 따라 예수에 관해 전해받은 전승을 조금씩 바꾸기도 했고 이로 인해 복음서들 사이의 내용과 강조점이 조금씩 다르다. 하지만 그럼에도 불구하고 복음서는 전체적으로 "목격자의 증언"이며 역사적인 사실에 근거한 책이라고 보아야 한다.

3. 성경이 말하는 문화적, 윤리적 가르침을 어떻게 보아야 하는가?

성경을 하나님의 말씀이기보다 이스라엘의 종교 문서로 보는 견해는 19세기 중반 이후 오랫동안 성서학계를 주도해왔다. 그 가운데 어떤 이들은 성경에 위대한 종교적 사상이 들어 있지만 동시에 과도하게 비상식적이며 이상하고 잘못된 이야기도 많이 포함되어 있다고 본다.

영국 성공회 감독을 역임한 존 셸비 스퐁은 『성경과 폭력』에서 성경에는 비상식적이고 비윤리적이며 잔혹한 말씀들이 많이 나타난 다고 이야기한다. 그는 사무엘상 15:1의 "지금 가서 아말렉을 쳐서 그들의 모든 소유를 남기지 말고 진멸하되 남녀와 소아와 젖 먹는 아이와 우양과 낙타와 나귀를 죽이라"는 말씀을 예로 들면서, 이스라엘 민족이 아니라는 이유로 이처럼 잔혹하게 어린아이까지 죽이라고 명령하시는 하나님을 예배할 수 있겠냐고 질문한다. 또한 그는 "멸망할 딸 바벨론아, 네가 우리에게 행한 대로 네게 갚는 자가 복이 있으리로다. 네 어린 것들을 바위에 메어치는 자는 복이 있으리로다"(시 137:8-9)라는 잔혹한 말이 과연 하나님의 말씀일 수 있냐고 묻는다. 더 나아가 그는 『성경을 해방시켜라』라는 책에서 하늘에는 궁창이 있으며 지구는 평평하고 그 밑에는 주추가 있고 그것을 지탱하는 모퉁잇돌이 있다(욥 38:6)는 구절을 예로 들면서, 이는 현대의 시각으로는 말도 안 되는 고대인의 세계 이해일 뿐이라고 주장한다. 그는 성경의 윤리 역시 현대의 기준에 어긋난다고 말하면서, 레위기의 심각한 성차별을 예로 든다. "여호와께서 모세에게 말씀하여 이르시되 '이스라엘 자손에게 말하여 이르라. 여인이 임신하여 남자를 낳으면 그는 이레 동안 부정하리니 곧 월경할 때와 같이 부정할 것이며 여덟째 날에는 그 아이의 포피를 벨 것이요 그 여인은 아직도 삼십삼 일을 지내야 산혈이 깨끗하리니 정결하게 되는 기한이 차기 전에는 성물을 만지지도 말며 성소에 들어가지도 말 것이며 여자를 낳으면 그는 두 이레 동안 부정하리니 월경할 때와 같을 것이며 산혈이 깨끗하게 됨은 육십육 일을 지내야 하리라'"(레 12:1-5). 그에 따르면 레위기는 여성의 임신과 출산을 부정하게 볼 뿐 아니라 여아가 태어나면 부정한 기간이 두 배로 늘어난다는 성차별적인 시각을 가지고 있다. 또한 레위기는 남편이 아내의 행실에 대해 의심이 생기면 제사장에게 데리고 가서 아내로 하여금 독액을 마시게 한다. 그래서 아내가 죽으면 유죄고 살아 있으면 무죄라는 황당한 내용을 전하고 있기도 하다(레 5:11-22).

스퐁은 이런 구절을 근거로 구약성경은 윤리적으로 문제가 있을 뿐만 아니라 상당 부분 하나님을 편협하고 쉽게 분노하는 이스라엘의 부족 신으로 서술하고 있기 때문에 이를 절대화하면 안 되고, 더 나아가 나의 신, 나의 종교만이 유일한 길이고 나의 공동체만이 구원을 받는다는 부족 종교적 사고방식에서 벗어나야 한다고 말한다. **그의 주장에 따르면 성경은 문자 그대로 오류가 없는 책이 아니라 이스라엘의 종교 체험을 기록한 위대한 종교 문서일 뿐이다.**

이런 비판을 어떻게 보아야 하는가? 먼저 기억할 것은 성경이 기본적으로 예수 그리스도를 통한 하나님의 구원 사건을 증언하는 책이라는 점이다. 구약은 오실 메시아에 대한 기대를, 신약은 우리를 찾아오신 메시아이자 하나님의 아들인 예수의 존재와 사역을 증언하고 있다. 그런데 이 증언은 인간의 사고와 언어로 기록되었기 때문에 그 시대의 언어와 문화, 사회의식, 지식수준에 따라 표현될 수밖에 없다. 따라서 성경에는 현대의 관점에서 볼 때 낯설고 비도덕적이며 오류 같아 보이는 부분이 있다. 가령 신명기에는 갓 결혼한 신랑에게 1년간 병역을 면제해줌으로써 "그 취한 아내를 즐겁게 할지니라"고 말하는, 시대를 수천 년 앞선 놀라운 인권 존중의 법규가 등장하기도 하지만 동시에 "아말렉 족속은 어린아이까지 모두 진멸하라"는 아주 잔혹해 보이는 율법이 공존하기도 한다. 때로는 예수의 행위조차 낯설 때가 있다. 예수는 어떨 때는 가장 경멸받던 지역 출신인 사마리아인을 이웃 사랑의 모범으로 들다가, 또 어떨 때는 간절히 도움을 구하는 가나안 여인을 향해 자녀들의 떡을 취해 개들에게 던지는 것이 옳지 않다는 다분히 유대 민족주의적인 발언을 하신다. 이처럼 **성경은 수천 년에 걸쳐서 하나님을 만났던 사람들이 당시 언어와 시대의 한계 안에서 자신의 하나님 체험을 표현한 것이어서, 때로 모호하고 야만스럽고 모순적으로 보이는 면이 드러나 보이기도 한다.**

하지만 그렇게 생각되는 부분들 역시 어쩌면 성경 본문을 너무 성급하게 판단한 결과일 수 있다. **그래서 성경을 볼 때 그 "맥락"을 잘 살펴야 한다.** 가령 성경이 말하는 노예 문제를 생각해보자. 어떤 사람들은 "각 사람은 부르심을 받은 그 부르심 그대로 지내라. 네가 종으로 있을 때에 부르심을 받았느냐 염려하지 말라.…"(고전 7:20-21) 같은 표현으로 인해 성경이 노예 제도를 용인한다고 분개한다. 그러나 이는 성경이 기록될 당시의 정황을 모르고 하는 말이다. 성경 시대의 노예는 우리가 생각하는 그런 노예가 아니었다. 당시 노예 대다수는 전쟁 포로거나 빈민 중 자원해서 노예가 된 사람들로서 하루 일을 마치고 나면 자유민과 비슷한 속박 없는 삶을 살고 있었고 또 재산을 축적할 수도 있었다. 실제로 당시 노예들은 3-5년 정도 주인집에서 일하면 노예 생활을 벗어날 수 있었기 때문에 인종에 근거한 지난 몇백 년 동안의 노예 제도와는 분명히 다르다. 게다가 당시 교회가 노예 해방을 부르짖고 실제로 그런 일이 일어났다면 당사자인 노예들은 당장 먹고살 길이 막막해졌을 것이고 사회적으로는 경제 시스템이 붕괴되어 대혼란에 빠져버렸을 것이다. 노예 제도 문제만 그런 것이 아니다. 결혼과 이혼 문제, 여성의 사회적 지위와 연관된 문제, 우상에게 바친 제물 문제 같은 것들도 당시의 사회 문화적 맥락을 잘 살펴면서 해석해야 본문의 뜻을 오인하지 않을 수 있다.

아울러 우리가 무의식적으로 현대 문화의 우월성을 전제하고 있기 때문에 성경의 윤리에 문제가 있다고 여길 수도 있다. 우리는 성경이 인지가 발달하지 못하고 지식이 부족했던 시대의 산물로서 현대에 비해 여러모로 부족하고 야만스러운 시대의 기록이라고 생각하기 쉽다. 하지만 현대 문화가 반드시 성경 시대의 문화보다 더 낫고 발전된 것이라고 말하기는 어렵다. 지금이 더 나은 부분도 있겠지만 성경이 전제하고 있는 전통 사회가 가진 강점도 있다. 따라서 우리는 현재 우리가 누리는 문화가 낫다는 생각을 내려놓고 성경을 겸손히 들여다보아야 한다.

무엇보다도 하나님이 이런 인간적인 한계와 제약을 뚫고, 심지어 그런 것들을 사용하셔서 지금도 말씀하고 계신다는 점을 기억해야 한다. 성경을 읽는다는 것은 바로 이런 하나님의 계시 말씀을 듣는 것이다. 신학자 에밀 브루너는 이 점을 다음과 같이 비유를 들어 설명한다. "우리가 레코드판을 사는 이유는 그것이 내는 지직대는 소음 때문이 아니라 그 소음 가운데 들려오는 거장 카루소의 음성을 듣기 위함이다. 성경을 읽고 그 말씀에 순종하는 것도 이와 같다. 그렇다. 모든 교회는 이 음성을 듣고 복종해야 한다." 그러므로 우리는 예수 그리스도와 그분을 통한 하나님의 놀라운 구원 행위라는 관점으로 성경을 읽어야 한다. 여기에는 필요한 만큼의 비평학적 읽기와 경건한 묵상 및 순종의 삶이 포함된다.

따라서 우리는 성경을 존중하면서 읽는 가운데 그 인도에 따라 마음의 변화를 받아 기독교적인 성품을 형성해가야 한다. 그렇지 않고 그저 회의적인 시각으로 성경을 보면서 하나의 탐구 대상으로만 대한다면 올바른 성경 읽기는 애초에 불가능할 것이다. 이 점에서 교부 아타나시오스의 말은 매우 의미심장하다.

> 성경을 연구하고 제대로 이해하기 위해서는 선한 삶과 순결한 영혼이 필요하다. 인간의 본성이 할 수 있는 한 최선을 다해, 기독교적인 덕이 마음을 인도하여 하나님의 말씀에 관한 진리를 파악할 수 있게 할 필요가 있다. 순결한 마음을 소유하여 성자들의 삶을 본받으려 하지 않는 한 성자들의 가르침을 이해할 수 없을 것이다.…성스러운 기록자들의 마음을 이해하길 원하는 사람이라면 누구든지 우선 자신의 삶을 성결케 하고 그들의 행위를 모방함으로써 성자들에게 다가가야 한다.[11]

그래서 우리는 성경을 비판적으로 읽되 우리가 성경을 판단하기보다는 성경이 우리 삶과 문화를 판단하게 해야 하며, 그 말씀이 그려내는 세계에 기꺼이 참여할 수 있도록 자신을 겸손히 내려놓아야 한다. 신학자 칼 바르트는 성경을 읽는 것이 창가에 서서 창밖의 사람들을 쳐다보는 것과 비슷하다고 했다. 지금 창밖에 사람들이 모여 고개를 빼고 하늘을 쳐다보고 있다. 그들의 눈은 하늘 저 높은 곳에 고정되어 있고 충격과 감탄 속에 입을 벌린 채 무엇인가 정신없이 소리치고 있다. 하지만 창가에서 쳐다보는 사람은 지붕이 시야를 가려서 그저 그들이 무언가를 보면서 외치고 있다는 사실만 알 뿐 그들이 응시하는

---

11 Athanasius, *The Incarnation of the Word of God.* Stanley Hauerwas, *A Community of Character: Toward a Constructive Christian Social Ethic* (IN: Notre Dame, University of Notre Dame Press, 1991), 36에서 재인용.

하늘을 보지 못한다. 성경을 읽는다는 것은 이처럼 집안에서 창밖에 있는 사람들의 표정과 외침이 가리키고 있는 것을 알아보기 위해 노력하는 것과 같다. 그것은 위로부터 찾아오신 분과 맞닥뜨림으로 인해 삶이 완전히 바뀌어 더 이상 이전으로 돌아갈 수 없게 된 사람들의 목소리에 귀를 기울이는 일이다. 그들의 말이 시대와 문화의 장벽으로 인해 때로 낯설고 이상해 보여도 말이다.

나가는 말

기독교 신앙은 세계를 창조하시고 시간 속에 찾아오셔서 인간과 세계를 새롭게 만들어가시는 하나님으로부터 시작된다. 이 하나님은 이스라엘 민족, 예수 그리스도, 교회를 통해 자신의 존재와 뜻을 계시하셨으며, 이 하나님의 행하심을 목격한 사람들이 당시 언어와 문화를 바탕으로 성경을 기술하였다. 이로 인해 성경은 몇 가지 특징을 갖게 된다.

① 성경은 하나님의 구원 계시에 대한 일차적이고 직접적인 증언이다. 따라서 성경을 떠나서는 하나님이 어떤 분이시며 그분의 뜻이 무엇인지를 알 수 없다. 성경은 어떤 것이 기독교적인 가치를 지녔는지를 판단하는 기본 규정이자 근본 잣대(카논)다.

② 성경은 하나님과 그분의 구원 사역을 기술한 책이다. 그런데 하나님의 구원 사역은 예수 그리스도의 하나님 나라 선포 및 그분의 십자가 죽음과 부활에서 정점에 이르렀다. 구약성경은 메시아이신 예수의 오심을 기다리고 있으며, 신약성경은 이미 오신 예수 그리스

도가 어떤 분인지를 선포하고 있다. 그래서 성경은 기본적으로 예수 그리스도를 통한 하나님의 구원 사역을 중심으로 해석되어야 한다.

③ 하지만 성경은 시대적 제약에 갇혀 있는 인간이 그들의 언어와 문화로 이 구원 사역을 기술한 것이어서 인간과 시대의 한계에 영향받을 수밖에 없다. 따라서 올바른 성경 해석을 위해서는 성경이 기록된 당시의 정황에 대한 비평적인 연구가 필요하다. 하지만 무엇보다도 중요한 것은 성령의 인도하심이다. 성경은 성령의 인도와 조명 속에 제대로 이해되고 실천될 수 있다. 신학자 칼 바르트는 이를 다음과 같이 말한다. "성경이 거룩하며 하나님의 말씀인 것은 성령에 의해 그것이 교회에 하나님의 계시의 증인이 되었고 또 계속되기 때문이다."[12]

한국교회는 성경을 무척 사랑한 교회였다. 선교사들이 조선 땅을 밟기 전에 이미 매서인(각처로 돌아다니면서 전도하고 성경책을 파는 사람)을 통해 쪽으로 된 복음서를 구입해 읽었고, 그런 열정으로 한국인만의 힘으로 소래 교회(한국 최초의 교회)를 세웠다. 초기 그리스도인들은 성경을 돌려가며 열심히 읽을 뿐 아니라, 때로 성경을 읽기 위해 한글(언문)을 배우기까지 했다. 1907년 평양에서 일어난 대부흥 운동은 어떤 면에서 이런 성경에 대한 열정이 결실을 맺은 사건이라고 할 수 있다. 성경은 하나님의 말씀이자 예수 그리스도를 중심으로 한 계시 사건의 증언으로서 우리의 신앙과 삶의 표준이다. 오늘도 성경은 우리의 연약한 믿음에 도전함으로써 우리를 새롭게 변화시키는 능력

---

12 Karl Barth, trans. G. T. Thompson. *Church Dogmatics* 1/2 (Edinburgh: T&T Clark, 1954), 457 이하.

을 갖고 있다. "여호와의 말씀이니라. 내 말이 불같지 아니하냐? 바위를 쳐서 부스러뜨리는 방망이 같지 아니하냐?"(렘 23:29) "모든 성경은 하나님의 감동으로 된 것으로 교훈과 책망과 바르게 함과 의로 교육하기에 유익하니 이는 하나님의 사람으로 온전하게 하며 모든 선한 일을 행할 능력을 갖추게 하려 함이라"(딤후 3:16-17).

세 줄 요약

1. 성경 원본은 오늘날 없지만 현존하고 있는 사본들을 통해 원본의 내용을 거의 원래 모습 그대로 복원할 수 있다.
2. 성경은 고대의 어떤 문서보다도 더 잘 보존되어왔다. 성경은 역사적으로 믿을 수 있는 책이다.
3. 성경의 중심은 예수 그리스도와 그분의 사역이며 건강한 비평적 읽기 및 성령의 인도와 조명 가운데 제대로 이해될 수 있다.

토론 문제

1. 성경을 읽을 때 어려움이 있다면 어떤 것들일까?
2. 성경은 어느 정도 역사적 진실성을 가지고 있다고 보는가? 왜 그렇게 생각하는가?
3. 성경을 읽을 때 어떤 태도와 마음으로 읽는 것이 좋을까?

12장_ 구원이란 무엇인가?

들어가는 말

오랫동안 신학대학교 교수로 있다 보니 신앙에 대해 질문하는 사람들이 있다. 제주도에 살고 있는 어느 청년이 편지를 보내온 적이 있다. 개인적인 내용은 빼고 질문만 정리하면 다음과 같다.

> 각설하고 오늘 질문드리고 싶은 것은 "구원이란 무엇인가?"입니다. 제 주변 친구들은 제가 예수 믿어 구원 얻고 천국에 가야 한다고 말합니다. 하지만 저는 "죽어서 천국 가는 구원"에는 별 관심이 없습니다. 천국이나 지옥 같은 것이 있는지도 잘 모르겠습니다. 저는 한 번 사는 이 땅에서의 삶을 어떻게 하면 의미 있고 행복하게 살아갈지에만 관심이 있습니다. 물론 저 역시 사는 것이 쉽지 않다고 느끼고, 수시로 허무와 좌절에 빠집니다. 하지만 적어도 지금은 내세보다는 오늘 이곳에서의 삶에 더 집중하고 싶습니다. 과연 기독교인이 말하는 구원이 그저 "예수 믿고 천국에 가는 것" 정도인가요? 아니면 좀 더 깊은 의미가 있을까요?

나는 이 편지에 대해 나름의 답을 보냈고, 여기서 그 내용을 조금 더 상세하게 서술하려고 한다. 기독교가 말하는 구원이란 무엇일까? 기독교 신앙이 말하는 구원은 "죽어서 천국에 가는 것"보다 훨씬 깊고 풍요로우며 다채로운 의미를 지니고 있다.

1. 성경은 구원을 내세적이기보다 현세적이고 구체적인 것으로 이해한다

구약성경을 전체적으로 보면 "내세의 구원"이란 개념은 아주 낯설고 이상한 것이다. 구약의 인물들에게 구원이란 언제나 구체적이고 현실적인 것이었다. 그들은 하나님의 도우심으로 원수의 손에서 풀려나거나, 질병에서 회복되거나, 큰 재난을 피하게 되는 것을 구원으로 여겼다. 사람이 죽은 다음에 영생을 얻거나 버림받는다는 사상은 구약 후기의 서신인 다니엘서 마지막 장에 다음과 같이 언급되는 것이 전부다. "그때에…네 백성 중 책에 기록된 모든 자가 구원을 받을 것이라. 땅의 티끌 가운데에서 자는 자 중에서 많은 사람이 깨어나 영생을 받는 자도 있겠고 수치를 당하여서 영원히 부끄러움을 당할 자도 있을 것이며 지혜 있는 자는 궁창의 빛과 같이 빛날 것이요…"(단 12:1-3).

신약성경 역시 구원을 내세적이고 타계적인 개념으로 이해하기보다는 구체적이고 현실적인 것으로 본다. 물론 내세에서 영원히 사는 것으로서의 구원도 이야기하지만, 지금 여기서 하나님 안에서 살아가는, 현재 시제로서의 구원을 더 강조한다. 가령 복음서 중 타계적인 내용을 가장 많이 포함하고 있는 것으로 여겨지는 요한복음 역시 예수가 이 땅에 오신 목적이 사람들로 하여금 죽음과 죄악과 절망의 힘을 벗어나 지금 이곳에서 하나님의 풍성한 삶을 누리게 하기 위함이라고 말한다. "내가 온 것은 양으로 생명을 얻게 하고 더 풍성히 얻게 하려는 것이라"(요 10:10). **구약성경과 마찬가지로 신약성경 역시 일차적으로 구원을 현세적이며 구체적인 것으로 이해하고 있다.**

구원(salvation)이라는 단어의 어원은 이 사실을 잘 보여주고 있다. "Salve"는 구원의 어원으로서 치료하는 기름(healing ointment)을 가리킨다. 성경 시대의 사람들은 병이 나면 몸에 기름을 바르면서 낫기를 구했다. **따라서 구원이란 넓게 말하면 찢기고 상처를 입은 우리의 실존이 치료되는 것, 즉 세상에 살면서 생긴 우리 존재 깊은 곳의 상처와 몸 이곳저곳에 난 멍 위에 (성령의) 기름을 발라 치유되고 회복되는 것을 뜻했다.** 성경은 이 같은 구원의 모습을 다음 몇 가지 이미지로 서술한다.

2. 성경이 말하는 구원의 이미지들[1]

1) 속박에서의 자유

성경이 말하는 구원의 첫 번째 이미지는 속박에서의 자유(bondage and liberation)로서, 이스라엘 백성의 이집트 탈출 이야기가 이를 잘 보여준다. 하나님은 모세를 부르셔서 이집트에서 노예가 되어 정치적으

---

1   아래 내용은 Marcus J. Borg, *The God We Never Knew: Beyond Dogmatic Religion to a More Authentic Contemporary Faith* (San Francisco: HarperCollins, 1997), 158 이하를 주로 따르고 있다.

로 억압받고, 경제적으로 수탈당하며, 사회문화적 소외를 경험하던 히브리 민족을 해방하신다.

오늘을 살아가는 우리 역시 억압에서 자유롭지 못하다. 때로는 억압자가 누구이며 그 억압이 어떤 형태로 나타나고 있는지도 잘 알지 못할 정도로 억압은 곧잘 구조화, 내면화되어 있다. **성경이 말하는 구원은 바로 이처럼 사람들을 억누르고 고통에 빠트리는 모든 외적, 내적 속박에서 해방됨을 뜻한다.** 다음 성경 구절은 바로 이런 "억눌림에서의 구원"을 이루기 위해 예수가 이 땅에 오셨음을 분명히 말하고 있다.

> 예수께서 그 자라나신 곳 나사렛에 이르사 안식일에 늘 하시던 대로 회당에 들어가사 성경을 읽으려고 서시매 선지자 이사야의 글을 드리거늘 책을 펴서 이렇게 기록된 데를 찾으시니 곧 "주의 성령이 내게 임하셨으니 이는 가난한 자에게 복음을 전하게 하시려고 내게 기름을 부으시고 나를 보내사 포로 된 자에게 자유를, 눈먼 자에게 다시 보게 함을 전파하며 눌린 자를 자유롭게 하고 주의 은혜의 해를 전파하게 하려 하심이라" 하였더라(눅 4:16-19).

이 말씀을 통해 예수는 자신이 누구이며 또 어떤 일을 위해 부름을 받았는지를 분명히 밝히신다. 예수는 포로 된 자에게 자유를 주시고 눈먼 자를 다시 보게 하며 억압당하는 자를 해방하고 주의 은혜의 해를 전파하기 위해 이 땅에 오셨다. 여기서 "주의 은혜의 해"는 구약성경의 희년(jubilee)을 가리키는 말로서 매해 7년 동안 지키는 안식년이 일곱 번 지난 그다음 해(7×7+1)인 50년째 해를 가리킨다. 희년이 되면 제사장들은 뿔 나팔을 크게 불며 온 나라에 희년이 돌아왔음을 알리고, 그 소리를 들은 이스라엘 공동체는 그동안 빛 때문에 노예가 된 동족들을 해방하고 주인이 바뀐 땅 역시 원래 주인에게 되돌려 주어야 했다. 그렇게 함으로써 세월 속에 만들어진 모든 불평등과 억압의 사슬을 끊어버리고 다시 새롭게 출발하고자 한 것이다. 하지만 불행하게도 희년 제도는 이스라엘 역사에서 제대로 실행되지 못했기 때문에, 유대인들은 메시아가 오셔서 희년의 위대한 꿈이 이루어지길 희망했다. 이런 가운데 예수가 오셔서 유대인들이 고대하던 회복과 평등의 메시지를 전한다. 예수는 **이 선언을 통해 자신이 이스라엘이 기다려온 구원자일 뿐 아니라 자신이 가져오는 구원이 모든 속박으로부터의 해방임을 천명하신다.**

2) 소외의 극복과 화해

성경이 말하는 구원의 두 번째 이미지는 "깨어진 관계의 회복과 화해"다. 인간은 관계적 존재로 지어졌으나 죄로 인해 그 관계는 모두 깨어져 깊이 분리된 존재이자 소외된 실존이 되었다. 이 가운데 하나님의 구원은 하나님과의 관계, 자기 자신과의 관계, 타인과의 관계, 자연과의 관계를 포함한 모든 관계를 회복하고 화해를 이루는 모습으로 우리를 찾아온다.

　　구약성경에서 분리와 소외로서 죄의 모습을 잘 보여주는 것이 바빌론 포로 생활이다. 기원전 586년 바빌로니아의 침공을 받은 유대인들은 멀고 먼 바빌론 도성에 강제로 끌려가 살아야 했다. "거민을 삼키는 땅"곧 모든 문화적 소외와 정체감의 혼란을 가져오는 그곳에서, 그들은 하나님으로부터 버림받았다는 상실감과 고향에 대한 그리움으로 괴로워했다. 시편 137편은 이들이 느낀 분리감, 소외감, 그리움을 다음과 같이 묘사한다.

> 우리가 바벨론의 여러 강변 거기에 앉아서 시온을 기억하며 울었도다. 그중의 버드나무에 우리가 우리의 수금을 걸었나니 이는 우리를 사로잡은 자가 거기서 우리에게 노래를 청하며 우리를 황폐하게 한 자가 기쁨을 청하고 자기들을 위하여 시온의 노래 중 하나를 노래하라 함이로다. 우리가 이방 땅에서 어찌 여호와의 노래를 부를까? 예루살렘아, 내가 너를 잊을진대 내 오른손이 그의 재주를 잊을지로다. 내가 예루살렘을 기억하지 아니하거나 내가 가장 즐거워하는 것보다 더 즐거워하지 아니할진대 내 혀가 내 입천장에 붙을지로다(시 137:1-6).

같은 시기에 기록된 것으로 추정되는 **창세기 3장 역시 하나님 곁에서 쫓겨나 에덴의 동쪽에 살게 된 아담과 하와 이야기를 통해 이런 단절과 소외의 모습을 표현하고 있다.** 그런데 아담과 하와의 이런 모습은 도시 문명 속에서 자기를 상실하고 관계의 단절을 경험하는 많은 현대인의 모습과 비슷하지 않은가? 실상 우리가 바로 아담이고 하와이며, 이 삭막한 도시가 다름 아닌 우리가 추방되어 살아가는 에덴의 동쪽일 수 있는 것이다.

신약성경의 누가복음 15장에 기록된 탕자 이야기 역시 소외와 단절을 주제로 삼는다. 아버지의 집을 떠나 자기 뜻대로 살고 싶었던 둘째 아들은 아버지의 만류를 뿌리치고 세상을 향해 떠난다. 처음에는 모든 것이 좋았다. 아버지의 간섭 없이 원하는 일을 마음대로 할 수 있는 데다가, 돈으로 산 친구들도 주변에 가득하다. 하지만 돈이 떨어지자 모든 것이 사라진다. 먹을 것을 걱정해야 하는 신세가 되어 돼지 사료로 쓰는 쥐엄 열매라도 찾아 배를 채우고자 해도 그것마저 모자란다. 그제야 탕자는 떠나온 아버지의 집을 생각한다. "내 아버지 집에는 품꾼조차 먹을 것이 풍족하건만 나는 여기서 굶어 죽어가고 있구나!" 그는 마침내 되돌아가기로 결심한다. "아들이 아니라 일꾼의 하나로 여겨주시기만 해도 좋다. 그러니 돌아가자." 그는 집으로 돌아온다. 그리고 이렇게 돌아왔기 때문에 다시 사랑받는 아버지의 아들이 된다. **성경은 이처럼 집으로 돌아오는 것, 즉 분리와 소외 상태에서 벗어나 깨어진 관계가 회복되는 것을 구원이라고 말한다.**

모든 분리와 소외는 되돌아감을 통해 극복된다. 유대인들에게는 그들의 고향인 팔레스타인 땅으로 되돌아가 그들의 하나님인 야웨의 말씀에 따라 사는 것이, 탕자에게는 아버지의 집으로 되돌아가 아들 신분을 회복하는 것이, 현대인들에게는 예수 그리스도의 아버지 되신 하나님께 돌아가 그분 안에서 자신의 소명과 삶의 의미를 다시 발견하는 것이 분리와 소외를 극복하는 길이다. **성경은 이처럼 하나님의 은혜로 모든 분리와 소외가 극복되고 관계가 새롭게 되는 것을 구원이라고 부른다.**

3) 눈멀었다가 다시 보게 됨

성경이 말하는 구원의 세 번째 이미지는 "눈멀었다가 다시 보게 됨"이다. 우리는 많은 순간을 눈먼 사람처럼 살아간다. 하나님의 영광을 보지 못하고, 자신도 이웃도 분별하지 못하며, 삶의 방향도 식별하지 못한 채로 산다. 빛을 보지 못하니 대낮에도 어둠 속에 있는 것처럼 길을 잃고 여기저기 걸려 넘어진다. 그래서 성경에는 어둠 속에서 빛을 찾는 이야기가 많이 나온다.

> 일어나라. 빛을 발하라. 이는 네 빛이 이르렀고 여호와의 영광이 네 위
> 에 임하였음이니라. 보라, 어둠이 땅을 덮을 것이며 캄캄함이 만민을 가
> 리려니와 오직 여호와께서 네 위에 임하실 것이며 그의 영광이 네 위에
> 나타나리니 나라들은 네 빛으로, 왕들은 비치는 네 광명으로 나아오리
> 라(사 60:1-3).

> 흑암에 행하던 백성이 큰 빛을 보고 사망의 그늘진 땅에 거주하던 자에
> 게 빛이 비치도다(사 9:2).

> 예수께서 또 말씀하여 이르시되 "나는 세상의 빛이니 나를 따르는 자는
> 어둠에 다니지 아니하고 생명의 빛을 얻으리라"(요 8:12).

> 그 성은 해나 달의 비침이 쓸데없으니 이는 하나님의 영광이 비치고 어
> 린 양이 그 등불이 되심이라.…다시 밤이 없겠고 등불과 햇빛이 쓸데없
> 으니 이는 주 하나님이 그들에게 비치심이라. 그들이 세세토록 왕 노릇
> 하리로다(계 21:23, 22:5).

성경은 이처럼 눈먼 사람이 빛을 보고 밝아지는 것을 "구원"의 한 모
습이라고 한다. 그 좋은 예가 구약의 욥이다. 이유를 알 수 없는 고난
을 견디어낸 욥은 욥기 마지막 부분에 이르러 하나님을 향해 이렇게
고백한다. "내가 주께 대하여 귀로 듣기만 하였사오나 이제는 눈으로
주를 뵈옵나이다"(욥 42:5). 욥은 고난을 통해 이전에 보지 못했던 하

나님과 그분의 뜻에 눈뜨게 되고 새로운 깨달음에 이르는 축복, 곧 구원을 경험하기에 이른다.

그런데 이런 일은 우리 삶에도 일어날 수 있다. 수도사이자 당대의 예언자였던 토머스 머튼은 젊은 시절 자유분방하게 살았다. 하지만 하나님을 만나는 체험을 한 후 미국 루이빌에 있는 트라피스트 수도회에 입회한다. 수도회에서 오랜 시간을 보내다가 어느날 루이빌의 시장 한 모퉁이에 나와 섰을 때 훗날 자신이 제2의 회심이라고 부른 놀라운 깨달음이 찾아온다. 과거에는 세상이 악하다고 여겨 수도원으로 갔지만 이제는 하나님이 사람들과 함께하시면서 그들의 일상 자체를 지극히 성스럽고 존귀한 것으로 축성하고 계심을 깊이 깨닫게 된 것이다. 그는 이 경험을 『토머스 머튼의 단상』에서 자세히 풀어놓는다.

루이빌시의 중심 상가인 포스와 월넛 거리 모퉁이에서 나는 갑자기 저 모든 사람을 내가 사랑하고 있으며 그들은 나의 것이고 나 역시 그들의 것이며, 비록 우리가 완전히 낯선 사람들이지만 결코 서로에게 이방인일 수 없다는 생각에 사로잡히게 되었다. 그것은 마치 분리되고 구별된 세계라는 거짓된 자기 소외, 극기와 거룩하다고 믿어온 꿈에서 깨어나는 것과 같았다. 분리된 거룩한 삶이란 모두 환상과 꿈에 지나지 않았던 것이다.…환상적인 차이에서 해방되었다는 이 의식이 나에게 너무나 큰 위안과 기쁨을 가져다주었기 때문에 나는 거의 크게 소리 내어 웃을 뻔했다. 그것은 내가 인류의 한 사람이라는 영광스런 운명의 자각이었다. 많은 부조리에 삶을 의탁하고 많은 끔찍한 실수를 저지르는 인류이기는 하지만 하나님 자신이 인류의 한 사람이 됨으로써 우리 모두를 영광스럽게 하셨다. 인류의 한 사람이라니! 이 평범한 사실에 대한 깨달음이 갑자기 우주 전체의 1등 복권을 손에 쥐게 되었다는 소식처럼 가슴에 스며들었다.…나는 사람들 모두에게 그들이 전부 태양처럼 빛나면서 걸어 다니고 있음을 말해줄 방법이 없다.

이방인은 없다!

만약 우리가 서로를 (진정 있는 그대로)…언제나 볼 수 있다면 전쟁도, 미움도, 잔혹도, 탐욕도 더 이상 없을 것이다.…오히려 사람들이 모두 땅에 엎드려 서로서로 경배하려고 하는 것이 문제가 될 것이다. 천국의 문은 모든 곳에 있다.

우리는 눈먼 사람처럼 여러 문제에 허우적대면서 살아간다. 그러면서 빛을 기다리고 아침을 갈망한다. **구원의 이미지는 이런 우리에게 빛이 찾아오는 것으로서 이 빛 안에서 마침내 나와 이웃과 세계가 무엇이며 하나님이 어떤 분인지를 새롭게 깨닫는 것이다.**

4) 용서받음
성경이 말하는 구원의 네 번째 이미지는 용서받음이다. 그런데 여기서 서로 다른 두 종류의 죄책감이 있음을 염두에 둘 필요가 있다. 우선 잘못된 사회화의 영향으로 생긴 과도한 죄책감이 있다. 어릴 때부터 과도한 요구를 하는 엄격한 부모 밑에서 자란 아이들은 필요 이상의 죄책감과 열등의식을 느낀다. 하나님을 도덕적 규례에 따라 우리 삶의 일거수일투족을 판단하는 엄한 심판관으로 보는, 신에 대한 잘못된 이해 역시 여기에 영향을 미친다. 이런 유형의 죄책감은 고백과 용서보다는 자신의 삶에 대한 객관적 성찰 및 따뜻한 위로와 격려를 통해 극복될 수 있다.

하지만 죄와 죄로 인한 진정한 죄책 의식도 있다. 성경이 죄로부터의 구원을 말할 때는 바로 이를 뜻한다. 성경은 우리가 죄인이지만 예수 그리스도 안에서 모든 죄가 용서되었다고 선포한다. "그러므로 이제 그리스도 예수 안에 있는 자에게는 결코 정죄함이 없나니 이는 그리스도 예수 안에 있는 생명의 성령의 법이 죄와 사망의 법에서 너를 해방하였음이라"(롬 8:1-2). 이런 용서의 말씀을 진정 믿게 될 때 우리를 괴롭히는 모든 죄와 죄책이 사라진다. 신학자 폴 틸리히는 "너를 용납하신다"는 설교에서 이를 다음과 같이 표현한다.

> 은혜는 우리가 가장 큰 고뇌와 불안 속에 있을 때 우리에게 다가옵니다. 우리가 무의미하고 공허한 삶의 암흑의 골짜기를 지날 때 은혜는 우리에게 다가옵니다. 다른 생명을 침해함으로써 우리가 분리의 감정을 느낄 때, 곧 우리들이 사랑하던 생명을 침해함으로써 우리들의 분리가 더 깊어진 것을 느낄 때, 은혜는 갑자기 우리들을 찾아옵니다. 자기가 싫어지고 우리 속의 잔혹과 연약함과 적개심이 우리를 괴롭히며 우리 삶이 방향과 평정을 잃어버려 더 이상 삶이 견딜 수 없는 것이 될 때 은혜는 우리 위에 덮쳐옵니다.…그것은 마치 하나의 외침이 다음과 같이 말하는 듯합니다. **"너를 용납하신다. 너를 용납하신다는 것은 너보다 위대한 자가 너를 용납하신다는 말이다. 너는 그의 이름을 모른다. 아직은 그의 이름을 묻지 말라. 어쩌면 머지않아 알게 될 것이다. 아직은 아무것도 하려고 애쓰지 말라. 머지않아 더 많은 것을 하게 될 것이다. 아무것도 구하지 말라. 아무것도 행하지 말라. 아무것도 의도하지 말라. 다만 너를 용납하신다는 사실을 용납하여라."** 만일 이런 일이 우리에게

일어난다면 우리는 은혜를 경험하고 있는 것입니다. 그런 경험 뒤에도 더 나아지지 않을 수 있습니다. 전보다 더욱 믿음이 없을지도 모릅니다. 그러나 모든 것이 바뀌었습니다. 그 순간에 은혜는 죄를 극복했으며 화해는 분리된 심연에 다리를 놓습니다. 그리고 이 경험에는 종교적 전제도 도덕적, 이성적 전제도 필요하지 않습니다. 그저 받아들이는 것뿐입니다."[2]

틸리히의 말처럼 "자기가 싫어지고 우리 속의 잔혹과 연약함과 적개심이 우리를 괴롭히며 우리 삶이 방향과 평정을 잃어버려 더 이상 삶이 견딜 수 없는 것이 될 때"가 있다. 하지만 **성경은 하나님이 이런 우리를 무조건적으로 용서하고 받아주시며, 이런 받아주심 안에서 삶은 근본적으로 이미 바뀌었다고 선언한다. 이것이 구원의 한 모습이다.**

하지만 실제로 하나님의 무조건적인 용납을 경험하기란 쉽지 않다. 아니, 무조건적인 용납이 애초에 가능한지 의심스러울 때가 많다. 왜냐하면 이런 주장 자체가 세상의 모든 일에는 언제나 적절한 보상과 처벌이 있다는 우리의 경험과 충돌하기 때문이다. **우리는 상벌 시스템으로 유지되는 세계에서 살아왔기 때문에 "무조건적인 용납의 은혜"란 것을 받아들이기 어렵다.** 하지만 이것이야말로 성경이 말하는 하나님의 은혜다. 하나님의 이런 무조건적인 용서를 체험하게 되면 우리 자신과 다른 사람을 보는 시각이 완전히 달라진다. 자기 자신을 있는 그대로 받아들이고 소중히 여기게 되며, 타인에 대해서도 더

---

2   Paul Tillich, "You are Accepted" in the *Shaking of the Foundations*. 폴 틸리히, 김천배 역, 『흔들리는 터전』(서울: 대한기독교서회, 1991), 197-211, 특히 208-209.

여유로운 마음을 갖게 되고 더 나아가 그들을 사랑하게 된다. 이런 무조건적인 용납의 경험 곧 구원의 체험 속에서 우리는 그리스도인의 삶이란 죽어서 천당 가기 위해 지금 이 땅에서의 의무를 감당해내는 금욕적인 것이 아니라 하나님과의 살아 있는 사랑의 관계 속에서 사는 것임을 깨닫게 된다.

5) 다시 목마르거나 배고프지 않음

성경에 나타나는 구원의 다섯 번째 이미지는 "다시 목마르거나 배고프지 않음"이다. 이 이미지는 성경에 반복적으로 등장한다.

> 오호라, 너희 모든 목마른 자들아, 물로 나아오라. 돈 없는 자도 오라. 너희는 와서 사 먹되 돈 없이, 값 없이 와서 포도주와 젖을 사라. 너희가 어찌하여 양식이 아닌 것을 위하여 은을 달아주며 배부르게 하지 못할 것을 위하여 수고하느냐? 내게 듣고 들을지어다. 그리하면 너희가 좋은 것을 먹을 것이며 너희 자신들이 기름진 것으로 즐거움을 얻으리라(사 55:1-2).

> 예수께서 떡을 가져 축사하신 후에 앉아 있는 자들에게 나눠주시고 물고기도 그렇게 그들의 원대로 주시니라. 그들이 배부른 후에 예수께서 제자들에게 이르시되 "남은 조각을 거두고 버리는 것이 없게 하라" 하시므로 이에 거두니 보리떡 다섯 개로 먹고 남은 조각이 열두 바구니에 찼더라.…예수께서 이르시되 "나는 생명의 떡이니 내게 오는 자는 결코 주리지 아니할 터이요 나를 믿는 자는 영원히 목마르지 아니하리

라"(요 6:11-13, 35).

예수께서 대답하여 이르시되 "네가 만일 하나님의 선물과 또 네게 물 좀 달라 하는 이가 누구인 줄 알았더라면 네가 그에게 구하였을 것이요 그가 생수를 네게 주었으리라." 여자가 이르되 "주여, 물 길을 그릇도 없고 이 우물은 깊은데 어디서 당신이 그 생수를 얻겠사옵나이까? 우리 조상 야곱이 이 우물을 우리에게 주셨고 또 여기서 자기와 자기 아들들과 짐승이 다 마셨는데 당신이 야곱보다 더 크니이까?" 예수께서 대답하여 이르시되 "이 물을 마시는 자마다 다시 목마르려니와 내가 주는 물을 마시는 자는 영원히 목마르지 아니하리니 내가 주는 물은 그 속에서 영생하도록 솟아나는 샘물이 되리라"(요 4:10-14).

예수는 하나님의 무조건적인 사랑을 보여주시기 위해 당시 사회에서 인정받지 못하고 지배층으로부터 "죄인"이라는 말을 들었던 소위 "그 땅의 백성들"(암 하아레츠)을 의도적으로 불러 함께 식사하시고, 먹을 것이 없어 방황하는 무리를 위해 오병이어의 기적을 베풀어주신다. **성경은 구원을 하나님의 은혜를 만남으로써 더 이상 배고프지도 목마르지도 않는 만족의 상태로 그린다.**

그래서 교회는 이런 모습의 구원을 세상에 전한다. **그리고 이 지점에서 성경은 각자 자기 짐을 질 뿐 아니라 다른 사람들의 짐도 함께 지라고 하면서 서로 다른 두 가지 권면을 한다.** "너희가 짐을 서로 지라. 그리하여 그리스도의 법을 성취하라. 만일 누가 아무것도 되지 못하고 된 줄로 생각하면 스스로 속임이라. 각각 자기의 일을 살피라. 그리하면 자랑할 것이 자기에게는 있어도 남에게는 있지 아니하리니 각각 자기의 짐을 질 것이라"(갈 6:2-5).

갈라디아서 6:2에서 "짐"으로 번역된 그리스어 "바로스"는 "혼자 감당하기 어려운 무겁고 힘든 짐"을 가리킨다. 그래서 "짐을 서로 지라"는 말씀은 지나친 삶의 무게로 힘겨워하는 사람이 있으면 그를 도와 어려움을 함께 이겨내라는 뜻이다. 반면 5절의 "짐"은 그리스어 "포르티온"인데 이는 "혼자서도 질 수 있는 짐 꾸러미"로서 각자에게 주어진 삶의 책무를 성실히 감당하라는 의미다. 정리하면 **이 두 말씀은 각자 자기 인생의 짐을 성실히 지고 여러 이유로 인생의 짐이 너무 무거워 일어나지 못하는 사람들은 도와주라는 권면이다.** "도둑질하는 자는 다시 도둑질하지 말고 돌이켜 가난한 자에게 구제할 수 있도록 자기 손으로 수고하여 선한 일을 하라"(엡 4:28)는 말씀 역시 정직하고 성실하게 자신의 삶을 잘 꾸려갈 뿐만 아니라 다른 사람에게 도움이 되는 삶을 살라고 한다. 그래야 비로소 각자 구원에 참여하는 동시에 다른 이에게도 구원의 통로가 될 수 있을 것이다.

6) 하나님 나라에 참여함

마지막으로 성경은 하나님 나라에 참여하는 것이 구원이라고 가르친다. 이것이야말로 성경이 말하는 구원에 대한 가장 포괄적인 이해일 것이다. 성경은 하나님이 존재하시며 우리로 하여금 하나님이 거룩하고 자비로운 분임을 알아 그분을 경외하도록 하기 위해 세상을 창조하셨다고 말한다. 즉 하나님을 인정하고 기뻐하는 세계, 그분을 왕으로 존중하고 예배하는 세계가 되도록 우리 인간과 삼라만상을 만드신 것이다. 죄는 이런 하나님의 왕 되심을 인정하지 않는 것이며(불신앙), 인간을 하나님의 자리에 앉히는 것이고(교만), 하나님 아닌 다른 것으로 만족하려는 것이며(정욕), 그 결과 이 땅의 유한한 것을 절대적인 것으로 착각하여 섬기는 우상숭배에 빠지는 것이다. **한 마디로 예배의 왜곡이자 실패이며 하나님의 왕적 통치 곧 하나님 나라에 대한 근원적 거부가 죄다.** 죄가 이런 것이라면, 구원은 하나님의 왕적 통치 곧 하나님 나라를 회복하는 것이다.

공관복음은 예수의 생애와 사역의 중심이 하나님 나라의 건립임을 분명히 말한다. "이때부터 예수께서 비로소 전파하여 이르시되 '회개하라. 천국이 가까이 왔느니라' 하시더라"(마 4:17). "요한이 잡힌 후 예수께서 갈릴리에 오셔서 하나님의 복음을 전파하여 이르시되 '때가 찼고 하나님 나라가 가까이 왔으니 회개하고 복음을 믿으라' 하시더라"(막 1:14-15). "예수께서 이르시되 '내가 다른 동네들에서도 하나님 나라 복음을 전하여야 하리니 나는 이 일을 위해 보내심을 받았노라' 하시고"(눅 4:43). 예수의 모든 가르침과 십자가 죽음 및 부활은 하나님 나라를 이루기 위한 방편이었다. **예수의 삶과 죽음과 부활은 "하나님 나라 건립"에 집중되어 있었고 이 관점에 볼 때 그 의미를 제대로 이해할 수 있다**(이에 관해서는 이 책의 부록 "한국교회와 하나님 나라"를 참고하라).

그래서 하나님 나라에 참여하여 하나님의 백성이 되는 것이 바로 구원이다. 우리가 하나님 나라의 백성이 될 때 모든 억압에서 풀려나 해방되고, 왜곡된 모든 관계가 새롭게 변화된다. 또한 어두웠던 눈이 밝아져서 하나님의 뜻을 분별할 수 있게 되며, 죄가 극복되고 용서가 체험됨으로써 다시는 목마르거나 주리지 않는 상태에 이를 수 있다. 우리는 예수를 주님으로 고백함으로써 하나님 나라의 백성이 될 때 앞서 말한 모든 구원의 면모들을 체험적으로 알게 된다.

나가는 말

성경은 인간의 범죄로 인해 하나님이 지으신 선한 세계가 오염되고 왜곡되었다고 말한다. 하지만 하나님은 이런 인간을 찾아와 계속 말씀하시고 구원의 길을 준비하셨다. 이스라엘 민족의 역사를 통해 자신의 뜻을 전해오신 하나님은 마침내 아들 예수 그리스도 안에서 말씀하셨다. "옛적에 선지자들을 통하여 여러 부분과 여러 모양으로 우리 조상들에게 말씀하신 하나님이 이 모든 날 마지막에는 아들을 통하여 우리에게 말씀하셨으니…"(히 1:1-2). 이렇게 우리를 찾아오신 아들이 곧 우리의 의와 거룩함과 구원이 되신다. "너희는 하나님으로부터 나서 그리스도 예수 안에 있고 예수는 하나님으로부터 나와서 우리에게 지혜와 의로움과 거룩함과 구원함이 되셨으니"(고전 1:30).

성경은 예수께서 가져오신 구원의 모습을 여러 각도에서 서술한다. 구원은 모든 억압에서 풀려나 해방됨으로써 모든 분리와 소외를 극복하는 것이고, 관계의 새로운 변화이며, 눈이 밝아지고 심령이 새로워져서 하나님의 세계를 알게 되는 것이고, 죄와 죄책감에서 자유롭게 되는 것이며, 다시는 목마르거나 배고프지 않게 되는 것이고, 하나님 나라의 백성이 되는 것이다. 한국교회는 구원의 여러 측면 중 "죄를 용서받고 내세를 약속받는 것"을 주로 강조해왔는데, 성경이 말하는 구원의 이런 다양한 면모를 함께 강조하고 그것이 현실화될 때 우리의 교회는 더 건강해지고 우리의 삶은 더 풍성해질 것이다.

세 줄 요약

1. 성경은 하나님의 구원을 여러 가지 다양한 이미지로 묘사하며 이 모든 것들이 합쳐져서 하나님이 베푸신 구원의 아름다움을 드러낸다.
2. 성경이 말하는 구원은 억압에서의 해방이며, 소외의 극복과 화해이고, 어두움에서 빛으로 나아가는 것이며, 죄를 용서받는 것이고, 다시는 목마르지 않고 배고프지 아니함이며, 하나님 나라에 참여하는 것이다.
3. 구원의 핵심에는 예수 그리스도의 십자가 죽음과 부활이 있다. 예수 그리스도로 인해 구원의 다양한 면모가 개인과 교회 공동체 안에서 구체화된다.

토론 문제

1. 구원은 어떤 모습으로 성경에 묘사되는가?
2. 구원에 대한 여러 모습(이미지) 중 특히 내 삶에 의미가 있는 것은 무엇인가? 그리고 그 이유는 무엇인가?
3. 성경이 말하는 구원의 여러 이미지 중 한국교회가 그다지 강조하지 않은 것은 어떤 것들인가? 그것을 어떻게 회복할 수 있을까?

13장_ 죄의 용서와 극복에 왜 십자가 죽음이 필요한가?

들어가는 말

기독교 신앙은 예수의 십자가 죽음이 죄를 씻기 위한 죽음이라고 선포한다. 큰 죄, 작은 죄, 고백하지 못한 죄, 해결하지 못하고 그냥 넘어간 죄, 상상하기 어려운 지독한 죄까지 이미 예수의 십자가 죽음을 통해 해결되었으므로 이제 예수 안에 있는 자는 더 이상 죄책의 고통을 가질 필요가 없다고 한다. 로마서 3:23-24은 이렇게 말한다. "모든 사람이 죄를 범하였으매 하나님의 영광에 이르지 못하더니 그리스도 예수 안에 있는 속량으로 말미암아 하나님의 은혜로 값 없이 의롭다 하심을 얻은 자 되었느니라." 여기서 "속량"은 "잘못을 해결하기 위해 드려지는 예물"을 뜻한다. 즉 예수는 우리의 죄 문제를 해결하기 위해 드려진 예물이란 의미다. 그런가 하면 베드로전서 2:24은 "친히 나무에 달려 그 몸으로 우리 죄를 담당하셨으니 이는 우리로 죄에 대하여 죽고 의에 대하여 살게 하려 하심이라. 그가 채찍에 맞음으로 너희는 나음을 얻었나니"라고 말함으로써 예수의 십자가 죽음으로 인해 우리가 죄에 대해서는 죽어서 이제 죄와 관계없이 된 반면, 의로움에 대해서는 살아나 의롭다는 인정을 받았음을 강조한다(이에 관한 자세한 내용은 이 책의 부록에 실린 논문 "속죄론적 십자가 죽음 이해에 대한 비판적 논고"를 참고하기 바람).

그럼에도 불구하고 죄의 용서라는 문제와 관련해 먼저 해결되어야 할 몇 가지 의문이 있다. 그것을 하나씩 살펴보자.

1. 어떤 사건으로 인해 고통을 받은 피해자만이 용서를 할 수 있는 것이 아닐까? 왜 하나님의 용서가 필요하다고 하는가?

이런 경우를 생각해보자. 철수와 민수와 영희가 함께 식사를 하다가 평소 사이가 좋지 않았던 철수와 민수 사이에 말다툼이 일어났다. 싸움이 격렬해졌고 급기야 철수가 민수를 때려 병원 치료를 받게 되었다. 시간이 지나 감정이 가라앉은 철수는 사과할 마음이 생겼고 민수도 용서할 마음이 생겼다. 그런데 이때 갑자기 영희가 이 둘 사이에 끼어들어 "내가 철수의 잘못을 용서한다"고 말할 수 있을까? 용서는 피해를 입은 민수만이 할 수 있는 것이 아닐까?

살다 보면 우리 모두 타인의 용서를 받아야 하는 짓을 저지르기도 하고 자신이 용서해야 하는 일도 생긴다. 그런 일들은 인간들의 문제이고 하나님하고는 관계가 없어 보인다. 그런데 왜 갑자기 하나님이 개입하셔서 예수 안에서 이 모든 죄와 허물을 해결했다고 말씀하시는가?

그 이유는 세상의 모든 죄와 허물은 인간들 사이에서 일어나는

일이면서 동시에 하나님을 향해 일어나는 일이기 때문이다. 인간은 서로 사랑하고 사랑받으면서 살도록 만들어졌다. 죄는 이 구조를 훼손함으로써 관계를 단절시키고 미움과 상처와 고통을 불러온다. 이는 직접적으로는 나와 너 사이의 문제, 곧 사람들 사이의 문제지만 넓게 보면 서로 사랑하며 살도록 우리를 창조하신 하나님과의 관계를 훼손함으로써 그분에게 손상을 입히는 일이다. 다시 말해 **죄는 일차적으로는 사람들 사이의 일이지만 결국은 하나님의 뜻을 거부하고 그분께 반역하는 것이다. 그래서 우리는 서로 용서하고 용서받아야 하며 궁극적으로 하나님의 용서를 받아야 한다.**

이런 예를 생각해볼 수 있겠다. 한 엄마가 두 아들을 지극한 사랑으로 키운다. 그런데 형제 사이가 너무 나빠 수시로 싸우다가 급기야 어느 날 서로 치고받고 칼부림까지 났다. 시간이 지나면서 서로 사과하고 용서할 마음이 생겼다. 그럼 용서는 어디에 있어야 하는가? 당연히 두 형제 사이에 있어야 한다. 그러나 그것으로 끝나는가? 아니다. 어쩌면 가장 큰 고통을 받은 이는 바로 형제들의 어머니다. 그러니 이들은 사랑하는 자식들이 죽어라 싸우는 것을 바라보는 어머니의 고통에 대해 용서를 빌어야 한다. 사실 이 용서가 우선이고 그다음이 형제 사이의 용서다. 이 두 종류의 용서가 함께 일어날 때 비로소 관계가 회복되고 이 가정은 새롭게 출발할 수 있다. 성경이 말하는 바가 바로 이것이다. 하나님은 이 어머니처럼 우리를 사랑하시는 분이다. 그분은 우리의 죄와 불화로 인해 깊이 고통당하시지만 그래도 용서하기를 원하셨고 마침내 예수 그리스도의 십자가 죽음으로 우리의 죄 문제를 해결하셨다. 성경은 하나님이 예수 그리스도 안에서 우리의 모든 죄악을 용서하셨고 이로써 죄로 인한 정죄가 모두 사라졌다고 선언한다. "그러므로 이제 그리스도 예수 안에 있는 자에게는 결코 정죄함이 없나니 이는 그리스도 예수 안에 있는 생명의 성령의 법이 죄와 사망의 법에서 너를 해방하였음이라"(롬 8:1-2).

2. 왜 죄를 용서하는 데 십자가의 죽음이 있어야 하는가?

두 번째 질문을 생각해보자. 하나님은 사랑이시고 용서를 기뻐하시니까 그냥 용서하시면 충분하지 않을까? 왜 예수의 십자가 죽음 같은 것이 있어야 하는가?

이런 질문을 하는 이유는 **모든 용서에는 언제나 지불해야 할 대가가 있어야 함을 생각하지 않았기 때문이다.** 친구가 당신의 집에 와서 함께 시간을 보내다가 당신이 무척 아끼는 아주 값비싼 샹들리에를 깨버렸다. 어떻게 해야 할까? 두 가지 해결책이 있겠다. 첫째, 친구가 샹들리에 값을 물어내는 것이다. 둘째, 친구 사이니까 그냥 이해하고 용서하는 것이다. 하지만 둘째 방법을 택하는 순간 당신은 자신의 돈으로 샹들리에를 다시 사든지, 아니면 캄캄한 어둠 속에서 지내는 불편을 감수해야 한다. 무슨 말일까? **용서에는 언제나 지불해야 할 대가가 따른다는 말이다.**

샹들리에 정도야 그렇다 치더라도 친구가 새로 산 내 차를 몰고 나갔다가 차를 완전히 부숴버렸다면 어떻게 해야 하는가? 이럴 때 용서는 결코 쉽지 않다. 더 나아가 그 사고로 인해 내 아들이 크게 다치거나 죽게 되었다면 어떨까? 이 경우에는 용서가 극히 어려워지고, 설혹 용서하더라도 거기에는 죽음같이 긴 고통의 시간이 필요할 것이다. 다시 말해 **죽음에 이를 정도의 큰 잘못과 죄는 오직 죽음 같은 고통으로써만 극복된다는 말이다. 이것이 예수의 십자가 죽음이 필요한 이유다.** 성경은 우리를 죽음과 같은 죄와 허물에서 건지기 위해 예수가 십자가에서의 죽음이란 대가를 치르셨다고 한다. "죄의 삯은 사망이요 하나님의 은사는 그리스도 예수 우리 주 안에 있는 영생이니라"(롬 6:23).

3. 모든 죄와 잘못은 궁극적으로 하나님께 대한 잘못이고, 용서에 대가가 필요함을 받아들인다 해도 예수의 십자가 죽음이 나의 죄를 해결하기 위한 죽음이라는 점은 선뜻 받아들여지지 않는다. 왜 그럴까?

예수의 십자가 죽음이 나의 죄를 해결하고 나를 구원하기 위한 죽음이라는 말이 잘 받아들여지지 않는다면 거기에는 아마 두 가지 이유가 있을 것이다.

첫째, 내가 죄인이라는 사실이 받아들여지지 않기 때문이다. 당신은 이렇게 말할 수 있다. "내가 도덕적으로 아주 훌륭한 사람은 아니지만 그래도 착하게 살려고 했다. 대체적으로 삶에 대한 성실성이나 도덕 수준에서 보면 나는 평균 이상은 될 것이다. 그런데 왜 자꾸 내가 용서가 필요한 죄인이라고 말하는가?"

즉 내가 죄인이라는 사실을 인정할 수 없기 때문에 예수의 십자가가 그다지 의미 없어 보이는 것이다. 이를 뒤집어 말하면 내가 죄인이고 죽음을 향해 가고 있으며 나의 힘으로는 이 근본적인 곤궁을 해결할 수 없음을 깨달을 때 십자가가 정녕 의미를 갖게 된다.

이와 연관하여 당신은 지금 어떤 처지에 있을까? 다음 두 장면을 비교해보자.

장면 A. 사랑하는 두 남녀가 강변을 산책하고 있다.

남자: 나는 당신을 너무 사랑해. 당신을 위해서는 무슨 일이든 할 수 있어. 심지어 죽을 수도 있어.

여자: 정말 나를 위해 죽을 수도 있을 정도로 나를 사랑해?

남자: 못 믿겠어? 그럼 내가 직접 보여줄게.

그러더니 남자는 갑자기 강으로 뛰어들어 죽어버렸다!

이 남자는 도대체 무슨 일을 한 것일까? 그렇다. 그냥 어리석고 바보 같은 짓을 한 것이다.

장면 B. 역시 사랑하는 두 남녀가 강변을 거닐고 있다.

남자: 나는 당신을 너무 사랑해. 당신을 위해서는 무슨 일이든 할 수 있어. 심지어 죽을 수도 있어.

여자: 정말 나를 위해 죽을 수도 있을 정도로 나를 사랑해?

남자: 못 믿겠어? 언젠가 보여줄 때가 있을 거야.

그때 갑자기 돌풍이 불어와 강물에 빠진 여자가 급류에 휩쓸려 간다. 빨리 건지지 않으면 여자는 죽고 만다. 그러자 남자는 즉시 물에 뛰어들어 여자를 구한 다음 힘이 다하여 나오지 못하고 죽었다.

이 경우는 어떨까? 남자가 이 여자를 자기 목숨보다 더 사랑하고 있었음이 사실로 판명된 것이다. 예수의 십자가도 마찬가지다. **강물에**

떠내려가고 있지만 나의 힘으로는 그곳에서 **빠져나올 수 없고** 결국 죽을 수밖에 없음을 깨달을 때 예수의 십자가 죽음은 의미를 갖게 된다. 그때 십자가 죽음은 나를 위한 죽음, 나의 죄를 해결하기 위한 죽음, 나에게 새로운 삶을 가져오는 죽음이 된다.

여기서 불교와 기독교의 길이 갈린다. 불교 역시 우리 모두가 물에 빠져 있음을 깊이 통감한다. 우리 모두는 어리석음과 분냄과 부질없는 집착으로 인해 어디론가 절망적으로 떠내려가고 있다고 한다. 하지만 그러함에도 **불교는 각 사람이 자신의 힘으로 그 강물에서 빠져나올 수 있고 또 자기 힘으로 빠져나와야 한다고 본다.** 그래서 마음을 밝히기 위해서 수행한다. 싯다르타 부처는 모든 수행자들이 따라야 할 귀감이지만 그저 길 안내자일 뿐 구원(해탈)은 각 사람이 주체적으로 이루어야 하고 또 그렇게 할 수 있다고 가르친다.

이에 비해 그리스도인들은 인간의 죄와 절망의 심연을 더욱 깊이 느낀다. 수행을 통해 어느 정도 선해질 수 있고 거룩해질 수 있으나 그것만으로는 결코 온전함에 이르지 못함을 안다. 어느 정도 이루었다고 느끼는 순간 더 높은 벽이 눈앞을 가로막는다. 선하고 도덕적으로 살려고 노력할수록 결코 그렇게 할 수 없다는 절대 절망 앞에 서게 됨을 깨닫는다. 철학자 키르케고르는 이를 "탐미적 실존의 끝은 권태고 윤리적 실존의 끝은 절망"이라고 표현했다. **이 절망! 이 한계 상황 속에서 그는 자기보다 더 큰 분의 긍휼과 은혜를 구하는 가운데 이 긍휼과 은혜가 이미 예수 그리스도 안에서 찾아왔음을 깨닫고 그분에게 의지한다. 그는 이제 믿음으로 하나님을 향해 도약한다. 이렇게 될 때 그는 기독교의 길을 선택한 것이다.** 결국 불교의 길과 기독교의 길 중 어느 쪽을 선택할 것이냐의 문제는 "나라는 존재의 능력"

을 어떻게 인식하고 있는가와 연관되어 있다.

예수를 만나고 믿게 된 사람들은 이 체험이 있었던 사람들이다. 내가 겉으로는 괜찮아 보이지만 실상 강물에 떠내려가고 있었으며 나 자신의 힘으로는 도무지 이 강에서 빠져나갈 수 없다는 것! 이를 깨달을 때 자기보다 더 큰 분을 향해 믿음의 도약을 하게 되고, 그때 그리스도의 십자가 죽음이 자신을 위한 죽음임을 발견하게 된다.

둘째, 이 질문은 예수가 누구인가와 연관되어 있다. 내가 물에 빠져 있으며 내 힘으로는 결코 여기서 빠져나갈 수 없음을 깨닫더라도 나를 건져줄 구원자가 없다면 이런 깨달음은 아무 소용이 없고 오히려 더 큰 절망을 가져올 뿐이다. 과연 누가 나를 건져줄 수 있는가? 기독교 신앙은 이에 대해 **"인간은 누구도 다른 인간을 건져줄 수 없다. 자기도 이미 똑같이 빠져 있기 때문이다. 오직 신적인 존재, 그러나 인간이 되어서 우리가 빠져 있는 강물 속에 같이 들어올 수 있는 분만이 우리 손을 잡고 밖으로 이끌어줄 수 있다"고 말한다. 그리고 성경은 예수가 바로 그런 분이라고 선언한다.** 요한복음은 예수가 하나님의 아들이자 신적 존재인데 인간이 되어서 우리 가운데 오셨다고 말하고(요 1:1-4, 14), 빌립보서는 예수 그리스도가 근본 하나님의 본체시나 자기를 낮추어 인간이 되어 이 땅에 오시어 십자가에 돌아가셨으며 이제는 만물 위에 뛰어난 주님이 되셨다고 이야기한다(빌 2:6-11).

그래서 예수는 다른 존재다. 흔히 세계 4대 성인으로 예수, 부처, 공자, 무함마드(혹은 소크라테스)를 꼽는다. 그런데 **예수는 다른 세 분 혹은 네 분과 근본적으로 다르다.** 부처는 수행자였다. 삶이 왜 이렇게 고통스러운지를 묻고 그 답을 찾은 사람이었다. 공자 역시 도를 구한 사람이었다. 그래서 "아침에 도를 들으면 저녁에 죽어도 좋다"라는 말을 남긴다. 소크라테스는 현자였다. 그는 진리를 질문했고 친구들과의 대화를 통해 이 진리를 찾아갔다. 무함마드 역시 자신을 절대신 알라의 예언자로 선택받은 하나의 인간으로 이해했다. **간단히 말해 예수를 제외한 다른 성인들은 모두 인간으로서 진리(도)를 질문한 끝에 마침내 나름의 깨달음에 이르렀던 분들이다.**

하지만 예수는 다르다. 복음서는 예수가 "내가 곧 길이요 진리요 생명"이며 "나는 부활이요 생명이니 나를 믿는 자는 죽어도 살 것이다"라고 말했다고 전한다. 더 나아가 "나를 본 자는 하나님 아버지를 보았다"고 하며 **자신을 하나님과 동일시한다. 놀랍게도 예수는 죄책 의식을 전혀 갖지 않았다.** 인간은 누구든 성숙하고 거룩해질수록 죄악에 더욱 민감해지고 거기에서 벗어나려고 애쓴다. 한국교회에서 거의 성자처럼 칭송받는 한경직 목사는 90세에 종교계의 노벨상이라는 템플턴 상을 받게 되었다. 그런데 영광스러운 수상 자리에서 그는 "나는 옛날 신사 참배를 한 사람이기 때문에 이 상을 받을 자격이 없다"고 고백했다. 그 사연은 이렇다. 젊은 시절 신의주 제2교회를 목회하던 그가 신사 참배를 계속 거부하니까, 일제는 그 교회 청년들을 감옥에 가두고 한 목사가 신사 참배를 하면 이들을 풀어주겠다고 했다. 밤새 고민한 한 목사는 결국 청년들을 살려내기 위해 마음에도 없는 신사 참배를 했다. 그것이 목회자로서 양을 지키는 길이라고 생각했기 때문이다. 여러분이 한 목사의 입장이었다면 어떻게 했을까? 자신의 신앙을 지키고 청년들이 고초를 겪도록 방관하는 것이 옳은가? 아니면 목회자의 책임을 다하여 청년들을 살려냄으로써 자신의 신념을 잠시 접는 것이 옳은가? 쉽게 답하기 어려운 문제다. 적어도 한 목사를 비난하기만 하면 되는 사안은 아닐 것이다. 그는 이 일이 평생 마음에 걸렸던 것 같다. 개인적으로 이 문제를 가지고 계속 기도하고 회개했을 터이나 여전히 하나님 앞에 죄송스러운 마음이 있었기 때문에 그 영광스러운 수상식 자리에서 죄를 고백했던 것이다. 무슨 말일까? 사람이 거룩하고 성숙해질수록 죄에 대해 더욱 민감해진다는 것이다. 이것이 모든 위대한 사람들의 공통된 경험이다. 그런데 예수에게는 이런 죄책 의식이 전혀 없다. 오히려 그는 이렇게 외치신다. "누가 나를 죄로 책잡겠느냐?"(요 8:46)

더 나아가 예수는 자신이 죄를 직접 용서할 수 있는 분임을 보이신다. 그는 중풍 병자를 향해 "너의 죄가 용서받았다"고 선언하시고, 간음하다 잡힌 여인을 향해 "나도 너를 정죄하지 않으니 평안히 가라. 그러나 다시는 죄를 짓지 말라"고 말씀하신다. 유대 사회에서 죄 용서는 하나님만 하실 수 있는 일이었고, 그것도 성전에서 제사장이 수행하는 제의 행위를 거쳐야 가능했다. 하지만 예수는 이를 무시하고 바로 그 자리에서 죄의 용서를 선언하심으로써 자신이 죄를 용서하실 수 있는 신적 존재임을 은연중에 드러내신다. 요한복음 1장은 이를 신학화하여 태초부터 계셨던 말씀(로고스)이 사람이 되어서 오신 분이 예수라고 말한다. 예수는 참 인간이자 하나님의 아들이며 더 나아가 그분 자신이 바로 하나님이시다.

그래서 ① 자신이 용서와 구원이 필요한 존재라는 깨달음을 얻고, ② 예수가 바로 이런 용서와 구원을 주실 수 있는 유일한 분임을 실존적으로 알게 될 때, 인간은 비로소 십자가 죽음이 자신의 죄를 해결하기 위한 죽음임을 받아들일 수 있다. 하지만 이런 깨달음은 인생의 고난과 아픔을 겪은 다음 찾아오는 경우가 많다. 그래서 종교개혁가 마르틴 루터는 극심한 고난 가운데서야 우리 인간은 자신의 죄악과 한계를 깨닫게 되고, 그때 하나님과 구원을 향해 비로소 마음을 열수 있다고 하면서 "고난"이 구원을 향한 "하나님의 비본래적 사역"이며 예수 그리스도의 십자가 죽음을 통한 구원의 완성이 "하나님의 본래적 사역"이라고 말한다. 물론 인생의 고초 없이도 예수 그리스도가 구원자라는 믿음이 찾아온다면 더욱 감사한 일이다.

4. 그런데 죽음 같은 고통을 가져온 죄악도 과연 용서가 가능한가?

우리는 모두 죄와 허물이 있는 사람들이기 때문에 서로 용서하고 용서받아야 한다. 그런데 가벼운 죄와 허물은 용서하기 어렵지 않다. 하지만 죽음 같은 큰 고통과 상처를 가져온 죄악도 과연 용서가 가능할까?

　시몬 비젠탈[1]은 유대인이란 이유로 1941년 나치 수용소로 끌려가 3년을 보냈다. 그의 부모, 형제자매와 일가친척 89명이 그곳에서 죽었고 그와 그의 아내만 가까스로 살아남았다. 나치가 패망하고 자유인이 된 그는 다시는 이런 일이 일어나지 않도록 하는 데 일생을 바치겠다고 결심했다. 그때부터 수용소 출신 생존자들과 함께 유대역사기록센터를 설립했고 수많은 나치 전범들을 찾아내어 법정에 세웠다. 이들의 노력으로 일급 전범인 아돌프 아이히만이 체포되었고 『안

1　시몬 비젠탈의 이야기는 필립 얀시, 윤종석 역, 『놀라운 하나님의 은혜』(서울: IVP, 2009)에서 가져왔다.

네 프랑크의 일기』로 유명한 유대인 소녀 안네 프랑크를 감옥에 가게 한 독일 경찰관이 붙잡혔다. 비젠탈과 그의 동료들은 이런 공로를 인정받아 네덜란드, 이탈리아, 이스라엘 정부의 훈장과 미국 의회가 수여한 황금 메달을 받았다.

하지만 비젠탈을 세계적으로 유명하게 만든 것은 그가 1976년에 쓴『해바라기』라는 책이다. 이 책에서 그는 수용소에서 경험한 사건 하나를 기록하고 있다. 그는 어느 날 임종을 눈앞에 둔 환자들의 병동에 끌려가게 되었는데, 그곳에서 카를이라는 이름의 나치 친위대원의 참회를 듣게 된다. 부상으로 얼굴과 온몸을 붕대로 감은 이 스물한 살짜리 친위 대원은 떨리는 목소리로 이렇게 고백한다. "내가 속해 있던 부대는 200명가량의 유대 어린이와 여자 및 노인을 3층 가옥에 가두고 불을 지른 다음에 불길을 뚫고 나오는 유대인들을 향해 총질을 했습니다. 나 역시 그 살인 행위에 똑같이 참여했습니다. 저는 이제 얼마 지나지 않아 죽을 것입니다. 그러나 마음 편히 죽고 싶습니다. 그러니 누구든 좋으니 유대인을 만나 모든 것을 고백하고 용서를 구하고자 했습니다. 쉽지 않으리라는 건 압니다만 나를 용서한다는 말을 해주시기를 간절히 바랍니다. 대답해주지 않으면 저는 결코 마음 편히 죽지 못할 겁니다."

그러나 비젠탈은 아무 말도 할 수 없었다. 용서한다는 말도, 용서하지 못하겠다는 말도 할 수 없었다. 그냥 그 자리에서 죽어가는 이 독일 군인을 지켜보다가 아무 말 없이 그 자리를 떠났다. 감옥에 돌아온 그는 자기가 겪은 일을 말했다. 그의 말을 들은 동료 유대인들의 의견은 서로 갈렸지만, 대부분 용서할 수 없다고 했다. 어떤 사람은 "너는 용서할 권한이 없고 그는 용서를 구할 자격이 없다. 만일 네가 그를 용서한다고 말했다면 너는 평생 자기 자신을 용서할 수 없었을 것이다"라고 했다. 또 다른 사람은 "이 미친 세상이 모두 제자리로 돌아온다면 모를까 이런 상황에서 용서라는 말은 사치다"라고 했다.

수용소에서 풀려나고 오랜 시간이 지난 후 그는 세계 유력 인사들에게 편지를 써서 그때 자기가 어떻게 해야 했는지, 당신 같으면 어떻게 하겠는지를 물었다. 정치가, 작가, 음악가, 화가, 학자들이 답신을 보내왔다. 응답자 46명 중 30명은 그토록 잔인한 범죄를 저지른 자를 용서하는 것은 불가능하며, 자신이라면 용서하지 않았을 것이라고 했다. 8명은 무엇이라고 답하기 어렵다고 했고, 나머지 8명은 분명하게 용서할 것이라고 했다. 유대인 포로 수용소에서 가족을 잃었던 독일의 사회 철학자 헤르베르트 마르쿠제는 "가해자가 희생자에게 용서를 구하는 것이야말로 정의에 대한 모욕이다"라고 했다. 미국의 사회학자 네케이마 테크 역시 만약 비젠탈이 카를을 용서했다면 그는 평생 자기 자신을 용서할 수 없었을 것이라고 단호히 말했다. 반면 캄보디아의 "킬링필드"에서 살아남은 언론인 디트 프란은 "나는 용서했을 것"이라고 한다. 달라이 라마가 들려주는 어느 티베트 승려의 이야기 역시 많은 것을 생각하게 한다. 티베트 독립 운동에 참여했다는 이유로 18년 동안 중국 감옥에 갇혀 있었던 승려에게 "감옥에 있으면서 가장 큰 걱정이 무엇이었나?"고 물었을 때 그는 뜻밖에도 이렇게 답했다. "감옥에 있는 동안 나는 중국인들에 대한 동정심을 잃게 되지 않을까, 오직 그것만을 걱정했습니다."

당신은 어떻게 하겠는가? 부모와 가족까진 아니어도 당신의 동족을 잔혹하게 죽이는 데 가담한 사람이 죽음을 앞두고 용서를 구할 때 어떻게 하겠는가? 비젠탈은 이렇게 답했다. "용서는 지극히 어렵다. 하나님만이 제대로 용서할 수 있다. 그러나 우리는 용서 없이 제대로 살 수 없다. 우리가 개인적으로, 세계적으로 진정 인간답게 살 수 있으려면 가장 중요한 것이 바로 이 용서의 문제다."

그런데 기독교 신앙이 내놓은 답은 명확하다. "그럼에도 불구하고 용서하라"는 것이다. 왜냐하면 하나님이 죄인 된 우리를 먼저 용서하셔서 우리가 이제 용서받은 자가 되었으므로, 이제 우리도 자기에게 잘못한 사람들을 용서하는 것이 합당하기 때문이다. 만 달란트 빚지고도 용서를 받았다면 이제 자기에게 백 데나리온 빚진 사람을 용서하는 것이 마땅하지 않겠느냐는 것이다. 결국 기독교 신앙의 입장에서 볼 때 내가 이미 엄청난 용서를 받은 사람이며, 그 용서가 가능하게 되도록 예수가 십자가에서 나를 위해 죽으셨고, 그런 십자가 사건이 필요했을 만큼 나는 무한한 사랑을 받은 사람이라는 사실을 뼛속 깊이 깨달을 때 참된 용서가 가능하다. **우리의 용서와 사랑은 대상을 직접 향할 때가 아니라 그리스도 예수와 그분의 죽음을 매개로 할 때만이 비로소 현실이 될 수 있다.** 당신과 나는 죽음 같은 고통을 가져온 사람을 결코 쉽게 용서할 수 없다. 인간적으로 그것은 거의 불가능하다. 오직 십자가의 사랑만이 그것을 가능케 한다.

5. 회개 없이도 용서가 가능한가? 그럴 때 이루어지는 용서는 죄를 정당화하고 악의 확산을 조장하는 것이 아닌가?

이제 용서와 연관하여 가장 어려운 문제에 이르렀다. 회개가 없는 경우에도 용서는 가능한가? 잘못을 뉘우치는 사람을 용서하기는 비교적 쉽다. 잘못된 행위를 뉘우칠 뿐만 아니라 그로 인한 피해와 고통을 어떻게든 보상함으로써 새롭게 변화되려고 노력하는 사람을 용서하기는 더욱 쉽다. 하지만 아무런 죄책을 느끼지 않으며 사과도 하지 않는 사람을 용서하는 것이 과연 가능할까? 가능한 일이라고 해도 그것이 과연 정당한 일일까?

아리스토텔레스는 "각 사람에게 합당한 몫을 주는 것"이 정의 (justice)라고 규정했다. 이 말을 뒤집으면 받을 자격이 없는 자에게는 주지 않는 것이 정의라는 말이다. 이렇게 보면 회개하지 않는 자를 용서하는 것은 결코 정의로운 일이 아니다. 자기 잘못을 인정하지 않는 데다가 회개하지 않고 삶의 변화도 없는 경우에 용서를 말하는 것은 우리의 도덕 감정과 정의감에 배치되는 행위다. 또한 그런 잘못을 용서라는 이름으로 넘어간다면 사회 질서와 규범이 흔들리고 결국 사회의 토대가 근본부터 무너질 것이다. 잘못된 사람은 처벌받아야 하고 응분의 책임을 지는 것이 옳다.

하지만 다시 생각해볼 때, 회개하는 자만 용서받는다면 과연 우리는 얼마나 용서받을 수 있는 존재일까? 우리 모두는 용서하고 용서받을 때 비로소 죄와 죄책에서 해방되어 인간답게 살 수 있는데, 많은 경우 우리는 자신이 죄인이고 잘못하고 있다는 것조차 모르고 살지 않는가? 그러니 결국 용서가 먼저 있어야 하지 않을까? 정의가 중요하지만 용서와 사랑에 기반한 정의가 있어야 결국 사회가 유지되지 않을까? 더 나아가 그 용서가 가능하도록 사랑에 기반한 엄청난 대가가 이미 치러졌음을 알 때, 비로소 우리는 자신의 죄악에서 돌이켜 회개하고 삶의 변화를 경험할 수 있지 않을까? 그리고 성경은 이런 놀랍고 값비싼 용서가 우리가 아직 죄인이었을 때 곧 아직 회개하지 않왔을 때, 이미 그리스도의 죽음을 통해 우리에게 주어졌다고 말한다. "우리가 아직 죄인 되었을 때에 그리스도께서 우리를 위하여 죽으심으로 하나님께서 우리에 대한 자기의 사랑을 확증하셨느니라"(롬 5:8).

그래서 우리는 가해자가 회개하지 않고 변하지 않아도 용서하는 마음을 지녀야 하고, 은혜로우신 하나님의 마음을 품어야 한다. 물론 이때의 은혜는 모든 것이 다 좋다는 무책임한 태도가 아니다. 참된 은혜는 죄에 대한 책임을 묻고 회개와 보상을 요청하며 삶의 변화를 촉구한다. 그러나 그렇게 되지 않는다고 해서 사랑을 거두지 않는다. 계속 사랑하면서 이 사랑의 힘으로 가해자가 마침내 변화되기를 희망하고 기다린다. 그것은 심히 어렵고 고통스러우며 무척 바보 같아 보인다. 하지만 그것이 예수의 십자가가 보여주는 길이다.

정의와 은혜는 이 점에서 자주 충돌한다. 정의는 받을 자격이 있는 사람에게 합당한 만큼의 몫을 주는 것이다. 하지만 은혜는 받을 자격이 없음에도 긍휼히 여기는 것이며, 회개가 없어도 용서하는 마음을 갖는 것이다. 그것은 가해자가 가져온 고통을 온몸으로 받으면서도 그를 사랑하고 긍휼히 여기는 것이다. 여기서 우리는 회복적 정의(redemptive justice)와 징벌적 정의(punitive justice)를 구별할 필요가 있겠다. 징벌적 정의가 한 사람이 저지른 악행에 합당한 징벌을 내림으로써 정의를 구현하는 것이라면, 회복적 정의는 그 정의를 세우는 가운데 가해자와 피해자가 모두 변화되고 회복됨으로써 새롭게 되는 정의다. 현재 우리 가정과 사회에 필요한 정의는 회복적 정의다. 회복적 정의가 세워질 때 개인이 살고 공동체가 산다. 그리고 이런 회복적 정의는 오직 은혜에 근거를 둘 때 가능하다. 그래서 은혜는 정의보다 크고 어렵다. 하지만 이런 은혜가 있을 때 정의는 정의답게 된다. 정의를 완성하는 것이 다름 아닌 은혜인 것이다.

우리는 지금까지 많은 잘못을 범해왔다. 자기 자신을 비롯해 다른 사람에게도 그랬고 인간인 이상 앞으로도 계속 그럴 것이다. 그래서 **서로 용서하고 용서받아야 한다. 우리가 이렇게 행동할 수 있는 근거는 예수의 십자가 죽음이다.** 하나님이 이미 예수의 십자가 죽음을 통해 우리를 있는 그대로 받으시고 용서하셨음을 깊이 깨달을 때 우리는 진정 남을 용서할 수 있고 또 용서받으며 살 수 있다. 이 일을 이루기 위해 예수는 가장 깊고 큰 고난의 길을 걸으셔야 했다. 모든 용서에는 대가가 필요하다. 그리고 그리스도의 십자가 죽음을 통해 어떤 죄도 용서할 수 있는 무한한 대가가 지불되었다.

나가는 말

존 스토트 목사는 『그리스도의 십자가』라는 저서의 마지막 부분에서 "기나긴 침묵"이라는 제목의 작은 연극을 소개한다. 그 내용은 이렇다.

무대의 막이 오르면 전 세계 수십억 명의 사람들이 하나님의 보좌 앞에 있는 거대한 들판에 하나님의 심판을 받기 위해 모인다. 대다수는 보좌에서 나오는 눈부신 빛 때문에 몸을 움츠린다. 어떤 사람들은 하나님께 격렬하게 저항한다.

한 사람이 앞으로 나와 말한다. "하나님, 당신은 눈물도 두려움도 배고

품도 증오도 없는 천국에 편하게 계십니다. 하지만 우리들은 저곳 지상에서 수많은 고통과 아픔을 당했습니다. 그러니 우리의 아픔을 모르는 하나님이 과연 우리를 심판할 자격이 있습니까?"

한 흑인 소년이 앞으로 나와 말한다. "하나님, 나는 흑인이라는 이유로 멸시받고 거부당하고 두들겨 맞았습니다."

신체 장애로 고통을 당했던 사람이 그 말을 이어받아 절규한다. "이 땅에 살 때 나는 장애인이었습니다. 장애인으로서 수많은 차별을 당하고 힘겹게 하루하루 살았습니다."

전쟁터에서 남편과 자녀를 잃은 한 여인이 외친다. "나의 남편과 아들은 전쟁터에 강제로 끌려가 죽었습니다. 그런 다음 나는 평생 그들을 그리워하며 가난하게 살다가 이렇게 죽었습니다. 하나님, 당신은 그 모든 고통을 알고 계십니까? 그런 고통도 모르는 당신이 어떻게 나를 심판하실 수 있습니까?"

그러자 이곳저곳에서 수많은 사람들이 각자 삶의 아픔과 고통을 호소하면서 하나님을 원망한다. 그들은 많은 대화 끝에 이렇게 의견을 모은다. "하나님이 우리의 심판자가 되려면 먼저 우리가 당한 모든 고통을 직접 경험해야 한다. 그래야 심판자의 자격이 있다."

그래서 그들은 모여서 이런 선고를 내린다. "하나님이 직접 이 땅에 올 수 없다면 그의 아들이 세상에 와서 고통을 당하도록 하자. 먼저 그를 가장 멸시받는 유대인으로, 그것도 출생이 의심스러운 사생아로 태어나게 하자. 평생 오해를 받아 그의 가족들조차 그가 미친 사람이라고 생각하게 하자. 평생을 외롭게 살게 하고 그의 가장 친한 친구들에게 배신을 당하게 하자. 마침내 모든 비난과 수치 속에 억울한 재판을 받게 하자. 그런 다음에 그를 죽게 하자. 그것도 인간이 생각할 수 있는 가장 참혹하고 고통스러운 죽음을 당하게 하자. 그렇게 자기 아들이 비참하게 죽어가는 것을 경험한다면 하나님은 인간으로 산다는 것이 얼마나 힘든지 알게 될 것이다. 그때 하나님은 비로소 우리를 판단하고 심판할 자격을 갖추게 될 것이다."

하지만 이 결정에 이르렀을 때 갑자기 그들 가운데 깊은 침묵이 흘렀다. 아무도 움직이지 않았고 아무도 말하지 않았다. 왜냐하면 예수의 십자가 죽음을 통해 하나님이 이 모든 것을 이미 경험하셨음을 홀연히 깨달았기 때문이다.

세 줄 요약

1. 용서에는 언제나 대가가 따른다.
2. 가장 큰 용서에는 죽음이란 대가가 따른다. 예수의 십자가 죽음은 이 대가를 치른 죽음이었다.
3. 예수의 십자가 죽음을 통해 용서가 가능해졌고 새로운 삶이 시작되었다. 하지만 이를 경험하려면 우리 역시 서로 용서하고 용서받아야 한다.

토론 문제

1. 큰 잘못을 저지른 후 용서를 받아본 적이 있는가? 또한 나에게 큰 손해를 입힌 사람을 용서해본 경험이 있는가?
2. 모든 용서에는 대가가 필요하다는 말의 의미는 무엇인가? 이것이 예수의 십자가 죽음과 어떻게 연결되는가?
3. 기독교 신앙은 예수의 십자가 죽음을 통해 드러난 하나님의 무한한 용서와 긍휼에 기초할 때만 진정한 용서가 가능하게 된다고 말한다. 이런 주장에 동의하는가? 이것이 나의 삶에 가지는 의미는 무엇인가?

14장_ 예수의 부활은 역사적 사실인가?

들어가는 말

기독교 신앙의 중심은 하나님 나라를 선포하신 예수가 우리의 구원을 위해 십자가에서 죽으시고 부활하셨다는 데 있다. 예수의 십자가 죽음과 부활이 있었기 때문에 복음이 전해졌고 교회가 형성되었으며 성경이 기록되어 우리에게 알려졌다. 부활 사건이 없었다면 기독교 신앙도 교회도 존재하지 않았을 것이다. 고린도전서 15장 말씀처럼 예수가 부활하시지 않았다면 우리의 신앙은 헛되고(14절), 아무 힘이 없으며(17절), 복음을 전하는 것은 무의미하고(14, 15절), 우리는 여전히 죄 가운데 그대로 있으며(17절), 그리스도인들의 모든 희망도 부질없는 것이 되어서 이 세상에서 제일 불쌍한 자가 되었을 것이다(19절).

1. 부활을 믿기 어렵게 만드는 것들

하지만 예수의 부활을 믿기는 쉽지 않다. 왜 그럴까? **첫째, 부활은 우리의 상식과 경험을 넘어서는 사건이기 때문이다.** 우리는 사람이 태어나는 것을 보았고 죽는 것도 보았다. 그러나 죽은 사람이 다시 살아나는 것은 한 번도 보지 못했다. 초등학교 1학년 때 병아리를 키워본 적이 있다. 학교 앞 노점상에서 병아리 세 마리를 사와서 라면 상자에 넣고 길렀다. 좁쌀을 주면 노란 병아리가 짹짹거리며 달려와 부리를 내밀어 받아먹는 모습이 귀여워 학교도 가지 않고 쳐다보곤 했다. 그런데 며칠 지나지 않아 병아리들의 털이 부석부석해지고 눈곱이 끼기 시작했다. 모이도 먹지 않고 움직임도 둔해졌다. 어느 날 밤새 삐악거리며 시끄럽게 울더니 라면 상자 구석에 조그만 노란 솜뭉치가 되어 딱딱하게 굳어서 죽어 있었다. 그것으로 끝이었다. 그때 처음으로 죽음에 대해 생각한 것 같다. 죽고 나면 다시 살아날 수 없구나, 죽음은 모든 것의 끝이구나 하는 깊은 안타까움과 슬픔을 느꼈다. 그날 이후로 많은 죽음을 보았다. 친구가 죽기도 했고 가까운 친척과 존경하는 목사님이 세상을 떠나기도 했다. 아버지와 어머니 역시 몇 년을 사이에 두고 나란히 돌아가셨다. 생명 있는 것은 모두 죽게 되어 있다. 우리는 죽는 것은 보았지만 다시 살아나는 것은 보지 못했다. **우리의 상식과 경험은 죽음이 모든 것의 끝이라고 말한다. 그래서 예수가 죽음을 이기고 다시 살아나셨음을 믿기 어렵다.**

둘째, 이 세상의 악과 부조리가 예수의 부활을 믿기 어렵게 만든다. 그리스도인들은 예수의 부활은 예수가 이 세상의 모든 죄와 악과 불의를 이기고 다시 살아나신 사건이라고 고백한다. **부활을 믿는다**

는 것은 죄와 죽음이 최후의 말이 아니라 생명과 사랑이 최후의 말임을 믿는 것이다. 그러나 예수가 부활하셨다고 하지만 우리는 살면서 매 순간 수많은 악을 경험한다. 실제로 세상에 별로 희망이 보이지 않는다. 정치, 경제, 교육 그 어떤 분야에서도 희망을 찾기가 쉽지 않다. 한국 사회는 이미 경제적 수준에 따른 신분 사회가 되었고 그 격차는 점점 더 커지고 있다. 조선 시대처럼 출생에 의한 신분에 얽매이는 것은 아니지만 그 이상으로 한 가정의 경제력에 따라 신분이 고착되고 있다. 가난한 집 자녀라도 열심히 노력하면 성공할 수 있어야 사람들이 꿈을 꿀 텐데 금수저는 계속 금수저이고 흙수저는 여전히 흙수저의 자리를 맴돌고 있다. 한국뿐만 아니라 전 세계가 이렇게 되어 가고 있다는 점이 우리를 더 우울하게 만든다. 1980년대 이후 모든 것을 시장에 맡기자는 신자유주의가 세계를 휩쓸면서 빈부 격차 역시 심화되고 있다. 세계 곳곳에서 일어나고 있는 테러, 납치, 분쟁도 많은 면에서 가진 자와 못 가진 자를 항구적으로 나누어버리는 신자유주의 경제 시스템에 대한 분노의 표현일 것이다. 이처럼 **오늘날 우리가 만나는 세상의 악과 고통이 예수의 부활을 믿기 어렵게 만든다.**

그래서 사람들은 예수의 부활 같은 일은 일어나지 않았다고 한다. 다음과 같이 말하면서 부활에 대한 성경의 증언을 의심한다. "**예수가 살던 시대는 과학이 발달하지 않았고 사람들의 인지가 아직 깨어나지 않아 미신과 기적 이야기가 쉽게 받아들여진 때였다. 그러니 예수가 죽음에서 다시 살아났다는 이야기도 쉽게 믿을 수 있었을 것이다. 하지만 오늘날처럼 과학이 발달한 시대에는 허무맹랑한 이야기다. 죽은 자는 결코 다시 살아날 수 없다.**"

여기에 덧붙여 어떤 이들은 이렇게 주장하기도 한다. "예수의 첫 제자들이 예수에게서 엄청난 감화를 받은 것은 틀림없다. 그렇기 때문에 그들은 예수의 죽음을 결코 받아들일 수 없었을 것이다. 예수같이 고결하고 거룩하며 선하신 분이 이렇게 억울하고 말도 안 되는 방법으로 죽어서는 안 된다고 느꼈을 것이다. 그러다 보니 그들은 예수가 지금 영으로 살아계셔서 자신들과 함께하시고 인도하시며, 적어도 그들의 가슴 속에 여전히 살아 계신다고 생각했을 것이다. 이런 생각은 제자들 사이에 점점 확산되어, 마침내 제자들은 예수가 죽음을 이기고 다시 살아나셨으며 그의 무덤은 비어 있었고 자신들이 그분을 개인적, 집단적으로 만났다고 주장하기 시작했다. 그리고 이는 복음서에 예수의 부활에 대한 고백으로 표현되었다." 요약하면 **고대 사회의 미신적 사유와 예수를 잊지 못한 첫 제자들의 간절함이 예수가 실제로 부활했다고 말하게 만들었다는 것이다. 많은 사람들이 이렇게 생각하고 있으며 여기에는 일부 신학자들도 포함된다.**

2. 예수의 부활을 진지하게 고려하게 만드는 요인들

하지만 부활의 사실성 문제는 그렇게 단순하지 않다. 이 문제를 탐구해 보면 **부활이 실제로 일어났으리라는 근거가 아주 많다.** 하지만 이 문제를 다루기 전에 한 가지 지적하고 넘어가야 할 것이 있다.

　　사람들은 흔히 예수의 부활은 과학적으로 입증된 사실이 아니라고 이야기한다. 그런데 "과학적으로 입증된다"는 것이 무슨 말일까? 널리 알려진 것처럼 과학은 가설을 설정한 후 통제된 상황에서 관찰과 실험을 통해 이 가설을 입증하고자 한다. 가령 아이보리 비누는 물에 뜬다고 주장하는 사람들이 있다면, 욕조에 물을 받아놓고 그 비누를 빠트려서 어떻게 되는지 보면 된다. 이처럼 **반복 가능하고 재현 가능한 것들은 과학적으로 입증할 수 있다. 하지만 문제는 이렇게 보면 인생에서 입증할 수 있는 것이 별로 없다는 것이다.** 나는 아내를 사랑하지만, 이는 과학적으로 입증할 수 없다. 많은 사람들이 민주주의가 독재보다 낫다는 주장을 받아들이겠지만 이 역시 과학적으로 입증할 수 없다. 역사 속에 일어난 사건들, 가령 1517년에 마르틴 루터의 종교개혁이 일어났다는 주장도 사실인지 입증할 수 없다. 이런 것들은 모두 실험도 관찰도 할 수 없고 또한 이미 지나가 버린 사건이어서 반복도 불가능하기 때문이다. 오늘 필자가 학교 식당에서 점심을 먹었다는 사실도 과학적으로는 입증할 수 없다. 오늘 점심 식사는 이미 끝났고 다시 반복되지 않기 때문이다. 그래서 과학적 방법만이 사실을 입증할 수 있는 유일한 길이라는 주장은 너무 협소하고 편협하다.

그럼 어떻게 할 것인가? **여기서 어떤 사실이 실제로 일어났는지를 판단하는 다른 방식으로 "법사학적 방법"을 생각해볼 수 있다. 법사학적 방법은 증인과 증거의 신뢰성에 의지해 참과 거짓을 판단하는 것으로서 증인에 의한, 문서에 의한, 증거물에 의한 세 가지 증언에 의존한다.** 그래서 동료 교수들이 나를 오늘 식당에서 보았다고 이야기하고(증인에 의한 증언), 당일 식사 체크리스트에 나의 사인이 남아 있으며(문서에 의한 증언), 더 나아가 내 옷에 오늘 점심 때 나온 음식물 자국이 남아 있다면(증거물에 의한 증언) 내가 오늘 학교 식당에서 밥을 먹었음은 "사실상" 입증될 것이다. 실상 루터의 종교개혁을 비롯한 역사 속의 사건들은 모두 이 "법사학적 방법"으로만 사실 여부를 판단할 수 있다.

예수의 부활도 마찬가지다. 예수의 부활에 대한 여러 증언과 증거물은 실험도 관찰도 할 수 없다. 하지만 그것들이 법사학적인 방법으로 설득력이 있으면 우리는 마음을 열고 이를 받아들여야 한다. **그러니 부활 같은 것이 있을 리가 없다고 미리 단정하지 말고 연관된 모든 자료들을 검토한 후 결론을 내려야 한다.** 그럼 예수의 부활과 연관된 증인과 기록 및 당시 상황을 종합적으로 고려해보면 어떻게 될 것인가?

첫째, 최근에 나온 인류학 연구 결과들은 **고대 문화에서도 역사적 사실과 지어낸 이야기를 엄격하게 구분하고 있음을 보여준다.** 당시 사람들 역시 역사적 설명의 변조를 용납하지 않았다는 뜻이다. 영국의 탁월한 신약학자인 리처드 보컴은 수십 년 동안의 연구 결과를 종합한 최근의 한 저서에서 고대인들 역시 현대인들과 마찬가지로 사실과 꾸며낸 이야기를 엄격히 구별했으며 역사적 사실에 대한 변조를 엄격히 금했음을 무척 설득력 있게 제시하고 있다.[1] 그런데 성경은 예수의 부활이 실제 일어난 역사적 사건이라고 입을 모아 증언한다.

둘째, 성경이 전하는 부활의 내용은 문제의 소지가 너무 많아서 지어냈다고 말하기가 사실상 불가능하다. 가령 복음서들은 한목소리로 부활의 첫 증인이 여성들이었다고 말하는데, 당시에는 여성의 사회적 지위가 너무 낮아서 유대 사회와 비유대 사회 모두 그들의 증언을 법정 증거로 채택하지 않았다. 따라서 **첫 목격자가 전부 여성이었**

---

1   여기에 대해서는 리처드 보컴, 박규태 역, 『예수와 그 목격자들』(서울: 새물결플러스, 2015)을 참조하라.

다는 주장은 교회가 새로운 교인을 얻는 데 큰 장애가 되는 것이었다. 그러니 이것이 사실이지 않고서는 부활한 예수를 만난 첫 증인이 여성들이었다고 기술할 이유가 전혀 없다.[2]

셋째, 죽은 사람이 다시 원래의 몸으로 부활했다는 이야기는 1세기 지중해 사회에서 너무 낯설고 이상해서 도무지 만들어낼 수 없는 이야기였다. 비유대교 세계인 그리스-로마 사회에서는 인간의 영혼은 선하고 고귀한 반면 육신과 물질 세계는 약하고 불결하다고 보았고, 이런 세계관을 가진 사람들에게 예수의 죽은 몸이 다시 살아났다는 주장은 도무지 받아들이기 어려운 괴상한 이야기였다. 그들은 몸의 부활을 원하기보다는 영혼이 몸의 속박에서 벗어나 영원한 세계에 참여하길 소망했다. 유대교 세계에서도 그리스도의 부활 소식은 아주 낯선 이야기였다. 유대인들은 그리스인들처럼 인간 육신과 물질 세계 자체를 악하다고 여기지는 않았다. 그들은 몸의 부활을 희망하고 기대했다. 하지만 그들이 희망한 것은 역사의 마지막 날에 일어날 집단적이고 총체적인 부활이었다. 역사의 마지막 날이 오면 하나님이 모든 불의와 죽음을 없애시고 온 세상을 새롭게 하실 것이며, 그때 모든 의인과 악인이 부활하여 최후 심판을 받을 것이라고 믿었다. 역사의 중간에 특정한 어떤 사람이 혼자 부활한다는 것은 꿈에도 생각할 수 없는 일이었다. 그러니 예수가 부활했다는 메시지는 당시 유

---

2   이 점에서 예수의 부활에 대한 방대한 연구서를 펴낸 신약학자 N. T. Wright는 기독교의 메시지를 전했던 초기 전도자들이 부활 이야기에서 여성들이 그 목격자였다는 내용을 빼라는 엄청난 압박에 시달렸을 것이라고 말한다. 하지만 예수 부활의 전후 사정 이야기들이 당시 이미 널리 알려져 있었기 때문에 그럴 수 없었다. N. T. Wright, *The Resurrection of the Son of God* (New York: Fortress Press, 2003), 608.

대 사회와 비유대 사회에서 그 누구도 조작해낼 생각조차 할 수 없는 황당한 이야기였다. 실제로 복음서를 보면 예수의 제자들조차 부활을 믿지 못할 뿐 아니라 그 소식을 듣고 당황해하는 흔적이 역력하다 (눅 24:13-35; 고전 15:12).

넷째, 예수의 부활에 대한 성경의 중요한 증언 중 하나는 빈 무덤 이야기다. 그런데 빈 무덤 이야기가 전해질 때는 아직 예수의 대적자들이 많이 살아 있었다. 그래서 **실제로 무덤이 비어 있지 않았다면 그들은 즉시 무덤을 보이면서 반박했을 것이다. 하지만 아무도 그렇게 하지 못했다.**

다섯째, 빈 무덤과 부활한 예수를 직접 만났다는 목격자들의 이야기가 전해질 때는 초기 교회의 가장 이른 전승 시기에 속한다. 빈 무덤과 증인들에 대한 설명이 처음 등장하는 문서는 복음서가 아닌 예수가 세상을 떠나고 15-20년쯤 지난 뒤 기록된 바울 서신이다. 가령 고린도전서 15:3-8은 이렇게 말한다.

> 내가 받은 것을 먼저 너희에게 전하였노니 이는 성경대로 그리스도께서 우리 죄를 위하여 죽으시고 장사 지낸 바 되었다가 성경대로 사흘 만에 다시 살아나사 게바에게 보이시고 후에 열두 제자에게와 그 후에 오백여 형제에게 일시에 보이셨나니 그중에 지금까지 대다수는 살아 있고 어떤 사람은 잠들었으며 그 후에 야고보에게 보이셨으며 그 후에 모든 사도에게와 맨 나중에 만삭되지 못하여 난 자 같은 내게도 보이셨느니라(고전 15:3-8).

여기서 바울은 자기가 전해 받은 것을 다시 전한다고 말하는데, 이는 부활에 대한 소식이 부활 사건이 발생한 직후부터 전해졌음을 의미한다.[3] 그리고 바울은 부활하신 예수를 직접 만난 사람이 자기뿐만 아니라 베드로를 포함한 열두 사도 외에도 500여 명에 이른다고 한다. 그런데 바울의 편지는 수신자가 교회 앞으로 되어 있어서 전체 회중들 앞에서 낭독하도록 되어 있는 문서였다. **바울은 누구든지 예수가 죽은 자 가운데서 부활하셔서 사람들에게 나타나셨다는 사실이 의심스럽다면, 이 일의 목격자들이 아직 많이 살아 있으니 직접 가서 확인해보라고 말하는 것이다. 그리고 이는 얼마든지 가능한 일이다.** 팍스 로마나 시대에는 어렵지 않게 지중해 연안 지역을 안전히 여행할 수

---

3   다양한 진영의 여러 신학자들은 이 신조가 예수 부활이 있은 후 2-8년 사이에 만들어진 것으로서 바울은 이를 다마스쿠스나 예루살렘에서 전해 받았을 것이라고 말한다. 부활에 관해 오랫동안 연구하고 이 주제에 대해서만 20여 권의 책을 쓴 Gary Habermas 교수는 이 점을 다음과 같이 말한다. "많은 학자들처럼 나 역시도, 바울이 회심한 지 3년이 지난 후 이 신조를 전해 받았다는 점에 동의한다. 그때 그는 예루살렘으로 여행을 떠났고…베드로와 야고보와 같은 증인들에게 직접 이 신조를 전해 받았다." Gary Habermas, *The Verdict of History* (Nashville: Nelson, 1988). Lee Strobel, *The Case for Christ: Investigating the Evidence for Jesus* (Zondervan, 2013), 230에서 재인용. 뿐만 아니라 행 1-5장과 13장의 수많은 이야기들 속에도 예수의 죽음과 부활에 관해 매우 이른 시기에 쓰인 자료가 나타내는 신조들이 포함되어 있다. 신약학자 John Drane은 부활에 관한 가장 이른 시기의 증거는 그 기록 연대가 부활 사건 직후의 시기까지 거슬러 올라감을 지적한다. "이것은 사도행전에 나타난 사도들의 초기 설교에 포함된 증거다.…사도행전의 첫 몇 장에 매우 이른 시기의 자료가 포함되어 있다는 점에는 의심의 여지가 없다." John Drane, *Introducing the New Testament* (San Francisco: Harper & Row, 1986), 99. 래비 재커라이어스, 노만 가이슬러 편, 박세혁 역,『하나님을 누가 만들었을까?』(서울: 국제제자훈련원, 2017), 125-26에서 재인용. 기독교 변증가인 Lee Strobel은 마가가 예수의 부활이 있고 나서 4년밖에 지나지 않은 기원후 37년 이전의 자료를 사용해서 마가복음의 수난 이야기를 썼다는 증거가 있다고 지적한다. 심지어 탁월한 신약학자인 James Dunn은 예수 부활에 대한 고백이 예수의 십자가 처형 직후, 즉 사건 발생 1년 내에 이루어졌다고 한다. 다시 말해 예수의 부활이 예수 사후 수십 년이 지난 후에 전설처럼 발전된 이야기는 전혀 사실이 아니라는 뜻이다.

있었기 때문에, 원하기만 하면 부활한 예수를 직접 접한 일차 목격자들을 얼마든지 만나볼 수 있었다. 목격자들이 실제로 존재하지 않았다면 바울은 이처럼 과감하게 도전할 수 없었을 것이다. 영국 맨체스터 대학교의 신약학자 브루스 교수는 이 점에 대해 다음과 같이 말하고 있다.

> 초기의 말씀 선포자들이 대면했던 사람들은 그들에게 친절한 목격자들만이 아니었다. 그들은 예수의 가르침과 그 죽음에 대해 잘 알고 있는 적대자들도 다루어야 했다. 그런 사람들 앞에서 말씀을 선포하는 사람들은 조금이라도 사실과 다른 말을 할 수 없었다. 적들은 기다렸다는 듯이 바로 잘못을 지적하고 나설 것이다. 이런 사실은 기대치 않은 결과를 가져왔다. 즉 초기의 말씀 선포자들이 가질 수 있었던 강력한 힘은 청중이 이미 알고 있는 사실에 의지해서 자신 있게 말씀을 전하는 것이었다. 그들은 "우리는 이러한 일들의 증인이다"라고 말했을 뿐만 아니라, "너희들도 알다시피"(행 4:22; 참조. 행 2:22; 26:24-26)라고 이야기할 수 있었다. 어떤 중요한 문제에 있어서든 말씀을 전하는 사람들이 사실에서 조금이라도 벗어나려고 했다 하더라도 그 모든 일을 목격했던 대적자들이 그들의 청중 속에 있을지도 모른다는 사실로 인해 그런 경향이 자리잡지 못했을 것이다.[4]

여섯째, 부활에 대한 또 하나의 강력한 증거는 제자들의 변화된 삶이

---

4   F. F. Bruce, *The New Testament Documents: Are They Reliable?* 33. 조쉬 맥도웰, 데이브 스테럿, 오세원 역, 『청춘을 위한 기독교 변증』(서울: 국제제자훈련원, 2012), 98에서 재인용.

다. 예수의 십자가 죽음을 경험한 제자들은 두려워 떨었고 깊이 낙심했다. 그 사건은 곧 예수를 중심으로 모인 그들 공동체의 끝을 의미했다(베드로의 부인, 막 14:66-72; 눅 23:48-49). 하지만 얼마 지나지 않아 제자들은 감격에 넘쳐서 예수는 하나님의 아들이요 구원자라고 선포했고 이 메시지를 전하기 위해 목숨까지 걸었다(행 4:1-21). 어떻게 이런 일이 가능했겠는가? 어떤 개인이나 집단이 필요에 의해 거짓말을 하는 경우는 많다. 그러나 생명의 위협을 받으면서도 끝까지 계속 거짓말을 하기는 어렵다. 최근 역사에서 비슷한 예가 있는데, 미국 닉슨 대통령의 워터게이트 사건이 터졌을 때 보좌관들의 행태를 생각해보라. 처음에 완강히 부인하던 그들은 시간이 지남에 따라 굴복하고 모든 사실을 실토했으며 그렇게 되는 데는 긴 시간이 필요하지 않았다.[5] 따라서 역사적으로 가장 개연성이 높은 답변은 제자들이 부활하신

---

5 리처드 닉슨 미국 전 대통령의 특별 보좌관이었던 척 콜슨은 워터게이트 사건으로 감옥에 갇혔다가 옥중에서 예수를 믿게 되었는데, 워터게이트 사건 당시 참모진들의 반응과 예수의 제자들의 반응을 다음과 같이 비교하고 있다. "워터게이트는 미국 대통령의 가장 가까운 측근들에 의해 저질러진 은폐 음모였다.…그들은 대통령에게 철저하게 충성했다. 하지만 그들 중 한 명, 존 딘은 닉슨에게 불리한 증언을 했다. 그의 말에 따르면 "혼자만이라도 살아남기 위해" 말이다. 진행 상황을 대통령에게 직접 브리핑까지 한 사람이 단 두 주 후에 그런 짓을 한 것이다. 단 두 주 후에! 워터게이트를 거짓으로 은폐하려는 노력은 겨우 두 주밖에 버티지 못했다. 그 후에는 모두가 난파선에서 뛰어내리는 쥐 떼처럼 대통령을 버렸다. 대통령 주변에 머물러 있었다면 그들은 수치와 감옥행을 감수해야 했을 것이다. 하지만 실제로 목숨을 잃거나 할 일은 없었다. 반면 예수의 사도들은 어땠던가? 아무 힘도 없는 열두 명의 평범한 사람들은 자신들의 주장을 굽히지 않는다면 수치와 정치적인 모욕 정도가 아닌 태형, 돌팔매질, 처형이 기다리고 있음을 알고 있었다. 하지만 그들은 모두 숨이 끊어지는 순간까지 죽음 가운데서 육체로 다시 살아나신 예수를 목도했다는 주장을 굽히지 않았다. 목이 잘리거나 돌팔매질을 당하기 전에 굴복한 사람이 한 명이라도 있지 않았을까?…한 사람도 그렇지 않았다." Chuck Colson, *I Don't Have Enough Faith to Be An Atheist*, 292-93. 조쉬 맥도웰, 데이브 스테럿, 『청춘을 위한 기독교 변증』, 107-8에서 재인용.

예수를 직접 만났으며 그 결과로 이를 전하는 데 자신들의 삶을 던졌다는 것 외에는 없다.[6] 철학자 파스칼은 "나로서는 목이 잘려 나갔던 증인들을 믿을 수밖에 없다"라고 말한다. 그렇다면 천하에 다시 없는 회의주의자라도 예수가 부활하셨다는 기독교의 선포를 진지하게 다시 생각해보아야 한다. **죽은 자는 결코 다시 살아날 수 없다는 주장만 내려놓으면 의외로 부활이 실제 일어난 사건이라는 주장이 가장 합리적인 결론이 된다.**

3. 예수 부활의 의미

앞서 살펴본 것처럼 예수의 부활은 찬찬히 들여다보기만 하면 역사적 개연성이 아주 높은 사건임을 알 수 있다. 죽은 자가 다시 살아날 수 없다는 입장을 내려놓고 주어진 사실을 자세히 검토해보기만 하면 알 수 있는 점이다. 그리고 예수가 정말 부활하셨다면 이는 하늘과 땅이 흔들리는 충격적인 사건이다. 예수가 정녕 부활하셨다면 예수에 대한 성경과 기독교 신앙의 모든 증언을 진지하게 듣지 않을 수 없다. 그렇다면 부활이 의미하는 바는 무엇일까?

---

6   미국 드루 대학교의 Thomas Oden은 "부활 후 제자들의 태도가 극적으로 변화된 것은 부활에 대한 최고의 증거다. 부활에 대한 어떤 가설이 타당성을 가지려면 자신들이 따르던 메시아가 십자가에 달려 돌아가신 것을 슬퍼하던 이들이 어떻게 자신 있게 그 메시아의 부활을 전파할 수 있게 되었는지를 설명해야만 한다. 교회는 만약 주께서 부활하지 않으셨다면 이런 변화가 결코 일어나지 못했을 것이라고 증언하고 있다"고 말한다. 래비 재커라이어스, 노만 가이슬러 편, 『하나님을 누가 만들었을까?』, 129에서 재인용.

1) 부활은 예수의 신원(identity)에 대한 명확한 확증이다

부활을 통해 예수는 단순히 한 인간이 아니라 하나님의 아들이요 신적인 존재임이 분명히 확인된다. 곧 원래 하나님의 아들이었던 예수는 부활 사건을 통해 삼위일체의 두 번째 인격으로서의 성자 하나님이었음을 드러내신다.

2) 부활은 하나님이 예수의 삶과 그 메시지를 철저히 긍정하셨음을 의미한다

예수가 부활하시지 않았다면 그의 죽음은 이 땅에 흔히 일어나는 한 의인의 억울한 죽음에 불과할 것이다. 그런데 성경은 십자가에 죽은 예수를 하나님이 다시 살리셨다고 한다. 이 말은 부활이야말로 예수의 삶이 옳았고 예수처럼 살아가는 것이 옳았음을, 더 나아가 예수가 선포한 하나님 나라가 결국은 이루어질 것임을 하나님이 확언해주신 사건이라는 뜻이다. 복음주의 신학자 제임스 패커는 이 점을 다음과 같이 말한다. "부활 사건은 예수의 신성에 대한 증거가 되었으며, 그분의 가르침을 확인시켜 주었고, 우리의 죄를 속죄하시는 그분의 사역이 완성되었음을 증명하고 있다. 또한 그분께서 지금 우주를 다스리고 계시며 미래에 심판주로 재림하실 것임을 확실히 알려주고 있고, 그분의 인격적인 용서와 현존하심과 사람들의 삶 속에 능력을 행하신다는 것이 진실임을 우리에게 확인시켜 주고 있으며, 새 하늘과 새 땅에서 각 신자들이 부활하여 새로운 몸을 입게 될 것임을 보증하고 있다."[7]

---

7   래비 재커라이어스, 노만 가이슬러 편, 『하나님을 누가 만들었을까?』, 123에서 재인용.

3) 부활은 죄와 죽음에 대한 하나님의 승리다

아무리 힘들고 뒤틀린 현실이어도 살아 있기만 하면 언젠가는 바꿀 수 있고 새롭게 만들 수 있다. 그러나 죽음은 모든 것의 끝이다. 모든 희망은 죽음과 함께 사라지고 오직 절망만이 남는다. 이 점에서 부활은 최고의 절망인 죽음을 극복하는 행위이며 모든 절망을 넘어서는 희망의 약속이다.

4) 부활은 세상의 전면적인 변혁과 하나님의 영광의 승리를 약속한다

세상에는 고통과 눈물이 많다. 사람들은 이런 아픔들이 모두 사라져 버린 세상을 꿈꾸고 동경한다. 그러다 보니 아이들을 위한 동화책뿐 아니라 성인들을 위한 판타지 문학이나 SF 영화, 마법을 주제로 하는 연극 같은 것이 결코 사라지지 않는다. 왜 이런 것들이 사라지지 않을까?『반지의 제왕』의 저자인 J. R. R. 톨킨은 자기의 책을 비롯하여 모든 판타지물에는 다음 다섯 가지 특징이 있다고 한다. ① 시간과 공간이 가져오는 제약의 초월, ② 죽음의 극복, ③ 사랑이 영원히 지속되며 사랑하는 사람과 결코 헤어지지 않는 세상, ④ 인간뿐만 아니라 이 세상 모든 것과의 신비적 연합, ⑤ 악의 극복과 선의 최종적 승리. 그런데 왜 이런 주제들이 나타날까? 삶이 그만큼 힘들기 때문에 잠시라도 이런 세계를 상상하며 위로와 힘을 얻기 위해서 그렇다고 말하는 사람도 있을 것이다. 한 걸음 더 나아가 지그문트 프로이트 같은 이는 이런 세계를 상정하고 그리워하는 것은 유아기적 의존 감정의 표현에 불과하기 때문에 빨리 거기에서 벗어나 현실을 직시하고 투쟁하는 성숙한 어른이 되라고 말할 것이다.

하지만 톨킨은 이렇게 도전한다. **"어쩌면 사람들은 마음 깊은 곳**

에서 원래 이런 세계가 진짜 세계였음을 알고 있는 것은 아닐까? 원래 세계는 이런 곳이어야 하는데 우리는 이를 잃어버렸고, 그 결과 마음속의 희미한 기억과 동경 때문에 환상 문학이나 SF 영화 등에 몰입하는 것은 아닐까?" 그는 그리스도인 작가로서 하나님이 애초에 만들기를 원하셨던 세계, 마침내 예수의 부활로 온전히 이루신 세계가 바로 이런 세계라고 말한다.

성경은 바로 이런 세계에 대한 약속과 간절한 희망으로 가득 차 있다. 하나님이 오셔서 왕이 되는 세계, 다시는 눈물도 애통도 곡하는 것도 없는 세계, 모든 것이 하나님 안에 있고 하나님은 만물 안에 깊이 계시는 밝고 기쁜 그런 세계. 요한계시록은 이런 세계를 다음과 같이 표현한다.

> 또 내가 새 하늘과 새 땅을 보니 처음 하늘과 처음 땅이 없어졌고 바다도 다시 있지 않더라. 또 내가 보매 거룩한 성 새 예루살렘이 하나님께로부터 하늘에서 내려오니 그 준비한 것이 신부가 남편을 위하여 단장한 것 같더라. 내가 들으니 보좌에서 큰 음성이 나서 이르되 "보라! 하나님의 장막이 사람들과 함께 있으매 하나님이 그들과 함께 계시리니 그들은 하나님의 백성이 되고 하나님은 친히 그들과 함께 계셔서 모든 눈물을 그 눈에서 닦아주시니 다시는 사망이 없고 애통하는 것이나 곡하는 것이나 아픈 것이 다시 있지 아니하리니 처음 것들이 다 지나갔음이러라." 보좌에 앉으신 이가 이르시되 "보라! 내가 만물을 새롭게 하노라" 하시고 또 이르시되 "이 말은 신실하고 참되니 기록하라" 하시고 (계 21:1-5).

예수의 부활은 이처럼 새로워지고 근본적으로 변화된 기쁨과 승리의 나라가 마침내 왔음을 보여주는 사건이며 역사의 마지막 날에 그것이 온전히 이루어질 것이라는 약속이다. 그래서 그리스도인들은 희망한다. 아무리 힘들어도 결국 하나님의 진리와 생명과 사랑과 공의가 마침내 세상을 바꿔서 새롭게 하고 완성하는 그날이 올 것임을. 신학자 칼 바르트는 죽기 바로 전날 평생 친구인 투르나이젠과 전화로 대화하던 중 이런 말을 남겼다고 한다. "세상은 날로 어두워가는 것 같아. 하지만 우리 주님은 부활하셨네." 이것이 일생 하나님의 부르심을 따라 산 이 위대한 신학자의 마지막 말이 되었다.

나가는 말

서구 근대의 특징 가운데 하나는 사실(fact)과 가치(value)를 구분하는 것이다. 서구 근대는 경험과 관찰, 논리적 추론을 거쳐 살아남은 것만 믿을 수 있는 사실이라고 보았다. 또한 다른 나머지는 가치가 있을 수 있으나 사적 취향에 머물러야 하며 결코 공적 진리라고 주장되어서는 안 된다고 보았다. 이런 관점에 따르면 종교적 교의 역시 하나의 의견이나 관점에 불과하며 사적 영역에 속한 것이다. 어떤 종교가 궁극적 진리라고 주장하는 것은 교만이며 다원성을 추구하는 사회에서 이를 받아들일 수 없다. 이런 풍토 속에서 종교는 개인 내면의 문제이자 사적인 선택의 문제로 치부된다.

하지만 우리는 근대 정신의 대 전제인 "합리성"이나 "비판성" 역시 그 자체로 객관적인 사실의 영역에 속하는 것이 아닌 하나의 가치

체계임을 유념할 필요가 있다. 이를 이해하는 데 미국의 사회학자이자 신학자인 피터 버거가 말한 "타당성 구조"(plausibility structure) 개념이 도움이 된다. 타당성 구조란 어떤 특정 사회 안에서 받아들여지는 믿음과 관행의 유형들을 말하는 것으로서, 한 사회의 구성원들은 그 사회의 타당성 구조에 따라 어떤 것의 옳고 그름을 판단하게 된다. 그런데 이런 타당성 구조란 그것을 받아들인 사회 안에서만 통용된다. 즉 어떤 것이 합리적이며 옳고 가치 있는 사실이라고 주장할 때, 그것은 대개의 경우 그 사람이 속한 사회의 전통 안에서만 통하는 말이라는 뜻이다.[8] 그 안에 속해 있는 사람들은 이 사실을 제대로 보지 못하지만 다른 문화권에서 온 사람들은 그것이 객관적이고 보편적이기보다 주관적이고 역사적으로 우발적인 체계에 불과함을 알 수 있다. **이렇게 보면 근대의 합리주의나 인간 중심주의도 하나의 교의(dogma)이자 의견(opinion)이고 하나의 타당성 구조다.** 가령 모든 것을 수량화하는 계몽주의 정신에 의하면 관찰과 실험의 결과로 수량화할 수 없는 것은 사실이 아니기 때문에 공적 가치가 없는 것으로 여겨진다. 그러나 과연 그런가? 선도 사랑도 아름다움도 수량화할 수 없다. 하지만 선과 사랑과 아름다움 없이 우리 인간은 단 하루도 살 수 없다. 결국 근대의 합리주의와 인간 중심주의는 19세기 유럽의 백인 남성적 관점에서 의미를 갖지만 (그리고 그것이 오늘날 세계에 널리 퍼졌기 때문에 상당한 보편성을 확보하고 있는 것 역시 사실이지만) 여전히 특정 집단에서만 의미 있는 "타당성 구조"일 수밖에 없다.

---

8   Peter Berger, *The Sacred Canopy: Elements of a Sociological Theory of Religion* (1967), 45, 192.

따라서 현대 사회의 복음 전파와 기독교 변증 역시 그 사회의 주도적 정신 곧 그 타당성 구조에 맞춰 기독교 신앙의 내용을 변형시킬 것이 아니라 기독교적인 사고 체계 곧 기독교의 타당성 구조를 우선한 다음 그것으로 현대의 주도적 사고방식을 비판하고 극복하는 것이 되어야 한다. 즉 기독교 신앙은 그 자체의 공적이고 보편적인 진리성을 주장해야 한다.

그 좋은 시금석 하나가 예수의 부활이다. 19세기 이후 자유주의 신학은 "부활은 있을 수 없다"는 근대 이후의 기계론적이고 자연주의적 세계관, 즉 근대 서구의 타당성 구조 안에서 부활을 말하려다 보니 "부활은 실제로 일어나지는 않았다. 하지만 예수는 제자들의 마음속에서 부활했다. 부활은 비록 실제 역사 속에서 일어나지 않았으나 우리 마음속에서 일어났고 또 일어나야 한다"라고 말할 수밖에 없었다. 하지만 기독교 신앙의 타당성 구조로 부활을 보면 "모든 것을 있게 하셨고 또 지금도 있게 하시는 하나님은 죽은 자를 얼마든지 다시 살아나게 하실 수 있다. 그래서 하나님은 예수를 죽은 자 가운데서 '실제로' 살아나게 하셨고 지금 우리는 성령의 능력 안에서 예수 그리스도의 부활을 매 순간 체험한다"라고 말해야 한다. 한 걸음 더 나아가 부활에 대한 역사적, 실증적 근거 역시 우리가 앞서 살펴본 것처럼 대단히 많음을 유념할 필요가 있다. 부활에 대한 신앙은 사적 영역뿐만 아니라 공적 담론에서도 충분히 그 정당성을 주장할 수 있는 것이다. 그래서 예수의 부활은 공적 담론의 장에서 논의될 수 있으며 또 논의되어야 한다.

더 나아가 **예수의 부활과 그것이 의미하는 바를 우리 자신의 삶을 통해 구현해야 할 것이다.** 초기 그리스도인들은 부활을 이론적으로 변증하려고 하지 않았다. 그들은 부활한 예수를 만남으로써 자기들에게 일어난 근본적이고 영속적인 변화를 온몸으로 외치고 전했을 뿐이다. 우리도 마찬가지다. 모든 초월적인 것에 대한 근본적인 불신으로 특징되는 현시대에 가장 강력한 신앙의 증언이자 변증은 역시 삶으로 부활의 현실을 살아내는 것에서 나온다.

세 줄 요약

1. 예수 그리스도의 부활과 그분의 십자가 죽음은 기독교 신앙의 핵심이다.
2. 예수 그리스도의 부활에 대한 역사적 증거는 아주 많다.
3. 예수의 부활은 예수가 하나님의 아들이자 구원자임을 입증한 사건이고 하나님 나라가 종래 완성될 것이라는 확증이며 그리스도인의 믿음이 결코 헛되지 않을 것임을 보증하는 전 우주적인 사건이다.

토론 문제

1. 예수의 부활을 믿기 어려운 이유는 무엇일까? 부활을 믿지 못하겠다는 사람에게 우리는 어떤 말을 해줄 수 있을까?
2. 예수의 부활에 대한 역사적 근거는 무엇인가?
3. 예수의 부활이 나와 교회 및 세계 전체에 가지는 의미는 무엇일까?

15장_ 하나님의 섭리를 어떻게 이해해야 하는가?

들어가는 말

그리스도인들은 하나님이 그 선하신 뜻대로 세상을 이끌어가신다고 고백한다. 이 세상에는 악이 있고 거짓과 불의가 판을 치지만 그래도 하나님이 다스리시므로 결국 하나님의 뜻이 성취되고 공의와 사랑이 승리할 것이라고 믿는다. 하나님의 다스리심에 대한 이런 믿음은 섭리 신앙, 즉 "모든 것이 합력하여 선을 이룰 것이라는 믿음"(롬 8:28)으로 표현되어왔다.

하나님은 정말 세상을 다스리고 계시는가? 세계가 아직 기독교의 영향 아래에 있던 크리스텐덤 시대에는 하나님의 세계 통치와 섭리를 고백하는 것이 어렵지 않았다. 그러나 크리스텐덤은 오래전에 사라졌고 현재 우리는 완전히 다른 세계를 살고 있다. 오늘날 세계를 주도하는 것은 하나님과 그 말씀이 아닌 거대 자본이나 정치 권력 혹은 과학 기술로 보인다. 그렇다면 우리는 과연 무엇을 근거로 하나님의 세계 통치와 섭리를 고백할 수 있을까?

1. 섭리를 고백하기 어렵게 된 이유

오늘날 하나님의 세계 통치와 섭리를 고백하기 어렵게 되었다면 주된 이유는 다음 두 가지 때문일 것이다.

1) 세상의 악과 고난의 문제

20세기는 전쟁의 시대였다. 제1, 2차 세계대전을 비롯하여 한국전쟁, 월남전 같은 전쟁으로 인해 과거 어느 세기보다 많은 군인들이 피를 흘렸고 그보다 더 많은 고아와 과부들이 고통의 삶을 보내야 했다. 또한 지난 **20세기는 이데올로기의 시대였다.** 20세기만큼 자유와 평등, 정의와 해방을 내세운 여러 이데올로기의 선동이 격렬히 전개된 때도 없었으며, 이를 위해 사람들이 무자비하게 동원되어 착취되고 죽어간 시대도 없었다. 마지막으로 **20세기는 자본에 의한 인간의 물상화가 전방위적으로 일어난 시대였다.** 자본주의가 발달할수록 인간은 그 자체로 소중한 존재가 아니라 자본의 무한한 증식을 위한 수단 곧 노동하는 기계나 에너지원으로 전락해버렸으며, 인간 소외는 더 극심해졌다. 이는 모두 우리 사람들의 악함과 어리석음의 결과였다. 그럼에도 불구하고 선하신 하나님이 왜 이런 악과 고난을 그냥 두고 보시는가 하는 질문이 나올 수밖에 없었으며, 그 가운데 하나님의 세계 통치와 섭리에 대한 믿음은 힘을 잃어갔다.

2) 과학 기술의 발달

20세기 이후 과학 기술의 놀라운 발전으로 인해 사람들은 신이나 다른 종류의 초월적 원리의 도움 없이도 세계의 구성과 그 작동 방식을 설명할 수 있게 되었다. 물론 아직 설명하지 못하는 영역도 있으나 언젠가는 이들 역시 과학의 언어로 설명될 수 있으리라는 믿음이 널리 퍼져 있다. 세계의 거의 모든 것을 하나님과 그분의 개입을 고려함 없이 세계 내적인 원리로만 설명할 수 있게 되면서, 하나님이 계시고 그분이 세계를 이끄신다는 믿음 역시 약화될 수밖에 없었다.

2. 전통적 유신론과 거기에 근거한 전통적 섭리론의 한계

이런 시대 속에서 교회가 전통적으로 고백해온 고전적 유신론과 여기에 근거한 섭리 이해는 그다지 설득력이 있어 보이지 않는다. 유신론(theism)은 전통적 유신론(traditional theism), 고전적 유신론(classical theism), 형이상학적 유신론(metaphysical theism) 등으로 불리며, 중세 스콜라 신학 이래 본격적으로 형성된 신 이해다. 이런 유신론은 하나님을 인간이 가진 일반적인 신 인식의 능력에 따라 이해하고자 한다. 즉 인간의 좋은 속성들을 극대화하여 그것들을 하나님의 속성으로 이해하거나(페트루스 롬바르두스의 "탁월성의 방법"[via eminentia], 이때 하나님은 전지, 전능, 거룩, 사랑, 정의, 인내를 그 속성으로 가진 분으로 여겨진다), 인간이 가진 부정적 속성들을 하나님의 속성으로 이해한다(페트루스 롬바르두스의 "부정의 방법"[via negativa], 이때 하나님은 단순성, 불변성, 영원성, 무소부재성[편재], 독립성[자존성], 불사성, 고통불가성[impassibility], 무감동[apathy] 같은 속성을 가진 분으로 간주된다). 결국 이런 과정을 거치면서 하나님은 전지, 전능, 편재, 영원, 완전, 불사, 불변, 무감동 같은 속성을 지닌 하늘 높이 계신 영원한 절대자이자 천상의 절대 군주, 아버지, 재판관으로 이해된다. 또한 이런 하나님의 세계 통치는 "힘에 의한 통치" 곧 "지배자의 통치"로 여겨진다.

하지만 이런 유신론적인 하나님 이해와 그런 하나님의 세계 통치 내지 섭리하심은 근대 이후 근본적인 도전을 받게 되었다. 이런 도전은 다음 세 가지 모습으로 나타났다.[1]

① 갈릴레이와 코페르니쿠스의 지동설 이후 하나님이 "저 위 거룩한 곳"에 계시면서 세상을 다스리신다고 말하기가 어려워졌다. 천문학의 여러 발견들로 인해 지구는 우주의 조그만 별이라는 사실이 드러났으며, 그 과정에서 전통적으로 하나님이 계신다고 여겨진 하늘 역시 지구와 동일한 물리적 실재가 되어 천상-지상, 초자연-자연, 영의 세계-물질 세계의 이분법이 설득력을 잃게 되었다.

② 찰스 다윈이 내놓은 진화론의 영향으로 인간 역시 "영혼을 가진 특별한 존재"가 아닌 다른 생명체들과 동일한 하나의 생명체에 불과한 것으로 여겨지게 되었다. 코페르니쿠스와 갈릴레이로 인해 지구가 사람들의 인식 속에서 물리적 우주의 중심 자리를 잃게 된 것처럼, 다윈으로 인해 인간은 신의 형상으로 만들어졌으므로 모든 다른 생명체들과 근본적으로 다른 존재라고 말하기가 어려워졌다.

③ 앞의 두 가지 보다 더 근본적인 도전은 하나님을 비롯한 모든 추상적인 개념들이 인간 정신의 산물일 수 있다는 의구심이 커졌다는 점이다. 신을 비롯한 모든 추상적인 개념들은 그냥 개념일 뿐 그것들이 가리키는 실체는 없으며 그냥 상징을 만들어내는 인간 능력의

---

1   아래 내용은 다음을 참고했다. 로이드 기링, 박만 역, 『가이아와 기독교의 녹색화』(서울: 한국기독교연구소, 2019), 50-54.

표현일 수 있다는 생각이 널리 퍼져갔다. 이런 생각은 19세기 철학자인 루트비히 포이어바흐의 "신이 인간을 만든 것이 아니라 인간이 신을 만들었다"는 무신론적 사유로 구체화되었다.

요약하면 근대 이후 천문학의 발전과 인간에 대한 진화론적 이해 및 신적 존재의 실재성이 의심받게 되면서 프란시스 쉐퍼의 말대로 "거기 계시며 말씀하시는 하나님"이라는 유신론적 관점으로 이해되어온 하나님의 세계 통치와 섭리에 대한 믿음 역시 약화되어버린 것이다.

그렇다면 우리는 어떻게 해야 하는가? 하나님의 초월성과 그 세계 통치에 대한 믿음을 포기해야 하는가? 그럴 수는 없다. **성경적 신앙의 가장 중요한 특성 하나는 하나님이 우리 인간보다 크고**(great), **인간과 다르며**(different), **인간에게 낯선**(strange) **분이라는 데 있다. 성경 저자들은 하나님의 이런 위대함**(greatness), **차이**(difference), **낯섦**(strangeness)**을 주로 공간적인 은유로 표현하였다.**[2] 다시 말해 성경은

---

2   성경은 하나님의 거룩성을 몇 가지 은유로 아주 분명하게 표현한다. 첫째는 높이의 은유다(창 14:18; 시 7:17; 21:7; 46:4). 특히 다니엘서는 하나님이 지극히 높으신 분임을 끊임없이 강조한다(단 4:2, 7, 24). 두 번째는 거리의 은유다. 하나님은 "가장 높은 곳"에 계실 뿐만 아니라 그분의 창조물에게서 "아주 멀리" 계신다. 그래서 인간은 자신의 힘으로는 결코 하나님께 가까이 나아갈 수 없다. 모세는 가시 떨기나무에 불이 붙어 있는 것을 보고 가까이 갔다가 거기에서 하나님을 만난다. 그때 하나님은 모세에게 "네가 선 곳은 거룩한 곳이니 네 발에서 신을 벗으라"고 하신다(출 3:5-6). 이사야가 성전에서 환상을 보는 사 6장의 사건도 마찬가지다. 하나님의 거룩성을 나타내는 세 번째와 네 번째는 빛과 불의 은유다. 요 1:5, 히 12:29, 딤전 6:16, 히 10:27 등은 "하나님은 빛이시다", "하나님은 영원한 빛 가운데 계신다", "우리 하나님은 소멸하는 불이시다"라고 말한다. 다섯 번째는 가장 극적이며 생생한 것으로서 "토해버린다"는 은유다. 우리 인체에 해로운 것이 들어오면 구토 반응이 일어나 그것을 토해버리듯 하나님도 어떤 죄악이든 차마 참지 못하고 토해버리셔야만 한다는 것이다. 레 18:25, 20:22, 시 95:10 등에 보면 이스라엘 백성이 악한 일을 하면 하나님께서 그 땅

하나님의 초월성을 "하나님은 하늘 저 높은 곳에 계신다"는 공간적인 은유를 빌려 서술했으며, 신적 초월성에 대한 이런 서술은 고대와 중세 및 근대 초기(대략 17세기)까지 전혀 문제가 되지 않았고, 여기에서 유신론적인 신관이 탄생하게 되었다. **다시 말해 하나님의 초월성을 표현하는 유신론적 신 이해는 과거에는 잘 작동하던 방식이었다. 그러나 근대 이후 앞에서 거론한 몇 가지 이유들로 인해 설득력을 잃어간 것이다.**[3]

따라서 공간적인 은유가 갈수록 의미를 갖지 못하게 되는 우리 시대에 하나님에 대한 새로운 은유를 찾을 필요가 있다. 그러나 그 가운데서도 하나님의 크고 다르며 낯선 모습은 보존되어야 한다.

으로 하여금 그 백성을 토해버리게 하겠다고 말씀하신다. 그런가 하면 계 3:16에는 차지도 덥지도 않은 라오디게아 교회를 향해 토해버리겠다고 하신 말씀이 나온다. 이에 대해서는 존 스토트의 『그리스도의 십자가』(IVP 역간)를 참조하라.

3 20세기 신학자들이 지닌 신 이해의 상당 부분은 이런 유신론적 신 이해의 한계를 극복하면서 하나님의 실재성과 초월성을 확보하려 한 시도였다고 할 수 있다. 가령 하나님의 초월성을 철저히 예수 그리스도 안에서 찾아보려고 했던 Karl Barth의 그리스도 중심적 신 이해나 하나님의 초월을 "공간적 은유"가 아닌 "깊이"의 은유로 이해하고자 한 Paul Tillich의 존재론적 신학 역시 유신론적 신 이해의 한계를 넘어보려는 시도로 이해될 수 있다. 또한 1940년대에 옥중에서 "세상적 기독교", "성년이 된 세계", "기독교에 대한 비종교적 해석", "타자를 위한 존재로서의 그리스도인" 같은 깊은 신학적 울림이 있는 용어들을 던졌으나 그것들을 더 이상 발전시키지 못했던 Dietrich Bonhoeffer의 신학적 통찰들도 하나님을 저 위에 계신 크고 높은 하나님이라는 전통 유신론의 개념으로 표현하기 어려워진 시대에 하나님의 크심과 다르심 및 낯섦을 말해보려고 한 시도였다고 할 수 있으며, 하나님을 종말론적 미래로부터 현재로 돌입해오는 변혁의 능력으로 보려고 했던 Jürgen Moltmann의 메시아적 신학이나 하나님을 세계의 모든 시공간에 현존하는 사랑의 설복력으로 이해하고자 한 과정 신학 등이 모두 "공간적 은유"로 하나님을 말하기가 점점 어려워지는 시대에 하나님의 초월을 다른 방식으로 말해보려는 나름의 의미 있는 시도였다.

3. 섭리에 대한 새로운 이해: "능력"이 아닌 "사랑"의 하나님의 세계 통치

우리 시대에 의미 있는 섭리 신앙을 말할 수 있는 길은 어디에 있을까? 이는 섭리 신앙이 의존하고 있는 신 개념을 알고 무엇보다도 하나님의 전능성을 새롭게 이해함으로써 가능하게 될 것이다. 고전적 유신론은 하나님의 전능을 "무엇이든 원하는 대로 할 수 있는 능력"으로 이해해왔고 이에 따라 사람들은 하나님을 우주와 인간 세계 전체를 전권을 가진 주님이자 왕으로서 다스리고 인도하고 심판하는 분으로 고백해왔다.

하지만 하나님에 대한 제대로 된 이해는 예수 그리스도 안에서 발견된다. 이는 히브리서의 증언처럼 예수 그리스도는 하나님의 계시의 완성이자 정점이고(히 1:1-2), 신학자 칼 바르트의 말처럼 하나님의 자기 계시이자 "하나님의 반복"(The Repetition of God)[4] 또는 "두 번째의 하나님"(God a second time)[5] 이시며, 신학자 에버하르트 윙엘의 말처럼 "십자가에 달리신 분이 사실상 '하나님'이란 단어가 의미하는 바로 그 정의"[6]이기 때문이다. 다시 말해 예수 안에서 발견되는 하나님, 예수가 보여주시는 하나님이 바로 참된 하나님이라고 고백하는 것이 기독교적 신 이해의 핵심이다.

그런데 예수 안에서 발견되는 하나님은 철두철미한 사랑의 하나님이다(요 3:16). 그렇다면 하나님의 전능 역시 하나님은 사랑이시라

---

4   Karl Barth, *Church Dogmatics* 1/1, trans. G. W. Bromiley (Edinburgh: T&T Clark, 1975), 343.
5   Ibid., 363.
6   Eberhard Jüngel, *God as the Mystery of the World*, 13.

는 이 근본적인 증언을 중심으로 이해되어야 한다. **따라서 기독교적인 의미의 신적 전능은 "무엇이든 할 수 있는 능력"이 아닌 "사랑을 위해서 무엇이든 할 수 있는 능력"이다.** 곧 하나님의 전능은 오직 사랑을 위해 사용되고, 사랑을 위해서는 무엇이든 하며, 사랑을 위해서는 무엇이든 견디는, 철저한 사랑의 능력이다. 슬로언 코핀 목사는 이를 다음과 같이 아름답게 표현하였다. "신앙이란 무엇인가? 사랑의 힘에 의해 파악되는 게 신앙이다. 신앙의 눈으로 보면 하나님은 끝없이 통제하시는 분이 아니라 무한하게 자비를 베푸시는 분이라는 걸 알 수 있다. 신앙이 깊어지면 하나님은 힘을 행사하시는 분이 아니라 끝없는 사랑을 펼치시는 분이라는 것도 알게 된다."[7]

그렇다면 전능한 하나님(almighty God)은 사랑으로 인해 연약해질 수 있는 하나님(vulnerable God)이라고 해야 한다. 하나님은 그 사랑으로 인해 스스로를 제한하고 자신을 취약한 존재로 만드신다. 사랑하게 되면 사랑하는 대상 앞에서 연약해지고, 그 사랑으로 인해 자신을 내어주고 희생할 수밖에 없다. 해방신학자인 레오나르두 보프는 이를 다음과 같이 말한다. "하나님은 능력에 있어서는 약하지만 사랑에 있어서는 강하다."[8] 본회퍼 역시 같은 이야기를 한다. "그리스도는 그의 전능의 능력을 통해서가 아니라 그의 연약함과 고난을 통해 우리를 도우신다.…오직 고난당하는 하나님만이 도우실 수 있다."[9] 성경도 이를 분명히 말하고 있다. 요한계시록에서 하나님이 인봉한 책을 뗄 유일한 분이 예수신데 이때 예수는 유대의 사자(獅子)가 아니라

7   윌리엄 슬로언 코핀, 최순님 역, 『나는 믿나이다』(서울: 한국기독교연구소, 2007), 24.
8   Leonardo Boff, *Jesus Christ, the Liberator*, 27.
9   Dietrich Bonhoeffer, *Letters and Papers from Prison*, 360-61.

죽임을 당한 하나님의 어린 양이다(계 5:1-4). 기독교 사상가인 자크 엘륄은 이 말씀을 다음과 같이 해석한다. "역사의 비밀을 보여주고 그것을 붙잡고 있으면서 그것이 역사로서 펼쳐지도록 하는 이는 분명코 전능한 주님이 아닌 죽임을 당한 어린 양이다. 그는 만유의 주가 아닌 십자가에 못 박히고 옷 벗김을 당하고 무력하게 되어서 모든 자 중에 가장 약하게 된… 아름다움도 영예도 힘도 없는 분이다."[10]

앞에서 하나님의 전능은 사랑을 위한 전능, 즉 사랑을 위해서는 무엇이든 할 수 있는 전능이라고 말했다. 그런데 사랑은 성격상 사랑의 대상을 가장 귀하게 여기고 최선의 것을 주고자 한다. 사랑할 때 우리는 상대방이 가장 자기답게 될 수 있도록 여지를 주고 가장 소중한 것마저도 기꺼이 내어놓는다. "사랑은 오래 참고 사랑은 온유하며…무례히 행하지 아니하며 자기의 유익을 구하지 아니한다"(고전 13:4-5). 따라서 하나님의 세계 창조가 사랑에 의한 창조이며 하나님의 세계 통치와 섭리 역시 사랑에 의한 통치와 섭리라면 이는 피조 세계에 자유를 주어 피조물들이 가장 자기답게 될 수 있도록 허용하는 모습을 보일 것이다. **그래서 하나님은 그 사랑으로 인해 스스로를 비우고 제한하시며 이런 비움과 제한으로 인해 만들어진 공간을 피조물들이 각자의 존재 수준에 맞는 자유로 채우도록 하신다. 이로 인해 물질 세계에는 자기 보존력과 우발성(contingency)이, 동물과 식물에게는 그 존재의 수준에 따라 서로 다른 여러 수준의 자기 보존력과 표현력, 번식력, 운동 능력 및 의지가, 인간에게는 이 모든 것에 더하여 자유 의지가 주어지며, 그 결과 이 땅에는 하나님의 힘 이외의 여**

---

10   Jacques Ellul, *Apocalypse: The Book of Revelation*, 117.

러 힘들이 작동하게 된다. 곧 하나님의 힘, 자연의 힘, 동물의 힘, 식물의 힘, 인간의 힘들이 나타나고 이것들이 서로 뒤섞여 부딪치고 조화와 갈등을 일으키며, 그 과정에서 새롭고 예기치 못한 일들이 계속해서 일어난다. 당연히 악과 부조리와 고통도 함께 발생한다.

물론 하나님이 피조세계에 자율성을 허락하시지 않았다면 악과 고통도 존재하지 않았을 것이다. 하지만 그런 세계는 죽은 기계의 세계일 뿐 생명을 사랑하시는 하나님의 세계는 아니다. 사랑으로 인해 피조세계에 자유를 허락하시는 하나님의 세계에는 어쩔 수 없이 악과 고통과 모호성이 존재할 수밖에 없다. 하지만 성경은 하나님이 가장 큰 사랑으로 찾아와 이런 세계를 보존하시고 새 일을 행하시며 마침내 예수 그리스도의 십자가 죽음과 부활 안에서 세계 전체를 온전히 변혁하신다고 말한다. 예수 그리스도의 성육신에서 피조세계의 모든 고통과 부조리에 함께하시기 위해 한없이 낮아지시는 하나님이 나타나신다. 예수의 하나님 나라 선포에서 하나님이 원하시는 원래적인 세계의 아름다움이 드러난다. 마침내 그분의 십자가 죽음과 부활을 통해 마침내 온 세계를 새롭게 하시고 다시는 슬픔도 눈물도 없는 세계(계 21:4)를 만들어내시는 하나님의 사랑의 수고와 최후 승리가 분명히 계시된다.

따라서 하나님의 세계 통치나 섭리 역시 이런 사랑의 모습에 따라 일어난다고 말해야 한다. **우리는 하나님이 "주도하는 힘"**(power over)**으로 임하셔서 우리의 문제를 일거에 해결해주시기를 바란다. 그러나 하나님은 사랑이시므로 강제하지 않는다. 오히려 그분은 "함께하는 힘"**(power with)**으로 임하셔서 사람들에게 힘과 지혜를 주심으로써 당신과 함께 일을 이루어가게 하신다.** 다시 말해 하나님은 우리가 주체적으로 결정하고 행동하도록 능력을 주시고 후원하신다. 슬로언 코핀 목사는 이를 다음과 같이 아름답게 표현하고 있다. "신앙이 깊어지면 하나님은 힘을 행사하시는 분이 아니라 끝없는 사랑을 펼치시는 분이라는 것도 알게 된다.…하나님은 최소한으로 돌보시고 최대한으로 지원을 아끼지 않으신다."[11]

그렇다면 하나님의 섭리를 믿는다는 것은 선하신 하나님이 결국 모든 것을 합력하여 선을 이루실 것을 믿는 동시에 우리 역시 책임적으로 그 사랑의 능력이 우리를 통해 나타나는 순복의 삶을 살아감을 의미한다. 그래서 섭리 신앙은 섭리 실천이다. 하나님이 그 사랑으로 인해 우리를 부르셔서 힘을 주시고 붙드시매 우리는 하나님의 동역자가 되어 더불어 함께 하나님의 왕적 통치를 일구어가는 것이다.

4. 사랑의 힘으로서의 하나님의 섭리와 우리의 기도 및 순종의 관계

하나님의 전능을 사랑의 전능으로 받아들이고 하나님의 세계 통치와 섭리 역시 이런 사랑의 능력의 표현으로 이해한다면 기도에 대한 이해 역시 달라질 수 있다. 많은 경우 기도는 연약한 피조물인 인간이 자신의 힘으로 할 수 없는 일을 전능자인 하나님께 아뢰고 그 능력을 힘입어 원하는 바를 얻는 행위로 이해된다. 분명 성경에는 이런 유형의 기도가 많이 등장한다. 하지만 예수 안에 나타나는 하나님의 사랑이 인간과 세계의 주체성과 자유를 존중하여 스스로 선택하도록 허

---

11   윌리엄 슬로언 코핀, 『나는 믿나이다』, 24.

용하는 것이라면, 기도 역시 초자연적인 도움을 받는다는 측면보다 하나님과의 만남과 사귐을 통해 새로운 존재로 변화됨으로써 하나님의 일을 행할 힘을 얻는 것으로 이해해야 한다. 이럴 때 기도는 다음과 같은 특징을 가지게 된다.

① 우리는 기도를 통해 잘못된 판단과 욕망에서 벗어나 자유롭게 된다(진리를 알지니 진리가 너희를 자유롭게 하리라, 요 8:32).

② 이렇게 자유로워짐으로써 하나님의 선하신 뜻을 분명히 알게 된다(마음이 청결한 자는 복이 있나니 그들이 하나님을 볼 것임이요, 마 5:8).

③ 이제 기도를 통해 개인적, 교회 공동체적으로 하나님의 뜻을 따라 살아갈 힘을 얻게 되고 그것을 실천하며 살게 된다(내가 하는 일을 그도 할 것이요 또한 그보다 큰일도 하리니, 요 14:12).

이를 바탕으로 기도를 다음과 같이 정의할 수 있다.

첫째, 기도는 하나님 나라가 임함을 믿고 고백하며 선포하고 감사하는 행위다. 비록 지금 악과 부조리와 눈물이 있다 해도 하나님이 이미 예수 그리스도 안에서 새날을 가져오셨고 친히 왕이 되셔서 지금도 일하고 계신다. 결국 기도는 하나님이 온전히 모든 것을 그분의 선하신 뜻 안에서 하나씩 이루어가실 것임을 믿고 감사하면서 그 믿음을 선포하는 행위다.

둘째, 이 점에서 기도는 아직은 구속받지 못한 세상에 가장 깊이 참여하는 행위다. 우리는 기도를 통해 하나님의 공의와 사랑이 이 땅에서 속히 이루어지기를 바라며 모든 눈물과 고통과 아픔이 사라지기를 간절히 구한다. 우리는 기도를 통해 세계의 악과 싸우고 피조물의 고통과 아픔에 참여하며 생의 부조리와 모호성을 견뎌낸다. 기도는 고난 중에 있는 피조세계와 함께 고통을 받고 공감하면서 같이 순례의 여정을 걸어가는 것이다. 이런 점에서 참된 기도는 참된 행동이 기도 하다.

셋째, 기도하고 있을 때 우리는 예수 그리스도 안에서 우리를 찾아오신 하나님이 정녕 왕이요 승리자이심을 믿게 된다. 하나님 나라는 아직 완전히 오지 않았다. 하나님 나라가 온전히 임할 때 우리는 기도하기보다 하나님의 영광을 보고 기뻐하고 찬양할 것이다. 모든 눈물이 씻기는 그날, 하나님의 영광이 마치 신부가 신랑을 위해 단장하듯 아름답고 완벽한 모습으로 이 땅에 임하는 그날, 하늘과 땅이 신비한 방식으로 온전히 하나로 연합하는 그날에는 기도가 아니라 가장 큰 감사와 기쁨으로 하나님을 찬양하기만 하면 충분할 것이다. 하지만 하나님 나라는 아직 완성에 이르지 않았다. 세상에는 여전히 눈물과 고통과 부조리가 많다. 피조세계는 하나님의 아들과 딸들이 나타날 것을 기다리며 고통 속에 있다. 그리스도인들 역시 하나님 나라가 이미 왔으나 또한 아직 온전히 오지 않았음을 뼈저리게 느낀다. 그래서 우리는 기도하고 있을 때만 정사와 권세와 이 어둠의 주관자들이나 하늘의 악한 영들이 아니라 하나님이 이 세상의 주관자이심을 안다. 참으로 기도하고 있을 때만 이 세상의 경제 권력, 정치 권력, 문화 권력, 학문 권력이 아닌 예수 그리스도 안에서 우리를 찾아오신 하나님이 세상의 왕이요 주권자이심을 비로소 믿을 수 있다. 바울을 비롯한 초기 그리스도인들은 기도 속에 살아 있었기 때문에 로마 황제나 헤롯이나 빌라도가 아닌 예수가 세상을 이끌어가시는 왕이요 주권자임을 고백하고 그 고백대로 살 수 있었다.

넷째, 우리가 기도할 때 하나님이 우리를 통해 일하시기 시작하고, 우리 역시 하나님과 함께 일하게 된다. 하나님은 인격적인 분이시기 때문에 우리의 동의와 협력을 통해 일하신다. 그래서 하나님은 우리가 기도하고 순종할 때만 우리를 통해 그분의 나라를 이 땅에 이루어 가실 수 있다. 우리는 다니엘의 유명한 기도를 통해 이 사실을 확인한다. 다니엘은 예루살렘을 위해 기도를 시작하지만 그 기도는 바로 응답되지 않는다. 오랜 시간이 지나 다니엘 앞에 하나님의 전령사인 미가엘이 나타나서는 "다니엘이 기도를 시작하는 순간 이미 하나님이 들으셨으나 페르시아의 군대가 그를 막아서 오는 것이 지체되었다"고 전한다. 하나님은 우리 기도를 들으시고 그 기도를 통해 일하신다. 그러나 그 기도를 막는 힘이 있다. 여기서는 페르시아의 군대 곧 신약성경이 말하는 정사와 권세 및 공중의 권세 잡은 힘이다. 기도는 이런 모든 영적인 힘들을 제어하고 마침내 하나님이 우리 안에서 우리와 함께 일하시도록 자리를 내어드리는 일이다. "우리의 씨름은 혈과 육을 상대하는 것이 아니요 통치자들과 권세들과 이 어둠의 세상 주관자들과 하늘에 있는 악의 영들을 상대함이라"(엡 6:12).

그래서 기도는 하나님의 왕 되심을 믿으면서 그분의 놀라운 은혜를 감사하고 찬송하는 행위지만 동시에 **하나님이 일하시도록 하나님께 자리를 내어드리는 행위이며 더 나아가 하나님과 함께 일하기 시작하는 것이다.** 하나님은 우리의 순종 어린 기도의 행위를 통해 일하심으로써 그분의 놀라운 계획과 능력을 이 땅에서 펼쳐가신다. 제2차 세계대전 당시 유대인 포로수용소에 있던 29살의 유대인 여성 에티 힐레숨은 이 사실을 알았기 때문에 1943년 11월 31일 아우슈비츠의 가스실에서 살해되기 전 이렇게 기도드렸으리라.

오, 하나님! 제가 당신을 돕겠습니다.…오직 저에게는 이 한 가지 사실이 점점 더 분명해지고 있습니다. 당신이 우리를 도울 수 없고 대신 우리가 당신을 도와야 하며 그렇게 하는 가운데 우리 자신을 도와야 한다는 사실 말입니다. 그것이 유일하게 중요한 것입니다. 오, 하나님! 당신의 한 부분인 우리 안에서 우리를 구하소서. 그렇습니다. 나의 하나님, 이런 환경들 속에서 당신 역시 많은 변화를 가져오기에는 무력해 보입니다.…나는 당신에게 아무것도 책임지라고 하지 않겠습니다. 훗날 당신이 우리를 불러 책임지라고 하실 것입니다. 내 심장이 뛰는 순간마다 더 명확해지는 사실이 있습니다. 당신이 우리를 도울 수 없고 당신이 우리 안에 거주하는 마지막 순간까지 오히려 우리가 당신을 돕고 보호해야 한다는 사실 말입니다.[12]

하나님은 사랑으로 인해 자신을 우리에게 맡기시고 우리 의지에 스스로를 매어두셨다. 그래서 이제는 우리가 하나님과 힘을 합쳐야 한다. 하나님은 끊임없이 우리 사람들이 만든 수많은 어리석음과 불순종 가운데서도 매 순간 최선의 것을 가져오시지만, 우리의 협력과 위탁을 통해서만 그 일을 행하시는 것이다. 그렇다면 결국 **하나님의 선하심을 믿고 순종하는 가운데 끊임없이 하나님 나라를 함께 일구어**

---

12 에티 힐레숨의 일기. 인용은 Hans Jonas, *Mortarlity and Morality* (Evanston, IL.: Northwestern University Press, 1996), 192. 에티 힐레숨은 나치 독일의 유대인 대학살(홀로코스트)이 한창이던 1943년 11월 31일 아우슈비츠의 가스실에서 19살의 젊은 나이로 살해당했다. 원래 종교적인 분위기에서 자라지 않았으나 그녀는 비인간적이고 고통스러운 포로수용소에서 오히려 하나님을 만나고 그 하나님 안에서 감사와 기쁨을 찾는 법을 배웠다. 그녀는 또한 이런 말을 남기고 있다. "이 모든 이해할 수 없는 현실에도 불구하고 나는 이 세상이 하나님의 현존으로 충만하다는 것을 확신합니다. 나를 평화로운 책상에서 끌어내어 이 시대의 근심과 고통 한가운데 있게 해주심을 진심으로 감사드립니다." 출처: https://inwardoutward.tistory.com/532.

가는 삶이야말로 바로 이 시대에 하나님의 세계 통치와 섭리를 믿고 고백하는 길이 될 것이다.

나가는 말

하나님의 세계 통치와 섭리를 믿는 것은 하나님이 어떤 상황에서도 우리와 함께 계시며 그 선하신 뜻을 결코 포기하시지 않고 마침내 그 뜻을 온전히 성취하심을 믿는 것을 뜻한다(롬 8:28). 하지만 하나님은 사랑이시기 때문에 하나님의 세계 통치와 섭리 역시 철저히 인간의 자유로운 선택을 존중하는 모습으로 이루어진다. 그래서 하나님의 섭리를 믿는다는 것은 하나님의 동역자가 되어 기도 속에서 하나님의 뜻을 발견하고 거기에 자신을 맡기며 순종의 길을 걸어감을 뜻한다. 이로 인해 하나님의 세계 섭리와 우리의 기도 및 순종은 늘 연결되어 있다. 하나님은 우리의 기도와 순종을 통해 세상을 변혁하시고 그 선하신 뜻을 이루어가신다. 복음주의 작가인 필립 얀시는 이 점을 다음과 같이 함축적으로 표현하였다. "무슨 이유에선지 이제 하나님은 불기둥이나 구름 기둥으로도 아니고, 갈릴리에 오신 아들의 물리적인 몸을 통해서도 아니고, 내가 다니는 교회를 비롯하여 하나님의 이름으로 모이는 다른 모든 교회를 구성하는 잡동사니 인간들을 통해서 세상에 자신을 계시하신다."[13] 그래서 이제 교회가 움직이지 않으면 하나님도 원하시는 일을 제대로 하실 수 없는 것이다.

---

13   필립 얀시, 윤종석 역, 『교회, 나의 고민, 나의 사랑』(서울: IVP, 2010).

세 줄 요약

1. 기독교 신앙은 하나님이 인간과 세계 역사를 그분의 선하신 뜻대로 주관하신다고 고백하며, 이는 신적 섭리에 대한 믿음으로 표현되어 왔다.
2. 하지만 전통적인 유신론이 말하는 하나님의 "전능" 개념으로는 하나님의 섭리와 세계 통치를 설명하기 어렵다.
3. 하나님의 섭리에 대한 올바른 이해는 예수 그리스도를 통해 나타난 "사랑의 전능"으로서의 하나님의 세계 통치 안에서 찾을 수 있다.

토론 문제

1. 기독교 신앙이 말하는 "하나님의 섭리"란 무엇인가? 그것이 우리의 삶에 가지는 의미는 무엇일까?
2. 하나님의 섭리를 믿기 어렵다면 왜 그럴까?
3. 올바른 섭리 이해는 무엇일까? 그것이 나에게 주는 개인적인 의미는 무엇일까?

16장_ 세계는 어떻게 시작되었는가?

들어가는 말

세계는 어떻게 지금의 모습으로 존재하게 되었을까? 누구나 한 번쯤 가져봄 직한 질문이다. 그러다 보니 세계 거의 모든 지역과 문화에서 이와 연관된 많은 신화, 전설, 이야기들이 발견된다. 그런데 자세히 들여다보면 이들은 **대개 창조설과 우연 조성설 어느 한쪽에 속한다.** 창조설은 어떤 신적 존재가 있어서 세계를 만들었다는 입장으로 기독교 신앙과 플라톤의 우주 창조 이야기가 대표적이고, 우연 조성설은 세계가 그냥 우연히 존재하게 되었다는 것으로 로마 시대의 시인이자 에피쿠로스 철학자인 루크레티우스가 그 주요 대변자다.

1. 플라톤: 우주는 제작자가 만들었다[1]

플라톤은 고대 그리스 인물이지만 그 영향력은 지금도 막강하다. 오죽했으면 철학자 알프레드 화이트헤드가 『과정과 실재』라는 책에서 "2천 년 역사의 서양 철학은 모두 플라톤의 각주에 불과하다"는 말까지 했을까. 플라톤은 "이데아론"과 "이상국가론"으로 널리 알려져 있지만 이에 못지않게 중요한 것이 그가 『티마이오스』(Timaeus)라는 작은 책에서 밝힌 다음과 같은 우주 창조론이다.

> 생성되는 모든 것은 또한 필연적으로 원인이 되는 어떤 것에 의해 생성됩니다. 어떤 경우에도 원인이 없이는 생성될 수 없기 때문입니다. 그런데 무엇을 만드는 이(데미우르고스)든 간에, 그가 "언제나 같은 상태로 있는 것"을 바라보며 이런 것을 본(paradeigma, 패러다임)으로 삼고 자기가 만든 것이 그 형태와 성능을 갖추게 할 경우에라야 또한 이렇게 완성되어야만, 모든 것이 필연적으로 아름다운 것이 됩니다.

플라톤은 "제작"의 이미지로 우주 발생을 설명한다. 식탁을 만드는 경우를 생각해보자. 그러면 제작자가 있어야 하고, 식탁의 설계도가 있어야 하며, 나무나 못 같은 식탁의 재료가 있어야 한다. 다시 말해 제작에는 "제작자", "설계도", "재료"라는 세 가지 요소가 필요하다. 이제 플라톤은 이를 세계 창조에까지 확대한다. 곧 플라톤에 의하면

---

1   아래 내용은 강신주 교수의 『철학 vs 철학』에 많이 의지해 있다. 강신주, 『철학 vs 철학』, 54-73.

세계는 제작자(데미우르고스)가 이미 있던 제작의 설계도(파라데이그마-이것이 바로 이데아다)를 본으로 삼아 재료(질료)를 사용하여 만들어낸 결과물이다. 바닷가에서 모래놀이를 하는 아이의 경우로 보면, 아이는 제작자, 모래놀이에 사용하는 플라스틱 통은 설계도(이데아), 모래는 그 재료(질료)에 해당될 것이다.

세계 창조에 대한 플라톤의 이런 생각은 오랫동안 서구 사회에 영향을 미쳤다. 기독교가 유럽에 전파되면서 신학자들이 플라톤의 우주 창조론을 기독교의 창조주 하나님을 전하는 데 도움이 된다고 보아 적극적으로 활용했기 때문이다. 하지만 기독교의 하나님과 플라톤이 말하는 조물주(데미우르고스)는 많이 다르다. 기독교의 하나님은 글자 그대로 전지전능한 분이어서 아무것도 없는 상태, 곧 설계도나 재료도 없는 데서 세계를 만들지만("무로부터의 창조"), 플라톤의 조물주는 이미 있는 형상(이데아)과 질료를 사용하여 세계를 만들기 때문이다. 다시 말해 기독교의 창조 이해에서 세계 창조의 동인은 하나님 한 분뿐이지만 플라톤이 말하는 창조의 과정에는 데미우르고스 외에 이미 선재해 있는 형상과 질료가 있다.

2. 루크레티우스: 세계는 원자의 아주 작은 비켜감(클리나멘)에 의해 우발적으로 만들어졌다

플라톤이 "제작"의 이미지로 세계 창조를 이해한다면 **루크레티우스**는 『사물의 본성에 관하여』에서 "비"의 이미지를 가져와 다음과 같이 세계의 형성 과정을 말한다.

자신들이 가진 무게라는 속성 때문에 원자들이 허공을 관통해 아래로 떨어질 때, 절대적으로 예견할 수 없는 시간과 장소들에서 그것들은 자신들의 직선 경로로부터 아주 조금, 단지 한순간의 위치 이동이라고 이야기될 수 있는 정도로 틀어진다. 만일 그것들이 직선 경로를 벗어나지 않는다면 모든 원자들은 빗방울처럼 깊이를 헤아릴 수 없는 허공을 관통하여 아래로 떨어지게 될 것이며, 일차적 성분들 사이에 어떤 충돌도 벌어지지 않을 것이고, 어떤 타격도 생기지 않을 것이다. 그렇다면 결과적으로 자연은 결코 어떤 것도 만들지 못하게 될 것이다.

루크레티우스는 세계가 형성되기 전에는 모든 원자들이 비처럼 위에서 아래로 떨어지는 상태에 있었으리라고 가정한다. 그런데 모든 원자들이 항상 수직으로만 떨어진다면 아무런 만남도 없고 어떤 세계도 만들어지지 않을 것이다. 그런데 어느 순간 원자 하나가 "우연히" 아주 미세하게 평행에서 벗어난다. 이 미세한 기울어짐을 루크레티우스는 클리나멘(clinamen)이라 부르는데, 이 작은 기울어짐으로 인해 이 원자가 옆의 원자와 부딪치게 되고 그렇게 부딪친 원자는 또 다른 원자와 부딪치게 된다. 이제 부딪침이 연속적으로 이루어지고 이 연속적인 부딪침의 결과로 마침내 우리가 살아가는 이 세계가 만들어졌다는 것이다.

결국 루크레티우스에 따르면 태초에 물질로 구성된 초기 우주가 존재했고 거기에 우발성이 더해져서 지금 우리가 살고 있는 세계가 형성되었을 뿐, 창조주의 어떤 선행하는 목적이나 개입 같은 것은 없다. 여기서 우리는 루크레티우스의 무신론과 유물론을 보게 된다. 이처럼 우발적인 마주침을 통해 세계가 형성되었다면 지금 이 순간 우리 역시 계속해서 새로운 마주침을 만들어냄으로써 지금과는 매우 다른 세계를 만들어낼 수 있을 것이다. 루크레티우스의 이런 사유는 20세기 중반에 이르러 마르크스주의 철학자 루이 알튀세르의 "마주침의 유물론"을 통해 다시 나타난다.

3. 기독교가 말하는 세계 창조

기독교 신앙은 세계가 우연히 존재하게 되었다고 말하지 않는다. 성경은 하나님이 먼저 계셨고 이 하나님이 선한 의도와 목적을 갖고 세계를 만드셨다고 한다. 기독교 신앙이 말하는 세계 창조를 다음 말씀을 중심으로 살펴보자.

> 태초에 하나님이 천지를 창조하시니라. 땅이 혼돈하고 공허하며 흑암이 깊음 위에 있고 하나님의 영은 수면 위에 운행하시니라. 하나님이 이르시되 "빛이 있으라" 하시니 빛이 있었고 빛이 하나님이 보시기에 좋았더라. 하나님이 빛과 어둠을 나누사 하나님이 빛을 낮이라 부르시고 어둠을 밤이라 부르시니라. 저녁이 되고 아침이 되니 이는 첫째 날이니라(창 1:1-5).

1) 성경이 말하는 세계 창조의 특징

① 무로부터의 창조(creatio ex nihilo, 창 1:1)
성경이 말하는 하나님의 창조는 "무로부터의 창조"다. 구약성경은 이를 분명히 하기 위해 하나님의 창조에는 "바라"를, 인간의 창조에는 "아사"란 단어를 사용함으로써 두 종류의 창조를 구별한다. "바라" 는 아무런 원재료가 없는 상태에서의 창조를, "아사"는 이미 있던 재료를 변형하여 다른 것을 만드는 것을 의미한다. 즉 인간의 창조는 이미 있던 것을 가공하여 새로운 것을 만드는 것인 반면 하나님의 창조는 아무것도 없는 데서 오직 하나님으로부터만 시작된다. 이는 세상의 모든 것이 하나님으로부터 시작되었으며 하나님께 의존해 있음을 뜻한다. 사도 바울은 모든 것의 시작이자 마침인 하나님의 모습을 다음과 같이 요약한다. "이는 만물이 주에게서 나오고 주로 말미암고 주에게로 돌아감이라. 그에게 영광이 세세에 있을지어다. 아멘"(롬 11:36).

② 말씀에 의한 창조(창1장, 요1장)

하나님의 창조는 말씀을 통한 창조였다. 하나님은 "있으라"는 말씀을 통해 빛을 생성하시고, 궁창 위의 물과 궁창 아래의 물을 분리하셨으며, 인간을 비롯한 하늘, 땅, 바다의 모든 생명체를 창조하셨다. 창세기 1장에는 "하나님이 말씀하시니…그대로 되었다"는 표현이 아홉 번 나온다. 이 말씀은 신약 시대에 이르러 독생자 예수 그리스도라는 인격으로 우리 가운데 찾아오신다.

하나님이 말씀으로 세계를 창조하셨다는 것은 그분의 말씀으로 인해 비로소 세계와 그 존재의 의미가 이루어졌음을 뜻한다. 이런 점에서 세계는 발터 벤야민의 말처럼 "하나님의 말씀이 응결된 것"이다. 또한 성경은 하나님이 아담에게 만물의 이름을 짓게 하시고 그렇게 지어진 것이 만물의 이름이 되었다고 하는데, 이는 곧 사람이 하나님의 말씀을 받았고 이 말씀으로 세계에 질서와 의미를 부여하는 사명 아래 있음을 뜻한다. 하지만 하나님이 아담(인간)에게 주신 원초적 언어인 "아담의 언어"는 인간의 불순종으로 인해 왜곡되고 변질되어 소통이 불가능한 분열의 언어인 "바벨의 언어"가 되어버렸다. 이는 오랜 시간이 흘러 예수 그리스도의 오심과 오순절 성령 강림으로 인해 소통과 회복의 언어인 "오순절의 언어"가 됨으로써 비로소 온전해진다. 교회는 이런 소통과 회복의 언어인 "오순절의 언어"를 받은 곳이며 이 언어로 세상을 새롭게 하도록 부름 받은 공동체다.

③ 하나님의 자유에 의한 창조

성경이 말하는 하나님은 모든 것이 그분에게서부터 나오고 그분에게 의존하는 주권자다. 따라서 하나님이 세상을 만드셔야 할 어떤 필연적인 이유 같은 것은 없었다. 창조에 있어서 하나님은 완전히 자유로우셨다. 신학자 칼 바르트는 하나님의 이런 모습을 "하나님은 주님이시다"(Gott ist Herr)라는 말로 표현한다.

④ 하나님의 사랑에 의한 창조

하지만 사랑이신 하나님은 인간과 세계를 그 사랑의 대상으로 원하셨고 그 결과 창조가 이루어졌다. 그런데 인간과 세계가 하나님의 사랑의 대상으로 지어졌다는 말은 창조가 하나님이 가진 능력의 표현이자 하나님이 자기를 비우신 일 곧 하나님의 자기 제약 사건이었음을 뜻한다. 우리는 사랑하게 되면 사랑하는 이를 존중하게 되고, 자신을 희생해서라도 그 존재와 자유를 지켜주려고 노력한다. 온전한 사랑이신 하나님은 스스로를 제약하여 피조세계에 자유를 허락하셨으며 그 자유로 인한 결과를 기꺼이 감내하고자 하신다. 이로 인해 모든 피조물은 각각 존재의 수준에 걸맞은 자유를 갖게 되고, 그 자유의 결과들이 서로 영향을 주고받음으로써 세계에 하나님이 의도하지 않은 많은 시행착오와 악이 일어난다. 하지만 하나님은 이런 인간과 세계를 버리지 않으시고 끝까지 지키신 끝에 합력하여 선을 이루신다(롬 8:28, 이 주제는 이 책 15장 "하나님의 섭리를 어떻게 이해해야 하는가?"를 참고하기 바람).

⑤ 끊임없이 새로운 세계를 만들어 가는 창조(창 1:2-3)

창세기 1:1에서 하나님이 세계의 창조주가 되심을 선언하신 후, 2절에서 혼돈과 공허의 모습이 나타나고, 3절에서 하나님의 영이 임하여 새롭게 질서 잡힌 세계가 만들어진다. 이 말씀은 여러 가지로 해석되어 왔고 또 해석될 수 있으나[2] 여기서는 하나님의 창조를 무질서 가운데서 새로운 질서의 세계를 끊임없이 만들어가는 행위로 보는 편이 좋을 것 같다. 다시 말해 하나님의 창조는 이전 것을 폐기하고 새것이 계속 나타나게 하는 특성을 가지고 있으며, 이로 인해 세계에는 낯선 것(novelty)과 창발(emergence)이 존재한다. 기독교 신학 전통은 이 점을 "계속적 창조" 개념으로 말해왔다. 곧 하나님의 창조에는 "태초의 창조"뿐 아니라 지금도 이루어지고 있는 "계속적 창조"와 마지막 날 온전히 이루어질 "종말론적 완성으로서의 창조"가 있으며, 이 계속적 창조는 오늘날 진화 생물학이 말하는 "진화 현상"과 연결하여 논의

---

2   창 1:2의 "혼돈과 공허"를 태초에 있었던 사탄의 원초적 반역으로 이해하기도 하고 고대 근동의 「에누마 엘리시」 신화와 연관된 것으로 해석하기도 한다. 여기서 필자는 하나님의 계속적 창조와 연관하여 이 본문을 이해하고자 한다.

될 수도 있다. 즉 하나님은 진화라는 방식을 사용하여 세계를 창조하셨으며 지금도 창조하고 계신다고 말할 수 있는 것이다.

2) 세계 창조의 의미

지금까지 기독교 신앙이 말하는 세계 창조의 특징을 살펴보았다. 이런 창조 신앙이 뜻하는 바는 무엇일까?

① 세계에 대한 긍정

하나님은 빛, 하늘과 땅, 여러 동식물, 사람을 차례대로 만드시고 "참 좋다"고 말씀하심으로써 피조세계를 철저히 긍정하신다(창 1:1, 4, 12, 18, 21, 25, 31). 성경의 창조 신앙은 물질보다 정신이 우월하다고 말하는 영혼 우위의 이원론이나 거기에서 파생되는 금욕주의적이고 현실 도피적인 태도를 거부한다. 사람들은 삶이 힘들면 현실에서 벗어나 피안이나 내면의 세계로 도피하여 거기서 삶의 안전과 의미를 찾으려 하지만, 성경은 세상을 소중히 여기고 긍정하며 하나님이 지금도 세상 안에서 일하고 계신다고 말한다. 그래서 "교회"뿐만 아니라 "세상"도 하나님을 만나는 자리다. 그리스도인들은 "교회의 빛"을 넘어 "세상의 빛"으로 부르심을 입었다.

② 세계의 유한성과 하나님의 절대성

창조신앙은 이 세계를 그 자체로 소중하고 아름다운 하나님의 피조물로 긍정하면서도, 이 세계는 유한한 세계로서 이 세계와 그 안의 어떤 것도 절대적인 것이 될 수 없다고 한다. 창조신앙은 하나님이 아닌 것을 하나님의 자리에 두기를 거부하며 이 세상의 모든 것을 상대화

함으로써 하나님에게만 궁극적인 희망과 신뢰를 둔다. 그래서 창조
신앙은 저항하는 신앙이다. 역사 속에서 명멸해온 자본주의, 공산주
의, 국가주의, 물질주의 같은 이념들은 모두 자신을 절대화해서 우상
적 존재가 되려는 성향이 있다. 창조신앙을 가진 그리스도의 교회는
이런 이념들이 원래 자리를 벗어나 스스로를 절대화할 때 하나님의
이름으로 비판하고 저항한다. 초기 그리스도인들은 예수 그리스도만
을 주님(퀴리오스)이라고 고백함으로써 로마 황제를 신적 존재로 떠받
드는 당대의 황제 숭배와 지배 체제에 저항했다.

4. 하나님의 창조인가, 우발적 조성인가?: 두 세계관의 충돌

기독교 신앙은 세계를 하나님의 피조물로 이해한다. 하지만 천체 물
리학과 진화 생물학을 필두로 한 현대 자연과학은 "물질로 구성된 세
계가 처음부터 그냥 있었다"고 전제한 다음 논의를 진행한다. 칼 세
이건은 대중 과학서 『코스모스』의 서두에서 이렇게 말한다. "우주(코
스모스)는 항상 있었고, 항상 있고, 항상 있을 것이다."[3] 기독교 신앙이
모든 것의 출발이자 귀결을 하나님에게서 찾는 반면(창 1:1; 롬 11:28),
세이건을 비롯한 많은 과학자들은 물질로 구성되어 있던 우주에서
삼라만상이 "우발적으로" 나왔다고 본다. 이러다 보니 신적 창조론을
고백하는 기독교 신앙과 우발적 조성론을 말하는 현대 무신론과 유
물론적 관점은 서로 충돌할 수밖에 없다.

---

3   칼 세이건, 홍성수 역, 『코스모스』(서울: 사이언스북스, 2010), 5.

신적 창조론에는 기독교 창조론과 함께 이슬람교의 창조론이 포함된다. 이 중 기독교 창조론은 "태초에 하나님이 천지를 창조하셨다"(창 1:1)라는 데서 논의를 시작한다. 다시 말해 ① 하나님이라 불리는 분이 있으며, ② 인간과 이 세상 모든 것이 그분으로부터 기인했고, ③ 이 세상 모든 존재자들의 의미와 가치는 그분과의 관계에서 발견된다고 한다. 이런 관점을 흔히 기독교 유신론적 세계관(Christian Theistic Worldview)이라 부른다.

우발적 조성론은 오늘날 무신론적 유물론(atheistic materialism)의 형태로 나타난다. 이 세계관에 따르면 ① 물질로 이루어진 세계가 원래 존재했고, ② 이는 우연히 존재하게 되었으며, ③ 그 가운데 생명이 나타났는데 그 생명의 끝에서 자의식을 가진 인간이 출현했다고 말한다. 이 관점은 존재하는 모든 것은 자연뿐이며 이를 넘어선 신, 영혼, 내세, 불멸 같은 것은 없다고 보기 때문에 자연주의(naturalism)라고도 불린다. 이를 조금 더 자세히 살펴보자.

무신론적 유물론 혹은 자연주의에 의하면 태초에는 오직 물질로만 구성된 우주가 있었다. 그러다가 약 35억 년 전 "우연히" 우주의 한 귀퉁이인 지구에서 생명이 만들어졌으며, 그 생명은 아득히 긴 시간 동안 끊임없이 태어나고 소멸하면서 진화의 가지들을 펼쳐내었고 고도로 복잡해졌다. 마침내 그 한 가지에서 영장류가 나오고 영장류의 한 가지에서 인류(homonoid)가 출현했으며, 인류 가운데서 마침내 호모 사피엔스 사피엔스 곧 우리 현생 인류가 모습을 드러냈다.

그런데 호모 사피엔스 사피엔스라 불리는 이 존재는 다른 동물들과 달리 자의식(self-consciousness)을 가진 존재, 즉 다른 존재자들뿐만 아니라 자기 자신까지 인식의 대상으로 삼을 수 있는 아주 독특한 존재였다. 어느 한적한 날 그는 주변을 둘러본다. 거기에는 무섭고 신비한 세계가 펼쳐져 있다. 하늘은 파랗고 땅은 누렇고 머리 위에는 해와 달과 별이 하늘 가득 떠 있었으며 땅에는 수많은 생명이 살아 움직이고 있다. 그 모습을 보며 그는 존재론적인 충격(ontological shock)에 빠진다. "이 모든 것들은 왜 없지 않고 있게 되었는가? 이 속에서 나라는 존재는 과연 무엇인가?" 충격을 받은 그는 어떤 신적 존재(들)가 있어서 자기 자신과 세상의 모든 것을 만들어냈다고 여기게 되었는데, 이것이 종교 그중에서도 특히 기독교와 같은 유일신 신앙의 기원이 된다. 하지만 이는 실상 인간 상상력의 산물에 불과하다. 다시 말해 신이 있다는 믿음은 한편으로는 삶과 세계의 신비를 설명하기 위해, 다른 한편으로는 압도적인 힘으로 다가오는 자연의 위협에서 살아남기 위해 만들어낸 거대한 허구의 세계이자 가상의 질서다.

하지만 인간이 처음부터 이런 무신론적 사유를 갖게 된 것은 아니다. 인류 역사 대부분의 기간에 사람들은 실제로 신적 존재가 있어서 인간과 세계를 만들었다고 생각해왔다. 신은 없으며 인간과 우주가 우연히 만들어졌을 수도 있다는 생각은 19세기 중반에 이르러 본격적으로 나타난다. 이 시기의 독일 철학자 루트비히 포이어바흐는 그의 책 『기독교의 본질』에서 다음과 같이 주장한다. "인간의 삶은 비참으로 가득 차 있다. 그러나 삶이 고통스러울수록 그는 모든 고통이 극복된 복된 삶을 갈망하며, 이로 인해 선한 하나님이 있어서 세상을 만들고 선하게 인도하시며 마침내 자신의 삶을 아름답게 이끌어주실 것이라는 믿음을 갖게 된다. 그는 이 신에게 자신이 생각할 수 있는 최고와 최선의 가치를 투사(projection)하며, 그 결과 신은 전지, 전능, 영원, 무궁, 거룩, 자비를 갖춘 한 인격적인 존재가 된다. 반면 그는 자기 자신에게는 이런 신의 속성과 정반대되는, 무지하고 무능하며 죽을 수밖에 없고 불결하며 무정한 것들만이 있다고 여긴다. 그런 다음 그는 이런 하나님이 사랑의 손길을 뻗어 인간을 구원하기 위해 오셨다고 한다. 이것이 기독교의 기원인데, 기독교는 이에 따라 하나님이 그의 아들 예수 그리스도를 보내서서 그를 십자가에서 죽고 부활하게 만드심으로써 우리를 구원하셨다고 가르친다. 사람들은 이 가르침에 위로를 받고 감격하며 새 힘을 얻는다."

그러나 문제는 이처럼 하나님과 그 구원을 송축하면 할수록 인간은 초라해지고 비참해지며 연약한 피조물과 죄인의 자리를 영원히 벗어나지 못하게 된다는 데 있다. 그래서 포이어바흐는 외친다. "우리가 신에게 올려드린 모든 영광과 명예는 사실 우리 인간들의 것이었다. 이제는 그 모든 것들을 환수하여 우리 자신의 것으로 만들어야한다. 그래야 인간으로서의 존엄을 회복할 수 있다. 그러니 이제는 신을 찬송하는 신학에서 벗어나서 인간을 인정하고 존중하는 인간학으로 되돌아가자. 이제 신학은 인간학이 되어야 한다."

포이어바흐는 무신론적 유물론 혹은 자연주의를 대변하는 전형적인 인물이다. 포이어바흐뿐만 아니라 지금도 많은 사람들이 이런 주장을 되풀이하고 있다. 현재 대학에서 가르치는 거의 모든 분과 학문 이면에 이런 유물론적이고 무신론적이며 자연주의적인 세계관이 깊이 뿌리내리고 있다. 특히 다수의 유물론적 진화 생물학자와 철학자들이 오늘날 이런 관점을 가장 분명하고도 일관성 있게 주장하고 있다. 미국의 저명한 인지 철학자인 대니얼 데닛은 모든 것의 근원이 물질이라고 말한다. "오직 한 종류, 곧 물질만 존재한다.…그리고 마음은 물리 현상에 불과하다. 간단히 말해 정신은 뇌다. 유물론자들에 의하면 우리는 (원리상!) 모든 정신 현상을 방사능, 대륙 이동설, 사진 합성, 복제, 영양과 성장을 설명하기에 충분한 동일한 물리적 원리, 법칙, 원재료들을 사용하여 설명한다."[4] 영국 옥스퍼드 대학교의 진화 생물학자 리처드 도킨스에 따르면 인간을 비롯한 모든 생명체는 유전자가 자기 복제를 하기 위해 만들어낸 "숙주" 혹은 "생존 기계"다. 생명체들이 만들어지면서 유전자는 훨씬 안전하고 예측 가능한 방식으로 자신을 번식시킬 수 있게 되었다. 그런데 인간이란 자의식을 가진 존재여서 자신의 삶을 비관하고 목숨을 끊을 수도 있다. 이렇게 되면 번식은 실패한다. 이 문제를 해결하기 위해 유전자들이 만든 고도의 생존 전략 체계가 바로 종교이고 유일신 개념이다. 즉 유전자가 "선하고 능력 많으신 하나님이 너를 사랑하시며 지키시니 어떻게 하든지 너는 살아야 한다. 만일 자살하게 되면 이 선하신 하나님이 너를 엄중히 심판하신다. 그러니 끝까지 살아남아 자손을 퍼트려라"는 생각을 하게 만들었다는 것이다. 사회생물학(sociobiology)의 주창자로 널리 알려진 하버드 대학교의 진화생물학자 윌슨은 종교뿐만 아니라 우리의 모든 윤리적 이상 전체가 타인들과 협력함으로써 다음 세대를 만들어내기 위한 진화 과정의 적응 기제(adaptive mechanism)라고 주장한다. "도덕성, 더 엄격하게 말해서 도덕성에 대한 우리의 믿음은 우리의 재생산적인 목표를 이루기 위한 적응이다.…윤리는 인류가 공유하고 있는 환상이다.…윤리적 코드가 작동하는 이유는 장기간에 걸친 우리 집단의 생존과 조화를 위해 매일 이기적인 충동을 억제하고 그로 인해 우리가 사는 동안 우리 종의 증식을 많이 이루기 위

---

4   Daniel Dennett, *Consciousness Explained* (New York: Back Bay Books, 1991), 33.

함이다."⁵

　　인류에게 삶의 의미와 가치를 부여하고 개인과 사회를 좀 더 나은 단계로 나아가도록 해온 모든 종교와 윤리적 지침이 결국 유전자의 자기 보존과 번식을 위한 생존 전략이라니, 매우 대담하고 도발적인 주장이다. 그래서 혹자는 이를 유전자가 모든 것을 결정짓는다는 의미에서 유전자 결정론이라고 부르기도 한다.

　　정리해보자. 기독교의 유신론적 세계 이해는 인간을 비롯한 세계 전체가 하나님으로부터 시작되었으므로 하나님을 알 때 인간과 세계의 비밀이 비로소 풀린다고 말한다. 이에 비해 무신론적 유물론은 태초에 우연히 물질이 있었고, 거기에서 우연히 생명과 자의식을 가진 생명(인간)이 나왔으며, 이제 인간이 자신과 세계의 존재 이유와 의미를 찾는 가운데 신이라는 사상을 창조했다고 한다.

　　그렇다면 이 두 가지 세계관 중 어느 것이 옳을까?

　　이는 이성적 판단 너머의 문제다. 하나님(신)이란 범주 자체가 인간의 이성 너머에 있는 것이므로, 이성의 힘만으로는 어느 쪽이 옳고 어느 쪽이 그른지 알 수 없다. 그런데 이 두 관점의 근본까지 탐색해보면 결국 선택과 결단의 문제, 즉 일종의 믿음이 개입되어 있음을 보게 된다. 다시 말해 선하신 하나님으로부터 모든 것이 나왔다는 입장(기독교 유신론)도 일종의 믿음이며, 태초에 있던 물질로부터 모든 것이 우연히 발생했다는 입장(유물론적 무신론) 역시 일종의 믿음이다. 둘 다 순수 이성적 판단이 아니라, 사람은 여러 요인이 복합적으로 작용

5　　Michael Ruse, Edward O. Wilson, "The Evolution of Ethics," in *Religion and the Natural Sciences* (New York: Hamilton Press, 1993), 308-11.

하는 가운데 어느 한 관점을 선택한 후 그것으로 인간과 세계를 해석한다는 말이다. 문제는 기독교의 유신론적 세계관은 개인적 선택과 취향의 문제지만 유물론적 세계관은 과학(으로 입증된 것)이라고 생각하는 사람이 대다수라는 데 있다. 하지만 전혀 그렇지 않다. 둘 다 믿음이고 선택의 문제다. 신이 있다는 유신론도 신앙이고 신이 없다는 무신론도 신앙인 것이다.

진화생물학자들의 주장 곧 인간의 삶과 문화, 종교와 철학까지 모두 인간의 본래적 욕구라고 할 수 있는 개체 보존과 종족 번식의 영향을 받고 있다는 주장은 기독교 신앙의 입장에서 전혀 문제가 되지 않는다. 인간은 정신적, 사회적, 영적 존재인 동시에 육체를 가진 존재이기 때문이다. 인간과 세계가 진화라는 과정을 통해 이루어져왔다고 해도, 그것이 기독교 신앙과 반드시 갈등을 일으키는 것도 아니다. 하나님은 진화라는 방식으로 생명체들이 만들어지도록 하실 수 있기 때문이다. 기독교 신앙이 받아들일 수 없는 것은 바로 이런 관점이 하나의 세계관의 자리까지 승격하여 "생명이 오직 물질로부터 우발적으로 발생했고 그 외 다른 요인은 존재하지 않는다"고 주장하는 상황이다. 문제는 도킨스를 비롯한 진화생물학자들이 과학적인 진술을 하다가 어느 순간 갑자기 "모든 것은 세계 내적이고 유물론적 원리로 설명 가능하기 때문에 초자연적 영역의 신, 초월, 영원, 내세 같은 것은 존재하지 않는다"는 결론으로 도약한다는 데 있다. 그런데 이는 엄밀히 말하면 과학적 진술이 아닌 그들이 가진 무신론적 유물론이라는 세계관을 선언하는 것과 다르지 않다. 즉 이들은 갑자기 "사실 판단"에서 "가치 판단"으로 넘어가버리는 것이다. 영국의 철학자 데이비드 흄은 오래전 이를 "자연주의적 오류"라는 말로 표현하면서 이런 사태에 빠지지 않아야 한다고 말한다. 그의 말을 들어보자.

내가 지금까지 접해본 모든 도덕 체계에서 공통적으로 볼 수 있는 문
제점이 있었다.…얼마 동안은 정상적인 논리가 진행되다가…갑자기
"~이다"라거나 "~이 아니다"라는 일반적인 연관 명제 대신에 온통
"~이어야 한다"거나 "~이어서는 안 된다"는 당위 명제가 튀어나오곤
하는 것이다. 예외가 전혀 없다. 그런 논조 변화는 아주 은근히 이루어
지는 것이어서 거의 간파되지 않지만 사실은 매우 중요한 것이다. "~이
어야 한다"거나 "~이어서는 안 된다"는 것은 지금까지 이야기하던 것
과는 다른 새로운 내용이나 주장을 표현하는 것이기 때문에 그런 논조
변화를 간과해서는 안 되며 충분한 근거를 제시해야 한다. 또한 그런 새
로운 명제들이 어떻게 해서 그것과는 전혀 다른 성격의 명제들로부터
도출되었는지, 그 이해가 안 되는 논변 전반에 대해 이유를 제시해야 할
것이다.[6]

그래서 이 두 가지 입장을 제대로 평가하기 위해서는 두 가지 질문을
던질 필요가 있다. 첫 번째 질문은 "이런 세계관들이 얼마나 논리적
일관성과 내적 통일성을 가지고 있는가?"다. 그리고 이런 관점에서
보면 유물론적 자연주의 세계관은 인식론적 측면과 윤리적 측면에서
모두 심각한 문제를 가지고 있다.
　① **인식론적 측면에서 유물론적 자연주의는 자기 모순적이다.** 이

6　David Hume, A *Treatise of Human Nature* (Oxford: Oxford University Press, 1740, 1978).

세계관에 따르면 모든 생명체들뿐만 아니라 인간 역시 물질에서 파생되어 나왔다. 인간 정신도 마찬가지여서 인간의 모든 정신 작용은 "뇌라는 물질이 일으킨 전기 화학 작용의 결과물"이다. 그렇다면 이처럼 물질에서 나온 지식들을 과연 믿을 수 있겠는가? 자연스럽게 유물론적 진화론자들이 주장하는, 우주와 생명과 지적 생명체인 인간의 발생에 관한 지식을 포함하는 인간의 모든 지식들을 믿을 수 없게 된다. 즉 자연주의 세계관을 일관되게 밀고 가면 자연주의에 토대를 둔 어떤 인식론적 주장이라도 전혀 믿을 수 없게 되어버리는 것이다.

② 더 심각한 것은 **자연주의가 말하는 윤리의 토대가 허약하다**는 점이다. 유물론적이고 무신론적인 자연주의 세계관을 따르는 이들도 "살인이나 성 폭력은 나쁘다" 또는 "사회적 약자를 돌보아야 한다"같은 주장이 옳다고 여긴다. 하지만 자연주의 세계관을 끝까지 밀고 가면 이런 주장이 옳다고 말할 근거가 없어진다. 자연주의자들에 의하면 인간의 윤리는 개체와 종으로서의 생명체의 존속과 번식에 도움이 되는 방안을 찾는 가운데 만들어진 것이다. 즉 우리 인류는 사랑, 나눔, 평화, 상호 협력, 정직 같은 가치를 바람직한 윤리 덕목으로 여기는데, 이는 전쟁보다 평화가, 미움보다 사랑이, 과도한 경쟁보다 상호 협력이, 거짓말보다 바른 말을 하는 것이 개체 보존과 종족 번식에 도움을 주었기 때문에 그것을 바람직한 가치로 여기게 되다가 그런 것을 윤리적으로 옳다고 말하게 되었다는 것이다. 그런데 이런 논리에 따르면 전쟁이나 살인이 진화에 도움이 되는 상황에서는 구태여 전쟁이나 살인을 악하다고 말할 이유가 없어진다. 결혼과 출산 역시 마찬가지다. 진화에 도움이 되는 것이 윤리적으로 가치 있다고 여겨져 온 것이라면 정신적, 신체적 문제를 일으키지 않을 유전자를 가

진 사람들만 결혼하여 자녀를 낳게 하고, 그렇지 못한 사람들은 결혼과 출산을 금하는 것이 훨씬 윤리적일 것이다. 한 걸음 더 나아가 강한 자의 유전자를 널리 확산하는 것이 진화에 도움이 된다면, 일부다처, 일처다부, 심지어 성폭력까지 구태여 나쁘다고 할 이유 역시 없어지게 된다. 물론 그 어떤 유물론적 자연주의자들도 전쟁과 살인 및 강간이 좋은 것이라고 옹호하지 않겠지만, 이때 그들은 자신들이 말하는 자연주의 세계관에 근거하지 않는, 때로는 정반대의 윤리적 선택을 하고 있는 것이다.

하지만 기독교의 유신론적 세계관에서는 이런 문제들이 어렵지 않게 해결된다. 이 세계관에 의하면 하나님이 인간을 지성적 존재로 만들어주셨기 때문에, 그 지성으로 인해 우리는 비록 자주 오류에 빠지더라도 기본적으로 인간의 지적 능력을 믿을 수 있다고 말할 수 있다. 윤리의 토대 문제도 마찬가지다. 기독교의 유신론적 세계관에 의하면 하나님은 윤리적인 분이시기 때문에 인간의 마음속에 항구적인 윤리의 기준을 심어주셨고, 이로 인해 우리 사람들은 이 불변하는 기준에 근거하여 선과 악을 구별할 수 있다고 말할 수 있다. 그래서 영국의 기독교 변증론자 C. S. 루이스는 유신론적이며 기독교적인 세계관이 인간과 세계를 이해하는 데 훨씬 논리적이며 일관성과 통일성을 갖췄다고 말한다. 그는 자신이 무신론자이자 자연주의자일 때는 인간과 세계에서 이해되지 않았던 많은 것들이, 그리스도인이 되고 신앙의 눈으로 보니 선명하게 이해되었으며 쉽게 받아들일 수 있게 되었다고 말한다. 그래서 그는 기독교 신앙이 구원의 길일 뿐 아니라 인간과 세계를 진정으로 알게 하는 해석학적 원리가 된다고 주장하면서 다음과 같이 말한다. "내가 해가 떠올랐음을 아는 것은 해를 직접 보아서가 아니라 그 빛으로 말미암아 세상을 더 잘 볼 수 있기 때문이다." 즉 기독교 신앙(떠오른 해)을 갖게 되면서 세상을 제대로 이해할 수 있게 되었다는 뜻이다.

두 세계관이 서로 충돌하면서 각자 절대성을 주장할 때 그 진위 여부를 판가름할 수 있는 두 번째 질문은 "그런 세계관을 갖고 살아갔을 때 일어나는 실제 결과가 어떠한가?"다. 즉 **어느 세계관이 더 만족스럽고 행복하며 사람들에게도 선한 영향력을 미치는가 하는 점이 세계관 판별의 기준이 된다.** 어느 세계관이 옳은 것일까? 여기서도 C. S. 루이스의 이야기가 도움이 될 것 같다. 그는 자신이 무신론자이자 자연주의자로 청년 시절을 보냈을 때 냉랭하고 무관심한 삶을 살았지만, 그리스도인이 되고 나서는 활기차고 온정이 넘치며 풍성한 삶을 살게 되었다고 말한다. 물론 모든 자연주의자들이 냉랭하고 무관심한 삶을 산다고 말할 수는 없겠다. 그런 경우가 많겠지만 그렇지 않을 수도 있다. 하지만 분명한 사실 하나는 진실로 변화된 그리스도인의 삶에는 신앙이 가져오는 감사와 기쁨과 활기가 있다는 점이다. 그리고 이는 많은 그리스도인들이 동의할 수 있는 이야기다. 그렇다면 세계관들이 서로 부딪칠 때 그 진리 여부를 판단하는 최종적인 법정은 우리의 변화된 삶일 것이다. 베드로전서는 이를 다음과 같이 분명히 말하고 있다. "너희 마음에 그리스도를 주로 삼아 거룩하게 하고 너희 속에 있는 소망에 관한 이유를 묻는 자에게는 대답할 것을 항상 준비하되 온유와 두려움으로 하고"(벧전 3:15).

나가는 말

기독교 신앙은 창조주 하나님이 보이는 세계와 보이지 않는 세계를 창조하셨다고 고백한다. "만물이 그에게서 창조되되 하늘과 땅에서 보이는 것들과 보이지 않는 것들과 혹은 왕권들이나 주권들이나 통치자들이나 권세들이나 만물이 다 그로 말미암고 그를 위하여 창조되었고"(골 1:16). 이는 **우리가 보고 경험하는 세계 외에도 보이지 않는 세계가 있다**는 뜻이다.

그런데 현대 정신은 이런 보이지 않는 세계 같은 것은 없고 오직 보이는 세계만 존재한다고 말한다. 하지만 기독교 신앙은 하나님의 존재로부터 시작한다. 하나님은 "거기 계시며 말씀하시는 분"(프란시스 쉐퍼)이다. 하나님은 언제나 낯설고 우리가 알 수 없는 존재이자 거룩한 두려움으로 우리를 찾아오시는 분이다. 이 하나님과 그 세계는 우리의 육안으로는 보이지 않는다. 하지만 그분을 만날 때 우리의 삶이 근본적으로 변화된다.

믿음의 조상으로 불리는 아브라함의 생애를 보자. 광야를 유랑하는 베두인이었던 그는 평생 장막을 중심으로 살았다. 장막에서 태어나 거기서 성장하고 일하면서 결혼하고 자녀를 낳았다. 중간중간 크고 작은 사건들이 일어나지만 모든 것이 근본적으로 새롭게 되는 일은 없었다. 그런데 갑자기 그분이 나타나서 "아브람아!"라고 그의 이름을 부르셨다. 그는 거역할 길 없는 그 부르심으로 인해 낯설고 이상한 믿음의 여정을 떠난다(창 12:1-2).

예수의 제자들도 마찬가지다. 갈릴리 호숫가에서 어부로 살던 그들 역시 단순하고 획일적이며 반복적인 일상을 산다. 온갖 사건들이 계속 일어났다 사라진다. 일하고 결혼하며 아이들이 태어나는 가운데 크고 작은 기쁨, 슬픔, 희망, 절망이 왔다가 사라진다. 하지만 완전한 새로움이나 전혀 다른 낯선 일은 없다. 그런데 갑자기 그분이 나타나 말씀하신다. "나를 따라오너라. 내가 너희로 사람을 낚는 어부가 되게 하리라." 이 부르심이 삶을 완전히 바꿔버린다. 이분을 만나고 나니 다시는 옛날로 돌아갈 수 없다. 일상에는 여전히 기쁨, 슬픔, 희망, 절망이 교차하고, 먹고 살아야 하니 일을 해야 하며, 그 와중에 피곤하면 쉬어야 하지만 근본적인 어떤 것이 찾아와 삶이 완전히 바뀌어 버렸다.

이런 낯선 자의 도래와 침투! 그로 인해 모든 것이 산산조각 나는 경험! 일상이 더는 일상이 아니게 된다. 하늘, 곧 언제나 우리 곁에 있었으나 그런 것이 있으리라고 생각지도 못했던 다른 차원의 세계가 열린다. **이처럼 낯설고 두렵지만 거룩하고 매혹적인 하나님, 가장 깊은 사랑과 생명의 힘이 찾아오는 것이 성경의 이야기다.** 그리고 이 이야기는 온몸이 진동할 만큼 두려운 하나님이 나와 당신이 몸 담고 있는 이 우주 전체를 창조하셨다는 말로 시작된다. 성경적 신앙의 중심에는 낯설고 두렵지만 거룩하고 높으신 하나님과 그분의 부르심이 있다.

세 줄 요약

1. 기독교 신앙은 하나님을 창조주로 고백한다.
2. 기독교 신앙의 입장에서 볼 때 이 세상은 선하고 가치 있으나 유한한 세상이기 때문에 우리는 세상에 충실하되 세상을 절대화할 수 없다.
3. 그리스도인의 헌신은 특정한 종교적 영역이 아닌 하나님의 피조세계인 이 땅에 대한 책임으로 표현된다.

토론 문제

1. 세계가 어떻게 시작되었는지에 관해 의문을 가져본 적이 있는가? 언제 그랬는가? 거기에 대해 자신이 내린 답이 있다면 무엇인가?
2. 세계의 기원에 대한 두 가지 대표적인 입장(신적 창조론, 우발적 조성론)을 설명하고 평가해보자. 어느 것이 더 설득력이 있다고 보는가?
3. 기독교 창조 이해의 주된 특성을 말해보자. 그것들이 의미하는 바는 무엇일까?

17장_ 과학과 기술을 어떻게 보아야 할 것인가?

들어가는 말

현대는 과학 시대다. 과학으로 인한 삶의 변화가 너무 압도적이어서 과학적 지식만이 참된 지식이고, 과학의 검증을 통과할 수 없거나 기술적 가공을 거쳐서 활용되기 어려워 보이는 인문학적, 미학적, 종교적 지식 같은 것은 가치가 떨어지거나 아예 잘못된 지식이라고 여기는 사람이 많은 시대다. 이런 시대에 우리는 과학과 기술을 어떻게 보아야 하는가?

1. 과학(science)과 기술(technology)의 정의

먼저 "과학"(science)과 "기술"(technology)이 무엇인지 짚고 넘어가자. 일반적으로 과학은 "경험적 현상들의 작동 원리를 관찰, 실험, 논리적 추론을 통해 파악하려는 노력"으로 이해된다. 즉 과학은 관찰과 실험과 논리적 추론의 결과로 어떤 이론을 만들거나 혹은 어떤 가설을 미리 설정한 다음 그 가설로 현실을 설명하고자 한다. 그 가설이 현실을 잘 설명하면 신빙성 있는 이론으로 사용되고 그렇지 않으면 폐기되고 새로운 이론이 그 자리를 차지하는데, 이 과정을 계속해가는 것이 과학이다. **과학의 힘은 이처럼 객관적인 검증과 수정이 가능하다는 데서 나온다.**

이에 비해 기술은 이렇게 해서 얻어진 과학적 원리에 기초하여 **현실을 조작하고 변형함으로써 사람들의 필요를 위해 사용하는 것을** 의미한다. 과학은 세계를 이해하고 설명하는 데 집중하는 반면, **기술은 세계를 조작하고 변형하여 인간의 당면한 필요를 충족시키는 데 관심을 둔다.** 물론 과학이 세계를 이해하는 능력과 기술이 세계를 조작하고 변형을 가능케 하는 가장 큰 동력은 이윤을 추구하는 자본의 힘이며, 이 점에서 현대의 과학 기술은 자본주의의 발전과 궤를 같이 해왔다.

2. 과학과 기술에 대한 두 가지 관점

과학과 기술의 발전을 어떻게 보아야 하는가? 캐나다의 철학자이자 문명 비평가인 찰스 테일러는 과학과 기술에 관해 두 가지의 전형적인 태도가 있음을 지적한다.

1) 과학 기술 찬양론

이 관점에 의하면 과학과 기술은 과거에 생각지도 못했던 많은 문제를 해결하게 했다. 세계의 작동 원리를 알게 했고 물질적 풍요를 가져왔으며 질병을 극복했고 세계를 실시간으로 연결시켜 다양한 사상과 문화가 서로 교류하게 함으로써 지식의 폭발적 성장을 이루어냈다. 물론 아직 해결되지 않은 문제들도 있다. 그러나 과학 기술 찬양론자들은 이 역시 시간문제일 뿐 결국 해결될 것으로 믿는다. 그중 하나가 죽음의 문제다. 죽음은 오랫동안 종교와 철학의 문제였으나, 생명 공학의 눈부신 발전으로 인해 이제는 기술의 문제가 되고 있다. 그중 인상적인 것은 미국을 중심으로 진행되는 "길가메시 프로젝트"로서, 이 프로젝트의 참여자들은 앞으로 수십 년 내에 인간 수명을 반영구적으로 늘릴 수 있으리라고 기대하고 있다.

2) 과학 기술 혐오론

이 관점 역시 과학과 기술이 인간 삶에 많은 도움을 주었음을 인정하지만, 과학과 기술이 가져온 수많은 파괴적인 결과에 주목한다. 이 관점을 지지하는 사람들에 따르면 과학 기술은 자연을 황폐화하고 그 안의 모든 생명들을 인간의 탐욕을 채워주는 에너지원으로 전락시켜 버렸다고 생각한다. 더 나아가 과학 기술은 인간을 깊은 소외(분리) 속에 빠트렸다. 과학 기술 시대에 인간은 자기 자신과 이웃을 잃고 고향과 삶의 의미와 가치를 상실한 채 산산이 흩어진 원자같이 되어서 과학 기술 문명을 확산시켜 나아가는 "자원"이나 "에너지 공급원" 같은 존재가 되었다. 우리 시대에 이런 주장을 한 대표적 인물은 철학자 마르틴 하이데거다. 하이데거는 현대의 가장 근본적인 문제는 자연과 분리되어 그 자체로 절대적 가치를 갖게 된 과학 기술과 그로 인한 인간 소외라고 지적하면서 이를 "고향 상실의 시대"라는 말로 표현한다. 그는 이에 대한 해결책으로 은인자중하면서 내면으로 침잠하는 가운데 잃어버린 "존재의 소리"를 들어야 한다고 말한다.

3. 과학과 기술의 한계

이처럼 과학과 기술에 대한 찬양론과 혐오론의 관점은 둘 다 극단적인 데가 있다. 진실은 과학과 기술이 긍정적인 면과 부정적인 면을 동시에 갖고 있어서 잘 조절되고 통제되어야 한다는 중간적인 관점에 있을지도 모른다. 그렇다면 과학과 기술이 가진 한계는 무엇일까?

1) 과학과 기술은 인간 삶의 근본적인 질문들에 답할 수 없다

우리 삶엔 근본적인 질문들이 있다. "우리는 어디에서 와서 어디로 가는가?"라는 존재론적 질문, "무엇이 가치 있고 소중한 것인가?"라는 가치론적 질문, "무엇이 도덕적으로 옳고 무엇이 그른가?"라는 윤리적 질문, "무엇이 아름다운 것이고 무엇이 추한 것인가?"라는 심미적 질문이 그 예다.[1] 그런데 이는 모두 철학이나 종교가 감당해야 하는 질문들이고, 과학이나 기술은 여기에 대해 아무런 답도 할 수 없다. 물론 과학자 역시 이런 질문에 답변할 수 있지만, 그때 그는 과학자가 아닌 한 개인으로서 자기 생각을 말하고 있는 것이다.

---

[1]   정성욱, 『티타임에 나누는 기독교 변증』(서울: 홍성사, 2005), 138-39.

2) 과학과 기술이 결코 도달할 수 없는 영역이 있다

앞서 말한 것처럼 과학과 기술은 관찰, 예측, 가설, 실험, 입증, 응용의 과정을 통해 이루어지는데, 그중 특히 실험이 과학적 방법론에서 중추적인 역할을 한다. 그런데 이런 과학적 방법만으로는 "하나님", "인간 영혼", "내세", "초월" 같이 인간과 세계를 초월해 있는 실재들을 포착할 수 없으며 그 존재 여부에 대해서도 말할 수 없다. 과학자 중에는 "과학만으로도 자연계가 작동하는 원리를 (거의 전부) 파악할 수 있기 때문에 하나님은 세계를 설명하는 데 필요하지 않다"면서 하나님의 존재를 부인하는 사람도 있다. 그렇다고 해도 그것이 하나님이 없음을 뜻하지 않는다. 설령 과학이 세계의 작동 원리를 모두 해명하는 날이 오더라도 "이 세계는 어디에서 왔는가?", "왜 세계에는 일관된 법칙이 작동하고 있는가?", "왜 인간은 이런 법칙을 알 수 있게 되었는가?", "이런 법칙의 존재가 의미하는 바는 무엇인가?" 같은 근원적인 질문은 여전히 남아 있기 때문이다. 이런 질문은 하나님의 존재를 인정할 때 제대로 답변될 수 있다.

4. 과학과 세계관

현대의 과학 탐구는 결코 중립적이거나 객관적이지 않다. 그 이면에는 자연주의(naturalism)와 유물주의(materialism)라는 특정한 세계관이 있다. 자연주의에 따르면 존재하는 것은 우리가 경험, 관찰, 실험, 추론할 수 있는 이 자연 세계뿐이며 이 세계를 넘어선 초월적 세계는 없다. 유물주의는 많은 부분에서 자연주의와 중첩되지만, 굳이 표현한다면 "실재하는 것은 오직 물질 또는 물질과 에너지이며 생명과 의식은 이 물질에서 파생되어 나왔다"는 입장을 견지한다. 그래서 이런 세계관의 영향 아래 있는 과학 탐구는 처음부터 하나님과 초월의 세계가 존재한다거나 하나님이 세계에 개입하실 수 있음을 원천적으로 배제하고 인간과 세계를 그 내적 인과율의 법칙으로만 설명하고자 한다. 그러니 하나님, 초월, 내세, 인간 영혼 같은 것은 과학의 레이더에 걸릴 수 없다. 과학으로는 하나님이 계심도 하나님이 계시지 않음도 말할 수 없는 것이다. 그런데도 과학의 이름으로 하나님이 보이지 않는다고 말한다면 이는 마치 망원경으로 겨우 볼 수 있는 것을 현미경으로 보면서 "아무것도 보이지 않으니 당연히 없다"고 결론 내리는 것과 흡사하다.

이 지점에서 우리는 방법론적 자연주의(methodological naturalism)와 형이상학적 자연주의(metaphysical naturalism)를 구별할 필요가 있다. 방법론적 자연주의는 세계의 작동 원리를 철저히 그 내적 인과율에 의해서만 파악하려는 태도로서 과학이 가져야 할 기본자세다. 제대로 된 과학은 방법론적 자연주의를 택하여 하나님이나 초월의 개입 없이 자연 세계를 설명하려 하고 또 그렇게 해야 한다. 다시 말해 과학은 하나님 없이 세계를 설명해야 하고 또 그렇게 할 자유를 가져야 한다. 이는 과학의 과제가 바로 "하나님 없이" 세계를 설명하는 일이기 때문이다. 이에 비해 형이상학적 자연주의는 오직 자연으로서의 세계만 있다고 굳게 믿는 것으로서 이는 과학적 진술이 아닌 일종의 신념이다. 이때 하나님, 초월, 내세, 영적 세계에 대해서는 문을 닫게 되는데, 이는 과학이라기보다 세계를 보는 하나의 관점인 세계관이 된다. 기독교 신앙은 방법론적 자연주의는 옹호하고 지지하지만 형이상학적 자연주의는 거부한다. 그래서 어떤 과학자가 "과학적으로 볼 때 하나님은 없다"고 주장한다면, 그는 과학자의 자리를 벗어나서 자신의 "무신론이라는 믿음"을 표현하는 것이다. "과학적으로 볼 때 하나님은 있다"라는 주장 역시 마찬가지다. 과학은 하나님에 대해 있다고도 할 수 없고 없다고도 할 수 없다. 과학은 본질상 그런 주장을 할 능력을 갖고 있지 않다.

이와 연관하여 생각해보아야 할 것이 있는데, 소위 오늘날 많은 사람들이 취하는 "하나님이 있음을 증명하면 믿겠다"는 주장이다. 이때 증명이란 과학적인 절차와 방법으로 하나님이 계심을 입증한다는 뜻인데, 하나님은 성격상 인간 이성을 한없이 벗어나 있는 분이기 때문에 이는 처음부터 무의미한 주장이다. 실상 하나님의 존재 여부뿐만 아니라 우리 삶 전체를 봐도 "입증될 수 있는 사실"은 별로 없다. 수소 원자 2개와 산소 원자 1개를 합치면 물 분자 1개를 만들 수 있다는 주장($H_2+O=H_2O$)은 실험으로 증명할 수 있다. 둘에다 둘을 더하면 넷이 된다($2+2=4$)는 것 역시 논리적인 추론으로 진위 여부를 말할 수 있다.

그럼 "1517년에 루터의 종교개혁이 일어났다" 같은 역사적 사실에 대한 진술은 증명할 수 있을까? 이것 역시 "과학적으로"는 증명할 수 없다. 우리는 과거로 되돌아가서 그 순간을 직접 관찰할 수 없고 물론 실험도 할 수 없다. 우리에게 남아 있는 것은 이와 연관된 역사적 기록물밖에 없기 때문이다. 그럼 역사적 기록물이 있으면 "과학적으로" 입증된 것일까? 당연히 아니다. 역사적 사실에 대해서는 단지 "그럴 법하다"는 개연성(plausibility)만 있을 뿐이다. 그럼에도 불구하고 우리는 루터의 종교개혁이 1517년에 일어났다고 믿는다.

더 나아가 "살인은 나쁘다", "어린아이를 보호해야 한다", "인간을 수단이 아닌 목적으로 대해야 한다"처럼 가치 판단과 연관된 주장들은 어떨까? 이런 주장들이 옳다고 생각하는 사람이 대다수겠지만 그 진위 역시 과학적으로는 증명할 길이 없다. 그럼에도 불구하고 우리는 이런 주장들을 옳은 것으로 받아들인다. 한마디로 우리는 많은 것들을 "입증할 수 없으나 옳다"고 전제하면서 살고 있는 것이다. 철학자 이사야 벌린의 말처럼 인생에서 정말 중요한 것들은 입증할 수 없고 믿을 수밖에 없다. 그러니 하나님이 계심을 증명하면 믿겠다는 것은 더더욱 말이 안 되는 주장이다. 하나님의 존재하심도 존재하시지 않음도 애초에 입증할 수 없는 성격의 것이기 때문이다.

5. 성경은 과학 기술을 어떻게 보는가?

성경은 과학 기술의 문제를 어떻게 보고 있을까? 다음 말씀을 중심으로 살펴보자.

> 하나님이 자기 형상 곧 하나님의 형상대로 사람을 창조하시되 남자와 여자를 창조하시고 하나님이 그들에게 복을 주시며 하나님이 그들에게 이르시되 "생육하고 번성하여 땅에 충만하라, 땅을 정복하라, 바다의 물고기와 하늘의 새와 땅에 움직이는 모든 생물을 다스리라" 하시니라 (창 1:27-28).

1) 성경은 과학 기술을 긍정할 뿐 아니라 인간의 지성으로 과학 기술을 발전시키라고 명령한다

하나님은 창세기 1:28을 통해 "생육하고 번성하여 땅에 충만하라, 땅을 정복하라"고 명령하신다. 그런데 이렇게 하려면 과학 기술을 발전시킬 필요가 있다. 실상 창세기 뒷부분에는 목축과 음악, 청동기와 철기 제작이 거론된다(창 4:20-22). 성경은 과학 기술을 발전시킴으로써 삶을 복되게 하는 것이 하나님 앞에서 옳은 일이라고 한다.

2) 기독교 신앙은 과학과 기술 발전을 가능케 하는 토대다

과학 기술은 서유럽과 북미를 포함한 기독교 문화권에서 주로 발전했다. 왜 하필 서유럽과 북미 지역에서 과학 기술이 발달하게 되었는가? 여기에는 기독교 신앙이 큰 영향을 미쳤다. 특히 창조 신앙과 하나님의 형상으로서의 인간 이해 및 성육신 교리가 중요한 역할을 했다.

　① **기독교의 창조 신앙**은 이 세계가 신적인 것이 아니고 하나님의 피조물이며, 하나님은 세계에 일정한 불변의 법칙을 두셨고 인간이 이를 알고 활용하는 것을 기뻐하신다고 선언함으로써 세계에 대한 객관적인 탐구, 즉 과학적 탐구를 가능하게 만들었다.

　② **기독교의 인간 이해**에 의하면 모든 인간은 하나님의 피조물이자 형상으로 지어졌다. 따라서 인간을 이롭게 하고 그 정신적, 영적, 물질적 필요를 채워주는 것이 하나님이 기뻐하시는 일이기 때문에 이를 위해 자연을 탐구하는 것은 신앙적 행위라고 말한다. 이런 토대 위에서 자연에 대한 과학적 탐구가 자연스럽게 발생한다.

　③ **성육신 교리**에 따르면 기독교는 삼위일체의 두 번째 위격인 성자 하나님이 인간의 몸을 입고 이 땅에 오셨다고 고백함으로써 인

간과 물질세계를 긍정하고 축복하는데, 이로 인해 자연 세계와 그 내적 법칙에 대한 탐구가 가능해졌다.

3) 인간의 타락과 함께 과학 기술에 대한 탐구도 왜곡되었다

하지만 인간의 타락과 함께 과학 기술은 하나님께 영광을 돌리고 인간과 세계의 복지를 위해 사용되어야 한다는 원래의 자리에서 이탈하여 그 자체로 자율성을 주장하게 되었다. 가인의 손자인 야발은 목축하는 자였고(창 4:20) 두발가인은 철기를 만드는 자였는데(창 4:21), 목축과 철기 제조는 모두 고대 사회의 과학 기술이다. 그러나 인간의 타락으로 인해 과학 기술은 악한 곳에 사용되게 된다. 그 대표적인 예가 창세기 11장에 등장하는 바벨탑 이야기다.

바벨탑 이야기에서 우리는 몇 가지를 관찰할 수 있다. 첫째, 하나님을 떠난 인간이 가지는 근본적인 불안("우리가 흩어짐을 면하자"). 둘째, 하나님을 떠남으로 자기 존재의 의미와 가치를 어떤 업적과 성취에서 찾는 인간의 모습("우리가 높은 대를 쌓고"). 셋째, 과학 기술이 그 자체로 자율적이고 독립적인 가치를 가진 것으로 여겨짐(탑을 쌓는 것 자체가 목적이 된다). 넷째, 이런 기술 문명에 대한 하나님의 심판(사람들은 흩어지고 탑 쌓는 것은 중지된다). 마침내 사람들의 언어는 혼잡하게 되어 서로를 이해하지 못하고 온 지면에 흩어져서 유리방황하는 비극으로 끝난다.

4) 현대의 과학 기술도 그 자체의 자율성을 주장할 때 문제가 심각해진다

모든 시대의 과학 기술과 마찬가지로 현대의 과학 기술도 그 자체의 자율성과 독립성만을 주장하게 되면 파괴적인 것이 된다. 문제는 오늘날 주로 "자본의 논리"에 의한 효율성과 수익성에 맞춰 과학과 기술의 발전 방향이 결정되고 있다는 점이다. 하나의 예로 인공지능(AI)의 가능성과 위험성을 놓고 그런 기술의 개발과 사용을 금지해야 하지 않느냐는 걱정이 큰데, 이는 몇 가지 이유로 현실성이 없다. 첫째, 인공지능의 사용으로 인한 부작용도 있지만 긍정적인 효과가 아주 크다. 둘째, 지금까지의 역사를 보면 인간들은 이미 개발된 기술로 돈을 벌 수 있다면 사용하지 않은 적이 없다. 그러므로 진짜 문제는 인공지능을 사용할 것이냐 말 것이냐가 아니라 그것을 어떻게 잘 통제하면서 사용할 것이냐. 인공지능을 비롯해 모든 과학 기술은 윤리적, 영적 지침과 통제 없이 그 자체가 목적이 되어 버릴 때 파괴적인 결과를 낳게 된다.

따라서 교회는 과학과 기술의 문제 앞에서, 그것이 그 자체로 자율적이거나 절대적이지 않으며 인간과 다른 수많은 생명을 보호하고 돌보는 수단으로 사용되어야 한다고 분명히 말할 수 있어야 한다. 이는 **결국 교회가 과학 기술의 사용에 대해 어떤 의미와 가치를 부여해야 함을 뜻한다. 과학 기술 자체에서는 어떤 "의미"나 "가치"가 나올 수 없고, 오직 기독교를 비롯한 고등 종교와 인문학적 통찰만이 그것을 발견할 수 있기 때문이다.**

나가는 말

과학과 기독교 신앙 간의 관계에 대한 지금까지의 논의는 다음과 같이 확대된 형태로 정리할 수 있다.[2]

① 과학과 기독교 신앙 사이의 갈등이 필연적이라고 여기며 기독교 신앙을 무시하거나 의미 없는 것이라고 말하는 과학자들이 있다. 이들의 주장에 따르면 과학은 경험적으로 검증 가능한 사실들을 추구하며 지적 정직성을 가지고 기존의 관점을 계속 검증, 수정, 폐기하고 새로운 것을 찾으려는 노력을 계속하기 때문에 그 결과를 신뢰할 수 있다. 반면 이들이 보기에 기독교 신앙은 이런 객관적이고 진지한 탐구와 비판 정신 없이 그저 주어진 전통과 사람들의 어리석음에 기대어 자신의 권위를 유지하려고 한다. 이들의 주장을 요약하면 신앙에는 과학에 있는 엄격한 지적 정직성과 자기 비판 및 계속된 수정 과정이 빠져 있기 때문에 믿을 수 없다는 것이다.

하지만 이는 잘못된 비판이다. 역사적으로 볼 때 대부분의 시기에 과학과 기독교 신앙은 갈등을 빚지 않았다. 1800년대 말까지만 해도 케플러, 보일, 맥스웰, 패러데이, 켈빈 같은 서구의 유명한 과학자들은 자신들의 신앙과 과학 탐구 사이에 어떤 모순이 있다고 생각하지 않는 신실한 그리스도인이었다. 과학과 기독교 신앙 사이에 결코 극복될 수 없는 간극이 있어서 서로 충돌할 수밖에 없다는 주장은 19세기 후반 들어 비로소 등장했다. 근현대 과학의 사상적 토대가 기

---

2   아래 내용은 다음 책을 참고했다. 존 호트, 구자현 역, 『과학과 종교, 상생의 길을 가다』(서울: 코기토, 2003), 17-44.

독교 신앙이라는 사실을 인정하지 않은 채로 자연 외에는 그 어떤 것도 실재하지 않으며 과학만이 진리를 발견하는 유일한 길이라고 말하는 자연주의(naturalism)가 주도적인 세계관이 되면서 과학과 기독교 신앙 사이에 근본적인 갈등이 있는 것처럼 여겨지게 된 것이다.

② 무엇보다도 기독교 신앙과 과학은 애초에 영역과 접근 방법이 다르기 때문에 갈등 관계에 있을 필요가 없다. 과학은 경험 세계에 접근하고 신앙은 경험 세계 너머에 있는 것을 질문한다. 과학은 "어떻게"를 묻고 신앙은 "왜"를 질문한다. 이처럼 과학은 사실에 관심이 있는 반면, 신앙은 그 의미에 관심이 있다. 또한 과학은 풀릴 수 있는 문제를 취급하고 신앙은 풀리지 않는 신비를 취급한다. 그래서 서로 존중하며 배워야 한다. 우주와 하나님은 과학과 신앙이 다 표현하기에는 너무 크고 신비롭기 때문에 과학과 종교 모두 자신의 한계를 인정하면서 언제든지 수정될 준비를 하고 있어야 하며, 이 점에서 실재에 대한 비판적 개방성을 공유할 때 과학과 종교 사이의 진정한 "만남"과 "접촉"이 가능하게 된다.

③ 실상 과학 역시 우리가 생각했던 것처럼 순수하거나 객관적이지 않으며, 종교 역시 그렇게 불순하거나 주관적이지만은 않다. 과학과 종교(신학)는 모두 주어진 "자료"를 해석하기 위해 상상력과 나름의 이론을 사용하며, 이 상상력과 사용된 이론에 의해 종교(신학)뿐만 아니라 과학적 탐구 역시 한계가 생성되고 영향을 받는다. 그런데 어디서 상상력과 이론이 끝나고 어디서 "사실"이 시작되는지 항상 분명한 것은 아니다.[3]

---

3   존 호트, Ibid., 33.

실제로 오늘날 과학 역시 세계를 보는 하나의 관점에 불과하다고 말하는 과학자와 과학사가들이 많다. 토마스 쿤에 의하면 각 시대의 과학자들은 나름의 "관점"을 가지고 세계를 인식한다. 이 관점은 이성적 추론의 결과가 아니며 정치적, 심리적, 사회적 영향 아래 이루어지는 것이다. 쿤은 이를 가리켜 "패러다임"이라고 한다. 그에 따르면 세계를 인식하는 이 패러다임은 점진적으로 발전되어가지 않는다. 패러다임이 일단 형성되면 상당 시간 계속되는데 쿤은 이런 상태의 과학을 정상 과학이라 부른다. 그러다가 이 패러다임으로 더 이상 세계를 설명할 수 없을 때, 곧 정상 과학의 입지가 점점 축소되어 더는 유지될 수 없을 때 그 패러다임은 무너지고 다른 패러다임으로 대체된다. 이 대치는 합리적인 추론의 결과가 아닌 심리적, 사회적, 정치적인 여러 다른 요소들의 영향으로 이루어진다. 마치 다른 종교로 개종하는 것처럼 급격히 이루어진다. 쿤은 이런 패러다임 변화(paradigm shift)는 많은 경우 한 세대의 과학자들(학자들)이 죽거나 은퇴하고 새로운 젊은 학자들이 주도권을 가질 때 성립되었음을 지적하면서, 천동설에서 지동설로의 변화, 뉴턴의 물리학에서 아인슈타인의 물리학으로의 변화 같은 것이 모두 패러다임의 교체를 통해 이루어졌다고 설명한다. 이는 과학적 지식과 그 체계 역시 결코 객관적이고 합리적인 것은 아니라는 뜻이다.

　　④ 여기에 더하여 과학 철학자 파울 파이어아벤트는 과학적 지식이 다른 지식보다 우월한 특권을 가지지 못한다고 본다. 과학적 지식 역시 객관적이지 않고 오히려 주관적이기 때문이다. 그는 유명한

오리 토끼 그림을 예로 든다.[4] 그가 제시하는 이 그림은 보는 방향에 따라 오리나 토끼로 보이는데, 소위 엄밀한 과학적 관찰과 실험을 한다고 말하는 사람들도 이미 나름의 전제와 선입견을 기반으로 어떤 이론을 만든 다음에 경험적 자료를 통해 이 이론을 검증하려고 한다. 그러다 보니 이 이론에 부합하지 않는 정보와 자료들은 누락되거나 그 결괏값이 오염되고, 결국 애초의 전제와 선입견에 부합하는 것만 남게 된다. 파이어아벤트는 물리학이나 화학 같은 소위 "엄밀 중립적 학문들"도 실상은 점성술이나 신화 및 종교적 주장들과 마찬가지로 그저 하나의 주관적 지식이거나 세계를 보는 관점에 불과하다고 말한다.

⑤ 역사적으로 볼 때 과학을 가능하게 하고 인간의 탐구를 지속시켰던 것은 다름 아닌 기독교 신앙이었다. 오늘날 과학 철학자들은 과학의 모든 사항들이 과학적으로는 입증할 수는 없으나 전제되는 다음과 같은 가정들에 근거해 있음을 인정하고 있다. 첫째, 우주는 유한하고 일관성이 있으며 합리적이고 질서를 갖추고 있으며 실제로 존재한다. 둘째, 인간의 마음은 이 세계를 이해할 수 있는 능력이 있다. 셋째, 우주에 대한 탐구는 인간과 세계 전체에 유익을 가져다줄 수 있다.

그런데 이 전제들은 모두 기독교적 세계관에서 나왔다. 기독교 신앙은 하나님이 일관된 법칙에 따라 운행되는 세계를 만드셨고, 인간에게 이를 알 수 있는 능력을 주셨으며, 이를 통해 더 나은 세상을

---

4   인터넷에서 Duck-Rabbit illusion(오리 토끼 착시)를 검색하면 해당 그림을 볼 수 있다(https://commons.wikimedia.org/wiki/File:Duck-Rabbit_illusion.jpg).

만들 수 있게 하셨다고 고백한다. 다시 말해 기독교 신앙의 세계 이해 때문에 과학 탐구가 가능하게 되었고 현대의 과학 기술 문명이 발전할 수 있었다.

　⑥ 앞서 말했듯이 과학은 반드시 중립적이지도 않고 객관적이지도 않다. 어디나 그렇듯이 과학 탐구에도 특정한 세계관이 이미 작동하고 있다. 예컨대 자연주의, 유물주의, 세속주의, 인본주의 등이 현대의 과학 기술을 주도하고 있다. 하지만 기독교 신앙은 이런 세계관보다 논리적 일관성을 갖고 있으며, 더 나아가 한층 포괄적이고 생명을 살리는 세계관을 제공한다(이 주제와 연관하여 16장 "세계는 어떻게 시작되었는가?"를 참고하기 바람).

세 줄 요약

1. 과학과 기독교 신앙 사이에 갈등이 있을 수밖에 없다는 주장은 사실이 아니다.
2. 과학과 기독교 신앙은 같이 갈 수 있을 뿐 아니라 기독교 신앙이 있기 때문에 과학과 기술이 발전할 수 있었다.
3. 과학은 인생의 근본 문제에 대해 답을 줄 수 없다. 종교와 인문학, 특히 기독교 신앙만이 올바른 답을 줄 수 있다.

토론 문제

1. 현대 사회를 과학 기술 시대라고 말하는 이유를 구체적인 예를 들어 설명해보자.
2. 과학이란 무엇이고 기술이란 무엇인가? 과학이 할 수 있는 것과 없는 것은 무엇인가?
3. 기독교 신앙으로 인해 과학 기술이 발달할 수 있었으며 그로 인해 의미를 가질 수 있다는 주장에 대해 어떻게 생각하는가?

18장_ 기독교 신앙은 역사를 어떻게 이해하는가?

들어가는 말

기독교는 역사적 종교라는 말을 흔히 한다. 참된 신앙인이라면 신앙에 기초한 역사의식이 있어야 한다는 말을 하기도 한다. 역사는 과연 무엇이고 역사의식을 가진다는 것은 무슨 뜻일까?

1. 두 종류의 세계 종교

역사와 연관해볼 때 세계 종교는 크게 다음 두 종류로 나뉜다.

1) 역사적 종교

역사적 종교는 그 종교의 기원이 과거의 특정한 역사적 사건(들)에 근거해 있고, 그 사건(들)이 현재의 역사와 그 의미를 해석하는 기준이 되는 종교다. 유대교, 기독교, 이슬람교가 여기에 속하며 이 중에서도 기독교는 예수 그리스도라는 역사 속의 특정 인물에 철저히 의지한다. 결국 기독교를 역사적 종교라고 하는 것은 기독교의 기원이 역사에서 일어났던 일들, 특히 예수 그리스도 사건에 철저히 근거해 있음을 의미한다.

2) 비역사적 종교

그 종교의 기원에 역사적인 측면이 없지는 않으나 특정한 역사 속의 인물이나 사건보다 그 가르치는 내용이 훨씬 중요한 종교로서 불교와 힌두교가 여기에 해당된다. 실제로 불교에서는 창시자인 부처(깨달은 자)보다 부처의 가르침이 훨씬 중요하며, 그렇기 때문에 가끔씩 아주 강력한 우상 파괴 운동이 일어나기도 한다. 가령 선불교는 "길을 가다가 도사를 만나면 도사를 죽이고, 부처를 만나면 부처를 죽이라"고 가르치는데, 이는 부처에게 마음을 빼앗겨서 정작 중요한 부처의 가르침을 놓치지 말라는 뜻이다. "달을 가리키는 손가락을 보지 말고 달을 보라"는 말도 마찬가지다. 여기서 손가락은 깨달음의 내용을 가르치는 부처를, 달은 부처가 깨달은 가르침의 내용을 의미한다. 그래서 모든 수행자는 부처를 길잡이로 삼되 부처에 얽매여서는 안 되고 그 가르침의 내용을 스스로 깨달아야 한다는 것이다. 실상 부처 자신도 임종 때 사랑하는 스승의 임박한 죽음을 슬퍼하는 제자 아난다(아난존자)에게 부처라는 한 개체를 의지하지 말고 "너 자신 속에 부처가 되는 길이 있으니 네 자신으로 돌아가 의지하고, 또한 법을 의지하라"(自歸依 法歸依)고 가르쳤다.

따라서 기독교가 역사적 종교라는 말은 하나님이 역사 속의 사건을 통해 일하시고 자신을 드러내신다는 말이다. 그렇다면 하나님을 만나는 곳은 바로 이 역사 가운데이며 모든 신앙적 결단과 행위 역시 역사 안에서 우리가 역사에 참여하는 가운데 이루어진다. 즉 **신앙은 개인의 영혼을 구원하는 문제이기 이전에 공동체의 문제이며 역사적 책임성과 관련된 문제라는 뜻이다.** 이런 면에서 "그리스도께서 베들레헴 마구간에 수천 번 탄생하시더라도 내 마음속에서 탄생하시지 않으면 내 영혼과는 아무 관계가 없다"는 어느 경건주의자의 말은 (선한 의도가 있다 하더라도) 기독교 신앙을 삶의 현실이 아니라 인간 내면에서만 찾게 만들고, 더 나아가 기독교 신앙이 하나님과 인간 영혼 또는 영혼과 하나님의 관계만 다루는 것이라는 잘못된 생각을 갖게 한다. **중요한 것은 그리스도께서 2천 년 전에 진정으로 오셨음**(객관적 사실)을 인정하고, 그 사실이 오늘 우리의 역사적 상황에 어떤 의미가 있느냐(공적 진리로서의 기독교)를 찾는 것이다.

2. 하나님의 역사 섭리와 그 의미

그렇다면 하나님이 역사 속에서 일하시면서 그분의 뜻을 이루어가신다는 고백은 과연 무슨 뜻일까? 그것은 사람들이 주어진 시공간 안에서 이런저런 행위를 함으로써 만들어지는 총체로서의 역사라는, 역사에 대한 통상적 이해와 어떤 관계를 맺고 있는 것일까?

　　서구 근대의 과학적 세계관은 하나님과 그분의 행하심을 역사를 결정하는 요인에서 배제해왔다. 가령 성경이 "모세가 하나님을 가시떨기나무에서 만났다"고 말할 때, 세속 역사가들은 (먼저 모세라는 인물이 실존했는지를 묻고 그 개연성이 높다면) "모세가 일종의 종교적 경험을 했다"고 해석할 것이다. 물론 이때의 종교적 경험이란 하나님이 모세에게 진짜 "객관적으로" 나타나서 자기 뜻을 전달했다는 의미가 아니라, 그냥 모세가 종교적이라 불릴 만한 어떤 "개인적이고 주관적"인 경험을 했다는 뜻에 불과하다. 우리는 그리스도인들로서 "모세가 하나님을 만났다"는 것을 실제 일어난 객관적인 사건으로 받아들이지만, 이와 동시에 현대인으로서 이런 세속적인 역사 이해의 영향을 받고 있다. 서로 상반되는 두 가지 해석의 세계가 우리의 내면에 들어와 있는 것이다. 이 두 입장 사이의 관계를 어떻게 이해해야 할까?

먼저 세속적인 역사 이해를 따라가 보아도 "실제 일어난 일"을 완전히 알 수는 없음을 유념할 필요가 있다. 19세기의 역사가 레오폴트 폰 랑케는 역사가의 임무란 "있었던 그대로의 과거"를 객관적으로 밝혀내는 데 있다고 보았으며, 또 그 일이 가능하다고 여겼다. 하지만 이런 역사 이해는 오늘날 거의 폐기되었다. 오늘날 대부분의 역사 연구자는 E. H. 카의 "역사란 과거 사실과 역사가의 계속되는 대화"라는 관점을 옳은 것으로 받아들이고 있다. 실상 우리가 (과거) 역사에 대해 가지고 있는 사료들은 실제 일어난 사건이 아닌 그 사건에 대한 보도이자 기록이다. 그리고 이 사료들은 이미 그 자체로 해석이며 이 해석들은 그 해석이 나온 개인과 그가 속한 공동체의 전통과 의식 및 상황을 반영하고 있어서 결코 중립적일 수 없으며 언제나 어느 정도의 편향성을 가지고 있다. 따라서 객관적인 역사 기술은 존재하지 않는다. 모든 역사 기술은 선택이고 해석이며 결단이다. 다만 최선을 다해 사실성에 근접하려고 노력할 뿐이다.

이 말은 성경의 역사 이해가 이스라엘과 교회라는 신앙 공동체에 의해 형성되고 수정, 변경, 전수된 하나의 관점이듯이, 객관성과 가치 중립성을 지향하는 세속적인 역사 이해 역시 하나의 관점이며 선택의 결과라는 뜻이다. 그리고 이 둘 중 어느 것이 옳은지를 판단해 줄 상위 기준은 존재하지 않는다.

이 점과 연관하여 우리는 앞서 살펴본, 미국의 사회학자 피터 버거가 말하는 "타당성 구조"(plausibility structure)를 생각해볼 필요가 있다. 타당성 구조란 어떤 특정한 사회 안에서 자명한 것으로 받아들여지는 믿음과 관행의 유형들을 말하는 것으로서, 사회 구성원들은 이를 기준으로 삼아 어떤 것이 옳고 그른지 판단한다. 곧 사람들은 모두 자신들이 속한 공동체의 타당성 구조를 따라 어떤 사안 또는 관점이 옳거나 가치 있거나 사실이라고 여기는 것이다. 하지만 이런 타당성 구조는 그 사회에 속해 있는 사람들에게만 의미가 있고, 다른 문화권 또는 외부에 속한 사람들에게는 객관적이고 보편적인 기준이 아닌 그저 하나의 주관적이고 상대적인 관점이고 가치 체계일 수밖에 없다. 이 말을 역사 인식의 문제와 연관 지어 보면 소위 세속적인 역사 이해 역시 하나의 타당성 구조 안에 있으며 그 안에서만 의미가 있다는 뜻이다. 일반적인 역사 이해는 기독교적인 역사 이해보다 보편적이거나 학문적으로 우위에 있지 않다.

오히려 기독교 신앙에 토대를 둔 역사 이해는 세속적인 역사 이해가 놓치고 있는 아주 중요한 측면을 제공할 수 있다. 세속적인 역사 이해는 역사를 오직 수평적 측면에서, 즉 개인과 집단으로서의 사람들이 주어진 정황 속에서 선택하고 결정한 것들의 총체로서 이해한다. 여기에는 하나님과 초월이라는 수직적 차원이 구조적으로 배제되어 있다. 하지만 하나님이 계시고 그분이 인간과 세계에 참여하여 역사를 이끌어가시는 분이라면 이런 수직적 차원이 빠져 버린 역사 이해는 그 자체로 이미 부분적인 역사이자 편향된 관점에 지나지 않을 것이다.

이 점을 19세기 이후 널리 통용된 히스토리(Historie)와 게쉬히테(Geschichte)의 구별과 연관하여 살펴보자. 통상 히스토리는 "사실(事實)로서의 역사", 게쉬히테는 "해석(解釋)으로서의 역사"로 이해된다. 하지만 기독교 신앙의 입장에서 보면 히스토리와 게쉬히테는 이와 다른 의미로 이해되어야 한다. 히스토리는 하나님을 배제한 채 철저히 이 세계 내적 사건들의 상호 연관 가운데 발생한 것들에 대한 서술로서의 역사, 곧 일반적으로 받아들여지는 역사를 뜻하고, 게쉬히테는 이런 히스토리에 매 순간 참여하여 거기에 영향을 미치고 그것을 인도하는, 신적 개입을 포함하는 총체적인 역사를 의미한다. 그리고 이렇게 볼 때 기독교적인 의미에서 진정한 역사는 게쉬히테로서의 역사다. 신적 깊이나 수직적 차원이 배제된 일반 역사가 아니라 세속적 역사를 포함하면서 신적 깊이와 수직적 차원을 함께 말하는 역사인 게쉬히테가 진정한 역사인 것이다.

이는 결국 역사가 기독교 신앙의 입장에서 볼 때 비로소 총체적으로 파악되고 이해될 수 있음을 뜻한다. 그렇다면 그리스도인은 세속적인 역사 이해를 중심에 놓거나 불변의 상수로 고정시킨 다음 거기에 부합하고 일치하는 기독교 신앙의 측면을 찾음으로써 신앙의 정당성을 확보하려고 해서는 안 된다. 오히려 신적 참여와 인도를 전제하는 게쉬히테로서의 역사 이해를 중심에 놓고 세속적인 역사 이해를 평가, 비판, 수정할 수 있어야 한다.

이는 신학의 경우도 마찬가지일 것이다. 신학 역시 성경과 기독교의 전통을 현대 정신에 맞추어 해명하고 그 가치를 확보하려고 하기보다는, 그 자체를 중심에 놓고 우리의 역사적 현실을 비평하고 인도하려고 해야 한다. 다시 말해 신학의 과제는 성경을 통해 자신을 계시하신 하나님과 그분의 뜻을 시대정신에 맞는 형태로 서술하기보다 그것을 있는 그대로 기술(description)하는 데 있다. 독일의 신학자 에버하르트 윙엘은 이를 가리켜 신학은 계시를 나흐뎅켄(nachdenken[think after], 뒤따라가면서 사고하기)하는 과제를 가진다고 말한다. 곧 신학의 과제는 이미 발생한 하나님의 계시를 시대정신을 기준으로 삼아 설명(explanation)하려고 하기보다 그것을 있는 그대로 기술(description)하는 데 있다는 것이다. 이는 신학이 이미 세상의 그 어느 학문보다도 포괄적이고 종합적인 내적 논리와 내용 및 구조를 가지고 있기 때문이다.

3. 성경으로 바라본 역사의 동인

이제 다음 말씀을 중심으로 역사를 이끄는 진정한 동인이 어디에 있는지를 생각해보자.

> 예수께서 총독 앞에 섰으매 총독이 물어 이르되 "네가 유대인의 왕이냐?" 예수께서 대답하시되 "네 말이 옳도다" 하시고 대제사장들과 장로들에게 고발을 당하되 아무 대답도 아니하시는지라. 이에 빌라도가 이르되 "그들이 너를 쳐서 얼마나 많은 것으로 증언하는지 듣지 못하느냐?" 하되 한 마디도 대답하지 아니하시니 총독이 크게 놀라워하더라 (마 27:11-14).

이 말씀에는 세 부류의 등장인물이 나온다. 대제사장들과 장로들, 빌라도, 예수다. 대제사장들과 장로는 예수를 죽이려고 고발했고, 빌라도는 예수를 심문 중이며, 예수는 지금 죄수로 끌려와 있다. 그러니 예수는 약자고 빌라도와 대제사장들 및 장로들은 강자다. 빌라도의 판단에 따라 **예수는 언제 어떻게 죽어도 이상하지 않은 나약한 죄수에 불과하다.**

그런데 2천 년의 세월이 지나 이 말씀을 보는 지금은 상황이 완전히 역전되어 있다. **오늘 이 장면의 진짜 주인공은 누가 뭐라 해도 예수다.** 빌라도와 대제사장들과 장로들은 예수가 스스로 선택해서 걸어가기로 한 길의 소소한 에피소드이자 잠시 스쳐가는 배경에 불과하다. 대제사장들과 장로들은 자신들이 예수를 얼마든지 죽일 수 있다고 여겼으며 빌라도 역시 자신이 예수를 살릴 수도 죽일 수도 있는 권세를 가졌다고 생각했을 것이다. 하지만 실상 이 장면을 주도하고 있는 이는 예수이며, 그는 그냥 자기 길을 걸어가다 보니 앞에 말한 사람들을 만난 것 뿐이다. 아이러니하지 않은가? 한때 시대와 역사를 이끌어가는 것처럼 보인 사람들이 오히려 예수 때문에 알려지게 되었고, 진짜 주인공은 그들이 언제든지 없애버릴 수 있는 이 예수였다니!

오늘날도 마찬가지다. **지금 세상을 주도하는 것은 자본과 정치 권력과 과학 기술 같아 보인다. 하나님과 교회가 세상을 움직이는 것 같지는 않다.** 그러나 정말 그럴까? 여기서 우리는 앞서 이야기한 히스토리와 게쉬히테를 다시 생각해볼 필요가 있다. 히스토리는 우리가 흔히 알고 있는 그런 의미의 역사, 곧 사람들이 서로 어울려 부딪치고 선택하며 결정하는 가운데 사건들이 발생하고 어떤 결과가 나오는 것으로서의 역사다. 그리고 그 과정을 주도하는 것은 결국 자본 권력, 정치 권력, 언론 권력, 학문 권력 등으로 보인다. 그런데 이게 전부일까? 기독교 신앙은 그렇지 않다고 하면서 게쉬히테를 말한다. 게쉬히테는 히스토리를 인정하면서도 그 히스토리 안에 매 순간 섬세하게 스며들어 영향을 미치고 그것을 선하게 이끄시는 하나님의 개입을 포함하는 "전체로서의 역사"다. 이 게쉬히테를 인정하는 것이 기독교 신앙의 특징이고 기독교의 시간 이해다.

이를 이렇게 생각해보자. **인간의 모든 행위는 결국 그 사람의 정신(마음)의 표현이다.** 그래서 역사도 인간 마음의 표현이다. 19세기 독일의 철학자 빌헬름 프리드리히 헤겔은 **"이성적인 것은 현실적인 것이요 현실적인 것은 이성적인 것이다"**라는 유명한 말로 이를 표현했다. 그다지 어려운 이야기가 아니다. 여기 화가의 그림이 한 점 있다. 이 그림은 지금 현실 속에 있는 것 곧 현실적인 것이다. 그런데 이것이 왜 지금 현실에 있게 되었을까? 화가의 이성 혹은 화가의 정신이 그런 그림을 그리고 싶어 했기 때문이다. 다시 말해 이성(정신)이 현실을 만들어낸 것이다. 그래서 이성적인 것은 현실적인 것이고 현실적인 것은 이성적인 것이다. 단지 그림뿐만 아니라 사회 구조, 법률 제도, 정부 조직, 교육 시스템 모두 결국 전체로서의 그 시대 사람들의 정신, 마음 혹은 이성이 구체적으로 드러난 결과다. 헤겔은 이를 인간 개개인의 정신이 전체적으로 모여 현실에서 구체화되었다는 점에서 "객관적 정신"이라고 표현한다. 가령 어떤 사람이 대통령으로 뽑혔다면 그것은 그 시점의 사람들의 정신이 한데 모인 "객관적 정신"이 표출된 결과다.

이제 다시 빌라도의 법정으로 돌아가보자. 지금 빌라도의 법정에서 관철되고 있는 정신 곧 현실이 되고 있는 정신은 무엇인가? 언뜻 보면 그것은 빌라도의 정신과 대제사장들과 장로들의 정신이다. 한쪽 정신(대제사장들과 장로들)은 예수를 죽이려고 하고 다른 한쪽 정신(빌라도)은 예수를 죽여야 할지 살려야 할지 아직 결정하지 못하고 있다. 겉으로는 이들이 이 순간과 그 시대와 역사를 주도하고 있는 것처럼 보인다. 하지만 긴 시간이 지난 지금 돌이켜 보면 결국 예수의 정신이 이겼고 예수의 정신이 남았다. 다시 말해 예수가 보여주신 그런 정신이 종래에는 남을 것이라는 뜻이다.

그럼 예수의 정신은 무엇인가? **예수는 진리와 사랑이 온전히 통전된 독특한 분이다.** 그는 진리 자체였다. 그에게는 거짓이 전혀 없었다. 동시에 그는 사랑 자체였다. 그 사랑으로 인해 그는 낮아졌고 섬겼으며 마침내 십자가를 졌다. 사랑 없는 진리는 냉정하다. 그것은 옳지만 따뜻함이 없어 생명을 살려내지 못한다. 진리 없는 사랑은 감상적이거나 편파적이 된다. 어머니는 자녀를 사랑하지만 그 사랑은 대개 자신의 자식에게만, 그것도 다분히 편파적으로 표출된다. 진리가 없기 때문이다. 진리와 사랑이 함께 있을 때 그것은 자신과 이웃과 세상을 살린다.

이것이 우리에게 어떤 의미가 있을까? 우리는 때로 이 세상을 살면서 무력감을 느낀다. 과연 기독교 신앙이 진리인가? 이것이 진리라면 하나님에 대한 신앙과 교회의 실천이 세상을 근본적으로 바꾸어야 하는 것 아닌가? 하지만 여전히 현실은 자본과 정치 권력과 일부 강대국이 주관하는 것 같고 이에 더해 과학 기술과 학문 및 언론 권력이 세상을 이끌어가는 것처럼 보인다. 오직 히스토리만 작동하고 게쉬히테는 없는 것 같다.

하지만 길게 보면 달라진다. 빌라도 법정에 선 예수는 약했고 그저 배경같이 보였지만 시간이 지나고 다시 보니 예수가 모든 것의 중심이었다. 이는 그가 진리와 사랑 그 자체였으며 이 정신이 끊임없이 새로운 현실을 만들어왔기 때문이다. 이성적인 것이 현실적인 것이 된다. 정신이 현실을 만든다. 마찬가지로 오늘의 우리 역시 연약하고 부족해 보인다. 하나님의 목소리, 신앙의 주장, 교회의 외침이 허공에 맴도는 것처럼 여겨질 때가 있다. 하지만 결국 예수가 보여주신 진리와 사랑이 세상을 바꿀 것이다. 예수가 가져오셨으며 교회에 위탁하셨고 성령의 능력으로 표출되는 진리와 사랑의 힘이 결국 승리할 것이다. 그렇다면 **이 진리와 사랑의 힘이 지금 어떤 모습으로 우리 삶 가운데서 나타나고 있는지, 또 어떻게 나타나야 하는지를 잘 분별하고, 그 분별에 따라 오늘을 잘 살아내는 것이야말로 기독교적인 역사 이해이자 인식일 것이다.** 그래서 오늘 할 수 있는 한 진실하고 사랑하며 하나님을 의지하고 순복의 길을 갈 것이다. 일생의 목표를 진리와 사랑이 온전히 연합된 인물 예수를 닮아가는 데 둘 것이다. 결국 그런 사람들이 역사를 만들고, 역사를 새롭게 할 것이기 때문이다.

나가는 말

기독교는 역사적 종교라고 한다. 이는 하나님이 역사 속에서 자신을 계시하셨으며, 역사 전체를 그분의 뜻이 펼쳐지는 무대로 삼아 인간의 구원과 피조물의 해방을 이끌어가시는 분이기 때문이다. 구체적으로 이 말은 다음을 의미할 것이다.

① 역사의 주님이신 하나님은 보편 역사 전체를 통해 그분의 뜻을 보여주신다. 특히 이스라엘 역사 속에서 구체적이고 결정적으로 자기를 보이셨다.

② 이스라엘 역사를 통한 하나님의 계시는 예수 그리스도를 지향해왔으며 예수 그리스도 안에서 완성되었다. 예수는 하나님 자신의 나타남이며 계시 자체다.

③ 교회는 예수 그리스도를 통해 나타난 하나님 나라를 지금 맛보며 선포하고 기다리며 살아가는 공동체다. 교회가 이렇게 할 수 있는 힘은 성령에게서 나오며, 이 성령 안에서 교회는 역사 가운데서 일어나는 사건들을 예수 그리스도의 하나님 나라 선포와 그분의 십자가 죽음과 부활을 중심으로 새롭게 해석하고 책임적으로 응답한다. 교회의 길은 온 세상을 통해 역사적 예수로 오신 그리스도의 주 되심을 선포하면서 하나님 나라의 완성을 향해 나아가는 데 있다. 세계사의 모든 순간은 이 하나님 나라의 완성에 이바지하고 그것을 향해 나아간다.

④ 이런 역사 이해는 세속적인 역사 이해가 받아들이기 어렵고 심하면 조소의 대상이 될 수 있다. 또 그것이 옳다는 것을 순수 이성적 논증에 의해 증명할 수도 없다. 물론 다른 역사 이해 역시 그것이 옳다고 증명할 수 없고 모두 하나의 관점일 뿐이다. 하지만 기독교적인 의미에서의 역사 이해는 세속적인 역사 이해가 놓쳐버린 수직적 차원, 곧 하나님의 주도성과 참여를 말함으로써 세속적인 역사 이해의 일방성과 편협성을 교정하고 시간과 역사의 의미, 세계의 의미를 포괄적이고 심층적으로 밝혀준다. 그러나 이는 이성만으로는 입증할 수 없고 다만 그런 세상이 있으며, 실상 그런 세상이 더 근본적이고

더 중요하고 더 결정적임을 삶을 통해 보일 수 있을 뿐이다. 결국 기독교적인 역사 이해가 종국적으로는 옳다는 것은 오직 삶을 통해서만 보일 수 있다. 성경이 말하는 "사랑으로 역사하는 믿음"이 결국 기독교적인 역사 이해가 옳은 것이었음을 보여줄 것이다.

세 줄 요약

1. 기독교가 역사적 종교라고 말하는 것은 하나님이 역사의 주님이시며 하나님을 만나는 자리가 바로 구체적인 역사 가운데임을 고백하는 것이다.
2. 기독교적 역사 이해는 세속적 역사 이해에 결여된 시간과 역사의 초월적 차원을 말한다는 점에서 더욱 포괄적이고 심층적인 역사 이해다.
3. 역사의 중심에는 예수 그리스도의 십자가 죽음과 부활이 있다. 그것은 새로운 역사의 시작이자 종국적으로 임할 하나님의 승리에 대한 예표다.

토론 문제

1. 역사의식이란 무엇을 뜻할까? 역사의식을 가지는 것이 왜 중요할까?
2. 기독교적 역사 이해와 세속적 역사 이해는 어떻게 다른가?
3. 기독교 신앙에서 역사의식을 가진다는 것이 어떤 의미일까? 그것은 왜 중요할까?

19장_ 우상은 무엇이며 어떻게 만들어지는가?

들어가는 말

이스라엘 백성의 죄악 하나는 살아계신 하나님을 버리고 우상들을
찾아다닌 것이었다. 이처럼 우상숭배에 빠져 있는 이스라엘 백성을
보면서 하나님은 이렇게 탄식하신다. "내 백성이 두 가지 악을 행하
였나니 곧 그들이 생수의 근원되는 나를 버린 것과 스스로 웅덩이를
판 것인데 그것은 물을 가두지 못할 터진 웅덩이들이니라"(렘 2:13).

그런데 이스라엘만 그런 것은 아닐 것이다. 오늘을 살아가는 우
리 현대인 역시 하나님 아닌 다른 것을 절대적인 가치로 섬기고 있다.
개인뿐만 아니라 시대 역시 나름의 우상을 하나님처럼 높이고 있는
것이다.

1. 왜 우상을 섬기는가?

성경은 우상을 섬기는 행위를 강하게 비판한다. 예언자 이사야는 우상을 만들고 섬기는 사람들을 이렇게 비웃는다. "우상을 만드는 것과 꼭 같은 나무 반 토막으로는 불을 피우고, 그 불덩이 위에 고기를 구워 먹고, 그것으로 배를 불리며, 또 몸을 따스하게 하며 '아, 불을 보니 따뜻하다' 하고 말한다. 불을 때고 남은 토막으로는 신상, 곧 우상을 만들고, 그 앞에 엎드려 숭배하고, 그것에게 기도하며 '나의 신이시여, 나를 구원하여 주십시오' 하고 빈다"(사 44:16-17, 표준새번역; 참조. 렘 10:1-5). 실제로 조금만 생각해보면 나무나 쇠로 만든 어떤 형상이 진짜 신이 아닌 것은 누구나 안다. 그런데도 사람들은 우상을 만들고 섬긴다. 왜 그럴까?

1) 삶이 불안하고 무섭기 때문이다

왜 우상을 섬기는가? 기본적으로 사는 것이 불안하기 때문이다. 하루에도 별의별 일이 다 일어나는 이 세상에서 혼자만의 힘으로 살기에는 너무 무섭고, 언제 어떤 일이 일어날지 모르니 나를 도와주고 보호해주는 신이 있어야겠다는 마음이 우상을 만들어낸다.

막내아들이 걸음마를 배울 때 일이다. 옆에서 손을 잡아주면 걷는데 혼자서는 두세 걸음 가다가 주저앉는다. 가족들이 모두 모인 어느 날에 아이 고모가 아이 손에 16절지 종이를 한 장 쥐여주었다. 아이는 그 종이 한 장을 의지하여 조심조심 혼자 10미터 이상을 걸어갔다. 그 모습이 너무 귀여워 모두 한참 웃었는데, 동시에 "이게 인간이구나" 하는 생각이 들었다. 종이 한 장이라도 잡아야 발걸음을 떼어

놓을 수 있는 존재! 그래서 우리는 수많은 신을 찾고 우상을 만든다.

2) 하나님을 만나고 싶은데 너무 막막하기 때문이다

성경은 하나님이 천지의 창조주이며 어디에나 계신 분이라고 한다. 그러나 어디에나 계신 하나님은 때로 어디에도 없고 대답도 하지 않는 하나님처럼 느껴진다. 그 대신 지금 볼 수 있고 만질 수도 있으며 기도하면 바로 응답해주는 신이면 너무 좋겠다. 그래서 우리는 하나님을 구체화하여 특정한 장소에 매인 분으로 만들어두려고 한다. 이렇게 하면 편하다. 그곳에 가기만 하면 하나님을 만날 수 있다. 그래서 종교는 나름의 거룩한 장소들과 자주 연관된다.

3) 자기 마음대로 써먹을 수 있는 하나님을 원하기 때문이다

이스라엘을 구원하신 하나님은 주님이자 자유자이시다. 그분은 나타나고 싶을 때 나타나시고 말씀하고 싶을 때 말씀하신다. 그런데 우리의 욕심은 그게 아니다. 필요하면 언제든지 불러내어 이용할 수 있는 신이면 좋겠다. 그래서 사람들은 우상을 만든다.

　출애굽기 32장에 보면 모세는 십계명을 받으러 호렙산으로 올라간다. 그런데 아무리 기다려도 모세가 돌아오지 않으니까 백성들의 마음이 급해진다. 목적지인 가나안 땅은 멀기만 한데 언제까지 여기서 이러고 있어야 하는지 답답하다. 지금은 이 광야 길을 잘 통과할 것이라는 확신, 그것도 눈으로 보고 손으로 만질 수 있는 확신이 필요하다. 그래서 아론에게 말한다. "우리를 위하여 우리를 인도할 신을 만들라." 아론은 그 말에 따라 사람들의 금붙이를 모두 모아 녹여서 송아지 모양의 신을 만들고 이렇게 이야기한다. "이것이 너희를 이집트 땅에서 인도하여온 여호와다." 그랬더니 백성들이 모두 그 앞에 모여서 경배하고 춤추며 노래하고 모두 크게 술에 취하였다고 한다. 이처럼 우리는 눈으로 볼 수 있고 말을 걸 수 있으며 만질 수도 있고 우리가 써먹을 수 있는 하나님을 원한다. 우상은 이런 마음에서 생긴다.

4) 우리 마음의 욕심이 우상을 요구하기 때문이다

아론은 백성들의 요구에 따라 송아지 우상을 만든 다음 그것을 자신들을 이집트에서 인도해낸 야웨 하나님이라 부른다. 그런데 왜 하나님의 형상을 송아지 모양으로 만들었을까?

당시는 농경 문화권이었다. 농경 문화권에서 소는 필수적인 존재였다. 소가 죽으면 집안이 완전히 망하기 때문에, 아이는 죽어도 되지만 소는 죽으면 안 된다고 할 정도였다. 또한 소는 다산과 축복의 상징이었다. 소가 새끼를 많이 낳는 것은 부자가 된다는 확실한 증표였다. 그래서 송아지 형상으로 하나님을 만들고 이 하나님이 야웨라고 말하는 것은 곧 야웨가 소처럼 나에게 다산과 축복을 주는 분이면 좋겠다는 말이다.

실제로 이스라엘 역사 가운데 이런 모습이 계속 나타난다. 이스라엘 예언자들은 백성들이 야웨를 버리고 다른 신들을 따르며 우상을 숭배했다고 비판한다. 하지만 이스라엘 백성들에게 물어보면 그들은 절대로 야웨 하나님을 버린 적이 없다고 할 것이다. 실제로 버리지 않았다. 다만 야웨 하나님을 여러 다른 신들과 적당히 혼합하여 섬겼을 뿐이다. 이스라엘 땅을 발굴해보면 기원전 8세기부터 집집마다 우상들이 나온다고 한다. 그 우상들은 모두 야웨의 상이다. 동시에 농사의 신이자 풍요와 다산의 신이었던 바알과 아세라의 상이기도 하다. 자유로운 주재자 하나님이 지금 금송아지 모양으로 나타나 나에게 부요와 성공을 주는 우상으로 변질된 것이다.

정리해보자. **사람들은 불안해서, 하나님이 막막해서, 통제하고 이용하기 위해서, 자신의 욕심을 채우기 위해 우상을 섬긴다. 그래서 세상에는 수많은 신이 있다.** 우리 조상들 역시 온갖 신을 섬겼다. 집터에 깃드는 터주신, 집을 짓고 나면 찾아오는 성주신, 부엌에서 불을 지켜주는 조왕신, 우물에 있는 우물신, 장독대나 뒷마당에 깃드는 철륭신, 집에 재산을 가져오는 두꺼비나 뱀 모양의 업신 등 세상 곳곳에 이런 신들이 있다고 생각하고 그들을 섬겼다. 지금도 깊은 산 속 곳곳에는 바위로 만든 부처상이 있다.

그런데 성주신, 우물신, 불상이니 하는 것들은 별로 문제가 되지 않는다. 다들 그것이 미신임을 알고 있기 때문이다. 정말 위험한 것은 인간의 근원적 욕망과 깊이 연관된 우상이다. 물질, 권력, 명예가 우상이 된다. 때로 자본주의, 공산주의, 민족주의 같은 이데올로기가 우상이 된다. 이런 우상은 정말 어렵다. 그러나 극복하지 않으면 안 된다. 왜냐하면 우상은 우리를 결국 망하게 하기 때문이다. 이제 우상의 특징을 성경 말씀을 통해 살펴보자.

2. 성경이 말하는 우상[1]

> 바울이 아덴에서 그들을 기다리다가 그 성에 우상이 가득한 것을 보고 마음에 격분하여 회당에서는 유대인과 경건한 사람들과 또 장터에서는 날마다 만나는 사람들과 변론하니 어떤 에피쿠로스와 스토아 철학자들도 바울과 쟁론할새 어떤 사람은 이르되 "이 말쟁이가 무슨 말을 하고자 하느냐?" 하고 어떤 사람은 이르되 "이방 신들을 전하는 사람인가보다" 하니 이는 바울이 예수와 부활을 전하기 때문이러라. 그를 붙들어 아레오바고로 가며 말하기를 "네가 말하는 이 새로운 가르침이 무엇인지 우리가 알 수 있겠느냐? 네가 어떤 이상한 것을 우리 귀에 들려주니 그 무슨 뜻인지 알고자 하노라" 하니 모든 아덴 사람과 거기서 나그네 된 외국인들이 가장 새로운 것을 말하고 듣는 것 이외에는 달리 시간을 쓰지 않음이더라. 바울이 아레오바고 가운데 서서 말하되 "아덴 사람들아, 너희를 보니 범사에 종교심이 많도다. 내가 두루 다니며 너희가 위하는 것들을 보다가 알지 못하는 신에게라고 새긴 단도 보았으니 그런즉 너희가 알지 못하고 위하는 그것을 내가 너희에게 알게 하리라"(행 17:16-23).

바울은 선교 여행 중 철학의 도시 아테네를 방문한다. 그는 그 도시에 갖가지 우상들이 가득한 것을 보았다. 그중에는 "알지 못하는 신"이라는 이름의 우상도 있었다. 이 말씀과 성경의 다른 말씀들을 통해 우

---

1   이 부분은 다음을 참고했다. 팀 켈러, 윤종석 역, 『팀 켈러의 내가 만든 신: 하나님 자리를 훔치다』(서울: 두란노, 2017).

상의 특징을 살펴보자.

① **우상으로 높아지는 것들은 그 자체로만 보면 좋고 가치 있는 것이다.** 다시 말해 돈, 지식, 명예, 권세, 사랑, 성공처럼 사람들이 좋게 여기고 선망하는 것들이 우상이 된다. 이 말씀에 나오는 아테네 사람들도 나름 좋고 가치 있는 것들을 신격화하여 우상으로 섬겼을 것이다. 문제는 좋은 것이라도 그것이 제 위치를 이탈하여 과도하게 높아질 때 악하고 파괴적인 성향을 보이게 된다는 것이다. 신학자 아우구스티누스는 죄를 "도착된 사랑"(disordered love)이라고 말했다. 창조주에게 올려드려야 할 절대적인 사랑이 유한한 것을 향해 왜곡되어 주어질 때 그것들은 우상이 된다.

② **따라서 거의 모든 것이 우상이 될 수 있다.** 돈, 명예, 지식, 경력, 직장, 자녀, 부부 관계, 사랑, 심지어 사역도 우상이 될 수 있다. 성공한 사람들에게는 그 성공 자체가 자기 삶의 의미와 가치를 확보해주는 우상이 되는 경우가 많다. 이는 목회자도 피할 수 없는 유혹이다. 바리새인이 따로 있는 것이 아니다.

③ **우상은 반드시 사람을 멸망시킨다.** 우상숭배가 오래 꾸준히 지속될수록 그 부정적인 결과는 더욱 커진다. 돈이 우상이 된 사람은 돈을 벌기 위해 가정, 부부 관계, 건강을 모두 희생시키기 쉽다. 자녀가 우상이 된 사람은 자녀를 위한다는 명목으로 돈, 건강, 대인 관계, 심지어 신앙까지 모두 희생시킬 수 있다. 우상은 언제나 희생제물을 요구한다. 구약의 악한 왕 므낫세는 자기 아들들까지 우상에게 바쳤다(대하 33:6).

④ **우상은 그 정체가 노출되고 드러나면 아주 위험해진다.** 바울의 선교 여행 중 아르테미스 여신(젖가슴이 24개나 되는 풍요와 다산의 여

신)과 연관된 에베소의 소요 사건(행 19:23-41)을 보자. 바울이 이 우상을 공격하여 무력화시키자 그 즉시 바울을 암살하려는 사람들이 모여서 도시 전체에 폭동을 일으킨다. 예수의 경우에도 하나님 나라라는 메시지를 전함으로써 정치, 종교 시스템을 건드리자 당대 최고의 종교(유대교)와 로마 권력(정치 체계)이 모두 들고 일어나 예수를 공격하여 결국 십자가를 지게 만든다.

⑤ **우상은 잘 보이지 않는다.** 그렇기 때문에 잘 분별해야 한다. 그럴 때 이런 질문이 도움이 된다. 내가 두려워하는 것이 있는가? 그것이 없어지면 내 인생이 무너질 것 같은가? 그런 것이 있다면 그것이 이미 나의 우상이든지 아니면 곧 우상이 될 가능성이 아주 높다.

⑥ **예수는 우상과 대결해서 우상을 이기셨다.** 십자가에서 우리를 위해 죽으심으로써 우리의 죄(죄의 본질은 하나님 아닌 다른 것을 하나님으로 섬기는 것, 곧 우상숭배)를 해결하셨고, 그렇게 우리를 우상으로부터 벗어나게 하셨다. 잘못된 예배(우상숭배)는 예수 그리스도의 아버지 되신 참 하나님을 만나고 그분을 예배할 때 비로소 극복된다.

3. 우리 시대의 지배적인 우상은 무엇인가?

종교개혁가 장 칼뱅은 인간의 마음은 우상 공장과 같아서 끊임없이 하나님 아닌 것들을 하나님의 자리로 끌어올려 섬긴다고 말한다. 맞는 말이다. 칼뱅의 말처럼 어느 시대 어느 사회에나 우상숭배가 존재한다. 게다가 인간의 본성은 세월이 지나도 거의 그대로이기 때문에 사람들이 섬기는 우상 역시 어느 시대나 비슷하다. 신약학자 N. T.

라이트는 우리 시대를 지배하는 네 가지 신들로 전쟁의 신 마르스(권력-핵전쟁, 자연 파괴), 성적 사랑의 신 아프로디테(성욕, 쾌락), 돈의 신 맘몬(물질욕), 지식의 신 헤르메스(과학 기술 절대주의)를 든다. 한마디로 권력, 성적 사랑, 물질욕, 지식 추구 등이 우리 시대를 주도하는 우상이라는 이야기인데, 이것들은 실상 어느 시대나 모두 우상화된 것이었다. 그럼에도 불구하고 현시대에 더 강조되고 빈번하게 우상이 되는 것들이 있을 수 있다. 다음 몇 가지가 그 예에 속한다.

1) 자아라는 우상

첫 번째 우상은 "자아"다. 인간은 언제나 자아중심적이었고 죽을 때까지 이를 벗어날 수 없지만, 전통 사회에서는 개인보다 가족, 가족보다 민족이나 국가를 더 중요하게 여겼기 때문에 자아 중심주의가 설 자리는 많지 않았다. "자아중심주의"는 죄인 된 인간의 본래 모습이지만 과거에는 사회문화적 요인에 의해 일정 부분 억제되었던 것이다. 하지만 1960년대 이후 자아중심주의는 미국을 비롯하여 세속화된 모든 사회에서 널리 확산되어왔다. 현대 문화에서 인간의 "자아"는 거의 신의 자리에까지 올라와 있는 것이다.

오늘날의 자아 중심주의는 어디에서 기인했을까? 그 뿌리는 1960년대 미국에서 본격화된 "왜곡된 개인주의"(distorted individualism)에서 찾을 수 있을 것이다. **신학자 데이비드 웰스는 개인주의의 두 가지 연원으로 종교개혁과 계몽주의를 꼽는다.**[2] 종교개혁의 개인주의는 하나님 앞에 선 개인주의, 곧 하나님 앞에서 자신의 삶을 주체적이고

책임적으로 살아가야 함을 말하는 개인주의로서 삶의 기준을 하나님께 두는 특징을 가진다. 반면 계몽주의의 영향 속에 형성된 개인주의는 자신 앞에 선 개인주의, 곧 하나님이 아닌 자신의 삶에 책임을 지는 개인주의다. 이는 한 개인으로서 주체적이고 책임적으로 사는 것이 삶의 권리이자 의무이며 이보다 더 소중한 것은 없다고 여기는 개인주의다. 개인주의의 이 두 가지 연원은 갈등 관계에 있다. 그런데 웰스에 따르면 이 둘 중 오늘날 주로 강조되는 것은 계몽주의에 토대를 둔 인간 중심적인 개인주의, 곧 자아의 확장에 우선적 관심을 가지는 개인주의다. 이것은 가장 중요한 것은 나의 인생이고 꿈이며 욕망이라고 확신하는 개인주의, 곧 자아라는 우상을 계속 유지하고 확장하는 개인주의다.

2) 소비향락주의라는 우상

두 번째 우상은 소비향락주의다. 몸을 가진 존재인 우리 인간은 먹고 마실 것이 반드시 있어야 하기 때문에 소유와 소비에 대한 욕구는 어쩔 수 없이 우리 인간의 근본적 욕구다. 하지만 인류 역사를 통틀어 볼 때 사람들의 욕구를 채우기에는 물적 재화가 언제나 부족했고, 이에 사회는 물질에 대한 과도한 욕망으로 사회가 붕괴되지 않도록 소유와 소비는 악한 것이고 금욕과 절제는 선한 것이라고 가르쳐왔다. (중세) 기독교, 유교, 불교, 도교 같은 전통 종교들이 청빈과 금욕을 강조하는 이유 역시 종교의 특성상 정신적이고 영적인 가치를 지향하는 것과 아울러, 경제적인 측면에서 그만큼 소비할 물적 재화가 부족했기 때문이다.

하지만 19세기 중반 이후 자본주의가 발달하고 특히 1960년대 이후 소비자본주의가 미국과 서유럽의 여러 국가에서 본격화되면서 금욕과 절제가 아닌 소비를 미덕으로 보기 시작했다. 이는 자본주의의 변화와도 연관이 있는데 초기 산업자본주의는 충직한 노동자들이 있어야 계속 확산될 수 있었기 때문에 근면과 성실을 삶의 주요 덕목으로 강조한 반면, 20세기 후반 이후의 소비자본주의는 이미 만들어진 재화를 소비하는 소비자들이 있어야 그 시스템을 계속 유지할 수 있기 때문에 소비가 좋고 가치 있는 행위라고 말하게 되었다.

소비자본주의 사회는 사람들의 사고방식과 행동 양식을 철저히 변화시켰다. **이제 사람들은 즐기고 소비하는 데서 삶의 의미와 행복을 찾는다.** 과장된 표현일 수 있으나 현대인들의 인생 모토는 "나는 소비한다. 고로 존재한다"에 가깝다. 이런 소비지향적인 태도는 삶의 거의 모든 영역에 영향을 주어서 음식, 옷, 가구, 집, 자동차 같은 것 외에도 교회 선택과 예배 출석까지 소비자 마인드로 접근하게 만들었다. 어떤 이는 이를 이렇게 표현하고 있다. "지난 몇십 년 사이에 교회를 찾아오는 성도들의 마음에 큰 변화가 일어났다. 예전에는 어떻게 하나님께 영광을 돌릴 수 있을까 하는 마음으로 교회를 찾아왔다면 이제는 오늘 나에게 필요한 은혜와 도움을 이 교회가 줄 수 있을까 하는 마음으로 바뀐 것이다." 신앙생활조차 백화점에서 필요한 물건을 사듯이 철저한 소비자 마인드로 바뀌었다는 말이다.

소비향락주의는 앞서 말한 자아중심주의와 깊이 연관되어 있다. 내 자아의 만족과 성취와 행복이 가장 중요하다고 여기는 자아중심주의가 그것을 이루는 방편으로 소유와 소비를 선택할 때 자아중심주의와 소비향락주의가 하나로 결합된다. 실제로 자아중심주의와 소비향락주의라는 두 가지 우상이 하나로 결합되어 나타나는 것이 우리 시대의 큰 특징이다.

3) 이 땅에서의 행복우선주의라는 우상

오늘 우리가 살아 가는 세계는 세속 사회, 포스트모던사회, 소비자본주의사회, 성과사회, 피로사회, 투명사회 등으로 불린다. 그런데 이 중에서 현대 사회를 가장 폭넓게 포착하는 용어는 역시 "세속 사회"(secular society)일 것이다. 세속 사회의 가치관에 따르면 존재하는 것은 이 세상뿐이다. 초월과 내세는 인정하지 않는다. 당연히 하나님의 자리도 인정하지 않는다. 삶은 오직 한 번뿐이니 지금 이곳에서 즐겁고 행복하게 살라고 말한다. 세계관적으로 말하면 자연주의(naturalism)가 주도하는 이런 사회는 지금 이곳에서의 행복을 가장 소중한 가치로 여긴다. "지금 이곳에서의 행복우선주의"가 우리 시대의 또 다른 우상일 것이다.

존재하는 것은 오직 이 땅뿐이고 지금 이곳에서 의미와 가치 및 행복을 찾으며(혹은 스스로 만들며) 살아야 한다는 생각은 19세기부터 본격화되었다. 이를 대변하는 가장 강력한 사상가는 철학자 프리드리히 니체다. 혹은 이를 고대 사회에 큰 영향을 미친 에피쿠로스 학파의 재림이라고 할 수도 있다. 곧 에피쿠로스주의가 가르친 인생은 행복을 위해 있다는 쾌락주의, 신과 초월, 영혼과 내세 같은 것은 없고 설혹 있어도 전혀 중요하지 않다는 철저한 내재주의, 나 자신의 행복이 가장 중요하며 이를 가로막는 것은 모두 없애야 한다는 자아중심적 태도, 이것이 우리 시대의 또 하나의 강력한 우상인 것이다

정리해보자. 우상은 어느 시대나 있었고 앞으로도 있을 것이다. 그런데 우리 현대인들에게 가장 강력한 힘을 미치고 있는 우상은 아마 자아중심주의, 소비향락주의, 지금 이곳에서의 행복우선주의일 것이다. 가장 중요한 것은 나의 자아이고, 이 자아의 성취와 만족은

충분히 소유하고 마음껏 소비할 때 이루어지며, 인생에서 정말 중요한 과제는 지금 여기에서 행복하게 사는 것이다. 이런 것들이 현대인들이 붙잡고 섬기는 우상의 얼굴이다.

그러니 과거의 우상들과 마찬가지로 현대의 우상들도 그리스도인들에게 계속된 도전일 수밖에 없다. 자아중심주의와 하나님 중심주의, 소비향락주의와 거룩하고 경건한 삶에 대한 추구, 현재 이 땅에서의 행복과 이 땅에서의 사명을 다한 후 내세에서 누리는 행복 사이의 대결! 그러니 기독교 신앙과 현대인의 우상 사이에는 첨예한 대립이 있을 수밖에 없다.

오늘날 예수를 믿기 어렵게 만들고 헌신을 방해하는 요소가 바로 여기에 있다. 오늘날의 그리스도인들도 참 하나님의 이름으로 갖가지 우상과 대결한 예언자들처럼 싸움을 하고 있는 것이다. 그런데 이 싸움은 어떻게 보면 과거보다 더 힘들다. 왜냐하면 이미 우리 내면 깊은 곳에 자아중심주의, 소비향락주의, 이 땅에서의 행복우선주의가 깊이 뿌리를 내리고 있기 때문이다. 싸움의 전선(戰線)이 우리 밖이 아니라 내면에 형성되어 있기 때문에 이 싸움은 더 힘들고 어렵다. 하지만 이는 싸우고 또 이겨내어야 할 전쟁이다.

나가는 말

30년 전에 일본 북해도 지역을 2박 3일로 여행한 적이 있다. 둘러본 곳들 중에 그 지역의 신사들이 가장 인상적이었다. 신사마다 신들이 다르고 또 그 신들의 전문 영역에 따라 나뉘어 있었다. 사업이 잘되게 해주는 신, 자녀 대학 입학을 도와주는 신, 심지어 남편이 바람피우지 않게 막아주는 신도 있었다. 신을 섬기는 방법도 아주 실용적이어서 많은 돈을 내면 거기에 맞게 큰 축복 꾸러미가 나오고, 그렇게 하고 싶지 않은 경우에는 우리 돈으로 1000원 정도만 자판기 같은 곳에 넣으면 신이 주는 축복의 말씀과 경고 메시지를 담은 동그란 종이쪽지가 툭 떨어졌다. 그 모습을 보면서 일본은 종교도 사람들의 필요에 따라 맞춤형으로 되어 있구나 하는 생각을 했다. 실제로 일본에는 대략 8백만 종류의 신이 있다고 한다. 우리는 어떤가? 한국도 크게 다르지 않다. 역사적으로 수많은 신들을 섬겼다.

어떤 이들은 이렇게 말한다. "신이 어디 있는가? 그저 인간이 그런 존재가 있다고 생각할 뿐이다. 정말 있는 것은 이 땅, 지금 이생뿐이다. 그러니 지금 열심히 잘 살면 된다." 유명한 이론 물리학자 스티븐 호킹은 인간은 그저 고도로 복잡한 컴퓨터 같아서 컴퓨터가 쓰다가 고장이 나면 버려지듯이 인간 역시 그냥 죽으면 끝이고 내세가 있다든지 하나님이 있다든지 하는 말은 사실이 아니라고 말한다. 실제로 많은 사람들이 이렇게 말한다. 과학 문명이 이렇게 발전한 시대에 무슨 신이 있다는 것인가?

그런데 정말 신은 없는가? **신학자 폴 틸리히는 하나님이 누구냐는 질문에 대해 우리의 궁극적인 관심 대상이 바로 우리에게 하나님이 된다고 말한다.** 곧 그것을 위해 살 수도 죽을 수도 있고 다른 모든 것을 희생할 수 있는 절대적인 어떤 것이 나에게 있다면, 그것이 나에게 하나님 같은 역할을 한다는 것이다. 이렇게 보면 거의 모든 사람이 신을 섬기고 있다. 어떤 사람에게는 자식이 궁극적인 관심이다. 어떤 사람에게는 남편이나 아내가 궁극적인 관심의 대상이다. 무엇보다

이 시대에는 돈이 만인의 궁극적인 관심사가 되었다. 그런데 만일 그렇게 절대적이고 궁극적인 관심을 둘 만한 대상 같은 것은 없다고 철저히 믿고 그렇게 살아간다면, 그런 믿음 자체가 그 사람에게 신의 역할을 한다. 그래서 **신은 있다. 그것도 아주 많은 신이 있다. 문제는 내가 믿고 섬기는 신이 진짜냐는 점이다.**

진짜 하나님을 만나면 우리는 살아나고 해방과 자유를 누릴 것이다. 반면 가짜 하나님이 있다. 위로도 기쁨도 성공도 주는 것 같은데 긴 시간이 지나 보면 결국 가짜로 드러나는 것이 있다. 진짜 하나님의 특징이 무엇일까? **첫째, 진짜 하나님은 우리에게 구원과 해방을 가져다준다. 출애굽기 20:2은 이렇게 말한다.** "나는 너를 애굽 땅, 종되었던 집에서 인도하여낸 네 하나님 여호와니라." 이스라엘 백성은 이집트에서 노예로 살았다. 압제에서 벗어나고 싶었지만 자신들의 힘으로는 그럴 수 없었다. 그저 하늘을 향해 호소할 뿐이었다. 그런데 하나님께서는 그 호소를 듣고 모세를 보내 이스라엘을 구원하심으로써 그들을 해방시키신다. "나 여호와는 너희를 이집트에서 인도하신 하나님이다. 너희들의 신음과 부르짖음을 내가 들었다. 그래서 모세를 보내어 너희를 이곳까지 인도했다. 나는 자유와 해방의 하나님이다." 참 하나님이 찾아오면 구원과 해방이 있다.

둘째, 참 하나님은 공동체를 만들어낸다. 하나님은 우리를 공동체로 부르시고 구원의 길로 초대하신다. 성경에 따르면 이스라엘이 이집트를 나올 때 숱한 잡족도 함께 나왔다고 한다. **이스라엘은 원래 혈연 공동체이자 민족 공동체였지만 이제는 다른 사람들도 섞여서 하나의 복합적 공동체가 되었다.**

공동체가 무엇인가? 단순히 사람들이 모여 있는 것을 보고 공동체라고 부르지 않는다. 기차역에 가면 사람들이 많이 모여 있지만 이들은 공동체가 아닌 군중이다. 휴일날 백화점에 가면 수많은 사람들로 붐비지만 그들은 공동체가 아닌 소비자. 무엇이 우리를 공동체로 만드는가? 몇 가지 조건이 필요하다. ① **더불어 있어야 한다.** ② **공동의 경험과 추억을 가지고 있어야 한다.** ③ **서로에게 관심과 사랑을 갖고 "우리"라고 말할 수 있어야 한다.** ④ **열려 있어서 새로운 사람이 계속 들어올 수 있어야 한다.** ⑤ **무엇보다도 공동의 목표와 비전이 있어야 한다.**

그래서 좋은 가정과 좋은 교회는 공동체의 모습을 보인다. 좋은 사회 역시 공동체적인 요소를 갖고 있다. 실상 세상을 움직이는 것은 공동체. 선한 꿈을 가진 공동체가 많으면 세상이 선해진다. 거룩한 꿈을 꾸는 공동체가 많으면 세상은 거룩해진다. 그런 공동체가 없으면 세상은 악해진다.

오늘 우리 시대에 정말 절실히 필요한 것이 바로 이런 공동체다. 흔히 19세기의 키워드는 자유, 20세기의 키워드는 해방, 21세기의 키워드는 공동체라고 말한다. 실제로 19세기에는 프랑스 대혁명, 영국 명예혁명, 미국의 독립전쟁 등이 일어남으로써 인간으로서의 자유를 쟁취하려는 욕구가 발산된 시기였다. 20세기에는 공산주의 혁명, 인도 독립 운동, 베트남 전쟁 등을 통해 알 수 있듯이 사람들이 지배 계층이나 외세의 압제로부터의 해방을 꿈꾸던 시대였다. 그리고 21세기의 인류는 자신의 삶에 의미를 부여할 공동체를 꿈꾼다. 바로 지난 20세기에 공동체가 가장 극심하게 해체되어버렸기 때문이다. 산업화, 도시화로 인해 친밀했던 공동체가 모두 무너졌다. 옛날에는 마을 사람들을 모두 알고 지냈다. 도시에 살아도 이웃과 가깝게 지냈다. 우리가 어릴 때를 생각해보면 친구 집에 가서 놀다가 식사 시간이 되면 그 집에서 자연스럽게 밥을 같이 먹곤 했다. 때로는 밥을 얻어먹고 놀다가 그 집에서 그냥 자고 오기도 했다. 아이들이 집에 들어오지 않으면 친구 집에서 놀다가 밥을 얻어먹고 있겠거니 생각하는 부모가 많았다. 그러나 이제는 바로 옆집 사람이 무엇을 하는 사람인지도 모른다. 만날 때 짧게 인사할 뿐 공동체가 없다. 나라 전체적으로 지역, 이념, 계층에 따라 모두 분열되어 있다. 공동체가 깨어져버렸다. 그래서 오늘 우리 한국 사회에 가장 절실한 것은 어떻게 함께 살아갈 수 있을까, 부자든 빈자든, 배운 사람이든 그렇지 않은 사람이든, 보수든 진보든 어떻게 서로 존중하면서 함께 공동체를 만들어 갈 수 있을까 하는 점이다. 이 점에서 교회가 중요하다. 교회는 하나님의 거룩한 공동체이며, 거룩한 공동체를 만들어가는 공동체다. 가난한 자나 부유한 자나, 공부를 많이 한 사람이나 그렇지 않은 사람이나, 청년이나 중장년이나 노인이나 모두 함께 공동체를 이루어서 서로 존중하고 사랑하면서 공동의 목표를 가지고 함께 살아가는 세상을 만드는 것, 그것이 바로 하나님이 교회에 주신 꿈이다.

세 줄 요약

1. 사람의 마음은 끊임없이 우상을 만들어낸다. 그리고 만들어진 우상은 그 사람을 지배한다.
2. 사람들은 불안해서, 하나님이 막막해서, 내가 통제하고 이용하기 위해서, 욕심을 채우기 위해서 우상을 만든다. 그래서 세상에는 수많은 신들이 있다.
3. 우상숭배는 개인과 사회의 패망을 가져온다. 참 하나님을 만날 때만 그 폐해가 극복될 수 있다.

토론 문제

1. 우상이란 무엇인가? 나에게 우상이 될 만한 것은 무엇일까?
2. 우상을 만들고 섬기는 이유가 무엇이라고 생각하는가? 주변에서 그런 예를 찾을 수 있을까?
3. 우상이 가져오는 폐해에는 어떤 것이 있는가?
4. 우상을 벗어버리는 길은 어디에 있는가?

20장_ 무신론의 이유는 무엇이며 어떻게 응답할 것인가?

들어가는 말

하나님은 정말 존재하시는가? 하나님은 없는데 우리가 그냥 있다고 생각하는 것은 아닐까? 누구나 한 번쯤은 가져볼 법한 의문이다.

그런데 하나님의 존재에 대한 회의와 불신은 다분히 근대적 현상이다. 고대와 중세 시대에는 하나님과 초월의 세계가 있다는 것이 당연하게 여겨졌고 오히려 이 세상의 실재성이 의심받았다. 성경 역시 하나님의 존재를 당연하게 전제하고 이 하나님이 어떤 분인가를 선포할 뿐이다. 성경 시대의 문제는 무신론이 아닌 다신론이었다. 즉 수많은 신 가운데 진정 참된 신은 누구인가 하는 것이 그 시대의 진짜 문제였다.

하지만 근대에 들어서면서 상황이 달라진다. 서구의 경우 19세기가 되면서 무신론이 하나의 시대적 징후가 되었고 20세기 중반 이후 세속 사회를 주도하게 된다. 이때 포이어바흐, 니체, 프로이트, 마르크스, 사르트르 같은 주요 무신론 사상가들이 나타나 신 없는 세계, 곧 인간이 중심되는 세계를 요청했다. 오늘날에는 진화 생물학에 기초한 무신론 사상가들(리처드 도킨스, 대니얼 데닛, 에드워드 윌슨)이 유신론적 신 신앙 특히 기독교 신앙을 없애고자 아주 활발하게 활동 중이다. 도킨스는 신앙을 가진 사람을 가리켜 슬프든지(sad) 미쳤든지(mad) 나쁘든지(bad) 아니면 이 모든 것을 합친 존재라고 폄하하면서, 자신을 무신론자(atheist)를 넘어서 기독교 신앙을 없애기 위해 적극적으로 싸우는 호전적 무신론자(military atheist)라고 소개한다. 이들은 왜 무신론을 주장하는 걸까?

1. 무신론을 주장하는 이유[1]

1) 신은 인간 욕망이 만들어 낸 허구다

어떤 사람들은 신이란 인간의 결핍과 욕망이 만들어낸 허구라고 하면서 무신론을 주장한다. 이런 주장은 고대 그리스의 철학자 크세노파네스의 다음 말에서 이미 발견된다. "말이나 소나 사자가 손이 있어서 그림을 그릴 수 있다면 그것들이 그리는 신은 말이나 소나 사자의 모습을 하고 있을 것이다. 이와 마찬가지로 에티오피아의 신은 들창코에 얼굴이 검고 트라키아인의 신은 파란 눈을 갖고 있다." 근대에 들어와 이런 생각을 가장 분명하고 영향력 있게 전개한 사람은 19세기의 독일 철학자 루트비히 포이어바흐다. 그는 신을 인간의 욕

---

1   이 주제에 대해서는 조금 오래된 책이지만 S. P. 쉴링, 조만 역, 『무신론시대의 하나님』 (서울: 대한기독교서회, 1984)을 추천한다.

망이 투사된 결과로 보았다. 삶에 고난과 실패가 가득할수록 사람들은 그 모든 난관이 극복된 자유와 행복의 세계를 꿈꾼다. 이런 열망을 담아 세계 너머 저 바깥에 하나님이 있고 이 하나님이 언젠가 자기에게 구원과 행복을 가져다주리라 믿으며 하나님을 전지, 전능, 영원, 무궁, 편재, 거룩, 자비, 사랑 같은 최고의 가치를 가진 존재로 상정한다. 하지만 이런 신은 없으며 사람들이 신적 특성이라고 여긴 것들은 사실상 우리 인간이 지닌 좋은 특성들을 외부로 투사한 것에 불과하다. 그래서 하나님을 섬기면 섬길수록 인간은 낮고 비천해진다. 이런 투사 행위를 멈추고 하나님이 없다고 선언해야만 신에게 돌린 모든 선한 특성들을 다시 우리 인간에게 돌림으로써 그 가치와 존엄을 회복할 수 있다. 그래서 이제 신학은 인간학이 되어야 한다. 간단히 말해 신이 인간을 만든 것이 아니라 인간이 자기 심성의 허약과 갈망 때문에 신을 만든 것이라고 해야 한다.[2]

투사 이론(projection theory)이라고 불리는 이런 주장을 어떻게 보아야 하는가? 먼저 이런 주장에 일말의 진실이 있음을 인정할 필요가 있다. 포이어바흐의 말처럼 우리의 하나님 이해에는 분명 우리의 경험(특히 아버지에 대한 경험)과 희망이 쉽게 투사된다. 그렇다고 해서 모든 하나님 인식이 전부 우리의 인간적 경험이나 욕망의 투사라고 할 수는 없다. 이는 마치 사랑에 빠진 사람이 연인에 대해 만들어낸 갖가지 아름다운 이미지가 연인의 실제 모습과 많이 다르지만 그렇다고 해서 그 연인이 존재하지 않는 것은 아님과 같다. 다시 말해 우리의 하나님 인식에는 우리가 투사한 내용이 포함되어 있지만 그렇다고

---

2   루트비히 포이어바흐, 강대석 역, 『기독교의 본질』(서울: 한길사, 2008).

해서 하나님이 없다고 할 수는 없다. 무엇인가 있어야 그림자가 생기듯 투사도 어떤 실체가 있어야 생긴다.

또한 사람들이 희망 사항을 투영하여 신을 만들어냈다면 그런 신은 모든 인간이 흠모할 만한 귀하고 영광스러우며 아름다운 면모를 가져야 할 것이다. 하지만 기독교 신앙은 영광과 승리와 위엄과 능력의 모습이 아닌 예수 그리스도가 십자가에서 경험한 수치와 죽음을 통해 참 하나님이 나타났다고 고백한다. 십자가의 예수에게는 사람들이 선망하고 흠모할 아무런 좋은 것이 없다. "그는…고운 모양도 없고 풍채도 없은즉 우리가 보기에 흠모할 만한 아름다운 것이 없도다"(사 53:2). 그래서 인간이 자신의 욕망과 필요를 충족시키기 위해 신을 만들어냈다는 포이어바흐의 종교 비판은, 적어도 예수의 십자가에서 하나님을 발견하는 기독교 신앙에는 전혀 해당되지 않는다.

2) 과학 기술 시대에는 신이 더 이상 필요하지 않다

어떤 사람들은 과학 기술이 발달하기 전에는 세계의 신비를 설명하기 위해 신을 필요로 했지만, 과학 기술이 발달하고 난 다음에는 신과 초월을 배제한 채 철저히 세계 내적 원리만으로도 세계를 충분히 설명할 수 있게 되었기 때문에 신이나 신에 대한 언어가 이제 무의미해졌다고 말한다. 이 경우 신은 존재하지 않는 것이 아니라 그냥 불필요한 것으로 간주된다.

이런 주장 역시 일말의 진실을 포함하고 있다. 철저히 초월적 존재로서 우리 삶과 아무 관계가 없는 하나님이나 아직 미지의 영역으로 남은 세계의 비밀을 설명하기 위한 "설명 가설"로서만 요청되는 하나님은 과학이 발달할수록 설 자리를 잃어갈 것이다. 하지만 동시에 우리는 과학이 과연 세계의 모든 비밀을 결국 밝혀낼 것이라는 주장이 너무 과도한 자신감에서 나온 것은 아닌지 물어보아야 한다. 이런 자신감의 이면에는 그동안 과학이 이룬 놀라운 성취와 더불어 과학이야말로 중립성, 객관성, 검증 및 수정 가능성 같은 특성을 통해 참된 지식을 얻는 가장 적절한 길이라는 확신이 깔려 있을 터인데, 우리는 이 지점에서 과학이 과연 그토록 중립적이고 객관적인지 따져보아야 한다. 과학은 일반적으로 관찰과 실험 결과를 중립적으로 정리하여 거기에 따른 이론을 만들어내고 다시 그 이론을 경험적 자료로 검증하는 과정을 통해 점진적으로 발전해가는 것으로 여겨진다. 하지만 오늘날의 과학 철학은 과학 역시 미리 특정한 전제를 세운 다음 그 전제를 검증하는 방식으로 진행되고 있음을 보여준다. 그런데 이렇게 되면 최초에 설정한 전제에 부합되지 않는 정보나 자료는 처음부터 배제되거나 연구 과정 중 누락되고, 결론 역시 이런 것들을 배제한 채로 나오게 된다. 구체적으로 말하면 과학은 신, 초월, 인간 영혼, 내세 같은 영역을 애초에 없거나 필요 없는 것으로 간주한 채 진행되기 때문에 그 결론 역시 이런 것을 배제하고 내려진다.[3] 따라서 과학은 성격상 세계 안에 가장 깊이 현존하지만 동시에 세계를 무한히 초월하는 하나님에 대해서는 애초에 말하지도 않고 말할 수도 없다. 과학은 하나님이 계심을 입증할 수 없지만 부인할 수도 없는 것이다. 미국 철학자 스티븐 에번스는 이를 요약하여 "본질

---

3   이 주제에 대해서는 화학자이며 과학 철학자인 Michael Polanyi의 책, 특히 M. Polanyi and H. Prosch, *Meaning*(Chicago: University of Chicago Press, 1975)을 참고할 것.

상 과학은 초자연 세계가 현실적으로 존재하는지의 여부를 탐구하는 데는 부적격하다"[4]고 말한다. 실제로 과학이 하나님의 존재를 찾아낼 수 있다면 그것이 오히려 놀라운 일이 될 것이다. 하나님은 과학과 신비 체험과 영적 직관이 미치지 못하는 "세계의 신비"(에버하르트 윙엘)로 남아 있다.

더 나아가 과학 탐구만으로는 결코 해명될 수 없는 세계의 비밀이 여전히 존재할 수밖에 없음을 유념할 필요가 있다. 분명 과학은 과거에 몰랐던 많은 사실을 밝혀주었고, 또 앞으로도 많은 새로운 사실을 발견해줄 것이다. 그럼에도 불구하고 세계의 비밀은 여전히 남아 있을 것이며 심지어 과학이 발전할수록 그 비밀이 더 많아질 수도 있다. 이 지점에서 우리는 신비(mystery)와 수수께끼(riddle)를 구별할 필요가 있다. 수수께끼는 아직은 모르지만 언젠가는 알 수 있는 것이며, 신비는 거기에 참여하고 체험도 하지만 그럴수록 모르는 것이 더 많아져서 결국 자신의 무지를 인정하게 만드는 것이다. 아마도 하나님이 만드신 세계에는 수수께끼와 신비가 함께 포함되어 있어서 과학이 수많은 수수께끼를 풀어낼수록 더 많은 신비가 나타날 것이다. 아무튼 과학의 이름으로 무신론을 주장할 수는 없다. 그것은 과학의 영역을 넘어서는 일이다(이 책 17장 "과학과 기술을 어떻게 보아야 할 것인가?"를 참고하기 바람).

---

4   Thomas C. Leonard, *Illiberal Reformers: Race, Eugenics, and American Economics in the Progressive Era* (Princeton, NJ: Princeton University Press, 1996), 190

3) 이 세상의 악과 고난을 보니 하나님이란 없다

어떤 사람들은 이 세상의 수많은 악과 고난을 근거로 무신론을 주장한다. 그들은 선하고 전능한 하나님이 있다면 왜 세상에 악이 있으며 의로운 자가 고난을 당하냐고 묻는다. 평생 무신론자로 살다가 생의 마지막에 유신론자가 되었던 철학자 앤터니 플루는 이런 사람들의 심정을 다음과 같이 대변한다. "어떤 이들은 아버지가 그의 자녀들을 사랑하듯이 하나님이 우리를 사랑하신다고 말한다. 그래서 우리는 위로를 받는다. 그런데 우리는 수술로도 고칠 수 없는 후두암으로 죽어가는 어린이를 보고 있지 아니한가? 그 아이의 세상 아버지는 극도로 초조해하며 아이의 치료를 위해 모든 노력을 다하지만 하늘 아버지는 관심조차 보이지 않는다."[5]

아마도 유신론을 의심하고 무신론을 옹호하는 가장 강력한 이유는 바로 이 설명하기 어려운 고통의 문제 때문일 것이다. 그러나 이에 대해서는 하나님이 사랑이시고, 그 사랑으로 인해 피조세계에 자유의지를 주셨지만 인간과 세계가 이를 잘못 사용하여 악과 고통에 빠지게 되기 때문에 이는 하나님이 아닌 우리 인간들이 책임져야 할 문제라고 답할 수 있다(이 주제는 이 책 15장 "하나님의 섭리를 어떻게 이해해야 하는가?"를 참고하기 바람).

---

5   Antony Flew, *New Essays in Philosophical Theology*, 108. S. P. 쉴링, 『무신론시대의 하나님』, 130에서 재인용.

4) 인간의 자유로운 선택의 삶을 위해 하나님은 없어야 한다

어떤 사람들은 인간의 자유를 확보하기 위해 신앙을 거부한다. 철학자 장 폴 사르트르는 인간을 인간답게 만드는 것은 "자유"인데 모든 것을 주관하는 신과 그 신의 규율이 인간의 선택 이전에 이미 있다면 인간은 결코 자유로울 수 없으며 따라서 신과 신에 대한 신앙은 거부되어야 한다고 주장한다. 마르크스주의 철학자 에른스트 블로흐 역시 같은 이유로 신앙을 거부한다. "세상의 위대한 주가 존재하는 곳에서는 자유를 위한 여지가 없으며 심지어는 하나님의 자녀들의 자유마저 없다. 그러므로 인간은 무신론을 통해서만 자유로워질 수 있다."[6]

이런 주장 역시 일말의 진실을 포함하고 있다. 사르트르의 말처럼 자유는 인간의 삶에 필수적이다. 그러나 동시에 자유에는 방향이 있다. 즉 자유가 중요하지만 그것이 자신을 중심에 두는 "자기중심적 자유"인지, 아니면 진리와 생명의 원천과 조우함으로써 진정 자유로운 존재가 되어 하나님과 이웃과 세계를 섬기는 자유인가 하는 문제는 여전히 남아 있다. 세상에 무제약적인 자유란 없다. 모든 자유에는 제약과 조건이 있으며, 가장 강력한 제약과 조건은 진리 아래 있어야 한다. 기독교 신앙은 사람이 자신의 창조주이자 구속자이며 진리이자 생명이신 하나님을 만날 때 비로소 자유로운 존재가 될 수 있으며, 인간과 현대 문명이 위기에 봉착했다면 그 원인은 이런 하나님을 떠나 인간중심주의에 사로잡혀 버렸기 때문이라고 이야기한다(요 14:6, 이 주제는 이 책 2장 "인간이란 자유로운 존재인가?"를 참고하기 바람).

---

6   Ernst Bloch, *Das Prinzip Hoffnung*, 1413. S. P. 쉘링, Ibid., 131에서 재인용.

5) 하나님에 대한 믿음은 개인적인 도덕과 사회 발전에 방해 요소가 된다

어떤 사람들은 유신론적 전통이 사회의 불의와 거짓을 하나님의 뜻으로 받아들이게 함으로써 정의로운 사회 건립의 길을 막고 있다고 보아 인본주의적인 무신론을 대안으로 제시한다. 마르크스는 교회가 산업혁명으로 야기된 숱한 사회 문제를 해결하려고 하지 않았을 뿐만 아니라 오히려 방해가 되었다고 분노한다. 사르트르와 카뮈 역시 1930-40년대에 유럽의 많은 교회들이 사회악을 간과하고 히틀러와 무솔리니가 이끌던 극우 민족주의를 축복했던 사실을 지적한다. 지난 세대의 탁월한 인본주의자인 버트런드 러셀은 이런 관점에서 기독교 신앙에 대해 다음과 같이 다소 과도한 비난을 퍼붓기도 한다. "기독교는 교회로 조직된 때부터 이 세상의 도덕적 발전에 중요한 적이었으며 지금도 적으로 남아 있다."[7]

이런 주장 속에도 나름의 진실이 있다. 복음이 제대로 전해지고 실천된 곳에서는 언제나 개인과 사회의 선한 변화가 일어났으나, 역사를 살펴보면 교회는 때로 하나님의 이름으로 악을 행하거나 잘못된 사회 질서를 정당화하기도 했다. 하지만 이는 교회가 예수 그리스도의 복음이 아닌 다른 것을 따라갔기 때문이다. 그리고 이처럼 잘못된 길에 발을 들이는 것은 종교인뿐만 아니라 무신론자도 마찬가지다. 마르크스의 공산주의 사상은 자유롭고 평등한 인간 사회를 만들겠다는 선한 의도가 있었으나 막상 그 이념이 러시아와 중국에서 하나의 정치 운동으로 구체화되었을 때는 수백만의 사람들이 혁명의 이름 아래 피를 흘려야 했다. 이것이 인간의 실상이다. 죄로 인해 왜

---

7   Bertrand Russell, *Why I am not a Christian* (New York, Simon and Schuster, 1962), 21.

곡된 인간 마음은 생명의 종교도 선한 정치 사상도 얼마든 변질시킬 수 있다. 종교인은 종교의 이름으로, 비종교인은 이데올로기의 이름으로 얼마든지 자신과 남을 속이고 악해질 수 있는 것이다. 아무튼 교회의 실패가 하나님이 존재하지 않음을 입증하지는 않는다.[8]

6) 하나님을 믿는 신앙은 인간의 진화 과정에 도움이 되었기 때문에 만들어진 유전자의 생존 메커니즘이다

마지막으로 오늘날 가장 강력한 무신론적 도전은 진화 생물학에 근거한 호전적 무신론 운동에서 발견된다. 리처드 도킨스와 에드워드 윌슨은 "신이란 관념"(the idea of God)은 사람들이 힘들고 고통스러운 진화 과정 도중 죽지 않고 살아남아 종족 번식에 성공할 수 있도록 유전자가 만들어낸 일종의 생존 메커니즘이라고 비판한다. 다시 말해 종교는 사랑의 하나님이라는 존재가 인간을 현세에서 돌보아주고 내세에서 심판과 보상을 하신다고 믿게 함으로써 힘든 세상을 견디는 데 도움을 주는데, 이는 실상 유전자가 만들어낸 허상에 불과하다는 것이다.

이런 주장을 어떻게 보아야 할까? 도킨스는 이를 과학적 근거가 있는 주장인 양 말하지만 전혀 그렇지 않다. "관찰이나 실험을 통해 재현할 수 있을 뿐 아니라 새로운 발견에 의해 계속 수정, 보완되어가

---

8   1970년대 초반 하버드 대학교 신학부 교수였던 Harvey Cox가 구 동독의 어느 대학교에 가서 예수가 정녕 어떤 인물인지에 관해 강의했을 때 그 자리에 모인 동독의 젊은 마르크스주의자들은 이렇게 응답했다고 한다. "당신이 말한 예수가 정녕 교회가 믿어온 예수이고 당신이 말한 기독교가 정녕 원래적 기독교라면 우리는 마르크스가 아니라 예수의 제자가 되었을 것이다. 하지만 우리가 경험한 교회는 당신이 말한 것과 너무 달라서 세상을 바꾸고 싶었던 우리는 마르크스주의자가 되었다."

는 일련의 과정"이 과학 탐구의 특징이라면 인간의 신 관념이 유전자의 생존 책략이라는 주장은 입증도 논박도 할 수 없다는 점에서 결코 과학적 진술일 수 없다. 오히려 이는 무신론적이며 유물론적인 진화 사상에 대한 선언 곧 하나의 세계관적 주장이라고 해야 한다. 문제는 이런 주장이 과학적 권위를 가진 것처럼 보이기 때문에 무신론적 세계관은 검증된 과학적 사실이고 유신론적 신앙은 개인적 선택과 취향의 문제로 여겨지고 있다는 데 있다.

2. 현실 속의 무신론

지금까지 무신론을 주장하는 주요 이유를 살펴보았다. 이제 사람들이 무신론을 선택하는 이유를 좀 더 구체적으로 살펴보고 거기에 대한 답도 생각해보자. 아마 다음과 같은 이유와 답변이 가능할 것이다.[9]

　① 진짜 무신론자를 만나보았는데 그도 특별히 문제 될 것이 없는 보통 사람일 뿐만 아니라 오히려 대다수의 신자들보다 윤리적으로나 인격적으로 더 나은 면을 갖고 있었다. 그렇다면 구태여 신자가 되어야 할 필요가 없다.

　⋯▸ 기독교 신앙의 중요한 가르침 중 하나는 우리의 선한 행위가 아닌 하나님의 은혜로 구원받는다는 것이다. 따라서 그리스도인들이 비그리스도인들보다 더 윤리적이지 못해도 그것이 기독교 신앙이 잘

9　아래 내용은 다음에서 나왔다. 팀 켈러, 『팀 켈러의 답이 되는 기독교』, 60 이하.

못되었다는 근거는 될 수 없다. (물론 진실한 신자들은 그렇지 않은 사람들보다 높은 수준의 도덕성을 유지하고 있을 가능성이 크다.)

② 아무런 이유 없이 비참한 고난을 당하는 착하고 충실한 신자를 보았다. 이는 하나님이 신자라고 해서 특별히 도와주지 않는다는 증거일 수 있다.

⋯⋯→ 고난의 문제가 하나님이 계시지 않는다는 증거가 될 수는 없다. 때로 고난은 삶을 성숙하게 할 뿐만 아니라 하나님을 만나는 축복의 통로가 되기도 한다. 기독교를 비롯한 모든 위대한 세계 종교들은 고난의 현실을 이유로 신이 없다거나 인간이 마땅히 따라야 하는 절대적인 진리나 규범이 없다고 말하지 않았다(이 책 1장 "고통의 문제를 어떻게 볼 것인가?"를 참고하기 바람).

③ 종교 기관의 부패나 위선을 목격했다. 열매를 보면 그 나무를 알 수 있듯이 이런 부정과 부패를 보니 기독교 신앙은 믿을 수 없다.

⋯⋯→ 그리스도인과 교회의 부패 역시 인간의 깊은 죄성을 보여주는 표시일 뿐 기독교 신앙의 정당성을 거부할 근거는 되지 못한다. 종교인, 비종교인 모두 얼마든지 잔혹하고 비열한 행위를 할 수 있다. 종교인은 자신이 믿는 종교의 교리를, 비종교인은 각자의 이념이나 사상을 근거로 악행을 정당화한다는 차이가 있을 뿐이다. 종교 아닌 복음이 사람을 변화시킨다.

④ 지옥과 구원에 대한 교리가 너무 독선적이다.

⋯⋯→ 그리스도인만이 구원받으며 예수를 믿지 않는 사람은 다 지옥에 간다는 것은 너무 독선적이라는 주장에 대해서도 나름 설득력 있는 답을 제시할 수 있다(이 책 23장 "지옥이란 어떤 곳이며 누가 가는가?"를 참고하기 바람).

⑤ 성경에 많은 오류와 문제점이 있다.

⋯⋯ 성경에 많은 오류와 문제점이 있다는 주장 역시 꼼꼼히 살펴보아야 한다. 대체적으로 성경의 역사적 사실성은 오늘날 널리 입증되고 있으며 성경이 가르치는 윤리 문제 역시 자세히 들여다보면서 판단해야 할 부분이 있다. 또한 성경의 오류와 문제점을 지적하는 태도 속에는 현대 세속주의 문명이 성경보다 우월하다는 판단이 작동하고 있을 수 있다(이 책 11장 "성경은 믿을 수 있는 것인가?"를 참고하기 바람).

3. 무신론에 대한 평가

지금까지 무신론을 주장하는 주요 이유와 거기에 대한 기독교 신앙의 응답을 살펴보았다. 여기에 덧붙여 몇 가지 중요한 점을 언급할 필요가 있다.

첫째, 사람이 오직 합리적인 추론의 결과만으로 유신론이나 무신론을 선택하지는 않는다. 이 선택에는 이성적 판단과 더불어 한 사람의 개인적인 경험, 속해 있는 공동체, 사회 문화적 요인 및 여러 내밀한 욕망이 작동하고 있다. 그래서 그리스도인이 되는 것이 하나의 신앙적 선택인 것처럼 무신론자가 되는 것 역시 일종의 신앙적 선택이다. 달리 표현하면 무신론자가 그리스도인이 되는 것이 새로운 신앙을 받아들이는 개종 행위인 것처럼, 그리스도인이 무신론자가 되는 것 역시 일종의 개종 행위다. 둘 다 한 신앙에서 다른 신앙으로 넘어가는 것이다. 문제는 그리스도인이 되는 것은 신앙적 선택인 반면,

무신론을 선택하는 것은 합리적이고 이성적 선택이라는 잘못된 생각이 널리 퍼져 있다는 것이다.

둘째, 무신론의 이면에는 오늘날 세속 사회의 많은 사람들이 당연하게 여기는 자연주의 세계관이 작용하고 있다. 자연주의 세계관은 두 가지 큰 전제를 지니고 있다. 첫째, 존재하는 모든 것은 물질로 구성된 자연뿐이고 초자연이란 존재하지 않는다. 따라서 신, 내세, 초월은 애초에 배제된다. 둘째, 자연은 그 자체의 폐쇄된 인과율에 따라 움직이므로 현재 일어나는 일들은 필연적으로 과거에 있었던 사건들의 결과로서 새것은 없으며, 인간의 주체성, 자유 의지, 선택과 결단 같은 것 역시 말하기 어렵게 된다. 이런 자연주의적 세계관은 19세기 후반부터 서구 유럽을 지배했고 오늘날에도 여전히 강력한 힘으로 대학과 학문 세계(특히 자연 과학과 기술 공학)를 주도하고 있다. 그래서 무신론과의 지적 대화는 순전히 중립적이고 객관적인 이성의 토대 위의 대화라기보다 서로 충돌하는 두 세계관 사이의 대립이다. 무신론에서 그리스도 신앙으로의 개종이 쉽지 않은 것도 이 때문이다.

셋째, 무신론자들이 그리스도 신앙을 공격하는 이유는 다양하지만, 이들의 공격 대상이 예외 없이 "전통적 유신론"의 신 이해임을 유념할 필요가 있다. 대다수의 무신론자들은 저기 하늘 위에 있다고 여겨지는 초자연적 존재로서의 신성을 기독교 신앙의 신 이해로 간주하면서 그런 존재는 없다고 주장한다. 하지만 이는 공격의 초점을 잘못 잡은 것이다. 네덜란드의 개혁주의 신학자 헨드리쿠스 베르크호프는 무신론자들에 의해 거부된 신성은 우리가 이해할 수 있는 세계 밖인 "저 위에" 있는 하나님이고 우리가 논증을 통해 그 실재를 규명해야 하는 형이상학적인 실재이자 자연 신학의 신이며 스콜라주의에서 말하는 지고의 존재지만, 성경이 증언하는 하나님은 그와 전혀 다른 하나님, 곧 그리스도를 통해 자신을 계시하시고 피조물의 아픔에 동참하시며 인간과 피조세계의 자유와 해방을 향해 나아가시는 분으로서 이런 하나님은 결코 무신론에 의해 상처를 입지 않는다고 올바르게 지적한다. 그렇다면 결국 성경이 말하는 예수 그리스도 안에서 자신을 계시하신 하나님을 더욱 분명하고 확실히 제시함으로써 무신론에 대해 가장 적극적이고 강력한 응답을 내놓을 수 있을 것이다(이 주제는 이 책 21장 "기독교가 믿는 하나님은 어떤 분인가?"와 15장 "하나님의 섭리를 어떻게 이해해야 하는가?"를 참고하기 바람).

4. 성경이 말하는 무신론

앞서 말한 것처럼 성경이 기록되던 시대에는 무신론이 문제가 되지 않았다. 세계는 신들로 가득 차 있었고 이 땅 너머에 다른 세계가 있음이 당연했을 뿐만 아니라 그 다른 세계가 더 본래적인 세계로 여겨지고 있었다. 그래서 이론적으로 무신론을 주장하기는 거의 불가능했다. 물론 실생활에서는 고대인들 역시 현대인과 마찬가지로 무신론자처럼 사는 경우가 허다했지만 말이다. 이를 감안하면서 다음 말씀을 살펴보자.

> 어리석은 자는 그의 마음에 이르기를 "하나님이 없다" 하는도다. 그들은 부패하고 그 행실이 가증하니 선을 행하는 자가 없도다. 여호와께서 하늘에서 인생을 굽어살피사 지각이 있어 하나님을 찾는 자가 있는가

보려 하신즉 다 치우처 함께 더러운 자가 되고 선을 행하는 자가 없으니 하나도 없도다. 죄악을 행하는 자는 다 무지하냐? 그들이 떡 먹듯이 내 백성을 먹으면서 여호와를 부르지 아니하는도다(시 14:1-4).

시편의 저자는 "하나님이 없다"고 하는 사람들은 부패하고 행실이 가증한 사람이라고 말한다. 이 말을 문자 그대로 현대의 무신론자들에게 적용하여 그들이 모두 악하고 부패한 사람이라고 한다면 그것은 분명 부당한 평가일 것이다. 진지하고 치열한 무신론자들 대부분은 인간의 행복과 정의롭고 자유로운 사회에 대해 열망을 품은 인본주의자들(humanists)로서 인간적으로 볼 때 훌륭한 면이 많다. 그들이 하나님에 대한 믿음을 거부하는 이유 중 하나는 교회가 인간을 해방하기보다 억압함으로써 잘못된 사회 구조를 정당화하고 있다고 보기 때문이고, 또 실제로 그런 면이 있다는 점에서 교회는 자신을 객관적으로 돌아볼 수 있어야 한다.

하지만 동시에 무신론을 선택하는 이유가 순수 이성적 판단의 결과가 아닌 여러 복합적인 이유로 인한 마음의 선택과 결단 때문이라면 왜 그런 쪽으로 마음이 기울어지게 되었는지에 대해서 그들 역시 생각해볼 필요가 있다. 성경은 악한 영이 사람들의 마음을 미혹하게 하여 그리스도의 빛을 보지 못하게 한다고 말한다. 진지하고 치열한 무신론자들 다수가 인간에 대한 사랑, 보다 나은 세계에 대한 열망, 기독교에 대한 실망 등이 겹쳐서 무신론을 주장하게 되었다 해도, 그 마음의 기울어짐 속에 악한 힘의 영향력이 전혀 없다고 할 수는 없을 것이다. 그래서 결국 무신론자들과의 만남과 대화는 상호 존중과 사랑의 정신 속에서 이루어져야 하지만 어쩔 수 없이 영적 전투의 성격을 띨 수밖에 없다.

나가는 말

지금까지 무신론의 여러 유형과 거기에 대한 기독교적 응답을 살펴보았다. 하지만 조금 더 자세하게 살펴보면 오늘의 세계는 한편으로는 무신론이 득세하지만 다른 한편으로는 다신론도 많이 나타나고 있는, 그래서 무신론과 다신론이 혼재되어 있는 형국이라 해야 할 것이다. 한편으로는 하나님과 초월의 세계를 완전히 부정하는 무신론적 유물론 혹은 자연주의 세계관이 강력한 힘을 발휘하고 있고, 다른 한편으로는 무신론적 유물론이나 자연주의로는 결코 채워지지 않는 인간 마음 깊은 곳의 영적, 종교적 욕구가 이교적 영성 운동이나 내면의 신비 체험 형태로 곳곳에서 분출되고 있다. 무신론과 유물론이 이교적 다신주의(heretic polytheism) 심지어는 고대적 물활론(archaic animism)과 함께 공존하는 이상한 사태가 우리 시대의 모습인 것이다. 이런 사태 속에서 그리스도인들은 예수 그리스도의 아버지 하나님과 그 구원을 증언하는 사명을 받았다. 그러기 위해 우리는 먼저 예수가 정녕 누구인지 알고 헌신할 수 있어야 할 것이다. 어떤 역사학자의 말이 생각난다. 그는 역사 연구자의 일차적 자질은 모든 역사적 사료를 의심하고 비판하는 데 있다고 훈련받아왔기 때문에 성경과 기독교의 가르침에 대해서도 그런 의심과 비판의 태도를 거두지 않았다고 한다. 그러다가 결국 예수를 자신의 주님으로 받아들였는데, 그 이유는 성경을 읽을수록 예수가 진리와 사랑이 온전히 통일된 인물임이 분명하다는 생각이 들었고 이런 예수라면 삶을 맡겨도 좋을 것이라는 믿음이 생겼기 때문이라고 했다. 그는 이렇게 말한다. "예수가 말씀하시는 그런 하나님이라면 나는 속아도 좋다."

"예수가 말씀하시는 그런 하나님이라면 나는 속아도 좋다." 필자는 이 표현이 가슴에 와닿았다. 우리는 진리를 묻고 탐색하며 비판해야 하지만 결국 어느 순간에는 결정하고 선택해야 한다. 모든 것을 다 알고 난 후 결정하겠다는 것은 인간의 한계를 모르는 어리석음이거나 이를 인정하지 않겠다는 오만이다. 그리고 예수와 그분의 가르침은 우리의 헌신과 충성을 받으실 만한 충분한 가치가 있다. 미국의 목사이자 인권 평화 운동가였던 슬로언 코핀은 이런 말을 남겼다. "회의로 가득찬 대학 시절에도 나는 나보다 예수가 하나님과 세상에 대해 훨씬 잘 아심을 믿었기 때문에 그분의 말씀을 귀 기울여 들었다." 결국 무신론자들의 기독교 비판에 대해 교회가 할 수 있는 최선의 대응은 예수가 하나님과 세상에 관해 하시는 말씀을 귀 기울여 잘 듣고 잘 전할 뿐만 아니라 그것을 삶으로 조금씩이라도 살아내는 데 있을 것이다. "너희 마음에 그리스도를 주로 삼아 거룩하게 하고 너희 속에 있는 소망에 관한 이유를 묻는 자에게는 대답할 것을 항상 준비하되 온유와 두려움으로 하고"(벧전 3:15).

세 줄 요약

1. 무신론(그리고 다신론)은 우리 시대의 중요한 현상이 되었다.
2. 무신론자들의 기독교 비판은 교회가 스스로 돌아보고 새롭게 되는 계기가 될 수 있다.
3. 무신론에 대한 최선의 대응은 예수 그리스도를 통해 나타나는 하나님과 그분의 뜻을 말로 잘 변증하고 삶으로 살아내는 데 있다.

토론 문제

1. 하나님이 없다는 생각을 해본 적이 있는가? 언제 그랬는가? 지금은 어떤 상태인 가?
2. 무신론자들은 어떤 이유로 무신론을 주장하고 기독교 신앙을 논박하는가? 그런 주장들에 대해 어떻게 응답해야 하는가?
3. 무신론자들의 기독교 비판이 교회와 기독교 신앙에 줄 수 있는 도움이 있다면 어 떤 것일까?
4. 무신론의 도전에 대해 가장 온전한 응답은 어떤 것일까?

21장_ 기독교가 믿는 하나님은 어떤 분인가?[1]

들어가는 말

영국의 계관 시인 알프레드 테니슨은 스물셋이라는 젊은 나이에 세상을 떠난 친구 A. H. 할람을 애도한 장편시 "인 메모리엄"(In Memoriam)에서 죽음의 허무와 그 허무를 넘어서는 하나님의 승리에 대한 희망을 다음과 같이 노래했다.

> 오! 그래도 우리는 믿습니다. 일말의 선이
> 아픔의 마지막 목적지가 되리라는 것을.
> 자연의 고통, 의지의 죄, 의심의 흠,
> 피의 흔적 같은 아픔의 마지막 목적지가.
> (우리는 믿습니다). 하나님께서 건축을 마치시면,

---

1 이 장은 예수교 장로회 통합 총회가 산하 신학대학교 조직신학 교수들로 필진을 꾸려서 출판한 총회신학교육부 편, 이명웅(외), 『조직신학개론』(서울: 한국장로교출판사, 2019)에 실린 필자의 글을 부분적으로 수정한 것이다.

그 어떤 것도 더 없이 목적 없이 방황하지 않고,

그 어떤 생명도 파괴되거나

쓰레기처럼 허공에 버려지지 않으리라는 것을.

(우리는 믿습니다). 그 어떤 벌레도 헛되이 허물 벗지 않고

그 어떤 나방도 헛된 욕망에서

불모의 불꽃에 타죽거나

남의 먹이가 되지 않으리라는 것을.

아! 우리는 아무것도 알지 못합니다.

나는 믿지 않을 수 없습니다. 선이 마침내,

언젠가는 마침내 모두에게 이루어지리라는 것을.

그리고 모든 겨울이 봄이 되리라는 것을.

이것이 내가 꾸는 꿈입니다.

하지만 나는 대체 무엇이란 말입니까?

나는 밤에 우는 아이,

울음이 아닌 다른 그 어떤 언어도 갖지 못한 아이입니다.

오! 덧없고 하찮은 삶이여!

오! 당신의 목소리가 주는 위안과 축복이여!

응답과 회복의 희망이 있습니까?

베일 너머에, 베일 너머에(In Memoriam, 54연과 56연).

테니슨은 친구의 죽음 앞에서 살아 있는 모든 것들의 아픔과 허무를 깊이 느낀다. 모든 생명은 태어나 고통 속에 살다가 마침내 죽음을 맞는다. 이것으로 전부 끝이라면 삶은 너무 비극적이고 허망하다. 그래서 희망한다. "하나님이 건축을 마치시는 마지막 날", "모든 겨울이

봄이 되고 선이 모두에게 이루어지는 그날"이 마침내 찾아올 것을. 그날이 되면 하나님의 은혜가 세상을 지배하여 "그 어떤 벌레도 헛되이 허물 벗지 않고, 그 어떤 나방도 헛된 욕망에서 불모의 불꽃에 타죽거나 남의 먹이가 되지 않게 될 것을." 하지만 테니슨 자신은 이 시를 쓰고 나서도 한참을 지나서야 하나님의 최후의 승리를 믿는 단계에 이를 수 있었던 것 같다.

어디 테니슨뿐일까? **이 땅을 사는 우리 역시 때로 삶의 허망함과 유한성을 느끼며 더욱 하나님의 영원하고 불멸한 세계를 갈망한다.** 신학자 폴 틸리히의 말처럼 우리 인간은 영원을 질문하고 그 답을 하나님에게서 찾는다. "인간은 질문하고 하나님은 답변한다." 그리고 기독교 전통은 예수 그리스도 안에서 자신을 온전히 보여주신 하나님 안에서 이런 실존적인 고민과 질문이 결국 만족스런 답을 얻을 수 있다고 말한다. 기독교 신앙이 말하는 하나님은 어떤 분일까? 이 장에서는 하나님의 존재 문제와 하나님을 인식하는 방법에 대해 살펴본 후 기독교 신앙이 말하는 하나님에 관해 이야기하고자 한다.

1. 하나님의 존재 문제

하나님은 존재하시는가? 우리는 개, 고양이, 소나무, 바위가 존재하는 것을 안다. 우리의 감각 기관을 통해 들어오는 감각 자료들(sensory data)이 그런 것들이 있음을 말해주고 있기 때문이다. 하지만 하나님은 우리의 감각 기관으로 포착할 수 있는 분이 아니다. 그렇다면 인간은 신적 존재에 대해 어떻게 "있다"고 할 수 있을까? 하나님은 "거기

계시며 말씀하시는 분"(프란시스 쉐퍼)인가? 아니면 "인간 욕망이 만들어낸 환상"(루트비히 포이어바흐)이거나 "가상의 질서"(유발 하라리)인가?

하나님의 존재에 대한 이런 질문은 모든 것을 결정하고 근본적인 차이를 가져오는 물음이다. 하나님이 존재하지 않는다면 선과 악을 구별할 절대적 기준도 사라지고 인간 삶의 궁극적인 기준 역시 없어진다. 그러나 인간은 그런 기준 없이 살아갈 수 없으므로 결국 하나님이 사라지시면 인간 역시 사라진다. 도스토옙스키의 소설 『죄와 벌』의 주인공인 가난한 대학생 라스콜리니코프는 "신이 없다면 무엇이든 할 수 있다" 그리고 "신은 없다"는 생각을 갖고 "살아야 할 가치가 없어 보이는" 포악한 전당포 노파를 죽인 다음 그녀의 돈을 가로챈다. 하지만 그를 찾아온 것은 뜻밖에도 "해서 안 되는 일을 했다"는 깊은 양심의 가책이었다. 죄책감에 괴로워하던 그는 맑고 순결한 영혼을 가진 매춘부 소냐를 통해 하나님을 만난 뒤 비로소 죄책의 수렁에서 풀려나 새로운 인생을 출발하게 된다.

신앙인들 역시 하나님의 존재에 대한 질문을 던질 수밖에 없다. 종교개혁가 마르틴 루터는 주기적으로 그를 찾아오는 의기소침함 및 우울증과 맞싸우면서 "나는 일주일 이상 그리스도로부터 완전히 떠난 적이 있었다. 하나님에 대해 절망한 나머지 불경스러운 말도 서슴없이 내뱉었다"고 말한다. 평생 경건하게 살았던 청교도인 인크리스 매더는 일기에 "하나님이 없다는 유혹에 가끔 시달렸다"고 적었다. 영국의 신비주의자 이블린 언더힐은 "모든 영적인 생각들이 의심스러워질 때가 있다"는 고백을 남긴다. 여기서 우리는 신앙의 길이란 의심이 전혀 없는 길이 아니라 의심 가운데서도 하나님의 진리를 붙잡고 또 거기에 붙잡혀서 걸어가는 길임을 알게 된다. 한편으로는 우리 인간의 무지와 죄성 때문에, 다른 한편으로는 인간의 모든 이해를 초월해 계신 분이 하나님이시므로 우리의 믿음은 "의심 속의 믿음"이요 "의심을 뚫고 나가는 믿음"이다.

우리는 여기서 **인간의 이성으로는 하나님이 계심을 입증할 수 없음을 분명히 해야 한다. 하지만 역으로 하나님이 계시지 않음도 입증할 수 없다.** 철학자 임마누엘 칸트의 말처럼 인간의 이성은 그 한계로 인해 하나님을 결코 포착할 수 없기 때문이다. 그래서 **우리의 하나님 인식은 계시와 믿음에 근거한 인식일 수밖에 없다. 하지만 그것은 나름의 합리성과 논리적 일관성 및 통일성을 가지고 있는 믿음이며, 무엇보다도 삶의 체험과 실천을 통해 계속 확인해가야 하는 그런 믿음이다.** 어쨌든 모든 사람은 언젠가 하나님의 계심 또는 부재를 선택해야 한다.

2. 우리는 하나님에 대해 어떻게 말할 수 있는가?

우리는 하나님에 대해 어떻게 말할 수 있는가? 기독교 신학은 인간의 일반적이고 보편적인 신 인식의 능력에 근거해서 하나님을 말하는 길과 하나님의 계시에 대한 증언인 성경에 근거해서 하나님을 말하는 두 가지 길을 이야기해왔다.

1) 인간의 보편적인 신 인식에 근거한 방법

인간의 보편적인 신 인식 능력에 근거하여 하나님을 설명하려는 대
표적인 예는 중세 신학자인 페트루스 롬바르두스나 토마스 아퀴나
스가 제시한 "탁월성의 길"과 "부정의 길"이다. 이들은 인간이 하나
님의 형상으로 지어졌기 때문에 하나님과 유사한 부분이 있으며 인
간의 선하고 아름다운 부분을 최고로 확장하면 그것이 곧 하나님
의 속성일 수 있다고 하면서, 이런 신 인식 방법을 탁월성의 길(via
eminentia, the way of eminence)이라 불렀다. 예를 들면 우리 인간은 부
분적으로 알지만 하나님은 모든 것을 아시며(전지), 우리 인간은 약간
의 능력이 있지만 하나님은 모든 일에 능하시다(전능). 이런 식으로
하나님이 전지, 전능, 거룩, 사랑, 자비, 지혜 등의 속성을 가지고 계
신다고 간주하였다. 또한 거룩하신 창조자 하나님은 피조물이자 죄
인인 우리 인간이 지닌 부정적인 측면을 갖고 계시지 않다고 보고,
이런 부정적인 측면을 부정한 것이 바로 하나님의 속성이라고 보았
다. 이런 신 인식 방법을 부정의 길(via negativa, the way of negation)이라
고 한다. 예를 들어 우리 인간은 복잡하고 분열되어 있는 반면 하나님
은 순수한 신적 단순성을 그 속성으로 갖고 계시며, 우리 인간은 변
할 수밖에 없는 존재지만 하나님은 이를 부정한 불변성을 갖고 계신
다. 또한 하나님은 인간의 유한성에 반해 영원성을, 장소에 제약되는
인간의 한계에 반해 무소부재성(편재성)을, 인간의 의존성에 반해 독
립성(자존성)을 그 속성으로 갖고 계신다. 그래서 이제 하나님은 이런
신 인식의 방법에 따라 전지, 전능, 편재, 영원, 완전, 불사, 불변, 무감
동 등의 속성을 지닌 분, 곧 천상에 높이 계신 영원한 절대자로 이해
된다. 물론 사랑, 긍휼, 자비 같은 속성들도 하나님에게 속하지만 이

런 것들은 앞의 속성들에 비해 부차적인 것이 된다. 또한 이때의 하나님을 이미지로 표현하면 남성이자 아버지이며 천상의 절대 군주 같은 분이 된다. 이런 하나님 이해는 교회 역사 속에서 "전통적 유신론"(traditional theism), "고전적 유신론"(classical theism), "형이상학적 유신론"(metaphysical theism), 또는 아주 단순하게 "유신론"(theism) 등으로 불려왔다.

하지만 이런 유신론적 신 이해는 몇 가지 심각한 문제를 가지고 있다. 첫째, 이는 일반적이고 철학적인 신 이해이지 이스라엘 민족의 역사와 예수 그리스도를 통해 자기를 나타내신 하나님에 대한 이해라고 하기 어렵다. 둘째, 유신론이 말하는 천상에 계신 전능하신 하나님은 어쩔 수 없이 인간의 자유 및 주체성과 충돌하게 되기 때문에 기독교를 인간의 자유와 주체성을 부인하는 종교로 오해하게 만든다. 실제로 18세기 이후 서구 사회에서 기독교의 영향력이 급속히 약해진 것은 이런 유신론적 신 이해가 자유와 평등을 가장 중요한 가치로 여기게 된 서구 세속 사회에서 갈수록 설 자리를 잃어갔던 상황과 연관되어 있다. 셋째, 영원히 초월해 있는 유신론의 하나님은 인간의 구체적인 일상과 아무 관계가 없고 따라서 무의미하다. 특히 과학 기술의 발달로 인해 세계를 알 수 있는 자연법칙이 발견될수록 하나의 설명 가설로서 하나님의 자리는 약화되었다. 넷째, 유신론은 아버지, 남성, 군주로 표상되며 이런 하나님 이해는 결국 여성에 대한 차별과 억압을 종교적으로 정당화하게 된다. 여성 신학자 메리 델리는 이를 "하나님이 남성이면 남성이 하나님이다"(If God is male, male is God)라고 함축적으로 표현한다. 마지막으로 유신론적 신 이해는 하나님의 전능과 이 땅의 악과 고통의 문제 사이의 관계, 곧 신정론(神正論,

theodicy)의 문제를 거의 답변 불가능한 과제로 만들어버린다. 이런 여러 한계로 인해 현대의 많은 신학자들은 전통적 유신론의 신 이해를 강하게 비판한다.

2) 성경의 증언에 근거한 방법

하나님을 알아가는 두 번째 방법은 성경의 증언에 근거하는 것이다. 즉 이스라엘 민족의 역사, 예수 그리스도의 삶과 죽음 및 부활, 초기 교회에 역사하신 성령에 대한 증언인 성경에 근거하여 하나님을 이해하는 길이다. 이는 계시에 토대를 둔 방법이며 본래적 의미에서의 기독교적 신 인식 방법이라고 할 수 있다. 그럼 성경이 말하는 하나님은 어떤 분인가?

3. 성경이 말하는 하나님

1) 은혜와 긍휼의 하나님

성경은 하나님을 은혜롭고 긍휼이 많으신 분으로 묘사한다. 그 은혜와 긍휼하심이 이 땅의 모든 피조물에게 미치지만, 특히 사회적 약자에 대한 돌보심을 통해 더욱 분명히 드러난다. 하나님이 믿음의 조상으로 삼으신 아브라함은 "히브리 사람 아브람"이라 불리는데(창 14:13), 여기에 나온 히브리는 고대 근동의 여러 문서에 등장하는 하비루와 언어적으로 연결되어 있을 가능성이 높다. 하비루는 고대 근동 전역에 걸쳐 나타나던 주변부의 하층민을 가리키는 단어로서, 경제적으로 곤궁하고 사회 정치적으로 무능력한 약자들을 총칭하는 말이었다. 다시 말해 하나님은 하비루의 한 명인 아브람을 선택하심으로써 자신이 은혜와 긍휼로 사회적 약자들을 보호하는 분임을 보이신다. 출애굽 사건 역시 은혜와 긍휼이 넘치는 하나님의 모습을 잘 보여준다. 성경은 이스라엘 백성이 출애굽할 때 이스라엘 백성뿐만 아니라 온갖 잡족들도 함께 나왔다고 하는데, 이를 통해 하나님이 모든 사람들에 대해 은혜롭고 긍휼이 많으신 분임을 알 수 있다(출 13:37-40). 출애굽은 파라오의 압제 속에 신음하고 있던 사회적 약자들에게 새로운 삶의 길을 열어준 하나님의 은혜와 긍휼이 분명히 드러난 사건이었다.

하나님의 이런 모습은 십계명을 비롯한 구약의 율법에서도 잘 나타난다. 구약의 율법 중 정결법이 거룩하신 하나님께 나아가기 위한 정결 규정을 말하고 있다면, 사회법은 하나님의 공동체로 부름을 받은 이스라엘 백성들이 살아야 할 구체적인 삶의 방식을 규정한 것으로서 하나님의 은혜와 긍휼 안에서 사회적 약자들을 비롯한 모든 사람들이 존중받는 공동체를 세우기 위해 주어진 것이다. 성경은 가장 가난하고 약하고 의지할 데 없는 고아, 과부, 종, 이방인 나그네들에 대한 하나님의 관심을 다음과 같이 표현한다. "그의 거룩한 처소에 계신 하나님은 고아의 아버지시며 과부의 재판장이시라"(시 68:5). "여호와께서 나그네들을 보호하시며 고아와 과부를 붙드시고 악인들의 길은 굽게 하시는도다"(시 146:9; 참조. 신 10:17-18; 시 10:14, 18). 이런 점에서 구약학자 서인석에 따르면 "율법은 가난한 사람들의 권리를 규정한 책이고, 예언자들은 가난한 사람들의 대변인이며, 성문서는 가난한 사람들에게 주어지는 기쁨을 노래한 책"이다.[2] 이처럼 한편으로는 하나님을 경외하고 다른 한편으로는 함께 살아가는 (가난한) 사람들의 인간으로서의 권리가 보장되는 하나님의 긍휼과 사랑의 공동체를 세우는 원리로 주어졌다는 점에서, 율법은 그 자체로 거룩하며 일점일획도 없어지지 아니하고 다 이루어질 것이다(마 5:18).

구약성경의 하나님이 사랑과 긍휼의 하나님이며 사회적 약자의 보호자가 되신 것처럼, 하나님의 아들로 이 땅에 오신 예수 역시 당시 유대 사회에서 가난하고 굶주리며 억압과 착취를 당하고 있던 사람들을 불쌍히 여기시고 그들 편에 서신다. 마가복음은 처음부터 "하나님의 아들 예수 그리스도의 복음의 시작이라"(막 1:1)고 말함으로써 예수가 하나님의 아들이요 그분 자체가 바로 복음임을 분명히 밝히고 시작한다. 그런데 "복음"(유앙겔리온)이란 말은 새 로마 황제가 즉위할 때 쓰던 말로서, 예수 탄생 이전의 지중해 세계에서는 로마 황제가 이미 "하나님의 아들" 또는 "성육신한 하나님"으로 선포되고 있었다. 오늘날 예수와 연관되어 쓰이는 하나님의 아들, 주님, 해방자, 구원자, 구세주 같은 용어들은 모두 기원전 31년부터 기원후 14년까지 로마를 다스린 아우구스투스와 그 이후에 즉위한 로마 황제를 부르던 칭호였다. 그런데 마가복음은 로마 황제가 아닌 나사렛의 가난한 목수 예수 자체가 바로 왕이자 복음이라고 말한다. 실상 정치적인 억압과 경제적인 수탈을 경험하고 있던 가난한 사람들에게는 절대 권력자 카이사르가 아니라 긍휼과 사랑의 사람 나사렛 예수가 구원이었고 복음이었다. 누가복음은 이를 요약하여 예수께서 자신의 공적

---

2   서인석,『성서의 가난한 사람들』(왜관: 분도출판사, 1979).

사역을 다음 말로 시작하셨다고 보고하고 있다. "주의 성령이 내게 임하셨으니 이는 가난한 자에게 복음을 전하게 하시려고 내게 기름을 부으시고 나를 보내사 포로 된 자에게 자유를, 눈 먼 자에게 다시 보게 함을 전파하며 눌린 자를 자유롭게 하고 주의 은혜의 해를 전파하게 하려 하심이라 하였더라"(눅 4:18-19).

2) 창조주 하나님

성경이 말하는 하나님은 온 세상을 창조하신 하나님이시다. "태초에 하나님이 천지를 창조하시니라"(창 1:1). "하나님이 이르시되 '빛이 있으라' 하시니 빛이 있었고"(창 1:3). 그런데 세상에는 성경의 창조 이야기 외에도 수많은 창조 이야기들이 있다. 성경이 말하는 하나님의 창조는 이런 이야기들과 구별되는 특징들을 가지고 있다. 바로 무로부터의 창조, 말씀에 의한 창조, 하나님의 사랑을 동인으로 한 창조, 끊임없이 새로운 질서를 열어가는 창조라는 특징이다(여기에 대해서는 이 책 16장 "세계는 어떻게 시작되었는가?"를 참고하기 바람).

3) 예수 그리스도 안에서 인간이 되신 하나님

일반적으로 유신론적 종교는 신을 지극히 높고 거룩한 분으로, 인간을 낮고 죄인 된 피조물로 이해한다. 그래서 종교 생활은 낮고 죄 있는 존재인 인간이 높고 거룩한 신을 높이고 도움을 구하는 형태로 이루어진다. 기독교 신앙에도 이런 모습이 있다. 하나님은 전능한 창조주로서 인간의 모든 영광을 받기에 합당하신 지극히 거룩하고 높은 분이시다. 하지만 동시에 기독교 신앙에서만 발견되는 독특한 신 이해가 있는데, 바로 하나님의 아들이 예수라는 한 인간의 모습으로 이 땅을 찾아오셨기 때문에 이제 하나님은 이분과 완전히 동일하다고 선언하는 것이다. 그래서 하나님이 어떤 분인지 알려면 복음서가 증언하는 예수를 보면 된다. 우리가 믿는 하나님은 예수와 닮았다. 종교 개혁가 마르틴 루터는 이를 "십자가에 달린 예수 그리스도 안에 참된 신학과 하나님 인식이 있다"고 표현했다.

복음서는 예수를 어떤 분이라고 증언하는가? 예수는 가난한 목수의 아들로 태어나 평생을 유대 사회에서 버려지고 억압과 착취와 멸시를 받은 사람들과 함께 살았다. 그는 "세리와 죄인들의 친구"였다. 그의 평생의 과업은 하나님 나라가 그 자신으로 인해 도래하고 있음을 선포하는 것이었는데, 그 나라는 죽은 다음에 가는 피안의 세계나 내적 심령의 세계 그 이상의 장소로서 지금 이곳에서 성령의 능력으로 이루어지는 구체적인 나라였다. 이 세계에서는 사람들이 서로 존중하고 섬기며, 부자와 가난한 자, 유대인과 이방인, 남자와 여자, 종과 자유인 사이를 가르는 모든 인위적인 차별이 극복된다. 절망, 좌절, 외로움, 열등감에 사로잡혀 있는 사람들이 하나님의 자녀가 되어 생명의 기쁜 잔치를 나누는 아름답고 거룩한 공간이 열린다. 예수로 인해 이런 하나님 나라의 백성이 된 사람들은 이전의 삶으로 돌아갈 수 없었다. 간음하다 잡힌 여인은 죄 용서를 체험하고 새로운 삶으로 부름 받는다. 자신 안에 갇혀 살던 삭개오는 마음을 열어 하나님과 이웃을 섬기는 길을 걷는다. 질병과 가난으로 절망하던 혈루병 여인은 몸과 마음이 온전히 회복되어 하나님 나라의 일꾼이 된다. 강박적인 바리새 율법주의자 사울은 눈물과 사랑의 전도자 바울이 되어 생의 마지막 순간까지 부르심의 길을 따라간다.

무엇보다 예수의 삶에서 하나님의 모습이 가장 극명하게 드러난 순간은 십자가에서 죽음을 맞이하던 때다. 십자가 사건을 예수라는 한 인간이 죽은 사건으로만 보면 한 위대한 순교자의 가슴 아픈 죽음에 불과하다. 그러나 성경은 이 사건을 삼위일체 하나님 안의 신적 사건으로 이해한다. 십자가 고통에는 하나님의 아들뿐만 아니라 아버지 하나님도 함께 참여한다. 아버지 하나님은 성령 안에서 십자가에 달린 그의 아들 위에 임재하시면서 함께 죽음의 고통을 당하시는데, 이로 인해 아들의 고통은 아버지의 고통이 되고 성령이 함께하는 고통이 된다. 그런데 이 고통은 실상 하나님을 떠나 있던 우리 인간이 당해야 할 고통이었다. 예수 안에서 인간이 되신 하나님이 이 고통을 대신 당하셨으며, 이를 통해 서기관과 바리새인의 의보다 "더 나은 의"(마 5:20)가 이루어지고 우리의 모든 죄가 용서받는 길이 열린다. 그것은 하나님 나라가 새롭게 열리는 구원의 사건이자 새로운 창조의 시작이다. 그래서 하나님은 예수의 십자가 죽음 안에서 가장 분명하고 극적인 방식으로 자신을 드러내신다. 그는 우리를 사랑하셔서 자기 몸을 버리시는 사랑과 긍휼의 삼위일체가 되신 하나님이다.

4) 삼위일체로 계시는 하나님

예수 그리스도 안에서 알려지는 하나님은 천지의 창조주이자 세상의 구속주이시며 인간과 온 세계를 새롭게 만드시는 성령이시다. 즉 예수 그리스도 안에서 알려지는 하나님은 성부, 성자, 성령의 삼위일체로 계신 분이다. 따라서 기독교 신학이 하나님을 말할 때는 일반적인 신 이해가 아닌 언제나 구체적이며 특수한 하나님 이해, 곧 이스라엘 역사와 예수 그리스도를 통해 자기를 계시한 삼위일체 하나님을 말해야 한다. 기독교적 신 이해는 삼위일체론적이며 또 삼위일체론에서 출발해야 한다(마 3:16-17; 28:18-20; 고후 13:13; 벧전 1:1-2).

(1) 삼위일체론의 특징

삼위일체론의 특징은 다음과 같다.

① 삼위일체론은 특별히 그리스도교적인 신 이해다. 하나님이 하나이지만 성부, 성자, 성령의 세 인격으로 존재한다고 고백하는 것은 기독교가 유일하고, 이런 고백을 통해 추상적이고 철학적인 일신론이나 이교적 다신론과 구별된다.

② 삼위일체론은 기독교적 믿음의 총괄이자 요약이다. 그리스도론이 기독교적 믿음의 내용적 중심인 반면, 삼위일체론은 기독교적 믿음의 모든 내용을 그 안에 포함하는 형식적 원리로서 기독교적인 것과 비기독교적인 것을 구분해내는 기준이 된다. 세계 교회 협의회(WCC)가 예수 그리스도의 주 되심과 삼위일체 하나님을 고백하는 교회를 그 형제 교회로 받아들이는 이유 역시 그리스도론과 삼위일체론이 기독교 신앙의 내용과 형식을 가장 포괄적으로 보여주고 있기 때문이다.

③ 삼위일체론은 대단히 구체적이며 실제적인 교리다. 삼위일체 하나님에 대한 신앙고백은 원래 초기 그리스도인들의 구원 경험에 근거를 두고 있었다. 예수의 첫 제자들은 모두 야웨 유일신 신앙을 가지고 있었으나 부활하신 예수를 만나고 성령의 임재를 체험하면서 하나님이 성부, 성자, 성령의 세 인격으로 계신다는 삼위일체 신앙을 갖게 되었다. 즉 삼위일체론은 교회가 만들어낸 사변적 교리가 아니라 초기 그리스도인 공동체의 하나님 체험에 근거한 구체적이며 실제적인 교리다. 삼위일체 고백의 삶의 자리(Sitz im Leben)가 하나님의

구원에 대한 고백과 감사의 예식인 세례식과 성만찬이었다는 점이
이 사실을 잘 보여준다(마 28:18-20).

(2) 삼위일체론과 연관된 잘못된 이해들

하지만 **삼위일체론은 이해하기가 결코 쉽지 않다.** 그 결과 삼위일체
론과 연관된 몇 가지 잘못된 주장들이 나왔다.

① 종속론(subordinationism): 4세기 수도사 아리우스가 주장한 이
관점은 성부만이 진정한 하나님이고 그 아들 예수 그리스도와 성령
은 이 한 분 하나님의 피조물로서 성부에게 종속된 존재라고 이해한
다. 그에 의하면 성자는 최고, 최초의 피조물이지만 어쨌든 피조물이
기 때문에 성부와 성자는 결코 동일하지 않으며 성부와 성자 사이에
는 유사 본질(homoiousia)만 있다. 여기에 맞서 아타나시오스는 구원
론적 관점에서 예수 그리스도의 온전한 신성을 주장했다. 그는 신적
존재만이 우리의 구원자가 될 수 있기 때문에, 예수 그리스도는 온전
한 신성을 지니고 계시며 따라서 성부와 성자는 동일 본질이라고 역
설했다. 아리우스와 아타나시오스 사이의 논쟁은 니케아 공의회에
서 성부와 성자가 동일 본질(homoousia)을 지니고 있다고 결론 내림
으로써 일단락되었고, 이 결론은 후대의 삼위일체 신학의 발전에 기
초가 되었다.

② 양태론(modalism): 하나님은 한 분뿐이신데 이 한 분 하나님이
각자 성부, 성자, 성령의 세 가지 형태로 자기를 나타내셨다고 보는
관점이다. 3세기 신학자 사벨리우스가 주장했기 때문에 사벨리우스
주의라고도 불린다. 물은 하나지만 각각 액체로서의 물, 고체로서의
얼음, 기체로서의 수증기로 존재한다는 예시는 교회에서 삼위일체를

설명할 때 흔히 채택하는 것인데, 이것이 바로 양태론적 설명이다.

③ 삼신론(tritheism): 성부, 성자, 성령의 신성을 모두 인정하지만 이들의 통일성에 대해서는 말하지 않음으로써 사실상 다신론의 일종이 되는 잘못된 주장으로, 교회 역사에서는 거의 나타나지 않았고 영향력도 없었다.

(3) 삼위일체 하나님 안의 삼위성과 일체성 문제

삼위일체 신학의 중요 과제 하나는 하나님 안의 삼위성(trinity)과 일체성(unity)의 관계를 어떻게 이해할 것이냐 하는 문제다. 즉 성부, 성자, 성령이라는 세 신적 존재가 어떻게 하나의 하나님일 수 있는지, 또는 하나의 하나님이 어떻게 성부, 성자, 성령의 세 인격으로 계실 수 있는지에 대한 질문, 곧 하나님 안의 삼위성(trinity)과 일체성(unity), 또는 복수성(plurality)과 단수성(singularity)에 관한 질문이다. 이는 삼위일체 신학에서 가장 어려운 문제 중 하나로서, 많은 학자들의 노력에도 불구하고 아직 충분히 만족스러운 설명이 나오고 있지 않다. 이 문제는 크게 보아 다음 세 가지 방식으로 이해되어 왔다.

① 동방 교회는 성부의 우선성을 강조하면서 삼위 하나님의 통일성을 성부에게서 찾는다. 여기에서 성부는 모든 신성의 원천이자 기원으로서 영원부터 영원까지 그의 전 실재를 아들과 성령에게 전달하고, 이로 인해 성자와 성령은 성부와 함께 공동 실재가 된다. 하지만 이런 이해는 성자와 성령이 성부에게 종속되는 종속론(subordinationism)이 될 위험이 있다.

② 서방 교회 전통(로마 가톨릭과 개신교)은 삼위 하나님의 통일성을 하나의 신적 본성(one divine nature)에서 찾는다. 이 전통은 하나

의 신적 본질을 상정한 후 이 하나의 신적 본질에 성부, 성자, 성령이 다 함께 참여하고 있다는 점에서 이들이 모두 동등하게 신성을 소유하고 있다고 말한다. 또한 이 전통은 성부, 성자, 성령 사이의 구별을 셋 사이의 "관계들의 차이"(the distinction of relations)에서 찾는다. 즉 성부는 시작이 없으면서 아들과 성령을 출생(generation)하고 출원(spiration)시키는 분이라는 점에서 성자 및 성령과 구별되며, 성자는 아버지로부터 출생되는 분이라는 점에서 성부 및 성령과 구별되고, 성령은 아버지와 (아들로부터) 출원되는 분이라는 점에서 성부 및 성자와 구별된다. 하지만 이런 이해는 성부, 성자, 성령 사이의 위격적 구별이 약하여 양태론으로 오인될 수도 있다.

③ 근래에 부각되고 있는 사회적 삼위일체론(social trinity)은 동방 교회의 삼위일체 신론에 뿌리를 두고 있는 것으로서, 이는 하나님 안에 이미 서로 완전히 독립되고 구별되는 성부, 성자, 성령의 세 신적 인격이 있음에서 출발하며 이 세 인격의 일치나 연합을 이들 사이의 영원한 페리코레시스(통교)에서 찾는다. 곧 하나님은 원래 세 분이지만 영원부터 영원까지 가장 깊은 사랑과 나눔으로 온전히 연합되고 하나 되어 있음이 삼위일체의 신비라고 이해한다. 여기에는 종속론이나 양태론의 위험은 없지만 삼신론의 위험이 있다고 비판받는다.

5) 사회적 삼위일체론의 강점

앞에서 본 것처럼 삼위일체 하나님 사이의 단수성과 복수성을 이해하고자 하는 세 가지 시도는 각자 강점과 약점을 지니고 있다. 그런데 이들 중에서 그나마 가장 적절하고 우리 삶의 현실에 의미 있는 것은 세 번째 이해인 사회적 삼위일체론이라고 할 수 있다. 사회적 삼위일체론의 강점은 다음과 같다.

① 사회적 삼위일체론은 앞의 두 관점보다 신약성경의 증언에 더욱 충실하다. 신약성경은 분명히 서로 구별되는 세 신적 인격이 존재하고 이들이 가장 깊은 사랑 안에서 함께 연합되어 있다고 말한다. 따라서 삼위일체 신학의 과제는 하나이신 하나님이 어떻게 서로 구별되는 성부, 성자, 성령의 세 신적 인격으로 존재하느냐를 설명하는 데 있기보다는 서로 온전히 구별되는 세 신적 인격이 어떻게 온전한 연합이나 일치를 이루고 있는지를 말할 수 있느냐는 데 있는데, 사회적 삼위일체론은 이 점을 설득력 있게 설명하고 있다.

② 사회적 삼위일체론은 앞의 두 가지 모형보다 현시대의 필요에 더 적절하게 응답할 수 있어 보인다. 우리 시대의 심각한 문제 하나는 극단적인 개인주의 및 이기주의로 인한 이웃과 공동체의 상실이다. 자본주의와 과학 기술의 발달로 경제적 풍요를 얻었지만 다분히 피상적이고 파편화된 사회 관계 속에서 무력감과 고립감을 느끼게 된 사람들은 자기의 존재 의미와 가치를 발견할 수 있게 해주는 진정한 공동체를 갈망하고 있다. 이런 상황에서 하나님을 성부, 성자, 성령 사이의 온전한 사랑과 평등의 공동체로 이해하는 사회적 삼위일체론은 인간 사회가 지향해야 할 이상적인 공동체의 모델을 제시하고 그런 공동체를 만들 신학적 토대를 제공해줄 수 있다.

이를 조금 더 자세히 살펴보자.

첫째, 하나님이 삼위일체로 계신다는 말은 하나님이 영원부터 영원까지 온전한 사랑과 나눔의 삶 속에 계심을 뜻한다. 만약 하나님이 이런 분이라면 이 땅에 사는 인간의 삶 역시 이래야 할 것이며, 이 점에서 하나님을 성부, 성자, 성령의 나눔의 공동체로 이해하는 삼위일체론은 여러 이유로 분리되고 갈등 속에 있는 세계를 건강하게 통합하는 기본 원리가 될 수 있다. 삼위일체론 안에 인종, 문화, 빈부, 지역, 성의 차이로 분열된 세계를 하나의 공동체로 만들기 위한 기독교 사회 윤리의 기본 원리가 들어 있는 것이다.

둘째, 하나님이 성부, 성자, 성령의 사랑의 공동체로 계신다는 것은 하나님의 삶이 본질적으로 자기를 내어주고 희생하는 사랑임을 말한다. 앞서 살펴보았듯이 구약성경의 하나님은 사랑과 긍휼의 하나님이자 그 사랑 때문에 고난을 당하시는 격정(pathos)의 하나님이시다. 하나님은 고아와 과부의 아버지시며(시 68:5; 신 10:17; 24:17; 출 22:22-24), 인권의 보호자이시고(신 24:14-15; 레 19:13; 신 23:15-16; 출 22:30), 가난하고 곤궁한 자를 돌보시는 분이며(신 24:10-13; 레 19:9-10; 시 146:6-9), 가난을 제도적으로 없애려고 하시는 분이다(출 21:1-2; 신 15:12-15; 신 15:1-2; 레 15:25-28; 25:10, 35). 하나님의 이런 모습은 신약성경에서도 반복해서 나타나며, 특히 예수 그리스도의 십자가 죽음에서 발견되는 하나님은 사랑을 위해 고난당하시고 그 고난을 통해 구원을 이루시는 분이다. 이제 가난하고 억눌리는 자들에 대한 성부와 성자의 사랑과 해방의 능력은 성령에 의해 계속되면서 보편적, 종말론적으로 확장된다. 성령은 자유의 영이자 해방의 영으로서 주의 영이 계신 곳에는 생명이 있다(고후 3:17; 딤후 1:7). 결국 하나님을 성부, 성자, 성령의 삼위일체 하나님으로 고백하는 것은 하나님을 사랑으로 인해 고난당할 수 있는 분으로 고백하는 행위이며 또한 이 하나님을 따라 이 땅에서 생명을 살리고 해방하는 일에 헌신함을 뜻한다. 이 점에서 삼위일체론은 기독교 믿음의 요약일 뿐만 아니라 매우 실제적인 교리가 된다. 신학자 위르겐 몰트만은 이를 가리켜 "삼위일체론은 우리의 사회적 프로그램이다"(Trinity is our social program)라고 표현했다.

6) 인간과 세계의 주권자 되신 하나님

기독교가 믿는 하나님은 인간과 세계의 주권자 되신 하나님이다. 교회는 이 세상에 악이 있고 거짓과 불의가 기승을 부리지만 그래도 하나님이 다스리시기 때문에 결국 하나님의 뜻이 성취되고 공의와 사랑이 승리한다고 고백해왔다. 그리고 이는 "모든 것이 합력하여 선을 이루게 하시는" 하나님에 대한 신앙, 즉 섭리 신앙으로 표현되었다. 하나님의 섭리를 믿는다는 것은 선하신 하나님이 결국 모든 것을 합력하여 선을 이루실 것임을 믿는 동시에 우리 역시 책임을 갖고 살아감으로써 그 사랑의 능력이 우리를 통해 나타나도록 함을 뜻한다(이에 대해서는 이 책 15장 "하나님의 섭리를 어떻게 이해해야 하는가?"를 참고하기 바람).

나가는 말

지금까지 우리는 기독교 신앙이 고백하는 하나님이 어떤 분인지를 살펴보았다. 이제는 하나님에 대한 논의가 이루어져야 하는 우리의 현실을 잠시 생각해보자. 오늘날 전 세계적인 빈부 격차와 급속하게 심화되고 있는 환경 파괴 문제가 지구촌의 안전을 심각하게 위협하고 있는데, 이 둘은 모두 우리 인간들의 끝없는 탐욕과 깊이 연관되어 있다.

먼저 빈부 격차를 살펴보자. 역사적으로 인간 사회에는 언제나 불평등이 존재했지만 그 차이는 그다지 크지 않았다. 19세기까지만 해도 지구에서 생활 수준이 가장 나은 지역이라도 가장 빈곤한 지역의 생활 수준보다 두 배 이상 괜찮은 곳은 어디에도 없었다. 하지만 오늘날은 다르다.[3]

1980년대 중반에는 경제협력개발기구(OECD)에 속한 국가들의 상위 10%에 해당되는 사람들의 부가 하위 10% 사람들이 얻는 소득의 7.3배였는데, 90년대 중반에는 9.3배가 되었고, 2016년에는 9.6배가 되었다. 가난한 사람들의 소득은 거의 늘지 않거나 오히려 줄어든 반면, 부자들의 소득은 급속히 늘어서 가난한 사람들의 거의 10배가 된 것이다.

2000년 기준으로 전 세계 성인 인구 중 최상위 부자 1%가 세계 자산의 40%를 소유하고 있으며 상위 10%의 부자가 전 세계 부의 85%를 차지하고 있는 반면, 하위 50%는 전 세계 부의 1%를 가지고 있다. 세계 최고 부국인 카타르의 1인당 소득은 최빈국 짐바브웨의 428배에 이른다.

오늘날 전 세계 인구 중 최상위 1% 부자들의 부의 총합은 하위 50% 사람들의 부의 총합보다 약 2,000배 많다. 전 세계 최고 부자 20명의 재산 총합은 가장 가난한 10억 명의 재산 총합과 같다.

미국의 경우 2007년을 기준으로 지난 25년 동안 400대 부자들의 전체 부는 1,690억 달러에서 1조 5,000억 달러로 늘어났고, 억

---

3   아래 내용은 지그문트 바우만, 안규남 역,『왜 우리는 불평등을 감수하는가』(서울: 동녘, 2013)를 참고했다.

만장자의 수도 40배나 증가했으며, 이들의 부는 2007년에는 3조 5,000억 달러에서 2010년에는 4조 5,000억 달러가 되었다. 반면 가난한 사람들의 몫은 갈수록 줄어들어 현재 미국 상위 1%의 소득이 중간층 소득의 288배가 된다(가장 빈곤층 아닌 중간층의 288배다). 반면 미국인의 약 18%에 해당되는 5,000만 명이 빈곤층에 해당되어 매일 끼니를 걱정하고 있으며 밥을 못 먹는 결식 아동들도 2,000만 명이나 된다.

한국 역시 빈부 격차가 아주 큰 나라에 속한다. 2016년 통계에 의하면 우리나라 가구 중 순자산 규모 상위 20% 가구들이 보유한 평균 순자산은 8억 2,683만 원인 데 반해, 하위 20% 가구들이 보유한 평균 순자산은 1,482만 원에 불과했다. 또한 우리나라 인구의 5% 정도가 국가 전체 재산의 60% 정도를 소유하고 있다. 반면 서울시의 경우 전기세를 낼 2만 원이 없어서 전기가 끊기고 수돗물 공급이 중단될 위험에 있는 사람들이 인구의 10% 가까이 된다.

인간 세상에서 어느 정도의 빈부 격차는 있을 수밖에 없다. 그러나 문제는 그 정도가 너무 심해서 지금은 사회가 존속하기 어려운 정도가 되고 있다는 데 있다. 실제로 역사가 이를 증명한다. 에마뉘엘 토드에 따르면 바빌로니아, 로마, 오스만투르크 같은 거대 제국이 몰락할 때는 내부에 엄청난 빈부 격차가 있었으며 오늘날의 세계가 이런 길을 답습하고 있다(에마뉘엘 토드,『제국의 몰락』). 역사학자 아놀드 토인비는 이를 가리켜 "대제국은 타살로 죽는 것이 아니라 자살로 죽는다"라고 표현했다.

지구촌을 위협하는 두 번째 심각한 문제는 생태계 파괴의 문제

다.[4] 해양 수질 오염으로 인해 식물성 플랑크톤이 1950년대의 60% 수준으로 줄어들었다고 한다. 식물성 플랑크톤은 모든 생명체의 기본 먹이다. 식물성 플랑크톤을 동물성 플랑크톤이, 그것들을 물고기들이, 그런 물고기들을 새나 동물들이 먹고 그 마지막 정점에 사람이 있다. 따라서 식물성 플랑크톤이 사라진다는 것은 먹이 사슬의 제일 밑바닥이 흔들리고 있음을 뜻한다. 이보다 더욱 위험한 것은 급속한 지구 온난화다. 환경학자 제임스 핸슨에 따르면 현재 지구가 더워지는 속도는 히로시마에 떨어진 원자 폭탄 40개가 매일 지구 전역에서 폭발하여 그 열이 전달되는 속도와 같다. 지구 온도가 지금 속도로 상승하면, 2090년 무렵에는 지구 전체 온도가 섭씨 6도 정도 높아지고 생명체의 80%가 멸종하게 된다. 인간도 예외가 아니어서 식량, 식수, 산소가 부족하게 될 것이고, 기후 전쟁으로 인해 전 세계 인구의 상당수가 죽을 수도 있다고 한다. 또한 현재 인구 증가 추세로는 2050년에 세계 인구가 90억이 되겠지만, 지구 온난화 문제를 해결하지 못하면 2100년 무렵에는 내전과 전쟁으로 인해 세계 인구가 5억 수준으로 줄어들 것이라고 한다. 실제로 미국과 영국의 안보 전문가들은 지구 온난화 문제를 계속 방치한다면 인류 문명이 앞으로 63-75년을 넘기지 못할 것이라는 비관적인 전망을 내놓고 있다. 하지만 이 땅을 살아가는 사람들 대다수는 이런 현실은 도외시한 채 그저 당면한 문제를 해결하는 데 급급할 뿐이다. 승려 틱낫한은 이런 우리의 모습을 보고 마치 "닭장 속의 닭 몇 마리가 곡식 몇 알을 놓고 다투면서 몇 시

---

4   아래 내용은 김준우 편역, 『기후붕괴의 현실과 전망 그리고 대책』(서울: 한국기독교연구소, 2012)을 참고했다.

간 후에는 모두 죽게 될 것이라는 사실을 모르고 있는 것과 같다"고 말한다.

이런 시대를 사는 그리스도인들은 하나님을 증언하는 과제를 맡았다. 우리가 믿는 하나님은 사랑과 긍휼의 하나님, 천지의 창조주 하나님, 예수 그리스도 안에서 자기를 온전히 나타내신 하나님, 삼위일체로 계신 하나님, 이제까지 영원토록 우리 각 사람과 교회와 세계를 지키시고 동반하시며 마침내 승리하시는 하나님이시다. 이런 하나님 안에서 살아갈 때 우리도 살고 세상도 새롭게 만들 수 있다. 실제로 현실의 길은 어둡고 전망은 밝지 않다. 세상의 지배 체제는 충분히 강하고 우리의 믿음은 수시로 흔들리며 교회 역시 해결책이기보다 문제가 될 때가 많다. 하지만 끝까지 이 길을 잘 따라가는 것이 부르심을 입은 사람들의 책무다.

근대 중국의 문필가 루쉰은 수천 년에 걸쳐 내려온 제도와 관행은 거의 무너졌으나 그 자리를 대신할 새로운 정신과 제도가 아직 만들어지지 않은 혼돈의 중국 사회를 보며 「고향」이라는 단편 소설을 이렇게 마무리한다. "희망은 있는가? 희망은 있다고도 할 수 없고 없다고도 할 수 없다. 희망은 길과 같다. 한 사람이 걸어가고 또 다른 사람이 걸어가다 보면 어느 순간 길이 만들어진다. 희망도 그와 같다."

세 줄 요약

1. 기독교 신앙은 하나님을 사랑과 긍휼의 하나님, 창조주 하나님, 예수 그리스도 안에서 인간이 되신 하나님, 삼위일체로 계신 하나님으로 고백한다.
2. 기독교 신앙은 하나님이 예수 그리스도 안에서 가장 온전한 모습으로 나타나셨다고 고백하며, 그렇기 때문에 우리는 예수 안에서 하나님을 바로 알 수 있다고 말한다.
3. 예수 그리스도 안에서 자신을 계시하신 하나님은 오늘날 교회와 세계 안에서 끊임없이 하나님 나라를 확장해나가신다.

토론 문제

1. 기독교 신앙은 하나님이 어떤 분이라고 말하고 있는가?
2. 하나님이 예수 그리스도 안에서 가장 온전히 자신을 계시하셨다는 것이 우리에게 어떤 의미인가?
3. 삼위일체 신론은 어떤 내용을 담고 있는가?

22장_ 내세 신앙을 가진다는 것은 무슨 뜻일까?

들어가는 말

성경은 이 땅을 넘어선 다른 세상이 있다고 말한다. 교회는 이를 전통적으로 천국이나 천당이라고 불렀으며, 그런 세계를 기대하고 믿는 것을 내세 신앙이라고 했다. 기독교 신앙이 말하는 내세는 어떤 곳일까? 그리고 그런 내세를 믿는 신앙이 오늘날 이 땅을 살아가는 데 어떤 의미를 가지게 될까?

1. 내세에 대한 비판

내세가 정말 있을까? 그런 곳이 있다고 여기게 되면 정작 지금 이곳에서의 삶을 소홀히 하는 것은 아닐까? 많은 사람들이 이런 질문을 던졌다. 근대 이후의 무신론은 이런 "다른" 세계를 거부한다는 특징을 가진다. 이런 질문을 진지하게 던진 사람들의 주장을 살펴보자.

1) 프리드리히 니체

니체는 내세의 존재 자체를 의심한다. 그에 의하면 내세 곧 이 땅을 벗어난 다른 초월적 세계가 있는지 우리는 알 수 없다. 하지만 지금 우리가 살고 있는 이곳인 현세가 있는 것은 확실하다. 그래서 니체는 이렇게 조언한다. "불확실한 초월의 세계에 마음을 두고 지금 이곳에서의 삶을 낭비하지 말라. 한 번밖에 못사는 이 생을 사랑하고 현실에 충실하라. 현실은 끊임없는 변화와 소멸 속에 덧없어 보이지만, 그럼에도 불구하고 지금 여기에서 가장 행복하고 충만하게 살라. 대지에 충실하고 대지에 대한 불경을 저지르지 말라."[1]

2) 칼 마르크스

마르크스는 내세 신앙이 가져올 수 있는 폐해를 지적한다. 기독교는 내세가 존재하며 그곳에서 사람들이 무한히 행복할 것이라고 말한다. 하지만 마르크스가 보기에 이는 자본가들의 착취 속에서 신음하며 "눈물의 골짜기"를 지나는 사람들이 들고 일어나 세상을 바꾸지 못하도록 미혹하는 거짓 이데올로기일 뿐이다. 내세 신앙을 가질수록 현실에서 도피하게 된다. 그것은 중병에 걸린 사람을 진통제로 잠시 속이는 것에 불과하다. 마르크스의 이런 지적 이면에는 당시 사회의 엄청난 빈부 격차와 공장 노동자들의 참혹한 현실에 대한 그의 분

---

1   니체는 차라투스트라의 입을 빌려 이렇게 말한다. "형제들이여, 간곡히 바라노니 **대지에 충실하라.** 그리고 하늘나라에 대한 희망을 말하는 자들을 믿지 마라! 그들은 스스로 알든 모르든 독을 타서 퍼뜨리는 자들이다.…지난날에는 신에 대한 불경이 최대의 불경이었다. 그러나 신이 죽었으므로…이제 가장 무서운 것은 이 **대지에 불경을 저지르는 것이다.**" 프리드리히 니체, 장희창 역, 『차라투스트라는 이렇게 말했다』(서울: 민음사, 2007), 16.

노가 담겨 있다. 당시 노동자 집안의 아이들은 10살만 되어도 하루 14시간씩 일을 해야 했다. 음식은 보잘것없었고 환경은 비위생적이어서 많은 사람들이 병으로 죽어갔다. 하지만 상당수의 교회는 이런 문제를 해결하기보다 지금 힘들지만 내세에 영원한 축복이 있으니 이를 소망하면서 현실을 견뎌내라고 가르쳤다. 마르크스는 이런 잘 못된 가르침에 분노하면서 기독교의 내세 신앙은 인민의 아편이라고 질타한다.

3) 일부 환경론자

이들은 내세 신앙으로 인해 교회가 눈앞의 환경 위기를 보지 못하고 있다고 비판한다. 자연이 인간의 탐욕 때문에 죽어가고 이를 해결할 시간이 점점 줄어들고 있는데도 교회는 "이 세상은 어차피 소멸될 것이고 우리가 영원히 있을 곳은 내세다"라고 하면서 이 땅에 대해 마땅한 책임을 지지 않으려 한다는 것이다. 어떤 환경론자들은 "생육하고 번성하라. 땅을 지배하라"는 창세기의 말씀이 자연에 대한 착취와 약탈을 정당화한 결과 오늘날 환경 위기가 초래되었다고 지적하면서 기독교 신앙을 비판하기도 한다.

4) 비틀즈의 존 레넌

레넌 역시 내세 신앙이 현세를 충실하게 살지 못하게 만든다고 비판한다. 그는 "Imagine"이라는 곡을 통해 이런 생각을 다음과 같이 표현한다.

Imagine	상상해보세요
Imagine there's no heaven,	천국이 없다면 어떨까요?
It's easy if you try,	한번 해보면 그리 어렵지 않아요.
No hell below us,	우리 발밑에 지옥은 없고
Above us only sky,	우리 머리 위에는 그냥 저 푸른 하늘만 있다고 한다면,
Imagine all the people	사람들이 그저 오늘만 위해 산다면
living for today…	어떨지 상상해봐요.
Imagine there's no countries,	상상해보세요. 국가가 없다면 어떨까요?
It isn't hard to do,	그리 어렵지 않아요.
Nothing to kill or die for,	그럼 죽일 일도, 무엇을 위해 죽을 일도 없을 것입니다
No religion too,	종교 역시 없다면 어떨까요?
Imagine all the people	상상해보세요. 모든 사람들이
living life in peace…	그냥 평화롭게 어울려 함께 살아가는 세상을요.
You may say I'm a dreamer,	당신은 나를 몽상가라 말할지 몰라요.
but I'm not the only one.	하지만 나만 이렇게 생각하는 것은 아닙니다.
I hope some day you'll join us,	언젠가는 당신도 우리와 함께하기를
And the world will live as one.	마침내 세계 전체가 이렇게 하나 되어 살아가기를
Imagine no possessions,	소유가 없다고 상상해 보세요.
I wonder if you can,	당신은 할 수 있을 거예요.
No need for greed or hunger,	탐욕도 없고 배고픔도 없고
A brotherhood of man,	상상해보세요. 모든 사람이 형제가 되고
imagine all the people	모든 사람이 세계를
Sharing all the world…	함께 나누는 것을

존 레넌은 국가가 나뉘어 서로 죽고 죽이고 종교가 나뉘어 서로 싸우는 세상을 보면서, 차라리 천국이나 지옥 같은 것은 없고 있는 것은 이 땅뿐이라고 생각하면 덜 싸우지 않을까라고 묻는다. 그는 국가도, 사적 소유도 없는 세상에서 우리가 더 행복할 수 있으리라고 말하는 자신을 몽상가라고 불러도 좋지만, 이런 생각을 하는 사람이 많아지

면 언젠가 모두 사이좋게 함께 사는 세상이 올 것이라고 희망한다. 여기서 우리는 무국가주의자(아나키스트) 레넌의 모습을 볼 수 있다. 실상 많은 예술가는 기질상 아나키스트일 수밖에 없다.

2. 기독교 신앙의 응답[2]

기독교 신앙은 내세 신앙에 대한 이런 비판에 어떻게 응답할 수 있을까? 다음 말씀을 살펴보자.

> 또 내가 새 하늘과 새 땅을 보니 처음 하늘과 처음 땅이 없어졌고 바다도 다시 있지 않더라. 또 내가 보매 거룩한 성 새 예루살렘이 하나님께로부터 하늘에서 내려오니 그 준비한 것이 신부가 남편을 위하여 단장한 것 같더라. 내가 들으니 보좌에서 큰 음성이 나서 이르되 "보라! 하나님의 장막이 사람들과 함께 있으매 하나님이 그들과 함께 계시리니 그들은 하나님의 백성이 되고 하나님은 친히 그들과 함께 계셔서 모든 눈물을 그 눈에서 닦아주시니 다시는 사망이 없고 애통하는 것이나 곡하는 것이나 아픈 것이 다시 있지 아니하리니 처음 것들이 다 지나갔음이러라." 보좌에 앉으신 이가 이르시되 "보라! 내가 만물을 새롭게 하노라" 하시고 또 이르시되 "이 말은 신실하고 참되니 기록하라" 하시고 또 내게 말씀하시되 "이루었도다. 나는 알파와 오메가요 처음과 마지막

---

2   아래 내용은 팀 켈러 목사의 설교 "The New Heaven and the Earth"를 참고했다. 해당 설교 영상 주소는 다음과 같다. https://youtu.be/qQ5h_HB5rbQ.

이라. 내가 생명수 샘물을 목마른 자에게 값없이 주리니 이기는 자는 이 것들을 상속으로 받으리라. 나는 그의 하나님이 되고 그는 내 아들이 되 리라. 그러나 두려워하는 자들과 믿지 아니하는 자들과 흉악한 자들과 살인자들과 음행하는 자들과 점술가들과 우상 숭배자들과 거짓말하는 모든 자들은 불과 유황으로 타는 못에 던져지리니 이것이 둘째 사망이 라"(계 21:1-8).

이 말씀은 내세를 새 하늘과 새 땅, 거룩한 성 새 예루살렘(계 21:10)이 라고 부른다. 그 특징은 다음과 같다.

① 아름답다: 내세는 신부가 신랑을 위하여 단장한 것 같다(계 21:1). 결혼식 날은 신부가 가장 아름다운 날이다. 그렇게 아름답게 단 장하는 이유는 사랑하는 신랑을 위해서다.

② 하나님이 함께 계심으로 인해 모든 눈물과 고통이 사라진다 (계 21:3).

③ 만물이 새롭게 된다(계 21:5).

④ 어둠은 사라지고 아버지 하나님과 어린 양 예수 그리스도에 게서 나오는 영광의 빛이 온 세상에 가득하게 된다(계 22:3-5).

⑤ 성전도 따로 없다. 하나님과 어린 양이 바로 성전이기 때문이 다. 성전은 하나님을 만나기 위해 구별된 곳이다. 따라서 성전이 없다 는 것은 하나님이 편만하게 계셔서 어디에서나 하나님을 만나게 된 다는 뜻이다(계 21:22-23).

⑥ 빛으로 가득 찬 곳이라 사람들이 성문을 닫을 필요가 없고 밤 이 없어 안전하다(계 21:25, 22:5).

⑦ 영원한 생명과 영원한 치유가 있다(계 22:2).

위의 성경 말씀을 기반으로 세 가지 질문을 던져보자. 첫째, 새 하늘과 새 땅 또는 새 예루살렘이라고 불리는 내세는 무엇인가? 둘째, 이를 믿는 결과는 무엇인가? 셋째, 어떻게 여기에 참여할 수 있는가?

1) 새 하늘과 새 땅 또는 새 예루살렘이라고 불리는 내세란 무엇인가?

전통적으로 교회는 우리가 죽어서 가는 천상의 어떤 장소가 내세라고 생각해왔다. 하지만 위의 말씀은 내세가 다름 아닌 지금 있는 하늘과 땅이 변화된 곳이라고 말한다. 내세는 거룩한 성 새 예루살렘이 내려온 것이다(계 21:2). 그래서 이전 하늘과 이전 땅은 이제 없다(계 21:1). 내세는 현세가 근본적으로 새로워지고 변혁된 곳이다.

다시 말해 그리스도인들이 고백하는 내세는 이 땅과 전혀 관계 없는 세상이 아니라 이 세상이 가진 한계와 약점이 온전히 사라져버린 새로운 세계다. 하나님이 온전히 다스리심으로 인해 슬픔과 눈물 대신 기쁨과 웃음이, 절망과 미움 대신 희망과 사랑이, 죽음 대신 생명이 영원히 지배하게 된 세계다.

구약성경과 신약성경은 이런 세계가 언젠가 반드시 오고야 말 것이라고 선언한다. 이것이 구약과 신약의 근본적 희망이었다. 예언자 이사야는 이렇게 이야기한다.

그때에 이리가 어린 양과 함께 살며 표범이 어린 염소와 함께 누우며 송아지와 어린 사자와 살진 짐승이 함께 있어 어린아이에게 끌리며 암소와 곰이 함께 먹으며 그것들의 새끼가 함께 엎드리며 사자가 소처럼 풀을 먹을 것이며 젖 먹는 아이가 독사의 구멍에서 장난하며 젖 뗀 어린아이가 독사의 굴에 손을 넣을 것이라. 내 거룩한 산 모든 곳에서 해됨도 없고 상함도 없을 것이니 이는 물이 바다를 덮음같이 여호와를 아는 지식이 세상에 충만할 것임이니라(사 11:6-9).

이 말씀은 하나님의 메시아가 오셔서 그분의 온전한 통치가 완성될 때 이루어질 일들에 대한 예언이다. 그날이 오면 이 땅에는 다툼이 없고 평화와 사랑만 있을 것이다. 하나님의 이름이 온 땅에 가득 차서 모든 생명들이 하나님을 찬양하게 될 것이다. 그리고 신약성경은 예수가 오심으로써 이런 나라가 마침내 도래했다고 말한다. 예수는 하나님 나라의 선포자이자 그분의 인격 안에서 하나님의 왕적 통치가 온전히 이루어진 분이시다.

그래서 **내세는 예수가 선포하신 하나님 나라가 온전히 이루어진 상태다. 즉 하나님 나라의 완성! 그것이 바로 내세다. 그렇다면 내세에 대한 희망은 이 땅에서의 도피를 뜻하는 것이 아니다.** 내세에 대한 믿음은 우리가 살고 있는 이 땅이 결국 하나님이 이 세상을 만드실 때 의도하셨던 가장 아름답고 영광스러운 모습으로 회복될 것이라는 믿음이다(이 주제에 대해서는 이 책의 부록 "한국교회와 하나님 나라"를 참고하기 바람).

그렇다면 오히려 이런 내세에 대한 믿음, 곧 왕 되신 하나님의 세계 통치인 하나님 나라가 마침내 온전히 임하고야 말 것이라는 믿음이 있을 때, 지금 이곳에서의 삶을 더 책임적으로 살아낼 수 있다. 삶의 허무와 고통은 우리의 희망을 빼앗아가지만 언젠가 이 세상이 온전히 새롭고 아름답게 회복될 것이라는 내세 신앙이 있을 때 우리는 오늘 이곳에서의 삶을 정녕 제대로 충실하게 살게 된다. 사도 바울은 이를 "생각하건대 현재의 고난은 장차 우리에게 나타날 영광과 비교할 수 없도다"라고 표현한다(롬 8:18). 이처럼 **내세 신앙은 현세를 더 책임감 있게 살게 하고 이 땅에 대한 청지기직을 감당하게 만드는 신앙이다.** 그것은 바로 신학자 디트리히 본회퍼가 말한 "세상적 신앙"이자 "세상적 기독교"(worldly Christianity)다.

따라서 앞서 언급한 니체, 마르크스, 환경론자들 및 존 레넌의 기독교 비판은 유사 기독교나 왜곡된 기독교 신앙에 대한 비판일 뿐 참된 기독교 신앙에 대한 비판은 아니라고 할 수 있다. 실상 존재하는 것이 이 세상뿐이고 죽음으로 모든 것이 끝난다면 굳이 존 레넌의 말처럼 우리가 서로 사랑하면서 살아야 할 이유가 없다. 그냥 자기 살고 싶은 대로 사는 것이 더 나을 수도 있다. 이 땅이 하나님의 은혜로 마침내 아름답게 완성될 것이라는 내세 신앙이 있을 때 우리는 오늘 이 땅을 더 책임감 있게 주체적으로 보살피면서 살아갈 수 있는 것이다.

이를 잘 보여주는 것이 초기 그리스도인들의 삶이었다. 2세기 중반과 3세기 중반 큰 흑사병이 두 차례나 로마를 강타해 당시 로마 인구의 1/3이 죽었다. 저명한 의사 갈레노스를 비롯하여 이방신들을 섬기는 사람들 대부분이 흑사병을 피해 로마시를 떠났다. 하지만 그리스도인들은 그대로 머물러 아픈 가족뿐만 아니라 주변의 이방인들이 버리고 간 그들의 가족과 친척도 돌보았다. 그 결과 그들 역시 많이 감염되어 사망했지만, 이들의 간호로 인해 로마와 그 문화가 여전히 존속될 수 있었다. 이방 신앙을 가진 사람들은 모두 도망쳐버렸는데 그리스도인들은 왜 로마에 그대로 머물렀을까? 그 차이는 어디에서 왔을까? 아마 두 가지 이유를 들 수 있을 것이다. 첫째, 이방인들은 내세에 대한 신앙이 없었으나 그리스도인들은 있었다. 둘째, 이방인들은 전염병으로 뒤덮힌 로마가 저주받아 버려졌다고 생각했으나 그리스도인들은 그곳에도 여전히 하나님이 같이 계신다고 믿었고, 이런 믿음이 그 지옥 같은 상황에서도 사랑의 섬김을 가능케 했다. 그 결과 이들의 돌봄을 받은 많은 이방인들이 그리스도교로 개종하게 되었으며, 결국 1세기 말 전체 인구의 5%도 안 되던 그리스도인의 수가 100년 후에는 로마 인구의 50%에 이르게 된다. 이처럼 내세에 대한 믿음이 있으면 오히려 이 땅에 충실할 수 있다.

2) 새 하늘과 새 땅으로 변화될 세계에 대한 믿음이 있을 때 비로소 책임감을 갖고 세상을 바꾸며 살아갈 능력을 얻게 된다

살다 보면 현실의 아픔과 부조리가 압도적으로 느껴질 때가 있다. 바울의 말처럼 "피조물이 다 이제까지 함께 탄식하며 함께 고통을 겪고 있는 것을 우리가 아느니라"(롬 8:22)고 토로할 수밖에 없는 순간이 있다. 하지만 그것이 끝이 아니고 새날이 남아 있음을 믿을 때 우리는 다시 일어설 수 있다. 참으로 변화될 세계, 하나님의 다스림이 온전히 임하여 "하나님의 영광이 비치고 어린 양이 그 등불이 되어 해나 달의 비침이 쓸 데 없는"(계 21:23) 세상을 희망할 때 우리는 세상을 바꾸어 갈 능력을 얻게 된다. 이를 잘 보여주는 것이 순교자들의 신앙이다.

주기철 목사는 신사 참배를 반대했다는 이유로 감옥에 갇혔다가 잠시 풀려난 후 평양 산정현교회 강단에서 "다섯 가지 일사각오"라는 제목의 마지막 설교를 했다. 그 핵심 내용은 다음과 같다.

첫째, 죽음의 권세를 이기게 하옵소서.
둘째, 장기간의 고난을 견디게 하옵소서.

셋째, 나의 노모와 처자식과 사랑하는 성도들을 주님이 돌보아주옵소서.

넷째, 의에 살고 의에 죽게 하옵소서.

다섯째, 내 영혼을 주께 부탁하나이다.

주기철 목사는 사랑했던 교인들 앞에서 자신이 고문을 당하거나 남은 가족이 큰 고난을 당하더라도 끝까지 믿음을 지켜서 순교에 이르겠다는 다짐을 전하고 있는 것이다.

마찬가지로 "사랑의 원자탄"으로 유명한 손양원 목사는 목회 초기 여수 나환자촌 애양원 교회에 부임하여 온몸이 나병으로 뒤틀린 환자들을 처음 만난 후 다음과 같이 기도를 드렸다.

주님, 사람들이 병으로 살점이 떨어져 나가고 얼굴이 무섭게 변해 있으니 대하기가 힘듭니다. 무섭지 않게 하옵소서.

주님, 환자들의 살이 썩으니 냄새가 심합니다. 냄새를 못 느끼게 하옵소서.

주님, 처음 나병 환자들을 위한 목회로 시작했으니 나병 환자들을 위한 목회로 끝내게 해주옵소서.

필자는 개인적으로 "나환자들을 위한 목회로 시작했으니 나환자들을 위한 목회로 끝내게 해주옵소서"라는 세 번째 기도 제목이 가장 감동적이었다. 요즘 사람들은 좀 더 나은 자리를 찾아 옮기고자 한다. 그것이 인생의 성공이라고 한다. 목회자들도 예외는 아닌 것 같다. 그러나 손양원 목사는 "나환자를 섬기는 목회로 목회를 시작했으니 나환자를 섬기는 목회로 목회를 끝내게 해주옵소서"라고 기도한다. 나환자 중에서도 중증 환자만 모아둔 방은 두꺼운 커튼으로 분리되어 있고 아무도 들어가려고 하지 않는 곳인데, 그는 그곳에 수시로 들어가서 환자들을 껴안고 기도해주었다. 환자들의 몸에 흐르는 고름을 직접 닦아주는 것도 모자라 상처에 건강한 사람의 침이 도움이 된다는 말을 듣고 입으로 그 고름을 빨아주기까지 했다. 어떻게 이런 일이 인간의 힘으로 가능했을까? 이것이야말로 하나님이 살아계시고 성령의 능력이 오늘도 우리 가운데 나타나고 있다는 표징 아닐까? 손양원 목사는 훗날 자신의 두 아들을 죽인 범인 안재선의 사형을 앞두고 저 사람을 용서하고 자기에게로 보내면 아들 삼아 키우겠으니 풀어달라고 요청하여 집에 데려온 그를 아들처럼 대우했다. 이런 신앙은 예수의 주 되심과 내세의 영광에 대한 믿음이 없으면 결코 존재할 수 없다. 우리는 이처럼 내세에 대한 믿음이 있을 때 비로소 현실의 모든 고통을 이기고 견디며 새날을 소망할 수 있다.

3) 어떻게 이런 내세 신앙을 가지고 내세의 신앙이 주는 힘에 참여할 수 있을까?

요한계시록 21:1-8 말씀이 알려주는 내용은 간단하다. 새 하늘과 새 땅, 새 예루살렘은 어떤 장소라기보다 어떤 상태다. 곧 그리스도가 온전히 주재하는 상태, 하나님의 영광의 빛이 온전히 나타난 상태다. 그곳에는 성전이 없다. 왜냐하면 "주 하나님 곧 전능하신 이와 및 어린양이 그 성전"이기 때문이다(계 21:22). **그래서 천국 곧 새 하늘과 새 땅은 다름 아닌 그리스도시다. 혹은 그리스도 안에 안겨 있는 지복의 상태다.** 이런 일이 이루어질 날이 반드시 올 것이다. 역사는 지금도 이 위대하고 장엄한 순간을 향하여 나아가고 있다. 그렇다면 결국 지금 예수를 만나고 예수 안에서 잘 살아가는 것이 바로 내세에 참여하는 길이다.

우리는 습관을 따라 산다. 음식도 지금 좋아하는 것을 앞으로도 계속 먹을 가능성이 크고, 취미도 지금 좋아하는 것을 계속할 가능성이 높다. 그렇다면 지금 예수를 사랑하지 않고 어떻게 그날 갑자기 예수를 사랑할 수 있을까? 지금 믿지 않고 어떻게 그날 갑자기 믿음이 생길 수 있을까? 새 하늘과 새 땅은 곧 주 예수 그리스도시고 그분의 영광의 광채가 비취는 세계다. 지금은 인간의 죄와 세상의 질곡으로 그 영광의 광채가 제한적으로 비취지만 그날은 온전히 비취고 그때 우리는 얼굴과 얼굴을 대해 보듯 그 빛을 만나게 될 것이다. 그래서 지금 만나야 하고, 지금 더 깊이 만나야 그날 마침내 온전히 만나게 된다. 지금 그 빛을 더 많이 알고 더 많이 소망하며 살아야 한다.

나가는 말

기독교 신앙은 현실 도피적인 신앙이 아니냐고 묻는 사람들이 많다. 니체의 말처럼 죽음 이후의 삶에 대해 너무 관심을 갖다 보니 정작 지금 이곳에서의 삶에 무책임한 것이 아니냐고 비판하기도 한다. 실제로 기독교 역사에 이런 모습이 많이 있었다. 마르크스의 비판처럼 현실의 고통에 눈감게 만드는 잘못된 내세 신앙도 분명 있다.

하지만 기독교 신앙이 원래 말하는 내세는 이 땅과 동떨어진 저 너머의 "다른 세계"가 아닌 지금 우리가 살고 있는 이 땅의 근본적인 변혁이요 완성이다. 하나님의 은혜로 이 땅의 죄와 슬픔과 고통이 그분이 원하시는 가장 아름다운 모습으로 완성된 세상이 내세다. 따라서 내세 신앙은 이 땅에서의 삶을 소중히 여기고 책임지는 신앙이다. 이런 내세 신앙을 가질 때 지금 이 세상을 열등하고 악하게 보면서 도피하려 하지 않을 수 있고, 동시에 이 땅에 절대적인 가치가 있는 것처럼 사로잡히지 않으면서도 이 곳에서의 모든 책임을 다할 수 있다. 역사적으로 보면 진정한 내세 신앙을 가진 사람들은 모두 이 세상을 새롭게 하기 위해 최선을 다한 사람들이다. 그러니 우리에게는 올바른 내세 신앙이 꼭 필요하다. 내세 신앙은 역사 책임적이고 역사 변혁적인 신앙이다. C. S. 루이스의 다음 말처럼 말이다.

> 역사를 더듬어 보면, 이 세상을 위해 가장 많이 일한 그리스도인들은 바로 다음 세상에 대해 가장 많이 생각했던 이들이었음을 알게 됩니다. 로마 제국이 기독교 국가로 전환하는 데 토대를 놓은 사도들이나 중세를 확립한 위대한 인물들, 노예 제도를 폐지시킨 영국의 복음주의자들이 지구상에 이 모든 흔적을 남길 수 있었던 것은 그들의 마음이 천국에 사로잡혀 있었기 때문입니다. 그러나 대부분의 그리스도인들이 다음 세상에 대해 더 이상 생각하지 않게 되면서 기독교는 그 힘을 잃고 말았습니다. 천국을 지향하면 세상을 "덤으로" 얻을 것입니다. 그러나 세상을 지향하면 둘 다 잃을 것입니다.[3]

---

3   C. S. Lewis, *Mere Christianity*, 136.

세 줄 요약

1. 기독교의 내세 신앙은 현실 도피적인 신앙이라는 비판을 많이 받아왔다.
2. 하지만 진정한 내세 신앙은 죄와 불의로 왜곡된 이 세상이 하나님의 은혜로 변화하여 마침내 온전히 완성될 것임을 믿는 신앙이다.
3. 우리는 진정한 내세 신앙이 있을 때 현실에 충실할 수 있고 악에 저항하며 세계를 변혁할 수 있다.

토론 문제

1. "내세 신앙"이란 말을 들으면 어떤 생각이 드는가? 왜 그런가?
2. 진정한 의미의 "내세 신앙"은 무엇인가? 그것은 왜 필요한가?
3. 참된 내세 신앙을 가질 때 우리의 삶은 어떻게 변화될 수 있을까?

23장_ 지옥이란 어떤 곳이며 누가 가는가?

들어가는 말

기독교 전통은 예수를 믿어야 구원받고 그렇지 않으면 지옥에 간다고 가르친다. 이런 이야기는 당연히 독선적으로 들린다. 이와 연관하여 다음 질문들이 제기될 수 있다. 첫째, 지옥은 어떤 곳인가? 둘째, 사랑의 하나님이 어떻게 심판자 하나님일 수 있는가? 셋째, 사랑의 하나님이 어떻게 사람을 지옥에 보낼 수 있는가? 넷째, 악행을 저지른 것도 아닌데 그저 믿지 않았다는 이유로 어떻게 사람이 지옥에 가야 하는가? 다섯째, 믿지 않고 죽은 사람의 운명은 어떻게 되는가? 이 장에서는 앞의 네 가지 질문을 탐구해보고 다음 장에서는 다섯 번째 질문인 "믿지 않고 죽은 사람의 구원의 가능성"에 대해 살펴보자. 먼저 성경은 지옥에 대해 어떻게 말하는가?

1. 성경이 말하는 지옥

지옥에 대한 성경의 이해는 시간이 지남에 따라 조금씩 다르게 나타난다. **비교적 초기에는 지옥을 사람이 죽으면 누구나 가는 장소로 보았고, 이를 스올(sheol)이라 불렀다.** 스올은 선인, 악인, 신자, 비신자 관계없이 누구나 다 가는 곳이며, 이곳에서는 사람들의 생명력이 아주 약해져서 죽은 듯 산 듯 존재한다(창 37:35의 야곱, 민 16:30, 31의 고라, 다단, 아비람. 참조. 욥 14:13; 시 55:15; 잠 9:18).

하지만 **후기로 가면서 하나님의 능력과 임재가 이 땅을 넘어 죽음 이후의 세계까지 미치며 그곳에서도 하나님이 믿음으로 산 사람들을 돌보신다는 믿음이 나타나고**(시 16:8-10; 49:15), **이런 믿음은 신구약 중간기에 죽은 자의 부활 신앙으로 표현된다**(사 26:19; 단 12:2). 이제 의로우신 하나님은 마지막 날 스올에 있는 모든 사람들을 부활시켜서 최후의 심판을 하실 것인데, 이때 의인은 영원히 하나님의 축복을 받고 악인은 버려질 것이다. 따라서 이때의 스올(신약에서는 하데스)은 최후의 심판을 기다리고 있는 중간적 상태를 의미한다(행 2:27, 31; 눅 16:23-26).

그러나 신약성경에 오면 지옥의 이미지가 급변한다. **신약성경은 지옥(게헨나)[1]을 영원히 꺼지지 않는 불**(마 3:12; 5:22; 18:9), **저주받은**

---

1   게헨나는 그리스 단어로 구약성경에 나오는 힌놈의 골짜기(the valley of Hinnom)에서 나왔다. 예루살렘 서쪽에 위치했던 힌놈의 골짜기는 아하스와 므낫세 왕 때 이방신 몰록에게 인신 제물을 드린 후 그 불에 탄 시체들을 버리던 곳이었으며, 당시의 악과 그로 인한 고통이 가장 처절하게 드러난 상징적인 장소로서 지옥의 상징으로 사용되었다(왕하 16:3; 21:6, 참조. 렘 7:31-32; 19:6).

장소(마 23:33), 불 못(계 21:8), 마귀와 그를 따르는 천사들을 위해 예비된 곳(계 21:8; 마 25:41) 같이 매우 부정적으로 묘사한다. 이 점에서 신약성경의 지옥 이해는 앞서 말한 스올(하데스)과 다르다. 즉 신약성경의 지옥은 스올처럼 중간기의 상태가 아니라 한 사람의 운명이 완전히 결정된 고통의 장소, 곧 마귀와 천사들 및 악인들을 위해 예비된 결정적인 저주의 장소다.

2. 사랑의 하나님이 어떻게 분노와 심판의 하나님이 될 수 있는가?[2]

인간을 심판하시는 분노의 하나님과 예수가 보여주신 사랑의 하나님은 전혀 어울리지 않는 것 같다. 그러나 꼭 그렇지는 않다. 여기서 우리는 성경이 말하는 하나님의 심판은 두 가지 특징을 지니고 있음을 유념할 필요가 있다.

첫째, 하나님의 분노와 심판은 다름 아닌 하나님의 사랑의 다른 측면이다. 당신에게 지극히 사랑하는 아들이 있다고 가정해보자. 그런데 이 아들이 당신의 사랑을 아무렇지 않게 여길 뿐만 아니라 악하고 거짓된 삶을 살면서 갈수록 망가져간다면 당신의 마음이 어떻겠는가? 고통스럽고 분노가 차오를 것이다. 아들에 대한 연민과 분노로 무척 힘들 것이다. 그리고 이때의 분노는 다름 아닌 좌절된 사랑의 표현일 것이다. **하나님의 진노도 이와 같다. 그것은 인간과 세계를 향한 하나님의 좌절된 사랑의 표현이다.** 레베카 피퍼트는 이를 다음과 같

---

2   아래 내용은 다음을 많이 참고했다. 팀 켈러, 『팀 켈러, 하나님을 말하다』, 124-45.

이 말한다. "하나님의 진노는 짜증스러운 폭발이 아니라 주님이 전부를 던져 사랑하는 대상인 인류의 내면을 갉아먹는…암 덩어리에 대한 확고한 반감이다"[3] 하나님의 심판은 하나님이 보여주시는 사랑의 다른 한 측면이라는 뜻이다.

둘째, **하나님의 심판은 인간의 심판과 달리 정확하고 공정하다.** 성경은 하나님이 세상을 공의로 다스리고 심판하시는 분이라고 말한다. 시편은 이를 다음과 같이 표현한다. "내가 전심으로 여호와께 감사하오며 주의 모든 기이한 일들을 전하리이다.…주께서 나의 의와 송사를 변호하셨으며 보좌에 앉으사 의롭게 심판하셨나이다.…공의로 세계를 심판하심이여 정직으로 만민에게 판결을 내리시리로다. 여호와는 압제를 당하는 자의 요새이시요 환난 때의 요새이시로다"(시 9:1-9).

이 말씀에서 시편 저자는 하나님이 공의로 세상을 심판하시며 만민에게 정직한 판결을 내리는 재판장이라고 선언한다. 인간이 내리는 심판은 불완전할 뿐 아니라 처해 있는 상황과 조건에 따라 수시로 결과가 바뀐다. 그러나 하나님의 심판은 언제나 공정하고 정확하다. 현재 억울한 일을 당하고 있지만 이런 공정하고 정확한 심판이 있다면 위로와 소망을 가질 수 있다. 생각해보라. 당신이 억울한 일을 당해서 고통스럽지만 일단 법정에 가기만 하면 언제나 공정하고 정확한 판결을 받을 수 있음을 안다면 별로 걱정하지 않을 것이다. 성경은 이런 정확하고 공의로운 재판이 있으며 그 재판관이 바로 우리 하

---

3   Rebecca Pippert, *Hope Has Its Reasons* (San Francisco: Harper Publishers, 1990), Chapter 4: "What Kind of God Gets Angry?" 팀 켈러, Ibid., 131에서 재인용.

나님이라고 말한다. 하나님이 이처럼 공의로 세상을 다스리심을 믿을 때 우리는 악한 현실 앞에서도 절망하지 않을 수 있다.

더 나아가 이런 공의롭고 의로운 심판자가 결국 세상을 선하게 만드신다는 사실을 믿을 수 있으면 이 땅의 죄와 폭력과 전쟁의 악순환에 굴하지 않고 그 문제의 해결을 위해 노력할 수 있다. 크로아티아 출신 신학자 미로슬라브 볼프는 인종과 종교와 민족이 서로 다르다는 이유로 서로 죽고 죽이는 발칸 반도의 참혹한 현실 속에서도 하나님의 선하고 공정한 신원(복수)을 믿었던 사람들만이 이 복수의 악순환에서 빠져나올 수 있음을 강조하며 다음과 같이 말한다.

> 하나님이 불의와 거짓에 분노하지 않고 폭력을 영원히 끝장내지 않는다면, 그러한 하나님은 예배할 가치가 없을 것이다.…폭력에 의지하는 흐름을 스스로 완전히 차단하는 유일한 수단은 오로지 하나님으로부터 나올 때만 폭력이 합법성을 가질 수 있다는 입장을 고수하는 길뿐이다.…하나님이 반드시 갚아주신다는 믿음이 있어야 비폭력을 실천할 수 있다.[4]

그래서 진정한 사랑은 죄악을 있는 그대로 노출하고 거기에 대한 책임을 묻는 사랑이다. 그리고 이런 사랑은 심판으로 표현될 수밖에 없다. 이 심판은 가장 온전하고 공의로운 심판으로서 이런 심판이 있을 때 비로소 세상의 악과 부조리는 해결될 수 있다. 이 땅의 폭력과 복

---

4   Miroslav Volf, *Exclusion and Embrace: A Theological Exploration of Identity, Otherness, and Reconciliation* (Abingdon 1996), 303. 『배제와 포용』(IVP 역간).

수극은 내세의 심판에 대한 두려움이 없을 때 더 강화되는 것이다. 그래서 역설적으로 하나님의 공정하고 선한 심판이 있다는 사실이 이 땅에서 우리가 평온하고 안전하게 계속 선한 삶을 살 수 있는 근거가 된다. 사랑의 하나님과 심판하시는 하나님은 결코 모순되지 않는다.[5]

3. 사랑의 하나님이 어떻게 사람을 지옥에 보낼 수 있는가?

이제 사랑의 하나님이 어떻게 사람을 지옥으로 보낼 수 있느냐는 문제를 다음 말씀을 중심으로 살펴보자.

> 한 부자가 있어 자색 옷과 고운 베옷을 입고 날마다 호화롭게 즐기더라. 그런데 나사로라 이름하는 한 거지가 헌데 투성이로 그의 대문 앞에 버려진 채 그 부자의 상에서 떨어지는 것으로 배불리려 하매 심지어 개들이 와서 그 헌데를 핥더라. 이에 그 거지가 죽어 천사들에게 받들려 아브라함의 품에 들어가고 부자도 죽어 장사되매 그가 음부에서 고통 중에 눈을 들어 멀리 아브라함과 그의 품에 있는 나사로를 보고 불러 이르되 "아버지 아브라함이여, 나를 긍휼히 여기사 나사로를 보내어 그

---

5   유대인으로서 하나님의 종말론적 심판이란 사상의 영향을 받았던 프랑크푸르트 학파의 사회 비판 철학자 Max Horkheimer는 이와 연관하여 무척 인상적인 말을 남겼다. "신학은…불의가 마지막 말일 수 없다는 희망이요.…동경 곧 살인자들이 죄없는 희생자들에 대해 승리할 수 없다는 동경의 표현이다." Max Horkheimer, *Die Sehensucht nach dem ganz Anderen. Einer Interview mit Kommentar von H. Gumnior*, Hamburg 1970, 61f. 위르겐 몰트만, 김균진 역, 『오시는 하나님』(서울: 대한기독교서회, 1997), 199-200에서 재인용.

손가락 끝에 물을 찍어 내 혀를 서늘하게 하소서. 내가 이 불꽃 가운데서 괴로워하나이다." 아브라함이 이르되 "애, 너는 살았을 때에 좋은 것을 받았고 나사로는 고난을 받았으니 이것을 기억하라. 이제 그는 여기서 위로를 받고 너는 괴로움을 받느니라. 그뿐 아니라 너희와 우리 사이에 큰 구렁텅이가 놓여 있어 여기서 너희에게 건너가고자 하되 갈 수 없고 거기서 우리에게 건너올 수도 없게 하였느니라"(눅 16:19-26).

이 이야기에 등장하는 부자는 지금 음부(지옥)의 불꽃 속에서 고통을 받고 있다. 그런데 그는 불신자가 아니었다. 예수님 시대에 살던 유대인이라면 응당 회당에서 하나님의 말씀을 들었을 것이고 가끔씩 기도도 드렸을 것이다. 다시 말해 그는 종교인이었다. 그런데 지금 지옥에 떨어져 있다. 어떻게 된 것일까?

이 말씀은 부자의 삶을 "고운 베옷을 입고 날마다 잔치를 베풀며 살았다"는 말로 요약한다. 즉 그의 삶은 먹고 마시며 향락을 누리는 것 외에는 아무것도 없었다는 뜻이다. 그에게는 이웃도 없고 나눔도 없었다. 나사로는 그 부자집 대문 밖에 방치되어 있었다. 부자의 생애 전체는 처음부터 끝까지 "부자로 사는 것"뿐이었다. 그런데 마침내 죽음이 찾아오고 그동안 그의 인생을 지탱했던 물질이 더 이상 소용없는 것이 되자 그는 빈껍데기처럼 아예 존재하지 않는 자가 되었고 지옥의 불길에 빠져버렸다.

덴마크의 철학자 쇠렌 키르케고르는 저서 『죽음에 이르는 병』에서 죄의 본성을 숙고하는 중에 "하나님의 법을 어기는 것"이라는 죄에 대한 전통적인 이해는 죄의 본성을 잘 보여주지 못한다고 말한다. 바리새인들의 경우를 보자. 그들은 "하나님의 법"을 어기지 않았다.

그들은 하나님의 말씀을 연구하고 그 말씀을 따라 살았다. 그들에게는 하나님에 대한 사랑이 있었을 것이다. 하지만 어느 순간 삶의 의미와 가치를 하나님이 아닌 자신들의 율법적 성취에서 찾게 되었고, 그 결과 하나님 역시 율법을 잘 지키는 자신들을 칭찬해주셔야 마땅하다고 생각했다. 그러다 보니 자기만족과 위선에 빠지면서 하나님으로부터 멀어지게 되었다(눅 18:11b). 그래서 **키르케고르는 죄를 다르게 정의한다.** 그는 죄를 "**하나님 아닌 다른 무엇을 하나님으로 삼고 거기에 궁극적 의미와 가치를 두고 살아가는 것**"으로 이해한다.

키르케고르의 말을 따라 이해한다면 **지옥이란 다름 아닌 하나님 아닌 어떤 좋은 것—그러나 궁극적이지 않은 것—에 마음을 두고 그것을 위해 살아가는 삶의 최종 귀결이다.** 하나님 아닌 다른 무엇에서 삶의 궁극적 의미와 가치를 찾을 때 우리 내부에는 분열이 일어난다. 자녀, 돈, 성공, 사람들의 인정, 사랑도 우리에게 결코 온전한 만족을 주지 못한다. 오히려 그런 것을 추구하다 보면 우리 마음은 냉랭해지고 자기중심주의에 빠지기 쉽다. 이로 인해 사람들로부터 고립되고 불평, 원망, 세상에 대한 냉소를 쌓게 된다. 그런데 거기서 돌아서지 않고 임종의 순간까지 그런 삶을 고집한다면 최종적인 운명은 고통스러운 지옥의 불꽃일 수밖에 없다. 이 말씀에 나오는 부자의 문제가 바로 여기에 있었다.

그런데 시작은 아주 작은 차이에 불과했다. 결국 하나님을 중심으로 살아가느냐 아니면 자신을 중심으로 살아가느냐는 처음의 작은 선택이 모든 것을 결정한다. 하나님이 인생의 중심이 된 사람과 자기 자신이 인생의 중심이 된 사람이 각자 수억 년을 살아간다고 하자. 수억 년 후 첫 번째 사람은 천사가 될 것이고 두 번째 사람은 악마가 될 것이다. 처음 택했던 마음의 방향이 끝까지 계속될 때 그들은 완전히 서로 다른 존재가 되어버린다. 그래서 C. S. 루이스는 다음과 같이 말했다.

> 세상에는 오직 두 종류의 인간이 있을 뿐입니다. "주님의 뜻이 이루어지이다"라고 하나님께 이야기하는 이들과 하나님이 끝내 "네 뜻대로 될지어다"라고 말씀하시는 부류입니다. 지옥에 있는 이들은 어김없이 후자를 택한 사람들입니다. 스스로 선택하지 않고는 지옥에 머물 리가 없습니다. 진지하게 그리고 지속적으로 즐거움을 사랑하는 영혼은 절대로 그걸 놓치지 않을 겁니다.[6]

그래서 실상 하나님이 사람들을 지옥으로 보내시기 이전에 이미 사람들 스스로 지옥을 찾아가는 것이다. 하나님은 우리를 사랑하시고 우리의 자유를 존중하시며 그런 존중이 때로 너무나 커서 하나님을 거부하고 대적하는 것까지 받아들이신다. 그래서 하나님의 심판은 종종 우리의 욕심대로 살도록 내버려두시는 것으로 표현된다. 로마서 1:24은 "하나님께서 그들을 마음의 정욕대로…내버려 두사"라고 표현한다. **그렇다면 결국 지옥은 사람들이 스스로 선택하고 추구해온 자기중심적인 삶의 최종 귀결이라고 해야 한다.**

여기서 우리는 스웨덴의 신비주의자 스베덴보리의 증언을 참조해볼 필요가 있다. 그는 사후 세계를 여행한 경험을 소개하면서 천국과 지옥이 모두 3층으로 이루어져 있는데 천국의 위층으로 올라갈

---

6   C. S. Lewis, *The Great Divorce* (London: Macmillan, 1963), 69.

수록 구세주의 영광과 사랑의 빛이 더 강하게 비치는 반면 지옥의 아래층으로 내려갈수록 그 빛이 점점 약해지고 어둠이 지배한다고 말한다. 그리고 이 땅에서 그리스도의 빛을 기뻐하며 산 사람들은 사후에도 그 빛을 사랑하여 위를 향해 올라가다가 결국 자기가 가장 편히 머무를 수 있는 천국의 단계에 머물게 되고, 이 땅에서 그리스도의 빛을 계속 거부하며 산 사람들은 죽은 후에도 그 빛이 싫어 계속 아래로 내려가다가 결국 자기가 편하게 머물 수 있는 지옥의 단계에 정착하게 된다고 말한다. 그는 이런 결정은 사후세계에서 너무나 정확하고 즉각적으로 일어나서 누구도 속일 수 없으며, 많은 경우 전혀 예상치 못하는 일들이 곧잘 일어난다고 한다. 또한 그는 지상에서는 이름 없는 신앙인이었으나 죽은 직후 지극히 높은 천국의 꼭대기까지 기뻐하며 단번에 올라가는 경우도 보았고, 이 땅에서는 큰 업적을 쌓은 유명 목사였으나 그리스도의 빛 앞에 노출되자마자 단말마의 비명을 지르면서 순식간에 지옥 제일 밑바닥으로 떨어지는 모습도 보았다고 한다. 스베덴보리의 증언은 그의 개인적 신비 체험에 근거한 것이니 이를 문자 그대로 받아들일 필요는 없을 것이다. 하지만 그가 옳다면 천국과 지옥은 하나님이 아닌 우리가 선택하는 것이다. 우리는 자신이 살아온 삶의 방식을 계속 고수하게 되어 있다. 이 땅에서 그리스도의 은혜와 사랑의 빛을 즐거워하면서 살았다면 내세에서도 그 빛 안에서 살고자 할 것이고, 그렇지 않았다면 내세에서도 그 빛을 피하려고 할 것이다. **그렇다면 지옥은 하나님이 아닌 것에서 자기 삶의 의미와 가치를 찾음으로써 스스로 선택한 오랜 삶의 최종 결과다. 하나님이 지옥에 보내시기 전에 이미 스스로 그 길을 찾아들어가는 것이다.** C. S. 루이스는 이를 가리켜 "지옥의 문빗장은 안으로 잠겨 있다"고 말한다. 다른 사람이 아닌 자기 스스로 그 문 안으로 걸어 들어간 후 그 문을 안에서 닫아버리는 것이다.

4. 악행을 저지른 것도 아니고 단지 믿지 않았다는 이유로 인해 어떻게 사람이 지옥에 가야 하는가?

이제 마지막 질문을 살펴보자. 많은 사람들이 이런 질문을 던진다. "끝까지 회개하지 않고 악하게 산 사람이 지옥에 간다는 것은 이해가 된다. 하지만 예수를 믿지 않았다는 이유로 지옥에 간다는 것이 과연 합당한가? 기독교는 이런 말을 함으로써 자기 신만 참 신이고 자기 부족만 구원받을 것이라고 믿는 일종의 유치한 '부족 종교'에 빠져 있는 것 아닐까?"

충분히 물을 수 있는 질문이고 비판할 수 있는 내용이다. 그런데 여기서 예수를 믿는다는 것이 어떤 의미인지 생각해볼 필요가 있다. 믿음에는 두 가지 측면이 있을 것이다. 첫째, 예수가 어떠한 존재였는지 믿는 것이다. 그분이 하나님의 아들이시며 이 땅에 우리 죄를 씻기 위해 오셨음을 믿고 이 예수를 주님으로 모심으로써 죄를 용서받아 하나님의 자녀가 되고 영원한 생명을 얻게 됨을 믿는 것이다. 이는 너무 중요하고 반드시 있어야 하는 믿음이다. 하지만 믿음에는 또 다른 측면이 있다. 바로 예수가 보여주신 삶의 방식이 우리가 진정으로 따라야 할 방식임을 알고 그 길을 따르는 것이다. 그분이 보여주신 생명이 진짜 생명인 줄 알고 그렇게 살고자 하고, 그분이 보여주신 사랑이 진짜 사랑이었음을 알고 그렇게 사랑하며 살고자 하며, 그분이 보여주신 겸손과 희생이 진정한 겸손과 희생임을 깨닫고 그렇게 살 때 나와 다른 사람을 살릴 수 있음을 알고, 그분이 보여주신 한없는 개방성이 진정 우리가 배워야 할 삶의 방식이라고 믿음으로써 나와 다르고 불편한 존재를 향해 마음 문을 열고 살며, 그분이 보여주신 소망이 진짜 소망인줄 알고 이를 따라 환란 중에서도 기뻐하고 인내하면서 사는 그런 삶 말이다. 제대로 된 믿음의 사람들은 이런 믿음을 모두 가졌다. 첫 번째 믿음의 길이 예수를 믿는 순간 이루어지는 것이라면, 두 번째 믿음의 길은 일생 동안 이루어가야 하는 것이다.

그래서 믿음의 길을 걷는다는 것은 예수가 어떤 분이신가를 알고 믿는 것뿐만 아니라 그분이 걸어가신 길을 자신도 걸어가는 것을 뜻한다. 그런데 첫 번째 믿음이 있는데 두 번째 믿음이 거의 혹은 전혀 없다면 그것은 무엇을 의미일까? 이는 그 사람이 예수 안에 나타난 생명, 사랑, 지극한 겸손과 희생과 소망으로부터 현저하게 떠나 있으며 심지어는 이런 삶에 대해 적대적으로 산다는 뜻일 것이다. 그렇다면 이런 삶은 그 자체로 이미 지옥이 아닌가? 빛이 없는 것이 어둠이며, 생명이 꺼져버린 것이 죽음이고, 진리가 소멸된 것이 거짓이라면 예수 안에 나타난 생명, 사랑, 진리, 소망의 삶에서 현저히 떨어져 있는 것이 바로 하나님의 심판 아래 놓이고 지옥에 던져진 것 아닌가? 그렇다면 예수 믿지 않으면 지옥 간다는 말이 맞지 않을까? 그렇게 이 땅에서 지옥을 살아가면 죽음 이후에도 지옥이 여전히 그를 기다리고 있는 것이 자연스럽지 않은가?

따라서 예수를 믿는다고 하면서 예수의 생명, 사랑, 섬김, 희생, 관용, 소망의 삶과 현저히 거리를 두고 있는 사람은 실제로 하나님의 심판 아래에 있을 가능성이 높다는 것이다. 예수는 산상수훈에서 이렇게 말씀하셨다. "나더러 '주여, 주여' 하는 자마다 다 천국에 들어갈 것이 아니요 다만 하늘에 계신 내 아버지의 뜻대로 행하는 자라야 들어가리라"(마 7:21). 기독교 작가 박총 목사는 이 구절이 개인적으로 신약성경에서 가장 무서운 말씀이라고 말한다. 필자도 그렇다. 그래서 하나님의 은혜와 긍휼을 수시로 구한다.

그런데 우리 주변을 살펴보면 예수를 고백하는 믿음은 없지만 두 번째 믿음의 모습은 보이면서 살아가는 사람도 있지 않은가? 교회를 다니거나 예배에 참석하지 않지만 삶을 통해 예수께서 보여주신 진실과 선함과 사랑을 실천하는 사람도 더러 있지 않은가? 이들은 어떻게 되는가? 또는 일생 예수에 대해 들을 기회 자체가 없었지만 착하고 진실하게 살았던 사람들은 어떻게 되는가? 그들 역시 구원받을 수 있는 것인가? 이 질문은 다음 장에서 자세히 살펴보도록 하자.

나가는 말

우리 현대인들은 심판자이신 하나님 앞에 언젠가 우리 삶 전체를 내어놓고 최종적인 판단을 받을 것이라는 생각을 좋아하지 않는다. 이는 뒤집어 말하면 그만큼 우리가 오만한 마음을 갖고 있으며 인간의 자율성과 독립성을 과신하고 있다는 것이다. 하지만 하나님의 심판이 있고 이것이 가장 공정하고 정확한 심판임을 믿을 때 우리는 현실 속의 악에 굴하지 않고 저항하며 선하고 경건하게 살 수 있다. 또한 지옥이 있을 뿐만 아니라 이 지옥이 우리의 선택의 결과임을 알 때 오늘 하루를 좀 더 근신하며 진실하게 살아낼 수 있다. 더 나아가 우리는 예수가 어떤 분인지를 알고 믿는 **신자로서의 믿음**과 더불어 예수께서 걸어가신 그 길을 따라가는 **제자로서의 믿음**을 가질 필요가 있다. 이런 두 가지 믿음을 모두 가지고 있을 때 예수의 제자라고 감히 불릴 수 있을 것이다. 이는 오늘날처럼 혼란스럽고 미래가 잘 보이지 않는 때일수록 더욱 그러하다. "그러나 너희는 택하신 족속이요 왕 같은 제사장들이요 거룩한 나라요 그의 소유가 된 백성이니 이는 너희를 어두운 데서 불러내어 그의 기이한 빛에 들어가게 하신 이의 아름다운 덕을 선포하게 하려 하심이라"(벧전 2:9).

세 줄 요약

1. 사랑의 하나님과 심판의 하나님은 서로 모순되지 않는다. 하나님의 사랑과 하나님의 심판은 동전의 양면처럼 긴밀하게 연결되어 있다.
2. 하나님의 심판이 가장 공의롭고 온전한 심판임을 믿을 때 우리는 더욱 정직하고 신실하게 살아갈 수 있다.
3. 하나님이 사람을 지옥에 보내시는 것이 아니라 사람이 스스로 지옥을 선택한다. 자유 의지를 가진 사람들이 스스로 선택한 삶의 최종적 귀결이 지옥인 것이다.

토론 문제

1. "하나님의 심판"이란 말을 들을 때 어떤 생각이 드는가? 왜 그런가?
2. 정확하고 공의로운 하나님의 심판이 존재한다는 사실이 당신의 삶에 어떤 의미를 가지는가?
3. 사람이 스스로 지옥을 선택한다는 말에 대해 어떻게 생각하는가? 그것이 당신에게 가지는 의미는 무엇인가?

24장_ 믿지 않고 죽은 사람의 운명은 어떻게 되는가?

들어가는 말

기독교 전통은 예수를 믿어야 구원받고 그렇지 않으면 구원받지 못한다고 말한다. 이는 성경의 증언에 근거해 있는 주장이다. "주 예수를 믿으라. 그리하면 너와 네 집이 구원을 받으리라"(행 16:31). "다른 이로써는 구원을 받을 수 없나니 천하 사람 중에 구원을 받을 만한 다른 이름을 우리에게 주신 일이 없음이라 하였더라"(행 4:12). 성경은 예수가 유일한 구원자며 예수를 믿어야 구원받는다고 한다.

그런데 **이런 주장은 너무 독선적이고 억압적으로 보인다.** 아직 예수를 믿지 않는 사람이야 앞으로 기회가 있다 치더라도 예수란 분이 있다는 것조차 모르고 이미 세상을 떠나버린 사람들은 어떻게 할 것인가? 영원한 축복 아니면 멸망이라는 지극히 중요한 문제가 선택의 기회조차 없이 결정되어 버린다면, 그리고 그렇게 되는 것이 하나님의 뜻이라면 과연 이런 하나님이 믿음의 대상이 될 수 있느냐는 질문이 당연히 나오게 된다.

그래서 이 땅에서 예수를 믿지 않고 세상을 떠난 사람들의 구원 문제는 신학적인 문제일 뿐만 아니라 목회적이고 인문학적인 문제가 된다. 이 문제를 어떻게 보아야 할 것인가? 영국 성공회 신학자 알란 레이스는 1984년에 예수를 믿지 않고(못하고) 죽은 사람들의 구원 문제에 대한 교회의 응답을 배타주의(exclusivism), 포괄주의(inclusivism), 다원주의(pluralism)라는 세 관점으로 정리했다. 이 관점들을 통해 믿지 않는 이들의 구원의 가능성이란 문제를 살펴보자.

1. 배타주의(exclusivism)

배타주의는 이 땅에서 예수를 명시적으로 고백하고 믿는 사람들만 구원을 받는다는 주장이다. 이 관점에 의하면 예수만이 유일한 구원자이시며 구원 역시 예수 그리스도에 대한 명확한 인격적 지식과 믿음이 있는 사람만 받을 수 있는 것이다.[1] 앞서 살펴보았듯이 성경은 배타주의적 입장을 상당히 분명하게 지지하고 있다. "주 예수를 믿으라. 그리하면 너와 네 집이 구원을 받으리라"(행 16:31). "다른 이로써는 구원을 받을 수 없나니 천하 사람 중에 구원을 받을 만한 다른 이름을 우리에게 주신 일이 없음이라 하였더라"(행 4:12; 참조. 막 16:15-16).

---

1   John Hick, God and the *Universe of Faiths* (London: Macmillan, 1973), 129-30. 또한 그의 다른 책 *God Has Many Names*, 36.

1) 배타주의는 개신교, 특히 복음주의 교회 안에서 분명하게 발견된다

지난 세대의 중요한 복음주의 문헌 중 하나인 프랑크푸르트 선언(The Frankfurt Declaration)은 이렇게 말한다. "따라서 우리는 창조에 의해 하나님께 속해 있는 모든 비그리스도인들에게 그(예수 그리스도)를 믿고 그의 이름으로 세례를 받을 것을 도전한다. 이는 영원한 생명은 오직 그 안에서 그들에게 약속되기 때문이다."[2]

구원은 예수를 명시적으로 믿을 때만 온다는 이런 주장은 1974년 7월에 열린 스위스 로잔의 국제 복음주의 대회에서 한 번 더 확인되었다. 이 대회에 모인 목회자와 신학자들은 예수만이 유일한 "신인"이며 "하나님과 인간 사이의 유일의 중보자"이기 때문에 예수 외의 다른 방법, 가령 다른 종교를 통한 구원의 가능성 같은 것은 없다고 말한다.[3]

개신교 내의 주류 교회(mainline Church)는 일반 계시에 근거하여 다른 종교도 신적 빛과 진리를 가지고 있다고 보는 점에서 복음주의 교회에 비해 좀 더 개방적이다. 하지만 이 일반 계시가 사람에게 구원을 가져오지는 않고 오직 예수 그리스도를 명시적으로 믿을 때 구원에 참여할 수 있다고 밝힘으로써 여전히 배타주의를 고수한다.

---

2   John Hick, *God and the Universe of Faiths* (London: Macmillan, 1973), 129-30. 또한 그의 다른 책 *God Has Many Names*, 36.

3   Ibid. 또한 "Lausanne Congress, 1974," *Mission Trends No 2: Evangelization, Gerald Anderson and Stransky* ed., (New York: Paulist, 1981), 162, 168. 인용은 Paul Knitter, *No Other Name?* 79.

2. 포괄주의

포괄주의는 배타주의와 마찬가지로 인간의 구원에 있어서 예수 그리스도의 절대성을 주장한다. 포괄주의가 말하는 구원 역시 예수 그리스도를 통한 구원이다. 하지만 배타주의와 달리 포괄주의는 예수 그리스도로 인한 구원의 은혜는 예수를 주님으로 명확히 고백하는 사람 외에 우리가 알지 못하는 하나님만의 신비스러운 방법으로 교회 밖의 사람들에게도 주어진다고 한다.[4]

포괄주의는 배타주의만큼은 아니지만 상당한 성경적 근거를 가지고 있다. 디모데전서 2:4-6은 "하나님은 모든 사람이 구원을 받으며 진리를 아는 데에 이르기를 원하시느니라. 하나님은 한 분이시요 또 하나님과 사람 사이에 중보자도 한 분이시니 곧 사람이신 그리스도 예수라. 그가 모든 사람을 위하여 자기를 대속물로 주셨으니 기약이 이르러 주신 증거니라"고 하며, 디도서 2:11은 "모든 사람에게 구원을 주시는 하나님의 은혜가 나타나"라고 말하고, 베드로후서 3:9은 "주의 약속은 어떤 이들이 더디다고 생각하는 것 같이 더딘 것이 아니라. 오직 주께서는 너희를 대하여 오래 참으사 아무도 멸망하지 아니하고 다 회개하기에 이르기를 원하시느니라"고 전함으로써 하나님은 모든 사람이 구원받는 것을 원하신다고 이야기한다. 라너는 이런 구절들에 근거하여 "하나님은 모든 사람의 구원을 원하시고 하나님이 원하시는 이 구원은 그리스도에 의해 얻어진 구원이다. 그런데

---

4   J. Peter Schineller, S. J., "Christ and Church: a Spectrum of Views," *Theological Studies*, Vol. 37, (1976. December, No. 4), 552.

실제로 예수 그리스도를 주님으로 분명히 고백하지 않고 죽는 사람들이 허다함을 볼 때 하나님은 우리가 알지 못하는 신비한 방법으로 그리스도를 주로 고백하지 않는 자에게도 구원의 길을 열어 주신다고 보아야 한다"고 주장한다.[5]

포괄주의를 대변하는 대표적인 신학자로는 로마 가톨릭의 칼 라너, 개신교 주류교회의 존 콥, 로마가톨릭 신학자 크로 등이 있다.

① 칼 라너에 따르면 "그리스도는 비신자 속에서도 현존하고 역사하며, 따라서 그의 성령 안에서 또 성령을 통하여 비기독교적 종교 속에 현존하며 역사한다."[6] 그래서 그는 "익명의 그리스도인"이 있다고 말한다. 곧 예수를 주님으로 명확하게 고백하고 규칙적으로 교회 생활을 하는 명시적 그리스도인들뿐만 아니라 예수에 대해 모르지만 실상 어디에나 있는 하나님의 자기 전달로서의 보편적 은혜에 대해 삶으로 응답함으로써 이미 하나님 안에 있는 익명의 그리스도인들이 있다는 것이다.

② 미국의 개신교 신학자 존 콥 역시 포괄주의 입장을 따르면서 그리스도는 우리가 인식하든 하지 않든 존재하는 한 실재를 가리키고 있으며, 따라서 "그리스도는 그가 부인되는 곳에서도 보인다"[7]고 주장한다. 그래서 그는 신학자로서 타 종교 특히 불교와의 대화에 열심히 참여해왔다.

③ 캐나다의 가톨릭 신학자 프레드릭 크로는 삼위일체 신학에 근거해서 포괄주의를 주장한다. 그에 의하면 교회는 성령을 이미 일

---

5   Karl Rahner, *Mary, Mother of the Lord* (New York: Word Press, 1963). 95.

6   Karl Rahner, *Foundations of Christian Faith*, 316.

7   John Cobb, *Christ in a Pluralistic Age* (Philadelphia: Westminster Press, 1975), 80.

어난 성자의 구원 사역을 현재화하시는 분으로 이해했으며, 이로 인해 성령은 언제나 성자에 종속되었고, 구원은 예수 그리스도를 명시적으로 고백하는 이들에게만 제한되었다. 하지만 크로는 성경적으로 볼 때 성자와 성령 간의 관계를 뒤집어 이해할 수 있다고 본다. 구약성경은 그리스도가 오시기 전부터 성령이 이미 전우주적으로 역사하고 있었음을 말하며, 신약성경과 연결하여 보면 성자 그리스도는 성령이 이미 하고 있던 신적 사역을 구체적으로 현실화시키신 분이라고 할 수 있다. 다시 말해 성부 하나님은 이미 만민을 향한 구원 의지를 갖고 계셨으며, 성령 하나님은 성부의 구원 의지를 그 우주적 사역을 통해 만민들에게 드러내고 계셨고, 성자 하나님은 성부의 마음에 있으면서 성령을 통해 신비적인 방법으로 사람들에게 전해졌던 구원의 은혜를 명확한 형태로 구현하셨다. 그렇다면 이미 성령 안에서 성부 하나님이 베푸시는 구원의 은혜를 받았으나 아직 그리스도 예수를 모르는 사람들이 있을 수 있으며, 이런 사람들을 익명의 성령인(anonymous Spiritians)이라고 부르자고 제안한다.[8]

포괄주의는 믿지 않는 이들의 구원 문제에 있어서 배타주의보다 포괄적이지만, 이 관점은 복음 전파로서의 기독교 선교의 의미에 대해 질문을 제기한다. 믿지 않는 사람들이나 세계의 고등 종교 속에 그리스도의 구원의 은혜가 이미 들어 있다면 구태여 그리스도를 전파할 필요가 없지 않은가? 이 질문에 대해 포괄주의자들은 지금 믿지 않는 사람들 속에서 역사하는 구원의 은혜는 교회에 주어진 것처

---

8   Fridrick Crowe, "Son of God, Holy Spirit, and World Religions," in Fredrick Crowe, *Appropriating the Lonergan Idea* (Washington D. C.: Catholic Christianity of American Press, 1988), 324-43.

럼 분명하거나 능력이 있지 못하기 때문에 복음의 증거가 필요하다
고 답변한다. 가령 크로는 하나님이 성령으로 충분했다면 예수 그리
스도를 보내시지 않았을 텐데 하나님이 그의 아들을 보내셔서 구원
의 길을 분명하게 보여주신 것을 보면 우리 역시 그 아들 안에서 명확
하게 나타난 복음을 믿지 않는 사람들에게 분명히 전해야 한다고 주
장한다. 즉 포괄주의적 입장에 의하면 선교란 사람들로 하여금 이미
그들에게 주어져 있는 하나님의 구원의 은혜를 명확히 알고 거기에
헌신하도록 교회에 주신 예수 그리스도의 구원의 은혜를 다시 선포
하는 것이다. 따라서 포괄주의 입장에서도 선교는 중요하다. 다만 이
때의 선교는 개개인의 구원을 포함하면서도 선교 대상자들의 문화와
종교에 대한 깊은 존중을 갖추고 하나님의 사랑과 희망을 증거하는
형태로 표현될 것이다.

3. 다원주의

배타주의와 포괄주의가 오직 예수 그리스도만이 구원자임을 분명히
한다는 점에서 그리스도 중심적이라면, 다원주의는 구원이 신이나 궁
극적 실재에 달려 있다는 신 중심적, 실재 중심적 구원(reality-centered
salvation)을 말한다. 즉 다원주의에 의하면 구원은 예수와 기독교 신앙
에 독점적으로 존재하지 않고 다양한 방식으로 세계의 종교들을 통해
이루어지고 있다는 것이다. 우리 시대의 대표적인 종교 다원론자로는
영국 성공회 신학자 존 힉, 인도의 라이문도 파니카 등이 있다.
　　① 힉에 따르면 궁극적이고 보편적인 실재는 오직 하나이며 세

계의 종교들은 이 궁극적 실재에 대한 서로 다른 응답들로 보아야 한다. 즉 세계의 종교들이 포착하려고 했던 궁극적인 신비는 모두 동일한 것이며 다만 각자 언어, 지리, 문화의 차이로 인해 그 신비에 대한 표현이 서로 달라진 것뿐이다.[9] 실상 예수나 싯다르타는 이 궁극적인 실재를 동일하게 만나고 체험한 신비가였으나, 이 체험은 각자 다른 언어, 지리, 문화적 상황에서 한쪽은 인격주의적으로(예수), 다른 쪽은 무인격주의적으로(싯다르타) 표현되면서 유신론적 종교인 기독교와 무신론적 종교인 불교가 되었다.[10] 그렇다면 기독교와 불교 및 다른 세계 종교들은 모두 궁극적이고 보편적인 한 실재를 향해 가는 서로 대등한 통로다.

② 인도의 신학자 라이문도 파니카 역시 구체적인 역사적 인물인 예수와 그리스도를 구분함으로써 힉과 비슷한 이해를 보여준다. 그는 그리스도를 신과 인간 및 세계를 통합하는 보편적 구세주(the universal redeemer)로 보는데,[11] 이 그리스도는 기독교와 불교에서는 각각 예수와 싯다르타라는 역사적 인물로, 힌두교에서는 라마 (Rama), 크리슈나(Krishna), 이슈바라(Isvara), 푸루샤(Purusha) 같은 신화적 인물로 나타났다. 따라서 예수는 유일한 구원자가 아니다.[12] 예수 외에도 여러 구원자들이 있다.[13] 그리고 그리스도가 기독교뿐만 아니라 힌두

---

9   John Hick, *Interpretation of Religion*, 10-11; *A Christian Theology of Religions* 40.
10   Ibid., 244ff.
11   Raimundo Panikkar, *The Trinity and the World Religions*, 69.
12   Raimundo Panikkar, *The Unknown Christ of Hinduism*, 121.
13   Ibid., 20-21. 다른 곳에서 그는 또한 "힌두교에서 만나는 그리스도는 동일한 그리스도다. 두 그리스도가 있는 것이 아니라…"라고 주장한다. Panikkar, "Confrontation between Hinduism and Christ," Logos, 10. 1969. 51. 인용은 Cheriyan Menacherry,

교와 다른 종교 속에도 현존하고 있다면, 힌두교인들은 힌두교를 통해 나타나는 이 그리스도의 구원에 참여하는 것이다. 따라서 "진실하고 선한 힌두교인들은 그리스도에 의해…힌두교의 성례들을 통해, 힌두교를 통해 그에게 전해져 내려온 신비에 의해 구원받는다."[14]

예수 외에 다른 많은 중보자가 있으며 세계 종교들이 그 자체로 구원에의 길이라면 선교는 어떤 의미가 있는가? 확실히 다원주의에는 영혼 구원으로서 선교의 자리는 없다. 다원주의 관점에서 볼 때 교회가 우선해야 할 것은 교인의 숫자를 늘리거나 교회를 설립하는 데 있지 않고 하나님 혹은 이 궁극적 실재의 뜻이 이 땅에 이루어지도록 하는 데 있다. 이를 위해 교회는 모든 사람들이 더욱 개방적이고 창조적으로 이 궁극적 실재를 따라 살아가도록 도와야 하며 특히 종교인들을 향해서는 그들의 종교를 통해 이를 성취하도록 도전하고 지원해야 하는데, 이것이 바로 교회의 선교다. 한 선교 신학자는 선교에 대한 이런 이해를 다음과 같이 요약한다. "교회는 인류 세계의 구원을 위한 표시와 성례로서 존재하는 의무를 가진다. 그것은 불교로 하여금 그것 자체의 구원의 역사를 따라 진보하도록 하며, 또 불교도로

Christ: the Mystery in History; a Critical Study on the Christology of Raymond Panikkar (New York: Peter Lang, 1996), 72.

14 Raimundo Panikkar, *The Unknown Christ*, 54. 다른 곳에서 Panikkar는 그의 기독론적인 명제를 이렇게 요약한다. ① 하나님은 모든 인류가 구원에 이르기를 원하신다. ② 구원의 수단들은 사람들의 종교성에 의해 제공되며 일반적으로 세계 종교들 속에서 발견된다. ③ 믿음 없이는 구원이 없으나, 이 믿음은 그리스도인들이나 혹은 어떤 특정 집단들의 전유물이 아니다. ④ 그리스도는 주님이지만 주님이 오직 예수만은 아니다. ⑤ 그리스도는 유일의 중보자이나 그리스도는 그리스도인의 독점물이 아니며 그 이름이나 형태에 관계없이 모든 진정한 종교들 속에서 역사하고 있다. Raimundo Panikkar, "Inter-religious Dialogue: Some Principles," *Journal of Ecumenical Studies*, 12 (Summer, 1975): 408-9.

하여금 더 나은 불교도가 되도록 하는 방식으로 일해야 한다."[15]

4. 평가

지금까지 믿지 않는 이들의 구원 문제와 연관하여 배타주의, 포괄주의, 다원주의의 세 가지 관점을 살펴보았다. 이 세 관점 중 어느 것이 옳을까? 지금부터는 몇 가지 기준으로 이 문제에 대한 답을 찾아보고자 한다. 첫째 기준은 이 세 관점 중 어느 것이 예수 그리스도가 유일한 구세주라는 기독교의 근본적 주장에 부합되는가 하는 것이다. 둘째 기준은 어떤 관점이 성경과 기독교 전통이 구원에 대해 일반적으로 말해온 증언에 충실한가 하는 것이다. 셋째 기준은 어느 것이 교회가 역사 속에서 보여 왔던 정복주의, 승리주의적 자세를 극복하고 평화와 화해를 가능하게 만들 수 있는가 하는 것이다. 첫째와 둘째 기준은 기독교 신앙의 정체성과 연관되어 있으며, 셋째 기준은 종교적으로 다원화된 사회와 문화 속에서의 기독교 신앙의 관계성 혹은 연관성(relevance)에 관한 것이다.

1) 첫째 기준: 어떤 관점이 예수 그리스도는 유일한 구세주라는 기독교의 근본적 주장에 충실한가?

기독교 신앙이 결코 포기할 수 없는 주장이 바로 예수가 하나님의 아

---

15   M. Zago, "Evangelization in the Religious Situation of Asia," *Concilium*, 114 (1979): 74.

들이고 유일한 구원자라는 것이다. 그래서 믿지 않는 자의 구원 문제에 대한 답변으로서의 배타주의, 포괄주의, 다원주의 역시 이 주장을 기준으로 평가해야 한다. 이렇게 보면 배타주의와 포괄주의는 구원을 위한 예수의 유일성과 절대성을 고백하고 있다는 점에서 이 기준에 부합하는 반면, 다원주의는 예수 외의 다른 구원자들을 인정한다는 점에서 이 기준을 만족시키지 못하고 있다.

2) 둘째 기준: 어떤 관점이 성경과 기독교 전통의 일반적인 증언에 충실한가?

첫째 질문과 마찬가지로 이 질문도 기독교의 정체성과 연관된 것이다. 기독교 신앙은 근본적으로 그리스도로 고백된 예수에 근거한다. 그러나 이 예수는 성경에 의해 알려지고 기독교 전통 속에서 계속 새롭게 이해되어왔다. 따라서 모든 신학적 사고는 성경과 기독교 전통에 의해 판단되어야 하며, 이는 예수를 믿지 않고 죽은 사람들의 구원 문제도 마찬가지다.

이런 기준으로 볼 때 다원주의는 성경과 기독교 전통의 지지를 거의 받지 못한다. 신약성경과 교회 전통은 구원의 은혜는 철두철미하게 예수 그리스도를 통해 주어진다고 말한다.

① 배타주의는 아주 분명히 성경과 기독교 전통의 지지를 받고 있다. 성경과 기독교 전통은 예수 그리스도 외에 우리에게 다른 구원자가 없다고 말하며, 구원 역시 예수 그리스도에 대한 명시적 지식과 믿음으로만 주어진다고 주장하는 것처럼 보인다.

② 포괄주의 역시 성경과 기독교 전통의 지지를 상당히 받고 있다. 성경에 의하면 하나님은 모든 사람이 구원에 이르기를 원하신다

(딤전 2:4-6; 딛 2:11; 벧후 3:9). 즉 하나님의 구원의 의지는 소수의 그리스도인에게만 이르지 않고 온 세계 모든 사람을 향해 열려 있다는 말이다. 그런데 예수를 믿지 않고 세상을 떠난 사람들이 많은 것을 보면 명시적 그리스도인들이 아닌 숨어 있는 그리스도인들이 존재할 가능성을 생각해야 한다.

로마서 1:18-32은 하나님의 계시가 예수 그리스도의 복음 이전부터 또 그것과 독립적으로 이미 존재한다고 한다. 그렇다면 하나님의 계시는 창조와 인간의 경험이라는 보편적인 현실 속에서 이미 일어났고 또 일어나고 있다고 보아야 한다. 더 나아가 로마서 2, 7장에 따르면 이방인들의 마음속에 하나님의 율법이 기록되어 있는데 이 율법은 그리스도를 명시적으로 알지 못하는 이들의 마음속의 법과 동일한 것이다. 요한복음 역시 모든 사람의 빛이자 생명인 로고스가 선재했으며 이 로고스가 다름 아닌 창조와 구원의 중개자였다고 말한다(요 1:1-14). 그렇다면 우리는 하나님이 보이시는 구원의 계시가 그리스도인들뿐만 아니라 인류 전체에게 주어져 있음을 염두에 두어야 한다.

무엇보다 인상적인 것은 예수 자신의 증언이다. 예수는 자신에 대해서는 잘 몰라도 사랑을 따라 산 사람은 마지막 날 하나님의 구원에 참여할 것이라고 말한다(마 25:37-40). 또한 마지막 날 모든 나라의 사람들이 하나님 나라에 참여할 것인데(눅 13:29), 그때 예수를 그저 주님이라고 부르는 사람들이 아닌 좁은 문으로 들어가기를 힘쓴 사람들이 그런 축복을 누릴 것이라고 한다(눅 13:22-27). 이는 지금 예수를 주님으로 고백하는 명시적인 그리스도인들뿐만 아니라 예수에 대해서는 잘 몰랐지만 그분이 가르친 섬김과 사랑의 삶을 실천한 사람들도 예수와 그분의 구원에 참여할 것이라는 말씀으로서, 포괄주의의 입장을 지지하는 것이다. 예수는 명시적 그리스도인들뿐만 아니라 예수에 대해 모르지만 예수의 길을 따라간 익명의 그리스도인 모두에게 구원자가 되실 수 있는 것이다. 결국 포괄주의 역시 신약성경의 지지를 받는다. 그래서 루터파 신학자 칼 브라텐에 따르면 신약성경은 하나님의 구원이 교회 밖의 다른 곳, 곧 아직 예수를 명시적으로 고백하지 않는 사람들에게도 미칠 수 있음을 말하고 있다.[16] 또한 독일의 신학자 볼프하르트 판넨베르크는 "다른 이로써는 구원을 받을 수 없나니 천하 사람 중에 구원을 받을 만한 다른 이름을 우리에게 주신 일이 없음이라 하였더라"(행 4:12)는 구절이 대개 배타주의를 지지하는 대표적인 말씀으로 여겨지지만 실상은 포괄주의를 지지하는 것일 수도 있다고 한다. 이 구절이 오직 예수 그리스도를 통해 구원이 이루어짐을 말할 뿐 예수를 명시적으로 아는 사람만 구원을 얻는다고 말하는 것은 아니기 때문이다. 즉 이 구절은 그리스도를 통한 구원의 은혜가 보편적으로 열려 있을 가능성을 배제하지 않기 때문에 포괄주의적인 관점으로 읽을 수도 있다는 것이다.[17]

성경뿐만 아니라 교회 역사 속에서도 포괄주의 전통을 쉽게 찾을 수 있다. 고대 교회에서는 배타주의보다 포괄주의적 사고가 더 주도적이었다. 2세기의 변증가인 순교자 유스티누스는 온전한 로고스가 예수 그리스도 안에서 나타났으나 부분적인 로고스의 "씨앗"들은

---

16   Karl Braaten, *No Other Gospel!: Christianity among the World's Religions* (Minneapolis: Fortress Press, 1989), 68f.

17   Wolfhart Pannenberg, "Religious Pluralism and Conflicting Truth Claims," in *Christian Uniqueness Reconsidered*, 100f.

세계 전체에 흩어져 있다고 말함으로써 다른 종교와 문화 속에 구원이 있다고 주장한다. "플라톤이 모세에게 배웠다"는 그의 유명한 말은 이런 맥락에서 나온 것이다. 이레나이우스나 테르툴리아누스 같은 교부들은 예수 그리스도가 십자가 죽음 이후 죽음의 세계로 내려가신 것은 인류 전체를 대변하는 인물인 아담 곧 온 인류를 구원하시기 위함이라고 보았으며, 그후 아담을 구하러 지옥에 내려가는 예수의 모습은 기독교 역사에서 아주 빈번하게 성화의 소재가 되었다.[18] 그래서 신학자 볼프하르트 판넨베르크는 명시적 그리스도인들만 구원받는다는 배타주의는 고대 교회의 포용적이며 유연한 포괄주의가 후대로 가면서 축소되고 경화된, 즉 전통의 아쉬운 협소화라고 말한다.[19]

3) 셋째 기준: 어떤 관점이 기독교 승리주의(Christian triumphalism)를 극복하고 믿지 않는 사람들 및 다른 종교인들과의 건강한 만남과 대화를 가능하게 하는가?

이 기준에 의하면 다원주의가 가장 적절한 모형으로 보인다. 존 힉을 비롯한 다원주의자들은 구원에 있어서 기독교의 유일성 주장은 곧 기독교 승리주의로 연결되며, 따라서 기독교 승리주의를 극복하기 위해서라도 다원주의를 받아들여야 한다고 말한다. 즉 그리스도인들이 예수의 독특성과 유일성을 포기하고 세속 사회나 다른 종교들에도 구원이 있음을 인정할 때, 교회 역시 믿지 않는 사람들을 존중하고

---

18   Pannenberg, "Religious Pluralism and Conflicting Truth Claims" in *Christian Uniqueness Reconsidered*, 98f.

19   Ibid.

자기와 다른 진리의 길을 걷고 있는 사람들과 진정으로 만나 대화를 가질 수 있다는 것이다.[20]

하지만 다원주의가 진정 기독교 승리주의를 극복하고 믿지 않는 자들 및 다른 종교인들과의 창조적 만남과 대화를 가져올 수 있는지는 의심스럽다. 참된 만남과 대화가 이루어지려면 겸손함과 개방적인 마음과 더불어 자기의 신념이나 신앙에 대한 깊은 확신과 헌신이 있어야 하기 때문이다. 존 콥은 확신의 결여가 아닌 자기비판 및 배움에의 갈망을 동반한 강한 확신 속에서 진리가 가장 잘 발견될 수 있다고 말한다.[21] 따라서 예수의 유일성이 문제가 될 때 이런 대화에 참여

---

20 다른 곳에서 Hick은 종교 간의 대화가 추론적 신학적 대화(discursive theological dialogue), 내적 대화(interior dialogue), 실천적 대화(practical dialogue)의 세 가지 수준에서 이루어질 수 있다고 말한다. *God Has Many Names*, 116. 하지만 Hick이 주로 관심을 가지는 것은 첫 번째인 추론적 신학적 대화다. 그는 이 대화 방법을 다시 대화 참여자 각자가 자기 신앙이 절대적 진리를 가지고 있다는 확신 속에 행하는 고백적 대화(confessional dialogue)와 그 어떤 종교도 완전한 진리를 소유하고 있지 못하다는 겸손한 인식에서 나오는 진리 추구적 대화(truth-seeking dialogue)로 구분한다. 그에 의하면 고백적 대화로는 결코 건강하고 생산적인 종교 간의 대화를 성취할 수 없다. 이 같은 방식은 결국 회심 아니면 서로의 차이점만 확인하고 끝나기 때문이다. Hick에 의하면 고백적 대화가 아닌 진리 추구적 대화에서만 진정한 종교 간의 대화가 가능하다. Ibid., 121f.

21 John Cobb, *Beyond Dialogue* (Philadelphia: Fortress Press, 1982), 45-46. 또한 여기서 Raimundo Panikkar가 제시한 효율적인 종교 간의 대화 원칙을 기억하면 도움이 된다. 그에 의하면 자기의 종교 전통에 대한 올바른 지식과 헌신, 전통 안의 중요한 것과 부차적인 것을 구분하는 능력, 다른 종교에 대한 존중과 지적 개방성, 배우려는 자세가 있을 때 효율적이며 생산적인 종교 간의 대화가 가능하다. Raimundo Panikkar, *The Unknown Christ of Hinduism* (London: Darton, 1964), 3, 7, 11f. "The Sermon on the Mount of Interreligious Dialogue," in *Journal of Ecumenical Studies* 22, (Fall 1985): 773. "The Internal Dialogue: The Insufficiency of the So-called Phenomenological 'Epoche' in the religious Encounter," in *Religion and Society* 15, (1968, 3). 1968. 55f. 인용은 Cheriyan Menacherry, *Christ: the Mystery in History; a Critical Study on the Christology of Raymond Panikkar* (New York: Peter Lang, 1996), 26-27.

한 사람들은 그가 그리스도인이든 아니든 각자 신념과 신앙에 대해 절대적인 주장을 해야 한다. 이런 확신에 찬 대화와 상호 경청 및 비판을 통해 참여자들은 상대방의 믿음의 이유와 근거를 더 깊이 이해할 수 있으며, 그 가운데 자신의 신앙 전통을 새롭게 발견함으로써 더 성숙한 믿음을 갖고 그 장소를 떠날 수 있게 된다. 따라서 대화 참여자들이 그들이 믿는 내용의 독특성을 포기해야 할 이유는 결코 없다. 참되고 생산적인 대화는 참여자들이 그들의 믿음을 계속 유지할 때 제대로 이루어진다. 하지만 다원주의는 이처럼 절대적인 주장을 펼칠 내용을 갖지 않으므로 특별히 주장할 것도 없으며 결국 해결해야 할 문제 앞에서 상대주의 내지 실용주의적 접근 외에는 가지고 있을 것이 없게 된다.

배타주의의 경우 기독교 승리주의 및 정복주의를 벗어나 진정한 만남과 대화로 나아가는 데 두 가지 점에서 문제가 있다. 첫째, 배타주의는 다른 신념이나 신앙의 존재 의미를 진지하게 고려하지 않는다. 배타주의에 의하면 그런 것들은 그저 신성이나 절대적 진리를 찾으려는 인간의 헛된 노력이거나 기독교로 오기 위한 준비 단계 정도에 불과하기 때문에, 비기독교인이나 다른 종교인들을 진정으로 존중하며 그들에게서 배우려는 자세를 기대하기 어렵다. 아울러 이 입장은 기독교만이 참된 종교라는 의식을 내려놓을 수 없으므로 기독교 우월주의를 벗어나기가 아주 어렵다. 둘째, 배타주의는 비기독교인 및 다른 종교인들과의 대화를 사실상 불가능하게 만든다. 많은 배타주의자들에게 종교 간의 대화란 복음 전파의 한 수단에 불과하며 그 이상은 믿음의 타협으로 보일 것이다. 여기에는 자기 확신, 상대방에 대한 존중, 배우려는 자세 등의 진정한 만남과 대화를 가능케 하는 요소가 빠져 있다.

이에 비해 포괄주의는 강점이 있다. 포괄주의는 다원주의가 갖지 못한 기독교의 복음에 대한 절대적인 확신이 있고, 배타주의가 갖지 못한 다른 신념이나 신앙에 대한 존중과 경청의 태도 역시 가지고 있다. 그렇다면 실상 비기독교인들이 기독교 신앙을 받아들이지 않는 이유와 다른 종교인들이 확신하는 내용을 깊이 존중하면서 대화에 임하고 이를 통해 함께 성숙하려는 포괄주의적 입장이 결국 다문화적이고 다종교적인 현대 사회에 가장 적절한 자세가 될 것이다.

5. 전체 정리

지금까지 믿지 않는 사람들의 구원 문제에 대한 교회의 답변을 배타주의, 포괄주의, 다원주의 입장에서 살펴보았다. 이제 이 세 가지를 정리해보자.

다원주의는 성경과 기독교 전통이 주장해온 예수 그리스도의 유일성과 절대성을 충실히 반영하지 못하며 그 상대주의적 태도로 인해 건강하고 생산적인 대화와 만남을 가능하지 못하게 만든다. 배타주의는 그리스도 예수를 통한 구원의 유일성을 분명히 말한다는 점에서 성경과 기독교 전통에 부합되지만, 다른 신념이나 종교를 가진 사람들과의 진정한 만남을 이끌어내기 어렵다. 이에 비해 포괄주의는 구원에 있어서 그리스도의 절대성을 주장하면서도 그 구원의 범위를 보편적인 것으로 이해하며, 자기 신앙에 대한 확신과 함께 상대방의 신념이나 신앙을 존중함으로써 상호간의 성숙을 이끌 수 있는 강점을 가지고 있다.

그럼 믿지 않고 죽은 이들의 구원 문제에 관해 포괄주의가 옳은 답변일까? 아쉽지만 그렇게 단정적으로 말하기는 어렵다. 성경은 이 문제에 있어서 배타주의적 관점(오직 예수 그리스도를 명시적으로 주로 고백하는 자가 구원을 받는다)을 포괄주의적 관점(예수 그리스도의 구원은 명시적 교회를 넘어 보편적으로 확장된다)보다 더욱 명확히 말하고 있기 때문이다.

따라서 우리가 받은 성경과 교회 전통으로는 포괄주의를 하나의 확정된 교리처럼 주장할 수 없다. 세계 구원의 문제는 하나님의 선하신 의지에 달려 있다. 따라서 보편 구원의 문제나 다른 종교 속에 구원이 존재하는가는 열려 있는 문제다. 그것은 고정된 교리가 아니라 희망과 바람 및 기도의 언어로 존재한다. 참으로 하나님은 만민이 구원에 이르기를 바라신다. 우리는 이렇게 되기를 희망하며 기도한다. 하지만 이것은 하나의 확정된 교리가 아닌 희망과 기도의 언어로만 말해질 수 있다.

나가는 말

기독교 전통은 예수를 하나님의 아들이자 구원자로 믿는 이는 구원을 받고 그렇지 못한 이는 구원을 받지 못한다는 선택적 구원론을 말한다. 성경은 믿음의 유무에 따라 영생과 영벌이 결정됨을 분명히 말한다. 가령 마태복음은 생명으로 인도하는 문과 멸망으로 인도하는 문 중 생명을 주는 좁은 문으로 들어가라고 하며(마 7:13-14),[22] 마지막 심판의 날 양과 염소가 서로 구분되고 기름을 준비한 지혜로운 처녀들과 그렇지 못한 어리석은 처녀들이 서로 나뉘듯 사람들 역시 완전히 구별될 것이라고 한다(마 25장). 마가복음도 지옥의 꺼지지 않는 심판의 불 앞에서 믿음의 길을 선택하라고 권면하며(막 9:45-48),[23] 누가복음 역시 음부에서 고통당하고 있는 부자를 언급하고 있다.

하지만 성경은 이런 주장과 함께 모든 사람이 구원받을 것이라는 만인 구원의 가능성도 말하고 있다. 성경은 하나님의 사랑과 구원 의지가 특정한 일부 사람이 아닌 만인에게 미치고 있다고 말하며(딤전 2:4; 딛 2:11; 벧후 3:9),[24] 예수 그리스도의 십자가 죽음 역시 만민을 구원하기 위한 죽음이었음을 분명히 한다(딤후 2:5-6; 고전 15:22; 롬 5:18; 고후 5:14; 히 2:9).[25] 특히 바울 서신은 아담과 그리스도를 대비시

---

22 "좁은 문으로 들어가라. 멸망으로 인도하는 문은 크고 그 길이 넓어 그리로 들어가는 자가 많고 생명으로 인도하는 문은 좁고 길이 협착하여 찾는 자가 적음이라"(마 7:13-14).

23 "만일 네 발이 너를 범죄하게 하거든 찍어버리라. 다리 저는 자로 영생에 들어가는 것이 두 발을 가지고 지옥에 던져지는 것보다 나으니라. (없음) 만일 네 눈이 너를 범죄하게 하거든 빼버리라. 한 눈으로 하나님 나라에 들어가는 것이 두 눈을 가지고 지옥에 던져지는 것보다 나으니라. 거기에서는 구더기도 죽지 않고 불도 꺼지지 아니하느니라"(막 9:45-48).

24 "하나님은 모든 사람이 구원을 받으며 진리를 아는 데에 이르기를 원하시느니라"(딤전 2:4). "모든 사람에게 구원을 주시는 하나님의 은혜가 나타나"(딛 2:11). "…오직 주께서는 너희를 대하여 오래 참으사 아무도 멸망하지 아니하고 다 회개하기에 이르기를 원하시느니라"(벧후 3:9).

25 "하나님은 한 분이시요 또 하나님과 사람 사이에 중보자도 한 분이시니 곧 사람이신 그리스도 예수라. 그가 모든 사람을 위하여 자기를 대속물로 주셨으니 기약이 이르러 주신 증거니라"(딤전 2:5-6). "그리스도의 사랑이 우리를 강권하시는도다. 우리가 생각건대 한 사람이 모든 사람을 대신하여 죽었은즉 모든 사람이 죽은 것이라"(고후 5:14).

키면서 "아담 안에서 모든 사람이 죽은 것 같이 그리스도 안에서 모든 사람이 삶을 얻으리라"(고전 15:22)고 말하는데, 아담 안에서 **모든 사람**이 죄인이 되고 하나님의 심판 아래 있게 되었다면 예수 그리스도 안에서도 역시 **모든 사람**이 구원받으리라고 말하는 점이 논리적이다. 아담 안에서의 죄의 보편성을 말한다면 그리스도 안에서의 구원의 보편성 역시 같은 무게로 말해야 하는 것이다.

이뿐 아니라 성경은 만인 구원론을 넘어 세상 모든 것이 회복되어 하나님의 영광에 참여하게 될 것이라는 만유 구원론도 이야기한다. 사도행전 3:21은 하나님이 "만물을 회복하실 때"가 있다고 하며,[26] 에베소서 1:10은 하늘에 있는 것이나 땅에 있는 것이 다 그리스도 안에서 통일되게 하려 하시는 것이 하나님의 경륜이자 뜻하심의 비밀이라고 말한다.[27] 골로새서 1:20은 예수 그리스도의 십자가의 피로 하늘과 땅에 있는 모든 것이 하나님과 화해되었다고 하고, 빌립보서 2:10-11은 "하늘에 있는 자들과 땅에 있는 자들과 땅 아래에 있는 자들로 모든 무릎을 예수의 이름에 꿇게 하시고 모든 입으로 예수 그리스도를 주라 시인하여 하나님 아버지께 영광을 돌리게 하셨느니라"고 고백함으로써 만물이 그리스도로 인해 하나님을 찬양하는 날이 올 것이라고 전한다. 그리스도께서 온 세상을 통치하시는 그날에 그의 원수들은 그의 발아래 무릎을 꿇게 되고(고전 15:25), 하나님은

---

26 "하나님이 영원 전부터 거룩한 선지자들의 입을 통하여 말씀하신 바 만물을 회복하실 때까지는 하늘이 마땅히 그(예수 그리스도)를 받아두리라"(행 3:21).

27 "그 뜻의 비밀을 우리에게 알리신 것이요 그의 기뻐하심을 따라 그리스도 안에서 때가 찬 경륜을 위하여 예정하신 것이니 하늘에 있는 것이나 땅에 있는 것이 다 그리스도 안에서 통일되게 하려 하심이라"(엡 1:9-10).

"만유의 주로서 만유 안에" 계시게 될 것이다(고전 15:28). 요한계시록 역시 이처럼 인간과 세계의 악과 불순종이 온전히 극복되고 하나님의 궁극적인 승리가 온전히 이루어지는 날이 올 것이라고 한다(계 21:1-5). 그날에는 하나님이 모든 눈물을 닦아주심으로 인해 다시는 사망도 애통하는 것도 슬픔도 아픔도 없으니 이는 처음 것들이 다 지나가버렸기 때문이다. 만물을 새롭게 하시는 이가 반드시 그렇게 만드실 것이라고 한다. 그래서 성경은 인간의 죄와 불순종으로 인한 버려짐과 심판에 대해 말하는 동시에 하나님의 은혜와 긍휼로 인한 만인의 구원, 더 나아가 만유의 구원과 회복을 바라보고 있다.

그런데 오직 믿는 자만 구원받는다는 선택적 구원론과 만인 구원론, 더 나아가 만유 구원론을 함께 말할 수 있을까? 선택적 구원론이 맞으면 만인 구원론이나 만유 구원론이 틀리고, 만인 구원론이 맞으면 선택적 구원론이 틀린 것 아닐까? 이와 연관해 두 가지를 생각할 필요가 있다.

첫째, 우리 인간은 하나님과 구원을 받아들일 수도 거부할 수도 있는 자유 의지를 가진 존재로 지음 받았다. 따라서 하나님 없는 죽음의 길을 계속 고집하면서 걸어갈 수도 있다. 버려짐과 심판의 가능성, 영생과 영벌이라는 이중적 심판이 여전히 존재하며, 이에 성경은 계속해서 믿음의 좁은 길을 선택하라고 권면한다.

둘째, 하지만 성경은 인간의 그 어떤 선택과 결단보다 하나님의 선택과 결단이 더 위대하고 궁극적이라고 말한다. 하나님은 예수 그리스도의 십자가 죽음을 통해 멸망과 심판에 놓인 인간과 세계 전체를 구원하고 축복하며 회복하시기로 선택하셨다. 고린도후서 5:19은 하나님이 소수의 선택받은 자들이 아닌 "세계 전체"를 그 자신과 화해시키셨다고 하며,[28] 요한복음 3:16은 하나님이 믿는 사람뿐만 아니라 "세상"을 사랑하셔서 독생자 예수 그리스도를 주셨다고 한다.[29]

그리고 이런 위대한 전환이 되는 하나님의 결정은 영원 속에서 이미 이루어졌다. 우리 인간의 선택과 결정은 시간 속에서 이루어지지만, 하나님의 결정은 영원 속에서 이루어졌으므로 시간 속에서 인간이 내린 결정은 영원 속에서 정해진 하나님의 결정을 결코 뒤엎을 수 없다. 그래서 비록 사람들이 지옥의 심판을 선택하고 결정하더라도 그것은 영원할 수 없다. 인간의 자유 때문에 천국과 지옥의 양자택일이 가능하지만, 하나님은 사랑이시기 때문에 인간과 세계 전체가 구원을 향해 나아갈 수 있다. 그렇다면 우리는 만인 구원론 더 나아가 만유 구원론 혹은 만유의 회복을 희망할 수 있는 것이다. 그래서 포괄주의 입장은 여전히 설득력을 가지고 있다.

실상 인간의 결정에 의해 모든 것이 궁극적으로 정해진다면 구원의 문제에 관해 이해하기 어려운 일이 너무 많다. 태어나면서 죽은 아이들이나 스스로 결정할 능력이 없는 지적 장애인들은 어떻게 되는 것일까? 그리스도가 오시기 전에 살았던 수많은 사람들은 어떻게 되는 것일까? 또한 그리스도 예수가 오신 이후에 살기는 했으나 예수의 복음을 한 번도 들어보지 못하고 죽은 사람들, 또한 예수에 대해 들었으나 여러 이유와 상황 속에서 그리스도의 복음을 받아들일 수

---

28   "곧 하나님께서 그리스도 안에 계시사 세상을 자기와 화목하게 하시며 그들의 죄를 그들에게 돌리지 아니하시고 화목하게 하는 말씀을 우리에게 부탁하셨느니라"(고후 5:19).

29   "하나님이 세상을 이처럼 사랑하사 독생자를 주셨으니 이는 그를 믿는 자마다 멸망하지 않고 영생을 얻게 하려 하심이라"(요 3:16).

없었던 사람들의 운명은 어떻게 되는 것일까? 한 사람의 궁극적인 운명이 그의 인간적인 선택에 의해 최종적으로 결정된다는 것 자체가 인간을 과도하게 높이는 것 아닐까? 인간의 최종적인 운명을 정하시는 분은 하나님이시며 그 궁극적인 운명이 예수 그리스도의 십자가에서 구원과 축복으로 결정되었다고 말하는 것이 옳지 않을까? 물론 우리 인간은 끝없이 그리스도를 거부할 수 있다. 그렇다면 영원히 인간을 사랑하는 하나님의 영원성을 극복할 수 없는 것이 아닐까?

그런데 성경은 이처럼 서로 상반되어 보이는 두 주장 중에서 **선택적 구원론을 분명하게 말하는 반면, 만인 구원론에 대해서는 언급은 하되 확정적으로 말하지는 않는다. 이렇게 한 이유는 아마도 지금 이 땅에서 예수를 바로 믿고 사는 삶의 중요성과 복음 전파의 시급성을 강조하기 위함일 것이다.** 따라서 그리스도인으로서 우리는 각자 근신하는 마음으로 힘써 구원을 이루고 열심히 말씀을 전파해야 한다. 하지만 이와 함께 예수 그리스도 안에서 자신을 온전히 계시하신 하나님의 크신 은혜와 긍휼로 인해 결국 만민이 구원에 참여하리라는 희망을 결코 포기하지 말아야 한다. 포괄주의가 말하는 만인 구원에 대한 희망은 여전히 열려 있다. 이는 인간의 구원이 우리의 행함이 아닌 오직 그분의 자비로운 성품과 긍휼하심에 달려 있기 때문이다.

세 줄 요약

1. 예수를 믿지 않고 죽은 이의 운명은 어떻게 되느냐는 질문에 대해 교회는 배타주의, 포괄주의, 다원주의 세 가지로 답변을 해왔다.
2. 믿지 않는 자의 구원 문제에 대한 답변으로 다원주의는 적절치 않다. 배타주의와 포괄주의는 적절한 응답일 수 있으나 각각 나름의 강점과 한계를 가지고 있다.
3. 믿지 않는 자의 구원 문제는 하나님만이 아신다. 우리는 예수 그리스도를 통해 드러난 하나님의 자비와 긍휼에 의지함으로써 만인 구원을 희망하고 기도할 수 있으나 그것을 확정된 교리로 말할 수는 없다.

토론 문제

1. 믿지 않는 자의 구원 문제와 관련하여 답하기 어려운 문제들이 있다면 어떤 것들인가? 그 문제들에 대한 답이 무엇이라고 생각하는가?
2. 이 문제에 대해 성경과 기독교 전통은 무엇이라고 말하는가?
3. 배타주의와 포괄주의 중 어느 쪽이 옳은 것 같은가? 왜 그런가?
4. 믿지 않는 자들의 구원 문제에 대해 어떻게 생각하는 것이 가장 올바른 태도 같은가?

25장_ 기독교의 절대성 주장을 어떻게 보아야 하는가?[1]

들어가는 말

기독교 신앙은 예수 그리스도만이 절대적 진리이고 구원의 길이기 때문에 예수를 믿어야만 구원받는다고 주장한다. 이는 교회 밖의 사람들에게는 무례하고 편협해 보이는 주장이다. 현대인들은 절대적인 진리가 있다는 생각을 좋아하지 않는다. 객관적이며 절대적인 진리 같은 것이 없을 뿐만 아니라 이런 주장 이면에 불순한 권력 의지가 작동하고 있는 게 아닌지 의심한다. 절대적인 진리에 대한 의심, 거대 담론에 대한 거부, 가치의 상대화, 다양성에 대한 존중 등이 **포스트모던 시대**의 중요 특징이다. **이런 시대에 교회는 어떻게 기독교 신앙의 절대성을 주장할 수 있을까?[2]**

---

1 이 장은 전체적으로 팀 켈러, 『팀 켈러, 하나님을 말하다』, 35-57을 많이 참고했다.

2 미국의 복음주의 신학자 David Wells는 이렇게 된 이유가 모든 것의 근거가 되는 "바깥에 객관적으로 계신 하나님"을 잃어버렸기 때문이라고 말한다. 그의 말을 들어보자. "결론부터 말하겠다. 절대적 진리와 도덕이 우리 사회에서 급격히 퇴조하고 있는

먼저 기독교뿐만 아니라 다른 종교들 역시 나름의 절대성과 배타성을 가지고 있음을 유념할 필요가 있다. 힌두교는 절대로 양보할 수 없는 두 가지 신념으로 카르마(업보)와 윤회를 말한다. 이 둘을 부인하면 힌두교는 힌두교가 아니게 된다. 불교의 핵심 개념은 자아와 실체의 부정이다. 불교의 가르침에 따르면 고정된 자아와 실체란 존재하지 않으며 인연의 흐름에 따라 계속 변하는 것으로서, 이를 거부하면 불교의 근간을 뒤흔드는 행동이 된다. 이슬람은 무함마드가 마지막 예언자이며 쿠란이 완벽한 계시라고 믿는다. 종교는 아니지만 현대의 유물론적 자연주의 역시 하나님, 초자연, 내세, 인간 영혼 같은 것은 존재하지 않으며 오직 자연만 존재한다는 주장을 강하게 고수한다는 점에서 나름의 절대성을 갖고 있다.

왜 종교들은 절대성 주장을 하는 것일까? 그 이유는 종교가 "참으로 실재하는 것은 무엇인가?", "인생의 의미와 가치는 어디에 있는가?", "죽음의 의미는 무엇이며 죽음 이후에 우리를 기다리고 있는 것은 무엇인가?" 같은 근본적인 질문에 대한 답변의 총체이므로 성격상 절대적인 주장을 할 수밖에 없기 때문이다. 실상 진리가 진정으로 진리라면 배타성을 띨 수밖에 없다. 세상에 수많은 어머니가 있지만

것은 그 근거가 되는 하나님 곧 우리 바깥에 계신, 객관적이고 초월적인 그 준거점이 사라지고 있기 때문이다. 이제는 개인을 마주하고 있는 존재, 개인의 바깥에 있는 존재는 아예 없다. 개인의 행위를 가늠하는 척도, 무엇이 옳고 그른지를 밝히는 잣대, 무엇이 진리이고 무엇이 아닌지를 시험하는 표준이 아예 존재하지 않는다." 데이비드 웰스, 『용기있는 기독교』, 103. 웰스에 따르면 하나님이 사라져버린 그 자리를 인간 자아에 대한 과도한 집착이 대신 차지했다. 현대인들은 하나님은 버렸지만 "나의 행복", "내 삶의 의미", "충만한 삶"은 갈구한다. 이들이 교회에 오면 참된 하나님이 아닌 자기의 종교적 욕구를 채워줄 수 있는 하나님을 찾는 종교 소비자가 된다.

나의 친어머니는 오직 한 분이듯 영원한 구원의 길도 그것이 정녕 옳다면 하나밖에 없을 것이다.

하지만 이런 절대적인 진리 주장 때문에 지구촌 곳곳에서 종교로 인한 갈등과 폭력이 무수히 발생하고 있다. 진리와 생명과 사랑의 세계를 말하고 가르치는 것이 종교인데 정작 종교의 배타적인 특성으로 인해 진리와 생명과 사랑이 억눌리고 거부되고 있는 것이다. 이런 상황에서 우리는 기독교의 절대성 주장을 어떻게 보아야 하는가?

1. 종교의 절대성 주장에 대한 응답들

종교들의 절대성 주장이 가져오는 부정적인 결과에 대해 사람들은 일반적으로 세 가지 방식으로 대처하고자 한다.

1) 종교 자체의 소멸을 희망한다

이런 생각을 하는 사람들은 종교가 소멸되면 종교로 인한 갈등도 사라져서 세상은 훨씬 살 만한 곳이 될 것이라고 생각한다. 실제로 1960년대만 해도 많은 사람들이 과학이 발달하고 사람들의 교육 수준이 높아지면 미신과 어리석음이 추방됨으로써 결국 기독교를 비롯한 모든 유신론적 종교들이 소멸될 것이라고 여겼다. 비틀즈의 리더인 존 레넌이 1966년에 한 말은 이를 잘 대변하고 있다. "기독교는 사라질 것이다. 점점 줄어들어 자취를 감출 것이다. 논증할 필요도 없

다. 내 말이 옳으며 결국 옳다고 입증될 것이다."³

신학의 경우 이런 분위기는 소위 세속화 신학과 신 죽음의 신학이란 형태로 표현되었다. 이 신학의 주창자들에 따르면 현대인들은 초월의 세계에 관심이 없고 오직 현세에 집중하면서 살고자 하기 때문에 기독교 신앙 역시 초월을 말하지 말고 세속화된 현대 사회에 의미를 주는 것으로 바뀌어야 한다. 하지만 이는 한순간의 유행에 불과했고 종교는 결코 사라지지 않았다. 그 대표자의 한 명인 하비 콕스는 1965년에 『세속도시』라는 책에서 세속화 시대 속의 기독교의 형태를 모색했지만, 20여 년이 지난 후에 저술한 『세속도시로 돌아온 종교』(Religion in the Secular City)에서는 전 세계적으로 그리스도인의 수가 증가하고 있으며 특히 오순절 은사주의적 교회와 보수적 복음주의의 약진이 두드러진다고 말한다. 그로부터 다시 20여 년이 지난 2010년 그는 『종교의 미래』에서 21세기적 세계의 모습을 세 가지로 규정하면서, 가장 먼저 전 세계적으로 종교가 예상을 뛰어넘어 약진하고 있음에 주목한다. 실제로 세계적으로 종교 인구가 증가하고 있다. 사하라 이남의 아프리카와 중국에서는 그리스도인이 급증하고 있으며, 라틴 아메리카에서도 복음주의와 오순절 교회가 기하급수적으로 성장하고 있다. 미국과 유럽의 경우에도 "자유주의적 교회"는 약화되고 있는 반면 복음주의적인 교회는 성장하고 있다.⁴

---

3 Maureen Cleave, "The John Lennon I Knew," *Telegraph*, 2005년 10월 5일. 팀 켈러, 『팀 켈러의 답이 되는 기독교』, 22에서 재인용.

4 이에 대한 구체적인 통계는 퓨 리서치 센터(Pew Research Center)의 "The Future of World Religions: Population Growth Projections 2010-2050"를 참고하라. 기독교의 증가 못지않게 이슬람교의 약진이 두드러지고 있다는 점을 주목할 만하다. 이 연구 결과에 따르면 2010년을 기준으로 세계 인구의 1/3이 그리스도인인 반면, 2050년대

왜 사람들의 예상과 달리 종교인의 수가 증가하고 있는가? 여러 이유가 있겠지만 무엇보다도 애초에 인간이 현대 사회를 주도하고 있는 유물론적이고 자연주의적인 세계관만으로는 만족할 수 없는 "종교적인" 존재이기 때문일 것이다. 세속적인 사상가 중에서도 과학과 이성만으로는 인간의 본질적인 의문에 답을 줄 수 없다고 역설하는 사람들이 많이 나타나고 있다. 위르겐 하버마스, 테리 이글턴, 사이먼 크리츨리 같은 학자들은 그리스도인이 아니지만 자연주의적인 세계관으로는 도덕 가치의 실재를 설명하거나 정의를 추구하고 인권을 옹호할 근거를 찾을 수 없다고 주장한다.[5]

2) 종교를 사적 영역에 국한시킨다

두 번째 입장은 종교를 인정하되 철저히 개인적이고 내면적인 차원에만 국한되어야 한다고 말한다. 곧 종교를 갖는 것은 자유지만 종교를 정치, 경제, 사회, 문화 같은 공적 영역에 끌어들여서 영향을 미치려고 하지는 말고 종교의 자리를 삶의 의미와 마음의 평화 같은 내적인 영역으로 제한하라는 것이다. 미국의 철학자 리처드 로티는 이렇게 말한다. "종교는 사적인 영역에 머물러 있어야 한다. 공적인 삶의

가 되면 이슬람교도가 거의 그리스도인 인구에 육박할 것이라고 한다. https://www.pewforum.org/2015/04/02/religious-projections-2010-2050/.

5   여기에 대해 다음 저서들을 참고하라. Jürgen Habermas et al., *An Awareness of What Is Missing: Faith and Reason in a Post-Secular Age* (Cambridge: Polity Press, 2010); Thomas Nagel, *Mind and Cosmos: Why the Materialist Neo-Darwinian Conception of Nature is Almost Certainly False* (Oxford: oxford University Press, 2012); *Ronald Dworkin, Religion without God* (Cambridge, M.A: Harvard University Press, 2013): Simon Critchley, *The Faith of the Faithless: Experiments in Political Theology* (London: Verso, 2012).

문제들은 그때 그때 실천적으로 가장 효과가 있는 방법을 택해서 해결하자. 절대로 종교적 신념이 개입하도록 하지 말자. 그러면 모든 것이 혼란에 빠진다."[6]

하지만 이런 입장의 문제는 공적 영역과 사적 영역이 칼로 무 자르듯이 분명하게 나뉘지 않는다는 점이다. 종교는 인생의 근원적인 질문에 대한 답변의 총체이기 때문에 한 사람의 종교는 그의 사적 영역뿐 아니라 공적 영역에도 필연적으로 영향을 미치게 된다. 결혼과 이혼을 예로 들어 생각해보자. 세속 사회의 인본주의적 입장을 가진 사람들은 결혼을 당사자들의 "사랑에 근거한 자유로운 선택"으로 여기기 때문에 자유가 없어지거나 사랑이 사라지면 얼마든지 헤어질 수 있다고 본다. 하지만 그리스도인들은 결혼을 하나님이 짝지어주신 사람과의 언약의 관계로 보기 때문에 이혼에 대해 아주 엄격한 태도를 갖는다. 그렇다면 결혼이나 이혼과 연관된 사회적 조직과 제도를 만들 때 어떤 입장에 근거해야 하는가, 세속적이고 인본주의적 입장에 근거해야 하는가, 아니면 종교(기독교)에 근거해야 하는가의 문제가 생긴다. 이런 관점들의 차이와 그로 인한 사회적 결과는 결혼과 이혼 문제뿐 아니라 삶의 거의 전 영역에서 나타날 수밖에 없다. 종교는 결코 사적인 영역에만 머물 수 없다.

3) 종교의 절대성을 반대하는 세 번째 중요한 논거는 인간의 모든 인식과 판단은 어쩔 수 없이 부분적이고 불완전하다는 데서 출발한다

많은 세속적 인본주의자들은 인간의 모든 인식과 판단이 그러하듯

---

6   팀 켈러, Ibid.

종교적인 주장 역시 부분적이고 불완전할 수밖에 없으므로 어떤 종교도 자신을 절대적인 진리라고 주장해서 안 된다고 말한다. 이들이 자주 드는 예가 코끼리를 만지는 시각장애인 이야기다. 코끼리 코를 만진 시각장애인은 코끼리가 고무 호스처럼 길고 둥글다고 하고 다리를 만진 시각장애인은 코끼리가 두껍고 둥글고 짧다고 하듯이 우리의 인식은 언제나 상대적이고 부분적일 수밖에 없기 때문에 그 어떤 종교도 절대성을 주장할 수 없다. 하지만 제대로 된 종교라면 자기중심주의 극복과 생명에 대한 사랑을 공통 분모로 삼기 때문에 이를 토대로 인권과 정의, 평화와 생태계 회복 운동 같은 선한 실천을 같이 도모하는 것이 맞지 않냐고 이야기한다. 오늘날 종교 간의 대화에 참여하는 신학자들 역시 이런 입장이다.

그러나 여기서 중요한 질문이 생긴다. 모든 종교의 진리 주장이 시각장애인이 코끼리를 만지는 것처럼 상대적이고 부분적임을 어떻게 아느냐는 것이다. **이는 각 시각장애인이 코끼리의 부분을 만지고 있음을 전체적으로 조망할 수 있는 자리, 곧 모든 것을 이미 알고 있는 자리에서만 할 수 있는 주장이고 이것 자체가 이미 절대적인 주장이다.** 다시 말해 모든 종교적인 진리 주장은 부분적이고 상대적이라는 세속주의자들의 주장 역시 절대적이고 배타적인 주장이라는 말이다.

정확하고 엄밀한 관찰과 실험 및 논리적 추론에 근거한 객관적 지식 획득과 그렇게 얻어낸 지식을 삶에 일관성 있게 적용하려는 노력, 이런 정신 덕분에 인류는 거대한 물질 문명의 꽃을 피웠고 삶의 거의 모든 면에 진보를 가져왔으며 이제 그 발걸음은 지구를 떠나 우주의 별들에까지 이르게 되었다. 하지만 어쨌든 참된 지식은 오직 경험적 관찰과 합리적 추론에 의해서만 가능하다는 주장 역시 일종의 신념이고 배타주의적 주장이다. 기독교의 진리 주장뿐 아니라 현대 세속주의자들의 소위 "합리적 주장" 역시 절대적이고 배타적인 주장이라는 말이다.

이것이 우리에게 무엇을 뜻할까? 종교인뿐만 아니라 세속인 역시 나름의 진리 주장을 하고 있다는 것이다. 인간은 결코 진리 주장에서 벗어날 수 없다. 그러니 이제 중요한 것은 이런 절대적 진리 주장들 가운데 어느 주장이 옳으냐 하는 점이다. 그리고 그것을 판단하는 기준은 둘 중 어느 쪽이 삶을 정녕 아름답고 의미 있게 만드느냐는 것일 터이다. 다시 말해 서로 경합하고 있는 진리 주장들은 그것이 얼마나 **생명을 살리고 선을 이루며 자유롭고 정의로운 세상을 만들어내는가에 의해 그 진리 유무가 판단된다.** 진리 주장의 정당성은 그 열매와 결과로 평가될 수밖에 없다.

2. 기독교의 진리 주장과 그 특징

기독교 신앙은 어떤 점에서 절대적인 진리 주장을 하며 그 특징은 무엇인가? 다음 말씀을 중심으로 살펴보자.

> 사랑하는 자들아, 영을 다 믿지 말고 오직 영들이 하나님께 속하였나 분별하라. 많은 거짓 선지자가 세상에 나왔음이라. 이로써 너희가 하나님의 영을 알지니 곧 예수 그리스도께서 육체로 오신 것을 시인하는 영마다 하나님께 속한 것이요 예수를 시인하지 아니하는 영마다 하나님께 속한 것이 아니니 이것이 곧 적그리스도의 영이니라. "오리라" 한 말을

너희가 들었거니와 지금 벌써 세상에 있느니라. 자녀들아, 너희는 하나님께 속하였고 또 그들을 이기었나니 이는 너희 안에 계신 이가 세상에 있는 자보다 크심이라. 그들은 세상에 속한 고로 세상에 속한 말을 하매 세상이 그들의 말을 듣느니라. 우리는 하나님께 속하였으니 하나님을 아는 자는 우리의 말을 듣고 하나님께 속하지 아니한 자는 우리의 말을 듣지 아니하나니 진리의 영과 미혹의 영을 이로써 아느니라. 사랑하는 자들아, 우리가 서로 사랑하자. 사랑은 하나님께 속한 것이니 사랑하는 자마다 하나님으로부터 나서 하나님을 알고 사랑하지 아니하는 자는 하나님을 알지 못하나니 이는 하나님은 사랑이심이라. 하나님의 사랑이 우리에게 이렇게 나타난 바 되었으니 하나님이 자기의 독생자를 세상에 보내심은 그로 말미암아 우리를 살리려 하심이라. 사랑은 여기 있으니 우리가 하나님을 사랑한 것이 아니요 하나님이 우리를 사랑하사 우리 죄를 속하기 위하여 화목 제물로 그 아들을 보내셨음이라. 사랑하는 자들아, 하나님이 이같이 우리를 사랑하셨은즉 우리도 서로 사랑하는 것이 마땅하도다. 어느 때나 하나님을 본 사람이 없으되 만일 우리가 서로 사랑하면 하나님이 우리 안에 거하시고 그의 사랑이 우리 안에 온전히 이루어지느니라(요일 4:1-12).

1) 기독교 신앙은 구원자의 독특성을 주장한다

모든 종교의 창시자는 인간이다. 부처와 공자는 수행자였고 무함마드는 인간 예언자였다. 힌두교의 구원자들은 모두 신적 존재지만 신화적인 인물에 불과하다. 하지만 기독교 신앙의 예수는 실존 인물이면서 이 땅에 구원자로 찾아온 하나님의 아들이다. 요한1서 4:2은 이렇게 말한다. "이로써 너희가 하나님의 영을 알지니 곧 예수 그리스도

께서 육체로 오신 것을 시인하는 영마다 하나님께 속한 것이요." 예수
는 그냥 한 인간으로서 이 땅에 태어난 분이 아니라 어딘가 다른 곳에
서 오신 분이라는 말이다. 또한 9절에 "하나님의 사랑이 우리에게 이
렇게 나타난 바 되었으니 하나님이 자기의 독생자를 세상에 보내심은
그로 말미암아 우리를 살리려 하심이라"라고 하면서, 예수는 하나님
의 독생자요 우리를 구원하기 위해 세상에 오신 분임을 말한다.

　　이는 긍정적으로 표현하면 예수만이 진리이자 절대이신 주님이
라는 뜻이고, 부정적으로 표현하면 예수 외의 이 세상 그 누구도 주님
일 수 없다는 의미다. 우리는 부처와 공자의 가르침에서 많은 좋은 것
을 배울 수 있다. 힌두교와 이슬람교의 가르침에도 선한 것들이 있다.
그렇지만 구원자는 오직 한 분 예수 그리스도뿐이다.

2) 기독교 신앙은 구원의 독특성을 주장한다

거의 대부분의 세상 종교들은 구원을 육신과 세상으로부터의 해방으
로 이해한다. 불교는 우리가 보고 경험하는 세계는 허상(마야)이니 거
기에 너무 집착하지 말라고 가르친다. 그리스 사유는 물질세계는 열
등하고 불완전하지만 보다 본래적인 세계는 플라톤의 이데아처럼 이
땅을 초월한 곳에 따로 있다고 말한다. 그래서 이들에게 구원은 헛되
고 불완전한 이 땅을 벗어나는 것이다.

　　하지만 기독교 신앙은 다르다. 기독교 신앙은 하나님이 세상을
만드셨고 사랑하시며 지금도 계속해서 새롭게 하신다고 말함으로써
세상을 긍정한다(요 3:16). "이로써 너희가 하나님의 영을 알지니 곧
예수 그리스도께서 육체로 오신 것을 시인하는 영마다 하나님께 속
한 것이요"(요일 4:2). 곧 하나님의 아들이 인간이 되어 이 땅에 오심으

로써 "인간성", "세상성", "시간성"을 축복하고 품으셨다는 것이다. 더 나아가 성경은 예수 그리스도의 부활 안에서 온 세상이 새롭게 되었으며 마침내 종말의 날에 하나님이 이 세상을 온전히 새롭게 만드실 것이라고 약속한다(계 21:1-6, 이 주제는 이 책 16장"세계는 어떻게 시작되었는가?"를 참고하기 바람).

이처럼 **기독교 신앙이 말하는 구원은 이 땅을 벗어나는 구원이 아닌 이 땅의 변혁과 완성으로서의 구원이다.** 개인뿐만 아니라 세계 전체의 근본적인 변혁이 그리스도인의 희망인 것이다. 이처럼 하나님의 구원이 세상 밖으로의 구원이 아니라 이 세상 안에서 세상의 총체적인 변혁으로서의 구원이기 때문에 역사 속의 모든 신실한 그리스도인들은 이 땅이 절대적이고 궁극적인 것이 아님을 고백하는 동시에 이 세상을 선하고 아름다운 곳이 되게 하는 데 헌신해왔다(이 주제는 이 책 22장 "내세 신앙을 가진다는 것은 무슨 뜻일까?"를 참고하기 바람).

3) 기독교 신앙은 구원이 하나님의 은혜와 사랑 때문에 값 없이 이루어진다고 주장한다

기독교 신앙은 구원이 우리의 인간적 노력이나 공로가 아니라 철저히 하나님의 은혜로서 주어진다고 말한다. 요한1서 4:10은 "사랑은 여기 있으니 우리가 하나님을 사랑한 것이 아니요 하나님이 우리를 사랑하사 우리 죄를 속하기 위하여 화목제물로 그 아들을 보내셨음이라"고 한다. 우리가 하나님을 사랑한 것이 아니고 하나님이 먼저 우리를 사랑하셔서 예수를 우리 죄를 속죄하기 위한 화목제물로 보내셨다. 에베소서는 같은 내용을 이렇게 표현한다. "너희는 그 은혜에 의하여 믿음으로 말미암아 구원을 받았으니 이것은 너희에게서

난 것이 아니요 하나님의 선물이라"(엡 2:8).

이처럼 구원이 우리의 노력이나 행위의 결과가 아니라 하나님이 주신 은혜의 선물이라면 우리 중 누구도 자신을 자랑하거나(롬 3:27) 다른 사람들보다 낫다고 주장할 수 없다. 은혜로 구원을 받았으니 그 은혜에 보답하는 길은 하나님과 이웃을 섬기고 사랑하는 길 외에 없다. 따라서 은혜 입은 자의 삶은 이웃에 대한 무조건적인 사랑과 섬김으로 표현된다. 여기서 역설이 생긴다. **기독교는 가장 절대적이고 배타적인 주장을 하는데 결과는 가장 포용적인 생의 태도를 낳는다.** 예수 그리스도의 절대성과 유일성에 대한 주장은 하나님과 이웃을 향한 철저한 사랑과 섬김으로 표현될 수밖에 없는 것이다. 반면에 그리스도인들이 사랑과 섬김의 삶 없이 그저 교리적 주장만 내세울 때 배타적이고 오만해 보인다는 비난을 받게 된다.

초기 교회 당시 로마 사회는 모든 종교에 대해 포용적이었다. 각 사람은 믿고 싶은 것을 믿었으며 그런 선택을 존중했다. 하지만 그리스도인들은 예수만이 하나님의 아들이며 유일한 구원이라고 외쳤다. 예수의 절대성을 부인할 수 없어서 황제 숭배를 거부했고 그 결과 수많은 순교자들이 생겨났다. 당시 사람들의 눈에는 이런 모습이 당연히 폐쇄적이고 배타적으로 보였을 것이다. 그러나 전염병이 돌아 많은 사람들이 로마를 떠나 도피했을 때 끝까지 그곳에 남아 버려진 환자들을 돌보고 사랑을 나눈 것은 그리스도인이었고, 그 결과 로마라는 도시는 계속 유지될 수 있었다. **가장 배타적이고 절대적인 주장을 한 기독교 공동체가 실제로는 가장 포용적인 사랑으로 사람들을 섬겼던 것이다.** 결국 문제는 오늘날 교회들이 예수 그리스도의 절대성을 주장하고 있지만 그것이 함의하고 있는 섬김과 사랑과 자기희생적 사랑을 살지 못하고 있는 데 있다. 여기서 우리는 믿음이 무엇인지 다시 생각해볼 필요가 있다. 앞서 말한 것처럼(이 책 23장 "지옥이란 어떤 곳이며 누가 가는가?") 믿음에는 두 측면이 있다. 하나는 예수의 존재에 대한 믿음으로서, 즉 예수가 하나님의 아들이고 그분 안에서 영원한 생명과 구원이 있음을 믿는 것이다. 다른 하나는 예수가 보여주신 삶의 가치가 옳다고 믿고 그분이 걸어가신 길을 따라 진리, 생명, 사랑, 섬김의 삶을 살아가는 것이다. 그리고 이런 삶은 당연히 이웃을 향한 섬김과 사랑으로 표현될 수밖에 없다. 사랑과 나눔과 섬김의 길을 걸어가신 예수가 유일한 구원의 길이라는 주장은 자연스레 사랑과 나눔과 섬김의 삶으로 표현될 수밖에 없는 것이다.

나가는 말

기독교 신앙은 그 절대성 주장으로 인해 많은 비난을 받고 있다. 상대주의와 회의주의가 주도하는 시대 속에서 절대적인 진리 주장은 편협하고 독선적으로 보인다. 그래서 많은 사람들이 관용을 강조하고, 마치 등산로는 서로 다르지만 결국 산의 정상에 이르듯이 세계의 모든 종교들은 전부 진리를 향해 가는 동등한 길임을 말한다. 하지만 이런 생각은 주요 종교의 교리를 잠시만 비교해보아도 옳지 않음이 드러난다. 신을 이해함에 있어서 불교는 본질적으로 무신론을, 힌두교는 범신론을, 이슬람교는 인격적 유일신론을, 기독교는 인격적 삼위일체 신론을 특징으로 한다. 예수에 대한 이해 역시 서로 다르다. 힌두교는 예수를 브라흐만의 수많은 현현 중 하나로, 불교는 위대한

한 "인간"으로, 이슬람교는 알라의 위대한 예언자로 본다. 하지만 기독교에서 예수는 하나님의 아들이자 삼위일체의 두 번째 위격이시다. 구원에 있어서도 힌두교는 브라만이 바로 아트만임을 알고 마침내 끝없는 환생에서 벗어나는 것을, 불교는 제행무상(諸行無常), 제법무아(諸法無我), 일체개고(一切個苦)의 진리를 깨달음으로 열반적정(涅槃寂靜)에 이르는 것을 구원으로 본다.[7] 또한 이슬람교는 알라가 정한 계율을 충실히 따름으로써 구원에 이른다고 보는 점에서 율법 종교인 반면, 기독교는 예수 그리스도를 통한 하나님의 구원의 은혜로 구원받는다고 하는 점에서 은혜의 종교다. 따라서 모든 종교가 결국 하나의 근본적인 실재에 대한 서로 다른 응답이면서도 구원에 이르는 동등한 길이라는 종교다원주의의 주장은 전혀 옳지 않다.

차라리 종교들의 관계에 대한 유비(analogy)로는 "등산"보다 "미로 (maze)에서의 길 찾기"가 더 적절하다. 미로에 들어가면 어떤 길은 금방 끊어진다. 어떤 길은 중심 가까이 가지만 결국 목적지에 이르지 못한다. 오직 한 길만이 미로의 중심까지 도달한다. 세계 종교도 이와 같아서 어떤 종교의 길은 일찍 끊어지고, 어떤 종교는 중심에까지 좀 더 많이 들어가지만, 오직 하나의 종교만이 목적지에 도달한다. 기독교 신앙은 예수 그리스도와 그분이 베푸시는 구원이 중심 곧 참된 구원까지 우리를 인도한다고 선언한다.

---

7 이것이 불교가 말하는 삼법인(三法印) 혹은 사법인(四法印)이다. 제행무상은 이 세상 그 어떤 것도 무한하고 영속적이지 않음을, 제법무아는 고정되고 불변하는 자아란 없음을, 일체개고는 이 세상에 있는 모든 것이 고통임을, 열반적정은 이 모든 것을 깨달을 때 마침내 해탈(니르바나) 곧 모든 불이 꺼지고 가장 깊은 평온이 찾아온 상태를 의미한다. 앞의 제행무상, 제법무아, 일체개고를 흔히 삼법인이라고 부르며, 여기에 열반적정까지 넣어서 사법인이라고 일컫는다.

그래서 우리는 기독교 신앙의 절대성과 유일성을 주장해야 한다. 다만 **기독교 신앙이 고백하는 절대성은 교회의 절대성이 아니라 예수 그리스도와 그 구원의 절대성이다.** "다른 이로써는 구원을 받을 수 없나니 천하 사람 중에 구원을 받을 만한 다른 이름을 우리에게 주신 일이 없음이라 하였더라"(행 4:12). "네가 만일 네 입으로 예수를 주로 시인하며 또 하나님께서 그를 죽은 자 가운데서 살리신 것을 네 마음에 믿으면 구원을 받으리라. 사람이 마음으로 믿어 의에 이르고 입으로 시인하여 구원에 이르느니라"(롬 10:9-10). 이는 기독교 신앙의 중심에 속하는, 결코 포기될 수 없는 근본 주장이다. 그래서 우리는 예수에 의한, 예수를 통한 구원을 말과 몸으로 전해야 한다. 그러나 이 구원은 우리의 노력이나 업적이나 능력에 의지하지 않고 철저히 하나님의 은혜에 의한 것이므로 누구도 자랑할 수 없다. 우리의 도는 오직 사랑과 나눔과 겸손과 희생과 소망의 태도다.

　　결론적으로 그리스도인이 예수에 대한 굳건한 신앙을 지니고 겸손히 자기를 성찰하며 이웃을 사랑하는 삶을 살아간다면 기독교 신앙이 배타적이거나 독선적이라는 말은 쉽게 나오지 않을 것이다. **예수의 절대성과 유일성을 믿고 선포하자. 그러면서 사랑의 절대성, 생명의 절대성, 섬김과 나눔의 절대성을 삶으로 보이자.** 성 프란치스코는 이런 말을 했다고 한다. "항상 복음을 전하라. 꼭 필요하다면 말도 사용하라." 우리는 복음을 전하라는 말을 들으면 입으로 행하는 "전도"를 떠올린다. 하지만 삶에는 말보다 행함으로써 전해지는 것이 훨씬 많다. 예수도 성육하셨기 때문에 우리 가운데 오실 수 있었고 영원한 진리의 말씀이 되실 수 있었다. 기독교 신앙의 절대성은 우리 그리스도인이 사랑하고 섬기며 나누고 희생하는 삶을 살 때 비로소 의미 있게 들릴 것이다.

26장_ 그리스도인은 정치를 어떻게 보아야 하는가?

들어가는 말

인간의 삶에는 세 가지 근본 문제 혹은 필요가 있다. 첫 번째는 어디서 먹거리를 구하고 잠자리를 찾을 것인가 하는 생존의 문제, 두 번째는 어떻게 사람들과 잘 어울려 지낼 수 있을 것인가 하는 관계의 문제, 세 번째는 삶의 궁극적 의미와 가치를 어디에서 찾을 것인가 하는 종교적 실존의 문제다. 정치는 두 번째 근본 문제와 연관되어 있다. 그래서 정치는 우리의 삶에 근본적인 것이다. 사람이 사회를 떠나 살 수 없다면 정치 역시 떠나 살 수 없다. 그리스도인은 정치를 어떻게 보아야 하는가?

1. 정치의 의미와 특징

정치는 "통치자나 정치가가 사회 구성원들의 다양한 이해관계를 조정하거나 통제하고 국가의 정책과 목적을 실현시키는 일" 또는 "개인이나 집단이 이익과 권력을 얻거나 늘리기 위하여 사회적으로 교섭하고 전략적으로 활동하는 일"로 보통 정의된다.[1] 다시 말해 **정치는 사람들 사이의 상충되는 의견과 욕망을 조율하여 공동체 전체의 이익을 만들어내는 노력**이라고 할 수 있다. 이로 인해 정치는 몇 가지 특징을 가진다.

1) 정치는 모든 곳에 있다

사람들이 모여 살다 보면 생각과 관점의 차이가 생기게 마련이다. 이런 차이가 갈등과 분열을 빚어내기보다 조화와 상생으로 이어지도록 하는 노력은 언제나 필요하고 그것이 바로 정치다. 두세 사람만 모여도 정치는 있게 되어 있다.

2) 인간의 모든 선택은 정치적 선택이다

우리는 언제나 정치적 상황 안에 살고 있기 때문에 우리의 모든 선택과 결단은 정치적인 의미와 결과를 갖게 된다. 따라서 "교회는 정치에 관여하지 말아야 한다"는 말은 맞지 않다. 아무것도 선택하지 않는 것 자체가 이미 "지금 있는 질서"를 용인하는 "정치적 선택"이 되기 때문이다. 그러니 중요한 질문은 어떻게 기독교 정신에 부합하는

---

1   다음 포탈 국어사전 검색 결과를 참고하였다.

"정치적 선택"을 할 것인가 하는 점이다. 그것이 비록 어렵고 쉽게 잘 못되는 선택이라도 말이다. 신학자 디트리히 본회퍼는 이 점을 다음과 같이 아주 의미심장하게 표현했다. "우리는 매 순간 윤리적 선택을 해야 한다. 그리고 그 일에 대해 하나님의 용서를 구하는 기도를 드려야 한다."

3) 정치는 우리 삶에 심대한 영향을 미친다

사람들 사이의 이견과 차이를 조정함으로써 분열과 갈등을 극복하면서 사회와 국가가 나아갈 방향 전체를 결정하는 것이 정치라면, 정치는 당연히 우리의 삶에 지대한 영향을 미친다. 좋은 정치는 삶을 풍요롭게 만들고 나쁜 정치는 삶을 고달프게 만든다. 프랑스의 총리를 역임한 조르주 클레망소는 "전쟁은 군인들에게 맡겨놓기에는 너무나 중요한 문제다"라고 했는데, 이를 다음과 같이 바꾸어 쓸 수도 있을 것이다. "정치는 직업 정치가(정치꾼)에게 맡겨놓기에는 너무나 중요한 문제다." 플라톤이 했다고 전해지는 다음 말 역시 기억하는 것이 좋겠다. "정치를 외면한 가장 큰 대가는 가장 저열한 인간들에게 지배당하는 것이다."

4) 좋은 정치는 다른 세상을 꿈꾸는 것이다

미래가 불확실하면 누구나 불안하다. 갓 입소한 신병, 종합 병원의 검진 결과를 기다리는 환자, 청혼을 하고 상대의 답변을 기다리는 연인은 초조하다. 앞으로 무슨 일이 벌어질지 모르기 때문이다. 이런 점에서 볼 때 좋은 정치는 불확실성을 제거해주는 것이다. 정치 컨설턴트 박성민은 불확실성을 확실성으로, 불투명함을 투명함으로 바꾸어주

는 기술이 정치라고 한다.[2]

하지만 좋은 정치 또는 더 나은 정치는 불확실성을 제거하는 정도에 그쳐서는 안 되며, 더 나은 세상이나 새로운 세상을 만드는 것이어야 한다. 이런 점에서 "정치는 세상을 바꾸는 것"이라는 프랑스의 좌파 철학자 알랭 바디우의 말은 무척 의미심장하다. 그런데 이는 정권 교체나 정부 조직 개편 이상으로 사회 구조 전체와 그 구조 이면의 사상 전체를 바꾸는 것을 의미하며, 바디우는 이런 일이 일어날 때를 "사건의 발생"이란 말로 표현한다. 가령 박근혜 전 대통령의 탄핵 같은 일이 일단 발생하면 사람들의 정치의식이 이전과 확연히 달라져서 과거로 되돌아갈 수 없게 되는데, 바로 이런 것이 "사건의 발생"이다. 사건이 발생하면 사회는 충격을 받고 사람들은 그 충격 속에 새로움을 경험한다. 바디우는 이 새로움의 발생이 바로 진리이며 이 진리가 세상을 바꾼다고 말한다.

2. 기독교 신앙과 정치

그리스도인들은 정치 문제를 어떻게 생각해야 하는가? 다음 말씀을 중심으로 이 문제를 살펴보자.

서기관들과 대제사장들이 예수의 이 비유는 자기들을 가리켜 말씀하심인 줄 알고 즉시 잡고자 하되 백성을 두려워하더라. 이에 그들이 엿보다

---

2   http://ch.yes24.com/Article/View/19433?Scode=050_001.

가 예수를 총독의 다스림과 권세 아래에 넘기려 하여 정탐들을 보내어 그들로 스스로 의인인 체하며 예수의 말을 책잡게 하니 그들이 물어 이르되 "선생님이여, 우리가 아노니 당신은 바로 말씀하시고 가르치시며 사람을 외모로 취하지 아니하시고 오직 진리로써 하나님의 도를 가르치시나이다. 우리가 가이사에게 세를 바치는 것이 옳으니이까, 옳지 않으니이까?" 하니 예수께서 그 간계를 아시고 이르시되 "데나리온 하나를 내게 보이라. 누구의 형상과 글이 여기 있느냐?" 대답하되 "가이사의 것이니이다." 이르시되 "그런즉 가이사의 것은 가이사에게, 하나님의 것은 하나님께 바치라" 하시니 그들이 백성 앞에서 그의 말을 능히 책잡지 못하고 그의 대답을 놀랍게 여겨 침묵하니라(눅 20:19-26).

서기관들과 제사장들은 원래 사이가 좋지 않았다. 교리적인 차이도 있었지만 정치적인 입장이 정반대였기 때문이다. 대부분 바리새인들로 구성된 서기관들은 반로마, 반헤롯이었던 반면, 사두개인으로 이루어진 제사장들은 친로마, 친헤롯이었다. 하지만 예수라는 공동의 적이 나타나자 서로 화친을 맺는다. 이 화친 관계는 예수를 십자가에 처형할 때까지 계속된다.

이들은 함께 예수에게 와서 "가이사(카이사르)에게 세금을 내는 것이 합당한가?"라고 묻는다. 여기에 언급된 세금은 모든 성인이 1년에 한 번 내야 하는 인두세(head tax)로서 당시 하루 품삯에 해당되는 1데나리온이었는데, 현재 우리 돈으로 약 6-10만 원정도다. 큰 액수는 아니지만 문제는 이 세금이 가진 의미다. 세금 납부는 로마 황제와 제국의 지배를 용인하느냐는 문제와 연관되어 있다. 그 의미를 알려면 이 사건이 있기 약 25년 전으로 되돌아가야 한다.

당시 갈릴리 출신의 유다(행 5:37에 나오는 갈릴리 유다)는 자신이 메시아라고 주장하면서 로마 정부에 인두세 납부를 거부하고 성전 정화를 시도했으며 하나님의 왕적 통치 곧 하나님 나라가 임했다고 선언하다가 결국 처형당했다. 그런데 예수도 갈릴리 유다와 동일한 행동을 하신다. 예수 역시 하나님 나라가 임했다고 선언하시고 이 사건 이후 성전 정화를 감행하신다. 그렇다면 남는 것은 세금 거부뿐이다. 그래서 서기관들과 제사장들은 지금 "가이사에게 세금을 내는 것이 합당한가?"라고 묻고 있는 것이다. 곧 이들은 "예수여, 당신 역시 갈릴리 유다처럼 로마에 대항하는 무력 혁명가가 아닌가?"라고 묻는 셈이다.

그러니 아주 고약한 질문이다. 어떻게 답을 해도 문제가 된다. 세금을 내지 말라고 하면 로마는 예수를 무력 혁명가로 몰아 처형해버릴 것이다. 세금을 내라고 하면 로마 황제의 통치를 인정하는 셈이 되기 때문에 하나님만이 진정한 왕이시라는 예수의 가르침은 허사가 된다. 바리새인들과 사두개인들은 이 질문으로 드디어 예수를 잡게 되었다고 쾌재를 불렀을 것이다. 어떻게 해야 하는가? 몇 가지 사항을 염두에 둘 필요가 있다.

1) 정치적 선택은 대부분 복잡하다

복음서가 전하는 예수의 가르침과 명령은 대부분 명확해서 다르게 해석할 여지가 없다. "네 이웃을 네 몸 같이 사랑하라", "나를 따라오너라. 내가 너희를 사람 낚는 어부가 되게 하겠다" 같은 말씀을 못 알아들을 수는 없다. 몰라서가 아니라 그렇게 하고 싶지 않아서 순종하지 않을 뿐이다. 하지만 이 본문의 말씀이 말하는 문제는 어렵다. 예수는 서기관과 사두개파 사람들의 질문에 대해 "바쳐라" 또는 "바치지 말라"고 단순하게 말씀하지 않는다. 문제가 그렇게 단순하지 않기 때문이다. 예수는 정치와 연관된 문제에는 훨씬 복잡하게 답하신다.

　　그렇다면 우리 역시 정치 문제 앞에서 너무 빨리 답을 찾으려고 해서는 안 될 것이다. 우리는 현실의 어떤 특정 정당이나 정책 또는 어떤 정치인의 주장이 하나님이 원하시는 것이라고 쉽게 단정할 수 없다. 전후 맥락을 살피고 그 선택의 결과를 깊이 생각해본 다음 신중하게 판단해야 한다.

2) 하나님만이 진정한 왕이시다

예수는 데나리온 하나를 보이라 하신 후 "여기에 누구의 형상이 있는가?"라고 물으시고 "가이사"라는 답을 듣는다. 이 말처럼 로마 시대의 1데나리온 은전에는 당시 로마 황제인 티베리우스 카이사르의 상이, 그 밑에는 "티베리우스 카이사르, 디비 아우구스투스, 폰티펙스 막시무스"(티베리우스 카이사르, 하나님의 아들 아우구스투스, 대제사장)라는 문구가 새겨져 있었다. 그러자 예수는 "가이사의 것은 가이사에게 하나님의 것은 하나님에게 드려라"고 말씀하신다. 무슨 뜻일까?

　　어떤 사람들은 이를 교회(하나님의 것)와 세상(가이사의 것)이 분리되어야 한다는 주장으로 읽는다. 교회는 내면의 평화나 윤리나 내세의 구원에 집중하고 그 외의 문제는 이 세상의 정치, 기업, 대학, 언론, 노동 현장에 맡기라는 뜻으로 이 본문을 이해하여 교회는 정치에 관여해서는 안 된다고 말한다. 하지만 그런 의미가 아니다. 예수 시대에는 오늘날과 달리 정치와 종교가 분리되어 있지 않았다. 모든 것이 하나님의 다스림 아래 하나로 통일된 신정 정치(theocracy) 시대였다. 그래서 이 본문은 다르게 읽어야 한다. 이 말씀의 뜻은 이 세계의 진정한 주인은 가이사가 아닌 하나님 한 분뿐이라는 것이다. 하나님만이 참된 주인인 세상에서 가이사는 하나님의 허락 아래 아주 적은 부분을 맡아 가지고 있으니, 이 조그만 것 곧 가이사의 초상이 새겨져 있는 은전 같은 것은 가이사에게 주라는 뜻이다. 하지만 너희 인간의 심령 깊은 곳에는 로마 황제의 초상(에이콘)이 아닌 하나님의 형상이 새겨져 있으므로 너희들의 삶 전체는 진짜 주인이신 하나님께 드리라는 말씀이다.

3) 예수가 가장 근본적인 혁명가이다

이 말은 결국 예수가 세상을 근본적으로 바꾸려는 혁명가라는 뜻이다. 예수의 혁명은 갈릴리 유다가 꿈꾼 그런 혁명, 곧 현재의 지배자를 다른 지배자로 대치하는 그런 혁명 이상의 것이다. 예수는 지금과 조금 다른 세상이 아닌 완전히 새롭게 된 세상, 곧 하나님 한 분만이 온전히 왕으로 존중받는 하나님 나라를 원하신다. 이 나라의 가치관은 세상 나라의 가치관과 완전히 다르다. 그것은 삶 전체를 근본적으로 바꾸는 혁명이다.

이런 혁명적인 변화의 모습을 잘 보여주는 것이 누가복음 6장의 말씀이다.

예수께서 눈을 들어 제자들을 보시고 이르시되 "너희 가난한 자는 복이 있나니 하나님 나라가 너희 것임이요, 지금 주린 자는 복이 있나니 너희가 배부름을 얻을 것임이요, 지금 우는 자는 복이 있나니 너희가 웃을 것임이요, 인자로 말미암아 사람들이 너희를 미워하며 멀리하고 욕하고 너희 이름을 악하다 하여 버릴 때에는 너희에게 복이 있도다. 그날에 기뻐하고 뛰놀라. 하늘에서 너희 상이 큼이라. 그들의 조상들이 선지자들에게 이와 같이 하였느니라. 그러나 화 있을진저! 너희 부요한 자여, 너희는 너희의 위로를 이미 받았도다. 화 있을진저! 너희 지금 배부른 자여, 너희는 주리리로다. 화 있을진저! 너희 지금 웃는 자여, 너희가 애통하며 울리로다. 모든 사람이 너희를 칭찬하면 화가 있도다. 그들의 조상들이 거짓 선지자들에게 이와 같이 하였느니라"(눅 6:20-26).

이 말씀은 세상 사람들이 구하는 것과 하나님 나라의 백성들이 구해야 하는 것을 아주 날카롭게 대비시킨다. 세상이 구하는 것은 물질적 부, 세상적 성공, 안정된 삶, 한마디로 권력(power), 성공(success), 안전(security)이다. 그리고 유사 이래 모든 정치인은 이런 세상을 만들려고 하니 자신에게 표를 달라고 외친다. 세상의 모든 정치 운동은 이를 반복한다. 정권이 바뀌어도 사람들만 바뀔 뿐 새로운 일은 거의 일어나지 않는다.

그러나 하나님 나라는 다르다. 여기에는 군림하는 권력 대신 사랑의 섬김이 주도한다. 하나님 나라는 지배나 세상적인 성공 대신 섬김과 나눔을 특징으로 한다. 예수는 이 땅에서의 안정과 평온한 삶 대신 하나님 나라를 위해 사는 모험을 택하라고 하신다. "나를 따르오너라. 내가 너희로 사람을 낚는 어부가 되게 하리라." 이 부르심의 길은 자주 불안하고 곧잘 예측불허다. 그러나 이 부르심을 따라 예수와 하나님 나라를 위해 "집이나 형제나 자매나 어머니나 아버지나 자식이나 전토를 버린 자는 현세에 있어 집과 형제와 자매와 어머니와 자식과 전토를 백 배나 받되 박해를 겸하여 받고 내세에 영생을 받지 못할 자가 없"다(막 10:29-30). 무엇보다 이 길을 걸어가는 사람들은 하나님의 인정을 받는다. 그 길은 힘들지만 견고하고 영속적이다.

그러니까 지금 예수는 가이사의 초상이 그려진 은전을 손에 들고 서로 다른 두 나라를 대립시키고 있는 셈이다. 로마 황제 티베리우스와 나사렛 예수 모두 왕이고 하나님의 아들이며 대제사장이다. 티베리우스는 그 손에 물질을 움켜쥐고 있으나 예수는 완전히 빈손이다. "여우도 굴이 있고 공중의 새도 거처가 있으되 인자는 머리 둘 곳이 없다"(마 8:20). 티베리우스는 세상을 압도하는 권력을 지녔으나 예수는 사랑과 섬김의 능력만 가졌다. 티베리우스는 세상적 성공과 안전을 약속하지만 예수는 진리와 생명을 위해 살아가는 불안정과 불편을 말씀하신다. 하지만 그 불안정과 불편을 기꺼이 선택하고 예수의 뒤를 따라가는 사람에게는 하나님만이 주실 수 있는 진정한 기쁨과 만족과 행복이 있다.

그래서 예수의 나라는 이 세상 나라와 다른 종류의 나라이며 다른 종류의 정치 운동이다. 그것은 가장 강력한 정치 운동이기도 하다. 또한 이 세상을 근본적으로 바꾸는 변혁의 정치이자 그 무엇도 막을 수 없는 변혁의 능력이다. 이는 바라바의 정치와 예수의 정치를 비교할 때 확연히 드러난다. 바라바는 무력에 의한 정치 혁명을 꿈꾸다가 예수가 대신 처형됨으로써 살아난 사람이다. 그런데 바라바의 정치 운동은 얼마든지 통제할 수 있다. 바라바가 문제를 일으키면 세상의 정치 시스템은 그를 위협하거나 감옥에 가두고 필요하면 처형해버린다. 그러면 끝이다. 하지만 예수가 시작하신 하나님 나라 혁명은 다르다. 물론 이 운동도 연관된 사람들을 위협하거나 감옥에 넣고 죽일 수 있다. 그러나 하나님 나라의 정치는 어떤 핍박 속에서도 새롭게 일어나고 들불처럼 계속 확산된다.

3. 어떻게 하나님 나라를 반영하는 정치 생태계를 만들어갈 것인가?

1) 그리스도인으로서 하나님 나라 백성으로서의 정체성을 지키면서 살자
빛과 소금은 자기의 정체성을 지킬 때 빛과 소금이다. 그럴 때만 세상을 밝게 하고 맛을 내며 부패하지 않게 한다. 정체성이 처음이자 마지막이다. 그러니 교회가 시대에 도전하고 선한 영향을 줄 수 있는 유일한 길은 기독교적인 가치관을 더욱 철저히 살아낼 때 드러난다. 그 좋은 예가 2006년 10월에 미국의 한 아미시 마을에서 생긴 충격 사건이다. 당시 범인은 7-13세의 여자아이 5명을 총으로 쏘아 죽이고 자신도 자살했다. 이 사건 이후 아미시 마을 사람들은 그 근처에 살던 범인의 부모를 찾아가 보호했고 그의 부인과 세 자녀를 돌보았다. 범인의 장례식에 참석한 사람들 절반 이상이 아미시 사람들이었고 그중에는 희생당한 아이들의 부모도 있었다. 이들은 범인과 그 가족을 미워하지 않고 용서한다고 말했고 이 사건은 전체 미국 사회에 큰 울림을 주었다. 몇 년 뒤 세 명의 사회학자들이 이 사건을 조사한 후 『아미시의 은혜』(Amish Grace)라는 책을 쓰면서 이런 말을 남긴다. "어떻게 이런 용서가 가능했을까? 당연히 이들의 신앙 때문이었다. 예수께서 죄인 된 자기들을 무한히 사랑하고 용서하시면서 십자가를 지고 나를 따르라고 하셨기 때문에 그들도 용서하게 된 것이다." 이 책은 다음 내용으로 결론을 맺는다. "이런 사랑과 용서는 사람들이 자신과 세상에 대해 보일 수 있는 최고이자 최선의 선이다. 문제는 현대 사회가 이런 능력을 잃어버리고 있다는 것이다. 이런 사랑을 하려면 자기보다 높고 거룩한 기준에 따라 자기를 희생하고 포기할 수 있어야 하는데 현대 미국 사회는 철저한 개인주의, 자기주장, 자기 확장을 정상적인 가치라고 말하고 있다. 과연 미국은 예전에 가졌던 이런 최고이자 최선의 가치를 다시 회복할 수 있을까?"

초기 교회가 그토록 급속하게 성장한 이유도 여기에 있었다. 당시 기독교는 박해받는 종교였기 때문에 그리스도인이 되려면 엄청난 사회적 손해를 감수해야 했다. 그런데도 교인의 수가 급격하게 늘어났고 곳곳에 교회가 세워졌다. 왜 그랬을까? 교회가 당시 사람들에게 공동체를 제공해서 그랬을까? 현대와 달리 그 시대 사람들은 모두 나름의 공동체에 속함으로써 소속감과 정체성을 얻을 수 있었다. 교회가 기적을 베풀어서 그럴까? 기독교 외의 다른 종교들도 병 고침 같은 나름의 기적을 행했다. 이유는 두 가지다. 첫째, 기독교는 은혜의 종교였다. 다른 종교는 신의 축복을 받고 재앙을 피하기 위해 계속 노력해야 했다. 그러나 기독교는 하나님이 무한한 사랑이셔서 우리를 끝없이 사랑하고 용서하신다고 가르쳤다. 사람들은 이 은혜의 힘을 체험함으로써 바뀌었다. 둘째, 그리스도인들은 자기 공동체 안에만 머물지 않고 주변의 다른 공동체도 사랑하고 돌보았는데, 이에 감동을 받은 많은 사람들이 그리스도인이 되었다. 우리 시대도 마찬가지다. 소금은 소금으로 존재해야 하며 그런 다음 세상 안으로 흩어져 들어가야 한다. 결국 좋은 그리스도인이자 복음에 충실한 그리스도인이 되는 것이 가장 좋은 정치적 선택이고 행위다. 이는 한국 사회에서도 마찬가지일 것이다. 그리스도의 십자가 죽음과 부활을 통해 드러난 무조건적인 용서와 사랑과 회복 및 새로운 삶의 길을 제시하는 것이야말로 교회가 세상에 줄 수 있는 최고의 선물이다.

2) 교회의 사명이 개인 영혼 구원과 교회 성장을 넘어 하나님 나라를 이 땅에 이루는 것임을 분명히 하고, 복음이 정치, 경제, 사회, 문화, 생태계의 모든 차원에 의미 있는 답변을 하고 있음을 알자

대부분의 한국교회는 복음주의적인 교회다. 그래서 교회의 주된 사명이 영혼 구원과 교회 성장이라고 말한다. 영혼 구원과 교회 성장은 중요하다. 그러나 성경이 말하는 복음은 이보다 더 크다. 성경이 말하는 복음은 "하나님 나라의 도래"다. 하나님 나라가 도래함으로써 사탄이 아닌 하나님이, 죽음이 아닌 생명이, 거짓이 아닌 진리가 마침내 승리하게 되었다는 소식이 복음이다.

따라서 교회의 사명 역시 이 땅에 하나님의 왕적 통치 곧 하나님 나라를 확장하는 것이다. 이 하나님 나라는 예수 그리스도의 하나님 나라 선포, 그분의 십자가 죽음과 부활, 성령의 강림으로 온전히 이 땅에 왔고 교회를 통해 계속 확장된다. 하나님 나라 운동은 개인의 구령 문제와 교회 성장뿐만 아니라 모든 정치적 억압, 경제적 착취, 사회문화적 소외, 생태계에 대한 약탈에 도전하고 그것의 극복을 말한다. 또한 정치, 경제, 사회문화, 생태계 전체에 하나님의 왕적 통치가 이뤄지길 꿈꾸고 노력한다. 물론 세계의 이런 전면적인 변화는 우리의 생이 끝날 때까지 결코 온전히 이루어지지 않을 것이다. 인간의 피조성과 죄성이 끊임없이 그 길을 막을 것이며 구조화된 악의 힘이 계속 방해할 것이다. 그러나 이것은 의심의 여지 없이 교회를 향한 하나님의 부르심이다. 우리 각 사람은 자기 생애 동안 이 일을 할 수 있을 만큼 하고 떠나면 된다(이 주제에 대해서는 이 책 부록에 있는 "한국교회와 하나님 나라"를 참고하기 바람).

3) 현실은 우리의 생각 이상으로 복잡함을 알고 잘 분별하자

우리가 살아가는 삶의 현실은 생각 이상으로 복잡하다. 그래서 계속된 공부와 성찰이 필요하다. 세상의 정치는 많은 경우 나름의 목표를 설정한 다음 이를 이루기 위해 권력을 획득하고자 한다. 그 가운데 세상을 아군과 적군으로 나눈다. 그래서 정치 행위에 몰입하면 할수록 자기 성찰이 어렵게 된다. 자신을 절대선으로 상대방을 절대악으로 곧잘 상정한다. 그래서 어떤 정치인도, 어떤 정당이나 정책도 절대화해서는 안 된다. 하지만 하나님 나라의 정치를 하게 될 때 우리는 악이 우리 밖에만 있는 것이 아니라 우리 내부에도 있음을 알고 우리의 판단과 행동 역시 언제나 잘못될 수 있음을 안다. 그래서 스스로를 살피고 교정하면서 반대 입장을 가진 사람들의 이야기를 듣고 같이 갈 수 있는 길을 찾아 함께 가야 한다.

4) 근본적인 소망을 가지자

모든 운동은 소망이 있을 때 계속될 수 있다. 그러므로 하나님의 정치가 쇠하지 않고 결국 그 선하신 뜻을 이루시리라는 소망을 가져야 한다. "주의 나라는 영원한 나라이니 주의 통치는 대대에 이르리이다"(시 145:13)는 말씀을 굳게 붙잡을 때 우리는 현실의 모든 어려움을 이겨내고 하나님 나라 운동을 계속할 수 있을 것이다.

5) 구체적으로는 하나님 나라의 정신을 그나마 가장 가깝게 구현하고 있는 정당이나 정책을 지원하자. 계속 비판과 감시를 하자. 더 나아가 정치에 소명을 두고 좋은 정치인이 되려는 사람들을 키워내자

현실 속의 모든 정치인과 정당 및 정책은 모두 불완전하고 문제가 있다. 하지만 그 속에서도 조금 더 하나님 나라 정신에 가깝게 서 있는 그런 정치인과 정당 및 정책을 후원하고 격려해야 한다. 동시에 그것들이 잘못된 길을 가지 않도록 계속 비판하고 감시해야 한다. 더 나아가 교회는 정치에 소명을 두고 하나님 나라의 정신에 따라 정치를 해 보려는 좋은 정치인을 키워야 한다.

영국의 정치가 윌리엄 윌버포스는 영국 역사에서 별과 같이 빛나는 정치가다. 지금도 영국 어린이들이 제2차 세계대전의 영웅인 윈스턴 처칠보다 더 존경하는 인물이라고 한다. 그는 1780년에 21살의 어린 나이로 영국 의회 역사상 최연소 하원 의원이 되었고 그 후 41년간 국회의원으로 일하면서 영국 사회에 큰 영향을 미친다. 특히 그의 가장 큰 공헌은 당시 공공연히 행해지던 노예 제도를 폐지시킨 것이다. 당시 영국은 아프리카 흑인들을 노예로 잡아와 팔았다. 영국의 귀족과 부자들 대부분이 노예 무역을 통해 수익을 올렸고 그것이 영국 국가 수입의 3분의 1이나 되었다. 이런 노예 제도는 5천 년 이상 지속되어온 뿌리 깊은 관습으로서 당연한 것으로 여겨지고 있었다. 이러니 영국 사회는 말할 것도 없고 영국 교회까지도 노예 제도를 용인하는 분위기였다.

하지만 윌버포스는 하나님의 관점으로 세상을 바라보았다. 그는 예수가 말씀하신 하나님 나라가 이 땅에 이루어져야 한다는 믿음에 헌신했다. 그는 노예 폐지 운동을 하지 않았다면 영국 수상이 될 수도 있는 사람이었다. 하지만 그는 오직 세상적인 출세가 아니라 부활하신 예수를 어떻게 하면 잘 따를 수 있을까에 관심을 집중했다. 그는 부활하신 예수에 대해 깊은 신뢰를 가지고, 사람들이 반대할 것을 잘 알면서도 국회에서 150회 이상 사람들의 회개를 촉구하는 발언을 했다. "기독교 국가를 자처하는 영국이 돈에 눈이 멀어 노예 제도를 자행하고 있습니다. 영국이 진정으로 위대한 나라가 되고자 한다면 하나님의 법을 지켜야 합니다. 노예 무역은 분명 하나님의 진노를 사는 일입니다." 그런 가운데 그는 많은 어려움을 당했다. 사람들의 비난을 받고 가장 친한 친구들조차 그에게 등을 돌렸다. 정치적인 박해도 있었다. 하지만 어느 부활절 아침에 윌버포스는 일기장에 이런 글을 썼다. "예수 부활 찬양! 예수를 다시 살게 하신 이 위대하신 하나님의 말씀 앞에 서게 되니 다른 모든 것은 내 눈에 아주 작게 보인다. 나를 부르신 당신의 뜻을 이 땅에 이루기까지 부활하신 예수여, 저에게 능력을 주옵소서. 하나님께서 저에게 능력을 주시기를."

마침내 1807년에 노예 폐지 법안이 영국 상원과 하원을 통과했다. 이 승리를 두고 아일랜드의 역사가인 윌리엄 렉키는 세계사에서 가장 고결한 사건 중 하나라고 평가했다. 완전한 노예 해방은 1833년에 윌버포스가 죽기 사흘 전날 이루어졌다. 윌버포스는 임종의 자리에서 이 소식을 듣고 이 일을 이루신 하나님을 찬양하면서 세상을 떠났다. 그는 하나님 나라의 빛으로 정치를 했고 세상을 바꿨다. 우리에게도 이런 그리스도인들이 필요하다.

나가는 말

정치는 우리의 삶에 심대한 영향을 미치고 공동체의 생명과 재산 및 미래를 좌지우지한다. 당장 대통령을 비롯한 주요 정치인들이 중요한 문제를 놓고 잘못된 결정을 내리면 나라 전체가 위험에 빠지게 된다. 특히 우리나라의 경우 남한과 북한이 갈등을 넘어 어떻게 공존과 평화를 이룰 것인지, 사회적으로는 갈수록 커지는 빈부 격차와 상호 불신을 어떻게 해결할 것인지, 급격한 사회 변동으로 인한 세대 간극과 계층 갈등 및 젠더 대립을 어떻게 넘어설 것인지, 미래의 먹거리 확보를 위해 어떤 정책을 우선해야 할 것인지 등과 같이 정치가 해결해야 할 중요한 문제가 너무나 많다.

문제는 현실의 정치가 아주 쉽게 잘못된 방향으로 가기 쉽다는 것이다. 정치인들도 인간으로서 나름의 욕망과 편견을 갖고 있다. 이런 욕망과 편견이 집단적으로 나타날 때 자기 집단을 절대 선으로, 상대 집단을 절대 악으로 상정하기 쉽고, 그 결과 정당을 비롯한 사회 전체가 자연스럽게 대결과 갈등 상황에 놓이게 된다. 독일의 정치철학자 칼 슈미트에 따르면 정치는 사람들을 적과 동지로 나누는 것이다.[3] 즉 학문은 옳은 것이냐 틀린 것이냐(眞僞), 도덕은 선한 것이냐 악한 것이냐(善惡), 예술은 아름다운 것이냐 추한 것이냐(美醜), 경제는 이익이냐 손실이냐(損益), 종교는 거룩하냐 속되냐(聖俗)를 묻는다면, 정치는 사람들을 적과 동지로 나누어 그 사이의 갈등을 유지하는 가운데 지속하는 운동이라는 것이다. 실제로 외부에 적을 상정하

---

3   칼 슈미트, 김효전 역, 『정치적인 것의 개념』(서울: 법문사, 1992).

면 조직 내부의 갈등은 봉합된다. 한국 사회만 보더라도 소위 북풍이 불면 지역, 계층, 세대 간 갈등이 언제 그랬느냐는 듯이 잠잠해지는 것처럼 보인다. 지난 수십 년 동안 안보 보수주의자들은 이런 방법을 사용해왔다.

그래서 그리스도인들의 책임이 막중하다. 그리스도인들은 이 땅에서 하나님 나라를 꿈꾸며 사는 사람들이다. 현실에 가장 깊이 참여하고 현실을 변혁하기 위해 노력하지만, 그 중심은 언제나 하나님의 다스림이다. 교회는 칠흑같이 어두운 밤바다의 등대처럼 하나님 나라의 빛으로 계속해서 현실을 비판하고 변혁해나가는 처소가 되어야 한다. 그래서 교회는 현실 정치 상황에 너무 거리를 두어서도 안 되지만, 특정 정당이나 정책에 과도하게 동일시되어서도 안 된다. 교회는 언제나 현실 정치에 대해 건강한 거리를 유지하면서 사안에 따라 비판과 대안을 제시할 수 있어야 한다. 이뿐 아니라 교회는 오늘날의 대의 정치의 한계를 예리하게 파악하고 국민 다수의 생각과 의견이 더 잘 반영되는 정치 시스템을 고민해야 한다. 교회는 기독교 윤리학자 스탠리 하우어워스의 말처럼 "식민지, 대안적 공동체, 신호, 세상이 보았던 그 어떤 것과도 다른 특정한 생활 방식을 그리스도께서 가능하게 하셨다는 신호"[4]이기 때문이다.

---

4   Stanley Hauerwas and William H. Willimon, *Resident Aliens: Life in the Christian Colony* (Nashville, Tenn.: Abingdon, 1989), 132.

세 줄 요약

1. 정치는 어디에나 있고 우리의 삶 전체에 심대한 영향을 미친다.
2. 그리스도인들 역시 이 땅에 사는 한 정치를 벗어날 수 없다. 중요한 점은 얼마나 선한 정치적 선택을 할 수 있느냐는 것이다.
3. 그리스도인들의 정치적 판단의 기준은 예수가 선포하고 몸으로 보이신 "하나님 나라"다. 교회는 하나님 나라의 모습을 조금이라도 더 반영하는 정당과 정책을 지지하고, 또 그런 정치인들을 키울 필요가 있다.

토론 문제

1. 정치가 우리의 생활에 영향을 미치는 예를 찾아보자. 어떤 것들이 있을까?
2. 정치적 선택을 할 때 그리스도인으로서 고려해야 할 사항은 무엇인가?
3. 예수께서 꿈꾸셨던 정치는 어떤 특징을 가지고 있을까? 그것이 우리의 삶에 이루어지려면 우리는 어떤 일을 해야 하는가?

27장_ 자본주의를 어떻게 볼 것인가?

들어가는 말

우리는 **자본주의 체제 속에서 산다.** 현대의 자본주의는 단순히 경제 시스템 이상의 것이다. 그것은 오늘날 모든 것을 지배하는 강력한 세계 정신이 되어 있다. 우리 삶의 거의 전 영역이 그 안에 포섭되어 있으며 그 영향력은 아주 막강하여 자본주의가 아닌 다른 체제가 가능한 것인지 의심할 정도다. 그리스도인으로서 자본주의를 어떻게 보는 것이 좋을까?

1. 자본주의 개요

자본주의는 **"이익을 얻기 위해"** 상품과 서비스를 생산하는 경제 시스템이다. 자급 자족의 가족 경제에서는 가족의 필요를 충족시키기 위해 상품을 생산하고(**자기 생산**), 중세의 도시 경제에서는 다른 상품과의 교환을 위해 상품을 생산한 반면(**주문 생산**), 자본주의 경제에서는 팔아서 이윤을 얻기 위해 상품을 생산한다(**상품 생산**).

조금 더 자세히 살펴보자. 자본주의 이전 사람들은 필요한 물품을 교환을 통해 확보했다. 예를 들면 밀 소유자는 밀을 팔아서 화폐로 바꾼 다음 이 화폐로 필요한 직물을 샀다. 이때의 교환은 칼 마르크스의 정리에 따르면 W(상품)→G(화폐)→W'(다른 상품)의 형식이 된다. 이에 비해 자본주의 사회에서는 화폐 자체가 자본의 기능을 가진다. 곧 화폐를 가지고 생산 수단을 사들인 다음 이것을 사용해 상품을 생산하고, 다시 이것을 팔아서 처음 투입했던 화폐보다 더 많은 화폐를 획득하고자 한다. 이때의 교환은 G(화폐자본)→W(상품)→G'($=G+g$)의 형식으로 표시된다. 여기서 g는 이윤 또는 잉여가치(剩餘價値)이며, 이 잉여가치를 획득하기 위한 생산이 곧 상품 생산이다.

문제는 **이 이윤(잉여 가치)이 어디에서 발생하는가**인데, 마르크스는 자본가가 노동자를 착취함으로써 이윤이 발생한다고 보았다. 즉 자본가는 노동자에게 그 노동력의 가치에 해당되는 만큼의 임금을 지급한다고 하지만, 사실은 그 가치 이상의 노동을 시키고 이 가치 이상의 노동에서 발생하는 잉여 가치를 자기 것으로 가져가 버린다는 것이다. 예를 들어 노동력의 가치가 6시간분의 생산물과 같다고 하면, 자본가는 그만큼의 임금을 지급하고 노동자에게 8시간 동안 작업을 시킨다. 이 경우 2시간분의 생산물이 잉여 가치가 되고 이 부분이 자본가의 몫이 된다. 그리고 이런 과정이 계속됨에 따라 자본가는 엄청난 부를 쌓고, 노동자와의 부의 격차는 갈수록 커진다. 즉 착취가 일어나는 것이다.

하지만 많은 근대 경제학자들은 이윤이 자본 제공자에 주어지는 정당한 보수라고 생각했다. 상품의 가치는 노동과 생산 수단의 결합에 의해 창출되며, 그 가치는 각자 기여한 정도에 따라 노동자와 자본가에게 분배된다. 이때 노동자는 노동을 제공하고 자본가는 자본과 아이디어를 제공한다. 그리고 자본가가 가져간 이윤은 노동자를 착취한 결과가 아닌 자본과 그가 낸 아이디어에 대한 보수라는 것이다. 이처럼 이윤이 착취에 의해 발생하는 것인지 아니면 자본을 비롯한 다른 것에 의해 발생하는지에 대해서는 학자마다 의견이 다르다. 다만 자본주의 사회에서는 이윤 획득을 목표로 모든 생산이 이루어지고 있다는 점은 분명하다.

1) 자본주의의 특징

자본주의가 다른 경제 체제와 구별되는 특징에는 어떤 것이 있을까? 간략하게 정리해보면 다음과 같다.

① 자본주의는 사유 재산제에 바탕을 두고 있다.

② 모든 재화에 가격이 매겨지고 그 가격은 시장에 의해 결정된다.

③ 모든 생산 활동은 이윤 획득을 목적으로 이루어진다.

④ 모든 것이 상품이 된다. 인간의 노동력 역시 하나의 상품이 된다.

⑤ 생산은 전체로서 볼 때 무계획적으로 이루어지고 있으며 상품의 판매를 위한 광고가 중요하게 여겨진다.

2) 자본주의 경제의 강점

자본주의 경제는 위에서 언급한 특징으로 인해 몇 가지 강점을 가지게 된다.

① 경제 활동의 자유가 있다. 사람들은 자유롭게 직업을 선택할 수 있으며 원하는 것을 생산하고 소비할 수 있다. (하지만 현실은 시장이 요구하는 조건에 맞는 사람만 원하는 직업을 선택하고 또 원하는 만큼 소비도 할 수 있다.)

② 이윤 획득을 목적으로 자유 경쟁이 벌어지다 보니 사람들은 좋은 상품을 저렴한 가격으로 생산하기 위해 창조적인 생각을 끊임없이 하게 된다. 그 결과 사회에 값싸고 품질 좋은 상품이 더 많이 공급된다. 즉 시장에 참여하는 사람은 모두 자신의 이기심을 충족하기 위해 최대한의 이윤을 얻고자 노력하고, 그 결과 가장 효율적이고 생산적인 경제 시스템이 작동한다는 것이다. 경제학자 애덤 스미스는 이를 "보이지 않는 손(의 작동)"이라고 표현했다.

3) 자본주의 경제의 문제점

반면 자본주의 경제는 다음과 같은 문제점을 가지고 있다.

① 사람이 효율성(노동력)에 따라 평가되기 때문에 인간에 대한 존중이 사라지고 인간이 자본 획득을 위한 수단으로 전락하기 쉽다.

② 일단 자본 획득이 이루어지고 그것이 생산에 투입되면 자본가와 노동자 사이의 경제적 격차가 갈수록 커지게 된다. 즉 빈부의 차이가 구조적으로 발생하고 더 심화된다.

③ 생산이 자유 경쟁을 바탕으로 이루어지기 때문에 전체로서는 무계획적이 되어 공황이나 실업이 발생하게 된다. 자본이 소수의 최상위층 자본가에게 쏠리면서 몰락한 자본가나 노동자들은 직장을 잃어버리게 되며, 이들이 쓸 수 있는 소득(가처분 소득)이 현저하게 줄어들면서 소비가 줄고 물품이 팔리지 않게 되어 경제가 전체적으로 얼

어붙어버리는 공황이 주기적으로 일어나게 된다.

④ 필요에 의해서가 아니라 자본 증식을 위해 생산품을 만들기 때문에 자연이 상품 생산에 필요한 자원을 제공해주는 자원 창고처럼 여겨지고 이에 따라 필연적으로 자연 파괴가 발생한다.

2. 무엇이 자본주의를 존속시키는가?[1]

자본주의를 존속시키는 힘은 어디에 있는가? 여기에 대해 독일의 사회학자 막스 베버와 프랑스의 철학자 장 보드리야르는 서로 다른 답을 제시한다.

독일의 사회학자 **막스 베버는 인간의 금욕 정신, 특히 청교도적 칼뱅주의자들의 금욕주의적 태도가 자본주의를 발전시켰다고 보았다.** 그에 의하면 이들은 이 땅에서 열심히 일하는 것이야말로 하나님께 순종하는 일이자 구원받은 자의 징표라고 보아 적게 쓰고 많이 일했다. 자본가도 노동자도 그렇게 행동했다. 그 결과 축적된 잉여 자본이 다시 재투자됨으로써 더 큰 자본이 만들어지는 식으로 자본주의가 계속 확장되었다는 것이다. 간단히 말해 칼뱅주의의 예정론과 직업 소명설이 근면 성실한 삶을 촉발했으며 이로 인해 자본주의가 발달했다는 것이다. 그의 말을 들어보자.

---

1   아래 내용은 다음 두 책을 많이 참고했다. 강신주, 『철학 vs 철학』(서울: 오월의 봄, 2017), 476-93; 강신주, 『철학적 시 읽기의 즐거움』(서울: 동녘, 2011).

프로테스탄트적 금욕 자체는 아무런 새로운 점이 없다. 그러나 프로테스탄트 정신은 이런 금욕의 과정을 매우 강력하게 심화시켰을 뿐 아니라 그 규범이 통용되기 위해 유일하게 중요한 것을 만들어냈다. 즉 노동을 직업(소명)으로, 다시 말해 구원을 확보하기 위한 가장 좋은 그리고 궁극적으로 유일하기도 한 수단으로 파악함으로써 심리적 동인을 만들어 냈던 것이다. 그리고 이 금욕은 다른 면에서 기업가의 화폐 취득도 소명(召命)이라고 해석하여, 이와 같이 특별히 노동 의욕을 가진 자들에 대한 착취를 정당화했다.…영리 활동을 "소명"으로 보는 것이 근대 기업가의 특징이듯이 노동을 "소명"으로 보는 것도 근대 노동자들의 특징이 된 것이다(막스 베버, 『프로테스탄티즘 윤리와 자본주의 정신』).

하지만 프랑스의 철학자이자 사회학자인 **장 보드리야르**는 1970년에 쓴 『소비의 사회』라는 책에서 이를 정면으로 반박한다. 그의 문제의식은 단순하다. 즉 모두 열심히 노동하지만 소비를 금욕주의적으로 거의 하지 않으면 이미 만들어진 물건들은 팔릴 수 없고, 물건이 팔리지 않으면 자본주의는 유지될 수 없다는 것이다. 그래서 그는 **금욕과 노동이 아닌 "소비"가 자본주의를 움직인다**고 말했다.

여기에 보드리야르는 물건의 "사용 가치"와 "기호 가치"를 구분한다. "사용 가치"는 글자 그대로 물건 사용의 가치다. 만약 물건에 사용 가치만 있다면 사람들은 어느 정도 물건을 구입한 다음에는 다시 사지 않을 것이고, 이렇게 되면 끊임없이 물건을 팔아 화폐를 증식시켜야 하는(곧 잉여 가치를 만들어내야 하는) 자본주의는 멈출 수밖에 없다. 그러나 기호 가치 곧 그 물건이 드러내는 사회적 신분이나 지위가 상징하는 가치는 무한하기 때문에 자본주의는 계속 존속될 수 있다. 그리고 이런 욕망을 계속 키워내기 위해 자본주의는 계속해서 "광고"를 한다는 것이다.

예를 들어보자. 보드리야르 시대에 냉장고는 물건을 저장하고 보존하는 "사용 가치"를 가진다. 또한 높은 사회적 신분임을 과시하는 "기호 가치"를 지니기도 한다. 사람들은 냉장고의 효용성 때문만이 아니라 소수의 사람만이 사용할 수 있는 부의 상징이자 자기 존재감을 드러내는 것으로서 냉장고를 소비한다. 이것이 기호 가치이며, 보드리야르는 이런 기호 가치로 인해 사람들이 끊임없이 새로운 상품을 만들고 소비하는 가운데 자본주의가 존속된다고 보았다. 우리 시대에는 최첨단 핸드폰, 외제 자동차, 명품 가방, 골프 회원권 같은 것이 여기에 해당된다. 특정 유명 브랜드의 가방은 그것이 가진 "사용 가치"에 비해서도 가격이 터무니없이 높은데, 이는 그 브랜드가 명품이라는 "기호 가치"를 지니고 있기 때문이다.

보드리야르가 자신의 사상 체계를 만들어가던 1960년대의 프랑스는 본격적인 대량 소비 사회로 접어들고 있었다. 1940년대 말 전후 복구기와 1950년대 경제 구조 형성기를 거친 프랑스에는 호황이 시작되어 거리, 상점, 가정에 물건이 넘쳐났고, 라디오와 텔레비전이 가정 필수품으로 자리를 잡아가고 있었다. 넘치는 물건과 일자리 및 이미지 앞에서 보드리야르는 우리가 실제 사용할 수 있는 것보다 훨씬 많은 물건들이 우리의 삶에 가지는 의미가 무엇인지를 성찰했다고 하겠다.

3. 자본주의와 인간 정신의 변화

자본주의는 인간 정신에 어떤 영향을 미치는가? 이 문제를 깊이 성찰한 사람은 오늘날 미시 사회학의 선두주자로 주목받고 있는 **게오르그 짐멜**이다. 짐멜은 마르크스처럼 자본주의를 과학적으로 분석하고 체계화하는 데는 관심이 없었다. 그는 자본주의가 발달하면서 사람들의 생각과 삶의 방식이 어떻게 변화되어가지를 알아보는 데 관심을 집중했다. 자본주의의 지배는 곧 화폐의 지배다. 화폐가 세상을 지배하면서 우리의 내면은 어떻게 바뀌는가? 그는 다음과 같은 점들을 지적한다.

　① **이 세상의 모든 것이 상품이 되며 인간 역시 하나의 상품이 된다.** 다시 말해 자본주의가 발달할수록 모든 인간관계는 상품을 사고파는 것과 비슷한 형태가 된다. 쉬운 예로 한때 프로 야구 선수들에게나 사용되던 "몸값"이란 말이 이제는 대다수의 일반인에게도 사용되는 것을 보라. 자본주의가 발달할수록 그 사람의 수입, 월급, 연봉이 그 사람의 몸값 곧 가치와 사회적 평가의 우선적 기준이 된다.

　② **인간은 노동자 아니면 소비자가 된다.** 노동자일 때는 대개 힘이 없다. 하기 싫어도 돈을 벌려면 일을 해야 한다. 반면 그 돈을 쓰는 소비자가 되면 관계에서 힘을 가진 자, 독립적이고 자율적인 인간으로 격상된다. 자본주의 사회에서는 돈을 가진 자가 상품을 가진 자보다 힘이 있기 때문이다. 그러나 그 돈을 다 쓰고 나면 다시 낮아져서 돈을 벌어야 한다. 자본주의 사회에서는 누구나 평생 노동자와 소비자 사이를 왔다갔다 한다. 인격을 가진 자, 사랑하고 사랑받은 자, 영적 세계를 추구하는 자 같은 인간의 다른 중요한 특성은 부차적이거

나 종속적인 것이 된다. 짐멜은 "현대 문화에서의 돈"이란 논문에서 이를 다음과 같이 표현한다. "화폐 경제에서 중요한 것은 누가 돈을 갖고 누가 상품을 갖느냐는 문제일 뿐이다."

③ 아이러니하게도 이처럼 **화폐 경제 체제가 공고해짐에 따라 개인주의가 발생한다.** 모든 사람은 스스로의 결정으로 일자리를 찾고 소비할 것을 정해야 한다. 누구도 그 결정을 대신해주지 않는다. 자본주의가 도래하면서 다른 사람들과 구별되는 개체적 자아에 대한 의식이 강화되는 것이다. 짐멜의 말을 더 들어보자.

> 매 순간 화폐 경제는 인간과 특수한 사물 사이에 완전히 객관적이며 그 자체로는 아무런 특성도 없는 돈과 화폐 가치를 삽입시킨다. 화폐 경제는 개인과 소유 사이의 관계를 일종의 매개된 관계로 만들어버림으로써 이 둘 사이에 거리가 생기도록 만든다. 이런 식으로 화폐 경제는 인격적 요소와 지역적 요소 사이에 존재하던 이전의 밀접한 관계를 분리시켰다.…이를 통해서 돈은 한편으로는 모든 경제 행위에 이전에 없던 비인격성을 부여하고, 또 다른 한편으로 그와 같은 정도로 개인의 독립성과 자율성을 고양시키게 된 것이다.
> 돈은 우리로 하여금 지금까지 인격적이며 특별했던 모든 관계를 철저히 유보하고 개인들을 결합시킬 수 있는 유일한 가능성을 가르쳐주었다.…돈을 지불하면 우리는 그 대가로 일정하고 구체적인 가치를 얻게 된다. 그래서 돈은 동일한 경제권의 구성원들을 매우 강력하게 연결한다.…현대인들은 매 순간 돈에 대한 이해관계에 따라 만들어지는 수백 가지의 결합 관계에 의존하게 된 것이다.
> 화폐 경제 이전 시대의 사람들은 좁은 지역에 같이 살고 있던 소수의

사람들과 상호 의존하고 있었다. 그래서 서로 누구인지가 인격적으로 결정되어 있었다. 반면 오늘날 우리는 익명의 상품 공급자들 일반에 의존하고 있으면서도 그들을 자주 그리고 자의적으로 바꾸고 있다. 그래서 우리는 특정한 상품 공급자에 대해 훨씬 더 독립적인 것이다. 바로 이런 유형의 관계가 강력한 개인주의를 만들어낸다.…과거 다른 시기에는 다른 사람들과의 모든 관계가 인격적인 특성을 지녔다. 이에 비해 오늘날 돈의 존재는—근대에 대한 우리의 성격 규정에 상응해서—인간의 객관적인 경제 행위를 개인적 색채 및 고유한 자아로부터 더욱 명확히 분리해버린다. 결국 인간의 고유한 자아는 외적인 관계들로부터 물러나서 과거 어느 때보다도 심하게 자신의 가장 내면적인 차원으로 회귀하게 되었다.

④ 이 때문에 자본주의 사회에서 자본은 전통 사회에서 종교가 하나님의 이름으로 사람들에게 안정과 위로와 축복을 주는 것처럼 사람들에게 비슷한 것을 준다. 그런데 실상 자본은 곧잘 하나님보다 더 강력하다. 하나님이 주로 내적인 가치나 사후의 구원과 연관되는 반면, 돈은 지금 이곳에서 하고 싶은 것을 당장 할 수 있도록 해주기 때문이다. 짐멜은 이에 대해 다음과 같이 이야기한다.

기독교와 마찬가지로 정착된 화폐 경제에서 돈에 대한 열망은 인간의 영혼이 보여주는 영속적인 상태라고 할 수 있다.…신이 모든 것을 통일시키듯이…돈의 소유가 허락해주는 안정과 평온의 감정 그리고 돈으로 모든 가치를 포괄할 수 있으리라는 확신은 돈이 우리 시대의 신이라는 탄식에 대해 심층적인 근거를 제시해주는 방정식이다.

실제로 자본주의 사회에서는 돈이 신의 지위를 차지하고 있으며 이 점에서 인격, 사랑, 공감, 신뢰, 우정 등 인간이 소망하는 모든 관계를 언제든지 위험하게 만들 수 있다. 서로 사랑하는 남녀가 평생을 약속하더라도 생활을 유지할 돈이 없다면 사랑 역시 위태로워질 수 있다. 자본주의 사회에서는 모두가 자기 노동을 팔아 돈을 벌어야 하며, 다시 그렇게 번 돈으로 필요한 것을 사서 쓰는 소비자가 되도록 요청받는다. 이 점에서 마르크스는 자본주의 사회에서의 모든 노동은 성격상 참된 사랑 없이 몸을 파는 매춘과 같다고 말한다.

4. 자본주의와 그 극복 방안

자본주의는 많은 강점을 가지고 있다. 하지만 동시에 인간을 비인간화시키고 빈부 격차를 심화시키며 구조적으로 자연을 파괴하는 치명적인 한계를 지니고 있다. **어떻게 하면 자본주의의 강점을 유지하면서도 그 치명적인 한계나 약점을 극복할 수 있을까?**

그 해결책으로 **마르크스는 사랑을 말한다.** 사랑의 힘, 즉 사람들에 대한 동정과 공감의 힘으로 이를 이겨내자는 것이다. 20세기의 독일 사상가 **발터 벤야민 역시 사랑을 말한다.** 그는 자본주의가 본격화된 19세기 파리를 연구한 『아케이드 프로젝트』에서 매춘의 문제를 예로 들어 이 점을 분명히 한다. 매춘부는 돈을 벌기 위해 몸을 파는 사람으로서, 몸을 파는 노동을 하고 그 대가로 돈을 받는 노동자이다. 그런데 매춘부가 어느 날 갑자기 누군가를 사랑하게 되면 더 이상 그 사람의 돈을 받을 수가 없다. 사랑이 개입하게 되면 자본주의의 근본

공식인 노동과 돈의 교환이 깨어져버리는 것이다. 여기서 벤야민은 자본의 노예에서 참된 인간이 되는 길을 발견한다. 사랑을 하게 되면 모두 주인공이 되고 주체가 되며 소중한 자가 된다. 그때 비로소 돈이 아닌 사람이 주인이 된다. 그는 이 점에서 착안하여 "인간에 대한 사랑"만이 자본의 지배를 벗어날 수 있다고 말한다.

　　앞서 언급한 **보드리야르** 역시 **세상의 모든 것을 선물로 보자**고 권유함으로써 자본의 지배로부터 벗어나는 나름의 길을 제시한다. 『기호의 정치경제학 비판』에 담긴 그의 주장을 살펴보자.

> 네 가지 논리가 논쟁의 대상이 될 것이다.…유용성의 논리, 거래의 논리, 증여의 논리, 신분의 논리. 사물은 이 가운데 어느 하나에 입각하여 정돈됨에 따라 각각 "도구", "상품", "상징" 또는 "기호"의 지위를 취하게 된다.…정확하게 말해서 선물은 사용 가치도 교환 가치도 지니고 있지 않다. 증여된 물건은 상징적 교환 가치만을 갖는다. 이것이 선물의 역설이다.

보드리야르에 의하면 우리는 사물을 네 가지 시선으로 볼 수 있다. 이 중 유용성, 거래, 신분의 논리가 자본주의에 포섭된 논리인 반면, 오직 한 가지 증여(선물)의 논리만이 반자본주의적 논리를 함축하고 있다. 휴대 전화는 "전화를 편하게 할 수 있다"는 유용성의 논리를 가지면 "도구"가 되고, 30만 원으로 구매할 수 있고 10만 원에 중고 제품으로 되팔 수 있다는 거래의 논리를 가지면 "상품"이 되며, "현대인의 문화 생활"이라는 신분의 논리를 가지면 "기호"가 된다. 그러나 만일 연인으로부터 선물받은 책이 한 권 있는데 그 표지에 사랑의 말이 기록되어 있다고 하자. 이때 그 책의 핵심은 "그 안에 적힌 정보"(유용성), "헌책방에 팔아 돈으로 바꾸는 것"(상품 거래), "그 책을 품고 다니면서 교양인 행세를 하는 것"(기호 논리) 중 어디에도 속하지 않는다. 그것은 한 인간과 인간 사이의 사랑의 선물(증여의 논리)에 해당된다. 이는 마르크스가 선물은 "인간을 인간으로서만, 사랑을 사랑으로서만, 신뢰를 신뢰로서만 교환하도록" 만든다고 한 말과 상응한다.

보드리야르는 그의 만년에 이 사고를 더욱 확장시켰다. 이제 그는 이 세계의 모든 것들을 교환 불가능한 것, 즉 일종의 선물로 보자고 역설한다. 이렇게 할 때만 자본주의의 논리에서 벗어나 진정 사람을 사람으로, 생명을 생명으로 대할 수 있기 때문이다. 그는 『암호』에서 다음과 같이 설명한다.

> 세계는 교환될 수 없는 것이다. 총괄적으로 보면 세계는 아무 데서도 등가물을 갖지 않기 때문이다. 모든 것이 세계의 일부를 이루기 때문에, 그것이 가치로서 평가되고 비교되며 측정될 수 있는 외적인 것이라는 것은 전혀 존재하지 않는다.

그런데 기독교 신앙은 이 세계는 하나님이 만드신 것이므로 그 자체로 소중한 가치를 지니고 있다고 말한다. 또한 한 사람의 생명이 천하보다 귀하다고 말함으로써 자본보다 인간이 우선한다고 강조한다. 우리는 자본주의의 한계를 극복할 수 있는 단초가 여기에 주어져 있음을 주목할 필요가 있다. 그리스도인인 우리는 어떻게 해야 할 것인가? 교회는 무엇을 가르치고 어떻게 함께 걸어가야 할 것인가?

1) 공감 능력을 키우자

무엇보다도 공감 능력을 가져야 한다. 우리에게는 자본주의 체제에서 뒤처져 고통을 받는 사람들에 대한 연민과 공감의 능력이 필요하다. 어린아이의 특징 하나는 자기중심성이다. 언젠가 전철을 타고 가는데 네 살쯤 되어 보이는 여자아이가 엄마 손을 잡고 전철 안으로 들어왔다. 마침 빈자리가 하나도 없었다. 그랬더니 이 아이가 엄마를 돌아보면서 큰 소리로 "엄마, 나는 어디 앉노?"라고 했다. 그 모습이 귀여워 모두 웃었는데, 필자는 그 아이를 보면서 "그래, 저게 아이지"라고 생각했다. 다른 것은 생각하지 않고 오직 자기 앉을 자리만 생각하는 것이 아이다. 어른이 된다는 것은 이런 자기중심성에서 벗어나 다른 사람의 처지와 형편을 공감할 줄 아는 것이다. 이 문제에 있어서 하나님은 분명히 말씀하신다. 서로에게 공감하고 연민을 느끼면서 살라고 하신다. 히브리서 13:3은 이렇게 권면한다. "너희도 함께 갇힌 것 같이 갇힌 자를 생각하고 너희도 몸을 가졌은즉 학대받는 자를 생각하라."

그래서 할 수 있는 한 공감 능력을 길러야 하겠다. 다른 사람의 아픔을 나의 아픔으로 느끼는 어른스러움이 필요하다. 이것이야말로 자본주의 사회에서 가장 찾기 힘든 모습이기 때문이다. 사람보다 돈을 소중히 여기고, 사람을 보더라도 그 사람 자체보다 그의 능력이나 유용성을 중하게 보며, 누군가를 어떤 일을 이루기 위한 수단으로 여기는 시대정신에 저항하는 것이 바로 이런 공감 능력이기 때문이다. 실제로 인류는 다른 동물들보다 특출난 점이 거의 없음에도 불구하고 만물의 영장이 되었다. 그렇게 되기까지 인간의 놀라운 지성이 큰 역할을 했지만, 실제로 그보다 더 중요한 것은 서로 불쌍히 여기고 함께 살아보려는 마음, 즉 공감 능력이 있었기 때문에 가능했다. 신경 생리학자들의 발견에 의하면 인간의 대뇌에는 다른 동물의 뇌에서 거의 발견되지 않는 "거울 세포"라는 것이 있다고 한다. 인간은 이 거울 세포로 인해 자기 문제가 아니어도 마치 자기 문제인 양 기뻐하고 슬퍼할 수 있다고 한다. 이처럼 상대방이 느끼는 것을 같이 느낄 수 있는 능력이 있어야 우리는 살 수 있다.

미래 세계의 존속 가능성은 우리가 이런 공감 능력을 키울 수 있느냐에 달려 있다. 전망은 그다지 밝지 않다. 인류는 자본의 힘에 눌려 단절되어 있기 때문이다. 서로 관여하지 않으려 하고 필요가 있어야 만난다. 대중교통 안에 있는 사람들은 전부 손에 쥔 스마트폰 화면에만 몰두해 있다. 그러니 다른 사람의 문제에 대해서는 관심도 없고 공감하려고 하지 않는다. 그러는 가운데 모두 죽어가고 있다. 그러나 우리는 시도해야 한다. 그렇지 않으면 우리 사회와 인류에는 희망이 없다.

2) 과도한 욕망을 줄이고 단순한 삶을 살기 위해 노력하자

자본주의 사회는 끊임없이 물건을 만들고 팔아야 존속되는 사회다. 그래서 끊임없이 소비를 부추기고 계속해서 광고를 내보낸다. 많이 누리고 많이 소비할수록 성공한 인생이라는 최면을 불어넣는다. 그리스도인들은 이런 풍조에 저항해야 한다. 그러기 위해 삶을 단순하게 사는 연습을 해야 한다. 심플라이프가 필요하다. 성경은 이에 대해 아주 명확히 말한다. "돈을 사랑하지 말고 있는 바를 족한 줄로 알라. 그가 친히 말씀하시기를 '내가 결코 너희를 버리지 아니하고 너희를 떠나지 아니하리라' 하셨느니라"(히 13:5). "그러나 자족하는 마음이 있으면 경건은 큰 이익이 되느니라. 우리가 세상에 아무것도 가지고 온 것이 없으매 또한 아무것도 가지고 가지 못하리니 우리가 먹을 것과 입을 것이 있은즉 족한 줄로 알 것이니라"(딤전 6:6-8). "그러므로 염려하여 이르기를 '무엇을 먹을까? 무엇을 마실까? 무엇을 입을까?' 하지 말라. 이는 다 이방인들이 구하는 것이라 너희 하늘 아버지께서 이 모든 것이 너희에게 있어야 할 줄을 아시느니라. 그런즉 너희는 먼저 그의 나라와 그의 의를 구하라. 그리하면 이 모든 것을 너희에게 더하시리라"(마 6:31-33).

만약 한국의 모든 그리스도인들이 좀 더 단순하고 소박하게 먹고 입고 사는 삶을 추구하며, 물질보다는 하나님 나라와 그분의 다스림을 먼저 구하고 산다면, 구체적으로는 한국의 모든 그리스도인들이 자기 소유의 10%만 거룩하게 포기하고 나누는 삶을 산다면 한국 사회는 뒤집어질 것이다. 그러나 우리는 그렇게 하지 못한다. 우리 역시 자본주의 체제에 강력하게 붙잡혀 있기 때문이다. 아니, 사실은 하나님의 힘을 빌려 부자가 되고 싶어 한다. 그러다 보니 신앙이 힘이 없다. 여기에 우리의 문제와 한계가 있다.

우리가 성경이 말하는 단순한 삶의 방식을 따라가기만 하면 자본주의 체제는 근본적으로 흔들릴 것이다. 자본주의의 강점은 유지하고 약점은 극복하는 어떤 새로운 체제도 모색할 수 있다. 착한 소비, 소비 줄이기, 노동력을 착취하는 기업의 물건을 사지 않기 등이 구체적인 행동 방안이 될 수 있다. 자본주의가 가장 두려워하는 것이 (돈을 가진) 소비자다. 따라서 자본주의에 대항하는 운동 역시 "생산"보다 "소비"에서 시작될 때 더 힘이 있다. 이 외에도 협동조합 운동, 사회적 기업 운동 등을 생각해볼 수 있다.

3) 새로운 세상이 가능함을 믿자

사람은 비전이 있어야 행동한다. 오늘날 자본주의가 세계를 지배하고 있다. 그러나 끊임없이 소비를 부추기고 무한 경쟁 가운데 승자가 독식하는 이 지배 체제를 벗어나려면 자본주의 바깥을 볼 수 있어야 한다. 오늘날 인문학의 가장 중요한 문제 중 하나는 이 자본주의의 바깥을 어떻게 찾느냐는 것이다. 그런데 성경은 오래전부터 이 문제를 말하고 있다. 하나님 나라 곧 하나님이 왕이 되셔서 다스리는 나라는 자본주의와 사회주의를 모두 넘어서고 그 양 쪽의 강점을 모두 가진 세계다. 마가복음 6장에서 예수는 보리떡 다섯 개와 물고기 두 마리로 오천 명을 먹이신다. 가난한 사람이든 부유한 사람이든 그 자리에 찾아온 사람들은 모두 똑같이 풍성하게 먹었다. 그렇게 될 수 있었던 이유는 사람들이 나누었기 때문이다. 한 소년의 손에서 드려진 것이 오천 명을 먹인다. 우리 역시 서로 나눔으로써 모두 함께 더불어 먹고 사는 세상을 꿈꿔야 한다. 그럴 때 비로소 자본주의가 구조적, 제도적으로 가져오는 폐해를 막을 수 있다. 우리 자신과 우리가 사랑하는 사람들이 희생되는 것을 막고, 그 결과 후손들에게 좀 더 나은 세상을 남겨줄 수 있을 것이다.

나가는 글

1991년에 지리산 등반 중 실종된, 열정적인 그리스도인이었던 고정희 시인은 「밥과 자본주의-우리 시대의 산상수훈」에서 특유의 거친 말투로 다음과 같이 부르짖고 있다.

내 뒤를 따르고 싶거든
남의 발을 씻겨주라
씻겨주라, 예수 말씀하셨네
그러나 우리 사는 시대는 자기 자랑 시대,
남의 발 씻기는 이 따로 있으니
그대를 세상은 몸종이라 부르네

내 십자가를 지고 싶거든
원수를 사랑하라
사랑하라, 예수 말씀하셨네
그러나 우리 사는 시대는 남북분단 시대,
그대를 세상은 빨갱이라 부르네

내 기적을 알고 싶거든
오른뺨을 치면 왼뺨도 내밀고
오 리를 가라 하면 십 리까지 따라가라
따라가라, 예수 말씀하셨네
그러나 우리 사는 시대는 먹이 사슬의 시대,
몸을 달라 하면 쓸개까지 주는 이 따로 있으니
그대를 세상은 창녀라 부르네

내 평화를 누리고 싶거든
땅에서 가난하라, 땅 위에
재물을 쌓지 마라, 주님 말씀하셨네

그러나 우리 사는 시대는 자본독점 시대,

오직 가난한 이 여기 있으니

그대를 세상은 거지라 부르네

아아 주님 당신은 위대한 허풍쟁이

대책 없는 허풍쟁이

하느님이 세상을 이처럼 사랑하사

구하면 주실 것이요

두드리면 열릴 것이다, 말씀하셨건만

구하고 두드리는 이 반동이라고 부르네

아니오 하는 이 반체제라 부르네

예수는 서로 발을 씻어주고 원수까지 사랑하며 기꺼이 가난한 삶을 살라고 가르치신다. 그러나 우리가 살아가는 세상은 이와 정반대로 행동해야 살아남을 수 있다고 말한다. 발을 씻어주기보다는 누군가 내 발을 씻게 해야 하고, 원수를 사랑하기보다는 필요에 따라 친구도 이용해야 하며, 죽어도 가난하게 되어서는 안 되고 어떻게 하든지 부자로 살아야 한다고 말한다. 이런 세상에서 그리스도인답게 사는 것은 아주 어렵다. 예수의 제자들도 예수가 누구이며 그분의 메시지가 어떤 것인지 알게 되자 큰 충격을 받고 그런 삶은 살 수 없다고 말한다. 특히 하나님 나라의 백성으로 살아가려면 가난한 삶을 선택하라는 말씀 앞에서 과연 누가 그렇게 할 수 있냐고 되묻는다. 그래서 고정희 시인은 예수에 대해 이런 평가를 내린다. "아아 주님, 당신은 위대한 허풍쟁이, 대책 없는 허풍쟁이."

그러나 이 문제에 어떻게 응답하느냐에 따라 오늘날 우리가 진정한 예수의 제자인지가 결정된다. 하나님은 우리가 이런 삶을 살고자 결단할 때 힘을 주신다. 예수는 이렇게 말씀하신다. "사람으로는 할 수 없으나 하나님은 하실 수 있느니라." 사도 바울 역시 이렇게 화답한다. "나는 비천에 처할 줄도 알고 풍부에 처할 줄도 알아 모든 일 곧 배부름과 배고픔과 풍부와 궁핍에도 처할 줄 아는 일체의 비결을 배웠노라." "내게 능력주시는 자 안에서 내가 모든 것을 할 수 있느니라." 물론 결코 쉬운 길이 아니다. 하지만 적어도 노력해야 한다.

세 줄 요약

1. 현대 자본주의는 일종의 종교와 같은 위상을 갖고 삶의 거의 전 영역에 깊은 영향을 미치고 있다.
2. 그리스도인은 예수가 선포하신 하나님 나라의 비전을 품은 채 자본주의와 맞서고 그것을 교정해야 한다.
3. 이를 위해 함께 공감하며 나누는 삶이 필요하다. 협동조합 운동 같은 방법도 생각해볼 수 있다.

토론 문제

1. 자본주의가 다른 경제 시스템과 구별되는 특성에는 어떤 것이 있는가?
2. 사회학자 게오르그 짐멜에 따르면 현대 사회에서 자본주의는 사실상 종교의 위상을 가지고 있다. 어떤 점에서 그러한가?
3. 그리스도인으로서 자본주의를 어떻게 생각해야 하며, 또 그 안에서 어떻게 살아야 한다고 보는가?

부록1

28장_ 성경은 어떤 점에서 하나님의 말씀인가?

케빈 밴후저의 하나님의 "화행"으로서의 성경론에 대한 연구

들어가는 말

그리스도의 교회는 성경을 하나님의 말씀으로 고백해왔다. 실로 교회에 있어서 성경은 신앙과 행위의 규범이며 모든 것을 규정하는 규범이다.[1] 성경을 가능한 한 문자 그대로 하나님의 말씀으로 보는 것은 특히 종교개혁 전통에 서 있는 개신교의 가장 분명한 특징 중 하나라고 할 수 있다.[2]

---

1   Edward Parley와 Peter Hodgson은 성경이 기독교 신앙과 행위의 가장 기본적이며 절대적인 규범이 되어 있음을 가리켜 성경 원리(Scripture principle)라고 부른다. 그들에 의하면 이런 성경 원리가 형성된 것은 이스라엘의 바빌로니아 포로기였다. 디아스포라 유대인들은 땅과 성전과 제사장 없이 이방 사회에서 야웨에 대한 신앙을 지켜야 했는데 이를 위한 두 가지 방편이 회당과 기록된 토라였다. 특히 토라는 그의 백성들을 향한 야웨의 명확한 계시이자 신앙과 삶을 규정하는 완벽한 기준으로 받아들여졌다. 기독교회 역시 이런 성경 원리를 받아들여서 성경을 하나님의 계시적 말씀으로 이해하였다. 여기에 대해 다음을 참고하라. Edward Farley and Peter C. Hodgson, "Scripture and Tradition," in Peter C. Hodgson and Robert H. King, *Readings in Christian Theology* (Philadelphia: Fortress Press, 1985), 63ff.
2   개혁교회 신앙고백서들은 성경이 하나님의 말씀임을 분명히 해왔다. 칼뱅은 이렇게

하지만 근세 이후 발전된 성경에 대한 역사비평학은 성경의 인간적 제약성과 오류 가능성을 분명하게 보여주었고 이로 인해 성경의 신언성을 말하기가 어려워졌으며, 마침내 19세기 독일 개신교 자유주의 신학에 이르러서 성경을 하나님의 말씀이라기보다 이스라엘과 초기 교회의 하나님 체험을 담은 하나의 종교 문서로 이해하게 되었다. 여기에 더해 성경을 그 역사적 맥락에서 이해하지 않고 문자주의적으로 이해할 때 자유와 해방이 아닌 억압과 차별을 정당화하는 책이 될 수 있다는 해방신학과 여성신학의 비판 역시 성경의 신언성의 성격 여부에 대해 질문을 던지게 하였다.

과연 성경은 하나님의 말씀인가? 하나님의 말씀이라면 어떤 의미에서 하나님의 말씀인가? 이 질문에 대해 대략 세 가지 답변이 가능할 것이다. 첫째, 성경은 문자 그대로 하나님의 말씀이라는 답변이

말한다. "우리는 하나님의 입에서 나와 우리에게 주어진 그 말씀과 관계를 가져야 한다.…하나님의 뜻은 사도들과 예언자들의 입을 통해 우리에게 발언되는 것이다.…그들의 입은 우리에게 유일하게 참되신 하나님의 입이다." John Calvin, *Commentaries, Library of Christian Classics*, ed. Joseph Haroutunian (Philadelphia: Westminster Press, 1958), 83. 이런 전통은 특히 보수적 복음주의에서 분명하게 드러난다. 1881년 William Robertson Smith는 성경을 이해함에 있어서 다른 책들에 적용되었던 것과 똑같은 방식으로 역사적, 문학적 방법들을 사용해야 한다고 역설함으로써 이로 인해 스코틀랜드에서 이단 혐의를 받아 재판에 회부되기에 이른다. 그런가 하면 Charles A. Briggs는 성경과 교부들 및 종교개혁가들이 모두 축자 영감설과 성서 무오설을 지지하지 않는다는 주장을 펼치다가 이로 인해 미국 연합 장로교회에 의해 이단으로 고소를 당했다. 실상 미국 연합 장로교회 총회는 세 차례(1910, 1916, 1923)에 걸쳐 성경의 무오류성이 교회의 본질적인 교리라고 선언하였다. 여기에 관해 다음을 참고하라. George Marsden, *Reforming Fundamentalism: Fuller Seminary and the New Evangelicalism* (Grand Rapides, Mich.: Eeremans, 1987), 112. 이 사건에 대한 보다 자세한 논의는 Jack B. Rogers and Donald McKim, *The Authority and Interpertation of the Bible: An Historical Approach* (San Francisco: Harper and Row, 1979), 348-61을 참고하라.

다. 둘째, 성경은 하나님의 계시인 예수 그리스도에 대한 인간적인 증언이라는 점에서 하나님의 말씀이라는 답변이다. 셋째, 성경은 이스라엘과 초기 교회의 하나님 체험을 기술한 인간의 종교 문서로서 굳이 하나님의 말씀이라고 보기 어렵다는 답변이다.[3] 이 세 가지 입장 중 성경을 문자 그대로 하나님의 말씀으로 받아들이는 입장과 예수 그리스도를 통한 하나님의 구원 계시의 증언으로 보는 앞의 두 가지 입장이 한국 (장로)교회의 주도적인 성경 이해라고 할 수 있다. 합동이나 고신 같은 보수적인 장로 교단은 주로 전자를, 통합은 이 두 가지를 모두, 기장 같은 진보적인 장로 교단은 후자를 주로 지향하고 있다. 그리고 한국 (장로)교회 분열의 이면에는 이런 성경관의 차이가 중요한 역할을 했으며, 지금까지도 교단 간의 소통과 만남을 가로막고 있는 중요한 이유 중 하나로 작용하고 있다.

그런데 이 두 가지 입장은 과연 만날 수 없는 것일까? 좀 더 자세히 살펴보면 이 둘 사이에는 생각했던 것 이상으로 많은 접점이 있음을 보게 된다. 실상 세계 신학의 흐름에서는 이 두 입장 간에 많은 만남과 대화가 이루어지고 있는데 유독 우리나라의 경우에는 이런 대화가 별로 이루어지고 있지 않다. 이 글에서는 이런 두 가지 성경관이

---

3   복음주의 신학자인 Donald Bloesch 역시 오늘날의 성경관은 크게 보아 위에 말한 세 가지 모습으로 나타난다고 말한다. 첫째, 하나님의 계시와 성경을 동일시하면서 성경이 서술하는 모든 명제적 원리들이나 사실들을 진리 자체로 이해하고자 하는 관점이 있는데, 그는 이를 이성적 복음주의라고 부른다. 둘째, 성경을 계시 자체이기보다 하나님에 의해 예비된 신적 계시의 매개체나 통로로 보는 관점이 있는데, 그는 이를 영성적 복음주의라고 말한다. 셋째, 성경을 인간의 도덕성과 영성의 실례와 강화로 보는 관점이 있는데, Bloesch는 이를 경험적 자유주의라고 부른다. 여기에 대해 다음을 참고하라. Donald G. Bloesch, *Holy Scripture: Revelation, Inspiration, and Interpretation* (Downers Grove, IL.: InterVarsity Press, 1994), 18.

실제로 굳이 충돌할 필요 없이 서로 만나고 대화할 수 있음을 말하고
자 한다.

　　이런 시도가 중요한 몇 가지 이유가 있다. 첫째, 기독교 교회에
있어서 성경은 (적어도 이론적으로라도) 교회가 믿고 행하는 바의 기초
다. 곧 성경은 모든 기독교 교의학과 윤리학의 토대가 된다. 따라서
성경을 어떤 책으로 보는지의 문제는 기독교 교회에서 아주 근본적
인 질문이 된다. 실제로 근본주의, 복음주의, 자유주의, 후기자유주의
(post-liberal theology), 정통주의, 신정통주의 등의 신학적 차이는 대개
성경관에 기인하며, 교단의 분열과 또 분열된 교단의 연합 가능성 역
시 상당 부분 성경을 어떻게 보는지의 문제와 연관되어 있다. 곧 성경
관에서의 상호 이해와 수용 여부에 따라 한국 (장로)교단 사이의 불필
요한 분열과 대립을 상당히 해소할 수 있을 것이다. 둘째, 이 문제는
오늘날 설교자들의 사역과 깊이 연관되어 있다. 설교자는 매주 말씀
을 들고 강단에 선다. 따라서 성경이 어떤 점에서 하나님의 말씀인가
하는 부분에 대해 분명한 확신이 있을 때 설교자들은 보다 효과적인
설교 사역을 감당할 수 있을 것이다.

　　이 논문은 이런 문제의식 속에서 성경을 보는 이상의 세 가지 관
점 중 앞의 두 가지, 즉 성경을 문자 그대로 하나님의 말씀으로 보는
관점과 예수 그리스도를 통한 하나님의 구원 계시에 대한 인간적인
증언이라는 점에서 하나님의 말씀으로 보는 관점 사이의 만남과 대
화를 시도하고자 한다. 그런 다음 이들 사이의 소통과 상호 만남의 가
능성을 알아보기 위해 미국의 복음주의 신학자인 캐빈 벤후저가 말
하는 "화행으로서의 성경론"을 통해 앞에 말한 두 가지 서로 다른 성
경관이 만날 수 있는지의 여부를 살펴볼 것이다.

1. 성경을 문자 그대로 하나님의 말씀으로 보는 관점

첫 번째 입장은 성경을 문자 그대로 하나님의 말씀으로 이해한다. 이는 1920년대 미국의 근본주의와 근본주의를 계승한 보수적 복음주의 및 다수의 복음주의 진영에서 발견된다.

이런 입장을 대변하는 학자로 구 프린스턴 신학교의 찰스 하지와 벤저민 워필드를 들 수 있다. 하지는 성경의 영감과 무오 교리를 발전시키는 가운데 성경의 문자적인 표현은 그 자체로 하나님의 말씀이라고 주장하였다. "성경이 무오하며 신적인 권위를 가졌다는 것은 성경이 하나님의 말씀이라는 사실 때문이다. 성경이 하나님의 말씀이 되는 것은 그 책이 성령의 영감을 받았기 때문이다."[4] 그는 영감을 성령의 초자연적 영향으로 성경을 기록하게 하는 것으로 이해하고, 그 목적은 성경 본문의 오류를 막는 데 있다고 보았다. 또한 그는 영감이 성경의 일부가 아닌 성경 전체에 똑같이 미친다는 완전 영감을 주장했다. 그에 따르면 성경의 모든 내용은 그것이 말하는 도덕적이고 종교적 진리뿐 아니라 과학, 역사적 진술, 지리적 묘사 등 모든 것이 영감에 의한 것으로서 오류가 없다. 그는 이런 주장의 근거를 "예수께서 이르시되…성경은 폐하지 못하나니"(요 10:34-35)라는 말씀에서 찾았다. 하지만 그는 동시에 자신의 축자 무오 완전 영감설을 기계적 영감설과 구별하였다. 즉 성경과 저자들은 "무의식적 도구가 아니었고 생각하고 뜻하는 산 사람"이라는 것이다.[5]

---

4   Charles Hodge, *Systematic Theology* vol 1. (Grand Rapids: W. B. Eerdmans Publishing Company, 1981), 153.

5   Ibid., 163.

하지와 마찬가지로 워필드 역시 축자 영감과 성경 무오설을 주장한다. 그는 영감을 "성령이 성경 저자들에게 역사하여 그들의 말이 또한 하나님의 말씀이 되게 하고 완전히 무오하게 한 비상한 영향"이라고 정의하면서 성경이 그렇게 말하고 있는 것이 영감의 증거라고 주장하였다.[6] 워필드에 의하면 성경의 단어들이 모두 사람들에 의해 기록되었다는 점에서 인간적인 흔적이 있을 수밖에 없지만, 그 모든 것은 하나님의 말씀 즉 하나님의 생각과 의지의 적절한 표현이 되도록 성령의 영향 아래서 기록되었다.[7] 다만 이런 영감과 무오는 성경 원문에 해당되고 사본에는 적용되지 않는다고 한다.[8]

1920년대의 미국 근본주의와 그 연장선에 있는 보수적 복음주의 및 많은 복음주의자들은 하지와 워필드의 입장을 거의 반복한다. 고든 루이스와 브루스 데머레스트는 성경 영감설과 무오설을 주장하는 가운데 인간 저자들이 어떤 인식론상의 기적(epistemological miracle)으로 말미암아 오류로부터 보호받았다고 주장한다. 그 기적은 곧 성령에 의한 것이다. 하지만 그들은 성령의 영향력을 비인격적이고 기계적인 영향력이 아니라 성경 저자의 자발적인 동의와 순종에 의한 영향력으로 이해한다.[9] 보수적 복음주의자 해롤드 린드셀 역시 성경

---

6   Benjamin B. Warfield, *The Inspiration and Authority of the Bible* (The Presbyterian and Reformed Publishing, 1979), 153. 그는 그런 근거 구절로 요 10:35, 딤후 3:16, 벧후 1:20-21을 든다.

7   Ibid., 173.

8   Hodge and Warfield, *Inspiration* (Grand Rapids: Baker Books, 1979), 1. 인용은 목창균, "현대복음주의와 성서 영감론"『성결교회와 신학』vol. 8(서울: 현대기독교역사 연구소, 2002), 15.

9   Gordon Lewis and Bruce Demarest, *Integrative Theology* (Grand Rapids, MI: Zondervan, 1987), 1:162.

자체와 교회 역사가 성경의 무오성을 증거하고 있다고 말한다. 그는 우선 성경은 그 자체가 영감된 책임을 분명히 하고 있는데(딤후 3:1-17; 벧후 1:21), 만일 성경이 정말로 영감된 책이라면 당연히 글자 그대로 오류 없는 하나님의 말씀으로 보아야 한다고 말한다. 그에 의하면 구약성경 저자들은 그들이 기록한 말씀이 하나님으로부터 직접 주어진 것이라고 2천 번 넘게 고백하고 있다. 한편 교회 역사 역시 성경의 무오성을 증거한다. 그는 예수 역시 당시 일반적인 견해였던 성경의 무오성을 받아들였고 초기 교회 저술가들 역시 성경의 무오성을 철저하게 믿었다고 한다. 루터와 칼뱅 같은 종교개혁가들 역시 성경 전체에 어떤 오류도 없다고 믿었으며, 이런 흐름은 19세기 독일 자유주의 신학이 등장할 때까지 계속되었다고 주장한다. 결국 그는 성경의 무오성을 기독교 신앙의 분수령이자 방파제와 같다고 본다. 무오성을 포기하는 것은 제방에 작은 구멍을 뚫는 행위와 같아서, 그런 일을 막지 않으면 결국 제방이 무너지듯이 기독교 신앙의 근본이 무너져버릴 것이라고 말한다.

지금까지 살펴본 첫 번째 입장을 요약하면 다음과 같다. 첫째, 성경은 전체가 성령의 감동으로 기록되었으며 그것은 성경의 모든 단어에까지 영향을 미친다(축자 완전 영감설). 둘째, 성경에는 전혀 오류가 없다. 성경은 하나님의 영감을 받은 책이므로 도덕적, 영적인 부분뿐만 아니라 역사적, 지리적, 과학적으로도 과오가 없다. 성경의 모든 내용은 정확하고 불변한다(성경 무오설). 셋째, 따라서 성경 본문은 하나님의 계시와 동일한 것으로서 명제들의 형태로 주어졌다(명제적 진리).

2. 성경을 하나님의 구원 사역에 대한 인간적 증언이란 점에서 하나님의 말씀으로 보는 관점

두 번째 입장은 성경이 예수 그리스도를 통해 드러난 하나님의 구원 사건에 대한 인간적 증언이라는 점에서 하나님의 말씀이라고 본다. 이런 관점을 취하는 이들은 성경을 문자 그대로 하나님의 말씀으로 보지는 않는다. 이들에 의하면 하나님의 계시는 하나님 자신의 나타남이므로 계시는 하나님과의 인격적인 만남의 문제다. 성경은 이런 계시에 대한 인간적인 증언이며 이런 점에서 하나님의 말씀이라고 할 수 있다. 영국의 조직신학자 존 베일리는 이렇게 말한다. "하나님은 우리에게 소통에 의해 정보를 제공하지 않는다. 그분이 우리에게 주시는 것은 어울림 가운데 계신 당신 자신이다."[10] 이런 입장을 취하는 이들은 성경이 예수 그리스도를 통해 나타난 하나님의 계시 사건에 대한 사람들의 보도와 증언이라면 어쩔 수 없이 오류를 품을 수 있다고 본다.

　　이런 입장을 잘 보여주는 이는 신학자 칼 바르트다. 바르트에 따르면 하나님의 말씀은 삼중적인 형태를 갖는다. 첫 번째 형태는 역사적 예수 그리스도로서 그분은 바로 하나님 자신이자 하나님의 온전한 자기 계시다. 따라서 우리는 예수 그리스도 안에서만 진정으로 하나님이 어떤 분이시고 그분의 뜻이 무엇인지 알 수 있다. 예수 그리스도를 떠나서는 결코 하나님을 제대로 알 수 없으며, 만일 그렇게 해서

10　　John Baillie, *The Idea of Revelation in Recent Thought* (New York: Columbia University Press, 1956), 31. 인용은 케빈 밴후저, 김재영 역, 『제일신학』(서울: IVP, 2017), 200.

하나님을 알 수 있다고 말한다면 그때의 하나님은 결코 참된 하나님이 아닌 우상에 불과하다고 바르트는 단언한다.

하나님의 말씀의 두 번째 형태는 기록된 성경 말씀이다. 성경은 인간의 언어로 기록된 하나님의 말씀이다. 그런데 바르트는 여기서 성경은 시대적, 인간적 제약을 가진 사람들이 쓴 글이기 때문에 오류가 있다고 말한다. 하지만 하나님은 이런 실수를 하실 수 있으며 또 실제로 실수하는 인간의 언어를 통해 계속 신실하게 말씀하시고 있다는 점에서 성경은 하나님의 말씀이다. 이 지점에서 바르트는 17세기 개신교 정통주의 신학이 강조해왔던 성경의 무오성과 영감설 중 무오성은 거부하지만 영감설은 그대로 받아들인다. 그에 의하면 "축자 영감이란 오류 있고 잘못을 범할 수 있는 인간의 말이 지금 그러한 상태로 하나님에 의해 하나님에게 봉사하는 존재로 받아들여졌다는 것을 의미한다."[11] 결론적으로 바르트에게 있어서 성경은 그것이 예수 그리스도 안에 나타난 하나님의 놀라운 구원 행위에 대한 유일무이한 증언이라는 점에서 하나님의 말씀이다.

바르트가 보는 하나님의 말씀의 세 번째 형태는 설교다. 바르트는 교회 강단에서 외쳐지는 설교를 하나님의 말씀이라고 말한다. 곧 설교가 성경을 통해 증언되는 예수 그리스도와 그를 통한 하나님의 구원 사건을 성령의 인도 가운데 오늘 재현할 때 그것은 하나님의 말씀이 된다. 여기서 바르트는 설교자의 영광과 책임에 대해 말한다. 설교자는 지극히 높으신 하나님의 말씀을 전하는 막중한 책임을 맡았고 이를 감당하기 위해 그의 설교를 계시 자체이자 온전한 말씀이신

---

11 Karl Barth, *Church Dogmatics*, 1/2 (Edinburgh: T&T Clark, 1957), 592.

예수 그리스도와 이 예수 그리스도에 대한 인간적인 증언인 성경에 일치하도록 노력해야 한다. 어쨌든 바르트는 하나님의 계시와 성경의 문자가 긴밀히 연결되어 있으나 서로 분명히 다른 것이라고 말한다.[12]

바르트의 이런 성경관은 현대 신학 전반에 폭넓은 영향을 미쳤다. 먼저 그의 영향을 받은 "성경 신학 운동"은 하나님의 행위들과 하나님의 말씀하심을 구분하며, 그 가운데 성경은 문자 그대로 하나님의 말씀이자 명제적 진리로 표현된다는 입장을 강하게 거부한다. G. E. 라이트는 하나님의 말씀이 하나님으로부터 주어진 일련의 가르침들이라는 뜻으로 해석된다면 그것은 잘못된 이해라고 말한다.[13] 진보적 복음주의 진영에 속한 학자들 역시 일정 부분 바르트의 영향 속에서 성경 영감설은 받아들이지만 무오설은 부인한다. 이들은 성경은

---

12 Barth가 이런 관점을 가지게 된 이유로 다음과 같은 점들을 말할 수 있을 것이다. 첫째, 철학자 임마누엘 칸트의 영향이다. 칸트는 인간의 이성이 현상 세계 너머의 것은 결코 인식할 수 없으며 그것은 오직 도덕적 실천을 통해서만 가능하다고 말한다. Barth는 이런 칸트의 관점을 그의 젊은 시절의 스승이었던 Wilhelm Hermann을 통해 받아들였고 이런 사상은 그의 성경관에 고스란히 나타나고 있다. 곧 하나님(초월자)은 현상 세계에 속하는 성경 문자로 완전히 포착할 수 없으며 오직 그가 그것을 통해 말씀하실 때만 그를 만날 수 있다. 둘째, 19세기에 발달한 성경비평학은 성경 속에 분명 오류라고 말할 만한 것들을 많이 밝혀주었으며 Barth는 이런 연구 결과를 수용하여 오류 있는 인간의 기록을 온전한 하나님의 말씀과 동일시할 수 없다고 보았다. 셋째, Barth의 성경관은 그가 계속 강조하는 하나님은 주님이라는 생각과 연관되어 있다. Barth에게 있어서 하나님은 인간에게 자신을 계시하실 때에도 주님으로 남아 계신다. 그런데 성경의 기록된 내용을 바로 하나님의 계시로 말하게 되고 인간이 주체가 되어 그것을 하나의 객관적 탐구 대상인 양 그 의미를 포착하려 할 때 하나님의 주되심은 사라져버린다. 이런 이유로 인해 그는 성경 문자와 말씀하시는 하나님 사이를 명확히 구별한다.

13 G. E. Wright, "God Who Acts," in *God's Activity in the World*, ed. Owen C. Thomas (Chico, CA: Scholars' Press, 1983), 25.

그 중심 주제와 목적에서는 무오하며 신뢰할 만하지만 과학, 역사, 연대나 지리적인 문제 등과 같은 주변 문제에 관해서는 오류의 가능성이 있을 뿐 아니라 실제로 오류를 포함하고 있다고 본다. 진보적 복음주의자 피녹은 성경에 인간적, 역사적 한계와 약점이 있음을 받아들이면서, 성경 문서에 대해 무오성은 성경적인가, 영감은 논리적인 결과인가, 그것은 과연 의미 있는 것인가, 인식론상의 필연인가, 신학적으로 결정적인가, 비평적으로 정직한가, 복음주의적 진정성의 시금석이어야 하는가 하는 일곱 가지 질문을 던진 다음 이 모두에 대해 "아니요"라고 답한다. 그는 다음과 같은 결론을 내린다. 첫째, 성경의 권위는 성경 본문이 지니고 있는 문서로서의 완전성이 아니라 하나님이 우리를 위해 행하신 구원의 이야기로부터 유래한다. 둘째, 복음의 진리는 영감된 기록이 아닌 그리스도가 행한 것에 의존하며 이 점에서 성경의 권위를 유지하는 데 영감론이 반드시 필요한 것은 아니다. 셋째, 성경은 전적으로 무오한 것은 아니다. 성경의 중심 주제에는 오류가 없으나 역사적, 과학적, 지리적 진술에는 오류가 있음을 인정해야 한다.[14] 풀러 신학교 교수를 역임한 다니엘 풀러 역시 성경의 무오성을 인정하지 않는다. 그는 성경을 계시적 부분과 비계시적 부분으로 나눈 다음에 전자를 신앙과 실천에 관련된 부분으로, 후자를 그 외의 사실적 혹은 경험적 참조에 관련한 부분으로 취급한다. 그는 성경의 계시적 부분에는 오류가 없으나 비 계시적 부분에는 오류가

---

14   Pinnock, "Three Views of the Bible in the Contemporary Theology," *Biblical Authority*. ed. Jack Rogers (Waco: Word Books, 1977), 63-68. 인용은 목창균, Ibid., 22.

포함되어 있다고 보았다.[15] 로저스와 맥킴 역시 무오설을 받아들이지 않는다. 이들에 의하면 전적 무오 개념은 정통적인 그리스도인의 보편적 견해가 아닌 여러 견해 중 하나이며 최근에 제시된 학설이다. 그들은 초기 교부들과 종교개혁가들은 전적 무오의 입장을 취하기보다 인간의 구원과 행위에 필요한 것들만이 무오하다는 견해를 가졌다고 주장한다.[16]

이상 살펴본 두 번째 입장을 요약하면 다음과 같다. 첫째, 성경의 문자적 기록 그 자체가 하나님의 말씀은 아니다. 참된 말씀은 예수 그리스도시며 성경은 그것에 대한 증언이라는 점에서 이차적으로 하나님의 말씀이다. 둘째, 하나님의 계시는 명제적 형태로 우리에게 주어지지 않고 하나님의 나타나심과 살아 있는 임재라는 하나의 역동적인 사건으로 나타난다. 다시 말해 하나님이 계시는 명제가 아닌 인격의 형태로 우리에게 찾아왔다. 셋째, 성경은 문자 그대로 하나님의 말씀이 아니라 참된 말씀이자 참된 계시인 예수 그리스도에 대한 인간적인 증언이며 이런 점에서 오류의 가능성이 있다.

3. 케빈 밴후저의 "하나님의 화행"으로서의 성경론

지금까지 우리는 성경을 보는 두 가지 주요 관점을 서술하였다. 성경에 대한 이런 두 관점은 결국 성경을 명제적 계시로 보는가 아니면 인

---

15 Rogers ed., *Biblical Authority*. 112-14. 인용은 목창균, Ibid., 22.

16 Jack B. Rogers and Donald K. McKim, *The Authority and Interpretation of the Bible: An Historical Approach* (San Francisco: Harper & Row, 1979).

격적 계시에 대한 증언으로 보는가로 요약할 수 있겠다. 이제 이상의 논의를 배경으로 케빈 밴후저[17]의 하나님의 화행으로서의 성서론을 통해 이 관점들을 통합하고 조정할 수 있는 길을 살펴보겠다.

밴후저에 의하면 성경론이란 어떻게 성경이 "하나님의 말씀"인지 혹은 "하나님의 말씀"과 연결되는지를 보여주는 것이다. 즉 그는 성경론을 성경의 말들(the words)과 그 말씀(the Word)과의 관계를 서술하는 가운데 그 말씀들이 어떤 점에서 하나님의 말씀일 수 있는지를 설명하려는 시도로 이해한다.[18] 따라서 그에 의하면 이 주제에서 근본적인 쟁점은 성경의 단어들에 하나님이 개입하시는 방식, 즉 하나님의 세계 내 활동 방식과 연관되어 있다. 다시 말해 성경론은 섭리론과 연관되어 있다.[19] 그리고 이런 점에서 그는 앞에서 우리가 살펴본 세 가지 성경관이 모두 나름의 신관을 전제하고 있다고 본다. 하지와 워필드로 대변되는 첫 번째 입장은 하나님을 우주의 창조주요 주재자이며 저 하늘 높은 곳에서 세상을 다스리고 섭리하는 분으로 보는 고전적 유신론을 전제하고 있다. 바르트 등으로 대변되는 두 번째 입장은 하나님이 자신을 예수 그리스도를 통해 결코 객체화할 수 없

---

17 Vanhoozer는 현재 미국 트리니티 복음주의 신학교의 조직신학 연구 교수다. 웨스트민스터 신학교(M.div.)와 케임브리지 대학교(Ph.D.)에서 공부했고 스코틀랜드 장로교회에서 목사 안수를 받았다. 주된 저서는 다음과 같다. *Biblical Narrative in the Philosophy of Paul Recouer, An Essay in Hermeneutics and Theology; Remythologizing Theology, Drama of Doctrine: A Canonical -Linguistic Approach to Theology, Is There a Meaning in This Text?: The Bible, The Reader, and the Morality of Knowledge*(『이 텍스트에 의미가 있는가?』[한국기독학생회출판부 역간]), *First Theology*(『제일신학』[IVP 역간]).

18 Kevin J. Vanhoozer, *First Theology* (Downers Grove, IL: InterVarsity Press, 2002). 김재영 역, 『제일신학』(서울: IVP, 2017), 189.

19 Ibid., 191.

고 언제나 주체자이신 주님(the Lord)으로 계시하셨다는 그리스도 중심적 유신론을 전제하고 있다. 마지막으로 성경이 하나님을 체험한 공동체의 신 체험을 담은 문서라고 보는 입장은 과정신학적 유신론이나 범재신론에 상응한다.[20]

하지만 그는 성경에 대한 이런 세 가지 관점들이 모두 나름의 한계와 약점을 지니고 있다고 본다. 우선 그는 상당 부분 워필드의 성경관에 동의하지만 워필드와 달리 하나님의 계시가 반드시 명제적 진리의 형태로 전달되는 것은 아니라고 말한다. 또한 그는 하나님이 예수 그리스도를 통해 자신을 주님으로 계시하시는 분이라고 여기고 그에 따라 성경 문자 자체와 하나님의 말씀 자체를 구분하려는 바르트의 의도를 충분히 이해하면서도, 바르트가 성경을 온전한 계시 자체인 예수 그리스도에 대한 증언으로만 받아들이는 것은 성경 속에 명제적 형태로 주어지는 계시의 위상을 제대로 평가하지 못한 것이라고 본다. 마지막으로 세 번째 입장은 성경의 신언성을 제대로 확보하지 못하는 한계를 지니고 있다고 평가한다. 그런 다음 그는 이 세 가지 입장 중 첫 번째와 두 번째 입장을 조정하고 통합하는 길을 찾으려고 시도하는데, 그것을 영국의 일상 언어 철학파의 오스틴과 존 설의 화행으로서의 언어 이해에서 찾는다. 그는 이렇게 말한다. "언어에 관한 철학과 신학 사이의 대화에서 가장 결실 있는 최근의 발전은 뭐니 뭐니 해도 언어를 인간 행위의 한 종류인 화행으로 이해하는 것이다."[21] "나는 화행이 계시, 영감, 무오성이라는 고전적 범주들을 통

---

20   Ibid., 211-13.
21   밴후저, 『제일신학』, 237.

합하고 해석하는 데 유익한 개념이라고 믿는다."²²

그렇다면 이제 오스틴과 설의 이해를 살펴보자. 오스틴의 논지를 압축적으로 표현하면 **말하기는 그 자체로 일종의 행위다.**²³ 오스틴은 처음에는 발화(말하기, utterance)를 말함(saying)과 행함(doing)의 기준에 의거하여 구별하였다. 그는 발화 중에는 순전히 말함에 속하는 것이 있고 그 자체로서 어떤 행위를 하는 것이거나 행위의 일부가 되는 것이 있다고 한다. 초기의 오스틴은 모든 발화가 반드시 행위는 아니라고 보았다. 하지만 후기에 와서 그는 모든 말하기(발화)는 그 자체로 바로 행위나 행동이라고 말한다. "발화(speaking)된 말은 그 말 자체로 존재하는 것이 아니라 반드시 어떤 행위를 요청하고 또 어떤 행위를 수반한다. 곧 말은 그 자체로 하나의 행동이다. 그것은 사회적 상호작용 속에서 어떤 행동으로 나타나며 어떤 결과를 낳는 생산적인 힘이다."²⁴

보다 구체적으로 오스틴은 우리가 단어를 가지고 세 가지 종류의 언어 행위를 한다고 하며 그것들을 각각 단순 발화 행위(the locutionary act), 의미 수반 발화 행위(the illocutionary act), 효과 수반 발화 행위(the perlocutionary act)라고 부른다.²⁵ 단순 발화 행위는 "안녕"

---

22 Ibid., 192.
23 Austine의 화행으로서의 언어 이해는 그가 1952-54년에 세 번에 걸쳐서 옥스퍼드 대학교에서 "Words and Deeds"라는 제목으로 강의한 노트와 1955년부터 하버드 대학교에서 12차례에 걸쳐 강의한 내용을 정리하여 출판한 "How to Do Things with Words"에 잘 나타나고 있다. 인용은 김영진, "비트겐슈타인의 언어 놀이와 오스틴의 화행"『철학연구』vol. 34(서울: 철학연구회편, 1994). 254.
24 밴후저,『제일 신학』, 222.
25 John J. Austine, *How To Do Things with Words* (Harvard University Press, 1955), 52, 148. op.cit., 255.

"잘 가"처럼 단순히 어떤 단어를 발설하는 것이다. 의미 수반 발화 행위는 무슨 말을 하면서 화자가 행하는 것(인사하기, 약속하기, 명령하기 등), 곧 화자가 그 말을 통해 뭔가 의도하는 것을 가리킨다. 효과 수반 발화 행위는 무슨 말을 함으로써 상대편에게 불러일으키게 되는 어떤 반응(설득하기, 경고하기, 위로하기 등)을 가리킨다. 그런데 이때 원래 화자가 의도하지 않은 것이 나타나기도 한다. 곧 효과 수반 발화 행위는 화행(speech-acts)의 결과로 생기는 어떤 것으로서, 말을 한 사람의 의도와 다르게 나타날 가능성을 그 안에 품고 있다. 오스틴은 의미 수반 발화 행위와 효과 수반 발화 행위를 구별하여 전자가 "어떤 것을 말하는 가운데"(in saying something) 생기는 행위라면 후자는 "어떤 것을 말함에 의하여"(by saying something) 결과적으로 생기는 행위라고 이야기한다. 다시 말해 의미 수반 발화 행위가 화자에 의해 자발적, 의도적으로 생기는 행위라 한다면 효과 수반 발화 행위는 화자의 의도에 상관없이 생기는 결과적 행위라고 할 수 있다.[26]

설 역시 오스틴처럼 단어가 아닌 화행(언어 행위, speech-acts)이 모든 의미의 기본 단위라고 주장한다. 그는 우리가 언어를 가지고 기본적으로 할 수 있는 다섯 가지 행위가 있다고 본다. "우리는 사람들에게 사물이 어떻게 존재하는지를 말한다. 우리는 사람들에게 어떤 것을 행하도록 시킨다. 우리는 자신이 어떤 것을 행하는 데 개입한다. 우리는 우리의 감정과 태도들을 표현한다. 마지막으로 우리는 우리의 발화들을 통해 변화를 일으킨다. 우리는 종종 한 가지 발화를 통해

---

26   김영진, op cit., 258.

이런 기본적인 것들 가운데 한 가지 이상을 행한다."[27]

밴후저는 이런 오스틴과 설의 이해에 근거하여 성경을 하나님의 화행으로 보고자 한다. 밴후저의 설명에 따르면 하나님은 성경의 문자적 표현들을 통해 말씀하시는 분이시며 이런 하나님의 말씀하심은 그 자체로 하나의 행위다. 즉 하나님은 경고, 분부, 명령, 약속, 용서, 알림, 부르심, 위로 등과 같은 성경 안의 다양한 말씀들을 통해 말씀하시며 그 가운데 어떤 일을 행하신다.[28] 하나님은 말씀을 통해 사람들과 소통하시며 언약을 맺고, 그분의 신실하심으로 그 언약을 지키실 것을 약속하시고 또한 성취해나가시며 동시에 사람들에게 그 언약에 참여하여 듣고 순복하며 변화되어 갈 것을 요청하신다. 다시 말해 하나님은 기록된 말씀 안의 명제적 진리나 이야기(내러티브), 여타 성경 안의 모든 장르를 통해서 화행(speech-act)하신다. "하나님은 진실로 율법과 지혜와 노래와 묵시와 예언과 내러티브 및 기타 성경의

---

27 John Searl, *Expression and Meaning: Studies in the Theory of Speech Acts*, (Cambridge: Cambridge University Press, 1969), 29. 인용은 밴후저, 『이 텍스트에 의미가 있는가?』 335. 이런 Austine과 Searl의 언어 행위 이해를 Vanhoozer는 다음과 같은 예를 들어 설명한다. 어떤 사람이 "예수는 주님이시다"라고 말했고 이 말을 곁에서 들은 사람들이 이 말에 대해 다음과 같이 다양하게 평가하였다. ① 목소리를 냈다. ② 특정 지역 사투리를 썼다. ③ "예수는 주님이시다"라고 말했다. ④ 예수가 자신의 주님이라고 고백했다. ⑤ 예수가 주님이라고 그의 이웃에게 말했다. ⑥ 자기 몸의 암이 떠나갔음을 증언했다. ⑦ 상대적으로 내가 영적이지 못하다고 느끼게 만들었다. Vanhoozer에 의하면 위의 예들 중 진술 ①, ②, ③은 단순 발화 행위이며 이 단계에서는 아직 아무런 소통이 일어나지 않는다. 반면 진술 ④, ⑤, ⑥은 의미 수반 발화 행위다. 곧 그것들은 화자가 시도한, 어떤 일이 일어나게 하는 말하기 곧 행함을 수반하는 말하기다. 그런데 진술 ⑦에서는 전적으로 다른 일이 일어난다. 그 진술은 그 발화 행위의 효과 혹은 부산물에 대한 보고로서 "효과 수반 발화 행위", 즉 무엇인가 말함으로써 청자들의 마음속에 생겨나게 된 효과에 해당된다.

28 밴후저, Ibid., 222.

여러 장르들을 통해 기독교적 실존을 형성하는 일에 참여하신다.…
그러므로 성경론은 성경을 하나님의 강력한 화행들로서 생각할 때에
야 바른 것이다."[29]

요약하건대 밴후저에 의하면 하나님의 말씀하심은 곧 하나님의
행위 하심이다. 이 둘은 결코 분리될 수 없다. 그리고 하나님이 이런
분이라면 하나님의 계시가 성경의 문자적 표현으로 나타났는지 아니
면 예수 그리스도 안의 하나님의 행동으로 나타났는지 역시 구태여
구별할 이유가 없다. 이 둘은 사실상 같은 것이므로 성경관을 중심으
로 하여 일어나는 분리 역시 불필요하다. 그는 성경이 말씀으로 행동
하시는 언약의 하나님의 화행의 묶음집(collection)이며 하나님의 소통
행위의 결과라고 말한다.[30] 곧 그에게 있어서 "성경은 하나님의 자기
소통 행위의 결과이기 때문에 하나님의 말씀이다."[31]

---

29   밴후저, Ibid., 234.
30   밴후저, Ibid., 228.
31   밴후저, Ibid., 228. Vanhoozer가 Austine과 Searl의 언어 이론에 근거하여 성경의 신
      언성을 하나님의 화행(speech-act)으로 파악하려고 하는 이면에는 그가 Derrida와
      Rorty 등으로 대변되는 포스트모던주의자들의 해체에 저항하려는 시도를 하고 있다
      는 더 큰 맥락이 있다. 주지하다시피 Derrida에 의하면 언어와 실재 사이에는 아무런
      본질적인 연관성이 없으며 언어는 그 자체 안에 폐쇄되어 있을 뿐이다. 그는 사람들
      이 말하는 본질, 원리 같은 것은 사실상 지배 계층의 억압의 표현이었으며 해체되어
      마땅하다고 본다. 이런 관점에 저항하면서 Vanhoozer는 언어의 발생과 역할에 대해
      각각 진화론적인 관점과 복음적, 성경적 관점이 있다고 말한다. 그는 진화론적인 언
      어 이해는 언어를 인간 생존을 위해 습득한 것으로 파악하며 이 점에서 언어는 우연
      의 산물이다. 곧 인간은 언어 행위를 함으로써 생존과 재생산을 더욱 보장받게 되었
      고 이로 인해 언어는 유용한 것이 되어 계속 발전되고 사용되었으며, 이 점에서 언어
      는 의미와 진리의 매개체이기보다 필요에 따라 조작될 수 있는 하나의 도구로 이해된
      다. 반면 언어에 대한 복음주의적 관점은 이렇다. 첫째, 하나님은 진실되게 의사소통
      을 하는 삼위일체 하나님이시다. 둘째, 인간은 이 하나님의 형상으로 지어졌기 때문
      에 말하기, 듣기, 쓰기, 읽기 같은 언어 행위를 할 수 있는 존재가 되었다. 셋째, 이 점

따라서 밴후저는 우리가 성경을 읽을 때 성경의 다양한 장르를 구별하면서 읽어야 한다고 말한다. 성경은 시, 경구, 이야기, 교훈, 역사, 비유 등의 다양한 장르로 이루어져 있다. 그런데 학자들은 이런 다양한 장르를 한두 가지 주도적인 양식으로 축소시키려고 하였다. 하지와 워필드 등은 이 모든 것에서 명제적 진리를 찾으려고 노력했고, 바르트와 그의 후예들은 성경을 하나님의 위대한 구원 행동의 증언으로 보면서 주로 성경의 이야기(내러티브)에서 그것을 찾으려고 하였다. 다시 말해 하지와 워필드 등은 성경을 명제적 계시로 이해했고 바르트 등은 인격적 계시에 대한 증언으로 이해했지만, 이처럼 명제적 계시와 인격적 계시를 굳이 나누어 볼 필요가 없다. 화행 철학에 의하면 말하기는 그 자체로 하나의 행위이기 때문이다. 그는 이렇게 말한다. "무엇보다도 화행 개념은 우리가 계시를 말할 때 '하나님이 하시는 말씀'으로서의 계시와 '하나님이 하시는 행위'로서의 계시 사이의 왜소한 이분법을 넘어설 수 있게 해준다. 왜냐하면 화행이라는 범주는 말하기(saying)가 일종의 행위(a doing)임을 인정하며 사람들이 '말하기'를 통해 많은 일을 할 수 있음을 확인시켜 주기 때문이다."

이런 점에서 그는 성경을 하나님의 구원 행위에 대한 인간적인 증언으로 보는 두 번째 입장을 비판한다. 그는 바르트를 비롯한 학자들이 하나님을 행동하시는 하나님으로만 이해할 뿐 말씀하시는 하나

에서 언어 행위 능력은 하나님의 선물이다. 인간은 언어 행위를 통해 세계를 이해하며 그 안에 적응하고 또한 변화시킨다. 넷째, 인간의 죄와 불완전함으로 인해 인간의 언어는 분명하지 않고 왜곡될 수 있으며 억압적일 수 있다. 하지만 동시에 그것은 실재와 상응할 수 있고 일정 수준 이상의 진실한 의사소통을 가능하게 한다. 이 점에 대해서는 다음을 참고하라. 케빈 밴후저, 김재영 역, 『이 텍스트에 의미가 있는가?』(서울:한국기독학생회출판부, 2003), 326-29.

님으로 보지 않고 있다고 말한다. 즉 바르트의 성경관에는 하나님의 말씀과 성경의 말들(성경의 문자적 기록)을 나누는 불필요한 이원론이 있다고 본다.[32] 또한 그는 워필드의 관점을 일정 부분 수정하고 극복하고자 한다. 그에 의하면 워필드는 하나님의 말씀과 성경의 문자적 표현을 바르트처럼 분리하지 않았다는 점에서 바른 길을 선택했지만, 이 둘의 동일성을 말하고자 하는 가운데 다시 자유하시며 주권자 되시는 하나님과 그 뜻을 성경이 말하고 있다고 간주된 무시간적인 영원한 진리들과 무오류한 명제들로 축소, 환원시킬 위험을 안게 되었다고 본다.[33] 여기서 밴후저는 기록된 하나님의 말씀은 명제적 진리를 품고 있지만 그 전체가 영구적인 참된 명제들의 집성체 같은 것이 아니라고 말한다. 성경은 하나님의 화행인데 화행은 일종의 언어

---

32 하지만 Vanhoozer는 Barth의 경우에도 하나님의 말씀은 예수 그리스도라는 인격으로 나타났지만 그것이 말씀의 완전한 탈 언어화를 의미하지는 않음을 공정하게 지적한다. Barth는 어느 한 곳에서 이렇게 말한다. "우리가 예수 그리스도가 하나님의 말씀임을 기억할 때 피할 수 없는, 하나님의 말씀이라는 개념의 인격화는 탈 언어화를 의미하지 않는다." Barth, *Church Dogmatics* 1/1, 138. 더 나아가 Barth는 하나님의 계시를 하나님의 "화행"(Rede-Tat)이라고 표현하기까지 한다. Ibid., 162. 곧 그는 이렇게 말한다. "우리가 하나님의 말씀이라는 개념을 그 일차적이고 문자적인 의미로 취해서는 안 될 하등의 이유가 없다. '하나님의 말씀'은 하나님이 말씀하신다는 의미다. '말씀하신다'는 것은 상징이 아니다." Ibid., 150. 하지만 여전히 Vanhoozer에 의하면 Barth의 강조점은 행동하시는 하나님에 놓여 있으며 이 점에서 그는 하나님의 말씀과 성경 문자 사이에 불필요한 이원론을 상정하고 있다고 다음과 같이 비판한다. "하나님의 자기 노출(self-disclosure)의 의미론적 순간을 바르트가 어떻게 설명하는지 혹은 바르트가 과연 설명이나 하는지 불분명하다. 최후의 수단으로서, 바르트의 성경론은 그리스도께로 지나치게 빨리 진행한다. 우리의 당면 과제는 하나님의 자기 계시의 인격적인 차원과 마찬가지로 의미론적 차원에 대해서도 공정을 기할 수 있는 방식으로 동일성 테제를 재해석하는 것이다. 성경론을 향해 나 있는 길이 인격적 명제와 명제적 명제를 분리하는 이분법을 극복하는 길이라고 나는 믿는다." 밴후저, 『제일신학』, 220.

33 Ibid., 226.

소통 행위이며 명제적인 진리 주장보다 훨씬 큰 것이기 때문이다. 곧 밴후저에 의하면 말은 반드시 "문자적 진리"를 나타내지 않는다. 그에 의하면 오히려 "글자들(단어들, 명사들)은 가리키지 않는다. 오직 화행들(과 말하는 사람들)이 그런 일을 하는 것이다." 다시 말해 하나님은 인간의 언어를 가지고 진리를 주장하는 일보다 더 큰일을 하시는데, 워필드 등은 이를 명제적 진리 정도로 축소시켰다는 것이 그의 지적이다.

앞서 살펴본 것처럼 밴후저는 화행으로서의 하나님의 말씀 개념을 통해 하나님의 말씀으로서의 계시와 하나님의 행위로서의 계시 사이의 이분법을 넘어서고자 한다. 이제 그는 언어 발화라는 차원에서 삼위일체론을 이해한다. 그에 따르면 하나님은 소통하시는 하나님이시며 그 안에서 우리는 삼위일체 하나님의 모습을 볼 수 있다. 먼저 성부 하나님은 발화 행위자 곧 말들의 발화자이자 낳는 자(begetter) 또는 유지자로 이해될 수 있다. 그분은 예언자들을 통해 말씀하시는 발화자였으며 마침내 그 아들을 통해 말씀하셨고 지금도 말씀하시는 분이시다(히 1:1-2). "하나님은 자신을 강력한 화행자로 만드는 문학적 기사(literary account)를 생산하기 위해 인간의 지성과 상상력 가운데서 그것을 통해 역사하신다."[34] 반면 성자 하나님인 로고스(말씀)는 화자의 행위 혹은 발화 수반 행위 곧 우리가 말을 함으로써 행하는 바에 상응한다. 발화 수반 행위는 설이 말하듯 내용(지시 대상과 술부)과 그 명제가 어떻게 받아들여져야 하는지를 보여주는 특별한 의도(힘)를 갖는다. 마지막으로 성령 하나님의 일하심은 발화 행

---

34   Ibid., 229.

위의 세 번째 측면인 발화 효과 행위에 상응한다. 곧 성령은 성경을 통해 말씀하시는 성부 하나님과 그 말씀에 수반되는 객관적인 의미로서의 성자 하나님을, 그 말씀을 듣는 독자들에게 그 말씀을 이해하고 영향을 주어 변화시키신다.[35] 결론적으로 밴후저는 삼위일체를 소통 과정 중에 계신 하나님을 일컫는 용어로 보는 그의 이해를 이렇게 요약한다. "삼위일체 하나님은 신적 위격들의 영원한 어울림이다. 물론 성부, 성자, 성령 사이—소위 내재적 삼위일체—에 어떤 '소통'이 있을 것이다. 그럼에도 불구하고 나는 내재적 삼위일체가 아닌 '경륜적' 삼위일체를 기반으로 소통에 대한 신학적 이해를 전개하고자 한다. '경륜적 삼위일체'는 삼위일체 하나님이 인간의 역사 가운데서 점진적으로 자신을 드러내시는 방법을 가리키는 전문 용어다. 경륜적 삼위일체는 소통(및 자기 소통) 행위 중에 계신 하나님을 가리키는 명칭이다."[36] 간단히 말하면 "소통 행위의 맥락에서 삼위일체 하나님은 소통 작인(성부/ 저자), 소통 행위(성자/말씀), 소통 결과(성령/수용의 힘)이시다."[37]

---

35 Vanhoozer는 이를 세분하여 다음과 같이 말한다. 첫째, 성령은 독자를 조명해서 그 독자가 발화 행위의 의도적 핵심을 파악하고 성경이 무엇을 하는지 인식할 수 있게 해 준다. 둘째, 성령은 독자에게 성경 텍스트의 발화 행위의 의도적 핵심에 대해 적합한 반응을 보이도록 인도한다. 이때 성령은 발화자(성부 하나님)의 발화 수반 행위(성자 하나님)를 변경시킬 수 없는 고정된 의미로 독자에게 전달되도록 한다. 곧 "성령의 증거는 다름 아닌 발화 수반력의 효과적인 임재다." Ibid., 230.

36 Ibid., 247.

37 Ibid., 240.

나가는 말

지금까지 우리는 성경의 신언성에 대한 두 가지 대표적인 이해를 살펴보았다. 하지와 워필드를 필두로 한 보수적 복음주의와 복음주의 진영은 성경 무오설과 영감설에 근거하여 성경의 문자적 기록 자체를 하나님의 말씀과 동일시하였다. 반면 바르트와 그의 영향을 받은 신학자들은 하나님의 계시가 예수 그리스도라는 인격으로 나타났고 성경은 이런 하나님의 계시에 대한 인간적 증언이라 여겨서, 성경의 영감성은 인정하지만 무오성은 받아들이지 않으며 성경의 문자적 기록과 하나님의 말씀 자체를 구분한다. 곧 전자는 하나님의 계시가 명제적 형태로 우리에게 주어졌고 보는 반면, 후자는 하나님의 계시가 인격적 형태로 우리에게 주어졌다고 말한다. 이런 두 가지 성경관을 이해할 필요가 있는 것은 이 두 가지가 오늘날 한국교회의 주도적 성경 이해 방식이며 이로 인해 불필요한 분열이 계속되고 있기 때문이다. 하지만 밴후저에 의하면 이 둘을 이렇게 분리시켜 이해할 필요가 없다. 말을 한다는 것(발설)은 그 자체로 하나의 행위이기 때문이다. 또한 하나님은 지금도 성경의 문자적 기록을 통해 다양하게 말씀하시며 그 말씀하심을 통해 행위하시기 때문이다.

밴후저의 이해를 다음과 같이 정리할 수 있겠다. 첫째, 하나님의 말씀은 곧 하나님의 행위다. 하나님은 성경 말씀을 통해 행위하신다. 이 점에서 성경을 문자 그대로 하나님의 말씀으로 보는 입장과 하나님의 행위에 대한 인간적 증언으로 보는 두 가지 입장 사이의 분열은 불필요한 것으로 판명된다. 둘째, 성경을 주로 명제적 진리로 이해하는 하지나 워필드 등의 입장은 성경을 너무 좁게 보는 것이다. 성경에는 분명 시공을 초월하는 불변의 명제적 진리가 포함되어 있지만, 동시에 약속, 위로, 명령, 권면, 지시 등의 말씀이 들어 있으며 하나님께서는 이런 말씀을 통해 오늘도 행위하신다. 이 점에서 성경은 하나님이 전하시는 진리의 명제집이라기보다 하나님의 의사 소통의 통로이자 도구로 이해되는 것이 적절하다. 셋째, 성경을 예수 그리스도를 통해 나타난 하나님의 행위의 증언으로 보는 바르트 등의 이해는 성경의 문자 자체와 말씀 하시는 하나님 사이에 일정한 구분이 필요하다는 점에서 정당하나, 자칫 성경 본문을 통해 구체적으로 말씀하시는 하나님의 언약의 말씀을 놓칠 위험이 있으며 이 점에서 성경의 문자적 표현의 중요성에 조금 더 집중할 필요가 있다. 넷째, 성경의 하나님은 소통 중에 계시는 삼위일체 하나님이시다. 하나님은 성경 말씀을 발화하시는 분이고(성부), 그 말씀을 통해 의도하시는 분이며(성자), 그 말씀으로 어떤 효과를 가져오시는 분이다.(성령). 이 점에서 성경 읽기는 삼위일체 하나님 앞에 복종하는 행위이자 그 인도를 받는 행위라고 할 수 있다.

지금까지 우리는 성경의 신언성과 연관하여 두 가지 대표적인 이해를 살펴본 다음 이 둘 사이의 갈등을 극복할 수 있는 대안으로서 케빈 밴후저가 제시한 하나님의 소통 행위로서의 성경 이해를 살펴보았다. 이와 같은 밴후저의 시도가 과연 성공적이었는가? 필자는 충분히 설득력 있는 주장이라고 생각한다. 그의 성경관은 오늘날 성경관의 차이로 인해 나뉜 한국의 (장로)교단들 사이의 소통과 만남을 이끌어내는 좋은 이해가 될 수 있을 것이다.

부록2

29장_ 속죄론적 십자가 죽음 이해에 대한 비판적 논고

들어가는 말

성경 전체를 통틀어 가장 중요한 질문 하나는 "죄인인 인간이 어떻게 거룩하신 하나님의 용납을 받을 수 있는가?"라는 인간 구원의 문제다. 성경은 죄를 인간의 힘으로는 결코 극복할 수 없는 장벽으로 이해한다. 이 장벽 때문에 하나님과 인간 사이가 가로막혔고 인간 및 자연과의 관계도 파괴되었다(창 3장). 하지만 성경은 하나님이 이 죄의 문제를 해결하실 수 있다고 선언한다. 특별히 신약성경은 예수 그리스도의 십자가 죽음으로 인해 죄와 삶의 질곡이 극복되었으며 하나님과 인간 사이의 막힌 담은 허물어졌고 구속(redemption)이 완성되었다고 말한다.[1]

하지만 어떻게 예수의 십자가 죽음이 인간을 죄와 곤궁에서 해

---

1   Leon Morris, "Atonement," *Evangelical Dictionary of Theology*, eds. Walter A. Elwell (Grand Rapids: Baker Book House, 1984), 100.

방하는가에 대해서는 신약성경에 이미 여러 이해가 공존하고 있으며 이로 인해 교회 역사에서 이와 연관된 다양한 이론들이 나타났다. 고대 교회에서는 예수 그리스도가 이룬 구원을 사탄의 압제에서의 해방으로 보는 속량/갈등 모형(ransom/conflict model)이 두드러졌고, 중세에 와서는 안셀무스와 종교개혁가 칼뱅이 말한 만족/형벌 대속 모형(satisfaction/penal substitution model)이 주도했으며, 아벨라르와 근대 신학은 도덕 감화 모형(moral influence model)을 주요한 이해로 삼았다. 스웨덴의 신학자 구스타프 아울렌은 이 분야의 고전이 된 그의 책에서 이런 이해들을 각각 고전적 유형(the Classic Type), 라틴적 유형(the Latin Type), 주관적 유형(the Subjective Type)으로 명명하고 평가하였다.[2]

그런데 아울렌이 분류한 세 가지 주요 이해 중 한국교회에 큰 영향을 미치고 있는 것은 예수의 십자가 죽음을 하나님의 영예 회복을 위한 죽음(안셀무스)이나 인간의 죄에 대한 하나님의 심판을 대신 받은 죽음(칼뱅)으로 보는 관점 및 그 영향 속에 형성된 형벌 대속적 이해(penal substitutionary understanding)라고 할 수 있다. 물론 교단에 따라 십자가 죽음을 사탄에 대해 승리한 사건으로 보거나(조용기 목사의 순복음교회, 사회 변혁을 지향하는 일부 진보적 교회) 하나님의 크신 사랑이 드러난 사건임을 강조하기도 하지만, 전체적으로 보면 속죄론적인 십자가 이해가 더 분명하게 나타나고 있다. 우리는 "죽을 수밖에 없는 죄인을 피 흘려 속죄하신 은혜" 같은 대표 기도의 표현이나 예수의 십자가를 우리 죄를 속하기 위한 죽음으로 선언하는 목회자들의 설

---

2   Gustaf Aulen, *Christus Victor: A Historical Study of the Three Main Types of the Idea of the Atonement*, tr. by A. G. Hebert (New York: Macmillan, 1953, 1969).

교에서 이런 이해를 어렵지 않게 찾아볼 수 있다. 우리를 위해 피 흘려 속죄의 죽음을 당하신 것이 예수가 행하신 가장 중요한 일이라고 찬양하는 찬송가도 많다.[3] 이런 점에서 "한국교회의 구원론은 속죄론이며, 예수의 십자가 보혈의 공로로 인한 대속적 속죄론이고, 희생제물과 속죄제물의 신학"[4]이라는 심광섭의 말은 별로 과장된 표현이 아니다.

그러나 예수의 죽음을 하나님의 영예나 공의를 만족시키기 위한 "형벌 대속 죽음"(penal substitution death)으로 보는 이해는 오늘날 다음 세 가지 측면에서 비판받고 있다. 첫째, 이런 이해는 구원이 십자가 죽음이라는 폭력을 통해 일어난다고 함으로써 폭력 사용을 정당화할 뿐만 아니라 왜곡된 신 이해를 가져온다. 둘째, 이런 이해는 구원을 예수의 십자가 죽음에만 집중시키는 바람에 하나님 나라를 선포한 예수의 삶 전체와 연관시키지 못하고 오직 죄와 심판에서의 구속이란 관점에서만 이해함으로써 신앙을 개인적이고 내면적인 것으로 이해하게 할 뿐 복음이 가진 사회적 함의와 현실 변혁 능력을 충분히 확보하지 못하게 만든다. 셋째, 결국 이런 이해는 실제적인 신앙생활에 많은 부정적인 결과를 가져오게 된다.

---

3   한국 개신교회 대부분이 사용하고 있는 2006년 개정판 찬송가를 보면 예수의 치병 및 기적과 같은 그의 생애와 연관된 찬송은 3장(134-136장)밖에 되지 않지만, 예수의 십자가 고난 및 죽음에 대한 찬송은 19장이나 되며(139-158장), 그것들은 "웬 말인가 날 위하여"(143장), "예수 나를 위하여"(144장), "오 거룩하신 주님"(145장), "주 달려 죽은 십자가"(149장) 등에서 보여지듯이 거의 전부 속죄론적으로 이해되고 있다.

4   심광섭, "속죄론을 위한 변명", 「세계의 신학」 53 (2001. 11), 156-79. 인용은 157-58.

이 글에서는 이런 비판들을 검토함으로써 오늘날 한국교회의 주된 십자가 이해인 속죄론적 해석을 보완하는 길을 모색하려고 한다. 구체적으로 이 글에서 다음 두 가지를 강조할 것이다. 첫째, 예수의 십자가 죽음을 희생제물의 죽음이자 속죄적 죽음으로 보는 관점은 몇 가지 한계를 지니고 있음에도 불구하고 분명한 성경적 근거를 가지고 있기 때문에 계속 고수되어야 하지만, 그것이 하나님의 심판이 아닌 무조건적인 은혜의 사건임이 분명하게 확언되어야 한다. 둘째, 속죄론적 이해만으로는 예수의 십자가 죽음의 의미를 다 밝혀낼 수 없기 때문에 다른 이해들로 보완될 필요가 있으며, 특히 보다 인간적이고 정의로운 사회에 대한 갈망이 깊어지고 있는 현재 한국 상황에서는 예수의 십자가 죽음을 사탄(구조화된 악의 힘)에 대한 승리로 이해하는 관점을 더 강조할 필요가 있다.

지금부터는 먼저 안셀무스와 칼뱅 및 그들의 영향 속에 형성된 형벌 대속론적 해석을 간략히 서술하고 그에 대한 세 가지 주된 비판을 검토하고 평가하겠다. 그런 다음 한국교회의 상황에서 이런 해석의 한계를 보완하고 넘어서기 위해서는 예수의 십자가 죽음을 죄와 죽음의 힘에 대한 승리로 이해하는 일종의 수정된 승리자 그리스도론이 필요함을 말하겠다. 결론 부분에서는 앞의 내용을 염두에 두면서 예수의 십자가 죽음을 이해하기 위한 전체적인 맥락을 몇 가지로 서술하겠다.

1. 대속적 죽음으로 이해된 예수의 십자가 죽음과 그에 대한 비판

예수의 십자가를 대속적 죽음으로 이해하는 관점은 이미 3세기의 교부 테르툴리아누스에서부터 나타나지만, 스콜라주의의 아버지로 불리는 11세기의 안셀무스에 의해 분명한 형태를 갖게 되었다. 안셀무스는 『인간이 되신 하나님』이라는 작은 책에서 그의 제자 보소와의 대화를 통해 예수의 십자가 죽음이 지닌 의미를 밝힌다. 이 책에서 보소는 하나님이 단순히 인간의 죄를 용서하신다고 선포하시기만 하면 되는데 왜 그 아들인 예수 그리스도를 보내어 십자가의 고통과 죽음을 당하게 하셨는지를 질문한다. 안셀무스는 여기에 대해 그런 질문은 "죄의 무게가 어떠한지를 깨닫지 못하는 것"(Nondum considerasti, quanti ponderis sit peccatum)[5]이라는 유명한 말과 함께 다음과 같은 논지를 편다. "죄와 죄책의 깊이는 아주 깊기 때문에 단순한 죄 용서의 선포로서는 결코 해결될 수 없다. 이는 죄가 다름 아닌 지극히 거룩한 하나님의 영예를 손상한 것이며 이 손상된 영예에 어떤 식으로든 보상 혹은 만족(satisfaction)이 주어져야 하기 때문이다.[6] 그런데 죄로 인해 하나님의 거룩성에 가해진 손상은 무한한 손상이므로 온전한 만족이 주어져야 한다.[7] 이와 같은 무한하고 온전한 만족은 오직 신적 존재만이 줄 수 있다.[8] 그러나 또한 이 거룩성의 손상은 인간(아담)에

---

5   Anselm von Canterbury, *Cur Deus Homo*. 이은재 역, 『인간이 되신 하나님』(서울: 한들 출판사, 2001), 53, 93-99.

6   Ibid., 89-93. 113-15.

7   Ibid., 113-15.

8   Ibid., 137-53.

의해 저질러졌기 때문에 인간이 만족을 주어야 한다. 그렇다면 오직 하나님이며 사람인 존재 곧 인간이 되신 하나님만이 이런 만족을 줄 수 있다.[9] 이로 인해 하나님의 아들인 예수 그리스도가 친히 인간이 되어 십자가에서 고통의 죽음을 당하셨고, 이 희생의 죽음으로 인해 하나님의 공의/거룩이 만족(satisfaction) 되었으며 하나님은 이제 인간을 용서하실 수 있게 되었다.”[10]

안셀무스가 중세 봉건 시대의 장원 제도를 배경으로 인간의 죄가 하나님의 영예를 훼손한 것이라고 이해한 반면, 칼뱅은 근대 법정 개념에 근거하여 예수의 죽음을 인간의 죄에 대한 심판을 대신 받은 사건으로 이해한다. 그는 『기독교 강요』 2권의 기독론 마지막 장에서 속죄론을 전개한다. 여기서 그는 인간의 죄로 인해 하나님의 거룩한 공의가 침해되어 인간은 하나님의 진노의 심판을 받을 수밖에 없었다고 말한다.[11] 이런 상황에서 그리스도는 인간을 대신하여 친히 하나님께 드리는 제물이 되어 인간의 죄 문제를 해결하고 하나님과 화목할 수 있게 하셨으며, 이 점에서 예수의 죽음은 우리의 죄에 대한 하나님의 형벌을 만족시키는 속죄제물의 죽음이자 우리를 대신한 죽음(substitutionary death)이었다. 칼뱅은 이를 다음과 같이 말한다. “여기에 우리의 무죄 선언이 있다. 곧 형벌을 받아야 마땅할 우리의 죄책이 하나님의 아들의 머리로 전이되었다(사 53:12). 그러므로 무엇보다

---

9   Ibid., 195-97.
10   Ibid., 277-94.
11   John Calvin, *Institutes of Christian Religion* 2. 16. 5. vol, ed. John T. McNeill, trans. Ford Lewis Battles (Philadelphia; Westminster, 1960), 501-15. 칼뱅 이후 개혁주의 전통의 속죄론에 대해서는 문병호, “그리스도의 무름(satisfactio Christi) 1: 개혁주의 속죄론의 형성”, 「신학지남」 73/4 (2006, 07), 326-50을 참고하라.

도 우리는 이 대리(substitution)의 사실을 기억해야 한다."[12] 안셀무스
가 예수의 죽음을 하나님의 깨어진 영예 회복을 위한 희생으로 이해
하는 반면, 칼뱅은 이를 하나님의 공의를 만족시키기 위한 죄인으로
서 대신 죽으심으로 이해한다는 점에서 서로 구별된다. 그러나 안셀
무스와 칼뱅은 인간이 하나님께 어떤 식으로든 손상을 끼쳤고 예수
는 그 손상을 해결하기 위한 희생제물로서의 죽음을 감당했다고 보
는 점에서 서로 일치한다.

안셀무스와 칼뱅의 그리스도 십자가 죽음 이해는 19세기 미국
신학자인 찰스 하지, 루이스 벌코프, 벤자민 워필드, 존 머레이 등을
통해 형벌 대속 이론(penal substitution theory)이란 형태로 발전했으며,
20세기에 들어 레온 모리스, 피터 테일러 포사이스, 제임스 패커, 존
스토트 등에 의해 가장 성경적인 속죄 교리로 주장되었다.[13] 이들은
십자가 죽음을 예수가 인간의 죄에 대한 하나님의 진노의 심판을 십
자가에서 받으심으로써 하나님의 진노를 누그러뜨리고(propitiation)
하나님의 공의를 만족시킨 대리적 희생으로 이해한다. 이런 이해는
예수의 십자가 죽음을 하나님께 어떤 만족(satisfaction)을 드린 것으로
이해할 때는 만족 이론(satisfaction theory)이라는 이름으로, 죄인 된 인
간을 대신한 죽음이라는 측면을 강조할 때는 대속 이론(substitutionary
theory)이란 이름으로, 인간의 죄악에 대한 형벌적 사건이라는 점을
조명할 때는 형벌 이론(penal theory)이라는 이름으로, 이 모두를 통칭
할 때는 형벌 대속 이론(penal substitution theory)이라는 이름으로 알려

---

12   Calvin, Ibid., 510.
13   윤철호, 『너희는 나를 누구라 하느냐: 통전적 예수 그리스도론』(서울: 대한기독교서
      회, 2013), 1039-40.

져 왔다. 그러나 어떤 부분이 강조되든 관계없이 이런 이해는 많은 비판을 받아왔다. 그 비판의 내용을 다음 세 가지로 나누어 볼 수 있다.

1) 비판 1: 형벌 만족설적인 십자가 죽음 이해는 폭력적이다

우선 예수의 십자가 죽음을 하나님의 깨어진 영예를 회복하기 위한 죽음으로 보거나 죄인의 자리에 서서 죄의 삯을 대신 치른 죽음으로 보는 것은 구원을 위해서라면 십자가 죽음이라는 폭력이 있어야 한다고 여김으로 인해 폭력을 정당화하거나 신격화하며 더 나아가 "자녀 학대의 하나님"이라는 왜곡된 신 이해를 하게 한다는 비판이 있다. 이런 비판은 다음 세 가지 방향으로 조금씩 다르게 제기되고 있다.

첫째, 평화주의적이며 반문화적인(counter-cultural) 메노파 교회 전통에 속한 신학자들의 비판에 따르면 안셀무스와 칼뱅으로 대변되는 희생제물의 속죄론은 인간의 죄의 해결을 위해 십자가에서의 고통과 죽음이라는 폭력적 행위가 필요하다고 함으로써 폭력 사용을 정당화한다. 고든 카우프만은 예수의 십자가 죽음을 우리 죄 문제를 해결하기 위한 형벌적 죽음으로 보는 것은 전 우주적인 용서와 화해에 폭력이 필요하다고 말하면서 폭력을 정당화하는 것이라고 비판하면서 예수의 십자가 죽음을 죄와 악에 대한 극복이라는 관점으로 이해하고자 한다.[14] 하워드 요더는 그의 기념비적인 책『예수의 정치학』

---

14 Gordon D. Kaufman, *Systematic Theology: A Historical Perspective* (New York: Scribner's, 1968, 1978). 그러나 Kaufman은 그의 구성주의적 신학 사상을 집대성한 *Facing Mystery*에서는 이전의 승리자 그리스도론적인 이해를 벗어나서 새로운 형태의 신학적 이미지들을 자유롭게 만들어 사용하고 있다. 여기에 대해서는 Gordon Kaufman의 *Facing Mystery: A Constructive Theology*(Cambridge, Mass.: Harvard University Press, 2003), 특히 25장의 A "Wider Christology"를 참조하라.

에서 예수는 철저한 비폭력 평화주의적 삶을 가르쳤는데 그것은 일반 통념과 달리 강력한 사회 윤리적 함의를 가지고 있으며 이런 정신은 모든 기독교 교리에 관철되어야 한다고 주장한다. 하지만 서방 교회를 주도해왔던 속죄론적인 십자가 죽음 이해는 구속을 위해 폭력이 필요하다고 함으로써 이와 같은 원래적 기독교 정신을 현저하게 훼손한다고 비판한다.[15] 데니 위버 역시 안셀무스의 만족설은 인간의 구원을 위해 예수의 십자가 죽음이라는 폭력적 사건이 있어야 한다고 말함으로써 폭력 사용을 정당화하게 된다고 비판한다. 그는 예수의 십자가 죽음에 대한 제대로 된 이해는 직접적이든 간접적이든 모두 폭력을 극복하는 것이 되어야 한다고 주장한다.[16]

둘째, 문화 인류학자, 사회학자, 문학 비평가로서 폭넓은 영향을 미쳐온 르네 지라르와 그의 영향을 받은 신학자들은 예수의 십자가 죽음을 속죄론적 죽음이자 희생 제의적 사건으로 보는 것은 폭력을 노출하고 극복하려는 성경의 오랜 전통에 위배되는 왜곡된 이해라고 비판한다.[17] 지라르에 의하면 인간 사회가 대면해야 하는 중심적인

---

15 John Howard Yoder, *The Politics of Jesus: Vicit Agnus Noster*, 2nd ed.(Grand Rapid: Eerdmans, 1993)과 *Preface to Theology: Christology and Theological Method* (Elkhart, Goshen Biblical Seminary, 1981), 120-58, 206-43도 참고하라.

16 Denny Weaver, *The Nonviolent Atonement* (Grand Rapids, Eerdmans Publishing Company, 2001), 225-28.

17 여기에 해당되는 것으로 Rene Girard, *Violence and the Sacred*. Translated by Patrick Gregory (Baltimore: Johns Hopkins University Press, 1977); *Things Hidden Since the Foundation of the World*. Translated by Stephen Bann and Michael Metteer (Stanford: Stanford University Press, 1987); *The Scapegoat*. Translated by Yvonne Freccero (Baltimore: Johns Hopkins University Press, 1986); Raymund Schwager, *Jesus in the Drama of Salvation* (New York: Crossroad, 1999); Walter Wink, *Engaging the Powers: Discernment and Resistance in a World of Domination* (Minneapolis: Fortress

문제는 폭력이었다. 특히 재판이나 감옥 같은 공적인 폭력 제어 장치가 없었던 고대 사회의 공동체 내부의 폭력은 사회 전체를 궤멸시킬 수 있는 심각한 문제였다. 이 문제를 해결하기 위한 고대 사회의 방책은 사회적 약자를 희생양으로 삼아 죽임으로써 폭력에 대한 사람들의 욕망을 달래고 사회적 안정을 찾는 것이었다. 실제로 희생양이 죽자 폭력이 사라지고 평화가 찾아오는 것을 목격한 사람들은 이 희생양 덕분에 폭력이 극복되었다고 느끼게 되었으며 더 나아가 희생양을 기억하고 신격화하기 시작했는데 지라르는 이것이 종교적 제의의 시작이라고 보았다. 따라서 그에 의하면 희생양 제의는 가진 자들에 의한 원초적 폭력(foundational violence)의 표현에 불과하다.

그런데 지라르는 인류사에서 처음으로 히브리 전통, 특히 신약 성경에서 오랫동안 감춰져왔던 희생 제의적 종교 이면의 폭력성이 완전히 노출되고 극복되었다고 보았다. 그의 설명에 따르면 성경적 종교는 오랫동안 숨겨졌던 폭력의 위장된 성격을 노출하고 고발함으로써 그것을 극복할 계기를 제공하며, 예수의 삶과 가르침에서 분명히 나타나듯이 사회가 폭력이 아닌 원수에 대한 철저한 용납과 사랑에 근거하여 건립될 수 있음을 분명히 함으로써 사람들을 비폭력적인 삶으로 이끌어간다. 따라서 그는 예수의 십자가 죽음은 결코 희생양 기제(scapegoat mechanism)에 기초한 희생 제의적 죽음으로 이해되

Press, 1992); Denny Weaver, *The Nonviolent Atonement* (Grand Rapids, Eerdmans Publishing Company, 2001); Anthony W. Bartlett. *Cross Purposes: The Violent Grammar of Christian Atonement* (Pennsylvania: Trinity International, 2001); Willard M Swartley ed. *Violence Renounced: Rene Girard, Biblical Studies, and Peace Making*. Studies in Peace and Scripture Series, vol. 4. (Pennsylvania: Pandora Press, 2000).

어서는 안 된다고 말한다. 왜냐하면 희생 제의적 죽음은 하나님이 인간의 죄를 용서하기 위해 예수의 죽음을 요구하셨다고 하는데, 이는 철저한 비폭력을 주장하는 성경의 정신과 결코 양립할 수 없기 때문이다.[18]

셋째 일부 여성 신학자들(feminist theologians)과 흑인 여성 신학자들(womanist theologians)들은 예수의 십자가 죽음을 인간의 죄에 대한 하나님의 심판으로 이해하는 것은 하나님의 아동 학대(divine child abuse)로서 가정과 사회에서의 폭력을 정당화하고 공인하는 잘못된 이해라고 주장한다. 이들에 의하면 구원이 십자가의 고통을 통해 이루어진다면 그것은 잘못되고 억울한 고통마저 정당화하고 미화시킴으로써 모든 고통을 영속화할 수 있다. 즉 대속의 죽음으로 이해되는 십자가 죽음은 극복해야만 하는 악하고 불의한 고통까지 정당화할 수 있다. 이들은 고통당하는 그리스도의 이미지는 많은 경우 억눌리는 사람들, 특별히 여성들로 하여금 그들이 겪는 고통의 원인이 무엇이든 그것을 있는 그대로 받아들이고 참게 하는 압제의 수단으로 사용되어왔다고 주장한다.[19] 또한 그리스도의 십자가 죽음을 대속적 죽

18　Girard는 이렇게 말한다. "복음서에는 우리가 그것을 속죄(expiation), 대속 (substitution) 등으로 어떻게 정의를 내리든 간에 그것이 하나의 희생(sacrifice)이었음을 보여주는 것은 전혀 없다. 그 어디에도 예수의 죽음은 희생으로 정의되지 않는다." Girard, *Things Hidden Since from the Foundation of the World*, 180. 그럼 예수는 왜 죽었는가? Girard는 그 당시의 폭력적인 세계는 폭력 없는 세계를 꿈꾸었던 예수를 결코 용납할 수 없었기 때문에 예수가 처형되었다고 말한다. 따라서 그는 희생 제의(sacrificial ritual)란 사상은 기독교 신앙에서 사라져야 한다고 본다. 이런 주장에 대한 비판으로서는 박만, "폭력과 속죄 죽음: 르네 지라르(Rene Girard)의 예수의 십자가 죽음 이해에 대한 비판적 고찰"『한국기독교신학논총』 53 (2007. 03), 111-40을 보라.

19　J. C. Brown and R. Parker, "For God so Loved the World?" in Joanne Carlson Brown

음으로 보는 것은 하나님을 피에 굶주린 복수의 하나님으로 이해하게 만든다고 주장한다. 즉 그의 영광의 회복을 위해 아들을 버리는 하나님의 행위는 구원 행위라기보다 "하나님의 아동 학대"(divine child abuse)에 불과하다는 것이다.[20] 마지막으로 이들은 대신 형벌(vicarious punishment)이란 생각은 도덕적으로 무의미하다고 본다. 즉 도덕적 행위에 있어서는 그 누구도 다른 사람을 대신해줄 수 없으며 각자 자기 행위에 대해 책임을 져야 하기 때문에 그리스도의 십자가를 통해 어떤 일이 일어나서 그것이 우리에게 영향을 미친다는 것은 무의미하다는 해석이다.

그럼 그리스도의 십자가는 무엇인가? 이들에 의하면 그리스도의 십자가는 하나님이 원하신 죽음이 아니라 예수 같은 훌륭한 인물도 용납하지 못하는 인간 죄악의 표출이자 거부해야 할 악이다. 그래서 여성 신학자인 파멜라 디키 영은 이렇게 결론을 내린다. "십자가에서 예수가 받은 폭력적 고통과 죽음은 구원에 대해 말하지 않는다. 그것은 인간의 악과 파괴, 실패 그리고 통전성의 결여다.…예수의 고통에 초점을 맞추는 것은 우리로 하여금 우리 자신이나 다른 사람의 고통을…극복되어야 할 것이 아니라 표준적인 것으로 생각하게 만든다."[21]

---

and Carole R. Bohn, eds., *Christianity, Patriarchy, and Abuse: A Feminist Critique* (New York: Pilgrim, 1989), 2.

20 Rita Nakasima Brock, *Journeys by Heart: A Christology of Erotic Power* (New York: Crossroad, 1988), 59; Carlson Brown and Carole R. Bohn, eds., *Christianity, Patriarchy, and Abuse*, 3-5.

21 Pamela Dickey Young, "Beyond Moral Influence to an Atoning Life," *Theology Today*, 52: 344-55.

2) 비판 2: 하나님 나라를 선포한 예수의 삶과 연관을 갖지 못하고 있다

예수의 십자가 죽음에 대한 속죄론적 이해는 그의 죽음을 하나님 나라를 선포한 이의 죽음으로 이해하지 못함으로써 그의 삶과 연관성을 갖지 못하고 전개되며, 이로 인해 복음이 가진 정치, 경제적 함의와 현실 변혁 능력을 충분히 확보하지 못하게 만들고 결국 구원을 개인적이고 추상적인 죄와 죄책의 극복 문제로 축소해버린다는 비판이다. 이런 비판을 하는 사람들은 예수가 하나님 나라를 선포하다가 당시 정치 종교적 기득권을 가진 사람들에 의해 죽은 것이지, 처음부터 온 인류의 죄를 구원하기 위해 죽음을 당한 것이 아니라고 한다. 길희성은 이렇게 이야기한다. "예수께서는 진정으로 하나님을 사랑하고 진정으로 인간을 사랑하다가 하나님보다 자기들의 전통 종교와 기득권을 더 사랑하고 인간보다 율법을 더 소중히 여기는 사람들에 의해 처형당한 것이지, 우리 죄를 대속하기 위해 십자가에서 죽음을 자취하신 것이 아니다."[22] 데니 위버 역시 예수가 하나님 나라를 선포했기 때문에 당시 정치 종교 지도자들과 충돌하게 되었으며 그 결과 십자가 죽음을 당하게 되었다고 말한다. 이 점에서 그는 예수의 죽음이 특별히 이룬 것은 없으며 그 죽음 자체에도 어떤 의미나 목적이 있다고 말할 수는 없다고 한다.[23] 이는 예수가 죽으러 온 것이 아니라 하나님 나라를 선포하고 그 나라를 이루는 가운데 악에 대해 승리하려고 오셨기 때문이다. 조태연은 예수의 죽음을 이해하려면 그를 죽음에까지 이르게 한 "예수 운동"을 살펴보아야 한다고 지적한다. 그는 "무

22　길희성, "아직도 교회에 다닙니까?". 오강남, 『예수는 없다』(서울: 현암사, 2001), 300-10에서 재인용.

23　Weaver, Ibid.

엇이 예수의 죽음에 대한 적절한 해석인가?"보다 "무엇이 예수를 죽음으로 몰아갔는가?"가 더 중요하다고 본다. 그에 의하면 예수는 하나님 나라 운동을 하다가 십자가에서 죽었는데 바울은 이를 십자가의 대속적 죽음으로 해석하였고 그것이 교회 안에서 불변의 진리처럼 고착되었다고 한다. 따라서 그는 예수의 죽음에 초점을 맞추기보다 예수의 삶을 구성했고 인도했던 원래의 예수 운동으로 돌아갈 것을 요청한다.[24]

그런데 이처럼 예수의 하나님 나라의 복음과 바울의 속죄적 십자가와 부활의 복음 사이에 어떤 근본적인 균열이 있다는 주장은 상당히 일찍부터 제기되어 온 것이다. 이미 18세기의 신학자이자 동양언어학자인 라가르데는 라이마루스와 피히테의 영향 속에 예수의 복음에는 하나님 나라의 이념이 포함되어 있었는데 시간이 지남에 따라 여기에 유대적, 그리스적, 로마적 요소들이 가미되어 새로운 내용으로 채워지게 되었다고 주장하였다.[25] 그 후 브레데는 예수가 자기의 죽음이 인간의 구원에 대해 중요한 의의를 갖고 있다고 보지 않았으나 바울의 서신들은 예수의 죽음이 세상의 구원과 관련된 사건이

24 　조태연, "한국교회의 신앙 구조와 예수 운동의 도전," 「신학사상」 98 (1997/가을): 169-95, "예수 운동: 신학함의 새로운 패러다임," 「세계의 신학」 38 (1998. 03), 44-77. 조태연에게 예수 운동은 역사적 예수와 마가복음서가 기록된 기원후 70여 년 사이의 "잊혀진 40년" 동안에 최초의 신앙 공동체들이 행한 운동이다. 이 공동체들은 바울의 헬레니즘적인 "그리스도교"와 무관하게 예수의 육성(말씀 전승)과 행위(행위 전승)를 직접적으로 계승한 공동체들로서 당시의 정교 지배 체제와 완전히 다른 역전적(subversive)인 세계를 꿈꾸었다.

25 　Lagarde, P. de, *Über das Verhältnis des deutschen Staates zu Theologie, Kirche und Religion. Ein Versuch, noch Nicht-Theologen zu orientieren* (Deutsche Schriften), 1892. 게르하르트 프리드리히, 박영옥 역, 『예수의 죽음- 신약성서의 이해』(서울: 한국신학연구소, 1988), 7에서 재인용.

되었음을 주장한다고 말했다. 즉 역사적 예수는 하나님 나라의 선포자였는데 바울이 이를 속죄적 죽음을 당한 하나님의 아들로 만들었다는 것이다.[26] 아돌프 폰 하르나크 역시 예수가 선포한 복음과 그 후에 정식화된 복음을 구별한다. 그에 의하면 예수는 임박한 하나님 나라와 하나님의 자녀 됨에 대해 말한 반면, 바울을 중심으로 한 초기 기독교는 예수의 하나님 아들 됨과 그의 속죄적인 죽음 및 부활을 선포했다. 따라서 이 점에서 교회는 예수가 원래 선포한 메시지로 돌아갈 필요가 있다.[27] 그런데 예수의 하나님 나라의 복음과 바울의 십자가와 부활의 복음 사이의 관계성 문제는 신약신학의 가장 중심적인 질문에 속하며 이 논문의 범위를 벗어난다. 여기서는 다만 안셀무스와 칼뱅 및 그들의 영향 속에 형성된 형벌 대속적 이해는 예수의 하나님 나라 선포를 전혀 고려하지 않은 채 전개되고 있다는 비판이 있음을 지적하는 것으로 족하다.

3) 비판 3: 그리스도인들의 구체적 신앙생활에 부정적 결과를 가져올 수 있다

마지막으로 속죄론적으로 이해된 예수의 십자가 죽음은 실제적인 신앙생활에 여러 부정적인 결과들을 가져올 수밖에 없다는 비판이다. 신약신학자 마커스 보그는 그리스도의 십자가 죽음을 속죄의 죽음으로 볼 때 다음과 같은 부정적인 결과들이 도출된다고 말한다.[28] 첫째,

---

26 William Wrede, *Paulus* (Halle, 1904), 94, 97, 103. 프리드리히, Ibid., 8에서 재인용.
27 프리드리히, Ibid., 8.
28 Marcus Borg, *Meeting Jesus again for the First Time* (New York: HarperCollins, 1995), 130-32.

하나님이 준수해야 할 율법의 부여자이자 심판관으로 이해됨으로 인해 그리스도인의 삶이 두려움에 사로잡히거나 어두워지기 쉽다. 둘째, 이런 이해가 예수의 죽음에 대한 거의 유일한 이해가 될 때 그리스도인의 삶은 죄와 죄 용서의 반복으로 축소됨으로써 항상 죄와 죄의 극복만 말하는 소극적이며 수동적인 것이 된다. 셋째, 이런 이해는 사람을 하나님 앞에 범죄하여 심판을 받을 수밖에 없는 존재로 이해하고 있는데, 막상 어떤 사람들은 평생 별다른 죄의식 없이 살아간다. 따라서 이런 사람들을 "복음화"하려면 먼저 그들을 죄인으로 만들어야 하는데 이것이 쉽지 않을 뿐만 아니라 과연 그렇게 해야 하는가라는 질문이 제기된다. 넷째, 이런 이해에서 죄는 곧잘 "개인적인 것"인 것으로만 이해되고 그 구조적인 모습은 사라져버린다. 이로 인해 술, 담배 거짓말, 도둑질, 도박 같은 것은 죄로 인식되는 반면, 인종 차별, 성차별, 경제적 수탈, 전쟁, 자연 파괴 같은 것은 죄로 여겨지기 어렵게 된다. 다섯째, 그는 이런 종류의 속죄 이해는 믿기 어렵다고 주장한다. 2,000년 전에 살았던 나사렛 목수가 사실은 하나님의 아들이었으며 우리 죄를 위해 십자가에 피 흘려 죽었으니 이제 그를 믿으면 죄를 용서받고 구원을 얻는다는 것은 비신자들뿐만 아니라 신자들에게도 쉽게 믿어지지 않는다는 지적이다.[29]

---

29   Ibid., 132.

2. 대속론적 이해에 관한 비판에 대한 평가

지금까지 예수 그리스도의 십자가 죽음을 우리 죄를 해결하기 위한 속죄적 사건으로 이해하는 관점에 대한 세 가지 주요 비판들을 살펴보았다. 우리는 이런 비판들을 어떻게 이해해야 하는가?

먼저 대속의 죽음으로 이해된 예수의 십자가 죽음이 고통을 정당화하거나 영속화하는 "하나님의 아동 학대"(divine child abuse)라는 비판에 일정 부분 귀담아들어야 할 내용이 포함되어 있다. 실제로 예수의 십자가 죽음에 대한 속죄론적 이해가 통속적이며 조잡하게 표현되면 하나님을 피에 굶주린 "아동 학대의 하나님"으로 오인하게 만들 뿐만 아니라 사회적 약자들, 특히 가부장 사회에서 억눌리는 여성들의 고통과 희생을 하나님의 이름으로 정당화하고 미화할 위험성이 크다. 즉 고통의 원인을 파악하고 극복하려는 노력은 하지 않으면서 예수가 십자가를 지신 것처럼 지금 자기에게 주어진 십자가의 고통을 믿음으로 견디라고만 한다면 예수의 십자가는 그저 "눈물의 계곡을 견뎌내게 하는 인민의 아편"으로 오용될 수 있다. 가정 폭력으로 인해 삶이 망가져가고 있는 여성들에게 예수의 십자가를 생각하고 인내함으로써 마침내 승리하라는 강단의 메시지는 그 원래 의도와 달리 매우 부정적인 결과를 가져올 수 있는 것이다.

물론 그렇다고 해서 예수의 십자가 죽음을 대속의 죽음으로 보는 시각이 잘못된 것은 아니다. 다만 여기서 주목해야 하는 것은 이런 비판을 하는 학자 대부분이 아버지와 아들 사이의 어떤 분열과 대립을 상정하고 있다는 점이다. 즉 이런 이해에서 아버지(성부)는 자신의 깨어진 영광을 회복하기 위해 외아들을 죽이는 분으로, 아들(성자)

은 불순종한 인류 위에 쏟아질 하나님의 진노를 달래기 위한 무죄하고 연약한 희생제물로 오인되고 있다. 그리고 만일 성경이 말하는 예수의 십자가 죽음이 이런 것이라면 그것은 "우주적인 자녀 학대"이며 무죄하고 억울한 고통을 정당화하고 미화하는 것이라고 할 수 있다.

하지만 신약성경은 예수의 대속적 사건을 하나님과 예수라는 "서로 분리되어 있는" 두 신적 인격 사이에 일어난 사건으로 보지 않는다. 그것은 하나님을 심판자로, 예수를 구원자로 분리하지 않는다. 그것은 성자뿐만 아니라 성부 역시 구원의 주체로 보며 하나님과 인간 사이의 화해가 성부와 성자의 가장 깊은 연합과 사랑 가운데 이루어진 사건이라고 말한다. 고린도전서 5:18-19 말씀이 이 사실을 잘 보여준다. "모든 것이 하나님께로서 났으며 그가 그리스도로 말미암아 우리를 자기와 화목하게 하시고 또 우리에게 화목하게 하는 직분을 주셨으니 곧 하나님께서 그리스도 안에 계시사 세상을 자기와 화목하게 하시며 그들의 죄를 그들에게 돌리지 아니하시고 화목하게 하는 말씀을 우리에게 부탁하셨느니라." 이처럼 신약성경은 앞서 언급한 학자들의 주장과 달리 성부와 성자 사이에 아무런 분열이 없었으며 두 신적 인격이 함께 인간의 구원을 이루셨다고 말한다. 뿐만 아니라 신약성경은 아들 역시 대속의 주체이며 선도자임을 명확히 한다. 베드로의 신앙고백 이후 예수는 자신이 고난을 받고 죽을 것이라고 밝히면서(막 8:31) 이 죽음은 하나님의 뜻 안에서 자신이 받아야 할 세례라고 말씀하신다(마 10:38; 눅 12:51). 그분은 이 죽음을 하나님의 뜻 안에서 이루어진 것으로 알고 능동적으로 하나님 뜻에 순종하신다. 요한복음의 예수는 "내가 내 목숨을 버리는 것은 그것을 내가 다시 얻기 위함이니 이로 말미암아 아버지께서 나를 사랑하시느니라.

이를 내게서 빼앗는 자가 있는 것이 아니라 내가 스스로 버리노라. 나는 버릴 권세도 있고 다시 얻을 권세도 있으니"(요 10:17-18)라고 말씀하심으로써 자신이 희생을 당하는 어린아이가 아니라 주체적인 성인으로서 십자가 죽음을 향해 나아갔음을 명확히 한다. 즉 신약성경은 대속 사건이 하나님과 예수의 온전한 연합 안에서 이루어진 것이며 예수 역시 단순히 한 인간이 아니라 신적 존재로서 의도적으로 대속 행위에 참여하고 있음을 분명히 한다(요1:1-18; 6:26-41; 막 10:45). 그리고 여기서 중요한 점은 이처럼 하나님과 예수 사이에 의지의 온전한 일치와 연합이 있었다는 것과 예수가 단순히 한 인간일 뿐만 아니라 신적 존재라는 두 가지 주장을 전제할 때 대속에 대한 논의가 비로소 의미를 갖게 된다는 것이다. 다른 말로 표현하면 예수 그리스도의 신성과 십자가에서의 삼위일체 하나님 사이의 온전한 연합과 일치를 말할 때 성부 하나님은 자녀를 학대하는 아버지가 아니고 성자 예수 역시 무력하게 학대받는 아이가 아니게 되며, 그때 비로소 대속에 대한 논의가 의미를 갖게 된다. 간단히 말해 대속 교리는 삼위일체 신앙 안에서 가능해지고 의미를 확보하게 된다. 한스 우르스 폰 발타자르는 이 사실을 다음과 같이 잘 지적하고 있다. "예수가 하나님 앞에서 죄인의 조건을 견디었던 하나님에 의해 버림받는 경험은 그 신비에 있어서 어떤 종류의 문화적 '기제'에서가 아니라 성령 안에서의 아버지와 아들 사이의 역사(history) 가운데서의 삼위일체적인 동의의 집행(a trinitarian transaction of consent)에서 발생한다."[30] 르네 지라르의 경

---

30   Hans Urs von Balthasar, "Die Neue Theorie von Jesus in dem 'Sündenock'," *Internationale Katholische Zeitschrift* "*Communio*" 9 (1980): 182-98. 인용은 189. 영국의 개혁주의 신학자 Thomas F. Torrance 역시 삼위일체론을 전제할 때만 속죄론

546   부록2

우 신학적인 관점이 아닌 사회 인류학적인 관점으로 예수의 십자가를 이해함으로써 이런 중요한 통찰을 놓치고 있으며, 앞서 언급한 일부 여성 신학자들 역시 예수의 신성과 삼위일체 하나님 사이의 온전한 연합과 일체라는 관점을 갖지 않았기 때문에 예수의 십자가 죽음을 "가학적 하나님"의 아동 학대로 오인하고 있다고 해야 할 것이다.

이제 두 번째 비판에 대해 살펴보자. 이런 비판을 제기하는 학자들의 말처럼 예수의 십자가 죽음에 대한 속죄론적인 해석은 분명히 예수의 생애 전체가 아닌 그의 죽음에만 관심을 기울이고 있다. 여기서 예수는 오직 우리의 죄 문제 때문에 십자가에서 대신 형벌을 받기 위해 태어난 것처럼 보인다. 오직 그의 죽음만이 우리의 구원에 의미를 가진 것으로 나타나며 하나님 나라를 선포한 예수의 삶은 아무런 의미를 갖지 못한다. 그러나 이런 이해는 예수의 죽음을 로마의 압제라고 하는 구체적인 역사적 정황 가운데서 하나님 나라를 선포하다가 죽은 이의 죽음으로 보지 못하게 만들며, 그로 인해 그 죽음이 가지고 있는 역사적이고 사회 정치적인 함의를 포착하지 못하게 만든다. 그 결과 죄 역시 개인적, 추상적, 내면적인 것으로 이해되고 그것이 가진 구체성, 공동체성, 역사성을 말하기 어렵게 된다. 그로 인해

이 의미를 가질 수 있음을 지적한다. 그에 의하면 예수 그리스도의 하나님의 아들 되심이 받아들여지지 않는다면 십자가에 매달린 사람은 그저 한 명의 의인이나 순교자에 불과할 것이며 그의 죽음은 결코 인류의 죄를 속하는 죽음이 될 수 없을 것이다. 그때 그것은 십자가에 달린 한 인간과 진노하는 하나님 사이의 "외적 거래"(external transaction)로서 그때의 하나님은 한 인간을 심판하는 폭력의 하나님이 될 수밖에 없을 것이다. Thomas Torrance, "*The Priesthood of Christ*," 미발표 논문, 6. George Hunsinger, *Disruptive Grace: Studies in the Theology of Karl Barth* (Grand Rapids: Eerdmans, 2000), 32에서 재인용. 또한 Thomas F. Torrance, *The Mediation of Christ*, 2nd ed.(Colorado Springs: Helmer and Howard, 1992)도 참고할 것.

기독교 신앙 역시 개인주의화, 내면화, 탈역사화되기 쉽고, 그 결과 위버의 지적처럼 그리스도인의 믿음과 그의 윤리(세상 안에서의 삶)가 분리되기 쉽다.[31] 또한 이런 이해는 보그가 지적하듯이 그리스도인의 삶을 현세가 아닌 내세와 주로 연관된 것으로 오해하게 만들 가능성이 크다. 특히 이런 이해가 예수의 십자가 죽음을 이해하는 거의 유일한 이해가 될 때 그리스도인의 삶이 죄와 죄 용서의 반복으로 축소됨으로써 적극적이지 못하고 항상 죄를 의식하는 소극적이며 수동적인 것이 된다. 무엇보다도 이런 이해는 평생 별다른 죄의식 없이 살아가는 사람들에게 특별한 의미를 주지 못하기 때문에 믿음을 갖기 어렵게 만든다.[32] 이처럼 예수의 십자가 죽음을 속죄론적으로만 이해하는 것은 여러 한계를 가지고 있다고 해야 할 것이다.

그러나 이런 약점에도 불구하고 우리는 신약성경이 분명히 예수의 십자가 죽음을 우리 죄를 해결하기 위한 속죄의 죽음으로 이해하고 있다는 점을 기억해야 한다.

로마서 8:3은 "하나님은 하시나니 곧 죄로 말미암아 자기 아들을 죄 있는 육신의 모양으로 보내어 육신에 죄를 정하사"라고 전하며, 에베소서 5:2은 "그리스도께서…우리를 위하여 자신을 버리사 향기로운 제물과 희생제물로 하나님께 드리셨느니라"고 말한다. 신약성경은 이 외에도 여러 곳에서 예수의 십자가 죽음을 인간의 죄를 속죄하기 위한 희생적 죽음이라고 말하고 있다(히 9:26; 막 14:24; 고전 11:24-25; 요 1:29, 36; 롬 3:25; 4:25; 5:6-9; 8:3; 14:15; 고전 5:7; 10:16-21; 15:3; 고후

---

31   Weaver, Ibid., 78-80.
32   Borg, *Meeting Jesus again*, 132.

5:14; 갈 1:4; 2:20; 3:13; 엡 5:2; 골 1:20; 살전 5:10; 히 전체; 벧전 1:2, 19; 3:18; 요일 1:7; 2:2; 계 1:5; 5:9 등). 신학자 프리드리히의 관찰처럼 신약성경은 예수의 죽음을 속죄양의 죽음이며 계약의 제물로 보고 있다.[33]

따라서 신약성경의 증언을 충실하게 따른다면 우리는 예수 그리스도의 십자가 죽음에 희생 제의적 요소가 있음을 부인할 수 없다. 물론 우리는 이런 이해를 현대인들의 삶과 동떨어진 유대교의 제의적 사고의 산물로 무시해버리거나, 일부 구성주의 신학자들(constructive theologians)처럼 오늘날 삶의 현실에 더욱 적실해보이는 새로운 구원 이해를 새롭게 만들어 대치할 수도 있을 것이다. 하지만 에버하르트 윙엘이 말하듯 신학이 기본적으로 성경을 통해 드러나는 하나님의 계시 사건에 대한 기술(description)이며 하나님의 계시를 따라 숙고하는 것(nachdenken)[34]이어야 한다면, 우리는 이런 증언을 소중하게 여기고 충실하게 따라야 한다. 마르틴 루터의 말처럼 대속론적 십자가 죽음 이해는 기독교 신앙의 중심으로 존중되어야 하는 것이다.[35]

하지만 동시에 우리는 이런 이해가 가져올 수 있는 오해와 약점 역시 기억할 필요가 있다. 첫째, 대속론적 이해는 구약성경의 희생제사 제도의 맥락과 근대 법정적 사고의 틀 안에서 형성된 이해로서 삼위일체론적인 틀 안에서 보지 않으면 성부를 두렵고 무서운 심판자

---

33 프리드리히, Ibid., 2-8장.

34 Eberhard Jüngel, *God's Being is in Becoming: The Trinitarian Being of God in the Theology of Karl Barth*. trans. John Webster. (T. and T. Clark Publishers, 2004), 8.

35 마르틴 루터는 이렇게 말한다. "이것이 기독교 종교다. 곧 한 사람이 죄를 범했고 다른 사람이 만족을 시켰다. 죄인은 만족을 시키지 않았고 만족을 시킨 이는 죄를 범하지 않았다. 이것은 놀라운 교리다." Martin Luther, "Lectures on Isaiah" 43:24, in *Luther's Works*. Translated by H. C. Oswald, vol. 17 (St. Louis: Concordia, 1972), 99.

로, 성자를 희생자로 분리시킬 위험을 가지고 있으며 이로 인해 인간의 죄에 대한 심판을 강조하는 "정죄하는 손가락"과 "불과 유황의 신학"으로 왜곡될 수 있다. 이런 오해를 피하려면 앞서 지적했듯이 그리스도의 죽음이 성부 하나님이 주도하신 삼위일체적 사건이자 무한히 감격스러운 은혜의 사건임을 확언할 필요가 있다. 특히 성부 하나님의 사랑이 인간 구원의 근본 동인임을 명확히 해야 한다. 다시 말해 그리스도께서 우리를 위해 죽으셨기 때문에 하나님이 우리를 사랑하시는 것이 아니라, 하나님께서 이미 우리를 사랑하셨기 때문에 그리스도께서 우리를 위해 죽으신 것임을 분명히 해야 한다. 존 스토트의 말처럼 우리를 향한 하나님의 사랑은 속죄의 결과가 아니라 속죄의 원천임이 확언되어야 한다.[36] 둘째, 이런 이해는 예수의 삶과 죽음을 분리시킨 후 그의 죽음만이 우리의 구원을 위해 의미를 가진 것처럼 인식하게 만드는 약점을 가지고 있다. 그것은 예수의 죽음이 1세기 로마의 압제가 횡행하는 가운데 자유와 해방과 생명의 하나님 나라를 선포하신 분의 죽음이라는 점을 포착하지 못하며 이로 인해 죄를 주로 개인적이고 내면적인 것으로만 여기게 하고 죄의 역사적, 정치 경제적, 우주적 차원을 잘 인식하게 못하게 만든다. 그 결과 그리스도인이 어떤 공적인 삶을 살아야 하는지에 대한 지침을 주는 데 한계를 가진다.

---

36 스토트, Ibid., 216. Forsyth 역시 이 점을 다음과 같이 말한다. "속죄로써 은혜를 얻는 것이 아니라 은혜로부터 속죄가 흘러나오는 것이다." P. T. Forsyth, *The Cruciality of the Cross* (London: Independent Press, 1909), 78. 칼뱅의 다음 말도 마찬가지다. "구속 사역은 하나님의 사랑에서 기인한다. 따라서 구속이 하나님의 사랑을 확보한 것이 아니다." Calvin, *Institutes of Christian Religion*, II. xvi. 4.

이런 오해와 한계로 인한 약점들을 극복하고 예수가 가져오신 구원을 보다 포괄적으로 포착하려면 우리는 그리스도의 십자가에 대한 다른 해석들 역시 중요하게 여겨야 한다. 실제로 십자가 죽음에 대한 해석들은 모두 특정한 문화적 상황 속에서 형성되어 그 나름의 가치와 한계를 동시에 지니고 있기 때문에 한 가지에만 집중할 수 없으며 주요한 여러 해석을 모두 참고해야 한다. 즉 그리스도의 십자가 죽음은 죄를 대속하는 사건(만족설/형벌 대속설)임과 동시에 사탄(하나님을 거역하는 구조화된 악)을 극복한 사건이며(고전설), 하나님의 사랑을 드러낸 사건(도덕 감화설)으로 이해되어야 한다. 이렇게 해야 하는 이유는 무엇보다도 성경 자체가 구원의 이런 다양한 모습들을 모두 포괄하고 있기 때문이다. 구약성경에 나오는 세 가지 중요한 사건인 출애굽, 바빌론 포로 생활로부터의 귀환, 예루살렘 성전을 통한 죄 용서 이야기는 각각 악의 정복, 하나님 사랑의 계시, 속죄를 이루는 일과 상응하며 이들은 모두 하나님 나라를 선포한 예수의 삶과 십자가 죽음 및 부활에서 절정에 이른다.[37]

---

37 Marcus Borg에 의하면 그리스도 해방자 대속론(고전설)은 구약의 출애굽 이야기 (The Exodus Story)와 부합되며 하나님의 사랑의 표현으로서의 그리스도의 죽음 이해(도덕 감화설)는 바빌로니아 포로와 귀환의 이야기와 연관되고 그리스도의 십자가 죽음을 죄의 용서를 위한 희생제물로 이해하는 대속론(만족설)은 구약의 세 번째 큰 이야기인 제사장 이야기와 상응한다. 이 모두는 서로 보완하면서 그리스도가 이룬 구속 사역의 여러 면모를 보여준다. 여기에 대해 다음을 참고하라. Borg, *Meeting Jesus again*, 119-37.

3. 한국교회에서 좀 더 강조되어야 할 "승리자 그리스도"론

그런데 필자는 오늘날 한국교회 상황에서는 예수 그리스도가 가져오신 구속을 악의 노출과 극복으로 보는 관점을 더 강조해야 함을 느낀다. 주지하다시피 한국 사회는 지난 수십 년간 한강의 기적이라는 말로 표현될 정도로 엄청난 경제 성장을 이루었다. 하지만 국민들의 삶의 행복 지수는 경제 성장의 정도를 따라가지 못하고 있다. 오히려 경제 성장을 최고의 가치로 여기게 된 이후부터 한국 사회는 더 깊은 지역 갈등, 이념 갈등, 계층 갈등, 세대 갈등으로 고통을 겪는 듯하다. 개인의 삶도 마찬가지여서 우리나라는 2012년까지 "경제협력개발기구"(OECD)에 속한 30개 국가 중 8년 연속 자살률 1위를 기록했다. 노인 빈곤율, 실질적 미혼율, 공교육비의 민간 분담률 역시 1위였다. 반면 출산율은 계속해서 최하위를 기록하고 있다.[38] 보통 사람들이 삶에서 느끼는 행복감은 오히려 떨어지고 있는 것이다. 이런 상황에서 그리스도의 교회가 사람들에게 희망의 징표가 되어야 하지만 현실은 정반대다. 실제로 지난 20여 년 사이 한국 개신교회의 도덕적, 영적 능력은 급속히 약해졌고 교세 역시 가파른 속도로 감소했다. 사회적 영향력 역시 현저하게 줄어들고 있다.[39] 그런데 같은 기간 로마 가톨릭교회는 크게 약진한 것을 볼 때 개신교회의 영향력 감퇴는 교회

---

38 https://www.google.com/search?q=%ED%95%9C%EA%B5%AD%EC%B6%9C%EC%82%B0%EC%9C%A8&oq=gksrnrcnftksdbf&aqs=chrome.1.69i57j0i512l2.4501j1j15&sourceid=chrome&ie=UTF-8. 2020년 출산율은 여성 1인당 0.84명이다.

39 한국교회의 수적 감소와 사회적 영향력 약화에 대한 통계 자료와 분석으로는 양희송, 『다시 프로테스탄트』(서울: 복있는사람, 2012)를 참고하라.

외적 요인보다 개신교회의 신학이나 구조 및 관행 같은 내적 문제 때문일 가능성이 높다. 한국 개신교회가 이렇게 된 이유는 어디에 있을까? 김준우는 한국 개신교회의 문제점을 여섯 가지로 지적했는데[40] 그 내용을 한마디로 요약하면 다음과 같다. 한국교회에 위기가 닥친 이유는 예수가 선포하셨던 하나님 나라의 "새 인간"과 "새 세계"의 비전을 무시하고 있든지 아니면 애초에 그런 비전을 별로 갖지 못한 채 자신을 구원에 필요한 하나의 제도 내지 조직으로 축소시켰기 때문이다. 이처럼 교회가 자신을 성령의 능력 아래서 인간과 세계를 총체적으로 해방하기 위한 하나님 나라 운동의 전위대가 아니라 영적 구원을 위한 기관 내지 조직으로 이해하는 바람에 내적으로는 비민주

---

40 김준우는 한국교회의 문제를 다음과 같이 서술한다. 첫째, 교회는 하나님의 뜻과 진리를 가르치고 실천하는 일에 집중하기보다 교회 성장에만 몰두하였고 이로 인해 사회적 연관성을 상실하였다. 둘째, 교회 내의 반지성적 분위기와 비민주적인 구조로 인해 건강하고 성숙한 신앙인을 키워내는 데 어려움이 있었다. 셋째, 기복적이고 내세 지향적인 태도로 개인의 영혼 구원에 치중함으로써 이 세상에서의 책임과 공동체적 의무를 충실히 감당치 못하였다. 넷째, 오직 믿음으로 구원을 받는다는 교리를 내세워 맹목적으로 믿을 것을 요구할 뿐 성서와 기독교의 진리에 대한 비판적 질문을 제기하는 것을 믿음 없는 태도로 매도하는 경향이 있었고, 이로 인해 개방적이며 주체적인 신앙을 갖고자 하는 젊은 층과 고학력자들이 머물 수 있는 풍토를 제대로 만들지 못하였다. 다섯째, 예수 그리스도가 영혼 구원을 위해 십자가에 달리심으로써 모든 죄를 용서하시는 분으로 이해될 뿐 세상 속에서 따라 살아가야 할 삶의 모델로 여겨지지 않음으로 인해 기독교적인 사회 변혁의 원리와 동력을 제대로 확보하지 못하였다. 여섯째, 지난 30년간 교인들의 지적인 기대 수준이 무척 높아졌음에도 불구하고 아직도 교회 문턱에서 이성을 벗어 놓고 교회 안에 들어오라고 요구하고 있다. 특히 교리 수호라는 이름 아래 성경에 대한 문자주의와 다분히 주관적인 해석이 횡행하고 있다. 한국교회의 영성 운동 역시 개인주의적, 비이성적, 비역사적 성경 해석에 기초함으로써 성경과 기독교의 진리를 그 역사적 맥락과 단절시켰으며 우리의 신앙마저도 역사적 현실로부터 도피하도록 만들고 있다. 여기에 대해 다음을 참고하라. 월터 윙크, 『사탄의 체제와 예수의 비폭력』(서울: 한국기독교연구소, 2004), 서문 김준우, "21세기 기독교 총서를 발간하면서".

성과 폐쇄성 및 지적 단순주의(intellectual simplism)를, 외적으로는 사회와의 단절로 인한 영향력 상실을 초래한 것으로 보인다.

이런 문제를 해결하려면 교회가 다시 한번 예수 그리스도의 하나님 나라 비전을 회복하고 그 비전을 현실 속에서 살아내어야 할 것이다. 그렇게 하기 위해서는 예수의 일생 전체가 사탄을 노출하고 극복하는 것이었음을 강조할 필요가 있다. 실상 예수는 하나님 나라를 선포하다가 십자가 죽음을 당하셨고 부활하심으로써 사탄의 권세를 파하셨다. 그레고리 보이드의 말처럼 예수의 삶 전체와 죽음과 부활은 "자기희생적인 사랑의 능력을 통해 사탄의 지배와 권세를 정복함으로써 하나님의 통치를 확립"[41]하는 것이다. 따라서 우리는 그리스도께서 가져오신 구원이 죄의 용서뿐만 아니라 사탄 곧 인간다운 삶을 살지 못하게 하고 계속된 갈등과 분열을 가져오는 악마적인 힘의 노출과 극복이었음을 더욱 분명히 할 필요가 있다(골 2:14-15).

물론 이렇게 하기 위해서는 사탄이 하나님을 대적하는 하나의 초자연적이고 인격적인 실체일 뿐만 아니라 지금 우리 삶의 현실 속에서 구체적으로 작동하는 악, 곧 월터 윙크의 표현대로 하나님을 떠나 그 자체의 절대성을 주장하게 된 구조화된 악의 힘임을 이해할 필요가 있다.[42] 다시 말해 오늘날 사탄은 개인과 사회 속에서의 불의, 억압, 차별, 물질주의, 쾌락주의, 전쟁, 테러, 반생태적 삶의 방식 등으

---

41 Gregory A. Boyd, "Christus Victor View," James Bailby and Paul R. Eddy, ed. *The Nature of the Atonement* (Downers Grove: InterVarsity Press, 2006), 46. 인용은 윤철호, 1087.

42 Walter Wink, *Engaging the Powers: Discernment and Resistance in a World of Domination* (Augusburg: Fortress Press, 1992), 12-16.

로 구체화되어 나타난다. 교회 안에서는 위선, 율법주의, 공로주의, 과도한 정죄, 소심함, 불신앙 등으로 나타날 수 있을 것이다. 하나님의 은혜가 어디에나 편만하듯이 악 역시 어디에나 편만하게 나타난다. 그것은 카멜레온처럼 지극히 교묘한 방법으로 그 정체를 수시로 어둠 속에 숨겨버린다. 따라서 우리는 악이 지금 "어디에" "어떤 모습으로" 현존하는가를 분별한 다음 공중 권세 잡은 이를 이기신 예수(눅 10:17-18; 요 16:33; 엡 1:20-22; 4:8-12)에 대한 믿음과 순종으로 이를 극복해가야 할 것이다. 그리스도인들의 싸움이 혈과 육의 싸움 아닌 "통치자들과 권세들과 이 어둠의 세상 주관자들과 하늘에 있는 악의 영들을 상대"하는(엡 6:12) 싸움이라면, 우리의 구속에 대한 이해 역시 사탄으로 인격화되고 의인화된 우리 시대의 구조적인 악을 이기고 정복하는 방향이 되어야 할 것이다.[43]

나가는 말

지금까지 우리는 예수 그리스도의 십자가 죽음에 대한 속죄론적 이해와 그에 관한 주요한 비판들을 평가한 다음 오늘날 한국교회 상황에서는 예수의 생애 전체가 사탄과의 대립과 그 극복이라는 이해가 더 강조되어야 함을 논했다. 이제 이 글을 맺으면서 예수의 십자가 죽음의 전체적인 맥락을 몇 가지로 간략하게 정리해보고자 한다.

---

43 이 점에서 교회는 개인적인 차원뿐만 아니라 정치, 경제, 문화, 생태적 차원에서 이루어지는 "영 분별"과 "축귀"(exorcism)를 진지하게 수행할 필요가 있다.

첫째, 예수 그리스도는 철저히 하나님 나라를 위한 삶을 사셨다. 그는 비유로 이 나라의 성격을 가르치시면서 병자를 고치고 바다를 잔잔케하며 귀신들을 내어 쫓음으로써 이 나라의 능력을 드러내셨다. 또한 사회에서 버려진 사람들과 함께 식사를 나눔으로써 이 나라가 무조건적으로 환대(unconditional hospitality)하는 나라임을 보이셨다. 그는 하나님 나라 운동을 위해 제자들을 불러서 양육하셨고, 그런 활동의 결과로 십자가 죽음을 당하게 되었다. 따라서 예수의 삶뿐만 아니라 그의 십자가 죽음의 의미 역시 하나님 나라의 선포와 연관해서 이해해야 한다.

둘째, 예수는 하나님 나라를 선포하는 가운데 자신이 죽음에 처하리라는 사실을 알았을 것이다. 하지만 예수는 "아바 하나님"에 대한 믿음과 순종으로 하나님 나라 운동을 끝까지 관철하셨다. 그는 자신의 죽음이 "하나님의 뜻을 따르다가 죽어간 구약의 예언자들의 운명"이며 더 나아가 인류의 죄를 위한 속죄의 사건임을 알았던 것 같다. 예수의 첫 제자들은 이 사실을 몰랐으나 예수의 부활을 체험한 다음 이 죽음이 많은 사람을 위해 드리는 대속의 죽음임을 깨닫고 고백하게 되었다(막 4:15).[44]

셋째, 첫 제자들은 예수의 죽음을 보고 깊은 절망에 빠져 사방으로 흩어져버렸으나 그의 부활을 체험한 후 근본적으로 변하게 된다. 그들은 예수의 부활 체험을 통해 예수는 결코 실패하지 않았으며, 하나님 나라를 선포했던 그의 삶은 옳고, 이처럼 살다가 죽고 부활한 이는 그저 위대한 예언자일 뿐만 아니라 하나님이 보내신 구원자이자

---

[44]　프리드리히, Ibid., 10.

더 나아가 신적 존재라는 깨달음에 이르게 되었다. 그리고 이런 부활의 빛 가운데서 그의 죽음이 "우리를 위한 죽음"이었고 더 나아가 "모든 사람을 위한 대속의 죽음"임을 고백하게 된다. 따라서 예수의 십자가 죽음에 대한 구원론적인 해석은 그의 부활이 사실이었음을 전제할 때 가능한 것이다.

넷째, 서방 교회 전통은 예수의 십자가 죽음을 주로 하나님의 깨어진 영예를 회복하거나 죄에 대한 형벌을 대신 치른 희생제물의 죽음으로 이해해왔다. 즉 예수의 십자가 죽음은 희생제물의 대속론(the atonement of sacrifice)이란 관점에서 이해되었으며, 한국교회 역시 이런 이해의 영향을 크게 받고 있다. 이런 입장은 분명한 성경적 근거와 동시에 한계와 약점 역시 지니고 있기 때문에 이를 보완할 다른 이해가 필요하다. 특히 오늘날 한국교회 상황에서는 예수가 가져오신 구원을 사탄(구조화된 악의 힘)에 대한 분별과 극복으로 보는 관점을 더 강조할 필요가 있다. 이렇게 할 때 우리는 비로소 예수가 가져오신 구원을 하나님 나라를 선포한 그의 삶 전체와 연관시킬 수 있으며, 현재 한국 사회와 교회에 필요한 개인적, 사회적 변혁의 동력을 일정 부분 확보할 수 있을 것이다.

참고 문헌

문병호, "그리스도의 무릎(satisfactio Christi) 1: 개혁주의 속죄론의 형성", 「신학지남」 73/4 (2006, 07), 326-50.
박만, 『현대 삼위일체론 연구』, 대한기독교서회, 2003.

_____. "폭력과 속죄 죽음: 르네 지라르(Rene Girard)의 예수의 십자가 죽음 이해에 대한 비판적 고찰", 『한국기독교신학논총』 53 (2007. 03), 111-40.

심광섭, "속죄론을 위한 변명", 「세계의 신학」 53 (2001. 11), 156-79.

안셀름, 이은재 역, 『인간이 되신 하나님』, 한들출판사, 2001.

오강남, 『예수는 없다』, 현암사, 2001.

월터 윙크, 한성수 역, 『사탄의 체제와 예수의 비폭력』, 한국기독교연구소, 2004.

윤철호, 『너희는 나를 누구라 하느냐: 통전적 예수 그리스도론』, 대한기독교서회, 2013.

조태연. "한국교회의 신앙 구조와 예수운동의 도전", 「신학사상」 98 (1997/가을), 169-95.

_____. "예수운동: 신학함의 새로운 패러다임", 「세계의 신학」 38 (1998. 03), 44-77.

존 스토트, 황영철 역, 『그리스도의 십자가』, IVP, 1998.

Aulen, Gustaf. *Christus Victor: A Historical Study of the Three Main Types of the Idea of the Atonement*. New York: Macmillan, 1953, 1969.

Bartlett, Anthony W. *Cross Purposes: The Violent Grammar of Christian Atonement*. Pennsylvania: Trinity International, 2001.

Borg, Marcus. *Meeting Jesus again for the First Time*. New York: HarperOne, 1995.

Brock, Rita Nakashima. *Journeys by Heart: a Christology of Erotic Power*. New York: Crossroad, 1988.

Brown, Joanne Carlson and Carole R. Bohn. eds., *Christianity, Patriarchy, and Abuse: A Feminist Critique*. New York: Pilgrim, 1989.

Elwell, Walter A.. eds., *Evangelical Dictionary of Theology*. Grand Rapids: Baker Book House, 1984.

Girard, Rene. *Violence and the Sacred*. tr. by Patrick Gregory. Baltimore: Johns

Hopkins University Press, 1977.

_____. *Things Hidden Since the Foundation of the World*, tr. by Stephen Bann and Michael Metteer. Sanford: Stanford University Press, 1987.

_____. *The Scapegoat*. tr. by Yvonne Freccero. Baltimore: Johns Hopkins University Press, 1986.

Hunsinger, George. *Disruptive Grace: Studies in the Theology of Karl Barth*. Grand Rapids: Eerdmans, 2000.

Jüngel, Eberhard. *God's Being is in Becoming: The Trinitarian Being of God in the Theology of Karl Barth*. trans. John Webster. T. and T. Clark Publishers, 2004.

Kaufman, Gordon D. *Systematic Theology: A Historical Perspective*. New York: Scribner's, 1968, 1978.

_____. *Facing Mystery: A Constructive Theology*. Cambridge, Mass.: Harvard University Press, 2003.

Lagarde, P. de, *über das Verhältnis des deutschen Staates zu Theologie, Kirche und Religion. Ein Versuch, noch Nicht-Theologen zu orientieren*. Deutsche Schriften, 1892.

Luther, Martin. "Lectures on Isaiah" 43:24, in *Luther's Works*. trans. H. C. Oswald, vol. 17. St. Louis: Concordia Press, 1972, 1975.

Swager, Reymund. *Must There be Scapegoats?: Violence and Redemption in the Bible*. tr. by Maria L. Assad. New York: The Crossroad Publishing Company, 1978, 2000.

Swartley, Willard M. ed. *Violence Renounced: Rene Girard, Biblical Studies, and Peace Making*. Studies in Peace and Scripture Series, vol. 4. Pennsylvania: Pandora Press, 2000.

Torrance, Thomas F. The *Mediation of Christ*, 2nd ed. Colorado Springs: Helmer and Howard, 1992.

von Balthasar, Hans Urs. "Die Neue Theorie von Jesus in dem Sündenock." *Internationale Katholische Zeitschrift "Communio"* 9 (1980): 182-98.

Weaver, J. Denny. The Nonviolent Atonement. Grand Rapids: Eerdmans, 2001.

Yoder, John Howard. *Preface to Theology: Christology and Theological Method.* Elkhart, Goshen Biblical Seminary, 1981.

_____. *The Politics of Jesus: Vicit Agnus Noster.* 2nd ed. Grand Rapid: Eerdmans, 1993.

Young, Pamela Dickey. "Beyond Moral Influence to an Atoning Life." *Theology Today.* 52: 344-55.

부록3

들어가는 말

한국교회의 위기를 말하는 목소리가 끊이지 않는다. 몇 가지 현상만 살펴봐도 위기는 엄중하고 상황은 심각하다. 첫째, 교세가 눈에 띄게 감소하고 있다. 필자가 속해 있는 교단(장로교 통합)만 해도 지난 2017-18년 사이에 교인이 약 17만 명 감소했다. 1,000명이 출석하는 중견 교회 170개가 불과 2년 사이에 사라졌다는 뜻이다.[1] 둘째, 한국교회의 사회적 공신력이 바닥을 치고 있다. 개독교라는 단어에서 보듯이 사람들은 더 이상 교회를 존중하지 않고 교회에 기대도 하

---

1   총회 통계 위원회에 의하면 2018년 말 현재 통합 측 전체 교인 수는 255만 4227명으로 지난 해에 비해 7만 3469명이 감소했다. 2017년까지 포함하면 지난 2년 사이 무려 17만 6673명이 줄어들었다. 이런 감소 현상은 전 연령층에서 나타나고 있다. 교인들의 고령화 현상도 뚜렷하게 감지된다. 2017년에는 30-50대가 전체 교인의 절반(45.87%)을 차지했지만, 이번에는 40-60대가 전체 교인의 절반(46.1%)을 차지해 교인들의 고령화가 뚜렷해지는 추세다. 자세한 내용은 다음을 참고하라. https://blog.naver.com/figure33/221618391527.

지 않는 것 같다. 셋째, 교인들의 헌신과 열정이 예전 같지 않다. 지난 1970-80년대처럼 힘들어도 교회를 섬기고 무리해서라도 헌신하는 모습은 찾기 어렵게 되었다. 그러는 가운데 소위 "가나안 교인"은 갈수록 늘어나고 있다.

무엇이 문제일까? 김준우 교수는 다음 여섯 가지 이유를 제시한다.[2] 첫째, 한국교회는 하나님의 뜻과 진리를 가르치고 실천하는 일보다 교회 성장에 더 집중함으로써 사회적 연관성을 상실하였다. 둘째, 교회 내의 반지성적 분위기와 비민주적인 구조로 인해 건강하고 성숙한 신앙인을 키워내는 데 어려움이 있었다. 셋째, 기복적이고 내세 지향적인 믿음으로 개인의 영혼 구원에 치중함으로써 이 세상에서의 책임과 공동체적 의무를 충실히 감당치 못했다. 넷째, 오직 믿음으로 구원을 받는다는 교리를 내세워 맹목적으로 믿을 것을 요구할 뿐 성경과 기독교의 진리에 대한 비판적 질문을 제기하는 것을 믿음 없는 태도로 매도했으며, 이로 인해 개방적이고 주체적인 신앙을 갖고자 하는 젊은 층과 고학력자들이 머물 수 있는 풍토를 제대로 만들지 못했다. 다섯째, 예수 그리스도가 영혼 구원을 위해 십자가에 달리심으로써 모든 죄를 용서하시는 분으로만 이해될 뿐 세상 속에서 따라 살아가야 할 삶의 모델로 여겨지지 않음으로써 기독교적인 사회 변혁의 기준과 동력을 제대로 확보하지 못했다. 여섯째, 지난 30년간 교인들의 지적 기대 수준은 아주 높아졌지만 아직도 교회 문턱에서 이성을 벗어 놓고 교회 안에 들어올 것을 요구하고 있다. 특히 교리 수호라는

---

2   월터 윙크, 「사탄의 체제와 예수의 비폭력」(서울: 한국기독교연구소, 2004), 서문(김준우, "21세기 기독교 총서를 발간하면서").

이름 아래 성경에 대한 문자주의와 더불어 다분히 주관적인 해석이 횡행하고 있다. 한국교회의 영성 운동 역시 개인주의적, 비이성적, 비역사적 성경 해석에 기초함으로써 성경과 기독교의 진리를 그 역사적 맥락과 단절시켰고 그 결과 우리의 신앙 역시 역사적 현실로부터 도피하게끔 만들고 있다.

김준우 교수는 한국교회 위기의 이유를 여섯 가지로 말하고 있는데, 그 내용을 한마디로 요약하면 교회가 예수가 선포하셨던 하나님 나라의 "새 인간과 새 세계" 비전을 무시했든지 아니면 애초에 그런 비전을 갖지 못한 채 자신을 구원에 필요한 하나의 제도 내지 조직으로 축소시켰기 때문에 오늘의 위기가 닥쳤다는 것이다. 곧 교회는 자신을 성령의 능력 아래서 인간과 세계를 총체적으로 해방하기 위한 하나님 나라 운동의 전위대가 아니라 영적 구원을 위한 조직체 정도로 이해한 결과 내적으로는 비민주성과 폐쇄성 및 지적 단순주의 (intellectual simplism)[3]를, 외적으로는 사회와의 단절로 인한 영향력 상실을 초래한 것이다.

만일 이런 진단이 옳다면 교회의 위기를 타개하는 가장 중요한 길은 다시 하나님 나라의 비전을 확립하고 그 비전을 삶으로 살아내

---

3 지적 단순주의(intellectual simplism)란 말은 캐나다 신학자인 Douglas John Hall에게서 빌려온 말이다. 북미주 상황 신학(North-American Contextual Theology)을 전개하고 있는 그는 미국과 캐나다의 교회가 예수 그리스도의 복음을 총체적으로 파악하고 삶 전체에서 예수 그리스도의 제자로 살아가기보다는 단순하고 손쉬운 답변으로 즉각적인 삶의 안심과 위로를 주려는 지적 단순주의에 빠져버린 바람에 교회의 위기를 가져왔다고 보면서 그 해결책으로 십자가 신학을 제시한다. 필자가 볼 때 이는 한국교회에도 똑같이 해당되는 판단이다. Douglas John Hall, *Lighten Our Darkness: Toward an Indigenous Theology of the Cross* (Philadelphia: Westminster Press, 1976); *Christian Theology in a North American Context* (Minneapolis: Fortress Press, 1994).

는 데 있을 것이다. 간단히 말해 하나님 나라가 교회의 존재 목적이자 소망이 될 때 위기를 극복할 수 있다. 이 글은 이런 문제의식을 기반으로 예수가 선포하셨고 몸소 보이셨던 하나님 나라의 주된 모습들을 검토하고 그것들이 교회 안에서 이루어져야 함을 역설하고자 한다. 먼저 예수와 하나님 나라의 관계를 검토한 다음 예수가 말씀하신 하나님 나라의 주된 특성과 그 특성들이 교회에 던지는 의미를 살펴볼 것이다.

필자는 이 글에서 논문식 글쓰기와 설교식 글쓰기를 혼용할 것이다. 신학을 포함하여 인문학에서는 여전히 "논문"이 학적 글쓰기의 표준으로 여겨지고 있는데 이는 데카르트 이후 전해져온 서구 근대 과학주의의 관성 때문일 것이다. 하지만 근대의 문자 중심적인 의사소통 방식이 영상, 문자, 이모티콘 등이 결합된 새로운 소통 방식으로 바뀌어가고 있는 오늘날에는 글쓰기의 형태도 변화되어야 하며, 특히 신학의 경우에는 학문적 글쓰기뿐만 아니라 교회의 전통적인 의사 표현 방식인 구어체에 기반을 둔 설교적 글쓰기의 가치와 효용성을 다시 주목할 필요가 있다고 생각한다. 이런 점에서 이 글은 논문의 형태를 따르면서 동시에 한 편의 설교문처럼 읽히도록 서술하였다.

1. 교회의 존재 목적으로서의 하나님 나라

교회는 여러 가지 힘에 의해 움직인다. 릭 워렌 목사는 『새들백 교회 이야기』에서 교회를 움직이는 주요한 힘들로 전통, 인물, 재정, 프로

그램, 건물, 구도자들(초심자들)을 꼽는다.[4] 이 모든 요소가 필요하지만 교회를 향한 하나님의 근본적인 부르심이 교회의 근본적인 존재목적이 되지 않으면 교회는 하나님의 거룩한 뜻을 이 땅에 드러내기 어려울 것이다. 그러면 교회를 향한 근본적인 부르심 곧 교회의 근본적인 존재 이유는 무엇이 되어야 할까? 그것은 하나님의 왕적 통치가 실현되는 "하나님 나라"를 이 땅에 세우는 것이다. 교회의 주 되신 예수가 바로 하나님 나라를 위해 살고 하나님 나라를 선포하시다가 십자가 죽음을 당하고 부활하셨기 때문이다.

이 점을 좀 더 살펴보자. 먼저 공관복음서는 모두 예수의 생애와 사역의 중심이 하나님 나라의 건립임을 분명하게 말하고 있다.[5] 그분의 모든 가르침은 하나님 나라에 대한 가르침이었고, 그분이 행하신 이적은 하나님 나라의 능력을 보여주신 것이었으며, 베푸신 식탁 공동체는 모든 사람을 품으면서도 사회에서 무시당하고 버려진 사람들을 있는 그대로 받아들이는 하나님 나라의 은혜로운 성격을 드러내

---

4   릭 워렌, 김현회, 박경범 역, 『목적이 이끄는 교회』(서울: 디모데, 2005), 38.
5   하나님 나라에 대한 말씀과 비유가 공관 복음에만 50회 이상 나타난다. 예수의 공적 사역은 하나님 나라가 이제 시작된다는 선언과 함께 개시된다. "이때부터 예수께서 비로소 전파하여 이르시되 '회개하라. 천국이 가까웠느니라' 하시더라"(마 4:17). "요한이 잡힌 후 예수께서 갈릴리에 오셔서 하나님의 복음을 전파하여 이르시되 '때가 찼고 하나님 나라가 가까이 왔으니 회개하고 복음을 믿으라' 하시더라"(막 1:14-15). "예수께서 이르시되 '내가 다른 동네들에서도 하나님 나라 복음을 전하여야 하리니 나는 이 일을 위해 보내심을 받았노라' 하시고"(눅 4:43). 용어에 있어서는 마태복음이 주로 "하늘나라"(바실레이아 투 우라누)를, 마가복음과 누가복음이 주로 "하나님 나라"(바실레이아 투 테우)를 쓰고 있으나, 이는 마태복음이 기본적으로 유대인들을 염두에 두고 기록되었기 때문이다. 유대 전통에서는 하나님을 지극히 높은 분으로 여겨 하나님을 바로 거명하기보다 다른 것(하늘)으로 대치하는 경우가 많았다. 공관복음서는 모두 예수를 하나님 나라 곧 하나님의 왕적 통치를 이 땅에 가져오시는 분으로 이해한다.

는 것이었다. 예수의 십자가 죽음과 부활 역시 하나님 나라와 연관해서 볼 때 제대로 이해될 수 있다. 예수는 하나님의 왕적 통치 곧 하나님 나라를 선포하셨기 때문에 당대의 지배 계층과 갈등을 일으켜 십자가에서 처형을 당하셨다. 하나님 나라 운동이 없었다면 십자가 죽음도 없었고 죽음을 넘어서는 그분의 부활 사건도 없었을 것이다. 예수의 부활은 하나님 나라를 선포한 예수의 삶과 그가 전한 하나님 나라 메시지가 옳았음을 하나님께서 친히 입증한 사건이었다. 간단히 말해서 예수의 공적인 삶과 죽음과 부활은 "하나님 나라 건립"에 집중되어 있었기 때문에 이 관점에서 볼 때 제대로 이해될 수 있다.

2. 예수가 말씀하신 하나님 나라의 특성

예수가 선포하신 하나님 나라는 어떤 특성을 가지고 있는가? 신약의 복음서와 서신서를 비롯해 구약 전체가 하나님 나라를 약속하고 기다리는 가운데 그 실현을 부분적으로 체험하고 마침내 그것이 예수 그리스도 안에서 온전히 이루어졌음을 전체적으로 증언하고 있기 때문에 이를 간단하게 말하기는 어렵다. 하지만 주요 내용을 다음과 같이 정리할 수 있다.

1) 하나님 나라는 오직 하나님만이 가져오실 수 있는 은혜의 통치가 이루어진 세상이다

하나님 나라는 하나님의 왕적 통치가 이루어지는 세상이다. 그 어떤 인간도 그런 상태를 이룰 수 없다. 인간의 어떤 종교적, 도덕적, 영적 노력도 아무 소용이 없다. 하나님 나라는 오직 하나님만이 이루실 수 있다.

1세기 유대 사회는 하나님 나라가 도래하기를 간절히 갈망하고 있었다. 사람들은 이스라엘의 포로 상태가 끝났다고 여기지 않았다. 바빌론에서 돌아왔고 예루살렘 성전도 재건되었지만 여전히 이스라엘은 이방인들의 압제 아래에 있었다. 포로기가 여전히 계속되고 있었던 것이다. 그래서 사람들은 포로 생활이 언제 끝나는지, 이스라엘의 하나님은 언제 다시 오시는지를 진지하게 물었고, 이 질문은 폭죽처럼 하나님 나라의 도래에 대한 열망으로 표현되고 있었다.[6]

하지만 하나님 나라 곧 하나님의 다스림이 어떻게 이루어질 것인가에 대해서는 1세기 유대교 안에서도 다양한 이해가 공존했다.[7] 열심당원들은 하나님 나라를 무력 혁명을 통해 이루어지는 가시적인 왕정 체제로 이해하고 무력 혁명을 일으켜 그 나라를 이루고자 했다. 성전 중심의 종교 귀족인 사두개인들은 이와 달랐다. 성전 제사를 통해 막대한 부를 축적하고 있던 이들은 자기들의 경제적 특권과 사회적 권력이 흔들리는 것을 원하지 않았다. 이들에게 하나님 나라가 임박했다는 주장은 상당히 불온하고 위험한 것이었다. 그래서 이들은

---

6 톰 라이트, 최현만 역, 『하나님은 어떻게 왕이 되셨나』(서울: 에클레시아북스, 2012), 107.

7 하나님 나라의 전반적인 모습에 대해서는 다음을 참고하라. 한스 큉, 정한교 역, 『왜 그리스도인인가』(왜관: 분도출판사, 1990); 게르하르트 로핑크, 정한교 역, 『예수는 어떤 공동체를 원했는가?』(왜관: 분도출판사, 1985); 김균진, 『예수와 하나님 나라』 (서울: 새물결플러스, 2016); 톰 라이트, 최현만 역, 『하나님은 어떻게 왕이 되셨나』 (서울: 에클레시아북스, 2012); 톰 라이트, 양혜원 역, 『마침내 드러난 하나님 나라』 (서울: 한국기독학생회출판부, 2013); Walter Wink, *Engaging the Powers: Discernment and Resistance in a World of Domination* (Minneapolis: Augsburg Press, 1992).

568   부록3

성전 제사가 이루어지고 있는 자체가 유대인들이 여전히 하나님의 백성이며 하나님이 유대인들과 맺은 언약을 계속 지키고 계신다는 표징이라고 생각했다. 에세네파의 생각은 또 이와 달랐다. 이들은 예루살렘과 온 팔레스타인 땅이 사탄의 지배 아래로 들어가 이미 더럽혀졌다고 여기고, 사해 서쪽 석회암 동굴 지대로 도피하여 매일 정결 예식을 행함으로써 이처럼 스스로를 정결하게 만들고 있는 자신들만 하나님의 왕적 통치에 참여할 수 있다고 믿었다. 바리새인들의 생각 역시 이와 달랐다. 이들은 기본적으로 하나님이 거룩한 분이라고 고백했다. 거룩하신 하나님은 그분의 백성의 거룩함이 하나님의 인정을 받을 만큼 높아질 때 그분의 주권과 통치를 이 땅에 온전히 가져오실 것이다. 그리고 이런 거룩에 이르는 길은 율법, 그중에서도 정결법과 안식일 법을 열심히 준수하는 데 있다고 보고 준행해야 할 율법 248가지와 위배하면 안 되는 율법 365가지, 도합 613가지의 율법을 날마다 배우고 지키려고 노력하면서 그렇게 가르쳤다. 이처럼 1세기 유대교 종파들은 각자 하나님 나라를 간절히 기다렸지만 하나님 나라와 그것이 이루어지는 방식에 대한 이해는 서로 달랐다. 열심당원들은 군사 행동을, 사두개인들은 성전 제사를, 에세네파들은 정결 예식과 거룩한 삶을, 바리새인들은 율법 준수를 통해 하나님의 왕적 통치를 준비함으로써 그것을 이루어내고자 했다.

하지만 예수가 가르치신 하나님 나라는 인간의 선행적 노력이나 수고를 요구하지 않는다. 그것은 오직 하나님의 은혜와 긍휼의 모습으로 찾아온다. 예수는 하나님 나라의 이런 은혜와 긍휼의 모습을 보여주시기 위해 독립 운동은 꿈에도 생각할 수 없고, 성전 제사에도 참여하지 못하며, 정결한 삶이나 율법 준수에서도 멀리 떨어져 있는, 당시 사회에서 그저 목숨을 부지하기에 급급한 버려진 땅의 백성들(암 하아레츠)인 세리, 죄인, 창녀들을 불러 잔치 자리에 함께 앉게 하신 후 이들이 바로 하나님 나라의 백성이라고 선언하신다(눅 4:16-21; 6:20-21).

은혜는 무엇인가? 그것은 "값없이 주어지는 것"이며 "받을 자격 이 없으면서도 받게 되는 것"이다. 하나님 나라가 지닌 이런 은혜의 특성은 예수의 모든 사역에서 반복적으로 나타난다. 예수를 만난 사 람들은 전부 이 놀라운 은혜를 체험한다. 간음하다 잡힌 여인, 키 작 은 세리장 삭개오, 혈루병을 앓던 이방 여인, 로마의 이름 없는 백부 장은 자격이 없는 그들을 찾아오셔서 무조건적으로 용납해주시는 하 나님 나라의 긍휼과 은혜를 체험한다. 그리고 삶이 변화된다.

뿐만 아니라 예수의 모든 비유는 하나님 나라의 비유다. 대부분 의 비유에서 우리는 너무나 놀랍고 낯선 모습으로 우리를 찾아오시 는 은혜의 하나님을 만난다. 가장 대표적인 예는 마태복음 20:1-6에 나오는 포도원 주인의 비유일 것이다. 비유의 주인공인 포도원 주인 은 자기 농장에서 일할 일꾼들을 찾으러 장터에 가서 오전 7시, 9시, 정오, 오후 3시에 각각 일꾼들을 불러 모은다. 그런데 오후 5시에 나 갔더니 여전히 사람들이 장터에 서너 명씩 모여 있다. 주인이 그들에 게 묻는다. "그대들은 왜 온종일 일을 하지 않고 여기에 있소?" "주인 이시여, 우리도 일하고 싶습니다. 하지만 써주는 사람이 없습니다." 주인은 그들의 행색을 둘러본다. 제대로 먹지 못해 바싹 말라버린 볼 품없는 그 몰골들을 본다. 온종일 날품을 팔 기회를 기다리며 아침은 커녕 점심도 먹지 못했을 것 같은 그 모습을 주인은 눈여겨본다. 그런 다음에 말한다. "그러면 지금이라도 내 포도원에 가서 일하시오. 내가 알아서 주겠소." 그렇게 주인은 이들을 자기의 포도원으로 데려간다. 얼마 지나지 않아 하루의 일이 끝난다. 그런데 뜻밖에도 주인은 오후 5시에 와서 겨우 한 시간 정도 일한 사람들, 일다운 일은 시작도 못 해본 이들에게도 하루 품삯인 한 데나리온을 준다.

주인은 왜 이런 낭비를 하는 것일까? 주인이 이 고단한 사람들의 형편을 헤아려 주었다고 보는 것이 가장 그럴 법한 설명이다. 가지고 있는 것이라고는 자신들의 형편없는 노동력뿐이지만 그마저도 사 줄 사람이 없는 외나무다리 위의 인생들. 아내와 아이들은 갈망하는 눈초리로 아침에 집을 나서는 그런 남편과 아버지를 쳐다보았을 것이다. 그들은 가족들의 눈망울에서 "오늘만은 꼭 먹을 것을 구해오세요"라고 말하는 식구들의 간절한 소망을 읽었을 것이다. 그런데 오늘도 허탕이다. 어느새 해는 졌고 이제 집에 돌아가야 한다. 하루 종일 굶어서 다리가 후들거린다. 그러나 더 힘든 것은 오늘도 실망 속에 주린 배를 안고 잠자리에 들어야 하는 병약한 아내와 어린 것들을 쳐다보는 일이다. 주인이 헤아린 것은 이들의 이런 고단한 삶이었을 것이다. 그래서 해는 이미 졌고 더 이상의 일꾼이 필요 없음에도 불구하고 그들을 포도원으로 들여보낸 후 하루치 품삯을 준다. 이것이 은혜다. 받을 자격이 없음에도 주어지는 무조건적인 선물, 그래서 감사의 마음으로 받기만 하면 되는 것. 하나님 나라, 하나님의 통치는 이처럼 인간의 노력이 아니라 하나님의 자비와 사랑에 근거한 은혜가 무한히 넘치는 나라다.

그렇다면 하나님 나라가 지닌 이런 은혜의 특성을 체험하고 그 안에서 사는 것이 신앙생활의 시작이자 전부일 것이다. 이 은혜가 교회 안에서 분명하게 체험될 때 교회는 다시 한번 새롭게 될 수 있다.

하지만 우리는 하나님의 은혜를 정녕 알고 있는가? 우리는 강단에서 은혜의 나라인 하나님의 왕적 통치를 제대로 선포하고 있는가? 은혜 대신 지식, 교리, 윤리, 공로가, 더 심하게는 그럴 법한 처세술과 값싼 감상주의가 그 자리를 메우고 있는 것은 아닌가? 실제로 교회가 은혜 안에 있을 때 세상이 흔들 수 없었다. 예수가 베드로에게 "너는 베드로(반석)라. 음부의 권세가 너를 흔들지 못한다"고 하시면서 이 세상의 어떤 힘도 교회를 흔들 수 없다고 약속해주셨을 때의 교회는 이런 은혜를 알고 거기에 붙잡혀 있었다. 그때 교회는 세상적으로는 가난하고 볼품없어도 하나님 앞에서는 무한히 강하고 아름다운 능력을 갖추고 있었다. 세상을 근본적으로 바꾸어내는 교회였다. 오늘날 한국교회에 종교개혁이 일어난다면, 오직 은혜의 나라로서의 하나님 나라가 다시 일어서고 하나님의 왕적 통치가 임한 세계를 다시 회복하는 것을 최우선 과제로 삼아야 한다. 폴 틸리히의 말처럼 "우리보다 크신 이가 우리를 무조건 용납하셨음을 용납하는 일"이 한국교회에 대대적으로 일어날 때 교회가 바뀌고 갱신과 변혁이 이루어질 것이다.[8]

2) 하나님 나라는 불평등과 차별이 극복되고 공정과 정의가 이루어지는 세계다

1세기 유대 사회에서 가장 중요한 것은 위신(사회적 신분)이었다. 사람들은 위신을 잃느니 차라리 죽는 편이 낫다고 생각했다. 옷 입는 법,

---

8   Paul Tillich, "You are Accepted," in *the Shaking of the Foundations*. 폴 틸리히, 김천배 역, 『흔들리는 터전』(서울: 대한기독교서회, 1959), 209.

식사하는 법, 말하는 법, 사람을 구별하고 사귀는 법, 회당이나 성전에서 자기 자리를 찾는 법이 모두 사회적 신분에 의해 규정되었다.[9]

하지만 하나님 나라에서는 사회적 신분에 따라 사람들을 차별하는 것이 없다(마 18:1-4; 23:5-8; 막 12:38-40). 강력한 가부장 사회였던 1세기 유대 사회에서 어린아이와 여성들은 아무런 힘이 없었다. 하지만 예수는 어린아이와 여성들을 가까이 부르심으로써 하나님 나라의 평등과 사랑을 보이셨다. "그때에 제자들이 예수께 나아와 이르되 '천국에서는 누가 크니이까?' 예수께서 한 어린 아이를 불러 그들 가운데 세우시고 이르시되 '진실로 너희에게 이르노니 너희가 돌이켜 어린 아이들과 같이 되지 아니하면 결단코 천국에 들어가지 못하리라'"(마 18:1-3). 하나님 나라는 모든 인위적인 불평등과 차별이 극복되는 사회다. "더 이상 군림하는 아버지가 없는 세상"이다. 그래서 예수는 이렇게 말씀하신다. "너희 선생은 하나요 너희는 다 형제니라. 땅에 있는 자를 아버지라 하지 말라. 너희의 아버지는 한 분이시니 곧 하늘에 계신 이시니라"(마 23:8-9).

우리가 살아가는 세상에는 무수히 많은 불평등과 차별이 있다. 성, 빈부, 지역, 나이, 인종, 사회적 신분의 차이로 인한 차별이 삶을 힘들게 만든다. 하지만 이런 차별들은 대부분 "질서"와 "조화"의 이름으로 권위를 얻고 전통의 이름으로 정당성을 주장하기 때문에 종

---

9   앨버트 노울런, 정한교 역, 『그리스도교 이전의 예수』(왜관: 분도출판사, 1980), 93. 가장 엄격하고 열광적인 쿰란 공동체는 입회 자격 자체를 제한했다. 사회에서 아무 지위도 없는 정신 질환자, 시각 장애인, 청각 장애인, 다리 저는 이는 아예 입회하지도 못했다. 사해 두루마리에는 엄밀히 세분된 공동체 내의 위계질서를 지키고 그 안에서 자기 위치를 아는 것이 아주 중요하다는 언급이 무수히 등장한다. 여기에 대해 노울런, Ibid., 94.

종 당연한 사실이나 불가항력적인 법칙처럼 여겨지기도 한다. 하지만 하나님 나라의 복음은 그렇지 않다. 하나님 나라는 모든 차별과 억압을 의심하고 뒤집어 마침내 무화시킨다. 오직 하나님 한 분만이 주님이시고 모든 사람은 동등한 형제자매라고 선언한다.

오늘날 한국 사회에도 무수히 많은 불평등과 차별이 있다. 성에 의한 차별은 여전히 심각하고 지역 차별 역시 계속되고 있다. 연령이나 이념에 근거한 차별도 무시할 수 없다. 하지만 무엇보다도 가장 심각한 것은 극복할 수 없는 경제력 차이에 의해 형성된 신분 차별일 것이다. 한국 사회는 이미 계급 사회가 된 것처럼 보인다.

이런 사회에 희망은 있는 것일까? 중산층의 비중이 크고 상층부와 하층부의 비중은 작으며 개인의 노력에 의해 계층 이동이 비교적 용이한 사회가 건강한 사회다. 하지만 한국 사회는 계층 이동이 거의 불가능하게 되어 버렸다. 개천에서 용이 나오기가 어려울 뿐만 아니라 개천 자체가 말라가는 사회! 이런 사회 속에서 교회는 모든 불평등과 차별을 극복함으로써 하나님의 왕적 통치를 이루는 하나님 나라를 세우라는 비전을 받았다. 하지만 교회는 이 메시지를 전하고 삶으로 살아낼 수 있을까? 이것은 큰 숙제다. 그리고 이를 감당하려면 결국 우리 그리스도인들이 스스로 십자가를 지고 낮은 곳으로 내려가서 기득권을 조금씩 포기하는 거룩한 낭비의 삶을 살아야만 한다. 심히 엄중한 도전이지만 교회가 다시 살아나려면 반드시 이루어져야 하는 일이다.

3) 하나님 나라는 물질이 아니라 인권과 생명이 우선되는 곳이다

하나님 나라는 사랑으로 서로 나누어 풍성해지는 거룩한 공간이다. 여기서 우리는 돈과 신앙의 관계를 생각해볼 필요가 있다. 우리는 돈을 가장 소중하게 여기는 자본주의 사회에 살고 있다. 이곳에서는 사람의 품성, 신앙, 인격 같은 것은 별로 중요하지 않다. 중요한 것은 한 사람이 가진 능력 또는 생산성이다. 얼마나 효율적이고 생산적이냐에 따라 한 사람의 가치가 정해진다. 그러다 보니 우리는 지치고 피곤할 수밖에 없다. 당장 생산 능력이 있더라도 그 능력이 언제 사라질지 모르며, 일단 사라지면 인간으로서의 존엄성과 가치 역시 사라지기 때문이다. 철학자 한병철은 이런 현대 사회의 모습을 "성과 사회"로 규정하면서 피로, 불안, 강박증, 소진증, 무기력함이 이런 사회의 특징이라고 말한다.[10] 그의 말처럼 "규율 사회의 부정성은 광인과 범죄자를 낳는다. 반면 성과 사회는 우울증 환자와 낙오자를 만들어낸다."[11]

이런 점에서 예수가 선포하셨고 교회가 구현해야 하는 하나님의 왕적 통치라는 비전은 자본주의 사회 속에서의 돈과 신앙 간의 관계에 대한 분석과 비판을 포함할 수밖에 없다. 우리는 이 문제를 어떻게 보아야 하는가? 첫째, 하나님 나라의 관점에서 볼 때 돈 자체가 선하거나 악하지는 않다. 많은 사람들이 부요는 축복인 반면 가난은 축복이 아닌 저주라고 생각한다. 교회 안에도 이런 생각이 팽배해 있는데 아마도 우리가 물질을 가장 중요한 가치로 여기는 자본주의 사회

---

10   한병철, 김태환 역, 『피로사회』(서울: 문학과 지성사, 2012), 22.
11   Ibid., 23-24.

속에 살고 있기 때문일 것이다. 하지만 부요가 곧 축복은 아니다. 갑자기 엄청난 재산이 생기고 나서 단란했던 가정이 깨지고 관계가 파괴되는 일이 생기기도 하는데, 이런 경우 부는 축복이 아닌 저주일 수 있다. 가난도 마찬가지다. 가난은 힘들기 때문에 대부분 저주처럼 인식된다. 하지만 가난해짐으로써 예전에 보지 못했던 아름다운 것들을 볼 수 있으며, 무엇보다 그 과정에서 하나님을 새롭게 만나기도 한다. 이처럼 일반적인 인식과는 달리 부요가 곧 축복이지도 않고 가난이 곧 저주이지도 않다. 그렇다면 진실은 무엇일까? 부와 가난의 문제에 대해 축복 또는 저주라는 이분법적인 관점 외에 다른 시각이 필요하다. 아마도 가장 적절한 관점은 이 둘을 모두 "은사"로 보는 것이다. 은사는 하나님으로부터 내려오고, 사람에 따라 다르게 주어지며, 섬기기 위해 허락된다는 특징이 있다. 이렇게 보면 부요와 가난 모두 은사일 수 있다. 실제로 그렇지 않은가? 우리는 경제적 능력이 있을 때 교회와 이웃과 하나님 나라의 확장을 위해 많은 선한 일을 할 수 있다. 이때 물질은 귀하고 아름다운 것이 된다. 이런 일을 하는 부자를 누구도 미워하거나 무시하지 않는다. 마찬가지로 가난 역시 은사가 될 수 있다. 가난하지만 믿음으로 당당히 살아가는 사람은 믿음의 능력에 대한 위대한 증인이 될 수 있으며, 더 간절한 마음으로 기도하는 가운데 남들은 결코 알 수 없는 놀라운 믿음의 체험을 할 수도 있다. 더 나아가 가난하기 때문에 동일한 처지에 있는 사람들의 마음을 알고 위로하며 격려함으로써 함께 하나님 나라를 만들어 갈 수 있다. 헨리 나우웬의 말처럼 교회 공동체는 강함이 아닌 연약함 가운데 세

워져 갈 수 있다.[12]

그래서 하나님 나라는 부유하든지 가난하든지 관계없이 그 자체로 감사하고 만족하며 더 나아가서 사람이 그 부와 가난을 통해 다른 지체를 섬김으로써 모두 함께 기뻐하고 행복해질 수 있는 세계다. 하나님 나라에는 불필요하고 무가치한 것이 없다. "하나님의 약속은 얼마든지 그리스도 안에서 예가 되니 그런즉 그로 말미암아 우리가 '아멘' 하여 하나님께 영광을 돌리게 되느니라"(고후 1:20).

둘째, 하지만 현실에는 너무 고통스럽고 치명적인 가난이 분명 존재하며 이런 가난은 하나님 나라 곧 하나님의 왕적 통치의 빛 아래에서 분명히 극복되어야 한다. 하나님은 인간의 존엄성과 가치를 잃어버리게 만드는 가난을 싫어하시고 이런 가난을 구조적으로 없애려고 하신다. 하나님 나라는 결국 가난이 극복되는 세계다.[13] 이 점과 연

---

12 헨리 나우웬, 김명희 역, 『이는 내 사랑하는 자요』(서울: 한국기독학생회출판부, 1995), 73-88. 이는 건강과 장애의 경우도 마찬가지다. 흔히 건강은 축복이라고 말한다. 그렇다면 병약함이나 장애를 소극적으로 말하면 축복이 없는 것, 강하게 말하면 저주가 될 것이다. 하지만 건강, 병약함, 장애 역시 축복 아니면 저주라는 관점이 아니라 은사라는 관점으로 보아야 한다. 건강한 사람들은 자신의 건강으로 교회와 복음 전파 및 선한 세상 구축을 위해 열심히 일할 수 있으며 이때 건강은 아주 좋은 은사가 된다. 하지만 병약함과 장애 역시 은사가 될 수 있다. 병약하기 때문에 더욱 하나님을 바라볼 수 있고 비슷한 처지에 있는 사람들의 마음을 알아줌으로써 마음 깊은 곳에서 나오는 위로로 치유의 은혜를 전하는 통로가 될 수도 있다. 장애 역시 마찬가지여서 장애가 있는 이가 그 장애로 인해 오히려 하나님을 찬양할 때 그 장애는 복음이 가진 놀라운 변혁의 능력을 오롯이 전하는 거룩한 통로가 될 수 있는 것이다.

13 성경은 하나님이 가장 가난하고 약하고 의지할 데 없는 고아, 과부, 종, 나그네들에 대한 끊임없는 연민과 사랑을 가지고 계심을 계속 표현한다. "그의 거룩한 처소에 계신 하나님은 고아의 아버지시며 과부의 재판장이시라"(시 68:5). "여호와께서 나그네들을 보호하시며 고아와 과부를 붙드시고 악인들의 길은 굽게 하시는도다"(시 146:9; 참조. 신 10:17-18; 시 10:14, 18). 이는 성경 전체에 흐르고 있는 주요 사상이며 이 점에서 구약학자 서인석은 "율법은 가난한 사람들의 권리를 규정한 책이고 예언자들은

관하여 우리는 저 유명한 "부자와 나사로" 비유(눅 6:19-31)를 주목해서 살펴볼 필요가 있다.

> 한 부자가 있어 자색 옷과 고운 베옷을 입고 날마다 호화롭게 즐기더라. 그런데 나사로라 이름하는 한 거지가 헌데 투성이로 그의 대문 앞에 버려진 채 그 부자의 상에서 떨어지는 것으로 배불리려 하매 심지어 개들이 와서 그 헌데를 핥더라. 이에 그 거지가 죽어 천사들에게 받들려 아브라함의 품에 들어가고 부자도 죽어 장사되매 그가 음부에서 고통중에 눈을 들어 멀리 아브라함과 그의 품에 있는 나사로를 보고(눅 16:19-23).

이 땅에서 부자는 고운 베옷을 입고 날마다 잔치를 하면서 풍족하고 여유로운 삶을 즐긴다. 하지만 나사로는 몸이 병든 채 굶어 죽기 직전이다. 그런데 죽고 나서 이들의 처지는 역전된다. 나사로는 아브라함의 품에 안겨서 복락을 누리지만 부자는 지옥 음부에서 고통을 당하게 된다. 왜 이들의 처지가 완전히 역전되어 버렸을까? 먼저 나사로

가난한 사람들의 대변인이며 성문서는 가난한 사람들에게 주어지는 기쁨을 노래한 책"이라고 말한다. 서인석, 『성서의 가난한 사람들』(왜관: 분도출판사, 1982). 구약성경의 하나님이 사랑과 긍휼의 하나님이자 사회적 약자들의 보호자가 되신 것처럼 하나님의 아들로 이 땅에 오신 성자 예수 그리스도 역시 당시 유대 사회에서 가난하고 굶주리며 억압과 착취를 당하고 있던 사람들을 불쌍히 여기시고 그들의 편에 서신다. 더 나아가 성부와 성자의 가난하고 억눌리는 자들에 대한 사랑과 해방의 능력은 성령에 의해 계속되며 보편적, 종말론적으로 확장된다. 성령은 자유의 영이자 해방의 영이다. 주의 영이 계신 곳에는 생명이 있다(고후 3:17; 딤후 1:7). 하나님 나라가 하나님의 온전한 성품이 드러나는 세상이라면, 이는 결국 가난으로 인한 모든 고통이 사라지는 세계를 의미할 것이다.

부터 생각해보자. 왜 그는 복락의 삶을 누리게 되었을까? 본문은 그 이유를 분명하게 말하지 않는다. 어떤 이는 나사로가 거지로 살면서도 자신이 하나님의 언약 백성임을 결코 놓지 않았기 때문이라고 하는데, 그렇게 추정할 수 있는 본문의 근거는 없다. 필자의 생각에는 나사로의 행동이 아니라 하나님의 성품에 초점을 맞출 때 이 본문을 제대로 해석할 수 있다. 즉 은혜의 하나님은 특히 가난하고 병들어 인간으로서의 삶을 제대로 누리지 못하는 사람들에게 더 큰 긍휼의 마음을 품으시는 분이기 때문에 그 큰 은혜와 긍휼로 나사로에게 복락을 허락하셨다고 이해함으로써 이 본문을 하나님의 성품을 드러내는 이야기로 읽어야 한다고 본다. 그럼 부자는 왜 고통의 장소인 음부로 내려가게 되었을까? 그가 부자이기 때문에 그렇게 된 것일까? 그렇지는 않을 것이다. 성경은 그의 삶 전체를 "고운 베옷을 입고 날마다 잔치를 베풀며 살았다"라고 간단히 요약해버린다. 무슨 뜻일까? 그의 삶에 자기의 향락과 즐거움을 위한 시간 외는 아무것도 없었다는 의미다. 부자이기 때문이 아니라 "자기만을 위한 부자"였다는 점이 이 사람의 문제였다. 자기만 생각하면서 살다 보니 그는 자기 집 문밖의 나사로라는 가난한 이웃을 볼 수 없었다. 어쩌면 이 부자는 그렇게 나쁜 사람이 아닐 수도 있다. 적어도 가끔씩 나사로가 자신의 상에서 떨어지는 부스러기를 먹게끔 내버려두었기 때문이다. 그러나 그는 나사로가 자기와 똑같은 사람이라고 생각하지는 않았다. 나사로도 배가 고프면 먹어야 하고 힘들 때는 쉬어야 하며 인간다운 존중과 배려를 받아야 하는, 자기와 똑같은 사람이라는 생각이 없었다. 나사로를 자기와 똑같은 사람이라고 여겼다면 그를 그렇게 바깥에 팽개쳐둘 수 없었을 것이다. 이것이 부자의 문제였고 이 문제가 결국 그를 지옥

음부에 빠지게 만들었다.

이 이야기는 무엇을 뜻할까? 바로 우리의 이웃 특히 가난하고 도움이 필요한 이들과 함께 참여하는 곳이 하나님 나라라는 것이다. 자기 안위에만 집중하다가 이웃을 잃어버린 사람은 더 이상 하나님 나라의 백성이라고 말하기 어렵다. 이런 사실은 우리가 주변의 나사로를 돌보고 있을 때만 하나님 나라의 백성이라고 말할 수 있다는 근본적인 도전 앞에 우리를 세운다. 오늘날 우리에게 나사로는 누구인가? 사는 게 힘들어 모든 것을 포기한 옆집 사람일 수 있다. 냉혹한 자본에 내몰려 젊음의 소중한 시간을 일용직과 비정규직으로 전전하는 청년들일 수 있다. 때로는 남부러울 것 없는 조건을 갖추고 있음에도 불구하고 인생의 의미와 기쁨을 상실한 채 하루하루 연명하는 어떤 사람일 수도 있다. 다양한 상황에 처해 있는 나사로가 항상 우리 곁에 있다. 그래서 성경은 계속해서 우리 곁의 나사로를 찾아서 돌보라고 권면한다. 그럴 때 비로소 우리가 하나님 나라의 백성다울 수 있다고 말한다. 하나님이 바로 그런 분이시고 하나님 나라 역시 그런 곳이기 때문이다. "너희 하나님 여호와는⋯고아와 과부를 위하여 정의를 행하시며 나그네를 사랑하여 그에게 떡과 옷을 주시나니 너희는 나그네를 사랑하라. 전에 너희도 애굽 땅에서 나그네 되었음이니라"(신 10:17-19).

초기 교회 시대의 교회에는 모든 것이 아직 정비되어 있지 않았다. 교리도, 신학도, 조직도, 전통도 없었다. 하지만 하나님의 성령이 있었고 하나님 나라의 자비와 긍휼의 능력이 역사하고 있었다. 그리고 이런 사랑과 자비와 긍휼의 힘이 제국을 이겼고, 인종과 문화를 넘어서 그리스-로마 세계를 바꾸어갔다. 오늘날 우리 한국교회 역시 하나님 나라의 비전 안에서 사랑과 믿음의 힘으로 자본을 이기고 인격과 생명이 존중되는 그런 공동체를 만들어낼 때 비로소 회복되고 갱신될 수 있을 것이다.

4) 하나님 나라는 기쁨의 나라다

예수가 선포하신 하나님 나라는 사람들을 진정한 기쁨과 행복으로 초대하는 기쁨과 행복의 나라다. 예수는 당시 사회에서 이런 복을 누리지 못하고 있던 사람들을 불러 모아 같이 먹고 마시는 잔치를 베푸심으로써 하나님 나라의 기쁨과 행복의 모습을 보여주신다.

> 얼마 후에 요한을 따르는 이들이 와서 물었다. 우리와 바리새인들은 금식으로 몸과 영혼을 엄격히 훈련하는데 선생님을 따르는 이들은 왜 그렇게 하지 않습니까? 예수께서 그들에게 말씀하셨다. "즐거운 결혼식 중에는 빵과 포도주를 아끼지 않고 실컷 먹는다. 나중에 허리띠를 졸라맬 일이 있을지 모르지만 지금은 아니다. 정겨운 축하의 모닥불에 찬물을 끼얹는 사람은 없다. 하나님 나라가 임한다는 것은 바로 이런 것이다!"(마 9:14-15, 메시지 성경)

이 말씀에서 예수는 하나님 나라가 임하는 것은 마치 즐거운 결혼식과 정겨운 축하의 시간이 온 것과 같다고 하신다. 실제로 그렇지 않겠는가? 하나님이 찾아오셔서 무조건적인 은혜를 체험하게 되거나 어떻게 살아야 할지 모르는 사람들이 인생의 목적을 깨닫고 그런 삶을 살아갈 힘을 얻게 되는데 어떻게 기쁨과 행복이 함께하지 않겠는가? 집을 떠나 방황하던 둘째 아들이 마침내 돌아왔을 때 그 집의 모든 사람이 즐거워했던 것처럼, 하나님 나라는 이런 기쁨과 행복이 가득한 나라다. 바울 역시 로마서에서 이를 다음과 같이 표현한다. "하나님 나라는 먹는 것과 마시는 것이 아니요 오직 성령 안에 있는 의와 평강과 희락이라"(롬 15:17).

그러나 과연 오늘날 우리 교회와 예배 및 생활 속에 이런 기쁨과 행복이 있는가? 물론 하나님은 언제나 은혜와 긍휼로 우리와 함께하시기 때문에 이런 것이 없지는 않다. 하지만 기쁨과 행복이 아닌 의무감, 책임의식, 율법주의가 그 자리를 대신하고 있는 경우도 많다. 기독교 신앙을 강력하게 비판했던 프리드리히 니체는 그리스도인들을 가리켜 생을 사랑하지 못하는 자이자 자신의 시체를 검은 옷으로 감싸고 있는 침울한 사람이라고 하면서 "나로 하여금 그들의 구세주를 믿도록 하려면 좀 더 나은 노래를 들려주어야 하리라! 구세주의 제자들은 내 누에보다 더 구원을 받은 것처럼 보여야 하리라!"[14]고 도전한다.

니체의 이런 도전은 오늘날 더욱 중요하다. 소비자본주의 시대가 본격화됨에 따라 모든 사람이 자신의 행복을 인생의 최우선 순위로 여기게 되었기 때문이다. 이 시대의 사람들은 도덕주의적인 세계를 원하지 않는다. 인간의 행복, 보다 구체적으로 자기 자신과 가족의 행복을 가장 중요하게 생각하고 이를 방해하고 부인하는 것들은 모두 거부한다. 이런 경향은 소비자본주의가 발전할수록 더욱 심해질

---

14 프리드리히 니체, 장회창 역, 『차라투스트라는 이렇게 말했다』(서울: 민음사, 2007), 152. 니체는 그리스도인들이 정말 하나님 나라의 백성이 되어서 그분의 구원에 참여하게 되었다면 그런 기쁨과 행복이 있어야 하지만, 실상 이런 기쁨을 가져서 진정한 그리스도인이라고 불릴 만한 이는 예수밖에 없었다고 말한다.

것이다.

이런 시대에 교회는 예수 그리스도 안에 진정한 기쁨과 행복이 있음을 보여줄 수 있을 것인가? 기독교회는 오랫동안 고행의 신학 또는 고난의 신학을 발전시켜 왔다. 중세 수도원을 중심으로 발전된 신학은 대체로 고행의 신학이었다. 실제로 우리는 고난 가운데서 하나님을 만나고 그분의 사람으로 변화되어가기도 한다. 하나님 나라 역시 고난과 희생을 통해 확장되어 간다. 하지만 기독교는 원래 기쁨의 종교였다. 예수의 십자가 죽음과 부활을 통해 죄가 용서되고 악이 극복되며 성령 안에서 마침내 모든 것이 온전하게 회복되는 기쁨과 행복의 세계가 이미 시작되었다고 말하는 종교였다. 따라서 이 시대의 교회는 하나님 나라의 기쁨과 행복을 다시 회복해야 한다. 그럴 때 비로소 금욕주의가 더 이상 통하지 않는 시대, 욕망을 긍정하고 그 만족을 최우선으로 하는 시대에 제대로 응답할 수 있을 것이다. 보다 구체적으로 우리는 현대인들의 욕망을 부정하지 않고 긍정하되 그 욕망을 더 높고 가치 있는 욕망으로 바꾸도록 도전해야 한다. 찰나적으로 누리고 소비하고 즐거워하는 것이 아니라 근본적이고 본래적인 기쁨, 곧 하나님의 자녀가 되고 사랑하는 사람이 되며 나누고 섬기는 사람이 되고 하나님 나라를 함께 이루어 가는 사람이 되는 가운데 찾아오는 기쁨을 소개해야 할 것이다. 그런 삶에 훨씬 더 본래적인 기쁨과 행복이 있음을 힘써 가르쳐야 할 것이다.[15]

---

15 이 점에서 노만 빈센트 필이나 로버트 슐러 목사의 "긍정의 신학", 조용기 목사의 "삼박자 축복 신학", 제인 오스틴 목사의 "번영과 축복의 신학"은 일정 부분 긍정적 의미를 가진다. 번영의 신학과 축복의 신학은 하나님 나라 복음 안에 원래부터 있던 기쁨과 행복의 유사품이다. 이런 신학적 유사품들이 먹히는 이유는 그것이 현대인들의 마

5) 하나님 나라는 "열려 있는" 공동체다

하나님 나라는 열려 있는 공동체다. 공동체 의식이 강한 유대인들은 가족, 부족, 민족을 일종의 집단 인격으로 생각했다. 그래서 세례 요한의 경우처럼 아들이 태어나면 그 아버지의 이름을 따르려고 하기도 했고(눅 1:59), 가족이나 친척이 피해를 입으면 자신이 당한 것으로 여겨서 복수할 권리를 가진다고 보았다. 유대인들은 그들만의 강력한 선민 의식과 더불어 무수히 많은 외침과 내란으로 인해 이런 강력한 집단 의식을 가질 수밖에 없었을 것이다. 하지만 예수는 모든 이들을 받아들이는 보편적인 사랑의 공동체로 "하나님 나라"를 묘사한다.

> 또 "네 이웃을 사랑하고 네 원수를 미워하라" 하였다는 것을 너희가 들었으나 나는 너희에게 이르노니 "너희 원수를 사랑하며 너희를 박해하는 자를 위하여 기도하라. 이같이 한즉 하늘에 계신 너희 아버지의 아들이 되리니 이는 하나님이 그 해를 악인과 선인에게 비추시며 비를 의로운 자와 불의한 자에게 내려주심이라"(마 5:43-45).

> 그러나 너희 듣는 자에게 내가 이르노니 "너희 원수를 사랑하며 너희를 미워하는 자를 선대하며 너희를 저주하는 자를 위하여 축복하며 너희를 모욕하는 자를 위하여 기도하라"(눅 6:27-28).

음 깊은 곳에 있는 욕망을 자극하고 일정 부분 그것을 충족시켜 주기 때문이다. 하지만 우리는 여기에 머물지 말고 하나님 나라가 가져온 보다 온전한 기쁨과 행복의 복음을 말해야 할 것이다. 교회에는 진품이 가져오는 진짜 기쁨과 진짜 행복이 필요하다.

예수가 선포하신 하나님 나라는 친구와 원수가 더 이상 구별되지 않고 모든 사람이 똑같이 "우리"가 되는 곳이었다. 이는 하나님이 모든 사람을 똑같이 사랑하시고 모든 이들을 향해 똑같이 은혜로우시기 때문이다. 사도 바울은 이런 일이 특히 예수의 십자가 죽음에서 결정적으로 성취되었음을 보았다. 그에 따르면 예수의 십자가 사건은 이 세상 사람들을 모두 하나로 모아 친구도 원수도 없고 모두 하나님 안의 한 가족이 되게 하는 우주사적 사건이다. "그의 십자가의 피로 화평을 이루사 만물 곧 땅에 있는 것들이나 하늘에 있는 것들이 그로 말미암아 자기와 화목하게 되기를 기뻐하심이라"(골 1:20).

유대인처럼 한국인 역시 강력한 "우리 의식"을 가지고 있다. 개인주의가 발달한 서양인들이 "나"를 주어로 사용할 때 한국인들은 "우리"라는 말로 이를 대신한다. 그래서 "나의 집", "나의 가족", "나의 학교"는 "우리 집", "우리 가족", "우리 학교"가 된다. 학교와 군대 또는 직장 생활을 거치면서 이런 집단주의적 의식은 계속 강화된다. 한국은 여전히 바닥에서 꼭대기까지 위계 질서가 분명한 조직 사회다. 이런 조직 사회의 밑바닥에 있는 신참들에게는 두 가지 기본 원리가 있다. 한 가지는 수직 질서의 원리인 "선배들에 대한 복종"이고 다른 한 가지는 수평 질서의 원리인 "신참들끼리의 협력과 공감대 형성"이다. 그런 원리가 지켜지는 가운데 개인은 사라지고 전체로서의 "우리"는 계속 강화된다.[16] 이런 집단주의적 심성 역시 끊임없는 외침과 내란 속에 살아남기 위해 하나로 계속 뭉쳐온 결과일 것이다.

이런 "우리 의식"은 하나의 공동 목표를 두고 앞으로 나아갈 때

---

16   박에스더, 『나는 다른 대한민국에서 살고 싶다』(서울: 샘앤파커스, 2012), 72-83.

는 굉장한 힘을 발휘한다. 일본의 식민지 침탈과 해방에 이어 6.25 전쟁을 겪고 세계에서 가장 가난하고 비참한 상태가 되었던 한국이 불과 60여 년 만에 세계 15위 권의 경제 대국이 된 것은 나라 전체가 이런 강력한 우리 의식으로 무장한 채로 일사불란하게 앞만 보고 달려왔기 때문이다. 하지만 이런 "우리 의식"의 부작용도 생겼다. 혈연, 지연, 학연 등을 이유로 그 안에 소속된 사람은 서로 돕고 함께 가야 할 사람들로 여기지만 이런 관계가 없어서 "그들"이라고 칭하게 되는 사람은 무시하거나 적대적으로 대하게 된다. 즉 세계가 우리와 그들, 친구와 적, 돌봐주어야 하는 가족과 반드시 없애야 하는 침입자로 이분화된다.[17]

하지만 예수가 선포하신 하나님 나라는 그렇지 않다. 하나님 나라는 모든 사람을 있는 그대로 받아들임으로써 마침내 친구와 원수가 함께 "우리"가 되는 곳이다. 이런 하나 됨을 확인하고 체화하면서 그렇게 살도록 부름을 받은 공동체가 교회다. 과연 우리 한국교회가 이런 하나 됨을 습득하고 더 나아가 여러 이유로 분열되고 있는 우리 사회에 획일성이 아닌 자유와 사랑에 근거한 하나님 나라의 하나 됨을 보여줄 수 있을까? 사회적 신분과 문화적 취향이 다른 사람들끼리도 서로 이해하면서 함께 살아갈 수 있는 세상을 만들어갈 수 있을까? 이 땅을 찾아온 외국인 노동자들이나 결혼 이주 여성들 역시 같

---

17 문학 평론가 이어령 선생에 따르면 이런 한국인들의 사고방식이 가장 잘 나타나는 놀이가 윷놀이다. 윷놀이에서 같은 편 말은 그것이 몇 개가 되든 의좋게 싣고 함께 간다. 그러나 상대방의 말은 아주 기뻐하며(!) 잡아먹어버린다. 여기서 세계는 우리와 그들, 친구와 적으로 양분된다. 이어령, 『흙 속에, 저 바람 속에』(서울: 문학사상사, 1963, 2001), 75.

은 한국인이자 세계인으로 품을 수 있을까? 이제는 세계 모든 국가들이 각자도생의 길을 걸어가고 있다. 미국은 자국 우선주의를 노골적으로 표명하고 있으며, EU 회원국들도 난민이나 외국인 이민자들에 대해 폐쇄적인 태도를 보이며, 일본과 중국도 자국 우선주의와 고립주의 노선을 취하고 있다. 이런 현실 속에 함께 살아가는 세계의 꿈은 아득하고 멀지만, 교회는 하나님 나라의 "하나 되게 만드는 세계"의 꿈을 결코 포기해서는 안 된다. 교회가 하나님 나라의 이런 비전에 따라 살아갈 수 있다면 한국 사회의 희망이 될 것이다. 더 나아가 지역주의와 고립주의가 갈수록 강화되고 있는 21세기 세계에 희망의 표징이 될 수 있을 것이다.

6) 하나님 나라는 폭력이 아닌 평화가 지배하는 곳이다[18]

예수가 선포하신 하나님 나라는 평화의 나라다. 예수는 이 땅에 평화의 왕으로 오셨다. 헤롯과 로마 황제가 주님(퀴리오스)이라는 호칭을 받으며 지중해 세계를 폭력으로 다스리고 있을 때 예수는 이 땅에 찾아오셨다. 그가 태어났을 때 천사들은 "지극히 높은 곳에서는 하나님께 영광이요 땅에서는 하나님이 기뻐하신 사람들 중에 평화로다"(눅 2:14)라고 외치며 평화의 왕이 나심을 찬양했다. 예수는 공생애 사역 내내 당대의 정치, 종교 권력자들과 갈등을 빚으면서도 계속 평화의 길을 걸어가시면서 그를 따르는 자들에게 그 행보에 동참할 것을 요

18 　이 주제에 대해서 게르하르트 로핑크, 정한교 역, 『예수는 어떤 공동체를 원했나』(왜관: 분도출판사, 1985), 5장 "폭력의 단념"과 다음을 참고하라. Walter Wink, *Engaging the Powers: Discernment and Resistance in a World of Domination* (Minneapolis: Augsburg Press, 1992), 126 이하.

청하셨다. "화평하게 하는 자는 복이 있나니 그들이 하나님의 아들이라 일컬음을 받을 것임이요"(마 5:9). 이처럼 예수는 정녕 평화의 길을 따르는 자들만이 하나님의 아들(딸)이라고 불릴 것이며 하나님 나라의 백성으로 여겨질 것이라고 말씀하셨다. 마침내 십자가로 가는 길을 앞두고 밤새 기도하며 머문 겟세마네 언덕에서 제자 한 명이 무력으로 저항하려 할 때 예수는 이렇게 타이르셨다. "네 칼을 도로 칼집에 꽂으라 칼을 가지는 자는 다 칼로 망하느니라"(마 26:52). 예수는 평화의 왕으로 이 땅에 오셔서 평화의 왕으로 사셨으며 평화의 왕으로 죽으셨고 부활하셨다. 그리고 이런 평화의 왕 예수를 믿은 역사 속의 그리스도인들은 미움에 대해 사랑으로 맞섬으로써 폭력이 아닌 비폭력 저항을 선택했다. 실제로 교회사의 위대한 그리스도인들 대다수는 악과 폭력에 맞서되 용서와 자기 희생에 토대를 둔 비폭력 저항의 길을 걸었다.

인간 세상에는 대립과 갈등이 있을 수밖에 없다. 사람마다 생각이 다르고 인간의 죄성과 욕심이 계속 우리의 시야를 가리기 때문이다. 그래서 대립과 갈등이 일어날 때 이를 어떻게 해결할 것인가 하는 점이 중요하다. 특히 폭력적인 힘으로 다가오는 악한 세력에게 어떻게 응답해야 하는가? 대체로 우리는 다음 두 가지 길 중 하나를 선택한다. 첫 번째는 폭력에 대해 같거나 조금 더 정당성이 있는 폭력으로 맞서는 길이다. 두 번째는 그 압도적 힘에 어쩔 수 없이 굴복하는 것이다. 첫 번째의 경우에는 현실 속의 폭력 상당수가 이미 힘의 우위를 지니고 다가오기 때문에 제대로 맞서기가 어려울 뿐 아니라, 폭력에 폭력으로 응답하다 보면 폭력의 회오리 속에 휘말려 그 응답의 정당성마저 잃게 되고 그 결과 폭력이 증폭되어 마침내 모두가 폭력의 악순환에 빠져버리게 된다. 마치 잘라낼수록 계속 새로운 머리가 만들어지는 신화 속 괴물 히드라처럼 폭력은 모든 사람을 폭력의 회오리 속으로 몰아넣는다. 반면 두 번째의 수동적인 복종이 이루어지면 악이 더욱 강력해지고 억울한 희생자는 계속 양산되며 진리는 거부되고 거짓이 세상을 지배하게 된다.

그럼 어떻게 해야 하는가? 이 지점에서 미국의 신약학자인 월터 윙크는 예수가 폭력에 대해 폭력적 응답 또는 수동적 복종이라는 두 가지 선택지가 아닌 비폭력 투쟁의 길을 선택하셨다고 하면서 이를 예수의 제3의 길이라고 명명한다. 그는 다음 말씀이 예수가 선택하신 제3의 길을 잘 보여주고 있다고 말한다.[19]

> 또 "눈은 눈으로, 이는 이로 갚으라" 하였다는 것을 너희가 들었으나 나는 너희에게 이르노니 "악한 자를 대적하지 말라. 누구든지 네 오른편 뺨을 치거든 왼편도 돌려대며 또 너를 고발하여 속옷을 가지고자 하는 자에게 겉옷까지도 가지게 하며 또 누구든지 너로 억지로 오 리를 가게 하거든 그 사람과 십 리를 동행하고 네게 구하는 자에게 주며 네게 꾸고자 하는 자에게 거절하지 말라"(마 5:38-42).

이 말씀은 "악한 자를 대적하지 말라"는 말씀으로 인해 악과 폭력을 그냥 용인하고 저항하지 말라는 뜻으로 오인되기 쉽다. 그러나 전혀 그런 뜻이 아니다. 먼저 "오른편 뺨을 치거든 왼편도 돌려대라"는 말

---

19 Walter Wink, *Engaging the Powers : Discernment and Resistance in a World of Domination* (Minneapolis: Augusburg Press, 1992), 175-94.

쪽부터 생각해보자. 마주보고 있는 상태에서 상대의 오른편 뺨을 때리려면 손바닥이 아닌 손등으로 쳐야 한다. 그런데 당시 관행상 손등으로 남을 치는 것은 상대방에게 육체적인 고통을 주기보다 정신적인 모멸감을 줌으로써 굴복시키려는 행위였다. 이런 일을 당하면 당연히 분노해서 복수하려고 하지만, 그런다면 폭력적인 로마 권력은 더 큰 힘을 사용할 것이고 결국 저항은 실패로 끝날 것이다. 반면 그런 수모를 용인하게 되면 악의 힘은 더욱 강해지고 억울함과 무력감은 더 깊어질 것이다. 그래서 예수는 제3의 길을 말씀하신다. 즉 오른편 뺨을 맞으면 왼편 뺨까지 때려보라고 내어주라는 것이다. 그리고 이렇게 함으로써 "당신이 나를 때리고 모욕을 주는 행위는 부당하다. 이 세상 누구도 이처럼 나를 때릴 권한을 가지고 있지 않다. 지금 우리는 폭력의 사슬에 매여 있다. 나는 폭력의 피해자라는 자리에, 당신은 폭력의 가해자라는 사슬에 매여 있다. 우리는 모두 이 폭력의 사슬에서 풀려나야 진정 인간답게 될 수 있다"는 메시지를 전하라는 것이다. 물론 이렇게 하기는 쉽지 않으며 오히려 처음에는 더 많은 어려움을 당할 것이다. 하지만 이렇게 철저히 비폭력적인 방법으로 저항하고 그렇게 행동하는 사람들이 이곳저곳에서 계속 일어날 때 언젠가 폭력의 힘은 제어되고 평화가 찾아올 수 있다. 억지로 5리를 가자고 하면 10리를 가주라는 말씀도 같은 의미다. 로마 군인들은 식민지 백성들인 유대인에게 자기들의 무거운 군장을 짊어지고 5리까지 강제로 가게끔 요구할 권한이 있었다. 이 역시 부당한 폭력이지만 저항하면 더 큰 피해가 찾아올 것이고 굴종하면 악한 구조와 관행이 더욱 강화된다. 이에 예수는 아예 10리까지 가버림으로써 도덕적 우위를 확보하라고 말씀하신다. 이렇게 함으로써 "당신이 나를 이렇게 억압하는 것은 잘못이다. 이 잘못에서 나도 당신도 모두 풀려나야 한다. 그럴 때만 우리는 하나님의 형상으로서의 소중한 자기를 다시 찾게 될 것이다"라는 정신으로 도전하고, 그러는 가운데 함께 변화될 기회를 찾으라는 의미다. 겉옷을 빼앗으면 속옷마저 주어버리라는 말씀도 마찬가지다. 겉옷을 빼앗아 가는 사람에게 속옷까지 준 사람은 벌거벗은 몸이 된다. 유대 사회에서 벌거벗고 다니는 것은 매우 수치스러운 행동이다. 사람들이 놀라 사정을 물을 때 그런 폭력을 행한 사람의 이름을 널리 알림으로써 부끄럽게 만들라는 것이다. 그렇게 함으로써 가해자에게 스스로를 돌아보고 폭력의 사슬에서 벗어날 기회를 갖게 하라는 것이다.

그래서 결국 이 말씀은 현실의 부당한 폭력에 대해 폭력으로 맞서거나 무기력한 수동적 태도로 악을 용인하지 말고 오히려 깊고 넉넉한 인격과 신앙의 힘으로 악을 직면하고 노출하며 고발하고 맞서 싸워 이겨나가라는 말씀이다. 이는 결코 쉽지 않다. 하나님의 선하심과 그분의 다스리심에 대한 믿음을 가지고 희생하면서 인내해야 한다. 그러나 이처럼 선으로 악을 이길 때만 각 사람의 내면과 사회 깊은 곳 도처에 깊이 흐르는 악이 마침내 극복될 수 있을 것이다. 예수의 십자가 죽음이 보여준 것이 바로 이런 길이었다. 예수의 십자가는 인간의 죄뿐만 아니라 폭력과 악도 노출하고 고발하며 극복한다. 이것이 수많은 악과 거짓과 폭력 앞에서 하나님 나라의 비전을 받은 교회가 마땅히 따라가야 할 길이다.

3. 하나님 나라의 구현으로서의 예수 그리스도와 회개

지금까지 우리는 예수의 생애와 선포의 중심이 하나님 나라였기 때문에 교회의 근본 존재 목적 역시 하나님 나라를 살고 그 왕적 통치를 선포하는 것이라고 말했다. 그런데 어떻게 하면 이런 하나님 나라에 참여하면서 그런 삶을 살아갈 수 있을까? 여기서 우리는 예수가 하나님 나라의 선포자일 뿐만 아니라 그 자신이 바로 하나님 나라 곧 하나님의 왕적 통치가 온전히 이루어진 존재임을 주목할 필요가 있다. 실상 그렇지 않은가? 하나님 나라는 하나님의 왕적 통치다. 이런 하나님의 왕적 통치가 역사 속에 가장 온전히 나타났던 유일무이한 지점이 예수 그리스도라는 한 인격과 사역이었으며, 이 점에서 예수는 그 스스로 온전한 하나님 나라다. 따라서 이 예수를 만나고 인격적으로 영접하게 될 때 우리는 하나님 나라 곧 그분의 왕적 통치에 참여하게 된다. 이처럼 예수 그리스도 안에서 하나님 나라의 백성이 되고 하나님 나라를 일구기 위한 새로운 삶의 여정을 살아가게 된 상태를 가리켜 바울은 "새로운 피조물"(고후 5:17)이라 부르고 사도 요한은 "영생"(요 17:3)이라고 말한다.

그런데 몸소 하나님 나라로 오신 예수 안에서 하나님 나라를 발견하고 그 나라의 일원이 되기 위해서는 무엇보다도 회개가 있어야 한다. 회개(메타노이아)란 삶의 방향을 바꾸는 것, 즉 나 중심에서 하나님 중심으로 돌아서는 것을 뜻한다. 일생에 예수를 만나 의롭다 함을 얻게 되고(칭의) 거듭남을 체험하며(중생) 성령 안에서 계속된 성화의 과정을 걸어가는 전체 과정 속에 언제나 회개가 필요하다. 칼뱅의 말처럼 우리 마음은 끊임없이 하나님 아닌 것을 하나님 자리에 두는

"우상 공장"과 같기 때문에 이미 예수를 만나 하나님 나라에 참여한 사람들도 끊임없는 회개가 필요하다. 그래서 우리는 하나님 나라의 빛 안에서 다음과 같은 질문을 계속 던질 필요가 있다. "나는 예수 그리스도 안에서 날마다 성장하고 있는가?", "나는 성별, 인종, 지역, 사회적 신분, 연령에 관계없이 모든 사람을 존중하고 동등하게 여기고 있는가?", "나의 삶에는 하나님 나라의 기쁨과 감사가 있는가?", "나는 하나님 나라의 법칙을 따라 물질보다 생명을 더욱 중요하게 여기며 살고 있는가?", "나는 열린 공동체를 만들어가고 있는가?", "나는 하나님 나라의 법칙에 따라 미움과 폭력이 아닌 대화와 희생과 인내로서 문제를 해결하면서 마침내 평화에 이르는 길을 걸어가고 있는가?", "나는 언젠가 온전히 완성될 하나님 나라를 기다리면서 오늘을 살아가고 있는가?" 우리 모두는 이런 질문 앞에서 끊임없이 자기를 돌아보고 계속된 회개(방향을 바꿈)의 삶을 살아야 한다.

맺는 말

지금까지 한국교회의 위기 앞에서 이 위기를 극복하는 길은 교회의 존재 이유이자 목적인 하나님 나라 선포에 집중하는 데 있음을 말했다. 하나님 나라는 하나님이 은혜로 가져오시는 전혀 새로운 세계이고, 모든 인위적인 차별을 극복하고 모든 사람이 동등하게 존중받는 세계이며, 물질이 아니라 사랑과 생명이 가장 소중하게 여겨지는 곳이고, 기쁨과 행복이 있는 곳이며, 모두를 향해 열려 있는 개방적 공동체이자 진리와 사랑과 상호 이해에 근거하여 폭력과 차이를 해결해가는 곳이다. 이런 하나님 나라가 오늘 한국교회 안에 온전히 이루어질 때 사랑하는 우리 교회가 변화되고 세상을 향한 선교와 봉사와 변혁이 가장 강력하고 놀랍게 이루어질 수 있을 것이다.

하지만 예수가 보여주시는 하나님 나라의 이런 놀라운 모습을 생각할수록 현재 우리 그리스도인들과 교회 공동체가 그 이상으로부터 너무나 멀리 떨어져 있음을 절감하게 된다. 정녕 한국교회는 하나님 나라의 비전에 다시 붙잡혀서 그 왕적 통치의 아름다움과 능력을 이 땅에 선포할 수 있을 것인가? 길은 멀고 전망은 밝지 않다. 현실 속의 교회는 세상의 빛이 되기는커녕 여러 이유로 인해 깊은 어둠에 붙잡혀 있다. 그러나 살아 있는 한 희망의 불씨를 계속 지펴야 한다. 20세기 초반 무너져 가고 있던 중국 사회를 안타깝게 바라보던 루쉰은 그의 단편 소설 「고향」에서 이런 말을 남겼다. "희망은 과연 있는가? 희망은 있다고도 할 수 없고 없다고도 할 수 없다. 그것은 길과 같다. 길은 처음에 없었다. 그러나 한 사람이 그 길을 가고, 다른 사람이 그 뒤를 따라가고, 또 다른 사람이 그 길을 걸어가다 보면 길은 어느새 만들어진다." 우리 역시 그렇게 걸어갈 뿐이다.

참고 문헌

김균진, 『예수와 하나님 나라』, 새물결플러스, 2016.

김준우, "21세기 기독교 총서를 발간하면서", 월터 윙크, 「사탄의 체제와 예수의 비폭력」 서문, 한국기독교연구소, 2004.

프리드리히 니체, 장희창 역, 『차라투스트라는 이렇게 말했다』, 민음사, 2007.

게르하르트 로핑크, 정한교 역, 『예수는 어떤 공동체를 원했는가?』, 분도출판사, 1985.

박에스더, 『나는 다른 대한민국에서 살고 싶다』, 쌤엔파커스, 2012.

서인석, 『성서의 가난한 사람들』, 분도출판사, 1982.

릭 워렌, 김현회, 박경범 역, 『목적이 이끄는 교회』, 디모데, 2005.

이어령, 『흙 속에, 저 바람 속에』, 문학사상사, 1963, 2001.

앨버트 노울런, 정한교 역, 『그리스도교 이전의 예수』, 분도출판사, 1980.

한병철, 김태환 역, 『피로사회』, 문학과지성사, 2012.

한스 큉, 정한교 역, 『왜 그리스도인인가』, 분도출판사, 1990.

폴 틸리히, 김천배 역, 『흔들리는 터전』, 대한기독교서회, 1959.

톰 라이트, 양혜원 역, 『마침내 드러난 하나님 나라』, 한국기독학생회출판부, 2013.

톰 라이트, 최현만 역, 『하나님은 어떻게 왕이 되셨나』, 에클레시아북스, 2012.

Hall, Douglas John. *Christian Theology in a North American Context.* Minneapolis: Fortress Press, 1994.

_____. *Lighten Our Darkness: Toward an Indigenous Theology of the Cross.* Philadelphia: Westminster Press, 1976.

Walter Wink. *Engaging the Powers: Discernment and Resistance in a World of Domination.* Minneapolis: Augusburg Press, 1992.

인생의 질문 신앙의 답변

오늘의 기독교 신앙

Copyright ⓒ 박만 2023

1쇄 발행 2023년 6월 12일
2쇄 발행 2023년 8월 14일

지은이 박만
펴낸이 김요한
펴낸곳 새물결플러스

편 집 왕희광 정인철 노재현 이형일 나유영 노동래
디자인 황진주 김은경
마케팅 박성민
총 무 김명화 이성순
영 상 최정호 곽상원
아카데미 차상희

홈페이지 www.holywaveplus.com
이메일 hwpbooks@hwpbooks.com
출판등록 2008년 8월 21일 제2008-24호
주 소 (우) 04114 서울시 마포구 신촌로28가길 29
전 화 02) 2652-3161
팩 스 02) 2652-3191

ISBN 979-11-6129-257-1 03230

책값은 뒤표지에 있습니다.